# COLLECTION
DE
# DOCUMENTS INÉDITS
## SUR L'HISTOIRE DE FRANCE

PUBLIÉS PAR LES SOINS

DU MINISTRE DE L'INSTRUCTION PUBLIQUE

PREMIÈRE SÉRIE

## HISTOIRE POLITIQUE

# CARTULAIRE

DE

# L'ABBAYE DE SAVIGNY

SUIVI

DU PETIT CARTULAIRE DE L'ABBAYE D'AINAY

PUBLIÉS

## PAR AUG. BERNARD

Iʳᵉ PARTIE. — CARTULAIRE DE SAVIGNY.

PARIS

IMPRIMERIE IMPÉRIALE

M DCCC LIII

# DIVISION DE L'OUVRAGE.

## PREMIÈRE PARTIE.

|  | Pages. |
|---|---|
| AVANT-PROPOS | III |
| INTRODUCTION | XXII |
| CARTULAIRE DE SAVIGNY | LXXIII |
| Notice historique | LXXV |
| Texte du cartulaire | 1-547 |

## DEUXIÈME PARTIE.

| | |
|---|---|
| CARTULAIRE D'AINAY | I |
| Notice historique | III |
| Texte du cartulaire | 551 |
| INDEX DES CARTULAIRES DE SAVIGNY ET D'AINAY | 705 |
| Index chronologique des actes de Savigny | 707 |
| ——————————————— d'Ainay | 752 |
| Index général des noms et des choses | 763 |
| APPENDICES AUX CARTULAIRES DE SAVIGNY ET D'AINAY | 897 |
| I. Pouillé du diocèse de Lyon au XIII° siècle | 899 |
| II. ————————————— au XIV° siècle | 934 |
| III. ————————————— au XV° siècle | 952 |
| IV. ————————————— aux XVI° et XVII° siècles | 980 |
| V. Pouillé général des paroisses composant l'ancien et le nouveau diocèse de Lyon à la fin du XVIII° siècle | 1008 |
| VI. Pouillé du diocèse de Mâcon au XVI° siècle | 1043 |
| VII. Fragment d'un pouillé du diocèse d'Autun au XI° siècle | 1051 |
| VIII. Pancarte du droit de cire et d'encens dû à l'église de Lyon | 1054 |
| IX. Pouillé des droits de cens, de parée, etc. dus à l'archiprêtré de Jarez | 1060 |

|  | Pages. |
|---|---|
| ÉCLAIRCISSEMENTS. | 1067 |
| Nomenclature des subdivisions territoriales des diocèses de Lyon et de Mâcon, et pays circonvoisins, aux IX$^e$, X$^e$ et XI$^e$ siècles | 1069 |
| Dictionnaire géographique | 1104 |
| Glossaire et explications de quelques mots | 1159 |
| Variantes et rectifications | 1162 |

# AVANT-PROPOS.

Frappé, il y a plusieurs années déjà, de l'importance historique du cartulaire de Savigny, je résolus d'en faire l'objet d'une publication particulière. Je copiai dans ce but le seul exemplaire de ce précieux monument que j'eusse à ma disposition, celui de la Bibliothèque impériale; puis j'adjoignis à mon manuscrit toutes les pièces que je pus me procurer sur Savigny. Mais je m'aperçus bientôt que ces additions, qui allaient sans cesse grossissant, absorbaient le document essentiel, et que, si je les conservais dans mon livre, la publication perdrait, au point de vue de l'histoire générale, tout l'intérêt qu'elle pourrait gagner sous le rapport de l'histoire particulière de l'abbaye. Or, comme l'histoire de Savigny n'était pas le but principal de mon travail, je me décidai à changer de voie : j'écartai toutes les pièces étrangères au cartulaire que j'avais recueillies déjà, et je rétablis l'économie primitive du manuscrit, que j'avais modifiée pour leur donner place. C'est ce document que je publie aujourd'hui dans la Collection des documents inédits, conformément à une décision de l'ancien Comité des monuments écrits de l'histoire de France, auquel je l'ai soumis en 1849. J'ai collationné mon manuscrit sur toutes les copies connues, et je l'ai complété autant qu'il dépendait de moi par des notes et par l'addition d'un document du même genre, du même temps et du même pays, mais beaucoup moins considérable : je veux parler d'un cartulaire de l'abbaye d'Ainay, presque inconnu des historiens. Ce sont les deux plus anciens monuments de l'histoire du Lyonnais : à ce titre seul ils mériteraient déjà quelque intérêt, car le moraliste et le philologue y trouvent leur part comme l'historien; mais on va voir qu'ils ont un intérêt plus spécial, celui de jeter quelque lumière sur des questions historiques encore fort obscures. Toutefois, avant d'aborder ce sujet, je crois convenable d'entrer dans quelques détails préliminaires sur les différentes parties qui composent ce livre.

## 1° CARTULAIRE DE SAVIGNY.

La première comme la plus considérable et la plus importante portion est certainement celle qui renferme le cartulaire de Savigny. Ce document, compilé, dans la première moitié du XIIe siècle, par ordre de l'abbé Ponce, qui gouverna l'abbaye de l'an 1111 à 1140 environ, s'arrêtait primitivement à cette dernière date; mais on y a joint plus tard une vingtaine de pièces, dont quelques-unes vont jusqu'au XIVe siècle. Je n'ai pas cru devoir retrancher ces pièces[1], quoiqu'elles soient en désaccord avec le titre particulier du cartulaire, parce qu'elles font partie de toutes les copies aujourd'hui connues de ce document. Seulement je les ai séparées du livre de Ponce par le mot *Appendix* placé en forme de titre (page 509), mais entre crochets, pour indiquer qu'il ne se trouve pas dans le manuscrit.

Le manuscrit original de ce cartulaire n'existe plus, ou du moins n'est dans aucun dépôt connu. Il paraît qu'il en restait encore quelques fragments dans l'abbaye au XVIIIe siècle, car François de Camps, abbé de Signy, ayant obtenu de Bossuet, alors abbé de Savigny, communication d'une copie plus moderne de ce document que conservait le monastère, nous apprend, dans une longue lettre qu'il écrivit à ce sujet à son confrère, et qui est datée de Paris, le 1er janvier 1703, qu'il y avait au commencement et à la fin du manuscrit deux feuillets d'une écriture plus ancienne. « Il paroît, dit-il, par ces quatre feuillets, qu'il y avoit un cartulaire plus ancien, qui paroît avoir été

---

[1] Elles sont, comme on le verra, inscrites sans aucun ordre, et quoique quelques-unes d'entre elles soient fort longues, toutes ensemble n'égalent pas en étendue la quinzième partie du cartulaire proprement dit.

## AVANT-PROPOS.

écrit près de cent cinquante ans avant celui-ci. » François de Camps, à la vérité, semble croire que ces fragments appartenaient à un cartulaire plus ancien que celui de Ponce; mais ce n'est là qu'une opinion sans fondement, comme tant d'autres du célèbre abbé[1]. Ces fragments provenaient évidemment de l'ancienne copie, qu'un fréquent usage avait détériorée à la longue, et qu'on avait dû renouveler à une époque relativement moderne, mais déjà ancienne au xviii$^e$ siècle.

J'ai vainement cherché le volume qu'avait eu en mains l'abbé de Camps : il se trouve sans doute dans quelque bibliothèque particulière, où le hasard le fera découvrir un jour. En effet, de 1703 à 1791 il n'est survenu aucun événement qui ait pu causer la destruction de ce volume, alors fort connu des érudits, grâce aux extraits qu'en avait donnés J. M. de la Mure dans son Histoire du diocèse de Lyon; et depuis 1791 les archives de l'abbaye ont été conservées dans celles du département du Rhône. On a bien pu le soustraire, ainsi que beaucoup d'autres volumes, à ce dernier dépôt, tenu autrefois avec fort peu de soin; mais on y attachait trop d'importance au xviii$^e$ siècle pour l'avoir laissé périr.

Quoi qu'il en soit, on ne connaît plus aujourd'hui que quatre copies intégrales du cartulaire de Savigny : celle des bibliothèques publiques de Paris (Bibl. imp.), de Lyon (Bibl. de la ville), de Montpellier (Bibl. de la faculté de médecine), et la plus intéressante de toutes, celle qui provient de l'abbaye, et qui est devenue une propriété particulière par une circonstance déplorable. Il y en a eu sans doute un bien plus grand nombre, car il paraît que Samuel Guichenon et le conseiller Aubret en ont eu chacun une à leur disposition. Il pourrait donc se faire qu'on en retrouvât d'autres que celles que je viens de mentionner, et sur lesquelles seulement mon texte a été

---

[1] J'en citerai une bien plus étrange. Dominé par les idées *nationales* de son époque, il prétend trouver dans le cartulaire de Savigny la preuve que la domination bourguignonne n'était pas reconnue dans le Lyonnais au x$^e$ siècle! Il est inutile de combattre cette erreur, qui est contredite par presque tous les actes du cartulaire. Il suffira au lecteur de comparer dans la table les articles des rois de France à ceux des rois de Bourgogne, à celui de Conrad particulièrement.

## AVANT-PROPOS.

collationné; mais elles n'offriraient évidemment aucune variante importante.

Voici quelques renseignements sur les manuscrits qui m'ont servi à restituer le texte du cartulaire de Savigny. Je range ces manuscrits dans l'ordre de leur importance relative à mes yeux, en les indiquant par la lettre abréviative qui sert à les désigner dans les notes du livre.

1° *Ms. C.* Je l'ai indiqué ainsi parce qu'il a été acheté en 1834 aux héritiers de M. Cochard : c'est la copie du monastère. Elle forme un volume petit in-folio en papier, de cent cinquante-cinq feuillets de texte, d'une écriture qu'on peut à la rigueur faire remonter à la fin du XVI$^e$ siècle ou au commencement du XVII$^e$. Outre les cent cinquante-cinq feuillets de texte, on trouve en tête une table des pièces composée de vingt-neuf feuillets non paginés, et quelques observations à la fin du volume, également non paginées. A l'époque de la Révolution, ce manuscrit fut déposé dans les archives du département de Rhône-et-Loire, avec tous les autres papiers de l'abbaye; mais quelques années après, M. Cochard, qui réunissait au titre de conseiller de préfecture celui de garde des archives du département, emporta ce volume chez lui, ainsi que quelques autres qui lui étaient nécessaires pour les publications historiques et statistiques dont il s'occupait; ce savant eut ensuite la négligence de garder ces volumes après sa destitution, en 1815, et ils restèrent chez lui jusqu'à sa mort, arrivée en 1834. Ils furent alors vendus avec les autres livres de sa bibliothèque par ses héritiers, qui eurent le tort de ne pas s'enquérir de la provenance de ces manuscrits. Voilà comment ce volume et beaucoup d'autres du même genre[1] sont devenus propriété particulière, de propriété publique qu'ils étaient[2]. Cette circonstance m'a empêché de tirer de ce manuscrit tout le parti qu'il

---

[1] Entre autres, le *Liber consuetudinam* de l'abbaye, précieux manuscrit fort souvent cité par Benoît Mailliard, qui fut acheté par M. de Verna père.

[2] Les héritiers Cochard ne purent l'ignorer, car le fait était connu de tout le monde à Lyon. (Voyez ce qu'a écrit à ce sujet M. l'abbé Roux, dans une notice sur Savigny insérée dans l'Album du Lyonnais pour 1844, p. 174.)

## AVANT-PROPOS.

était naturellement possible d'en tirer, le détenteur n'ayant autorisé qu'une collation sur les lieux. Cette collation a été faite avec beaucoup de soin, sur ma copie, par M. F. Z. Collombet, bien connu pour ses travaux d'érudition; mais on sait combien il y a loin d'une collation préparatoire sur manuscrit à une collation définitive sur l'imprimé[1].

2° *Ms. M.* Je désigne ainsi la copie qui se trouve dans la bibliothèque de la faculté de médecine de Montpellier. Elle provient de Laurent Planelli de la Valette, pour qui elle avait été exécutée, comme le prouve une note inscrite sur le premier feuillet, et qui est ainsi conçue : « Cartulaire de l'abbaye de Savigny en Lyonnois, qu'on nomme vulgairement la pancarte de Savigny. Copiée pour M. de la Valette, sur l'original[2], qui est dans ladite abbaye, en 1700[3]. » Cette note est de la main du secrétaire habituel de ce savant, car elle est d'une écriture identique à celle qu'on voit sur les gardes des manuscrits de la bibliothèque de Montbrison qui proviennent du même M. de la Valette[4]. C'est donc à tort qu'à la bibliothèque de la faculté de Montpellier on a classé ce volume parmi ceux qui proviennent de Guichenon, avec le n° XXXIII. L'historien de la Savoie, qui paraît avoir eu en effet à sa disposition une copie du cartulaire de Savigny, n'a pu posséder celle faite en 1700, puisqu'il est mort en 1664 : il faut au contraire ranger les manuscrits de Guichenon parmi les papiers de M. de la Valette, car ils proviennent de la bibliothèque de ce savant, qui s'en était rendu acquéreur.

---

[1] Mes craintes n'étaient malheureusement que trop fondées. Une nouvelle collation de ce manuscrit, faite par M. Collombet, sur les feuilles imprimées du cartulaire de Savigny, nous a fourni un nombre considérable de variantes; quoique elles soient généralement peu importantes, j'ai cru devoir les relever à la fin de l'ouvrage, afin de mettre le lecteur à même de juger du mérite de ce manuscrit, que je regrette vivement de n'avoir pu étudier de mes propres yeux.

[2] Il s'agit sans doute de la copie confiée trois ans plus tard à l'abbé de Camps, et qui avait remplacé l'original.

[3] On voit au-dessous de cette note un sceau en cire rouge portant les armes de M. de la Valette.

[4] Voyez mon Histoire du Forez, t. II; *Bibliographie forésienne*, p. 62.

Comme le précédent, ce manuscrit forme un volume in-folio en papier de cent cinquante-cinq feuillets de texte. L'écriture en est fort belle, au moins jusqu'au feuillet 74, où une autre main a pris le travail pour le continuer jusqu'à la fin. On trouve à la suite du cartulaire, dans cet exemplaire, une copie, assez défectueuse, il est vrai, mais la seule qu'on connaisse, de la lettre de l'abbé de Signy dont j'ai parlé plus haut. On verra plus loin comment ce volume est devenu la propriété de la bibliothèque de la faculté de Montpellier.

3° *Ms. L.* Ce manuscrit, qui se trouve dans la bibliothèque de la ville de Lyon, semble transcrit par la même main que le commencement du précédent. Comme les deux autres, il forme un volume in-folio en papier de cent cinquante-cinq feuillets de texte. Rien n'indique son origine. Peut-être a-t-il été transcrit pour l'établissement dans lequel il se trouve. Il diffère un peu des deux autres quant aux formules. On dirait que le scribe a voulu resserrer son texte, dans la crainte de ne pas pouvoir mettre chaque page dans une des siennes. Ainsi, où les autres manuscrits portent, par exemple : « Hic campus « situs est in pago Lugdunensi, in agro Forensi, in villa quæ dicitur... » celui-ci porte seulement : « Hic campus est in pago Lugdunensi, agro « Forensi, villa... » Le fond, comme on voit, reste le même, sauf les omissions. On a joint postérieurement, au volume de la bibliothèque de Lyon, d'abord, à la fin, une série de quatorze notices en français d'actes relatifs à l'abbaye de Savigny; puis, en tête du livre, une copie, malheureusement fort inexacte, des statuts de 1493, conservés dans les archives du Rhône.

4° *Ms. P.* Cette copie se trouve à Paris, dans la Bibliothèque impériale, où elle est inscrite sous le n° 35 de la série des cartulaires. Elle paraît être du XVIIe siècle, et forme un volume in-folio en papier, dont le cartulaire proprement dit occupe cent cinquante-sept feuillets : le chiffre 155, inscrit sur le dernier, est fautif. Le copiste a omis, peut-être avec intention, de coter deux feuillets, au moins dans une des séries de folios, car il y en a plusieurs, dont on ne comprend pas le but, si ce n'est de dissimuler les fautes du copiste. Je m'explique :

## AVANT-PROPOS.

le scribe chargé de cette transcription n'ayant pas suivi la copie page pour page, comme c'était l'usage, a omis plus de vingt chartes, soit par inadvertance, soit, ce qui est plus probable, pour rester dans la limite des cent cinquante-cinq feuillets qui lui avait été assignée. N'ayant pu néanmoins finir au cent cinquante-cinquième, il aura trouvé commode, pour éviter toute vérification, de donner au dernier feuillet le numéro 155. Ce manuscrit est sans doute venu enrichir la Bibliothèque à l'époque de la Révolution, quoiqu'il porte un timbre d'époque postérieure, celle de la Restauration. On lit sur la marge intérieure du recto du feuillet coté cii et ciiii la note suivante, qui servira peut-être à faire découvrir sa provenance réelle : « Scellé à l'Arbresle, le quatorze avril 1758. Reçu vingt-quatre sols. RAYMOND. » Cette indication semblerait prouver que ce volume appartenait à l'abbaye de Savigny ou à l'un de ses prieurés, qui eut à l'exhiber pour quelque procès, comme pièce officielle. Presque toutes les pages sont ornées en haut et en bas de dessins grossiers représentant, en général, des branches d'arbustes à fleurs, et accompagnées des monogrammes de Jésus et Marie (IHS, MRA). Malgré ses imperfections, ce manuscrit est intéressant, parce que la première page du texte est ornée d'un plan de l'abbaye à vol d'oiseau, très-grossier, il est vrai, mais pouvant cependant donner une idée de l'ensemble des bâtiments du monastère au XVIIe siècle.

Comme on le voit, chaque copie offre un intérêt particulier : la première par son origine, la seconde par son cachet d'authenticité et la lettre de l'abbé de Signy, la troisième par les pièces qui l'accompagnent, et la quatrième par son plan visuel.

Outre les quatre manuscrits que je viens de faire connaître, j'ai eu, pour m'aider dans mon travail de collation, voire même pour les rectifier tous quatre au besoin, un autre manuscrit précieux de la Bibliothèque impériale, dont il convient de dire un mot ici : c'est une analyse du cartulaire de l'abbé Ponce, faite au XVe siècle, par Benoît Mailliard, sur l'original même. Il m'a aidé à rectifier beaucoup de noms propres défigurés par les copistes des autres manuscrits, et

# AVANT-PROPOS.

à restituer quelques noms de lieux dont l'ancienne dénomination a été changée, et est maintenant complétement oubliée. Les variantes empruntées à ce manuscrit sont indiquées par les deux initiales de Benoît Mailliard (BM.).

Je n'ai pas besoin de mentionner ici tous les autres ouvrages, tant manuscrits qu'imprimés, qui m'ont servi à restituer quelques parties isolées du texte; il me suffira de nommer les principaux : ce sont le *Gallia christiana*, la *Bibliotheca Sebusiana*, de Guichenon, l'Histoire du diocèse de Lyon de J. M. de la Mure, et les manuscrits de dom Estiennot qui sont à la Bibliothèque impériale. Je ne dois pas oublier de dire que plusieurs actes importants ont pu être restitués d'après les originaux, qui sont encore dans les archives du Rhône. Mais tous ces renseignements seront consignés à leur place naturelle.

En l'absence d'un manuscrit original régulateur, j'ai dû adopter pour mon texte celle des leçons des diverses copies qui me paraissait la meilleure, et placer les autres en notes. C'est le plus souvent sur les noms propres qu'ont porté mes rectifications, parce qu'il importait peu de relever scrupuleusement les variantes des mots communs, la plupart de ces dernières ne provenant que des négligences des copistes[1], qu'il était facile de reconnaître et inutile de constater. Il en est autrement pour les noms propres. J'ai eu soin de conserver toutes les dissemblances orthographiques de ces mots, même lorsqu'elles se produisaient dans un même acte, parce qu'elles peuvent servir à restituer la véritable orthographe du nom; et qu'il ne m'appartenait pas de décider entre les différentes formes, quelque étranges que parussent certaines d'entre elles. C'est, au reste, un in-

---

[1] J'aurais grossi prodigieusement le volume, si j'avais signalé toutes les variantes des manuscrits pour certains mots qui sont écrits tantôt d'une manière tantôt d'une autre dans une même copie. Ainsi, où l'un porte *reditibus*, on lit dans l'autre *redditibus*; où l'un a *deffinitio*, l'autre porte *definitio*, et réciproquement. Je n'ai pas relevé non plus toutes les variantes relatives à l'*æ*, qui est fort souvent écrit avec *e*. Dans les noms propres même, il y a quelques variantes que je n'ai pas cru devoir relever : telle est celle du nom de Jean, qui est écrit indifféremment *Johannes* ou *Jõannes*, etc.

convénient auquel remédie la table, en réunissant toutes les variantes sous un même mot, au moyen de renvois successifs. Les seules innovations que je me sois permises sont : 1° l'intercalation dans le texte de quelques mots qui m'ont paru indispensables pour son intelligence, et que j'ai placés entre crochets pour indiquer leur origine; 2° l'addition d'un numéro d'ordre à chaque charte, pour faciliter les recherches. Cette addition était si nécessaire, que le conseiller Aubret l'avait faite à sa copie, comme je l'ai constaté dans les notes de la charte 941.

Le cartulaire de Savigny renferme plusieurs monogrammes ou groupes de lettres distincts. Quoiqu'ils diffèrent tous plus ou moins de ceux déjà publiés, je n'ai pas jugé nécessaire de les reproduire, à cause du peu d'authenticité de nos copies, qui sont toutes modernes. Je signalerai seulement deux de ces groupes, que je n'ai vus nulle part encore. Le premier se trouve sur un acte de 1084, imprimé pages 426-27. A la suite du monogramme fort complet de l'empereur Henri, à peu près semblable à celui qui est gravé dans le Glossaire de Du Cange sous le n° 40, on voit un groupe distinct qui a cette forme ℞, et dont la signification est assez difficile à déterminer. Le second se trouve sur une bulle du pape Pascal II, imprimée pages 424-25. Au lieu du monogramme *Benevalete*, qui est bien connu[1], on en voit un plus simple, qui pourrait signifier seulement *Benevale*. Il est figuré à peu près ainsi ℞. Les autres monogrammes dont je n'ai rien à dire sont : 1° celui qui est dans une bulle du pape Calixte II, imprimée pages 476-77 : c'est le *Benevalete* ordinaire; 2° celui qui se trouve dans un diplôme de l'empereur Lothaire, daté de 852, et imprimé pages 546-47 : il est conforme au n° 13 du Glossaire de Du Cange; 3° celui qui est dans un diplôme du roi Lothaire, daté de 951, et imprimé pages 95-96 : il est peu différent du n° 72 du Glossaire; 4° enfin celui du roi Conrad le Pacifique, joint à un acte de 976, imprimé pages 88-90 : il diffère de celui publié dans le

---

[1] Voyez le Glossaire de Du Cange au mot *Benevalete*, et les Éléments de paléographie, par M. de Wailly, t. II, pl. XII.

Glossaire; mais il pourra être imprimé un jour d'après l'original, qui existe dans les archives de la ville de Lyon[1], comme je l'ai dit dans les notes jointes à cette pièce.

## 2° CARTULAIRE D'AINAY.

Comme complément naturel du cartulaire de Savigny, il convenait de publier un autre monument du même genre, le petit cartulaire d'Ainay, dont la Bibliothèque impériale possède l'original, et vraisemblablement l'unique exemplaire. C'était une bonne occasion d'assurer ce précieux document historique contre de nouvelles vicissitudes, après toutes celles qu'il a éprouvées déjà, et qui l'ont si déplorablement mutilé. La réunion dans le même livre des deux plus anciens monuments écrits de l'histoire du Lyonnais devait d'ailleurs contribuer à les éclairer l'un et l'autre.

Le cartulaire d'Ainay est un petit volume in-quarto couvert en basane verte. Il se compose de cent un feuillets en parchemin; sauf quelques pages de la fin, il date du XII$^e$ siècle. Plusieurs feuillets semblent palimpsestes : les nombreuses déchirures qu'on y trouve paraissent avoir été produites par l'instrument employé à gratter le parchemin.

Ce cartulaire se composait jadis de quinze cahiers de huit feuillets chacun (sauf l'avant-dernier qui en a dix, et le dernier qui n'en a que trois); mais il manque les deux premiers, qui ont disparu depuis longtemps, et qu'on n'a plus l'espoir de retrouver. Les treize cahiers restants portent au bas de la *dernière* page les lettres ou *signatures* suivantes : C, D, E, F, G, H, I, K, L, M, N; les deux derniers cahiers, qui sont irréguliers, comme on vient de le voir, et qui auraient dû recevoir les lettres O et P, n'ont point de signatures.

Les deux cahiers manquants (A et B) comprenaient vingt-trois chartes, si l'on s'en rapporte aux numéros d'ordre portés sur le car-

---

[1] Depuis, cette pièce et beaucoup d'autres d'un intérêt général ont été restituées aux archives du département du Rhône, dont elles avaient été distraites de différentes façons. (Voyez ce que j'ai dit déjà page VI.)

tulaire, et qui nous apprennent que nous avons la fin de la vingt-quatrième. Ces numéros d'ordre, écrits en chiffres romains, se poursuivent, non sans quelques erreurs, jusqu'au nombre CCXXIIII, après lequel se trouvent plusieurs chartes non numérotées. Le chiffre total devrait donc être beaucoup plus considérable; mais, en définitive, en tenant compte des erreurs du scribe, il n'y avait en tout que deux cent vingt-quatre chartes. Or, comme il faut défalquer les vingt-trois premières, complétement perdues, il n'en reste plus que deux cent une, dont quelques-unes même en simple fragment, particulièrement la première et la dernière.

Ce manuscrit entra de fort bonne heure dans la bibliothèque de Laurent Planelli de la Valette, comme on le voit par l'inscription suivante qu'on lit sur une étiquette en maroquin rouge encadrée : CARTVLAIRE DE LABBAYE DAISNAY DES ANN. 950 IVSQVE A 1032. M. DE LA VALETTE[1]. Cette inscription, appliquée sur le plat de la couverture, prouve, au reste, que le volume était déjà privé de ses deux premiers cahiers au XVIIe siècle. Il avait en outre éprouvé un autre grave accident : la pourriture avait rongé le haut du manuscrit, et plusieurs lignes avaient complétement disparu sur la moitié des feuillets restants.

Voici quelques particularités qui pourront peut-être servir à fixer, plus exactement que je ne l'ai fait, l'âge de ce manuscrit. L'*æ* est figuré de quatre façons diverses : æ, ae, ę, e. Les deux lettres *et* sont toujours représentées par un & qui a la forme d'un *æ*, non-seulement dans le milieu des mots, mais encore lorsqu'elles appartiennent à des mots différents qui se suivent; en conséquence, ces mots sont réunis dans le manuscrit. Les *i* ne portent pas de point, mais il y en a un sur les *y*. Généralement, lorsque les voyelles *a, e, i,* sont répétées dans le même mot, elles sont surmontées chacune d'un accent aigu : áálons (pour *Aalons*), vinéé (pour *vinee*), Fulcheríí (pour *Fulcherii*), etc. Les abréviations sont comme dans les autres manuscrits du XIIe siècle. Il n'y a pas d'autre signe de ponctuation que des points.

---

[1] Ce cartulaire était encore dans les archives de l'église de Lyon en 1696. (Voy. Menestrier, *Histoire consulaire de Lyon*, preuves, p. 1.)

## AVANT-PROPOS.

A l'impression, j'ai suivi aussi exactement que possible le manuscrit. Ainsi j'ai reproduit la diphthongue *æ* avec ses diverses formes, et pour cela l'Imprimerie impériale a dû faire graver un type qui n'existe pas dans l'alphabet latin (l'ę[1]). Ne pouvant figurer les abréviations, ce qui d'ailleurs aurait rendu le document inintelligible pour le commun des lecteurs, je les ai toutes restituées, sauf le cas où le sens pouvait être douteux. Pour ces restitutions, j'ai eu soin de suivre l'orthographe la plus habituelle du manuscrit, et d'employer, par exemple, les ę à la place des *æ*. J'ai ponctué le texte pour le rendre clair à la lecture : c'est une amélioration qui n'a pas d'inconvénient, puisqu'on sait que les manuscrits anciens n'ont pour toute ponctuation que des points assez rares, et placés d'une façon fort irrégulière. Sauf les cas où la prononciation pouvait être douteuse, c'est-à-dire dans quelques noms propres, j'ai remplacé par leurs signes actuels (*j* et *v*) l'*i* et l'*u* consonnes; mais j'ai conservé religieusement les barbarismes et les fautes d'orthographe, parce qu'ils ont un véritable intérêt au point de vue de la philologie, et peuvent souvent expliquer la forme actuelle de certains mots de notre langue. C'est ainsi que dans l'altération si fréquente du mot *aut*, réduit habituellement aux deux lettres *au*, nous avons l'origine du mot français *ou*. Ailleurs[2] nous trouvons le mot *avec* rendu par *aucum*, qui semble en être le type primitif; *Belveder* écrit *Belvéér*[3], dont on a fait ensuite *Beauvoir*. Quant aux articles *le, la, les*, etc. ils sont très-fréquents dans les chartes du XIe siècle. Nous trouvons même dans une charte du Xe des mots et presque des phrases[4] en roman, telles que celle-ci, par exemple : « dis lo senterio « que pergit ab Asolia invers Sancti Laurentii » (du sentier qui va d'Asole [ou de l'Asole, rivière] vers Saint-Laurent). Du reste, j'ai rectifié toutes les fautes reconnues et signalées par le scribe lui-même,

---

[1] On n'a pu se servir de cette lettre que dans le texte; si on avait voulu l'employer dans les notes, dans les titres, etc. il aurait fallu graver un trop grand nombre de poinçons. Dans ces cas exceptionnels, on a laissé l'*e* simple, qui, du reste, est presque aussi fréquent que l'*e* à cédille.

[2] Cart. d'Ainay, ch. 6.

[3] Cart. de Savigny, ch. 775.

[4] Cart. d'Ainay, ch. 189.

# AVANT-PROPOS.

soit à l'aide de lettres superposées, soit au moyen de points placés sous certaines autres. J'ai dû ajouter fort souvent le mot *etc.* dans les formules, parce que le copiste a abrégé ces dernières sans aucune espèce de règle, et qu'il était bon d'avertir le lecteur de ces réticences. Ne pouvant écrire certains mots en interligne, comme dans l'original, je les ai placés dans le texte, mais en *italique*, et en prévenant de la transposition, afin qu'on sût que ce sont des gloses dont on peut à la rigueur contester l'exactitude. J'ai aussi ajouté quelques mots et même des lettres à certains mots, dans l'intérêt du sens; mais les uns et les autres sont entre crochets, pour qu'on sache bien d'où ils viennent. Enfin j'ai essayé de suppléer les lacunes produites dans le manuscrit par la moisissure, et je crois avoir assez complètement réussi; mais, pour qu'on puisse distinguer la restitution du texte original, j'ai fait imprimer en *italique* et entre crochets les parties restituées. Le P. Menestrier, qui a eu communication de ce volume à l'époque où il s'occupait de la rédaction de son Histoire consulaire de Lyon[1], a essayé aussi de combler quelques-unes de ces lacunes dans l'impression qu'il a faite de dix-huit des chartes du cartulaire d'Ainay (ce sont les nos 2, 3, 4, 5, 6, 7, 8, 13, 15, 17, 18, 21, 22, 25, 47, 53, 66, 190[2]). Enfin, comme dans le cartulaire de Savigny, j'ai mis un numéro d'ordre aux chartes, sans avoir égard à celui qui existait déjà et que j'ai néanmoins conservé à titre de renseignement. Les chiffres que j'ai inscrits en tête de chaque pièce vont régulièrement du numéro 1 au numéro 201.

Comme on vient de le voir, ce volume provient de la bibliothèque de Planelli de la Valette, aussi bien que l'exemplaire du cartulaire de Savigny qui se trouve dans la bibliothèque de la faculté de Montpellier. Il convient de dire comment l'un et l'autre sont arrivés à leurs destinations respectives. Planelli de la Valette, président des trésoriers de France, l'un des fondateurs de l'Académie de Lyon, s'était plu à recueillir tous les documents qu'il avait pu se procurer sur les

---

[1] *Hist. cons. de Lyon*, preuves, p. I.   [2] *Ibid.* p. III et suiv.

trois provinces du gouvernement qui avait cette ville pour chef-lieu, le Lyonnais, le Forez et le Beaujolais, et était parvenu à former ainsi le plus riche fonds d'histoire locale qu'il soit possible d'imaginer. Vers le milieu du xviiie siècle, la plus grande partie de ses richesses littéraires fut transportée au château de Thorigny, près de Sens, par l'un de ses petits-fils. Ce dernier ayant émigré à l'époque de la Révolution, ses livres furent confisqués et déposés provisoirement dans la bibliothèque d'Auxerre[1]. En 1805, MM. Chardon de la Rochette et Prunelle furent chargés par le Gouvernement d'explorer les bibliothèques de province, afin de répartir d'une manière équitable entre tous les établissements littéraires de la France les ouvrages dont quelques-uns seulement avaient hérité par suite des événements politiques. C'est grâce à cette mission, qui fut particulièrement favorable à la bibliothèque de la faculté de Montpellier, à laquelle M. Prunelle était alors attaché, que le cartulaire d'Ainay parvint à la Bibliothèque impériale, en même temps que la copie du cartulaire de Savigny écrite pour M. de la Valette, et les papiers de Guichenon provenant de la même source, allèrent à Montpellier.

### 3° TABLES.

Pour ne pas compliquer inutilement les recherches, j'ai réduit les tables à deux : une table chronologique des actes, distincte pour chaque cartulaire, et une table générale des noms et des choses, qui les comprend tous deux.

*Table chronologique.* Cette table donne un sommaire de chaque pièce, pris dans le corps même de l'acte, et non sur le titre qu'il porte dans le manuscrit, lequel est souvent inexact et presque toujours incomplet. Afin de ne pas absorber inutilement trop d'espace, j'ai résumé autant que possible ce sommaire, où je me suis attaché seulement à mentionner quatre choses : l'objet de l'acte, le nom du lieu dont il est question, et les noms des deux parties. Pour plus de

---

[1] Voyez, sur les vicissitudes de la bibliothèque de Planelli de la Valette, un article que j'ai publié dans la Revue du Lyonnais, n° d'octobre 1853.

# AVANT-PROPOS.

concision, lorsqu'il s'agit d'une donation, d'une vente, etc. je cite l'abbé qui figure dans l'acte comme représentant le monastère, quoiqu'il ne soit souvent nommé, par humilité, que d'une manière toute passive. Cette mention de l'abbé sert elle-même de renseignement chronologique, et dispense de mentionner le monastère ou les différents établissements qui en dépendaient et auxquels étaient faites les donations. Quant aux dates que j'ai assignées aux actes, j'ai fait tout ce qui dépendait de moi pour arriver à la plus grande exactitude possible, recourant non-seulement aux synchronismes que pouvait m'offrir le document lui-même, mais encore mettant à profit mes études particulières sur le Lyonnais; toutefois, je n'ai pas la prétention d'avoir toujours rencontré juste. Les personnes qui ont fait des recherches analogues me pardonneront facilement les erreurs que j'ai pu commettre, sachant combien ce travail est ardu; les autres n'y attacheront probablement pas assez d'importance pour m'en faire des reproches. En tout cas, je préviens le lecteur que, s'il trouve quelque différence dans la date inscrite en marge d'un acte et celle que cet acte porte dans la table, c'est la dernière qu'il devra adopter, parce qu'elle est le résultat de nouvelles investigations. Il est bon de se rappeler aussi que les chiffres de la table renvoient au numéro des chartes et non aux pages.

*Table générale.* J'avais d'abord l'intention de faire des tables distinctes pour les *lieux,* les *personnes* et les *choses;* mais, tout bien considéré, il m'a paru préférable de fondre ces trois tables dans une seule. Il arrive souvent, en effet, que lorsqu'on rédige plusieurs tables, le lecteur, ne prenant pas garde au titre particulier de chacune d'elles, cherche vainement, dans celle où il ne peut se trouver, le renseignement dont il a besoin. Une autre considération m'a déterminé à ne faire qu'une table, c'est que très-fréquemment, aux époques qu'embrassent nos deux cartulaires, les noms de personnes sont empruntés à des noms de lieux : la réunion des uns et des autres dans la même nomenclature peut donc être d'un grand secours à ceux qui s'occupent de la restitution moderne des seconds. Cette réunion, au reste, n'est pas moins utile aux philologues, car presque tous les noms de lieux anciens ont un sens, souvent ignoré, il est vrai, aujourd'hui, mais qu'une bonne table peut faire retrouver.

Le même motif m'a porté à fondre dans la table du cartulaire de Savigny celle du cartulaire d'Ainay; et comme dans l'un et l'autre cas les chiffres renvoient aux numéros des actes, et non aux pages, j'ai dû distinguer ce qui se rapporte au cartulaire d'Ainay par un astérisque (*), attendu que les deux cent un numéros dont se compose ce dernier auraient été confondus avec les deux cent un premiers numéros de Savigny. Je renvoie pourtant quelquefois aux pages, mais c'est seulement lorsqu'il s'agit d'un hors-d'œuvre tel que les notices qu'a jointes le compilateur du cartulaire de Savigny aux noms des abbés Gausmar et Dalmace, ou des notes un peu longues que j'ai ajoutées à certaines chartes, ou enfin d'actes formant plusieurs pages, comme cela se présente fort souvent dans la dernière partie du cartulaire de Savigny.

Pour rendre la table générale aussi utile que possible, j'y ai présenté les matières sous différents aspects, multipliant les nomenclatures et les renvois. Autant j'ai cru pouvoir resserrer la table chronologique, autant j'ai cru devoir développer l'autre, qui est comme le résumé du livre lui-même. Une bonne table est le complément essentiel d'un livre du genre de celui-ci. Ainsi, au mot *Abbé*, je renvoie au nom de chaque abbaye; au nom de l'abbaye, je donne la nomenclature des abbés, et au nom de l'abbé, la nomenclature des actes qui le concernent. Non-seulement j'ai consigné avec soin, au nom de chaque localité possédant une église, le nom du patron de celle-ci lorsqu'il était mentionné, mais encore j'ai donné la nomenclature distincte des églises et chapelles. Aux mots *Pagus* et *Ager,* j'ai nommé tous les *pagi* et *agri* cités, renvoyant pour les détails au nom propre des localités. De plus, pour qu'on ait de suite, dans l'ordre alphabétique latin, les noms de lieux dont j'ai pu retrouver la situation, j'ai ajouté entre parenthèses leur nom français actuel. Ce renseignement, combiné avec le Dictionnaire géographique qui termine l'ouvrage, donnera le moyen de trouver facilement les noms de lieux mentionnés, soit qu'on ne connaisse que leur nom latin, soit, au contraire, qu'on ne connaisse que leur nom français.

Pour les noms de personnes, j'ai procédé d'une manière analogue. Ainsi je mentionne d'abord celles qui n'ont qu'un seul nom, comme *Abbo, Bernardus, etc.* en accompagnant ce nom de tous les renseignements qui peuvent servir à constater l'identité de la personne, *comte, évêque, abbé, etc.* ou bien *fils, frère, mari, etc.* de tel ou tel; ensuite viennent les personnes qui ont deux noms, c'est-à-dire un nom propre et un nom patronymique, renvoyant pour ces dernières au nom patronymique, où je réunis tous les membres d'une même famille, en les distinguant les uns des autres, autant que cela est possible, du moins, car on comprend combien il est facile de se tromper lorsqu'il s'agit d'actes sans dates positives. Ainsi il doit m'être arrivé parfois de réunir sous un même nom des personnages distincts, mais que rien ne me mettait à même de distinguer, et réciproquement de faire deux individus d'un seul. Mais, le lecteur une fois prévenu, cela n'a pas grand inconvénient.

En adoptant, pour rédiger la table, le numéro des chartes et non celui des pages, j'ai pu l'abréger beaucoup, et la rendre analytique. Ainsi, au lieu de répéter un nom autant de fois qu'il paraît dans l'acte, il m'a suffi de le mentionner une fois avec la qualité qui lui convient, soit celle de donateur, de vendeur, d'acquéreur, etc. De même pour les autres personnes. Le mot abrégé *scrip.* indique que l'individu cité a été le rédacteur de l'acte dont le numéro suit (*scripsit*). Je n'ai pas jugé convenable de me servir du mot *amanuensis,* qui ne paraît pas une seule fois dans l'un ou l'autre cartulaire, et qui ne semble pas avoir été en usage dans le Lyonnais. Le mot *scriptor* est au contraire fort souvent employé dans les chartes de ce pays au XIe siècle, et particulièrement dans le cartulaire de Beaujeu [1], avec le sens d'écrivain rédacteur d'un acte.

---

[1] Les archives du Rhône possèdent encore un fragment de ce précieux monument.

On trouvera dans la table des surnoms étranges, tels que ceux de *Torticollus, Daratalingua, Incatenatus, etc. etc.* qui font connaître l'origine des noms propres. Souvent même il arrive qu'on ne peut distinguer si un surnom de ce genre est un véritable nom ou l'indication d'une qualité, d'un défaut, d'une profession. Tels sont, par exemple, ceux de *monachus, clericus, monayor, dapifer, caballarius, faber,* etc. Mais ce n'est pas ici le lieu d'aborder l'intéressante étude de l'histoire des noms propres, qui est encore à faire, malgré le livre de M. Eusèbe de Salverte.

On trouvera peut-être que j'ai restitué bien peu de noms de lieux. J'aurais pu être sans doute beaucoup plus libéral de restitutions, si je l'avais voulu; je pouvais, en effet, donner un nom français à presque tous les noms de lieux latins, car j'ai fait pour ce travail le dépouillement de toutes les cartes du Lyonnais (Cassini, le Dépôt de la guerre, les cartes départementales, les cartes cantonales, etc.); ce dépouillement m'a fourni plus de vingt mille articles, parmi lesquels j'aurais certainement trouvé tous les *à peu près* qui m'auraient convenu; mais je n'ai pas voulu induire le lecteur en erreur, en lui inspirant une confiance que je n'avais pas moi-même. Je n'ai donné que les noms qui me paraissaient certains. Pour les renseignements géographiques qui ne pouvaient trouver place dans la table, il conviendra de recourir au Dictionnaire géographique.

### 4° APPENDICES.

J'ai réuni sous ce titre divers documents d'un grand intérêt pour la géographie historique du Lyonnais. On y trouvera d'abord une série de pouillés officiels qui donnent la nomenclature exacte des paroisses du diocèse de Lyon depuis le xiiie siècle jusqu'à la Révolution. C'est le complément naturel des cartulaires, qui nous fournissent des détails sur les circonscriptions antérieures. J'ai élucidé autant qu'il dépendait de moi ces documents à l'aide de nombreuses notes. J'ai écrit toutes ces notes en français, afin qu'elles pussent concorder entre elles d'un bout à l'autre de l'Appendice, qui forme un tout complet, quoique composé de pièces en grande partie latines. D'ailleurs, comme on le verra, toutes les nomenclatures de ces pouillés, quoique renfermées dans un cadre latin, sont écrites en français. C'est pourquoi je n'ai pas jugé nécessaire de les accompagner de leur restitution. Je me suis contenté de donner celle du premier pouillé, comptant sur la sagacité du lecteur pour reconnaître les noms modernes sous l'ancienne orthographe, si mobile au moyen âge.

Outre les pouillés du diocèse de Lyon, j'ai cru devoir en publier un du diocèse de Mâcon, diocèse qui est fort souvent mentionné dans nos deux cartulaires, et qui d'ailleurs fut en grande partie fondu dans le Lyonnais.

Après cela viennent deux pièces précieuses qui ont un certain rapport entre elles, quoique relatives à des époques et à des pays différents : la première est un fragment de pouillé du diocèse d'Autun au XI$^e$ siècle; l'autre, le tableau des droits de cire et d'encens dus à l'église de Lyon au XVI$^e$ siècle. J'aurai occasion de parler de l'une et de l'autre dans l'introduction.

L'Appendice se termine par une pièce fort curieuse, qui fait connaître une subdivision de l'archiprêtré en usage dans le Lyonnais au XV$^e$ siècle.

### 5° ÉCLAIRCISSEMENTS.

J'ai divisé cette section en trois parties distinctes :

Dans la première, j'ai mis tout ce qui est relatif aux divisions territoriales des diocèses de Lyon, Mâcon, etc. aux IX$^e$, X$^e$ et XI$^e$ siècles.

La seconde est un Dictionnaire géographique, faisant connaître la situation des lieux cités dans l'ouvrage et qui ont pu être restitués.

La troisième est un glossaire des mots barbares et autres qui demandaient une explication.

Cette section se termine par la liste des variantes qui n'ont pu être relevées qu'après l'impression.

Enfin l'ouvrage est accompagné d'une carte destinée à éclaircir toutes les questions de géographie locale. Cette carte, dont le fond noir représente les diocèses de Lyon et de Mâcon tels qu'ils étaient vers le milieu du XVIIIe siècle, avant qu'ils aient été modifiés, et que le premier ait été réduit par la création à son détriment du diocèse de Saint-Claude, comprend aussi ce dernier diocèse, dont elle donne les limites exactes. Elle fournit ainsi le moyen de faire l'historique de trois des anciens diocèses de la France [1]. Sur le fond de cette carte diocésaine, qui est en noir, j'ai tracé en rouge tous les éléments que j'ai pu recueillir sur les divisions administratives de ces pays au Xe siècle. Comme c'est le premier travail de ce genre entrepris sur le Lyonnais, il n'est pas besoin de dire que ces délimitations présentent encore beaucoup d'incertitude : de nouvelles découvertes mettront peut-être un jour à même de les rectifier. Dans cet état de choses, et pour ne pas surcharger inutilement la planche, j'ai cru pouvoir me dispenser de reproduire les noms latins des lieux, qui déjà y figurent en français. L'*Index generalis,* mais surtout le Dictionnaire géographique, ne laissent rien à désirer sous ce rapport.

En terminant cet avant-propos, je crois devoir nommer ici quelques personnes qui ont bien voulu me prêter leur concours d'une façon toute spéciale, soit pour une partie seulement, soit pour l'ensemble de ce travail. Je citerai à ce titre MM. Charles Ribaut et F. Z. Collombet, qui m'ont aidé dans la révision des textes; M. Gauthier, archiviste du département du Rhône, qui a fait pour moi les recherches les plus actives dans son dépôt, et dont les communications m'ont été bien précieuses; MM. Houzé et Ragut, auxquels je dois la restitution de beaucoup de noms de lieux; M. Delisle, qui a rédigé une partie de la table; enfin M. Jules Desnoyers, chargé par le Comité de surveiller la publication, et qui l'a fait avec un zèle et un dévouement extrêmes, dont je lui suis très-reconnaissant, car ils ont contribué à améliorer considérablement mon livre.

---

[1] On peut y joindre aussi celui du diocèse de Bourg, qui a eu une existence éphémère au XVIe siècle.

# INTRODUCTION.

Nous n'avons pas eu la prétention d'entreprendre, avec des données moins complètes et moins de science, un travail semblable à celui que M. Guérard a placé en tête des cartulaires publiés par lui. Nous laissons à cet érudit le soin de relever, dans les documents mis ici en lumière, les faits qui peuvent servir à compléter ses intéressantes recherches sur l'état des personnes et des terres au moyen âge[1]. Nous ne nous attacherons qu'à ce que ces documents peuvent offrir de particulier pour l'histoire de la géographie locale. Toutefois, pour donner plus de clarté à notre travail, nous croyons devoir le compléter à l'aide des renseignements que nous avons recueillis à d'autres sources; mais nous le ferons aussi brièvement que possible, nous réservant de traiter le sujet avec tous ses développements dans un livre spécial.

§ 1er. ÉPOQUE GALLO-ROMAINE.

Il y a quelques années, nous publiâmes dans le Recueil de la société des Antiquaires de France[2] un travail assez étendu, intitulé : *Mémoire sur les origines du Lyonnais*[3]. Dans ce travail,

---

[1] Nous avons relevé soigneusement, dans l'*Index generalis*, tous les mots qui peuvent servir à ces recherches.

[2] Tome XVIII.

[3] Ce travail a été publié aussi en un volume in-8° (1846).

auquel nous renvoyons le lecteur qui désirerait de longs développements sur ce sujet, nous démontrâmes, à l'aide des monuments, que le véritable nom du peuple gaulois sur le territoire duquel fut bâti Lyon était *Segusiavi* et non *Segusiani*, comme on l'avait toujours écrit jusqu'ici. Depuis la publication de ce mémoire, notre opinion, qui avait d'abord été reçue avec méfiance ou rejetée comme paradoxale, a été corroborée par de nouvelles découvertes[1], et enfin admise par tous les hommes sérieux. C'est aujourd'hui un fait acquis sur lequel il est inutile de revenir. Il n'en est pas de même de la question des limites. Celles que nous avions assignées aux Ségusiaves ont été contestées sur quelques points : c'est donc une question à traiter de nouveau; nous allons le faire sommairement, mais cependant avec assez de développement pour résoudre complétement, s'il est possible, cette question importante, base de notre travail.

Un fait incontestable, c'est que la colonie romaine de Lyon fut établie sur le territoire des Ségusiaves. Pline[2] et Strabon[3] sont d'accord sur ce point. Ptolémée semble placer, il est vrai, Lyon chez les Éduens[4], mais c'est une erreur évidente, qui provient de ce que cette ville était, au temps de cet auteur, non pas la capitale des Ségusiaves, mais celle de la province entière dont Autun faisait alors partie, c'est-à-dire la métropole de la Gaule lyonnaise, comme il la désigne lui-même[5].

---

[1] Voir le livre publié par M. l'abbé Roux sous le titre : « Recherches sur le *Forum Segusiavorum* et l'origine gallo-romaine de la ville de Feurs. » Lyon, 1851, in-8°.

[2] « Secusiabbi liberi, in quorum agro colonia Lugdunum. » (Pline, *Hist. nat.* lib. IV, cap. XXXII.)

[3] « Λούγδουνον πόλιν τῶν [Σ]εγγοσια-6ῶν. » (Strab. *Geogr.* lib. IV, c. 1.)

[4] Ptolémée, *Géogr.* l. II, c. VIII, § 17. Lyon ne figure, suivant nous, dans le paragraphe des Éduens, que parce que ce paragraphe est le dernier du chapitre de la Gaule lyonnaise, qui se termine lui-même par le nom de Lyon, comme couronnement de l'œuvre.

[5] *Géogr.* l. II, c. VIII, § 14.

Du reste, Ptolémée nomme deux autres villes des Ségusiaves, *Rodumna* et *Forum Segusiavorum*, qui sont *Roanne* et *Feurs*, l'ancien chef-lieu de la contrée; il ajoute que ce peuple confine aux Arvernes, ce qui ne laisse aucun doute sur les limites à l'ouest, car il existe sur ce point une grande chaîne de montagnes qui a dû toujours servir de frontière, et qui sépare encore le Lyonnais de l'Auvergne, ou, pour mieux dire, le département de la Loire de celui du Puy-de-Dôme.

Il ne peut pas davantage y avoir doute relativement aux limites méridionales, du moins en ce qui concerne la portion du Lyonnais située à la droite de la Saône et du Rhône, car nous trouvons de ce côté deux peuples qui faisaient partie de confédérations distinctes : 1° les *Vellavi*, dont la capitale était *Revessio*, aujourd'hui Saint-Paulien, et qui, suivant la fortune des Arvernes, étaient par conséquent ennemis des Ségusiaves, clients des Éduens; 2° les Allobroges, qui s'étendaient de Vienne à Genève, le long du Rhône. Sur les deux points que nous venons d'indiquer, c'est-à-dire à l'ouest et au midi, les limites des anciens diocèses de Clermont, du Puy et de Vienne, doivent nous donner celles du peuple ségusiave; car, comme on sait, les circonscriptions ecclésiastiques avaient conservé généralement les divisions romaines, qui, de leur côté, étaient en grande partie fondées sur les nationalités gauloises. En effet, pour former les cités romaines, on divisa le territoire des peuples gaulois trop grand pour n'en former qu'une, ou on réunit dans une seule celui de peuples trop petits pour en composer une, mais sans les mutiler autrement. C'est de la même manière qu'on a procédé à la fin du siècle dernier pour la formation des départements, dans les limites desquels on peut encore retrouver celles des anciennes provinces créées par la féodalité. Il n'y a qu'un point sur lequel nos pères se soient complétement départis des habitudes gauloises, c'est en ce qui concerne les fleuves et les rivières, qui servent fort souvent de frontières aujourd'hui, tandis que chez les Gaulois, au contraire, les deux rives d'un fleuve appartenaient presque toujours au même peuple[1], et cela avec raison, à notre avis, car une rivière est plutôt un lien qu'une séparation[2].

Nous le répétons donc, on doit accepter comme indiquant exactement l'étendue du territoire ségusiave au sud et à l'ouest les limites des anciens diocèses de Clermont, du Puy et de Vienne.

Il en doit être de même au nord, où l'ancien diocèse de Lyon était limité par ceux d'Autun et de Mâcon, deux villes des Éduens. Il est évident que le territoire des Ségusiaves ne fut pas agrandi sur ce point, puisque la ville de Roanne, que nous savons avoir appartenu à ce peuple, se trouvait sur les confins du diocèse; peut-être, au contraire, fut-il réduit pour donner plus d'étendue au diocèse de Mâcon, formé d'un démembrement de la cité des Éduens : la position singulière de Roanne dans le diocèse de Lyon; la limitation de ce dernier, sur ce point, par deux rivières, la Loire et le Rhins, contrairement aux usages gaulois; la formation tardive du diocèse de Mâcon; enfin l'affinité particulière de toute la portion méridionale de ce diocèse avec celui de Lyon, ou du moins sa dépendance

---

[1] Cette assertion semble en contradiction avec ce que rapportent César, Strabon et d'autres auteurs, qui, très-souvent, donnent des rivières pour limites aux peuples gaulois; mais nous ferons remarquer que ces écrivains se sont servis d'indications générales, et que les rivières sont mentionnées par eux moins comme des limites que comme des points de repère.

[2] Il est bien évident que nous entendons parler uniquement ici de la portion navigable des fleuves et rivières, de celle dont les deux rivages étaient également abordables, et non de celle où des rochers ou d'autres obstacles naturels en interdisaient la navigation, ou rendaient soit une rive, soit les deux rives inabordables; car alors comme aujourd'hui elles pouvaient servir de limites : ce dont on voit de nombreux exemples.

immémoriale de l'église métropolitaine, tout nous porte à croire qu'il y eut sur ce point mutilation du territoire ségusiave ; néanmoins, en l'absence de renseignements précis, nous acceptons provisoirement les limites diocésaines.

Il est plus difficile d'arriver à un résultat satisfaisant du côté de l'est, parce qu'il est certain qu'on adjoignit aux Ségusiaves, de ce côté, pour composer la cité de Lyon, au moins un des petits peuples de la confédération éduenne. Nous n'avons pour nous renseigner à cet égard que ce que disent César et Strabon, et cela est bien vague pour nous permettre de résoudre complétement la question des limites ; voyons toutefois quelles lumières nous en pourrons tirer.

Strabon dit que les Ségusiaves sont entre le Rhône et le Doubs[1]. On pense que ce dernier nom est venu par erreur sous sa plume ou celle de ses copistes, parce que cet auteur ajoute que Lyon est une ville des Ségusiaves, et que cette ville, bâtie sur la montagne de Fourvière, comme l'indique son nom latin, et comme le rapporte Strabon lui-même, se serait trouvée par le fait hors du territoire de ce peuple. Il est certain que l'explication de Strabon est incomplète, puisque nous avons la preuve que les Ségusiaves s'étendaient à la droite de la Saône, où se trouvaient leurs principales villes, Feurs et Roanne, et où presque tous les monuments épigraphiques qui font mention de ce peuple ont été découverts ; mais les commentateurs de Strabon se trompent également en substituant purement et simplement le nom de la Loire à celui du Doubs : c'est remplacer une erreur par une autre ; car il est certain que les Ségusiaves occupaient les deux rives de la Loire. La description de Strabon se rapporte sans doute à la portion du territoire que possédaient les Ségusiaves à la gauche de la Saône,

[1] *Geogr.* lib. IV, c. III.

et qui se trouvait en effet entre le Rhône et le Doubs, quoique fort éloignée de cette dernière rivière. Strabon parle encore ailleurs de cette portion de territoire ségusiave, dont l'existence est ainsi constatée de la manière la plus positive. « Le Rhône, dit-il, se réunit à la Saône près de Lyon, après avoir arrosé les plaines des Allobroges et des Ségusiaves[1]. » Mais rien ne nous indique quelle était l'étendue précise de cette portion de territoire. Voyons si nous pourrons tirer plus de lumières de César.

Le conquérant des Gaules parle en plusieurs endroits des Ségusiaves. Dans un passage de ses Commentaires, il nous apprend que ce peuple était client des Éduens[2], et dans un autre il dit que les Éduens et les Ségusiaves étaient limitrophes de la province romaine[3], qui s'étendait, comme on sait, le long du Rhône jusqu'à Genève, comprenant, outre les provinces méridionales de la Gaule, tout le territoire des Allobroges. L'expression de César ne peut s'appliquer aux Éduens qu'à cause de leur clientèle sur les Ségusiaves, car ces derniers seuls touchaient à la province romaine. C'est, au reste, ce que confirme César au commencement de son livre, où il raconte la tentative d'émigration des Helvétiens.

Voici un résumé aussi succinct que possible des faits qui nous intéressent dans ce récit : César ayant appris que les Helvétiens se disposaient à se rendre chez les Santons en passant par le défilé de l'Écluse, avec l'agrément des Séquanes, qui s'étendaient jusque-là, se hâta d'aller chercher des renforts en Italie, puis revint dans les Gaules. Il se rendit d'abord

---

[1] *Geogr.* lib. IV, c. I.

[2] *De Bello Gall.* lib. VII, c. LXXV : « Imperant Heduis atque eorum clientibus, Segusiavis, Ambivaretis, Aulercis Brannovicibus, Brannoviis, millia quinque et triginta; parem numerum Arvernis, adjunctis Eleutheris, etc. »

[3] *De Bello Gall.* lib. VII, cap. LXIV : « Heduis Segusiavisque qui sunt finitimi Provinciæ. »

dans le pays des Voconces, puis chez les Allobroges, et enfin vint camper chez les Ségusiaves[1], *qui sont, dit-il, le premier peuple hors de la province au delà du Rhône*[2].

Les Helvétiens avaient déjà traversé les défilés et les frontières des Séquanes, et ils étaient arrivés sur le territoire des Éduens, qu'ils ravageaient. Ce peuple, trop faible pour se défendre, envoya demander du secours à César. Au même moment, les Ambarres, peuple allié des Éduens, vinrent annoncer à César que leurs campagnes étaient ravagées, et qu'ils pouvaient à peine défendre leurs villes contre les ennemis. Enfin les Allobroges, qui possédaient quelques bourgs au delà du Rhône, s'enfuirent vers César, et lui rapportèrent que les Helvétiens ne leur avaient laissé que les campagnes nues.

Les Helvétiens étaient alors occupés à passer la Saône, qui séparait les Séquanes des Éduens[3]. Lorsque César sut que les trois quarts des Helvétiens avaient passé la rivière, il sortit de son camp, marcha vers les retardataires, et, les attaquant à l'improviste, en tua un grand nombre; le reste prit la fuite et se cacha dans les forêts voisines. Ensuite, César, ayant fait jeter un pont sur la rivière, se mit à la poursuite du gros des Helvétiens, qu'il força bientôt, comme on sait, à rentrer dans leur pays, après avoir perdu les deux tiers de leur population.

Il ressort pour nous du récit de César que le territoire du

---

[1] Le texte porte *Sebusiani* dans beaucoup d'éditions aussi bien que dans quelques manuscrits : j'avais cru pouvoir en conclure précédemment qu'il s'agissait ici d'un peuple distinct des Ségusiaves, quoique leur confinant; mais, après mûre réflexion, j'ai renoncé à cette hypothèse, qui ne me paraît pas avoir assez de solidité.

[2] « Hi sunt extra Provinciam trans Rho-« danum primi. » (*De Bello Gall.* lib. I, c. x.)

[3] Comme le fait remarquer Hadrien de Valois, à l'article de la Bresse, il est probable que cette limite n'était pas rigoureuse, et que les Éduens s'étendaient un peu sur la rive gauche de la Saône, suivant l'usage gaulois. En effet, une portion de ce territoire fit plus tard partie des diocèses de Mâcon et de Châlon, dont les chefs-lieux se trouvaient sur le territoire de la cité éduenne.

département de l'Ain était occupé tout entier par six peuples différents : 1° les Helvétiens, à qui appartenait le pays de Gex; 2° les Séquanes, qui s'étendaient sur le versant occidental du Jura jusqu'au Rhône; 3° les Allobroges, qui avaient quelques bourgs sur la rive droite du Rhône; 4° les Éduens, qui avaient quelques lambeaux de territoire sur la rive gauche de la Saône, comme le prouve la composition des diocèses de Mâcon et de Châlon; 5° les Ségusiaves, qui occupaient la partie sud-ouest du département, où César vint camper; 6° enfin les Ambarres, qui étaient placés entre les Allobroges et les Éduens, c'est-à-dire qui occupaient la partie nord du département.

On peut conclure de ce qui précède que tout le territoire des Ambarres est entré dans la cité, autrement dit le diocèse de Lyon, et que nous avons, par conséquent, leurs limites au nord, à l'est et au sud-est, dans les limites mêmes de ce diocèse. Nous voudrions pouvoir fixer exactement les limites de ce peuple à l'ouest, mais la chose n'est pas possible; nous croyons toutefois qu'on ne s'écarterait guère de la réalité en attribuant aux Ségusiaves tout le territoire des archiprêtrés de Dombes, de Sandrans, de Chalamont et de Meyzieux, et tout le reste aux Ambarres, c'est-à-dire les archiprêtrés de Coligny, de Bâgé, de Treffort, d'Ambournay et de Morestel. Ce territoire renferme, en effet, plusieurs localités qui semblent avoir conservé quelque trace de l'ancien nom gaulois : telles sont, à peu de distance l'une de l'autre, Ambérieux, Ambournay, Ambutrix. La première, qui pourrait bien avoir été la capitale des Ambarres, est probablement le lieu d'où est daté le titre LXIV de la fameuse loi Gombette, publiée au VI° siècle par les rois de Bourgogne. C'est près de là que se trouve le château de Varey, qui paraît avoir été le chef-lieu d'un comté (*comitatus Varesinus*) embrassant au moyen âge une partie de ce territoire ¹, et auquel succéda plus tard l'archiprêtré d'Ambournay, l'un des plus vastes du diocèse de Lyon ².

Lyon n'existait pas à l'époque de César. En effet, cette ville ne fut fondée que quelques années après la conquête des Gaules. Comme colonie romaine, elle jouit tout d'abord de certains priviléges qui la rendaient indépendante, elle et sa banlieue, du territoire des Ségusiaves, sur lequel elle se trouvait ³. Elle acquit bientôt une importance telle, qu'on la choisit pour être la métropole de la Celtique, qui prit même son nom, Gaule lyonnaise, lors de la première division régulière des Gaules, sous Auguste.

Plus tard, Agrippa lui donna une importance nouvelle. « Lyon, dit Strabon ⁴, est placé au milieu de la Gaule et comme le cœur de ce pays, tant à cause de sa situation au confluent de deux grandes rivières qu'à cause de sa proximité de toutes les parties de cette contrée. C'est pourquoi Agrippa en fit le point de départ des grandes routes. La première de ces routes, traversant les Cévennes, conduit en Aquitaine et jusque chez les Santons; la seconde, au Rhin; la troisième, à l'Océan, en passant par le territoire des Bellovacs et celui des Ambiens; la quatrième, enfin, sur le littoral narbonnais et marseillais. »

Les itinéraires romains qui sont parvenus jusqu'à nous viennent compléter ces données générales, en nous faisant connaître les étapes mêmes des routes signalées par Strabon.

---

¹ Voyez page 1086.
² Voyez page 1001. Le nom de Varey lui-même semble aussi conserver quelque trace du nom des Ambarres.
³ C'est à ce titre de colonie indépendante qu'elle dut l'honneur de voir ériger sur son territoire le fameux temple d'Auguste, à la construction duquel contribuèrent presque tous les peuples gaulois. (Voir le mémoire que j'ai publié sur l'emplacement de ce temple dans la Revue archéologique, t. IV [1847].)
⁴ Lib. IV, c. IV.

Ils nous apprennent que la route d'Aquitaine passait par *Forum Segusiavorum* (Feurs), *Aquæ Segestæ* (Moind, près de Montbrison)[1], *Icidmagus* (Usson), *Revessio* (Saint-Paulien), etc.

La route du Rhin, par *Asa Paulini* (Anse), *Lunna* ou *Ludna* (Belleville), *Matisco* (Mâcon), *Tinurtum* (Tournus), *Cavillo* (Châlon), etc. De cette dernière ville, un embranchement se dirigeait sur *Augustodunum* (Autun), l'ancienne Bibracte de César : il avait vingt et une lieues gauloises suivant la Table Théodosienne, ou vingt-deux suivant l'Itinéraire d'Antonin[2];

La route de l'Océan, par *Forum Segusiavorum* (Feurs), *Mediolanum* (?)[3], *Roidomna* ou *Rodamna* (Roanne), *Ariolica* (Avrilly-sur-Loire), *Pocrinium* (Périgny-au-Pont), *Tulonnum* (Toulon-sur-Arroux) et *Augustodunum* (Autun), d'où elle gagnait le nord par Avallon. Un embranchement venant d'*Augustonemetum* (Clermont) se soudait à cette ligne vers *Ariolica;* il se dirigeait sur *Vorogium* (Voroux, près de Varennes) et *Aquæ Calidæ* (Vichy).

---

[1] Dans mon Mémoire sur les origines du Lyonnais, j'ai placé *Aquæ Segestæ* à Saint-Galmier; mais je crois devoir aujourd'hui me ranger à l'avis de M. l'abbé Roux, qui place cette station romaine à Moind. L'ancien nom de Saint-Galmier paraît avoir été *vicus Auditiacus*, qui lui est donné dans la légende de son saint patron.

[2] Un autre embranchement, qui n'est pas porté sur les itinéraires, mais que les ingénieurs de la nouvelle carte de France ont signalé, et qui servit d'ailleurs durant tout le moyen âge, conduisait de Lyon à Autun par une voie plus courte, qui se soudait à *Lunna* (Belleville), et se dirigeait sur Avenas et Cluny.

[3] Cette portion de la Table Théodosienne est très-obscure, et renferme évidemment une erreur. Elle indique seize lieues gauloises de *Lugdunum* à *Forum*, quatorze de *Forum* à *Mediolanum*, et vingt-deux de *Mediolanum* à *Roidomna*. Or, il y a près de vingt-deux lieues de Lyon à Feurs, et il n'y en a pas vingt entre Feurs et Roanne, sans parler de la station intermédiaire de *Mediolanum*, sur laquelle on n'a aucune donnée, car je renonce à l'hypothèse que j'avais présentée à ce sujet dans mon Mémoire sur les origines du Lyonnais. La route de Feurs à Roanne devait venir rejoindre la vieille route de Montbrison à Roanne aux environs de la Bouteresse. On a trouvé dans cette direction deux pierres milliaires qui semblent le prouver. (Voyez l'ouvrage de M. l'abbé Roux, p. 77.) Peut-être faut-il tout simplement supprimer ici cette station inutile de *Mediolanum*, et la placer sur une autre route.

## INTRODUCTION.

Outre cette voie, qui servait à réunir la capitale des Arvernes à celle des Éduens, il devait en exister une pour réunir *Augustonemetum* à *Forum Segusiavorum*, ou, pour mieux dire, à *Lugdunum*. C'est sans doute sur cet embranchement, qui devait passer, comme la route actuelle de Lyon à Clermont, par Feurs et Thiers, que se trouvait *Mediolanum*, placé probablement par erreur entre *Forum* et *Roidomna* sur la Table Théodosienne.

La route de la Méditerranée passait par *Vigenna*, ou mieux *Vienna* (Vienne), où aboutissait aussi la route de Rome.

Lorsque l'union de la Gaule à l'empire parut complète, ou plutôt à mesure que la fusion s'opéra, un changement corrélatif eut lieu dans l'organisation provinciale. Ainsi nous avons vu qu'Auguste avait établi Lyon métropole de la Gaule celtique, qui dut prendre alors le nom de *Lyonnaise*. Sous Dioclétien, c'est-à-dire vers la fin du IIIe siècle, ce pays fut partagé en deux provinces, qui furent appelées *première* et *seconde Lyonnaise*, et dont les chefs-lieux respectifs furent Lyon et Rouen[1]. Un siècle plus tard, sous Gratien, chacune de ces provinces fut elle-même partagée en deux, et la Celtique forma alors quatre provinces, qui prirent les noms de *première*, *seconde*, *troisième*, *quatrième Lyonnaise*, et dont les chefs-lieux furent Lyon, Rouen, Tours et Sens[2].

Le remaniement administratif du pays ne s'arrêta pas là. A une époque qu'il est impossible de déterminer d'une manière précise, mais qui n'est pas postérieure aux dernières années du IVe siècle, on réorganisa sur de nouvelles bases les subdivisions

---

[1] Par suite de cette division, la Gaule se trouva partagée en quatorze provinces, qui sont nommées dans l'histoire que Rufus Festus dédia à l'empereur Valens.

[2] Les autres parties de la Gaule éprouvant des modifications analogues, dont nous n'avons pas à nous occuper ici, ce pays se trouva alors partagé en dix-sept provinces. (Voyez la dissertation de dom Vaissette sur ce sujet, *Hist. de Languedoc*, t. I, note XXXIII, p. 627.)

des provinces. La première Lyonnaise, en particulier, fut divisée en trois grandes circonscriptions, correspondant aux trois villes principales qu'elles renfermaient : Lyon, Autun et Langres, et entre lesquelles on partagea tous les petits peuples qui les composaient, et qui avaient conservé jusque-là leur autonomie; c'est ce que nous apprend la Notice des Gaules, rédigée au plus tard à la fin du IVe siècle[1], par laquelle on voit que la première Lyonnaise ne renfermait plus que trois cités, dont voici les noms :

*Metropolis civitas Lugdunensium*[2] (la cité des Lyonnais, métropole);

*Civitas Heduorum* (la cité des Éduens);

*Civitas Lingonum* (la cité des Lingons).

A la suite de ces trois cités, la Notice mentionne comme les localités les plus importantes de la province, ou peut-être comme des chefs-lieux de subdivisions, deux châteaux ou camps (*castra*), Châlon[3] et Mâcon, qui eurent aussi le titre de cité un peu plus tard, mais qui faisaient encore partie de celle des Éduens au temps de la rédaction primitive de la Notice.

Nous venons de voir que les Lingons étaient alors de la

---

[1] La Notice des Gaules n'est pas postérieure au IVe siècle, puisqu'elle ne mentionne pas la province d'Arles, créée à la fin de ce siècle, lorsque le siége du préfet du prétoire fut transféré dans cette ville, au préjudice de Trèves, qui avait succédé à Lyon vers la fin du IIe siècle. (*Mém. de l'Acad. des inscript.* t. VIII, p. 423, 428.) Trèves était encore la capitale de la Gaule chevelue en 380, d'après Grégoire de Tours. La translation du prétoire à Arles fit disparaître la barrière administrative qui séparait encore, depuis la conquête, les deux Gaules *chevelue* et *à brayes* : elles n'eurent plus qu'un seul chef-lieu, Arles. Toutefois chacune conserva un vicaire particulier et reçut un nom plus conforme à l'état de la civilisation. La Gaule chevelue, comprenant dix provinces, fut appelée absolument *Galliæ*, les Gaules; et la Gaule à brayes *Septem provinciæ*, les sept provinces.

[2] Un manuscrit du Xe siècle porte *Lugdonensium* (Bibl. imp. 1451).

[3] Châlon était la résidence du préfet de la flotte établie sur la Saône, et dont fait mention la Notice des dignités de l'Empire, rédigée sous Valentinien III.

première Lyonnaise; il faut donc admettre qu'ils avaient été détachés de bonne heure de la Belgique, dans laquelle ils avaient été compris par Auguste, comme on peut l'induire du livre de Ptolémée : cette distraction eut probablement lieu lors de la création de la grande Séquanaise.

Comment procéda-t-on à la composition des nouvelles cités de la Gaule? C'est là une question bien difficile à résoudre maintenant. Toutefois, il semble naturel de penser que les nationalités gauloises qui subsistaient encore lui servirent de base. Sans doute toutes celles-ci ne survécurent pas : la chose n'était pas possible, car les peuples gaulois n'avaient entre eux aucun rapport d'étendue, et d'ailleurs plusieurs ne possédaient aucun centre de population dont on pût faire un chef-lieu administratif; mais nous croyons qu'on conserva toutes celles qui avaient une existence politique réelle; autour d'elles on groupa les petits peuples qui en dépendaient sous le titre de clients, fort répandu dans la Gaule, où il préparait la fusion. On créa ainsi de nouvelles cités plus régulières que les anciennes, et où plusieurs de celles-ci furent fondues, il est vrai, mais moins en conséquence d'une mesure systématique des Romains pour dénationaliser la Gaule, que par suite de la marche naturelle des choses. La circonstance qui contribua le plus peut-être à faire disparaître la trace des peuples gaulois, ce fut l'imposition de nouveaux noms aux villes de la Gaule : or ces changements doivent être attribués bien plutôt à la courtisanerie des vaincus qu'à un plan systématique des vainqueurs. C'est de la sorte que Bibracte, l'ancienne capitale des Éduens du temps de César, porta le nom d'Auguste (*Augustodunum*), et l'imposa bientôt après au territoire ou à la cité des Éduens.

Quoi qu'il en soit, il est aujourd'hui bien difficile de déter-

XXXVI INTRODUCTION.

miner exactement l'emplacement qu'occupaient les anciennes nations gauloises. Ainsi, dans la première Lyonnaise, nous voyons bien représentés les Éduens, les Lingons et les Ségusiaves, encore ces derniers ne sont-ils pas nommés expressément; mais que sont devenus les *Ambarri*, les *Ambivareti*, les *Aulerci Brannovices*, les *Brannovii*, les *Boii*, les *Insubres*, les *Mandubii*, que les anciens auteurs[1] disent avoir fait partie de la confédération éduenne, et que leur position a dû faire comprendre dans la première Lyonnaise?

Nous croyons avoir démontré précédemment que les Ambarres occupaient la partie nord et sud-est du département de l'Ain. La carte de l'ancien diocèse de Lyon prouve qu'ils furent adjoints aux Ségusiaves pour former la *civitas Lugdunensium*. On en peut conclure que c'est à eux qu'appartenait la vallée de la Bienne, dans laquelle se trouve Saint-Claude, et qui s'avançait fort loin dans le pays des Séquanes[2]. Cette vallée débouchait dans celle de l'Ain, qui, à partir de là, appartenait sans doute également aux Ambarres jusqu'au Rhône, au delà duquel ils avaient même un petit territoire, qui forma plus tard l'archiprêtré de Morestel. Il n'y a point d'autre manière, suivant nous, d'expliquer la disposition singulière du diocèse

---

[1] Les *Insubres* sont mentionnés par Tite-Live (V, xxxiv), qui donne à leur pays le titre de *pagus Heduorum*. Quant aux autres noms cités ici, ils sont tirés des Commentaires de César (I, xi et xxviii, et VII, lxviii et lxxv), qui donne à tous ces peuples, le dernier excepté, le titre de clients des Éduens. Quelques commentateurs mettent encore, mais à tort suivant nous, au nombre des clients des Éduens les *Atesui* mentionnés par Pline (*Hist. nat.* lib. IV, c. xxxii).

[2] Lorsqu'on créa la cité ou le diocèse de Belley, au commencement du ve siècle, sans doute pour indemniser la Séquanaise de la cession du territoire de la cité de Nyon, réuni à celui de la cité de Genève, on ne prit pas garde à cette langue de terre que possédait la cité de Lyon dans le pays des Séquanes, et il en résulta que la nouvelle cité fut complétement séparée de sa métropole, Besançon, d'un côté par le diocèse de Lyon, de l'autre par celui de Genève. Cet état de choses s'est perpétué jusqu'à la Révolution.

# INTRODUCTION.

de Lyon de ce côté, disposition qui s'accorde parfaitement d'ailleurs avec les habitudes des peuples gaulois, lesquels, ainsi que nous l'avons vu, occupaient presque toujours les deux rives des fleuves et rivières.

Par l'effet de cet emprunt de territoire, Lyon, qui se trouvait presque sur les confins des Ségusiaves, fut entouré de tous côtés d'un vaste arrondissement. C'est peut-être à cette circonstance, jointe à l'honneur qu'avait Lyon d'être une colonie romaine, qu'on doit attribuer la substitution du nom des habitants de cette ville à celui de Ségusiaves dans la liste des cités donnée par la Notice des Gaules. En effet, dans l'ordre naturel des choses, les Ségusiaves, formant la portion la plus considérable et la plus importante de la nouvelle cité, avaient le même droit à lui imposer leur nom que les Éduens et les Lingons à la leur, et cependant il n'en fut pas ainsi. A la vérité, si le nom de Lingons persista toujours à figurer dans la liste des cités, ce fut moins, peut-être, comme nom de peuple que comme dénomination des habitants de la ville capitale de la cité, qui prit alors le nom de *Lingones,* car la cité dont Autun était le chef-lieu est fort souvent elle-même appelée *civitas Augustodunensium*[1]. Cette dénomination était en effet plus exacte que l'autre, vu la composition des cités nouvelles, où se trouvaient fondues plusieurs nations gauloises.

Ainsi le pays des *Mandubii,* sur lequel se trouvait la fameuse ville d'Alise[2], et qui correspond par conséquent à l'Auxois, fut compris dans la cité d'Autun. Il en fut de même des *Brannovii,* qui, selon nous, occupaient le Brionnais. Baudrant et Expilly[3], dans leurs grands dictionnaires géographiques, font

---

[1] C'est le nom qui paraît à la suite de la signature de l'évêque de cette ville, Retice, au premier concile d'Arles, en 314.

[2] César, *de Bello Gall.* l. VII, c. LXVIII.
[3] Hadrien de Valois n'en parle pas.

dériver le mot de *Brionnais* de celui d'une «ville appelée «Brienne ou Brionne, et dont on ignore l'emplacement.» Mais cette explication n'est pas admissible, car le nom de Brionnais (en latin *Briennensis*), que nous voyons paraître au XIe siècle[1], se serait perdu avec la ville qui lui avait donné naissance. Il serait d'ailleurs bien extraordinaire que la ville chef-lieu de ce petit pays, qui aurait pour le moins existé jusqu'au Xe siècle, eût disparu depuis sans laisser de trace : il semble plus naturel de croire que ce mot est une corruption de celui de *Brannovii*[2].

Quant aux autres peuples, nous ignorons totalement leur situation. Peut-être pourrait-on conclure de certains indices historiques que les *Insubres* occupaient le canton de Matour, et par conséquent furent aussi incorporés à la cité des Éduens. Il semble, en effet, résulter d'un passage de Tite-Live que le pays des Insubres, qui était une fraction de celui des Éduens, renfermait une ville appelée *Mediolanum*[3]; or nous voyons qu'au Xe siècle une localité du canton de Matour (*Meulin*) portait le nom de *Mediolanum*, et l'imposait à tout son territoire : *ager Mediolanensis*[4].

---

[1] Voyez page 1099.

[2] Une opinion analogue a déjà été émise par Courtépée (*Descript. de la Bourgogne*); seulement il attribue à Brian, situé à une lieue et demie au nord de Semur, et où l'on a trouvé, dit-il, beaucoup de fragments d'antiques, l'origine du mot *Brionnais*.

[3] Tite-Live, l. V, c. XXXIV.

[4] Voyez page 1099. Au reste, ce nom de *Mediolanum* était fort répandu dans la Gaule. Nous avons vu précédemment qu'il y avait chez les Ségusiaves une localité ainsi appelée. Il paraît qu'on donnait aussi ce nom à Mâlain, entre Arnay-le-Duc et Dijon : c'est là que M. Garnier établit les Insubres (*Chartes bourguignonnes*, p. 48 et 71). M. Valentin-Smith a publié dans la Revue du Lyonnais (2e série, t. Ier, p. 185 [1850]) un long travail sur les Insubres; mais nous ne croyons pas pouvoir en adopter les conclusions. Pas un seul monument, à notre avis, n'autorise à placer les Insubres sur les bords de la Saône, comme le fait M. Valentin-Smith. Tout ce qu'on peut induire des récits des auteurs latins, c'est que ce peuple gaulois, qui joua jadis un grand rôle, était voisin des Éduens.

Quelques auteurs placent les *Aulerci Brannovices* dans le Roannais; mais le passage de Ptolémée que nous avons cité[1] ne permet pas de distraire le Roannais du pays des Ségusiaves. La légende de saint Pèlerin d'Auxerre semble autoriser, au contraire, à placer ces Aulercs dans le pays dont Entrain et Clamecy sont les villes principales[2] : ce peuple fut donc aussi fondu dans la cité des Éduens. Au reste, il ne devait pas être considérable : c'était probablement une fraction des Aulercs cénomans ou éburons, déplacée à la suite d'une de ces révolutions si fréquentes dans la Gaule; peut-être est-ce leur situation près des *Brannovii* qui leur avait valu le surnom de *Brannovices*, qui les distingue des autres Aulercs.

Restent les *Boii* et les *Ambivareti*. On s'accorde généralement à placer les premiers dans la partie du Bourbonnais qui était jadis du diocèse d'Autun, c'est-à-dire du côté de Bourbon-l'Archambault : on sait, en effet, qu'ils furent établis par César dans le pays des Éduens, à la demande de ceux-ci. Quant aux derniers, Sanson les met dans le Nivernais; mais nous pensons qu'il se trompe; car la capitale de ce pays, *Noviodunum* (Nevers), faisait partie du territoire éduen (*in Heduis*), comme on l'apprend de César. Nous croyons que les *Ambivareti* cités au livre VII des Commentaires ne sont pas autres que les *Ambarri* du livre Ier, dont nous avons vu précédemment la situation, car les seuls Ambivarètes qu'on connaisse sont fort loin de la première Lyonnaise.

Ce qui contribue à jeter de l'obscurité sur cette matière, c'est la création tardive de trois nouvelles circonscriptions territoriales dans la première Lyonnaise, création qui eut lieu

---

[1] Page xxv.
[2] Voyez p. 107 et 261 de l'Histoire de l'antique cité d'Autun, par Edme Thomas, édition annotée par M. l'abbé Devoucoux, et publiée à Autun en 1846.

dans le cours du ve siècle, comme semblent le démontrer quelques copies fort anciennes de la Notice des Gaules. En effet, ces copies donnent cinq cités à la première Lyonnaise, en faisant précéder les noms de Châlon et Mâcon du mot de *civitas* au lieu de *castrum*, et portent Nevers parmi les cités de la quatrième Lyonnaise, détachée elle-même depuis peu de la première Lyonnaise[1]. En tout cas, nous avons la preuve qu'il y avait déjà un évêché à Châlon en 470[2], à Nevers en 517[3], à Mâcon en 538[4], et ces dates ne sont évidemment pas celles de leur création.

On voit par le nom des trois villes que nous venons de mentionner, et qui toutes trois faisaient précédemment partie du territoire propre des Éduens, que les créations nouvelles eurent lieu au préjudice de la cité de ces derniers[5], soit qu'on lui eût d'abord donné trop d'étendue, à cause du rôle ancien et de la prépondérance de cette nation, soit que seule elle renfermât des localités assez importantes pour servir de chefs-lieux aux nouvelles circonscriptions. Toutefois, on peut supposer que les cités voisines furent aussi mises un peu à contri-

[1] Voyez la Notice des Gaules, annotée par M. Guérard, *Essai sur le système des divisions territoriales de la Gaule*, p. 12 et suiv.

[2] De la Mure, *Hist. du dioc. de Lyon*, p. 53; *Gallia christ.* 2ᵉ édit. t. IV, pr. col. 221.

[3] *Carte du premier royaume de Bourgogne*, par M. Roget de Belloguet, p. 156 et suiv.

[4] *Gall. christ.* t. IV, col. 1039. L'absence de la signature de l'évêque de Mâcon au célèbre concile d'Épaone, tenu en 517, et qui permet de fixer d'une manière précise l'étendue du royaume de Bourgogne, ne prouve pas du tout que la cité de Mâcon ne fût pas créée déjà. Mille circonstances ont pu empêcher l'évêque de Mâcon, en supposant que le siége ne fût pas vacant alors, d'assister à ce concile.

[5] C'est ce qui explique, à notre avis, l'exiguïté des trois diocèses de Châlon, Nevers et Mâcon, et particulièrement de celui-ci, créé le dernier. Telle est, en effet, la marche ordinaire des choses humaines : on va toujours du plus grand au moindre. Cette règle fut même poussée si loin, qu'on finit par créer des diocèses qui n'avaient pas cent paroisses. Aussi pouvait-on conclure presque généralement, à la fin du xviiie siècle, de l'antiquité des circonscriptions épiscopales par leur étendue.

bution, car il paraît difficile d'admettre qu'on ait pu former quatre cités avec une seule, tout en conservant intact, sans trop de disproportion, le territoire des autres. Nous pensons donc que la cité de Châlon dut prendre quelque chose à celle des Lingons; la cité de Mâcon, à celle des Lyonnais; et la cité de Nevers, à celle des Auxerrois. Quelle fut la part que perdirent les trois anciennes cités? Nous l'ignorerons probablement toujours; mais un fait vient à l'appui de notre opinion : c'est la réunion de la cité de Nevers à la quatrième Lyonnaise. On peut conclure, il nous semble, de cette circonstance, que la portion auxerroise de la nouvelle cité était plus considérable que la portion éduenne, et qu'elle emporta le tout dans la province dont elle faisait partie, quoique le chef-lieu fût dans la province lyonnaise. Quant à la cité de Mâcon, comme nous l'avons dit déjà, quelques circonstances particulières semblent indiquer qu'elle emprunta à la cité des Lyonnais toute la portion du territoire qu'embrassait encore l'archiprêtré de Beaujeu au commencement du xviiie siècle. Ces circonstances sont : 1° l'enclave que cette portion formait dans le diocèse de Lyon; 2° la délimitation sur ce point des deux diocèses par des rivières, contrairement aux usages gaulois; 3° la confusion territoriale qui a toujours régné, au point de vue politique, dans ce canton; 4° enfin la propension qu'ont eue les habitants de cette portion du diocèse de Mâcon à se rattacher au Lyonnais.

Quoi qu'il en soit, l'étendue de la cité des Lyonnais, en admettant même qu'elle n'ait subi aucune altération par la création du diocèse de Mâcon, était considérable : elle embrassait toute la portion du territoire des Ségusiaves située à la gauche du Rhône et de la Saône, remontait cette dernière rivière jusqu'à la Seille, passait au-dessous de Louhans[1], gagnait de là, par une ligne allant du nord-est au sud-est, la Bienne, à l'endroit où cette rivière se jette dans l'Ain, la remontait jusqu'à sa source dans le Jura, et redescendait par la vallée de la Valserine jusqu'à Nantua; de là elle gagnait le Rhône au midi, en suivant deux chaînes de montagnes assez saillantes, traversait ce fleuve au-dessous de Belley, et le rejoignait près du confluent de l'Ain, le quittait de nouveau au même endroit pour le rejoindre encore au-dessous de Lyon, près de Saint-Symphorien-d'Ozon, où elle atteignait le territoire des Ségusiaves.

Nous venons de faire connaître les divisions générales de la Gaule sous les Romains; mais ces divisions ne s'arrêtaient pas là. L'administration d'aussi vastes territoires que les cités nécessitait des subdivisions nombreuses. Et, en effet, on voit par quelques documents, malheureusement bien rares, que les cités étaient subdivisées en *pagi* ou cantons ruraux. Le Digeste nous fournit à ce sujet un document curieux dans sa partie relative au cens; il porte : « Forma censuali caveatur « ut agri sic in censum referantur : nomen fundi cujusque, et « in qua civitate et quo pago sit, et quos duos vicinos proxi- « mos habent, etc.[2] » c'est-à-dire « qu'on ait bien soin de spécifier dans la déclaration du cens le nom du fond, dans quelle cité et dans quel *pagus* il se trouve; quels sont les deux plus proches (fonds)....... » Au reste, ce mode de division était emprunté aux Gaulois eux-mêmes. César nous apprend que la cité des Helvétiens était divisée en quatre *pagi*[3]; Pline mentionne également un *pagus Vertacomicoris* (le Vercors?)

---

[1] Quelques actes placent même Louhans dans le territoire lyonnais (in pago Lugdunensi). (Voy. Chifflet, *Hist. de Tournus*, pr. p. 229, 231.)

[2] *Dig.* lib. L, tit. xv, *De censu*, lex 4.
[3] César, *De Bello Gall.* lib. I, c. XII. « Omnis civitas Helvetia in quatuor pagos « divisa est. »

dans la cité des Voconces[1]; Tite-Live nous dit que les Insubres de l'Italie tiraient leur nom d'un *pagus* de la cité des Éduens[2], et le rhéteur Eumène, qui vivait à la fin du IIIe siècle à Autun, sa patrie, place également dans la cité des Éduens le *pagus Arebrignus*[3].

Comme on a dû le remarquer, la division territoriale de la Gaule eut pour base les grands centres de population, qui devinrent presque tous chefs-lieux de nouvelles circonscriptions. Celles-ci furent, en outre, rangées dans un ordre hiérarchique. Toute la vie politique de la Gaule se trouva par là concentrée dans quelques villes principales, séjour des hauts fonctionnaires, dont les ordres descendaient rapidement, grâce à une filière administrative bien combinée, jusqu'aux plus petites localités. Voici, en ce qui nous concerne, et d'une manière générale, la hiérarchie territoriale de l'empire[4] : il était divisé en quatre grandes *préfectures*. L'une de ces préfectures était formée de trois *diocèses* : l'Espagne, la Grande-Bretagne et la Gaule. Cette dernière était partagée en quatre parties : la Province, l'Aquitaine, la Belgique et la Celtique ou Lyonnaise. Celle-ci était partagée à son tour en quatre provinces : la première, la seconde, la troisième et la quatrième Lyonnaise; enfin, la première Lyonnaise était divisée en cinq arrondissements territoriaux, dont les chefs-lieux étaient Lyon, Autun, Langres, Châlon et Mâcon.

Dans ce système, la ville de Lyon jouait un rôle fort im-

---

[1] Pline, *Hist. nat.* l. III, c. XXI de l'édition Panckoucke.

[2] Tite-Live, V, XXXIV.

[3] Bouquet, t. I, p. 728. M. Garnier (*Chartes bourguignonnes*, p. 50) pense que ce *pagus* s'étendait des bords de l'Arroux à la Saône.

[4] Nous ne parlons ici que des divisions civiles et administratives. Il y eut aussi différents systèmes de divisions militaires et politiques; mais, comme ils n'avaient rien de fixe et d'ailleurs ne touchaient pas à l'organisation provinciale, nous ne croyons pas nécessaire de les rappeler.

portant, car elle était à la fois capitale de la cité lyonnaise, métropole de la première Lyonnaise, primatiale de la Celtique ou Gaule proprement dite, et fut longtemps chef-lieu des trois provinces chevelues (l'Aquitaine, la Belgique et la Celtique réunies). D'après ce que dit le poëte Claudien, il paraît même qu'on eut un moment l'idée d'y transférer le siége du gouvernement de l'empire lorsque Alaric vint menacer Rome au IVe siècle [1].

Il fallait que l'aspect du pays fût bien changé pour qu'une ville qui n'existait pas encore du temps de César, et qui, d'ailleurs, était située sur le territoire d'un peuple de second ordre, fût devenue tout à coup le centre de toutes les affaires de l'Occident. C'est qu'en effet l'administration romaine avait entièrement brisé l'ancien ordre de choses, et transformé la Gaule. L'organisation que nous venons de décrire ne fut complète, il est vrai, qu'au déclin de la puissance romaine; mais l'assimilation était telle alors, que les barbares ne distinguèrent pas les Gaulois des Romains à l'époque de l'invasion; on peut même dire que ce fut en Gaule qu'ils détruisirent le dernier simulacre de l'empire.

### § 2. — ÉPOQUE BURGUNDO-FRANQUE.

On vient de voir quel était l'état des choses lorsque les barbares se jetèrent sur l'empire romain. Nous ne raconterons pas les luttes qui eurent lieu alors entre les troupes impériales et les Burgundes : ce sont là des faits obscurs et très-compliqués, qui, sans être d'aucun intérêt pour nous, demanderaient de longs développements. Il nous suffira de dire que la

---

[1] Claudian. *De Bello Getico*, v. 296-301 :

Quid turpes jam mente fugas, quid Gallica rura
Respicitis, Latioque libet post terga relicto
Scilicet, Arctois concessa gentibus Urbe,
Longinquum profugis Ararin præcingere castris?
Confidet regnum Rhodano, capitique superstes
Truncus erit?.....

# INTRODUCTION.

*cité des Lyonnais,* aussi bien que toute la première Lyonnaise, et beaucoup d'autres provinces gauloises[1], resta au pouvoir des Burgundes, qui firent de Vienne la capitale d'un royaume auquel ils imposèrent leur nom. Cette création, qui ne fut complète et définitive que vers la fin du $v^e$ siècle, n'apporta aucune modification au système général des divisions territoriales du pays. Les Burgundes, peuple doux et peu novateur, se contentèrent de jouir des terres qu'ils s'étaient fait accorder, et laissèrent aux Gallo-Romains leurs lois et leurs coutumes. Toutefois, il s'opéra de fait, sous leur domination, un changement dont il convient de parler, car, bien que purement nominal en apparence, il n'en eut pas moins une portée réelle.

On a vu que quelques copies de la Notice des Gaules donnent le titre de *civitas*[2] aux nouvelles comme aux anciennes circonscriptions. Évidemment ce mot n'a plus là le sens qu'il avait précédemment; il ne sert plus à désigner que la ville chef-lieu, la cité[3], comme nous le disons aujourd'hui. Pour désigner le territoire rural affecté à chaque cité, on se sert d'un autre mot déjà en usage dans la Gaule, mais auquel on donna un sens plus précis et plus large, celui de *pagus,* qui remplaça presque complétement le mot de *civitas.* Il paraît, d'ailleurs, que ces deux mots avaient entre eux un certain rapport, car ils sont parfois employés avec le même sens dans

---

[1] Pour connaître l'étendue exacte du royaume de Bourgogne au commencement du $vi^e$ siècle, voyez l'intéressant ouvrage de M. Roget de Belloguet intitulé : *Carte du royaume de Bourgogne,* Dijon, in-8°, 1848.

[2] Châlon est encore qualifié de *castrum* dans une Vie de S. Colomban écrite au plus tôt au $vii^e$ siècle, et citée dans les notes jointes par M. l'abbé Devoucoux à l'Histoire de l'antique cité d'Autun, d'Edme Thomas, édit. de 1846 (p. 30).

[3] La ville de Lyon est appelée *civitas Lugduni* dans une charte de 587 publiée dans les *Diplomata,* etc. (édit. Pardessus, t. I, p. 156-157).

la langue latine. Ainsi, Pline[1] donne à la cité des Gabales, peut-être, il est vrai, à cause de son exiguïté et de sa dépendance des Arvernes[2], le nom de *pagus Gabalicus*.

Quoi qu'il en soit, l'application du mot de *pagus* à l'ensemble du territoire des cités gallo-romaines est un fait important, qui n'a peut-être pas été assez signalé[3]. On s'est beaucoup plus préoccupé, dans ces derniers temps, des petits *pagi* ou *pagi minores*, comme les appelle Hadrien de Valois, que des grands *pagi*, qui seuls, à notre avis, avaient un territoire régulier, du moins si nous en jugeons par ce qui eut lieu dans les diocèses de Lyon et de Mâcon. En tout cas, il est évident que, dans les pays où le mot *pagus* fut employé pour désigner l'étendue entière de la cité, l'emploi de ce même mot dans le sens de simple canton dut être négligé ou tomber en désuétude. C'est ce qui eut lieu certainement dans les deux diocèses que nous venons de nommer, où on ne voit pas paraître un seul petit *pagus* avant la fin du IX⁰ siècle, c'est-à-dire avant la féodalité, qui brisa l'unité territoriale conservée par les Barbares eux-mêmes.

Nous venons de dire qu'on ne voyait pas paraître dans le Lyonnais le mot de *pagus* avec le sens restreint de canton avant le IX⁰ siècle; mais peut-être la chose elle-même existait-elle sous un autre nom. En effet, dès le VI⁰ siècle, nous voyons le *pagus Lugdunensis* divisé en un certain nombre de circonscriptions appelées *ager*[4]. Ce mode de divisions, qui n'est pas particulier au Lyonnais[5], mais qui semble pourtant ne s'être pas étendu à toute la Gaule, du moins sous cette dénomination[6], remon-

---

[1] *Hist. nat.* XI, XLII.
[2] César, *de Bello Gall.* VII, LXXV.
[3] Hadrien de Valois dit cependant : « Majores pagi a civitatibus nequaquam « differunt. » (*Not. Gall.* préf. p. x.)
[4] *Diplomata*, etc. édit. Pardessus, t. I, p. 157.
[5] *Ibid.* t. II, p 153; dom Plancher, *Hist. de Bourgogne*, t. I, pr. p. 1.
[6] Dans l'Auvergne et le Vélay, on voit

tait peut-être aux Romains[1]; cependant nous n'en avons aucune preuve, car on ne peut invoquer comme telle quelques passages d'auteurs anciens où le mot *ager* a le sens vague de territoire[2]. Le nom même de ces circonscriptions, qui ne rappelle rien de chrétien, serait, à notre avis, un témoignage plus concluant en faveur de leur origine ancienne, surtout accompagné de cette circonstance que c'est dans la province lyonnaise que ce mode de division du territoire s'est maintenu le plus longtemps. On sait en effet que cette province, où les *agri* paraissent encore dans le XIIe siècle[3], était essentiellement romaine, et que, seule de toute la Celtique, elle conserva le droit écrit, abandonné partout ailleurs pour le droit coutumier[4].

prédominer l'*aicis* (le cartulaire de Brioude porte constamment *arcis*); et dans la troisième Lyonnaise, le *condita*. On trouve aussi l'*actus* dans le diocèse de Langres.

[1] C'est l'opinion de M. de Gingins (*Bosonides*, p. 7); mais elle ne s'appuie que sur un passage peu précis non pas du Code Théodosien, comme il le dit, mais d'un commentaire du xe siècle connu sous le nom de *Codex Utinensis*, publié par Canciani, tome IV de son Recueil, et cité par M. de Savigny, dans son Histoire du droit romain. Voici ce passage, que M. de Gingins n'a pas reproduit textuellement : « Judices provinciarum opera dare debent ut per singulos agros et loca tales ordinet actores ut sicut de publica causa curam habeant. » M. de Savigny ajoute : « Ce passage n'existe que dans notre recueil. Le texte et le commentaire ont un objet tout différent; ils parlent de l'obligation imposée au gouverneur de la province de punir les exactions des receveurs, et non pas de la nomination de ces employés. » (*Hist. du droit romain*, traduction française par M. Guenoux, 1re édit. 1830, Ier vol. p. 336, note 246.)

[2] M. de Gingins (*Bosonides*, p. 7) cite, entre autres passages analogues, un vers (c'est le 668e) du petit poème intitulé *Ora maritima*, de Rufus Festus Avienus, qui vivait au IVe siècle de notre ère. Il est en effet question, dans ce vers, d'un *ager Temenicus;* mais cet *ager*, dont M. de Gingins n'a pas hésité à restituer le nom (c'est, suivant lui, le territoire de Tain, dans la Drôme), n'est rien moins qu'un *ager* administratif. Ce mot nous semble désigner ici vaguement un pays dont il est impossible d'indiquer la situation, car il est appelé dans ce même poème (vers 617) *Cemenice regio*, et les anciens éditeurs déclarent la lecture de l'autre passage fort peu certaine. M. Guérard mentionne aussi, mais je ne sais d'après quelle autorité, un PAGUS *Temenicus* dans son Essai sur les divisions territoriales de la Gaule (p. 152).

[3] Ch. 865, 899, etc.

[4] Voici ce que dit à ce sujet le Foré-

Quoi qu'il en soit, nous sommes certain que le *pagus Lugdunensis* était divisé en *agri* au vi<sup>e</sup> siècle. Nous n'avons pas, il est vrai, de données pour fixer le nombre et l'étendue de ces *agri* durant les premiers siècles du moyen âge; mais nous pouvons nous en faire une idée, à partir du ix<sup>e</sup> siècle, grâce aux documents parvenus jusqu'à nous : on voit, en effet, que plusieurs *agri* embrassaient des territoires auxquels on a donné plus tard le nom de *pagus*. Malheureusement, l'époque qui nous fournit ces renseignements est aussi celle où l'*ager* subit une transformation; de sorte qu'il est difficile d'éclaircir complétement la question. Au moment où les documents deviennent assez nombreux pour nous permettre de faire un travail sérieux sur ce sujet, le terrain nous manque sous les pieds, parce que le système des *agri*, qui n'a plus de raison d'être dans la hiérarchie féodale, est altéré au gré des scribes. Les divisions anciennes sont fractionnées à l'infini, et chaque fraction garde le nom primitif ou le change pour un autre, sans qu'il y ait moyen parfois de constater cette modification. La nomenclature que nous donnons plus loin[1] fournit de nom-

---

sien Jean Papon dans le Prologue du second volume de son livre intitulé *Le Notaire* (3 vol. in-fol. Lyon, 1568-74-78) : « Paul, jurisconsulte, en la dernière loy *de censibus*, nomme trois provinces en France dudit droit (écrit) : *Lugdunenses*, inquit, *Galli, item et Viennenses Galli, et Narbonenses Galli juris italici sunt*. Par la première Lyonnoise sont assez entendus les pays de Lyonnois, Forez, Mâconnois et Beaujolois..... Le surplus des provinces françoises a retenu la coutume, dont la source n'a esté que de l'ignorance du droit et de la jurisprudence. Pour nostre premier propos, l'usage du droit écrit commence dez le bourg de Saint-Martin de Chasteaumorand, vers le septentrion, qui est coustumier, et tend contre le midi, qui est de droit écrit, vers une croix qui est près de là venant du Bourbonnois, duquel là mesmes est faite la séparation d'avec le Forez. En la pierre de ceste croix y avoit plusieurs mots gravés, dont seulement l'on pouvoit lire ces deux : IVRIS SCRIPTI. Je l'ai souvent visitée pour essayer de connoistre et lire le reste. Nos nouveaux religieux soy disant réformés, lorsqu'ils commencèrent de courir les champs, l'abatirent et brisèrent. »

[1] Page 1069.

## INTRODUCTION.

breux exemples de ces difficultés. Telle localité indiquée ici comme chef-lieu d'*ager* figure là comme simple dépendance d'une localité qui lui était primitivement soumise ; d'autres sont indiquées comme chefs-lieux de territoires avec lesquels elles n'ont aucun rapport géographique : ainsi Marcigny et Ainay donnent leur nom à deux *agri*, l'un du Lyonnais, l'autre du Mâconnais, qui sont fort éloignés de ces deux monastères, mais qui en dépendaient sous le rapport religieux. D'autres fois les moines rédacteurs des actes où nous sommes forcés d'aller chercher nos éléments géographiques, se plaçant au point de vue exclusif des intérêts de leur maison, rattachent telle localité d'un *pagus* à telle autre d'un *pagus* voisin où leur monastère possède une petite administration. Les chartes de Cluny sont pleines d'exemples de ce genre, parce que cette abbaye, dont les possessions étaient innombrables, avait créé pour son usage un système particulier de divisions territoriales, afin de rendre plus facile la perception de ses droits. On peut voir, dans la *Bibliotheca Cluniacensis*[1], les nombreux *décanats* que cette abbaye avait établis sur la surface du pays, ne se préoccupant pas toujours des limites diocésaines. Il y a mieux, si nous en exceptons les grands *agri*, tels que ceux du Forez, du Roannais, du Jarez, qu'on retrouve partout, il semble que chaque maison religieuse ait adopté un mode particulier de dénomination pour les autres, car le même canton porte souvent un nom différent dans les divers cartulaires.

Un autre genre de difficultés provient de ce que les barbares de toutes races ont aussi modifié le système des *agri* pour l'accommoder à leur mode particulier d'administration. Ainsi nous trouvons ici la *centaine*[2], ailleurs la *vicairie*[3]. Et

---

[1] Col. 1706 et suiv.
[2] Page 1099.

[3] Nous ne mentionnons pas le *finis*, qui, dans le *pagus Lugdanensis*, ne semble

INTRODUCTION.

cette dernière elle-même, qui semble quelquefois remplacer complétement l'*ager*[1], mais qui ne paraît être le plus souvent qu'une subdivision de cette circonscription[2], se confond aussi parfois avec une vicairie ecclésiastique qui existait vers le même temps[3]. Il résulte de tout cela une confusion incroyable. Nous allons néanmoins essayer de résumer les faits aussi sommairement que possible.

Nous ne trouvons à la gauche de la Saône et du Rhône que six *agri* qui méritent une mention particulière : 1° l'*ager Saxiacensis*, situé aux confins extrêmes du diocèse de Lyon, et dont Cessieux paraît avoir été le chef-lieu ; 2° l'*ager Candeacensis*, situé dans l'archiprêtré de Morestel, et dont Chandieu était le chef-lieu ; 3° l'*ager Strabiacensis*, dont le chef-lieu était Tramoye en Bresse, mais qui paraît avoir étendu sa circonscription jusque dans l'archiprêtré de Meyzieux ; 4° l'*ager Janiacensis*, dont le chef-lieu était Genay et qui comprenait Trévoux ; 5° l'*ager Balgiacensis*, dont le chef-lieu était Bâgé, et qui s'étendait jusqu'à Saint-Trivier-de-Courtes ; 6° l'*ager Romanacensis*, dont le chef-lieu était Romenay, et qui comprenait Curtiat.

Sur la rive droite de la Saône nous ne voyons, dans le *pagus Lugdunensis*, qu'une dizaine d'*agri* qui méritent d'être notés ; ce sont les suivants : 1° l'*ager Rodanensis*, dont le chef-lieu était Roanne, et qui embrassait à peu près l'archiprêtré du même nom ; 2° l'*ager Solobrensis*, dont le chef-lieu était

---

pas avoir eu le sens de circonscription, mais qui indique seulement les confins d'une *villa*. Dans les cartulaires de Savigny et d'Ainay, toutes les formules où le mot de *finis* paraît sont ainsi conçues : « in pago..... in agro..... infra fines de..... ou in fine de..... (suit le nom de la *villa*.) » Le cartulaire de Saint-Vincent offre, pour le *pagus Matisconensis*, quelques exemples de véritables finages ; mais ils sont si rares que je n'ai pas cru devoir les relever, à cause d'ailleurs du peu d'importance de cette circonscription.

[1] Page 136, ch. 196 et 197.
[2] Page 99, ch. 136.
[3] Page 491, ch. 916.

Solore, aujourd'hui Saint-Laurent-sous-Rochefort, et qui s'étendait sur la partie occidentale des archiprêtrés de Montbrison et de Pommiers; 3° l'*ager Forensis*, dont le chef-lieu était Feurs, et qui s'étendait sur les archiprêtrés de Montbrison, Pommiers, Néronde et Courzieux; 4° l'*ager Jarensis*, qui tirait son nom de la rivière du Gier, et embrassait toute la portion méridionale de l'archiprêtré de Jarez; 5° l'*ager Gofiacensis*, qui avait Goiffieu pour chef-lieu, et qui comprenait toute la portion est de l'archiprêtré de Jarez; 6° l'*ager Bebronnensis*, qui tirait son nom de la rivière appelée Brevenne, et qui comprenait à peu près tout l'archiprêtré de Courzieux; 7° l'*ager Vallisneriacensis*, dont le chef-lieu était Vaugneray, et qui correspondait à la portion nord de l'archiprêtré de Jarez; 8° l'*ager Monsaureacensis*, qui tirait son nom du Mont-d'Or, près de Lyon, et comprenait la portion méridionale de l'archiprêtré d'Anse et la portion orientale de celui de l'Arbrêle; 9° l'*ager Ansensis*, dont le chef-lieu était Anse, et qui comprenait l'ancien archiprêtré du même nom, sauf la portion ressortissant à l'*ager* précédent; 10° l'*ager Tarnantensis*, qui avait pour chef-lieu Ternand, et qui occupait l'archiprêtré de l'Arbrêle, sauf la portion ressortissant à l'*ager Monsaureacensis*.

Dans le *pagus Matisconensis*, au milieu d'une quantité innombrable d'*agri*, nous n'en voyons également que six qui aient de l'importance; ce sont les suivants : 1° l'*ager* ou *pagus Tolveonensis*, qui tirait son nom de la montagne de Turvéon, près de Chenelettes, et qui comprenait tout ou partie de l'archiprêtré de Beaujeu; 2° l'*ager Fusciacensis*, dont le chef-lieu était Fuissé, et qui comprenait toute la portion nord de l'archiprêtré de Vaurenard; 3° l'*ager Ibgiacensis*, dont le chef-lieu était Igé, et qui comprenait la partie sud-est de l'archiprêtré du Rousset; 4° l'*ager Maciacensis*, dont le chef-lieu était Massy, et qui comprenait la partie centrale de l'archiprêtré du Rousset; 5° l'*ager Cavaniacensis*, dont le chef-lieu était Chevagny-sur-Guye, et qui comprenait la partie nord de l'archiprêtré du Rousset; 6° l'*ager Viriacensis*, qui avait pour chef-lieu Virey, et qui comprenait la majeure partie de l'archiprêtré de Vériset.

Comme nous l'avons dit, la division du territoire en *agri* éprouva au x<sup>e</sup> siècle une altération considérable par diverses causes : d'un côté, la création des petits *pagi* ou petits *comtés*, et, de l'autre, la multiplication des vicairies, auxquelles on paraît avoir donné quelquefois le nom d'*ager,* qui n'avait plus d'application réelle dans la hiérarchie administrative.

Pour faire bien comprendre cette révolution, il est nécessaire d'entrer ici dans quelques détails relativement à l'histoire particulière du *pagus Lugdunensis*.

Après plusieurs partages dynastiques, dont il est inutile de donner ici les détails, ce pays fut compris dans le second royaume de Bourgogne, fondé par Boson en 879; mais, après l'élection de ce dernier, Louis et Carloman, fils de Louis le Bègue, parvinrent à s'emparer de Mâcon, de Lyon et de Vienne, et mirent ces villes sous l'autorité de Bernard, déjà comte d'Auvergne, marquis de Gothie et duc d'Aquitaine, qui avait puissamment contribué à les soumettre, et dont elles agrandirent ainsi l'immense apanage. C'est pour cela qu'en 885 l'archevêque Aurélien dut s'adresser à Bernard pour obtenir de l'empereur Charles le Gros, qui avait succédé l'année précédente à Carloman, la confirmation des immunités et des biens de l'église de Lyon[1].

Bernard ayant été tué l'année suivante, dans un combat contre Boson[2], Guillaume le Pieux, son fils, hérita, suivant

---

[1] Bouquet, t. IX, p. 339.     [2] Mabillon, *Dipl.* p. 554.

l'usage qui commençait à s'introduire, de la plupart de ses bénéfices, et particulièrement de la portion occidentale du *pagus Lugdunensis*. C'est ce que prouve une charte de 902, par laquelle on voit que ce seigneur, à qui l'acte donne les titres de *duc* et de *marquis*[1], obtint de Louis l'Aveugle, fils et successeur de Boson, l'investiture du prieuré d'Ambierle, « pertinentem (y est-il dit) ad archiepiscopatum Lugdunen- « sem, conjacentem in pago Rodanensi, » pour deux de ses *fidèles*, Bernard et Teutbert.

Cet acte, fort important, puisqu'il est le premier où nous trouvions la mention d'un petit *pagus* (celui de Roanne), prouve aussi que le roi de Bourgogne était redevenu maître alors de tout le grand *pagus Lugdunensis;* car Ambierle est sur les dernières limites occidentales de ce *pagus,* et touche à celui de l'Auvergne. Mais le fait ne paraîtra pas extraordinaire, si l'on songe que le duc Guillaume venait d'épouser la sœur de Louis l'Aveugle[2]. Cette alliance avait sans doute donné lieu à des conventions favorables aux deux parties, telles que la reconnaissance de leurs droits réciproques de feudataire et de suzerain dans le Lyonnais.

Quoi qu'il en soit, il est certain que Louis l'Aveugle était reconnu dans tout le *pagus Lugdunensis* au commencement du Xe siècle, comme le prouve la charte de 902. Il paraît même qu'il l'était aussi dans le Mâconnais, car on possède un acte de Cluny passé à Mâcon, en présence du comte Léotalde, et daté de la *septième année du règne de Louis, fils de Boson*[3], ce

[1] De la Mure, *Hist. du dioc. de Lyon,* p. 294; Bouquet, t. IX, p. 681. On a jusqu'ici attribué cet acte à Guillaume, premier comte héréditaire de Lyon; mais c'est par erreur, car ce dernier ne pouvait porter le titre de duc, lui qui ne posséda pas même intégralement l'ancien comté de Lyon.

[2] Vaissette, *Histoire de Languedoc,* t. II, p. 525.

[3] De Gingins, *Essai sur la souveraineté de Lyon, etc.* p. 21, note 2; *Art de vérifier*

qui revient à l'an 907 ou 905, suivant qu'on adopte l'un ou l'autre des deux calculs proposés par les chronologistes [1]. Quant à la ville de Vienne, il n'y a pas de doute qu'elle était alors sous l'autorité du roi de Bourgogne, puisqu'il y résidait habituellement.

Une charte de 918 prouve que le duc Guillaume administrait encore à cette époque la portion occidentale du *pagus Lugdunensis* à laquelle on donnait le nom de *comté de Lyon* : c'est l'acte d'une donation faite par Ingelberge, femme de ce duc, et de son consentement, en faveur de l'abbaye de Cluny, que son mari venait de fonder, et mentionnant plusieurs localités situées sur la rive gauche de la Saône, particulièrement Saint-André-d'Huriat (*capella in honore S. Andree ad Vureacum, in comitatu Lugdunensi*[2]). Mais cette année même Guillaume le Pieux mourut sans laisser d'enfant, et Louis l'Aveugle put disposer de ce comté en faveur de Guillaume Ier, que nous voyons en effet en possession du comté de Lyon vers cette époque.

Toutefois, la guerre que les princes français venaient de faire aux rois bourguignons ne fut pas sans conséquences pour

---

*les dates*, t. IX, p. 12 de la dernière édition in-8°. Il est probable cependant que Boson ni son fils n'eurent pas une grande autorité dans le Mâconnais, car on ne trouve qu'une charte de chacun d'eux dans le cartulaire de Saint-Vincent de Mâcon, encore celle où est mentionné Boson est-elle fort peu explicite : elle rappelle une donation faite « in tertio quod domnus Boso « tenuit; » mais les autres indications ne s'accordent pas avec la date de 882, qui serait celle de cette charte, si toutefois il s'agit ici de Boson, roi de Bourgogne. Quant à l'acte qui rappelle le règne de Louis l'Aveugle, « Hactum est hoc regnante « Ludovico rege, » il ne prouve rien en faveur de la domination de ce prince sur le Mâconnais, puisqu'il n'y est question que de biens situés dans le *pagus Lugdunensis* (à Corcelles), « in villa Cortecellas, ubi vo- « catur Martelnis. » Il en est de même pour les autres princes bourguignons, c'est-à-dire pour Conrad et Rodolphe, dont le nom apparaît plus souvent dans le cartulaire de Saint-Vincent de Mâcon; ils ne sont mentionnés qu'à l'occasion de biens situés en Lyonnais.

[1] Vaissette, *Hist. de Languedoc*, t. II, p. 528, note sur Louis l'Aveugle.

[2] Cabinet des titres, à la Bibl. imp.

l'avenir de ce pays. Tandis que les comtes auvergnats qu'ils y avaient établis dominaient dans une portion du *pagus Lugdunensis*, l'autre devint le partage de quelques seigneurs dont les rois de Bourgogne autorisèrent les empiétements, afin sans doute de les intéresser plus directement à la défense du territoire. De sorte que lorsque, plus tard, la première fit retour à la couronne de Bourgogne, par la mort de Guillaume le Pieux, Louis l'Aveugle, respectant les droits acquis dans la seconde, ne put donner à Guillaume I$^{er}$ que le pays qu'avait administré le fils du duc Bernard.

Ce fut là, nous le pensons, l'origine de la nouvelle division du territoire lyonnais. Quoi qu'il en soit, le *pagus Lugdunensis* se trouva partagé de fait au x$^e$ siècle en plusieurs gouvernements, dont un seul, le plus important, celui qui renfermait le chef-lieu, garda pendant quelque temps le titre de comté de Lyon. Ce comté embrassait toute la portion du *pagus* située sur la rive droite du Rhône et de la Saône, et une portion de celle située sur la rive gauche de cette dernière rivière. On comprit dans la banlieue de Lyon, qui projetait déjà ses faubourgs sur la rive droite du Rhône, une petite partie du territoire lyonnais située au delà de ce fleuve; mais le reste fut rattaché au comté de Vienne. Quant à la portion nord-est du *pagus*, elle forma plusieurs gouvernements, dont le principal porta pendant quelque temps le titre de *comitatus Varesinus*, ou comté de Varey; car tout porte à croire que ce comté tirait son nom du château de Varey, près d'Ambérieux, qui était probablement, comme nous l'avons dit plus haut, l'ancienne capitale des Ambarres. On ne sait pas au juste quelle était l'étendue de ce comté, dont un seul monument nous a révélé l'existence; mais on voit qu'il comprenait le territoire de Nantua. Le nom de cette localité et celui du chef-lieu probable du comté semblent démontrer que ce dernier embrassait la plus grande partie de l'archiprêtré d'Ambournay, dont l'extrémité nord resta peut-être indépendante sous l'autorité de l'abbaye de Saint-Claude exclusivement. Cette abbaye paraît avoir joui, en effet, dès une époque fort ancienne, de droits seigneuriaux dans ce canton, qu'elle avait fertilisé par les mains de ses moines, et dont toutes les paroisses lui devaient l'existence [1].

Déjà sans doute les seigneurs de Colligny, de Villars et de Bâgé étaient en possession des pays qu'on leur voit occuper un peu plus tard sous les noms de Revermont, de Valbonne et de comté de Bresse ou de Bâgé. Quant au reste du *pagus*, ou, pour mieux dire, du comté de Lyon, nous le voyons à ce moment divisé en plusieurs cantons dont il convient de donner ici la nomenclature : 1° le *suburbium* ou territoire propre de Lyon, dont l'on fit plus tard l'archiprêtré des suburbes; 2° le *pagulus Lugdunensis*, dans lequel se trouvait Chavériat, et qui comprenait probablement les archiprêtrés de Sandrans et de Chalamont; 3° le *vicecomitatus Lugdunensis*, dans lequel se trouvait Thoissey, et qui embrassait l'archiprêtré de Dombes; 4° le petit *pagus* ou *comitatus Rodanensis*, comprenant à peu près l'archiprêtré de Roanne; 5° le petit *pagus* ou *comitatus Forensis*, comprenant, outre l'archiprêtré de Montbrison, ceux de Néronde et de Pommiers et une partie de celui de Courzieu; 6° le grand *ager* ou petit *pagus Jarensis*, comprenant l'ancien archiprêtré de Jarez; 7° le petit *pagus Lugdunensis*, comprenant le territoire des archiprêtrés d'Anse, de l'Arbrêle et de Courzieu, répondant aux grands *agri* d'Anse, de Ternand et de la Brevenne.

Nous pouvons encore joindre à ces divisions le *pagus* (*minor*) *Tolveonensis*, correspondant à l'archiprêtré de Beaujeu, et qui

[1] Elles dépendaient encore presque toutes de l'abbaye de Saint-Claude au XVIII° siècle.

semble, dès ce moment, détaché du *pagus Matisconensis* pour faire partie du grand comté de Lyon.

La dislocation du système territorial des Romains paraît s'être opérée d'abord dans le sens des anciennes nationalités gauloises, et avoir fait renaître en partie, sinon les antiques dénominations, du moins les vieilles délimitations. Mais la féodalité ne s'arrêta pas là : fractionnant, mutilant sans cesse le pays au gré des intérêts dynastiques, elle eut bientôt fait disparaître toute tradition, toute règle, toute délimitation régulière. De plus, l'esprit de lutte, qui était le caractère distinctif de l'époque, changea complétement l'aspect du pays. Toutes les montagnes se couvrirent de châteaux, sous la protection desquels vinrent s'abriter les populations rurales. La vie politique sembla pour un temps abandonner la plaine, et beaucoup de centres de population qui n'étaient pas assez forts pour résister aux coups de main des gens de guerre disparurent dans la tourmente. Un nouveau système d'administration fut créé. Le nom dont on se servit pour désigner la nouvelle circonscription territoriale porte avec lui, comme l'ancien, l'empreinte du temps où il fut mis en usage. A une époque d'ordre, on avait appelé *ager* ou *pagus* la division du territoire, parce que cette division était surtout *agraire;* mais au moyen âge, où tout était constitué pour la guerre, on l'appela *châtellenie,* parce que le château était la base du système féodal. Ce ne serait rien encore si cette circonscription avait eu quelque chose de fixe; mais mille circonstances venaient la modifier. Comme tout était personnel alors, il suffisait d'un mariage, d'une mort, d'une acquisition pour changer les limites d'une circonscription. Aussi n'est-il pas possible de suivre dans un travail général les transformations successives du territoire : ceci est du fait de l'histoire locale.

Heureusement l'Église n'imita pas cette fois le pouvoir temporel[1]. Suivant les vieilles traditions, elle créa pour son usage un nouveau système de divisions territoriales fondé en partie sur l'ancienne délimitation provinciale, qu'elle conserva intacte, sauf de rares exceptions. C'est cette division, qui seule embrassa tout le grand *pagus Lugdunensis,* qui seule aussi va maintenant servir de base à notre travail, comme elle servit de fondement aux divisions administratives du pays, lorsqu'on vit renaître l'ordre du sein de la confusion féodale.

### § 3. — ÉPOQUE MODERNE.

Dans les premiers siècles de notre ère, les chrétiens, réduits souvent à se cacher pour pouvoir prier ensemble, n'avaient pu songer à organiser le pays en vue du culte nouveau : il n'y avait guère alors que des apôtres et des disciples. En devenant religion de l'État, le christianisme prit des habitudes plus sédentaires; il se créa une hiérarchie propre, modelée sur celle de la société civile. Il institua successivement un évêque et un collége de prêtres dans les principales villes de l'empire, puis dans chaque chef-lieu de province. A ce double titre, Lyon fut une des premières villes pourvues. Mais bientôt cela ne suffit pas : le *diocèse*[2] de Lyon, qui embrassait d'abord toute la province, fut partagé en autant de circonscriptions ecclésiastiques qu'il y avait de cités ou *pagi*. Peut-être même est-ce

---

[1] Nous parlons ici de l'Église en général, et non pas des monastères, qui, ayant des intérêts distincts et locaux, adoptèrent souvent le système féodal. Nous en avons la preuve dans la charte 430 du cartulaire de Savigny, où nous voyons la mention d'une véritable châtellenie d'où dépendaient treize églises qui étaient du patronage de l'abbaye. Cela répondait aux décanats de l'abbaye de Cluny, dont nous avons parlé page XLIX.

[2] Ce mot n'était pas encore passé dans le langage du clergé, du moins avec le sens que nous lui attribuons aujourd'hui; mais nous l'employons pour être plus clair.

le clergé qui introduisit l'usage de ce dernier mot pour désigner le territoire de la cité, comme on lui doit le sens particulier de son dérivé, *pagani*, qui, d'abord employé pour désigner les habitants de la campagne, est resté dans la langue vulgaire pour désigner les populations non chrétiennes (*païens*).

Il n'y eut d'abord dans chaque *pagus* qu'une église, qu'un autel, auquel on disait une seule messe pour tous les fidèles. De là vient le nom de *paroisse* donné fort longtemps aux diocèses. Mais cet état de choses ne pouvait durer; il fallut bientôt donner des acolytes à l'évêque, soit pour le suppléer dans ses absences forcées et fréquentes, soit pour dire plusieurs messes à l'autel unique qui existait alors. Ensuite on créa plusieurs paroisses dans la ville épiscopale. Après cela on établit successivement, dans toutes les petites villes et les bourgs voisins, des curés, c'est-à-dire des fonctionnaires inférieurs chargés par l'évêque de dire la messe aux fidèles.

Peu à peu le nombre des cures rurales s'accrut au point qu'on fut forcé de créer des coévêques ou mieux chorévêques[1] chargés d'administrer ces dernières sous la direction des évêques, qui, eux, administraient la métropole. Toutes les localités importantes ayant successivement été érigées en paroisses[2], et l'exercice du culte prenant chaque jour plus d'extension, il devint urgent de hiérarchiser le personnel ecclésiastique pour y maintenir l'ordre au moyen de la surveillance.

En 828, l'empereur Louis le Débonnaire chargea ses intendants de s'informer de la conduite des évêques et de leurs coadjuteurs, c'est-à-dire des chorévêques, des archiprêtres, des ar-

---

[1] Du grec χῶρος, champ, campagne. On les appelait aussi parfois *villanus episcopus*, évêque des campagnes.

[2] Comme nous l'avons déjà dit, ce mot servit longtemps à désigner tout un diocèse. Celui de Lyon est encore appelé ainsi dans une bulle du pape Pascal II, en 1107. (Voyez le Cartulaire de Savigny, ch. 808.)

chidiacres, des vidames et des curés (*chorepiscopi, archipresbyteri, archidiaconi, vicedomini et presbyteri*), ce qui prouve qu'au commencement du IXe siècle tous ces fonctionnaires existaient, sinon dans le même diocèse, au moins dans les états de l'empereur. Nous faisons cette distinction, parce qu'il ne paraît pas que ces divers degrés de la hiérarchie ecclésiastique aient été établis partout. Dans le diocèse de Lyon, par exemple, on ne voit pas trace d'archidiaconés. Au contraire, le chorévêque semble y avoir persisté plus longtemps qu'ailleurs, car on en voit encore un vers 860[1].

Au reste, à cette époque, il règne une grande confusion dans la hiérarchie ecclésiastique comme dans la hiérarchie civile, et c'est de là sans doute que datait l'étrange diversité qu'on rencontrait encore avant la Révolution dans les subdivisions diocésaines. Ainsi le diocèse de Vienne, non compris la ville épiscopale et sa banlieue, autrement dit les suburbes, était divisé en huit archiprêtrés formant quatre archidiaconés. L'un de ces derniers, celui d'outre Rhône, comprenait les archiprêtrés d'Annonay et de Vaucance ou Quintenas; mais, par une de ces irrégularités si fréquentes alors, cet archidiaconé n'avait point d'archidiacre : il dépendait du doyen ou second dignitaire de l'église de Vienne; et, au contraire, l'archidiaconé de Salmorenc, composé également de deux archiprêtrés, n'avait point d'archiprêtre[2]. Le diocèse de Mâcon, d'un autre côté, avait, de temps immémorial, quatre archiprêtrés, non compris les suburbes, et à la tête de chacun de ces archiprêtrés un archidiacre, sauf toutefois celui de Beaujeu, qui n'en avait point, le quatrième archidiacre administrant les suburbes[3].

---

[1] De la Mure, *Hist. du dioc. de Lyon*, p. 128.

[2] Charvet, *Hist. de l'égl. de Vienne*, p. 157.

[3] Voyez ci-après, p. 1044.

Dans le diocèse de Lyon, les choses étaient beaucoup plus régulières. Du XIe siècle au moins au XVIIIe, ce diocèse fut divisé en dix-huit archiprêtrés, dont les noms ont varié quelquefois, mais dont les circonscriptions, quoique d'étendues fort inégales, n'ont que fort peu ou pas du tout changé. Quant aux archidiaconés, comme nous l'avons dit déjà, ils ne paraissent pas y avoir jamais été formés; et, chose digne de remarque, il se trouve précisément que les seules circonscriptions des diocèses de Vienne et de Mâcon qui n'aient point eu non plus d'archidiacre étaient celles qui touchaient immédiatement au diocèse de Lyon. Ne pourrait-on pas en conclure que l'exception était due à l'influence de cette métropole?

On pourrait faire remonter l'origine des archiprêtrés du Lyonnais au IXe siècle, car il est déjà question des archiprêtres dans un concile d'Aix-la-Chapelle de 836 et dans un capitulaire de 844; toutefois leur organisation n'était pas encore généralisée dans la première moitié du IXe, puisque le concile de Pavie de 850 crut devoir prendre la décision suivante : « Pour qu'il soit plus facile de donner assidûment les soins religieux, nous voulons qu'on institue des archiprêtres, dans le but non-seulement de veiller avec sollicitude à la conduite du peuple ignorant, mais encore de diriger les prêtres qui occupent des églises d'un rang inférieur, et de faire connaître aux évêques quelle est la conduite de chacun d'eux dans l'exercice de ses fonctions. Nous recommandons aux évêques de ne pas laisser le peuple sans archiprêtres, sous prétexte qu'ils peuvent le gouverner eux-mêmes, parce que, tout capables qu'ils sont, il convient qu'ils soient aidés dans leurs travaux. De même qu'ils dirigent la métropole, il faut que les archiprêtres dirigent le peuple (des campagnes), afin que la surveillance ecclésiastique ne s'affaiblisse pas. Mais les archiprêtres doivent rendre compte de tout aux évêques, et ne jamais se permettre d'aller contre les décisions de ces derniers[1]. »

Après un ordre aussi formel, on doit croire que la création des archiprêtres fut générale dès la fin du IXᵉ siècle. Nous avons en effet la preuve que le *pagus Lugdunensis*, ou diocèse de Lyon, en avait dès les premières années du Xᵉ siècle, car on en voit paraître trois à la fois dans un acte de 911, inséré au cartulaire de Saint-Vincent de Mâcon[2]. Toutefois nous doutons que tous les archiprêtrés, tels que nous les trouvons constitués au XIIIᵉ siècle, remontent au IXᵉ. Nous pensons que plusieurs ne datent que du milieu du Xᵉ, parce qu'ils nous semblent basés en général sur les divisions politiques de cette époque. Ainsi l'archiprêtré d'Ambournay paraît correspondre au comté de Varey; l'archiprêtré de Dombes à la vicomté de Lyon; l'archiprêtré de Roanne au petit *pagus* ou comté de ce nom. S'il n'en est pas de même des autres, c'est probablement parce qu'ils ont subi des modifications depuis leur première création : il est très-probable, en effet, que l'archiprêtré de Montbrison, ou plutôt de Forez, s'étendit primitivement, comme le *pagus Forensis*, sur les archiprêtrés de Néronde et de Pommiers, qui doivent être d'une création postérieure.

Quoi qu'il en soit, nous avons presque la certitude qu'ils existaient tous au XIᵉ siècle, car nous voyons mentionner le petit archiprêtré de Sandrans dès l'année 1080[3]; ceux de Chalamont et de Bâgé en 1084[4]; celui de Treffort en 1187[5];

---

[1] *Collection des conciles*, du P. Labbe, t. VIII, col. 66-67.

[2] C'est le procès-verbal d'un plaid tenu par l'archevêque de Lyon Anstère dans l'abbaye de Saint-Oyan-de-Joux, autrement dit Saint-Claude. Il est bon de noter néanmoins que les cartulaires de Savigny et d'Ainay ne mentionnent pas d'archiprêtres avant le XIᵉ siècle. (Voyez l'*Index generalis* au mot *Archipresbyter*.) On n'y nomme pas non plus un seul archiprêtré.

[3] Guichenon, *Hist. de Bresse*, pr. p. 225.

[4] *Ibid.* p. 91 et 92.

[5] *Ibid.* p. 9.

INTRODUCTION.                                LXIII

celui de Montbrison ou de Feurs en 1198[1]; celui de Sainbel
ou de Courzieux vers le même temps[2]; celui de Morestel en
1213; celui de Coligny en 1219; celui de Meyzieux en 1225;
celui de Néronde en 1233.

Au reste, le fait n'est pas particulier au diocèse de Lyon.
Nous avons publié un document qui démontre que la constitution des archiprêtrés du diocèse d'Autun était déjà complète
au $xi^e$ siècle[3]; nous possédons un document analogue pour celui de Sens[4]. Dans celui de Vienne, elle semble plus ancienne encore, puisque le monument qui la constate est daté
de 790; mais il renferme des inexactitudes qui en infirment
l'authenticité[5].

La dénomination des archiprêtrés du diocèse de Lyon pourrait au besoin constater leur ancienneté. Il est remarquable,
en effet, que pas une des localités dont la plupart de ces
archiprêtrés tiraient leur nom ne portait celui d'un saint,
genre de dénomination qui devint si fréquente aux $xi^e$ et $xii^e$
siècles, où le vocable de l'église fit oublier en beaucoup d'endroits l'ancien nom local. Le choix qu'on avait fait de ces localités servit peut-être, du reste, à les garantir de cette transformation en leur donnant un certain relief, qu'elles n'auraient
pas eu sans cela; car plusieurs d'entre elles n'avaient point
d'importance par elles-mêmes; elles devaient leur titre soit à
leur situation, soit à l'existence d'un monastère, soit à toute
autre circonstance intéressante au point de vue ecclésiastique,
mais non pas au rang qu'elles auraient occupé jadis. En effet,
si nous en exceptons Anse[6], Feurs, Roanne et Bâgé, toutes les

---

[1] *Notice sur le théâtre antique du bourg de Moind,* p. 22; *Mémoires de la Société des Antiquaires de France,* t. XIX, p. 186.

[2] Voyez plus loin, p. xcvi, note, col. 2.

[3] Voyez page 1051.

[4] Voyez page 1051.

[5] Charvet, *Hist. de l'égl. de Vienne,* p. 157.

[6] Il semble même que cette petite et antique ville ne fut pas d'abord le chef-lieu de l'archiprêtré, car nous voyons pa-

autres étaient complétement inconnues jusque-là : celles mêmes que nous venons de nommer ne furent probablement pas choisies à cause de leur importance, mais parce qu'elles réunissaient d'autres conditions essentielles pour le cas. On aurait tort de croire que les choses se passaient alors comme aujourd'hui, où le titre de chef-lieu implique toujours une administration à poste fixe. Les noms de localités donnés aux archiprêtrés étaient plutôt des points de repères géographiques que des noms de chefs-lieux. L'administration de l'archiprêtré n'avait point d'endroit fixé : elle suivait l'archiprêtre, qui, lui, était choisi parmi les curés de la circonscription, non à cause de son domicile, mais pour ses mérites. Cela explique pourquoi quelques archiprêtrés n'ont point de nom local, mais un nom de territoire, comme ceux de Forez, de Dombes et de Jarez. Il paraît même que primitivement ils portaient seulement le nom de la personne chargée de les administrer. C'est du moins ce qui avait lieu dans les diocèses d'Autun et de Sens[1], où nous voyons que chaque circonscription archipresbytérale est désignée au XI$^e$ siècle par les mots *ministerium*[2] *de....* (ici le nom du prêtre). De là vient que, dans le diocèse de Belley, les archiprêtrés étaient encore, au XVII$^e$ siècle, désignés par un numéro d'ordre.

Ce mode de dénomination, qui était sans inconvénient pour un petit diocèse, en aurait offert pour un grand, et voilà pourquoi sans doute on adopta des noms locaux dans celui de Lyon;

---

raître un *archipresbyter Diniciensis* dans un acte du cartulaire de Saint-Vincent de Mâcon de 1117. Or l'archiprêtré de Denicé ne peut être autre que celui qui reçut plus tard le nom d'Anse.

[1] Voyez page 1051.

[2] Ce qui me porte à croire qu'il en fut de même dans le diocèse de Lyon, c'est que le mot de *ministerium* s'y conserva longtemps pour désigner l'administration d'un archiprêtré. (Voy. p. 1054.) Dans le pouillé du XV$^e$ siècle, l'archiprêtre de Roanne est aussi appelé *procurator Rodanæ*.

mais, nous le répétons, sauf de rares exceptions, les noms des archiprêtrés n'avaient point de rapport direct avec leur administration. Dans quelques cas même, l'archiprêtre ne résidait pas dans la circonscription. Ainsi nous voyons, dans le préambule du pouillé qu'a publié de la Mure, qu'au XVIIe siècle le sacristain du chapitre de Lyon était archiprêtre perpétuel de Montbrison; le sacristain de Saint-Nizier de Lyon, archiprêtre perpétuel de Néronde; le chantre de la même église, archiprêtre perpétuel des suburbes; le sacristain du chapitre de Fourvières, archiprêtre perpétuel des Dombes. L'absence de résidence fixe de la part de l'archiprêtre explique parfaitement pourquoi l'archiprêtré de Montbrison porte indifféremment le nom de cette dernière ville et celui du Forez.

Ce que nous venons de dire s'applique également au diocèse de Mâcon, ou du moins à la partie de ce diocèse voisine de Lyon, l'archiprêtré de Beaujeu, qui semble avoir succédé au petit *pagus Tolveonensis*. Cet archiprêtré était certainement créé au XIe siècle, car nous voyons fréquemment paraître à cette époque, dans le cartulaire de Saint-Vincent, un archiprêtre Bernard exerçant son autorité sur les paroisses de Mardore, de Saint-Jean-de-Bussières, etc. Il est probable même que le premier chef-lieu de cet archiprêtré fut Turvéon, car Beaujeu ne paraît pas remonter au delà du milieu du Xe siècle; mais cette ville eut bientôt fait oublier l'ancien chef-lieu.

De même que les circonscriptions épiscopales, grâce à l'esprit d'immutabilité du clergé catholique, restèrent, en général, intactes depuis leur organisation jusqu'à la Révolution, et par là nous ont permis de reconstituer la Gaule romaine en dépit des partages dynastiques, de même leurs subdivisions se sont conservées religieusement telles qu'elles avaient été établies au Xe ou XIe siècle jusqu'au XVIIIe, et peuvent, jusqu'à un certain point, servir à fixer l'étendue des premières délimitations féodales, sur lesquelles elles semblent avoir été basées, et qui allèrent sans cesse en s'altérant dans les siècles suivants.

Pendant une période de plusieurs siècles, nous n'avons donc rien à dire de particulier au diocèse de Lyon, dont l'histoire territoriale est résumée dans les pouillés que nous avons publiés à la fin de ce livre. De la Mure parle d'une charte de priviléges accordée par l'archevêque Louis de Villars (mort en 1308) aux archiprêtres de son diocèse, confirmée par son neveu et successeur Pierre de Savoie et par Charles de Bourbon en 1488; mais comme il n'a pas publié cette pièce, nous ne savons en quoi consistaient les priviléges.

Ainsi qu'on le voit par les pouillés, le diocèse de Lyon fut constamment divisé, pendant toute cette période, en dix-huit archiprêtrés, dont neuf se trouvaient sur la rive droite de la Saône et du Rhône, et neuf de l'autre côté. La seule innovation qu'on se soit permise fut de distinguer, à partir du XIV<sup>e</sup> siècle, les premiers des seconds, en établissant deux grandes divisions, *la part au royaume* et *la part à l'empire*, ce qui constate que les rois de France étaient déjà parvenus à ressaisir une partie de ce pays, qui avait été tout entier rattaché à l'empire en 1032.

Voici la nomenclature de ces dix-huit archiprêtrés, rangés dans l'ordre géographique :

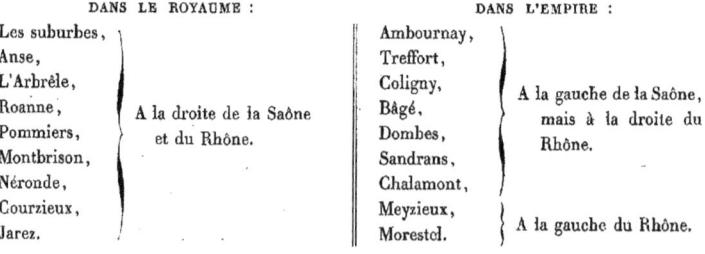

| DANS LE ROYAUME : | | DANS L'EMPIRE : | |
|---|---|---|---|
| Les suburbes, Anse, L'Arbrêle, Roanne, Pommiers, Montbrison, Néronde, Courzieux, Jarez. | A la droite de la Saône et du Rhône. | Ambournay, Treffort, Coligny, Bâgé, Dombes, Sandrans, Chalamont, | A la gauche de la Saône, mais à la droite du Rhône. |
| | | Meyzieux, Morestel. | A la gauche du Rhône. |

Un document que nous avons publié dans l'Appendice[1] nous apprend aussi que les archiprêtrés, les plus grands du moins, étaient alors subdivisés en *conciles* ou *conseils*. Nous voyons, par exemple, que l'archiprêtré de Jarez était partagé en trois conseils, composés chacun d'une trentaine de paroisses, et dont les chefs-lieux étaient Mornant, Saint-Julien et la Fouillouse. Nous ne possédons rien de semblable pour les autres archiprêtrés; mais il n'y a pas de doute qu'ils devaient offrir une organisation analogue.

Au XVI⁰ siècle, on essaya de mettre d'accord la politique et la religion en créant à Bourg, ville toute nouvelle, qui avait acquis depuis quelque temps une certaine importance par suite de son rôle de chef-lieu de la Bresse, que lui avait attribué la maison de Savoie[2], un évêché dont la juridiction spirituelle s'étendait sur une partie du diocèse de Lyon. Il comprit tout ce qui de ce dernier ressortissait encore à l'empire, *a parte imperii,* c'est-à-dire les archiprêtrés de Chalamont, Sandrans, Dombes, Ambournay, Treffort, Coligny et Bâgé; car ceux de Meyzieux et de Morestel, situés au delà du Rhône, avaient été réunis à la France avec le Dauphiné, au milieu du XV⁰ siècle.

Cet évêché, créé par une bulle du pape du mois de juin 1515, fut supprimé par une autre bulle datée des calendes d'octobre 1516, puis rétabli par une bulle du 13 novembre 1521, et supprimé définitivement par une autre bulle du 4 janvier 1534, sur les instances de François I⁰ʳ. Ce prince, qui dominait déjà sur une partie du territoire du diocèse de Lyon situé sur la rive gauche de la Saône (le pays de Dombes

---

[1] Page 1060.
[2] On a prétendu que Bourg était une ville romaine; mais nous ferons remarquer qu'au XI⁰ siècle Bourg dépendait encore, pour le spirituel, de Brou, où était l'église paroissiale, dédiée alors à saint Pierre (*Histoire de Bresse,* par Guichenon, pr. p. 225), et que cet état de choses resta tel jusqu'au XVI⁰ siècle. (Voyez les pouillés du diocèse de Lyon.)

et le Franc-Lyonnais), ne voulut jamais adhérer à la création de l'évêché de Bourg, entrevoyant déjà la possibilité de rattacher la Bresse à la France; ce qui eut lieu, en effet, peu de temps après, d'abord par la conquête de 1535, puis, ensuite, par le traité de 1601.

Au reste, le nouvel établissement, créé à l'instigation du duc de Savoie, avait certainement été mal conçu : il découvrait entièrement la métropole du côté de l'est, et lui enlevait des populations qui étaient habituées depuis quinze cents ans à considérer Lyon comme leur chef-lieu naturel, et dont quelques parties étaient même d'origine ségusiave. Bien plus, nous pensons qu'on avait rattaché l'évêché de Bourg à l'archevêché de Besançon, et non à celui de Lyon, comme cela semblait naturel. Pourtant nous n'avons vu ce fait indiqué nulle part.

La bulle du 4 janvier 1534 remit les choses dans l'état où elles étaient avant la création du diocèse de Bourg, mais non pas dans l'état primitif que nous avons décrit, car il s'était opéré dans le diocèse de Lyon quelques changements. Plusieurs localités avaient perdu leur rang, sinon leur titre. Ainsi le chef-lieu de l'archiprêtré de Pommiers se trouvait de fait à Saint-Germain-Laval, dont le curé était archiprêtre-né, comme le curé de Saint-Symphorien-le-Châtel était archiprêtre-né de l'archiprêtré de Courzieux. Les titres d'archiprêtre de Chalamont et de Sandrans avaient été réunis à perpétuité au doyenné du chapitre de Montluel, fondé en 1510. Le titre d'archiprêtre des Dombes avait été attribué au sacristain de l'église collégiale de Fourvières, par transaction faite entre ce chapitre et l'archevêque Pierre de Savoie; enfin le titre d'archiprêtre de Coligny appartenait de droit au doyen du chapitre de Saint-Amour. Outre cela, plusieurs archiprêtrés avaient été réunis : c'étaient ceux de l'Arbrêle et de Courzieux, de Morestel et de Meyzieux.

# INTRODUCTION.  LXIX

Au commencement du xviiie siècle on créa en faveur de Bourg, qui, en dépit de ses prétentions épiscopales, n'était encore, au point de vue ecclésiastique, qu'une simple paroisse, un archiprêtré en démembrement de celui de Bâgé. On accorda la même faveur à Nantua, aux dépens de l'archiprêtré d'Ambournay, qui était d'une immense étendue.

Mais ces changements furent suivis, bientôt après, d'un changement beaucoup plus considérable : nous voulons parler de la création de l'évêché de Saint-Claude, opérée par lettres patentes du roi du 25 mai 1742[1], ensuite des bulles du pape du 22 janvier de la même année.

Depuis longtemps les habitants de cette ville et des environs, faisant valoir, d'une part, la position exceptionnelle de leur pays, qui les privait quelquefois de toute communication au dehors de leur vallée montagneuse, à cause de la grande quantité de neige qui y tombait, et, d'autre part, leur proximité de Genève, le foyer du protestantisme, demandaient un évêque résidant à Saint-Claude même, et offraient, comme moyen de réalisation, la sécularisation de leur abbaye, qui devait recevoir le siége épiscopal.

Les moines de Saint-Claude n'étaient pas moins ardents à solliciter cette création. Dès l'année 1730[2], ils s'en occupaient activement, peut-être même y contribuèrent-ils plus que personne, en obtenant de leur abbé, le comte de Clermont, qu'il donnât sa démission le 19 août 1737.

Quoi qu'il en soit, le roi accueillit favorablement la demande, dont cette circonstance aplanissait les difficultés, et écrivit

---

[1] *Recueil des édits, etc. sur la Franche-Comté* (6 vol. in-fol.), t. III, p. 865 et suiv.

[2] M. Girod, vicaire général de l'évêché de Saint-Claude, a eu l'obligeance de me communiquer une correspondance très-curieuse, qui prouve que les moines de cette ville s'occupaient déjà de l'affaire en 1730.

aussitôt au pape pour solliciter les bulles nécessaires[1]. En attendant, il ordonna, par un arrêt du conseil, du 18 septembre[2], que les fruits et revenus de la manse abbatiale seraient mis en réserve pendant la vacance pour être employés aux frais de l'érection, et, sur les instances des religieux de Saint-Claude, il donna le brevet de provision du nouvel évêché à M. Jean Bouhier, premier évêque de Dijon[3].

Le 12 juin de l'année suivante, un arrêt du conseil d'état ordonna qu'à mesure que les prieurés, bénéfices simples et offices claustraux de l'abbaye viendraient à vaquer, soit par mort, démission ou autrement, ils ne pourraient être résignés ni remplis, et que les fruits et revenus seraient séquestrés, affermés, régis et perçus à la diligence du futur chapitre, pour être employés aux frais de l'érection; il ordonna en outre qu'il ne serait plus reçu de novice ni fait de vœux dans ladite abbaye.

Enfin, après d'assez longues discussions entre l'archevêque de Besançon, celui de Lyon et l'évêque de Saint-Claude, l'évêché de cette dernière ville dut se composer de cent paroisses du diocèse de Lyon, dont on trouvera la nomenclature plus loin (p. 1010), et de dix paroisses ou annexes du diocèse de Besançon, dont voici la liste : Saint-Lupicien, prieuré rural; Croset, son annexe; la Rixouse et Château-des-Prés, Grandvaux, Piard, etc.; Four-du-Plasne, Morbier et Bellefontaine;

---

[1] Suivant M. Richard (*Hist. des diocèses de Besançon et Saint-Claude*, t. II, p. 404), la lettre du roi au pape serait du 3 mars 1736.

[2] Archiv. nat. E 2163, minute du Conseil d'état pour 1737.

[3] Cet évêché, créé en 1731 seulement, en démembrement de l'un des diocèses suffragants de l'archevêché de Lyon (celui de Langres), dépendait de la métropole de Lyon. Il n'eut que trois évêques depuis sa création jusqu'à la Révolution : 1° M. Jean Bouhier, dont il est ici question; 2° Claude Bouhier; 3° Claude..... d'Apchon. Après la création du diocèse de Saint-Claude, l'archevêque de Lyon eut six suffragants.

Moyrans, ville et bailliage; Charchillia et Maizoz; Maissia, son annexe; Lect, et Martignia, son annexe.

Avant la conclusion de cette affaire, quelques difficultés s'étant élevées entre le chapitre et M. Bouhier, le futur évêque, au sujet de leurs droits respectifs, ce dernier donna sa démission, et fut remplacé par Joseph de Meallet de Fargues, chanoine-comte de Lyon, nommé le 25 août 1741, en attendant la bulle du pape, qui ne parut qu'au mois de janvier suivant.

Ainsi fut constitué le diocèse de Saint-Claude, qui ne compta que deux évêques jusqu'à la Révolution, M. Meallet de Fargues, mort le 17 mars 1785, et M. de Chabot, qui émigra à l'époque de la Révolution. On verra sur notre carte l'étendue assez irrégulière de ce diocèse.

Il est à remarquer que, pour cette création, on s'était uniquement guidé sur les démarcations politiques, sans tenir aucun compte des traditions ecclésiastiques. Ainsi, d'une part, l'archevêque de Lyon céda sans hésiter toute la portion de son diocèse qui ressortissait à la Bourgogne, et, d'autre part, l'évêque de Saint-Claude refusa d'étendre le sien sur la Bresse, que lui aurait cédée volontiers encore l'archevêque de Lyon, et pour laquelle deux siècles avant on avait tenté de créer l'évêché de Bourg. Il résulta de là une assez singulière mutilation du diocèse de Lyon. Il perdit tout l'archiprêtré de Coligny, la moitié de celui de Treffort et le tiers de celui d'Ambournay[1].

Néanmoins, par suite de la division de ce dernier archiprêtré en deux, qui prirent les noms d'Ambournay et de Nantua,

---

[1] On verra plus loin, dans un ordre méthodique, la liste des paroisses du diocèse de Lyon qui entrèrent dans la composition de celui de Saint-Claude. Pour avoir la nomenclature complète des paroisses de ce dernier, il suffit d'y joindre celles cédées par l'archevêque de Besançon et dont la liste se trouve ci-dessus, p. LXX-LXXI. Nous ajouterons que les cent et quelques paroisses du diocèse de Saint-Claude ne paraissent pas avoir été divisées en archiprêtrés, mais bien en treize *congrégations*,

le diocèse de Lyon eut encore dix archiprêtrés, au lieu de neuf, sur la rive gauche de la Saône et du Rhône, comme il en eut dix sur la rive droite de ces deux rivières, par la division de l'ancien archiprêtré de Jarez, également partagé en deux, qui prirent les noms de Saint-Étienne et de Mornant[1].

Les choses restèrent dans cet état jusqu'à la Révolution, époque où une loi, en date du 24 août 1790, décida que chaque diocèse serait borné à un seul département. En conséquence, celui de Lyon se trouva réduit à l'étendue du département de Rhône-et-Loire, créé au mois de janvier précédent. Le diocèse de Lyon perdit ainsi toute sa portion orientale, qui fut répartie entre quatre autres départements (Saône-et-Loire, Jura, Ain et Isère), et s'étendit, par compensation, à l'ouest sur un certain nombre de paroisses des diocèses voisins qui avaient été successivement réunies au territoire lyonnais, et en faisaient politiquement partie intégrante depuis longtemps. Le concordat de 1801 réunit le département de l'Ain aux départements du Rhône et de la Loire[2] pour former le diocèse de Lyon; mais, en 1817, il en fut de nouveau détaché pour former le diocèse de Belley. Le pouillé n° 5 résume parfaitement l'histoire du diocèse de Lyon au XVIII° siècle. Nous y renvoyons donc le lecteur.

---

dont voici les chefs-lieux : Saint-Claude, Moyrans, Morez, Grandvaux, Oyonnax, Isernore, Aromaz, Saint-Imetière, Chavannes, Saint-Julien, Coligny, Saint-Amour, Cuiseaux.

[1] Le diocèse de Mâcon subit, vers le même temps, une modification analogue : les archiprêtrés du Rousset et de Beaujeu furent partagés chacun en deux. Les nouvelles circonscriptions reçurent les noms de Cluny et Charlieu, villes monacales qui avaient acquis une certaine importance.

[2] Le département de Rhône-et-Loire avait été divisé en 1793.

# CARTULAIRE DE SAVIGNY.

# NOTICE HISTORIQUE

## SUR L'ABBAYE DE SAVIGNY[1].

### PREMIÈRE PÉRIODE.

DE L'ORIGINE DE L'ABBAYE JUSQU'À SA DÉVASTATION PAR LES HONGROIS, VERS 934.

L'abbaye de Savigny était un monastère de l'ordre de saint Benoît dédié à saint Martin, et désigné, dans les titres latins, par les mots de *cœnobium Saviniacense, Sapiniacense, Sabiniacense*[2]. Elle a donné naissance à un village qui porte le même nom, et qui est situé à 20 kilomètres environ à l'ouest de Lyon.

On ignore l'époque précise de la fondation de cette abbaye. Un auteur moderne[3] y fait tenir les conférences que le roi Gondebaud eut avec les prélats du royaume de Bourgogne, au v⁰ siècle, au sujet de l'arianisme[4]; mais les faits contredisent formellement cette opinion, car les documents contemporains nous apprennent que Gondebaud revint du lieu de la conférence à Lyon, le soir même, par la voie de la Saône (*rex per Sagonam*

---

[1] Les nombreux matériaux que j'ai recueillis sur l'abbaye de Savigny depuis quelques années m'auraient conduit trop loin, si j'avais voulu les mettre tous en usage, et m'auraient d'ailleurs écarté du but assigné à la Collection des documents inédits sur l'histoire de France. J'ai dû me restreindre à un historique succinct, basé en grande partie sur le cartulaire, me réservant d'aborder ce sujet avec plus de détails dans une publication particulière.

[2] Voyez, dans l'*Index generalis*, les différentes formes latines du nom de Savigny.

[3] Monfalcon, *Hist. de Lyon*, p. 225.

[4] D'Achéry, *Spicil.* édition in-4°, t. V, p. 110-112.

*rediens ad urbem*). Or le point de la rivière le plus près de Savigny se trouve à Lyon même; il aurait donc été inutile de gagner la Saône pour venir ensuite à la ville [1].

Une tradition, rapportée par les auteurs du *Gallia christiana*, mais avec une déclaration de défiance, ferait remonter l'origine de Savigny au vi[e] siècle. Suivant cette tradition, saint Maur, passant à l'Arbrêle, qui est situé sur la grande route de Lyon à Paris, la *via Francisca* du xe siècle [2], aurait donné la règle de son maître à six religieux retirés dans un bois voisin, et qui y jetèrent les fondements de l'abbaye.

Une autre tradition, rapportée par Benoît Mailliard [3], attribue la fondation de l'abbaye à l'empereur Charlemagne. Voici, en effet, ce qu'écrivait ce religieux à la fin du xve siècle : « Et primo sciendum est quod tempore « Caroli Magni fuit hoc nostrum Savigniacense monasterium primitus funda- « tum ; sed per quem certive ignoramus. Tenemus tamen generaliter quod « per Carolum Magnum fundatum fuit. » Les raisons que donne le chroniqueur à l'appui de cette opinion sont : 1° que le monastère a été fondé sous Charlemagne; 2° que cet empereur a fondé beaucoup d'autres monastères dédiés à saint Martin; 3° enfin que le premier abbé du monastère fut Adalbert, qui vivait sous Charlemagne. Sur ce dernier point, cependant, il est certain que Mailliard était dans l'erreur. Les deux seuls actes d'Adalbert que nous connaissions sont de la fin du ixe siècle, comme le constatent les auteurs du *Gallia christiana* [4], qui attribuent, il est vrai, ces actes à deux personnages différents, mais tous deux vivant à la même époque. Mailliard a été trompé par le rédacteur du cartulaire, qui a placé un acte d'Adalbert en tête de sa compilation.

Nous ferons remarquer qu'il n'est question ni de l'une ni de l'autre tradition dans le prologue du cartulaire de Savigny, compilé au xiie siècle, c'est-à-dire à une époque assez rapprochée de l'origine, quelle qu'elle soit, du monastère. Le rédacteur de ce prologue se contente de dire que l'abbaye

---

[1] La résidence du monarque appelée *Sarbiniacum*, où eut lieu la conférence, ne peut être non plus Salvagny, qui est trop éloigné de la Saône : c'est plus vraisemblablement Arbigny au Mont-d'Or, ou Savigneux en Dombes.

[2] Cartul. d'Ainay, ch. 137.

[3] Voyez, dans le Journal de Montbrison (8 et 15 juillet 1849), les détails biographiques et bibliographiques que j'ai publiés sur Benoît Mailliard, dont il existe encore plusieurs manuscrits, tant à Paris qu'à Lyon.

[4] Tome IV, col. 260.

était fort ancienne : «Sapiniacense cœnobium ab antiquis patribus instructum. » Il n'aurait certes pas négligé les traditions honorables que nous venons de rappeler, s'il les eût connues, et nous sommes tenté de croire que, s'il ne les a pas connues, c'est qu'elles n'existaient pas encore.

Le cartulaire renferme quelques actes qu'on fait remonter au temps de Charlemagne; mais c'est à l'aide d'une fausse interprétation de la souscription. La plus ancienne charte n'est que de 825, comme on le verra dans la table chronologique. Toutefois, nous avons la preuve que l'abbaye existait auparavant, car elle est mentionnée dans un acte de 817, parmi les maisons religieuses qui ne devaient ni dons ni troupes, mais seulement des prières, à l'empereur et à ses enfants[1]. Nous nous en tiendrons à ces données, suffisantes pour nous, relativement à l'origine de l'abbaye.

Durant tout le IXe siècle, l'abbaye de Savigny paraît avoir eu une existence assez paisible; mais dans la première moitié du Xe elle fut saccagée par une de ces hordes de barbares qui ravageaient alors l'Europe, et à laquelle le cartulaire donne le nom de Huns, c'est-à-dire Hongrois. On fixe généralement cette invasion à l'année 940; cependant, d'après une charte du cartulaire de Savigny (n° 68), Badin, qui restaura le monastère, était déjà abbé en 937. Ou cette date est erronée, ou le nom de l'abbé Badin ne devrait pas se trouver dans l'acte, ou enfin l'invasion des Hongrois est antérieure de quelques années à la date qu'on lui assigne. Cette dernière hypothèse est celle que nous préférons, avec les auteurs du *Gallia christiana*, qui fixent l'arrivée des Hongrois à l'année 934. Quoi qu'il en soit, les moines furent alors dispersés, et les titres de l'abbaye brûlés ou détruits. C'est à cette circonstance sans doute que nous devons attribuer l'obscurité qui couvre l'origine du monastère. Lorsqu'au XIIe siècle l'abbé Ponce ordonna de recueillir les actes relatifs à Savigny, on n'en trouva pas cinquante qui se rapportassent à l'époque antérieure au ravage des Hongrois, encore sont-ils, pour la plupart, d'une date fort peu authentique. Il en résulte qu'il est presque impossible de donner l'ordre certain des abbés qui ont dirigé le monastère pendant cette période.

Voici le résultat auquel nous sommes arrivé, après une critique sévère des souscriptions de ces actes. On va voir que notre liste d'abbés diffère sensi-

---

[1] Bouquet, *Rerum Gall. et Francic. Script.* t. VI, p. 409.

blement de celle publiée dans le *Gallia christiana* et dans le prologue du cartulaire. Nous ne garantissons pas cependant son exactitude absolue.

| | | | |
|---|---|---|---|
| 1. Justus...... | paraît en 825..... | charte | 16. |
| 2. Asterius..... | ——— 832..... | ——— | 18. |
| 3. Christophorus | ——— 856..... | ——— | 24. |
| 4. David....... | ——— 857..... | ——— | 19, 23. |
| 5. Christophorus | ——— 858..... | ——— | 25. |
| 6. David....... | ——— 858..... | ——— | 20. |
| 7. Anasteus.... | ——— 883..... | ——— | 2. |
| 8. David....... | ——— 888..... | ——— | 21. |
| 9. Segefridus... | ——— 889..... | ——— | 3, 4. |
| 10. Adalbert.... | ——— 889, 895, | ——— | 1, 26. |
| 11. Ansterius... | ——— 908..... | ——— | 15. |
| 12. Segefridus... | ——— 908..... | ——— | 30. |
| 13. David....... | ——— 913..... | ——— | 22. |
| 14. Stephanus... | ——— 915..... | ——— | 17. |
| 15. Arnulphus... | ——— 918 à 927, | ——— | 5 à 13. |
| 16. Ingelardus... | ——— 928..... | ——— | 14. |
| 17. Benedictus.. | ——— 928, 930, | ——— | 34, 37. |
| 18. Badinus..... | ——— 937..... | ——— | 68. |

Il se peut qu'au lieu de quatre abbés du nom de David il n'y en ait eu que deux ou trois, qu'au lieu de deux Christophe il n'y en ait eu qu'un; mais, nous le répétons, la chose est sans importance, et nous croyons qu'il y aurait plus d'inconvénients à forcer l'interprétation des dates dans le sens de cette fusion de plusieurs noms en un seul qu'à leur laisser leur valeur naturelle.

Parmi les actes les plus intéressants de cette première période que nous a conservés le cartulaire, dans sa seconde partie, il est vrai, nous devons citer le diplôme de Lothaire, imprimé sous le n° 960, et par lequel on apprend que ce roi avait placé (en 852) le monastère sous la dépendance de l'église de Lyon. Ce diplôme est-il apocryphe, comme l'ont prétendu parfois les moines de Savigny, dans leurs disputes avec l'archevêque de Lyon, se fondant sur ce qu'on ne pouvait pas produire l'original? Cela n'est pas possible. En tout cas, ce qu'il y a de certain, c'est qu'il est parfaitement d'accord avec les autres actes du cartulaire; car nous y voyons constamment les archevêques de Lyon exercer une sorte de patronage sur l'abbaye, voire même confirmer l'élection des abbés (ch. 38, 126, 427, 581, 632, etc.). Au reste, cet acte royal n'est pas le seul qui fasse mention de la sujétion

## SUR L'ABBAYE DE SAVIGNY.

de l'abbaye de Savigny à l'église de Lyon. Jacques Severt a publié[1], et cela d'après l'original, alors dans les archives de l'église de Lyon, un diplôme de Louis le Bègue qui a le même objet, et qui en confirme un autre de son père, Charles le Chauve, à nous inconnu. Voici le texte de cet acte, que dom Bouquet a reproduit[2] :

« Deprecatione dilecti nostri ducis Bosonis, res ecclesiæ Lugdunensis, « cui venerabilis archiepiscopus Aurelianus præesse dignoscitur, sub immu- « nitatis nostræ defensione, sicut genitorem nostrum divæ memoriæ Caro- « lum augustissimum imperatorem fecisse suscepimus, ipsi ecclesiæ et suo « præsuli roborando confirmamus, videlicet in pago Lugdunensi, Nantoa- « dense monasterium et Saviniacense, cum appenditiis eorum, quæ.quon- « dam Lotharius imperator, patruus noster, per suæ authoritatis præceptum « Lugdunensi ecclesiæ in honore B. Stephani protomartyris dicatæ condo- « navit, et immunitatem villæ Orbanæ juxta ipsam civitatem, et Ansam vil- « lulam in usus fratrum, etc. Datum Trecas, 2 idus Septembris, ann. 1, « regni. » (12 septembre 878.)

Dans le xvIII° siècle, l'abbaye de Savigny chercha vainement à se soustraire à cette sujétion à l'église de Lyon, qu'attestaient une foule de témoignages puisés dans son cartulaire même : ses prétentions furent constamment repoussées, et avec justice. Elle devait, en effet, à la vigilance des archevêques de Lyon la conservation de ses priviléges et l'accroissement de ses biens (ch. 5, 29, 30, 38, 126, 127, 129, etc.). Ainsi, nous voyons que, dans un concile provincial tenu à Lyon en 908, l'archevêque affecta à la construction de l'église de Mornant, dépendant de Savigny, la dîme de plusieurs localités voisines, avec défense aux paroissiens de la payer à aucun autre qu'au curé de Mornant (ch. 30).

Lorsqu'après les ravages des Hongrois, l'abbé Badin eut rétabli le monastère, qui avait été incendié, il obtint de l'archevêque Guy des priviléges très-avantageux, que confirma son successeur Burchard Ier, en 949. La charte de ce dernier fut donnée à Anse, dans un concile qui s'y tenait à cette époque (ch. 38).

---

[1] *Archiepisc. Lugdun.* p. 189 de la 2° édition.

[2] *Rerum Gall. et Francic. Script.* t. IX, p. 412.

## NOTICE HISTORIQUE

### DEUXIÈME PÉRIODE.

#### DEPUIS L'ABBÉ BADIN, RESTAURATEUR DU MONASTÈRE, JUSQU'À L'ABBÉ PONCE, QUI FIT RÉDIGER LE CARTULAIRE.

18. Badin mourut probablement le 17 juin 953, car il est inscrit au nécrologe du monastère le 15 des calendes de juillet, et nous avons la preuve qu'il avait un successeur le 5 juin 954 (ch. 243). Il fut enterré, suivant l'usage, dans la chapelle de Saint-Léger, dont la construction remontait aux premiers temps de l'abbaye.

19. Gausmar, qui succéda à Badin, et qui était, comme nous venons de le voir, abbé le 5 juin 954 (ch. 243), fut confirmé dans cette charge par l'archevêque de Lyon six ans après (ch. 126), ce qui semble indiquer qu'il y eut quelques difficultés au sujet de l'élection. En 976, Gausmar obtint du roi Conrad, à la demande de l'archevêque Amblard, la confirmation de toutes les possessions de l'abbaye (ch. 127). Cet abbé fit le voyage de la Terre Sainte, et en rapporta plusieurs reliques, dont il fit don à son monastère. On en peut voir l'indication à la page 87, où se trouve une courte notice consacrée à ce très-saint homme (*sanctissimus vir*) par le rédacteur du cartulaire. Gausmar mourut le 3 juin 984, et fut enterré dans la chapelle de Saint-Léger, d'où son tombeau fut ensuite transféré dans la chapelle de Saint-Nicolas de la grande église, à la suite d'une révélation et d'un miracle [1]. Le gouvernement de Gausmar, qui dura une trentaine d'années, fut un des plus fructueux pour l'abbaye, dont les propriétés furent alors considérablement accrues, même en dehors du *pagus Lugdunensis* (ch. 374, 396, 426, 540). Sur la prière de cet abbé, l'archevêque Amblard excommunia plusieurs paroissiens de Mornant, qui, contrairement à la décision de

---

[1] Voici les termes dans lesquels Benoît Mailliard raconte le fait : « Et cum quidam « mutus a nativitate ad ejus sepulcrum « causa devocionis venisset, et super tu-« mulum ipsius aquam benedictam asper-« sisset, tunc homo sanctus eidem muto « apparuit et sibi dicit : Vade ad abbatem « et fratres capitulantes, et dic eis : Hec « dicit abbas Gauzmarus : Extumuletis me « ab hoc loco, et in capellam beati Nicolay « me transferatis. Ab illa hora loqutus fuit « mutus, et premissa abbati et fratribus « narravit. »

son prédécesseur, Burchard Ier (ch. 30), négligeaient ou refusaient de payer la dîme attribuée au curé du lieu (ch. 129).

20. Hugues succéda, quoique fort jeune, à Gausmar, qui l'avait désigné au choix des moines avant de mourir, comme le plus digne de les diriger. L'élection, qui eut lieu en 984, fut confirmée la même année par l'archevêque Burchard II (ch. 427). Hugues gouverna jusqu'en 1007, époque où il fut remplacé par Durand Ier. Sa mort doit être fixée au 19 juin (18 des calendes de juillet). Il fut enterré dans le cimetière, près de la fenêtre du chapitre. Son gouvernement ne fut pas moins avantageux au monastère que celui de son prédécesseur. C'est lui qui fit construire le château de Montrotier, dans la paroisse de Saint-Martin *de Periculis*, dont le nom a depuis été remplacé par celui du château (ch. 430). Cette construction eut lieu pour défendre l'abbaye contre les violences du comte, qui était alors en guerre avec l'église de Lyon, au sujet de la domination temporelle de cette ville, et qui se vengeait de son insuccès sur tout ce qui dépendait de l'église. Toutefois, il reconnut ses torts avant de mourir, et fit plusieurs donations à l'abbaye, en compensation des maux qu'il lui avait causés (ch. 437). Hugues obtint aussi de l'archevêque Burchard II de nombreuses concessions de terres. Voyez particulièrement la charte 438, qui rappelle une ancienne division du pays entre l'église et le comte.

21. Durand Ier fut élu abbé en 1007, comme le prouve l'acte 581, qui nous apprend que l'élection fut faite par l'archevêque Burchard II, à la demande des moines de Savigny, et avec les conseils des abbés de Cluny, de Saint-Chef, etc.[1]. En 1010, l'évêque de Maurienne lui céda dans la Savoie (*ager Savogensis*) l'église de Saint-Veran d'Erbin (ch. 582). Durand Ier mourut vers l'an 1018. Il était inscrit sur le nécrologe à la date du 3 des nones de juillet (5 juillet).

22. Il y eut alors une espèce d'interrègne dans le gouvernement de l'abbaye. Les moines, ne pouvant s'accorder sur le choix du successeur de Durand Ier, s'en remirent à l'archevêque Burchard II, qui, à son tour, se déchargea de cette difficile mission sur Odilon, abbé de Cluny, le priant de vouloir bien désigner un des moines de son monastère pour diriger celui de Savigny.

---

[1] L'acte fait ainsi son éloge : « ...eximiis « moribus decoratum, ætate perfectum, « scientia præditum, flore sapientiæ fulgidum, castitate conspicuum, undique vitia in omnibus pro posse vitantem, præmia cœlestis paridisi visitans, etc. »

# NOTICE HISTORIQUE

C'est ce que nous apprend la charte 632 du cartulaire, qui est l'acte même de confirmation par Burchard de l'abbé Itier, nommé par Odilon. Cette pièce ne porte point de date, mais elle doit être de 1018[1], comme le

---

[1] C'est par erreur que cet acte est daté de l'an *1028 circa*, page 308 du cartulaire, et dans la table chronologique, page 739. Il faut lire 1018 dans l'un et l'autre endroit. Du reste, l'acte du cartulaire semble n'être qu'une analyse d'un diplôme de Burchard II, dont il existe une copie du XII° siècle à la Bibliothèque impériale (Résidu Saint-Germain, paquet 94, n° 2). Comme cette pièce donne quelques détails intéressants sur la vie et les mœurs d'Itier, nous la transcrivons ici; on lit au dos, d'une écriture du temps, « De abbatia Sa-« biniacensis monasterii, » et d'une écriture plus moderne : « Ordinatio Iterii in « abbatem Saviniacensem per Burchardum, « archiepiscopum Lugdunensem. 1020. » Voici le texte de ce document : « Burchar-« dus, gratia Dei, archiepiscopus Lugdu-« nensium, presentibus et futuris commisse « nobis æcclesiæ filiis pacem et omne bo-« num. Cum sint tria, post illud summum « summeque essentiale bonum, quod Deus « est, generalia bona, ordo videlicet, mo-« dus et speties, ut divinę philosophię trac-« tarint sectatores ipsius tam preclarę dis-« ciplinę, nobis auctoritate precipitur ut in « his quę aguntur et agenda sunt sollicitius « intendatur. Est enim pernecessarium, ut « scire vos non dubito, dum variantibus « mortalis vitæ casibus ad officium nos-« trum pertinentia æcclesiastica supercres-« cunt negocia, ut, in his disponendis et « ordinandis, ea quę supra dicta sunt bona, « ordinem videlicet, modum et spetiem, « taliter servemus, ut ab illo bono a quo « bona cuncta procedunt non recedamus. « Igitur cum constet non posse quicquam « quod ad justiciam pertineat in terris ab « hominibus fieri, nisi ab illa sempiterni « Capitolii curia et divina cęlestique re pu-« blica nutu Dei prodeat, consequens est « ut bonum quod agitur, in quantum est et « habet, principiis suis viva voce respon-« deat. His et hujusce modi vitæ disciplinis « admoniti, dum de ordinacione Sapinia-« censis monasterii ratio versaretur in me-« dio consultu clericorum, abbatum, mo-« nachorum et civium, ut perficeretur quod « erat inter manus negocium Cluniensis « monasterii, Odilonem placuit accersire « presbiterum. Ipsius enim a monachis « spectabatur sententia; nosque ab eo jam-« dudum quesiveramus consilium, rogan-« tes etiam ut in hujusce modi causis pre-« beret adjutorium. Qui ut erat satis, more « domini et precessoris sui sanctissimi pa-« tris Maioli, ęcclesię nostrę devotus, et « nobis in amicitia et karitate conjunctus, « invitatus venit; veniens ad votum, consi-« lium dedit, et secundum peticionem nos-« tram adjutorium prestitit. Postulavimus « namque ab eo unum de suis fratribus « monachum quem adtestacione multorum « audivimus omni laude dignissimum. Et, « ut totum sciatis, isdem frater de sacro « fonte vocatur Iterius, et ex donis cœlesti-« bus est alter Zacheus. Hic postquam su-« per arborem crucis ascendit, Dominum « Jhesum non solum per humanitatis as-« sumptionem transeuntem, sed etiam per « divinitatis potentiam stantem, videre non « destitit, eumque videndo in habitaculo « suę mentis preparare semper ospicium stu-« duit. Idcirco illum Zacheum vocavimus, « quoniam, sicut ille de evuangelio, hic to-« tus evuangelicus videtur statura pusillus, « mente celsus : hic ascendendo Christum « ut videat, descendendo Christum ut sus-« cipiat. Isdem etiam corporalibus et jo-

## SUR L'ABBAYE DE SAVIGNY.

prouvent les chartes 652 et 714, qui font voir qu'Itier exerça les fonctions d'abbé cette année même. Son gouvernement se prolongea durant près de trente années, c'est-à-dire jusqu'à sa mort, arrivée le 8 mai (8 des ides) 1044. Il fut enterré dans la chapelle de Saint-Léger. Sous lui, l'abbaye s'enrichit considérablement; non-seulement elle obtint la concession d'immenses propriétés dans les diocèses de Lyon et de Mâcon, qui étaient les plus à sa portée, et dans ceux de Genève et de Lausanne (ch. 640, 641), qui faisaient également partie du royaume de Bourgogne, mais encore dans le diocèse de Saintes en Aquitaine (ch. 633, 634, 635) et de Die en Provence (ch. 636, 637). La chrétienté était alors sous l'impression d'une terreur immense : on croyait avoir découvert dans la Bible la preuve que la fin du monde devait arriver après l'an 1000 de Jésus-Christ, et beaucoup de fidèles, pour gagner plus sûrement le ciel, donnaient leurs biens aux monastères. Un grand nombre de chartes de cette époque débutent ainsi : «Dum hujus mundi finem, simulque terminum nostrum advenire non du-«bitamus» (ch. 641); «meta mundi ineunte, crebrescunt ruinæ» (ch. 633); «mundi terminum appropinquare ruinis crebrescentibus certa manifestant «indicia» (ch. 643). Ce n'est pas seulement parmi le peuple que cette opinion avait cours; elle était admise même dans les hautes régions de la société. Ainsi nous voyons la reine de Bourgogne, Ermengarde, femme de

« cundissimis excitatur motibus, similibus « in spiritu movetur affectibus, et, ut aper-« tius dicam, omnibus quibus ille ornaba-« tur, et hic adhornatur virtutibus. Ille dimi-« dium bonorum suorum dedit pauperibus, « dimidium reservavit ad alios usus; iste « non solum dimidium dedit, verum etiam « quicquid habuit vel habere potuit pro « Christi karitate reliquit. Mundum dese-« rens, Cluniacum monasterium petiit, in « quo per plures annos, ut beatus Bene-« dictus precipit, cum ceteris fratribus Deo « devotissime militavit, et, ut fratres ipsius « monasterii tæstantur, sine sui proposti « dispendio omne tempus conversionis reli-« giose, utiliter et honeste peregit. Si de no-« bilitate ejus libet aliquem scire, omnium « majorum predicetur vocibus quibus est

« consanguinitate vel affinitate conjunc-« tus. Nos vero huic fratri, de quo lo-« cuti sumus, monasterium Sabiniacense, « in honore beatissimi confessoris Martini « constructum, et omnem abbaciam cum « omnibus ad eam pertinentibus regendam, « et secundum regulam sancti Benedicti « ordinandam, committimus; eique abba-« tiam committendo, abbatem eum hodie « ordinamus et constituimus, et, ut ab « omnibus abbas laudetur et clametur, vo-« lumus et rogamus ceterum monachi mo-« nasterii sibi commissi habeant illum pa-« trem familia dominum, milites seniorem, « nos vero in divinis obsequiis fidelem co-« operatorem, prestante Domino nostro « Jhesu Christo, qui vivit et regnat Deus « per omnia secula seculorum. »

*k.*

Rodolphe II, se servir de la dernière formule dans une charte de donation de l'an 1037 (ch. 639), c'est-à-dire à une époque où on aurait dû être un peu rassuré sur ces sinistres prédictions.

23. Lento succéda à Itier dans les fonctions d'abbé. Ce moine, qui avait été reçu dans l'abbaye quelques années auparavant, et pour l'admission duquel ses parents avaient donné à Savigny les églises de Louvagny et de Saint-Jorioz, dans le diocèse de Genève (ch. 640), fut élu bien plus en considération de cette donation et de sa parenté que de ses mérites : aussi fut-on forcé de le déposer deux ans après. Il ne reste pas un seul acte de son gouvernement. L'obituaire de l'abbaye faisait mention de lui au 27 septembre (5 des calendes d'octobre).

24. Durand II succéda à Lento vers 1045; on a du moins la certitude qu'il était abbé en 1046 (ch. 750, 751). Après quinze ans d'un gouvernement presque inactif, ou du moins plein de faiblesse[1], il eut le sort de son prédécesseur. Pour réparer sa négligence, le monastère se vit forcé de recourir à l'excommunication contre plusieurs seigneurs voisins qui s'étaient emparés de ceux de ses biens qui étaient le plus à leur convenance (ch. 750). Durand II était porté sur l'obituaire le 28 février (6 des calendes de mars).

25. Dalmace fut élu vers l'an 1060. On a la preuve qu'il était abbé au

---

[1] Un *vidimus*, dont l'analyse se trouve jointe à la copie du cartulaire de Savigny que possède la bibliothèque de Lyon (Ms. L.), nous apprend que cet abbé céda à l'un de ses moines, appelé Ponce, l'administration du prieuré de Lutry et ses dépendances, qui avaient été donnés à l'abbaye de Savigny peu d'années avant (ch. 641); et dont les héritiers de Ponce s'emparèrent à sa mort, comme nous le verrons plus loin. Voici cette analyse :

« Vidimus d'un instrument scellé du sceau de l'abbé et du couvent de Savigny, par lequel il paroît que noble Anselme a fondé dans son propre alleu le prieuré de Lustret au diocèse de Lozanne, et qu'il l'a doté de plusieurs héritages, maisons, cens, rentes, domaines, dismes, chasteaux, villages et moulins, et ensuite il donna ce prieuré à l'église de Saint-Martin de Savigny; et comme il estoit difficile à l'abbé et aux religieux de Savigny de vaquer audit prieuré et d'en avoir soing, Durantus, abbé dudit Savigny, institua frère Ponce, moyne dudit Savigny, homme tres-fidelle et prudent, et le fit administrateur et dispensateur perpétuel de l'église dudit Lustret, sauf l'obéissance deue à l'église de Savigny à perpétuité, et pour la pitance et vestiaire, 15 florins d'or et 4 livres viennoises, monnoye de France, payables tous les ans au monastère dudit Savigny; ce qui se fit du conseil de Vidon, archevesque de Lyon, et du consentement du couvent dudit Savigny; et en mesme temps ledit Ponce presta serment d'accomplir le tout fidellement. Fait (le *vidimus*) au chapitre de Savigny, l'an 1218. Signé par extraict, Lovati et Montaigne, notaires. »

mois de septembre 1064 (ch. 753); il l'était encore certainement en 1083 (ch. 752). Une charte de lui porte la date de 1086 ; mais cette date est probablement erronée, car à cette époque l'abbaye était gouvernée par Itier II (ch. 826), avant lequel il y avait eu deux autres abbés. Le gouvernement de Dalmace est un de ceux qui furent le plus fructueux pour l'abbaye; il effaça le souvenir fâcheux de ses deux prédécesseurs : aussi le rédacteur du cartulaire fait-il une exception en sa faveur, en lui consacrant une espèce de notice historique placée en tête des actes qui le concernent (p. 387). « Grâce à cet homme très-sage, dit-il, l'abbaye acquit beaucoup de biens ; il fit entourer de murs le bourg de l'Arbrêle, attendu l'imminence des guerres; il commença aussi la construction de notre église ; il assura plusieurs distributions de vivres en faveur des frères; il décida que chaque obédience fournirait mensuellement le pain nécessaire aux moines ; il établit un droit sur la vente des bestiaux au marché de Sainbel, droit qui fut consacré à la nourriture des frères[1]. Dalmace écrivit aussi quelques livres, c'est à savoir, deux bréviaires pour l'église de Notre-Dame, un missel, un psautier très-bon (*optimum*), un recueil des décrets des pontifes, et un livre de médecine. »

Sous le gouvernement de Dalmace, le monastère parvint à son plus haut degré de prospérité et d'importance. Non-seulement l'abbaye avait à sa disposition l'épée des seigneurs de Beaujeu, qui s'en étaient déclarés les patrons-nés, mais les comtes de Forez eux-mêmes tinrent à honneur de la servir. Ainsi, vers l'année 1070, Artaud IV[2] assiégea le château du seigneur de Lay, qui exigeait des redevances indues des habitants de Tarare, et le détruisit; après quoi ce seigneur fut forcé de renoncer solennellement à ses prétentions (ch. 802). Un peu plus tard (vers 1078), le même Artaud IV confirma la donation de l'église de Sainte-Paule-d'Oingt, faite à l'abbaye par son fils Videlin (ch. 758). D'un autre côté, vers 1088, le chapitre de Lyon, désirant prouver à l'abbaye de Savigny son amitié et sa considération, lui donna, sur la proposition d'un des chanoines, une maison meublée dans le cloître, afin que l'abbé et les moines fussent logés convenablement (*ut decet tanti ordinis viros*) lorsqu'ils viendraient à Lyon (ch. 766).

---

[1] Cet acte ne fut pas l'œuvre de Dalmace seul; c'est un édit du couvent tout entier rendu en 1066. (Voyez la curieuse pièce imprimée dans le Cartulaire de Savigny, sous le n° 805.)

[2] Le manuscrit porte à tort *Rainaldo*.

Dalmace souscrivit les lettres données vers 1060 par Hildebrand, légat du pape Victor II, pour la restauration du monastère de Saint-Pierre de Vienne; il assista au concile d'Anse en 1070, et mourut le 8 des ides (c'est-à-dire le 8 du mois) de juillet 1082[1]. Il fut enterré dans le cloître, à l'entrée du chapitre.

26. Vuido succéda à Dalmace. Suivant le *Gallia christiana*, son gouvernement dura trois ans. Il n'en est pourtant pas venu un seul acte jusqu'à nous. Cet abbé était mentionné sur l'obituaire au 10 janvier (le 4 des ides).

27. A Vuido succéda Bérard, dont nous avons deux chartes (806 et 897). Le cartulaire attribue la dernière à un Bérard II, qui serait venu après Itier II; mais cet acte n'est pas daté, et appartient à Bérard Ier : c'est ce que prouve la charte 818, qui fait mention d'Itier, de Girbaud et de Ponce, et non de Bérard II. Bérard était inscrit sur l'obituaire le 8 des calendes de mars (22 ou 23 février).

Suivant Benoît Mailliard, le gouvernement des deux derniers abbés dura quatre ans environ. Il paraît qu'il y eut ensuite quelque temps d'interrègne, car nous possédons une lettre de l'archevêque Gébuin à l'archevêque de Tours, dans laquelle le prélat de Lyon supplie son collègue de demander à l'abbé de Marmoutiers un pasteur pour sa chère abbaye de Savigny. «Je serais allé, dit-il, vous supplier en personne, si je n'étais accablé d'infirmités qui non-seulement ne me permettent pas d'aller à vous, mais qui me laissent à peine respirer[2].»

---

[1] Le *Gallia christiana* le fait mourir en 1080; mais nous avons une charte (n° 754) qui prouve qu'il existait encore le 1er août 1081; nous en possédons même deux autres qui semblent prolonger son existence jusqu'en 1086 (ch. 752, 756); mais ces dernières dates sont contestables. D'un autre côté, Benoît Mailliard se trompe lorsqu'il suppose que la charte 45 est relative à ce moine; car cette charte est de 945, et Dalmace aurait eu, dans ce cas, plus de cent cinquante ans à l'époque de sa mort.

[2] Voici le passage essentiel de cette lettre, qu'a publiée Liron (*Singularités historiques*, t. IV, p. 500) : «Est enim nobis abbatia quædam Sabiniacus nomine, locus ab antiquo nobilissimus, antiquam Dei gratia adhuc servans nobilitatem, qui suo jam diu est orbatus pastore, pro quo rogo ego, rogat ecclesia Lugdunensis, pro quo huc ad vos imploraturus venissem, nisi quod tot ac tantis infirmitatibus premor, ut non dicam me ad vos ire, sed respirare vix licet. Nunc igitur, quia præsentia corporali vobiscum esse nequeo, spiritu autem vobiscum semper maneo, deprecor ut in uno spiritu congregati, domnum B. (Bartholomæum), Majoris Monasterii abbatem, cum multa dulcedine ex nostra parte et vestra, monendo, deprecando, exoretis, quatenus

## SUR L'ABBAYE DE SAVIGNY.

C'est sans doute à cette époque que se rapporte la charte 818, par laquelle Gébuin, alors malade (*jacente in ægritudine*), donna à l'abbaye les églises de Joux et de Violet. Nous voyons en effet qu'il n'y avait point alors d'abbé à Savigny, puisque le prélat fit sa donation entre les mains des deux moines Itier et Girbaud, qui furent successivement abbés après cela.

28. Le premier de ces moines, Itier, fils de Hugues le Vieux, seigneur de Talaru (ch. 817), fut élu vers l'année 1085. Il est du moins certain qu'il était abbé le 30 avril 1086, jour où il reçut la donation faite à l'abbaye, par le seigneur Humbert de Beaujeu, de l'église d'Ouilly (ch. 826). Les auteurs du *Gallia christiana* disent qu'Itier II obtint du pape Grégoire VII, en 1084, une bulle de privilége (ce qui ferait dater son élection d'une année avant l'époque à laquelle nous la fixons), et ils prolongent son gouvernement jusqu'en 1114; mais nous ignorons sur quels monuments ils se fondent. Ils sont certainement dans l'erreur relativement à cette dernière date, car nous avons la preuve que Ponce était abbé dès l'année 1111 (ch. 939), et Girbaud avait été élu et déposé auparavant. Nous ne pensons pas qu'on doive étendre le gouvernement d'Itier II au delà de l'an 1107. Une bulle du pape Pascal II (ch. 808) nous donne du moins la certitude qu'Itier II existait encore le 4 février de cette année. Trois autres chartes (n°s 865, 868, 886) semblent autoriser l'opinion des auteurs du *Gallia christiana;* mais les dates de ces actes, des deux derniers du moins, sont certainement erronées; quant à la première, elle n'est pas précise, mais semble toutefois pouvoir être fixée au 29 avril 1109. En tout cas, c'est la limite extrême du gouvernement d'Itier II.

Un des premiers actes de cet abbé fut la revendication de l'église de Lutry, près de Lausanne, qui avait été donnée au monastère en 1025 (ch. 641), mais qui depuis lui avait été enlevée de force par les héritiers d'un moine auquel Durand II avait cru devoir en confier l'administration[1]. Itier obtint, le 13 septembre 1088, un diplôme de l'empereur Henri III, qui ordonnait de restituer cette église et ses dépendances à Savigny (ch. 809). L'évêque de Lausanne, Burchard, fils de l'empereur, accrut encore les possessions

---

« mihi dilecto et desolatis fratribus miseri-
« cordiam suam poscentibus consulere non
« differat. Mittat patrem, mittat pastorem
« qui cum tanta cautela gregem suum cus-
« todiat, ne antiquo hosti ex aliqua parte
« aditus pateat, per quem ad ipsum gregem
« unquam irrumpere valeat. Valete, etc. »

[1] Voyez la note de la page LXXXIV.

de l'abbaye dans ce canton par une charte de 1088 (n° 810). D'un autre côté, Itier II reçut la donation de plusieurs églises dans le diocèse de Saintes en 1093 (ch. 812) et en 1097 (ch. 811). Mais ces possessions lointaines étaient l'objet de perpétuelles contestations. Ainsi une lettre de Hugues, archevêque de Lyon, à Ismidon, évêque de Die, publiée dans le cartulaire (n° 870), comme un titre authentique de propriété, nous apprend qu'une des terres de l'abbaye, située dans le diocèse de ce dernier prélat, avait été enlevée à Savigny par les moines de Cruas, abbaye située sur la rive droite du Rhône, dans le diocèse de Viviers. « Je ne me rappelle pas précisément, dit l'archevêque, répondant à Ismidon, les termes de la sentence qui fut rendue dans le temps que j'étais évêque de Die, entre les moines de Cruas et de Bourdeaux (prieuré dépendant de Savigny), au sujet de l'église située dans la vallée de Guisan; seulement je me souviens qu'un certain moine de Cruas, avec le secours de son père et de ses frères, envahit ladite église, et que je la fis rendre aux moines de Bourdeaux, qui prouvèrent qu'elle leur appartenait. »

Pour parer autant que possible à ces inconvénients, Itier fit confirmer par le pape Pascal II, en 1107 (ch. 808), toutes les possessions de son monastère dans les diocèses de Genève, de Lausanne, de Die et de Saintes, qui étaient d'une conservation plus difficile que celles qu'avait l'abbaye dans les diocèses de Lyon, de Mâcon, de Belley et de Clermont. Même dans ces derniers la générosité des donateurs n'était pas toujours sans inconvénient. Ainsi Itier II reçut du seigneur de Bully en Lyonnais une donation de tous ses biens qui eut plus tard, pour l'abbaye, de très-fâcheuses conséquences, comme nous le verrons dans un instant.

Itier II est mentionné sur l'obituaire au 15 avril (7 des calendes de mai).

29. Girbaud succéda à Itier II. On n'a point d'acte de cet abbé. C'est à tort que le cartulaire lui attribue la charte 898, qui est datée de 1117. Il est simplement rappelé dans cet acte, comme dans les chartes 818, 820, 903; mais il n'était plus abbé à l'époque de sa rédaction. C'est ce que semble prouver cette phrase qu'on y lit : « .... Girbaldus abbas, cui *tunc temporis* noviter « cura cœnobii Saviniacensis ac regimen commissum *fuerat*..... » Le prologue du cartulaire nous apprend que Girbaud fut forcé de se démettre du gouvernement de l'abbaye longtemps avant sa mort, mais il ne nous dit pas

pourquoi : « partim coactus, partim sponte sua, honorem abbatiæ longe ante « mortem suam amisit. »

Girbaud était inscrit sur l'obituaire au 29 mars (4 des calendes d'avril).

30. Ponce lui succéda au plus tard en 1111. Ce nouvel abbé était le petit-fils d'Aimon de Lay, qui avait été châtié par le comte de Forez pour ses violences contre les sujets de l'abbaye de Savigny au siècle précédent. Son père l'avait fait recevoir moine vers l'an 1088 (ch. 818). Dès le début de son gouvernement, cet abbé eut à soutenir contre un de ses vassaux, à l'occasion de la donation faite précédemment à l'abbaye par le seigneur de Bully, une véritable guerre et un procès dont les chartes 903, 904 et 905 font connaître les épisodes. Cette affaire fut terminée par une bulle du pape Calixte II, dont la date d'année est incertaine, mais qui peut être fixée approximativement à 1115 (ch. 900)[1]. Cet acte et celui de 1111 (n° 939), dont les indices chronologiques sont inattaquables, prouvent qu'on a eu tort de reculer l'élection de Ponce jusqu'en l'année 1117, et même jusqu'en 1120, comme l'a fait le *Gallia christiana*, d'après Benoît Mailliard, moins excusable en cela que personne, puisqu'il avait fait une analyse détaillée du cartulaire. Il est vrai qu'il n'y parle ni de la bulle du pape, ni de l'acte de 1111, ce qui est assez étrange, surtout en ce qui concerne le premier acte, émané du souverain pontife.

Ponce obtint deux bulles de priviléges du pape Calixte II : la première confirmait les propriétés de l'abbaye dans les diocèses de Saintes, de Die, de Lausanne, de Clermont et de Mâcon (ch. 901); la seconde était un privilége général en faveur de ceux qui iraient prier Dieu dans le monastère à certains jours de l'année, et portait défense de rien faire qui pût nuire à l'abbaye, sous peine d'excommunication (ch. 902).

Ponce gouverna l'abbaye jusqu'en 1138; il est du moins cité dans un acte du 1er décembre 1137 (ch. 937). C'est lui qui fit rédiger le cartulaire que nous publions aujourd'hui, et d'après lequel nous avons tracé l'historique qui précède.

---

[1] Dom Mabillon (*Ann. ord. S. Bened.* t. V, cap. LXX, n° 69) donne à cette pièce la date de 1103. M. Jaffé (*Regesta pontif. Rom. ab condita ecclesia ad annum 1198*; Berlin, 1851, 1 vol. in-4°) a démontré qu'elle ne pouvait être antérieure à 1113, et il la place entre cette année et celle de 1115. Je crois avoir prouvé qu'elle pouvait être également de 1116 ou de 1117, mais non postérieure à cette dernière année. (*Revue du Lyonnais*, nouvelle série [1853], t. VI, p. 178.)

## TROISIÈME PÉRIODE.

### DEPUIS L'ABBÉ PONCE JUSQU'A LA SUPPRESSION DE L'ABBAYE EN 1780.

Ici nous rencontrons une solution de continuité, car, pour l'époque qui suit, nous n'avons rien de semblable au cartulaire de l'abbé Ponce. On a bien ajouté après coup à ce cartulaire quelques actes; mais ils sont si clair-semés qu'ils n'offrent presque aucune ressource. Nous sommes donc obligé de recourir aux actes isolés que nous avons recueillis nous-même depuis quelques années, pour conduire le récit jusqu'à nos jours.

Et d'abord nous mentionnerons ici une curieuse lettre de saint Bernard à Falconnet, archevêque de Lyon, lettre par laquelle nous apprenons qu'après la mort de Ponce (vers 1139?) les moines de Savigny entrèrent en guerre avec ceux de la Bénisson-Dieu, abbaye de l'ordre de Clairvaux récemment fondée dans le Roannais par le comte de Forez. Cette fondation portait, à ce qu'il paraît, ombrage aux moines de Savigny, qui avaient tout auprès de la Bénisson-Dieu, à Noailly, un prieuré dont ils craignaient sans doute de voir diminuer les profits. Naturellement, l'illustre abbé de Clairvaux prit parti pour la Bénisson-Dieu, qui était de sa création, et dont les moines avaient alors pour abbé Albéric, l'un de ses disciples. «..... Pauperes sunt (dit-il à l'archevêque de Lyon), et habitant inter pau-« peres. Hoc præcipue obsecramus ut Saviniacenses[1] monachos prohibeatis « ab infestatione eorum, quoniam calumniantur eos injuste, ut putamus. « Aut si se confidunt habere justitiam, judicate inter illos. Filius noster « abbas Albericus, etsi suis meritis commendabilior, etc. » Il est probable que Falconnet rétablit promptement la paix entre les deux monastères, car il n'y a point d'autre trace de ce conflit.

31. Après l'abbé Ponce nous voyons paraître comme abbé Odilon, qui

---

[1] Mabillon a donné deux éditions des œuvres de saint Bernard. Cette lettre se trouve à la colonne 168 du tome I<sup>er</sup> de l'édition de 1690, et à la colonne 169 de l'édition de 1719. Trompés par une note de Mabillon, les auteurs du *Gallia christiana*, qui citent la lettre de saint Bernard, disent que les faits se passaient sous un abbé Itier (III), qui n'y est pas nommé, et qui n'a jamais existé.

figure dans plusieurs chartes (n°⁵ 941, 944, 950), et dont le gouvernement dura une vingtaine d'années. Il était inscrit sur l'obituaire au 1ᵉʳ janvier.

32. Milon lui succéda vers 1161. Le 25 février 1162 (nouveau style), se repentant des modifications préjudiciables aux moines qu'il avait fait subir, ainsi que ses deux prédécesseurs, Ponce et Odilon, au règlement relatif au marché de Sainbel, qu'avait fait jadis l'abbé Dalmace (ch. 805), il le rétablit dans son intégrité, avec l'approbation de l'archevêque (ch. 944). Le préambule de l'acte où ce fait est consigné est très-curieux. Il rappelle la guerre ouverte que se faisaient alors l'archevêque et le comte : « Eracleo « Lugdunense archiepiscopatum regente, ipsoque cum clericis a comite Fo- « rensi discordante..... »

Vers cette époque, l'archevêque crut devoir demander pour l'abbaye, ou plutôt pour ses possessions situées dans l'empire, un privilége à l'empereur Frédéric. Ce monarque délivra en effet un diplôme daté du 7 (7 des ides) de septembre 1162[1].

De son côté, Guy II, qui gouvernait alors le comté de Forez, vint trouver Louis VII, à la cour duquel il avait été élevé, et lui demanda l'investiture des droits régaliens sur l'abbaye, l'assurant que c'était une maison pauvre et exposée aux violences et aux rapines des hommes méchants, qui ne pourrait sans lui conserver la paix et la tranquillité. Le roi, trompé par ces paroles, accorda au comte ce qu'il demandait.

Sur ces entrefaites, Milon mourut, et on lui fit une épitaphe fort honorable, que dom Estiennot nous a conservée :

> Abbas, heu! Milo sceptri gravitate relicta
> Industris sensu patria migravit ab ista.
> Ah! quam præclarus fuerat, vita comitante!
> Nunc demum jacet hìc, illum jam morte vocante.
> Ergo Deum, fratres, quibus est hoc tempore carus,
> Tunc orate, precor, ne sit sibi Christus amarus.

Milon est inscrit sur l'obituaire à la date du 8 mai (8 des ides).

33. Il eut pour successeur un nommé Guichard, dont le *Gallia christiana* ne parle pas, ou du moins qu'il confond avec un autre, mais qui joua cependant un certain rôle vers la fin du xiiᵉ siècle.

L'un des premiers actes de cet abbé fut de faire annuler la concession

---

[1] Cet acte a été publié dans le *Gallia christiana* (t. IV, pr. col. 18.)

royale obtenue par le comte de Forez. Il saisit pour cela la première occasion favorable qui s'offrit à lui. Voici comment la chose arriva :

Peu de temps après cette concession, le roi Louis VII, revenant du Vélay[1], où il était allé châtier le vicomte de Polignac et son fils, qui faisaient une guerre injuste à l'église du Puy, et qu'il emmena prisonniers avec lui, passa par Montbrison. Aussitôt l'abbé de Savigny vint trouver le roi dans cette ville, résidence habituelle des comtes de Forez, et, en présence du seigneur de Beaujeu, qui l'avait accompagné, et de toute la cour, exposa au monarque français que l'abbaye n'avait jamais dépendu d'aucune puissance laïque; que les souverains ses prédécesseurs avaient cédé à l'église de Lyon leurs droits régaliens sur le monastère, qui d'ailleurs avait pour se défendre le bras séculier du seigneur de Beaujeu, patron-né de l'abbaye. Le comte, convaincu d'avoir trompé la religion du roi, fut forcé de résigner dans les mains de celui-ci le don qui lui avait été fait, et Louis VII ordonna que l'abbaye resterait désormais dans les conditions où elle se trouvait auparavant, ne dépendant que de l'église de Lyon.

Ce fait a été raconté un peu différemment par l'une des parties intéressées, le seigneur de Beaujeu. D'après celui-ci, la résignation faite par le comte de Forez, son neveu, aurait eu lieu purement et simplement en faveur des seigneurs de Beaujeu, qui possédaient l'abbaye de toute ancienneté; mais il faut évidemment entendre, par cette prétendue possession, le patronage seulement, dont ces princes étaient en effet pourvus depuis longtemps[2].

---

[1] Ce voyage du roi eut lieu en 1163. (Voyez *Rerum Gall. et Franc. Script.* t. XII, p. 131 et 205.)

[2] Voici le récit du seigneur de Beaujeu, qui renferme quelques détails intéressants. Il est tiré d'un cartulaire de l'église collégiale de Beaujeu, aujourd'hui perdu, et a été publié déjà par Pérard, *Recueil de pièces curieuses concernant l'histoire de Bourgogne*, p. 586. Nous nous permettrons seulement de rectifier quelques erreurs de copie, et de transposer une phrase qui nous semble avoir été déplacée par le premier éditeur. Cette phrase est celle qui termine ici la pièce, et que Pérard a imprimée après la mention des trois témoins de la maison du roi :

« Ut ea quæ sunt nota sint in antea,
« ego Humbertus de Bellojoco volo ut præ-
« sentes et futuri sciant quod Guigo, co-
« mes Forensis, nepos meus, Ludovico,
« Dei gratia regi Francorum, quando re-
« diit de Podio Sanctæ Mariæ, cum secum
« duxit captos vicecomitem de Poliniac et
« filium ejus Heraclium, donum quod ei
« dederat, scilicet abbatiam Saviniaci, quæ
« antecessoribus et mea semper fuerat, per
« virgam quandam eam abbatiam reddidit
« prædictam, quæ mea fuerat et esse debet,
« integram mihi per eamdem virgam reddi-

## SUR L'ABBAYE DE SAVIGNY.

Quoi qu'il en soit, l'affaire ne fut pas terminée par le désistement du comte de Forez. On revint souvent sur cette question de la sujétion de l'abbaye. Dans le fait, le monastère ne dépendait que de lui-même, employant tour à tour chacun de ses puissants voisins pour contenir les autres. C'est ce que démontrent une foule d'actes où l'on voit alternativement paraître comme patrons le seigneur de Beaujeu, le comte de Forez, l'arche-

« dit, scilicet in Monte Brisonis, in ecclesia « Sanctæ Mariæ Magdalenæ, extra villam, « ubi rex missam audivit. His testibus, de fa- « milia regis : Guido de Garlanda et Guido « Pincerna et Guido de Capreosa, consan- « guineus meus ; de familia comitis Forisii : « Guichardus de Iconio, Poncius de Ro- « chebaron et Poncius de Albiniaco ; et de « familia mea : Arduinus de la Sale, Ode- « lardus, consanguineus meus, Hugo de « Vinzellis, Maiolus et Vuillelmus, frater « ejus de Vinzellis, Arduinus Rabutini et « Thomas de Grandirivo. Hoc fuit factum « in præsentia abbatis Saviniaci, qui ibi « fuit, et major prior et cellerarius, et Ber- « trannus de Tararo. »

Nous ignorons si le patronage des seigneurs de Beaujeu était lucratif, mais il n'était pas sans responsabilité ; car ces seigneurs étaient souvent obligés de prendre les armes pour défendre l'abbaye, qui ne manquait pas de voisins jaloux de sa richesse. Juénin a publié (*Hist. de Tournus*, pr. p. 172) un acte assez important, qui nous apprend que, vers l'époque où nous sommes parvenus, le seigneur de Beaujeu se trouvait engagé dans une difficile affaire, sur laquelle on n'a pas de détails, mais qui se rapporte évidemment aux prétentions de l'abbaye de Cruas sur l'église de Guisan, dont nous avons parlé déjà. Il paraît que l'église de Viviers avait pris fait et cause pour sa fille, et que le seigneur de Beaujeu avait poussé les choses jusqu'à jeter en prison plusieurs clercs de cette église. Voici la copie de cet acte, qui doit être de 1170 à 1174 :

« W., Dei miseratione dictus Viennen- « sis archiepiscopus, dilectis fratribus et « amicis totius ecclesiæ Trenorciensis con- « ventus, salutem et pacem bonam. Signi- « ficatum est nobis qualiter vos, et vestra « firmiter obligando, sollicite laboraveri- « tis circa deliberationem clericorum Viva- « riensium qui capti tenebantur ab Hum- « berto de Bellojoco cum rebus et sociis, « pariter et domini Vivariensis episcopi. « Unde vestro tam devoto subsidio super « his pio congratulantes affectu, grates « vobis rependimus quas debemus. Cæte- « rum de damno in posterum evitando « vobis, et ecclesiæ vestræ rebus, ubique « præstitam vobis idoneam captionem « (caupcionem ?) per domnum Raimun- « dum, Vivariensem episcopum, et Rai.... « Crudatensem abbatem, et Gontardum de « Bordelu et Rai..... de Mirabel, et per « universum Vivariensis ecclesiæ conven- « tum, firmiter approbamus. Et ne aliquis « postmodum ausu temerario de indemni- « tate hujusmodi factam vobis conventio- « nem præsumat infringere, anathematis « vinculo prohibemus. Addicimus præter- « ea precibus et consensu prænominati « episcopi clericorum, si quis unquam, « quod absit, minus placitis paruerit, ec- « clesiam cathedralem Vivariensem, et Cru- « datensem abbatiam, nos tamdiu firmiter « sub interdicto tenere, postquam ad nos « querela devenerit, donec damnum in « vobis allatum integre per omnia restitua- « tur. Quod ut firmius in perpetuum ha- « beatur, præsentem cartulam sigilli nostri « munimine confirmamus. »

vêque de Lyon. Quant à la sujétion du monastère à l'église de Lyon, elle était, de fait, si peu réglée, que, malgré la transaction passée à Montbrison, le roi fut de nouveau supplié de la confirmer dans un séjour qu'il fit à Autun quelque temps après, et où il avait convoqué l'archevêque de Lyon Guichard. Louis VII reconnut que l'abbaye dépendait de l'église de Lyon, et cela en présence de l'abbé, qui l'a consigné dans un mémoire venu jusqu'à nous, « me abbate presente, etc. abbatiam nostram ad Lug-« dunensem pertinere favorabiliter recognovit; » ce qui n'empêcha pas de remettre ce droit en question sous Philippe-Auguste, comme on l'apprend du même mémoire[1].

L'abbé Guichard est inscrit sur l'obituaire de l'abbaye le 5 des ides de février, c'est-à-dire le 9 de ce mois, suivant notre manière de supputer le temps.

34. Guichard eut pour successeur un nommé Bernard, dont le nom est inscrit sur l'obituaire le 7 novembre (7 des ides.), avec cette note louangeuse : « Bernardus piissimus, qui castrum de Montbloy edificavit et multa « bona ecclesie nostre fecit. » Ce Bernard est sans doute celui qui paraît comme grand prieur dans une charte de l'an 1161 (n° 944), et comme abbé dans une autre charte (n° 945), malheureusement sans date. Nous possédons un autre acte par lequel on apprend qu'il était mort en 1196. C'est une charte tirée du cartulaire de l'abbaye de Mazan, dans le Vivarais, et relative à une transaction passée entre Pierre, abbé de ce dernier monastère, et *B. Saviniensis dictus abbas*, au sujet des dîmes du prieuré de Toranche, qui appartenait à Mazan, et qui était situé dans la paroisse de Haute-Rivoire, dépendant de l'abbé de Savigny[2].

---

[1] Les auteurs du *Gallia christiana* ont publié cette pièce (t. IV, pr. col. 26), qui doit être de 1180, et non de 1204, comme ils l'ont cru, par suite de l'addition d'un alinéa qui n'a aucun rapport avec elle. C'est de ce document précieux que nous avons tiré les faits relatifs au gouvernement de Guichard.

[2] Voici la copie de cet acte, qui est fort important pour l'histoire locale :

« *Compositio antiqua super decumas To-« renchiæ.* — Notum sit præsentibus et pos-« teris, quod ego B. Saviniensis dictus « abbas, cum Petro, abbate Mansiadæ, et « fratribus ejusdem loci, orta discordia in-« ter nos et illos, qui[bus] terrarum et pos-« sessionum in parochia nostra de Alta Ro-« voria, sine consensu nostro ab eis acquisi-« tarum, decumas ab antiquo nobis debitas « et solutas solvere renuentibus, de consi-« lio fratrum nostrorum communi, pactis et « conditionibus infrascriptis transegi. Con-« venimus enim ut pro terris quas in præ-« dicta parochia acquisierunt vel postea

## SUR L'ABBAYE DE SAVIGNY.

Bernard fut enterré près de l'abbé Milon. Estiennot nous a conservé son épitaphe :

> Abbas Bernardus retrocedens vita.....
> Moribus inclytus atque bonis, vir ad mala tardus,
> Proh dolor! excessit : ora ut, quæ mala gessit
> In mundo, Christi pietas indulgeat isti.
> Sit pius indultor factorum, non gravis ultor,
> Ac prece sanctorum recipe istum in arce polorum.
> Hunc superes tu, qui superes successor honoris;
> Degener es, si degeneres a laude prioris.

35. Après Bernard, nous voyons paraître un abbé Richard, qui eut un grand démêlé avec l'archevêque de Lyon au sujet des droits régaliens. Richard

« acquisierint infra terminos qui sic deno-
« tantur : a ponte de la Roca sicut via du-
« cit a la Boariam, et ab Boaria ad mo-
« lendinum de Turutet, et ab molendino
« usque ad crucem Joannis Regis, et, sicut
« termini consensu utriusque partis positi
« distingunt, usque ad parochias Sancti
« Clementis et Sancti Laurentii, decumas
« non solvant, sed nomine census 1 emi-
« nam frumenti purgati ad mensuram Savi-
« niaci apud Castellum singulis annis per-
« solvant, et in præsenti x et vIII marcas
« argenti. Hoc etiam pacto adjungitur ut,
« si quas terras seu possessiones in ista
« dicta parochia extra terminos nominatos
« sive in aliis parochiis acquisierint, inde
« decumas ad jura ecclesiarum nostrarum
« pertinentes sine querela et questione ali-
« qua nobis in pace persolvant. At quia
« quod ligatum solubile est, et nihil in hac
« mortalitate firmum et stabile permanere
« solet, præsentes cartulas, per alphabe-
« tum partitas, auctoritate sigilli Lugdu-
« nensis capituli et archiepiscopi, et nostri,
« necnon et abbatis de Mansiadæ, firma-
« mus.

« Post mortem vero prædicti abbatis,
« succedente altero qui prescriptam con-
« ventionem ignorabat, orta est iterum
« contestatio de finibus inter monachos

« Savinienses et monachos de Mansiadæ,
« illis scilicet asserentibus monachos de
« Mansiadæ majores fines quam convenerat
« occupasse, et prædictam scripturam tan-
« tis ab eis suggestionibus extorcisse; quod
« monachi de Mansiadæ constanter inficia-
« bantur. Inde ad proclamationem præ-
« dictorum Saviniensium monachorum ad
« curiam Guigonis[1] comitis tracti, super
« questione facti cum prædictis monachis
« diutius litigarunt; sed hujusmodi alter-
« catio, utrisque partibus apud Altam Rivo-
« riam ad diem assignatam convocatis, præ-
« sente domino Guigone comite, a Joanne
« Roca, cui Guigo comes, prædicti domini
« filius Guigonis, ad quem juridictio spec-
« tabat, causæ cognitionem commiserat,
« per definitivam sententiam fuit termi-
« nata, et monachis de Mansiadæ vel aliis
« in causa obtinentibus prædictorum termi-
« norum possessio, sicut eorum scriptura
« continebat, fuit adjudicata.

« Actum apud Altam Rovoriam, anno ab
« incarnatione Domini millesimo c° xc° vi°,
« mense Martio, II idus Martii. Testes in-
« terfuerunt : dominus comes Guigo, Joan-
« nes Roca qui sententiam promulgavit,
« Guillelmus Chaudaros, Guillelmus de
« Mars, Aymarus Avegeis (?), Petrus Pelia,
« Laurentius qui fuit advocatus pro mona-

crut devoir en cette occasion recourir au bras du seigneur de Beaujeu, ne pouvant s'appuyer sur celui du comte de Forez, qui était frère de l'archevêque (c'était alors Renaud de Forez). En conséquence, il autorisa ce prince à construire une forteresse dans la montagne de Popès, qui, avec les châteaux de Montrotier, de Chamousset, de Sainbel, de Montbloy et de l'Arbrêle, devaient former une ceinture de défense autour de l'abbaye. « Contraints par les violences de l'archevêque, dit-il, et confiants dans la protection des seigneurs de Beaujeu, dont le monastère a souvent ressenti les effets dans ses moments de périls et d'adversité, nous autorisons Guichard de Beaujeu à fortifier la montagne de Popès, dans le but de défendre l'abbaye et ses dépendances des attaques de l'archevêque ou de tout autre malfaiteur, à la condition toutefois que ce seigneur prêtera serment de rendre la forteresse à nous ou à nos successeurs, lorsqu'il en sera requis, moyennant le payement de deux cents marcs d'argent. Nous statuons en outre que les paroisses de Saint-Romain et d'Ancy, en tant qu'elles dépendent de l'abbaye, et tout ce que nous avons à la Vavre, et la moitié de la dîme de Bully, ressortiront au mandant de ce nouveau château [1]. »

« chis Mansiadæ, Guillelmus de Sancto Laurentio monachus, Petrus Fabri conversus Mansiadæ, Girinus Lugdunensis penitenciarius, Guillelmus capellanus de Alta Rovoria, Guillelmus de Rossilo, Girarz del Salzet, Umbertus de Vernet, et Petrus de Chabanas, Stephanus archipresbiter [de] Sanbiel, Joannes d'Espersa, Zacharias Malvede, Robert Coyrel conversus, Petrus Delau, et quam plures alii.

[« Correcta ista præsens copia cum originali compositione, duobus sigillis cera alba impendente cum corrigiis albayoni (?) sigillata, per me G. . . . . . »] (Cartulaire de Mazan, fol. 169; archives du département de l'Ardèche, à Privas.)

[1] Nous possédons le document original de cette concession; malheureusement il n'a pas de date. Nous le transcrivons ici avec l'intitulé qui est au dos de l'acte :

« *Comme l'abbé de Savigny octroia au sieur de Béaujeu de pouvoir faire ung chastel en la montaigne de Popees.* — Richardus, Dei gracia Saviniacensis monasterii abbas humilis, omnibus in perpetuum. Quoniam in presenti etatis decursu nichil stabile nichilque firmum adeo permaneat, quod nec aut tacita annorum revolutione aut hominum habundante malitia subverti valeat aut perturbari, idcirco nos nobis et successoribus nostris in posterum cavere volentes, presentis scripture testimonio notum fieri volumus universis, tam futuris quam presentibus, quod nos, Rainaldi, Lugdunensis archiepiscopi, guerris atque molestiis depulsi, de Guichardi Bellijocensis patrocinio plurimum confidentes, sicut ejusdem et antecessorum suorum, nos et predecessores nostri nunc et olim in periculis et adversitatibus constituti, suffragia et beneficia sensimus, de voluntate monachorum nostrorum eidem G. sub tali conditione

## SUR L'ABBAYE DE SAVIGNY.

Il paraît que l'intervention du seigneur de Beaujeu ne fut pas d'un grand secours, car l'archevêque s'empara peu de temps après de l'abbaye, et la détruisit par le feu, aussi bien que les châteaux de Montrotier et de Montbloy. C'est ce que nous apprenons d'une lettre du pape Innocent III, datée du 9 des calendes de février (24 janvier) 1197, et adressée à l'archevêque de Vienne, à l'évêque de Genève et à l'abbé de la Chassagne, pour leur recommander de faire cesser les violences du prélat lyonnais[1].

Les commissaires du pape réussirent sans doute dans leur mission, car le cartulaire nous fournit deux actes qui prouvent que l'accord fut bientôt rétabli entre l'archevêque Renaud et l'abbé Richard. Le premier (n° 948), daté de 1197, est précisément relatif à la vicairie de Montbloy; le second (n° 949), daté de l'an 1200, est un acte d'accord entre Étienne de Varenne et Pierre de Chavannes, chamarier.

Richard mourut peu de temps après. Il est inscrit à la date du 17 des calendes d'octobre (15 septembre) sur l'obituaire de l'abbaye, où on lit qu'il donna la dîme de Bully au communier. Richard était certainement mort en 1204, mais il n'était pas encore remplacé; car nous possédons un acte daté de cette année, souscrit par Pierre (de Chavannes), le chamarier, au nom du couvent, et qui rappelle toute la guerre dont nous venons de parler et le nouvel accord fait avec l'archevêque et l'église de Lyon[2].

« montem de Popéés edificandum et mu-
« niendum concessimus, ut nos et abbatiam
« nostram cum appendiciis tam a dicto ar-
« chiepiscopo quam ab omni malefactore
« defendere teneatur, eundemque jura-
« mento super sancta evangelia facto nobis
« astrinximus, ut, quandocumque nos vel
« successores nostri eidem vel successori-
« bus suis ducentas marchas persolvimus,
« monasterio nostro castellum in dicto loco
« edificatum et munitum quiete et pacifice
« reddere teneatur. Statuimus etiam ut ad
« ipsius castelli mandamentum tota parro-
« chia d'Anceu et S. Romani, quantum ad
« monasterium nostrum pertinere dignos-
« citur, et illud quod habemus in Vavra,
« et medietas decime de Bulliaco, respon-
« dere perpetuo teneatur. In signum vero
« testimonii et securitatis precepimus fieri

« presentes litteras per alfabetum divisas,
« sigillo nostro et suo munitas, quarum
« alteras retinuimus, alteras eidem custo-
« diendas tradidimus. Testes : S. Petrus ca-
« merarius, W. cellararius, Hugo de Pugn.
« Stephanus de Molendino, Berardus d'Es-
« cotay, Dalmatius de Yconio, W. Carpen-
« tarius, Painetus, et multi alii. » (Origin. aux Archives de l'empire.)

[1] *Epist. Innoc. III;* ed. Baluze, in-fol. 1682, t. II, p. 117.

[2] Voici cet acte, qui se trouve en double exemplaire original dans les archives du Rhône, à Lyon, et qui sert à rectifier l'erreur commise par les auteurs du *Gallia christiana*, qui ont fait de ce Pierre, chamarier, un abbé *Petrus I de Chamariis* :

« Petrus camerarius et conventus Savi-
« niacensis, omnibus in perpetuum ad uni-

36. Le premier abbé que nous voyons paraître après Richard est un nommé *Willelmus* ou Guillaume, qui figure dans une charte du mois de mars 1224, publiée par de la Mure [1], et dans une autre du mois d'octobre de la même

« versorum tam presencium quam futuro-
« rum noticiam volumus pervenire, quod
« cum tempore Ricardi, quondam abbatis
« nostri, inter dominum Rainaudum, Lug-
« dunensem archiepiscopum, et capitulum
« suum, ex parte una, et ecclesiam nos-
« tram, ex parte altera, contencio esset de
« jure regio, quod idem archiepiscopus et
« ecclesia sua ad se pertinere asserebant,
« tam ex donationibus et privilegiis eorum
« qui regnum et imperium simul tenue-
« runt, quam eorum qui reges tantum fue-
« rant, et presertim ex dono et confirma-
« tione domini Phylippi, inclitissimi regis
« Francorum. Tandem ad hoc ventum est,
« quod, de communi consensu domini ar-
« chiepiscopi et nostro, coram capitulo
« Lugdunense hec contencio terminanda
« poneretur. Ubi cum dicti dominus archie-
« piscopus et abbas noster et meliores de
« capitulo nostro presentes essemus, perlec-
« tis et diligenter inspectis regalibus sive im-
« perialibus ecclesie Lugdunensi et nostre
« concessis privilegiis, necnon et recogni-
« tione Bernardi, quondam abbatis nostri,
« et conventus, super jure regio, dicto do-
« mino regi Phylippo transmissa, super hiis
« diligenti habita deliberatione in abbatia
« nostra, et rebus ad ipsam pertinentibus,
« jus regium ad dominum archiepiscopum
« et ecclesiam Lugdunensem pertinere pro-
« testati sumus, litteras domini Bernardi,
« quondam abbatis nostri, et privilegia ibi-
« dem perlecta vera recognoscentes. Pre-
« cedente vero tempore, cum abbatia nos-
« tra sub regimine Ricardi, abbatis nostri,
« qui quasdam munitiones nostras in manu
« viri nobilis Guichardi de Bellojoco tra-
« didit, de quibus ecclesie Lugdunensi
« multa dampna provenerant, innumeros

« sustinuisset labores, facta resignatione a
« jam dicto abbate nostro, cum domno ar-
« chiepiscopo convenimus in hunc modum :
« Omnes siquidem nos qui tunc in abbatia
« residentes eramus, jus regium et domi-
« nium abbatie nostre cum appendiciis suis
« domino Rainaudo archiepiscopo et eccle-
« sie Lugdunensi recognovimus, et de hoc
« bona fide in posterum servando, in manu
« Arberti, prioris de Farges, a domino ar-
« chiepiscopo nominatim ad hoc missi,
« prestitimus juramentum ; et hoc idem
« debet recognoscere et jurare abbas sub-
« stituendus, et homines nostri tam milites
« quam servientes, et alii ad nos pertinen-
« tes. Et ut inter nos et dominum archie-
« piscopum et ecclesiam Lugdunensem nul-
« lum discordie seminarium remaneret, sed
« pax perpetua inter nos duraret, injurias,
« lesiones, jacturas et dampna omnia oc-
« casione guerre hinc inde illata, toto cor-
« dis affectu tam nos quam dominus archie-
« piscopus ad invicem remisimus. Predictus
« vero dominus archiepiscopus nobis fir-
« miter repromisit quod nos et res nostras,
« homines nostros et res eorum, bona fide,
« totis juribus manuteneat et defendat, et
« quod nullam pravam consuetudinem aut
« malum usagium rebus nostris aut homi-
« nibus, vel rebus eorum, umquam impo-
« nat. Ut autem concordia ista futuris tem-
« poribus perpetuam obtineat firmitatem,
« presentem cartam sigillo nostro muniri
« fecimus et roborari. Actum anno Domi-
« nice incarnationis M° CC° IIII°. » (Le sceau, encore en assez bon état, représente saint Martin tenant une crosse de la main droite, avec ces mots : S. MARTINVS. Autour : SI-GILLVM CONVENTVS SAVINIACENSIS.)

[1] *Hist. du diocèse de Lyon*, p. 329.

année, publiée par Severt[1]. Les archives du Rhône possèdent également deux actes originaux de cet abbé, relatifs aux affaires de l'abbaye. Ils sont sans date, mais de la même époque environ que les précédents, à en juger par la forme de l'écriture. Enfin nous avons un acte de 1233, relatif aussi aux affaires intérieures de l'abbaye, et souscrit par un abbé *Villelmus,* qui est sans doute le même que celui dont nous nous occupons. En tout cas, le gouvernement de Guillaume ne se prolongea pas au delà, car l'année suivante nous trouvons un autre abbé.

Ce Guillaume est probablement celui qui était inscrit dans l'obituaire de l'abbaye à la date du 8 des calendes de décembre (24 novembre), sous le nom de *Vuilliermus.*

37. En 1235, nous voyons paraître un abbé du nom de Zacharie[2], sur le compte duquel Benoît Mailliard nous fournit quelques détails assez curieux. Il rapporte qu'ayant été accusé de malversation, Zacharie fut obligé de comparaître à Rome ; là il exposa au pape que les Anglais s'étaient emparés d'Anse, qui, comme Savigny, était sur les confins du royaume, et que cela l'avait obligé à faire de grandes dépenses pour la garde du monastère. Le pape, désirant sans doute prendre de nouvelles informations, permit à Zacharie de retourner dans son pays, mais à la condition de se représenter à une certaine époque ; ce qu'il ne fit pas, et pour de bonnes raisons probablement. En conséquence, le pape lui retira son titre d'abbé, et ordonna de procéder à une nouvelle élection. « Sic expulsus fuit ab abbatia Zacarias abbas ; et de hoc stat litera in thezauro. Erat autem abbas anno Domini M. CC. XXXIIII, ut in fine Libri consuetudinum habetur..... Iste non describitur in martirologio.....[3] »

Nous avons fait de vaines recherches pour connaître la date précise de l'expulsion de Zacharie ; la pièce que Benoît Mailliard avait vue dans les archives de l'abbaye n'existant plus, il nous a été impossible d'arriver à un résultat satisfaisant.

38. Quoi qu'il en soit, nous avons la preuve que Zacharie n'était plus abbé en 1250 ; on trouve, en effet, dans le cartulaire (ch. 953) un acte d'asso-

---

[1] *Lugdun. archiepiscop.* p. 263. Les auteurs du *Gallia christ.* nouv. édition (t. IV, col. 266), donnent à tort à cet acte la date de 1222, puisque Severt dit qu'il est de la huitième année du pontificat d'Honorius III.
[2] Pièce originale aux archives du Rhône.
[3] Ms. de Benoît Mailliard.

ciation des deux monastères de Savigny et de Saint-Allire de Clermont, daté du mois de mars 1249 (vieux style), souscrit par un abbé du nom d'Athanulphus, sur lequel, à la vérité, on ne sait rien, si ce n'est qu'il était inscrit sur le nécrologe de l'abbaye à la date du 1er novembre (kal. nov.), sous le nom d'Athanulphus de Fonteney. C'est probablement à cet abbé que fut adressée la bulle du pape Innocent IV, datée de Latran, le 5 des ides de janvier, la onzième année du pontificat (9 janvier 1254). Par cet acte le pape accordait des indulgences à ceux qui iraient prier sur les reliques de saint Galmier, conservées dans l'abbaye de Savigny[1].

39. Trois ans après nous voyons paraître un abbé Robert, qui, le 1er mars 1257 (nouveau style), souscrivit un acte d'association entre les monastères de Lerins et de Savigny (ch. 954). Au mois d'octobre 1263, ce même abbé signa un accord fait avec Arthaud de Roussillon et deux de ses fils, Guillaume, qui lui succéda, et Aymard, moine de Cluny, qui avait *impétré* en cour de Rome le prieuré de Mornant. Par cet acte, « ledit Aymard, du consentement de sondit père, remet et délaisse audit abbé..... ledit prieuré..... avec promesses de ne jamais impétrer ledit prieuré soit en cour de Rome, ou par la faveur de quelque prince, sans le consentement de l'abbé..... se départant, lesdits père et fils..... de toute action et poursuite qu'ils pourroient faire contre les moines de Savigny, au cas que quelqu'un d'eux se fust trouvé présent ou eust consenti à l'assassin (assassinat) de Za-

---

[1] Voici la copie de cet acte :

« *Littere indulgentie* XL *dierum pro visitantibus in festo sancti Baldomeri et tribus diebus sequentibus.* — Innocentius episcopus, servus servorum Dei, dilectis filiis abbati et conventui monasterii Savigniacensis, ordinis sancti Benedicti, Lugdunensis diocesis, salutem et apostolicam benedictionem. Licet is de cujus munere venit ut sibi a fidelibus suis digne ac laudabiliter serviatur, de habundancia pietatis sue que merita supplicum excedit, et vota bene servientibus multo majora retribuat quam valeant promereri, nich[il]ominus tamen desiderantes Domino reddere populum acceptabilem, fideles Christi ad complacendum ei, quasi quibusdam ille, certius muneribus, indulgentiis videlicet et remissionibus, invitamus, ut reddantur exinde divine gratie aptiores. Cupientes igitur ut ecclesia vestra, in qua preciosum beati Baldomari confessoris corpus requiescere dicitur, congruis honoribus frequentetur omnibus vere penitentibus et confessis qui ecclesiam ipsam in festo confessoris ejusdem et tribus diebus sequentibus annis singulis venerabiliter visitarint, de omnipotentis Dei misericordia et beatorum Petri et Pauli apostolorum ejus auctoritate confisi, quadraginta dies de injuncta sibi penitentia misericorditer relaxamus. Dat. Lateran. v id. Januar. pontificatus nostri anno undecimo. »
(Orig. arch. du Rhône.)

charie Viguani[1] de Mornant, quoique lesdits de Roussillon pourroient en ce cas les poursuivre à cause du droit de garde qu'ils ont sur Mornant; avec promesses faites par lesdits de Roussillon de ne jamais porter la main violente sur ledit prieuré[2]. »

Robert était de la famille de Malvoisin, comme on l'apprend de l'obituaire : « Robertus Malevicini, de quo in martirologio IIII idus Septembris, jacet in capitulo[3]. » On ignore l'époque précise de sa mort; mais on sait qu'il y eut alors quelque difficulté au sujet de la régale de l'abbaye. « Hugues de Coilly, alors chamarier, se saisit des clefs des villes et châteaux de ladite abbaye, des chevaux et des meubles du défunt, jusqu'à ce que Jacques de Menton, prieur de Taluyer, fut élu abbé[4]. »

40. Jacques de Menton, omis dans le *Gallia christiana*, ne gouverna l'abbaye de Savigny que peu de temps : il résigna son office au bout de neuf mois, après lesquels il y eut encore un interrègne.

41. Nous venons de citer un accord fait entre l'abbaye de Savigny et le seigneur de Roussillon. Cet accord semble avoir porté bonheur à la famille de ce dernier : Aymard, moine de Cluny, devint archevêque de Lyon, et son jeune frère Amédée, surnommé Urtebise, moine de Saint-Claude, devint abbé de Savigny, puis évêque de Valence et de Die. L'élection de ce dernier comme abbé de Savigny eut lieu en 1270, suivant le *Gallia christiana*; le samedi après la Saint-Vincent (24 janvier 1271, nouveau style), il vint à Saint-Claude, et, en plein chapitre, associa les deux monastères, du consentement de l'abbé Guido.

Le 18 janvier 1272, le pape Grégoire X adressa de Viterbe (15 kal. Febr. pontif. ann. primo) à l'abbé Amédée une bulle par laquelle il lui annonçait que, conformément à sa demande, il avait relevé de l'excommunication, à certaines conditions, quelques moines de Savigny qui avaient encouru cette sentence par leur mauvaise conduite[5].

---

[1] Il faudrait peut-être lire *viguarii* pour *vicarii* (viguier). On peut voir dans Le Laboureur (*Mazures de l'île Barbe*, t. II, p. 531 et suiv.) comment les seigneurs de Roussillon s'étaient implantés du côté de Mornant.

[2] Analyse jointe à la copie du cartulaire que possède la bibliothèque de Lyon.

[3] Ms. de Benoît Mailliard.

[4] Pièce jointe à la copie de Lyon.

[5] Voici la copie de cette pièce, dont l'original est aux archives du Rhône, à Lyon :

« Gregorius episcopus, servus servorum
« Dei, dilecto filio abbati monasterii Savi-
« niacensis, ordinis sancti Benedicti, Lug-
« dunensis diocesis, salutem et apostolicam

La même année, Bernard Aigler, abbé de Mont-Cassin, général de l'ordre de saint Benoît, ayant été envoyé en France pour réformer les monastères de cet ordre, vint visiter l'abbaye de Savigny, où il avait passé les premières années de sa jeunesse, et, comme témoignage de gratitude, accorda à l'abbé et à ses successeurs le droit de porter le rochet et le camail, par lettres données au château de Sainbel, le 3 juillet 1272 [1]. Il paraît que

« benedictionem. Exhibita nobis tua petitio
« continebat quod nonnulli monasterii tui
« monachi et conversi pro violenta injec-
« tione manuum in seipsos, et quidam pro
« detentione proprii alii, etiam pro denega-
« ta tibi et predecessoribus tuis obedientia,
« seu conspirationis offensa, in excommu-
« nicationem inciderunt; quorum mona-
« chorum quidam divina celebrarunt offi-
« cia, et receperunt ordines sic ligati. Quare
« super hiis eorum provideri saluti a nobis
« humiliter postulati. De tua itaque cir-
« cumspectione plenam in Domino fidu-
« ciam obtinentes, discretioni tue presen-
« tium auctoritate concedimus ut eosdem
« excommunicatos hac vice absolvas ab hu-
« jusmodi excommunicationum sententiis
« juxta formam ecclesie vice nostra, et in-
« jungas eis quod de jure fuerit injungen-
« dum, proviso ut manuum injectores, quo-
« rum fuerit gravis et enormis excessus,
« mittas ad sedem apostolicam absolvendos.
« Cum illis autem ex eisdem monachis qui
« facti immemores vel juris ignari absolu-
« tionis beneficio non obtento receperunt
« ordines et divina officia celebrarunt, in-
« juncta eis pro modo culpe penitentia
« competenti, eaque peracta, liceat tibi de
« misericordia que superexaltat judicio,
« prout eorum saluti expedire videris, dis-
« pensare. Si vero prefati excommunicati
« scienter non tamen in contemptum cla-
« vium talia presumpserunt, eis per bien-
« nium ab ordinum executione suspensis,
« et imposita ipsis penitentia salutari, eos,
« postmodum si fuerint bone conversatio-
« nis et vite, ad gratiam dispensationis ad-

« mittas; proprium aut si quod habent dicti
« monachi et conversi, in tuis facias mani-
« bus resignari, in utilitatem dicti monas-
« terii convertendum. Dat. apud Urbem
« Veterem, xv kal. Februarii, pontificatus
« nostri anno primo. »

[1] Voici la copie de cette curieuse pièce, qui se trouve encore en original dans les archives du Rhône, et au dos de laquelle on lit : *Quod abbas Savigniacus possit portare mantellum*. — « Bernardus, Dei gra-
« tia, Casinensis humilis abbas, venera-
« bili et religioso viro Amedeo, electo
« Savegniacensis monasterii, ordinis sancti
« Benedicti, Lugdunensis dyocesis, ejus-
« que successoribus in perpetuum. Acten-
« dentes vestre merita probitatis, quibus
« quasi naturaliter prefulgetis ex nobi-
« lium prosapia illustrissima procreati,
« necnon et monasterii cui, Deo auctore,
« preestis, religionis antiquissimam digni-
« tatem, in cujus disciplinis fuimus ab an-
« nis puerilibus educati, ac ideo abbates
« illius monasterii in patres et ecclesiam
« illam in matrem dulcissimam habere
« tenemur, quia juxta preceptum Domini-
« cum patrem et matrem honorare jube-
« mur, auctoritate beati patris nostri Be-
« nedicti, cujus vices gerimus locumque
« tenemus, licet immeriti et indigni, vobis
« ubique usum clamidis, ecclesie majoris,
« capituli, claustri, refectorii locis dum-
« taxat exceptis, ad decorem pastoralis di-
« gnitatis, vestrisque successoribus libera-
« liter et proprio motu concedimus, et vos,
« venerabilis Amedee electe, et in vobis
« successores vestros, per mantellum hu-

# SUR L'ABBAYE DE SAVIGNY.

Bernard resta plusieurs années dans le monastère de Savigny, car il existait jadis un « contrat de vente passé audit abbé de Mont-Cassin, requérant pour l'église de Savigny..... daté de l'an 1274[1]. » Bernard se trouvait même encore dans l'abbaye en 1477, d'après les termes de l'obituaire, rapportés par Benoît Mailliard[2].

Lors de la réunion du concile œcuménique de Lyon, en 1274, l'abbé de Savigny fournit à son frère Aymard, qui venait d'être élu archevêque, un corps de troupes assez considérable, pour la garde de la ville et de l'assemblée, à la condition toutefois que cela ne tirerait pas à conséquence pour l'avenir. « Sur quoy ledit archevêque déclare que ce n'est que de grâce spéciale et non par devoir que ledit abbé lui a fait ce plaisir[3]. »

« meris vestris appositum presentialiter « propriis manibus investimus. In cujus rei « testimonium, et ad perpetuam roboris « firmitatem, presens scriptum, per manus « Benedicti, publici monasterii nostri Ca-« sinensis notarii, confectum, sigillo et « subscriptione nostra consueta, ac sub-« scriptorum fratrum nostrorum Casinen-« sium monachorum, nobis assistentium, « roboramus. Quod scripsi ego idem Be-« nedictus, publicus monasterii Casinensis « notarius, de mandato predicti domini « nostri domini Bernardi, Dei gratia, Ca-« sinensis abbatis, et meo consueto signo « signavi. Actum in castro de Sambeel, « anno Domini millesimo ducentesimo « septuagesimo secundo, mense Julii, « tertio die ejusdem mensis, indictione « quinta decima. (*Signe du notaire.*) — « Ego qui supra Bernardus, beati Bene-« dicti successor indignus. (*Signe de Bernard.*) — Ego frater Laurentius, sacerdos « et monachus, et reverendi domini abba-« tis Casinensis capellanus, et prepositus « Sancti Marci de Aqua-Sonnula. (*Signe de Laurent.*) — Ego frater Petrus, sacerdos « et monachus, et reverendi domini B. Cas-« sinensis abbatis capellanus, interfui et « scripsi. (*Signe de Pierre.*) — Ego frater « Gausbertus, sacerdos et monachus, et

« reverendi patris domini B. Cassinensis « abbatis capellanus, subscripsi. (*Signe de « Gausbert.*) » — (Sur le sceau, qui est ovale, suivant l'usage, et pendant à un lacs de soie rouge, mais en partie détruit, on voit un religieux avec la crosse, et autour, d'un côté : S. BE[RNARDI AB]; de l'autre : BATIS CA[SINENSIS?]).

[1] Analyse jointe au ms. de Lyon.

[2] « In martirologio describitur : Bernar-« dus, abbas Montiscassini, quod quidem « monasterium Montiscassini fuit per sanc-« tum Benedictum constructum, et in illo « fecit beatus Benedictus regulam. Iste Ber-« nardus fuit per papam Bonifacium ad has « patrias pro reformatione ordinis nostri « missus, et diu stetit in monasterio nos-« tro, et plures acquestus fecit; erat enim « in hiis partibus anno Domini M°CC°LXXVII°. « De isto habetur in martirologio nostro « II° nonas Aprilis; et ibi vide que dedit; « et est littera in thezauro qualiter abbas « iste dedit privilegium abbati Savigniaci « portandi capam magnam de panno nigro « super scapulare loco floci. » C'est peut-être pour honorer l'abbé du Mont-Cassin que l'abbé de Tyron associa son monastère avec celui de Savigny par acte d'août 1277, dont l'original est aux archives du Rhône.

[3] Pièce jointe à la copie de Lyon.

La même année, au mois de novembre, l'abbé de Savigny assista encore l'archevêque de Lyon de troupes de pied et de cheval pour lui donner le moyen de repousser les agressions de ses ennemis. L'archevêque lui donna des lettres par lesquelles il reconnaît tenir ce secours de la pure libéralité de son frère (ch. 956).

Sur la fin de cette année 1274, Amédée fut élu évêque de Valence. L'auteur anonyme qui a écrit la vie de ce prélat fait un pompeux éloge de lui : « Sua prudentia abbatia creditorum fœnore aggravatam quam plurimum relevavit; bona monasterii antecessorum suorum incuria et longævis distracta temporibus sollicite et efficaciter requisivit; castrum quod dicitur Chasseu de novo ædificavit..... prioratum claustralem Lustriaci in episcopio Lausanensi suæ abbatiæ restitui fecit; vagabunda et externa monachorum solatia ad claustralem et intrinsecam honestatem reduxit; sicque monasterium suum tam in spiritualibus quam in temporalibus prudentissime reformavit[1]. »

42. Étienne de Varennes, de la maison de Rapetout, succéda à Amédée de Roussillon[2]. Comme son prédécesseur, et aux mêmes conditions, il fournit des troupes à l'archevêque de Lyon pour repousser les agressions du seigneur de Villars; c'est ce qu'on apprend d'un acte du 19 août 1277, inséré au cartulaire (n° 957). Il renouvela encore cette assistance en 1279, ainsi qu'on l'apprend d'une charte de cette époque, par laquelle l'archevêque déclare de nouveau : « que si bien son frère, présentement évêque de Valence et de Die, et auparavant abbé de Savigny..... et que si bien Étienne, *son successeur* en ladite abbaye, ont fourni des hommes tant à pied que à cheval pour servir ledit archevêque dans les guerres qu'il avoit, ce n'est point par devoir, mais par grâce spéciale..... [3] »

Le cartulaire nous a conservé trois actes de cet abbé: le premier (n° 958), daté de janvier 1286, est la charte qui approuve l'institution de la sacristanie de l'église Notre-Dame de Savigny, faite par Girin de Masso, prieur de Montrotier; la seconde (n° 955), datée du 2 novembre 1298, est la charte d'association des monastères de Savigny et de Mauzat, diocèse de

---

[1] *Gall. christ.* t. IV, col. 266. Pour plus d'exactitude, voyez cette notice biographique imprimée dans les Opuscules de Jean Colombi (*Opuscula varia*, in-fol. Lyon, 1668, p. 355); elle renferme des détails assez curieux pour l'histoire de l'abbaye de Savigny. Voyez aussi ce qu'en dit Le Laboureur (*Mazures*, t. II, p. 533).

[2] C'est à tort que le *Gallia christiana*, trompé par Le Laboureur, fait succéder à Amédée de Roussillon Arnaud son frère.

[3] Analyse jointe au ms. de Lyon.

Clermont; le troisième (n° 951), daté du 3 juillet 1311, est l'acte d'acensement de la maison que l'abbaye avait dans le cloître du chapitre de Lyon. Cette maison, qui avait été donnée à l'abbaye par le chapitre vers l'an 1080 environ (ch. 766), fut cédée à ce même chapitre en 1311, pour toute la vie de son doyen, moyennant certaines charges, parmi lesquelles figurent des réparations s'élevant à la somme de cinquante bonnes livres de Vienne.

Suivant Benoît Mailliard, qui fait de cet abbé un grand éloge[1], Étienne de Varennes serait mort en 1300; mais c'est une erreur[2]. Il mourut en 1317, et probablement le 5 des ides de mars, jour auquel il était inscrit dans l'obituaire de l'abbaye. En effet, le même auteur ajoute que cet abbé eut pour successeur Hugues Aybraud; or ce dernier ne fut élu qu'en 1317. Étienne de Varennes gouverna l'abbaye pendant quarante-trois ans : c'est donc à tort que les auteurs du *Gallia christiana* placent deux abbés entre lui et Hugues Aybraud.

A la mort d'Étienne, il y eut, comme toujours, de grandes difficultés au sujet de la régale de l'abbaye, dont l'archevêque voulait s'emparer; mais Hugues de Thélis, alors chamarier, en appela au sénéchal de Mâcon, qui arbora les panonceaux du roi sur tous les villages dépendants du monastère. Ce précédent servit plus tard de titre à un nouveau prétendant à la régale, le roi de France, dont l'autorité était devenue peu à peu incontestable dans ces contrées.

43. Quoi qu'il en soit, nous possédons un acte du 7 mai 1317, qui prouve que Hugues Aybraud, précédemment communier, et élu abbé depuis peu de temps, fut alors cité par l'archevêque pour qu'il eût à se faire confirmer par celui-ci, suivant l'usage[3].

Il satisfit sans doute promptement à cette prescription, car, la même année, l'archevêque reconnut par acte authentique « que Hugues, abbé de Savigny, lui avoit charitablement conféré, sa vie durant, le prieuré de Mor-

---

[1] « Iste fuit homo honorabilis et religiose vite, qui multa bona huic monasterio fecit. Fecit crucem lapideam et passionem. Fecit coopertorium navis ecclesie ab utroque latere. Fecit pavimentum ecclesie magne. Fecit formas chori. Fecit libros dominicalis et sanctorum, et duo Gradualia magna, librum consuetudinum novarum..... »

[2] On trouve encore dans les archives du Rhône l'acte original d'une transaction conclue, en avril 1309, entre l'abbé Étienne et Guichard de Beaujeu.

[3] Analyse jointe à la copie de Lyon.

nant, pour subvenir à ses nécessités; lequel vaquoit pour lors par la libre résignation qu'en avoit faite Ponce Aybranel[1]..... et promit d'en payer les réfusions et redevances..... »

« Hugues Aybraud estant mort (en 1323, et probablement le 8 des ides de novembre, jour où il était inscrit sur l'obituaire), et l'abbaye ainsi vacante, le bailly de Mascon, à la requeste du procureur du roi, commit des gens pour en administrer et gouverner le temporel au profit du roi; ce qui obligea les chamarier et couvent de Savigny de présenter leur requête audit roi, expositive que lesdits chamarier et couvent estoient de temps immémorial en droit et possession d'administrer et gouverner ledit temporel, et de le convertir aux besoins du monastère[2]. »

Le roi écrivit au bailli de Mâcon le 1er mars 1323 (1324 nouveau style), pour le charger d'informer sur cette affaire; mais, Jean de Lutry ayant été élu peu après, les procédures en restèrent là pour le moment.

44. Benoît Mailliard dit que Jean de Lutry était « vir sapientissimus, « amans Deum, et fervens in religione. » Le 3 septembre 1307, n'étant encore que simple moine, il avait fait plusieurs fondations pieuses dans l'abbaye, et une entre autres pour l'entretien d'une lampe toutes les nuits dans la chapelle des SS. Jean et Paul, qu'il avait fait bâtir; mais il accrut depuis considérablement ses donations par un acte du 16 juillet 1348.

Jean de Lutry fut élu abbé en 1324, et gouverna l'abbaye jusqu'en 1351; du moins est-ce à cette époque qu'il fut remplacé, car il y a beaucoup d'obscurité sur les dernières années de son gouvernement. Les auteurs du *Gallia christiana* disent qu'ayant obtenu, en 1333, le prieuré de Talloires, au diocèse de Genève, il se démit de sa charge d'abbé. Il se peut que Jean de Lutry ait possédé le prieuré de Talloires, qui le rapprochait de son pays (Lutry, au diocèse de Lausanne); mais bien certainement il était encore abbé en 1348, car les archives du Rhône renferment un acte original, daté de la salle du chapitre, le 26 juillet de cette année, et où il s'intitule : « Nos frater Johannes, Dei et apostolice sedis gratia abbas humilis monas- « terii Savigniacensis, etc. » Il s'agit, dans cet acte, des conditions à exiger

---

[1] Il faut peut-être lire Aybraud. Dans ce cas, ce serait sans doute comme parent de l'abbé Hugues que Ponce aurait joui du prieuré de Mornant. La famille d'Aybraud était de Chevinay, suivant Mailliard; il y en avait une autre branche à Riverie, suivant Le Laboureur.

[2] Analyse jointe à la copie de Lyon.

désormais de celui qui serait nommé portier de l'abbaye. Les auteurs du *Gallia christiana* citent même un acte de 1349 par lequel il conféra le prieuré de Saint-Jorioz à un autre moine, ce qu'il ne put faire qu'à titre d'abbé. D'un autre côté, le cartulaire de Savigny renferme un acte du 9 juin 1351 (n° 952), où l'on voit paraître un Jean de Lutry avec le seul titre de célérier de Saint-Laurent (autrement dit petit célérier). Dans cette longue pièce, qui est relative à une réforme de l'abbaye, il est bien question de l'abbé, à qui on reproche d'avoir négligé depuis quinze ans de rétablir le dortoir, incendié vers 1335; mais cet abbé n'est pas une seule fois nommé. Jean de Lutry avait donc déjà, par humilité sans doute, abandonné le titre d'abbé pour prendre celui de célérier? Nous voyons, en effet, dans la bulle du pape qui confirme son successeur, et qui est datée du 28 septembre 1352, que Jean de Lutry avait résigné son titre depuis longtemps, et que l'abbaye était sans pasteur. Cela explique pourquoi l'abbé n'est pas nommé dans l'acte de 1351.

45. Le pape fit choix, pour remplacer Jean de Lutry, de Pierre *Leobardus*, alors prieur d'Alloue[1] (*Lauda*), au diocèse de Poitiers, et pénitencier du saint-père, comme on l'apprend de la bulle dont nous venons de parler[2]. C'est à tort que le *Gallia christiana* fait deux personnages de Pierre,

---

[1] Ce prieuré se trouvait dans la commune d'Alloue, qui en tire son nom, et qui est aujourd'hui dans le département de la Charente, arrondissement de Confolens, canton de Champagne-Mouton; il dépendait de l'abbaye de Charroux.

[2] Voici les termes de cette bulle, dont l'original existe aux archives du Rhône :

« Clemens episcopus, servus servorum « Dei, venerabili fratri archiepiscopo Lug- « dunensi, salutem et apostolicam bene- « dictionem. Suscepti cura regiminis cor « nostrum continua pulsat instantia, ut sol- « licitudinis debitum, ad quod universis « orbis ecclesiis et monasteriis nos aposto- « lice servitutis necessitas obligat, eorum « singulis, prout nobis ex alto conceditur, « exolvamus in eo potissime, ut illorum re- « gimina, que suis sunt destituta pastori- « bus, personis talibus per nostre diligen-

« tie studium committantur, per quarum « solertiam circumspectam et circumspec- « tionem solertem ecclesie et monasteria « hujusmodi continue in spiritualibus et « temporalibus suscipere valeant incremen- « tum. Nuper siquidem monasterio Sancti « Martini de Savigniaco, ordinis sancti « Benedicti, Lugdunensis diocesis, ex eo « abbatis regimine destituto, quod dilectus « filius Johannes, monachus, olim abbas « dicti monasterii, regimini ipsius monas- « terii per dilectum filium Durandum Gi- « rardi, decanum ecclesie Eneziaci (\*), Cla- « romontensis diocesis, procuratorem suum « ad hoc ab eodem Johanne sufficiens man- « datum habentem, in manibus venerabilis « fratris nostri Guidonis, episcopi Petruen- « sis (\*\*), apud sedem apostolicam sponte

(\*) Ennezat, près de Riom.
(\*\*) Porto-Ercole, à 12 lieues de Civita-Vecchia.

prieur d'Alloue, et de Leobard. Mailliard dit positivement que *Leobardus*, dont le nom était inscrit le 7 des ides de juillet sur l'obituaire de l'abbaye, succéda à Jean de Lutry. Pierre Leobard était probablement de la même famille que Pierre *Leobarz* qui fit, vers 1210, une donation à l'abbaye de Montazai, près de Civrai[1].

En 1357, cet abbé fut nommé conseiller de la cour du parlement de Paris par le dauphin Charles, régent du royaume pendant la captivité du roi Jean[2]. Sous son gouvernement, et à l'occasion de l'occupation d'Anse

« cessit, dictusque episcopus eandem ces-
« sionem de mandato nostro facto sibi su-
« per hoc oraculo vive vocis apud eandem
« sedem admisit. Nos ad provisionem mo-
« nasterii predicti, de qua missus preter nos
« ea vice disponere potuerat neque pote-
« rat, pro eo quod nos diu ante vacationem
« hujusmodi ipsius monasterii provisiones
« omnium monasteriorum tunc apud ean-
« dem sedem vacantium et in antea vacatu-
« rorum ordinationi et dispositioni nostre
« duximus reservandas, decernando ex tunc
« irritum et inane, si secus super hiis a quo-
« quam quavis auctoritate scienter vel igno-
« ranter contingeret attemptari, ne longe
« vacationis subjaceret incommodis, pater-
« nis et solicitis studiis intendentes, post
« deliberationem quam de proficiendo ei-
« dem monasterio personam utilem ac
« etiam fructuosam habuimus cum nostris
« fratribus diligentem, demum ad dilec-
« tum filium Petrum, priorem prioratus de
« Lauda, dicti ordinis, Pictavensis diocesis,
« decretorum doctorem, et penitentiarium
« nostrum in sacerdotio constitutum, cui de
« religionis zelo, vite ac morum honestate,
« aliisque multiplicium virtutum meritis,
« laudabilia perhibentur testimonia, direxi-
« mus oculos nostre mentis. Quibus omni-
« bus debita meditatione pensatis de per-
« sona dicti Petri, prefato monasterio, de
« predictorum fratrum consilio, auctoritate
« apostolica providimus, ipsumque illi pre-
« fecimus in abbatem, curam et adminis-

« trationem ipsius monasterii eidem Petro
« in spiritualibus et temporalibus plenarie
« committendo; in illo qui dat gratias et
« largitur premia confidentes, quod dic-
« tum monasterium sub ejusdem Petri fe-
« lici regimine, gratia sibi assistente divina,
« regetur utiliter et prospere dirigetur.
« Cum igitur, ut idem Petrus abbas in
« commissa sibi dicti monasterii regiminis
« cura facilius proficere valeat, tuus favor
« sibi esse noscatur plurimum oportunus,
« fraternitatem tuam rogamus et hortamur,
« attente per apostolica tibi scripta man-
« dantes quatinus eundem Petrum abbatem
« et commissum sibi dictum monasterium
« tibi ordinario jure subjectum habens,
« pro nostra et ejusdem sedis reverentia
« commendata, in ampliandis et conser-
« vandis juribus suis, sic eum tui favoris
« presidio prosequaris, quod ipse per tue
« auxilium gratie in commisso sibi monas-
« terii predicti regimine se possit utilius
« exercere, tuque divinam misericordiam
« et dicte sedis benivolentiam valeas exinde
« uberius promereri. Dat. apud Villam
« Novam, Avinionensis diocesis, IIII kal.
« Octobris, pontificatus nostri anno de-
« cimo. »

[1] Recueil manuscrit de dom Fonteneau, à la bibl. de Poitiers, t. XVIII, p. 593, d'après le cartulaire de Montazai. (Notes dues à l'obligeance de M$^{gr}$ l'évêque de Poitiers.)

[2] *Gallia christ.* t. IV, p. XI (*Animadv.*).

par les Anglais en 1369[1], le couvent eut une affaire assez grave à régler avec la cour du roi, comme nous l'apprenons des lettres de rémission accordées pour ce fait aux religieux par le roi en 1372, et qui se trouvent au trésor des chartes[2]. Il s'agissait de violences exercées par les gens de la cour de l'abbaye contre un sergent royal. L'abbé fut taxé à 500 francs d'or.

46. Étienne de Saint-Just, official de Châlon, succéda à Pierre Leobard. Suivant Benoît Mailliard, il fut élu à la sollicitation de Jean, évêque de Béziers, référendaire du pape Clément, c'est-à-dire après 1378, date de l'élection de ce pape. Étienne fit reconstruire le dortoir, le chapitre et le parloir; il fit fondre une grosse cloche et deux petites, dont une fut portée plus tard à Sainbel, et l'autre resta dans la Robiole (la tour de l'horloge?). Il donna trois tapisseries dorées (*pannos aureos*) pour le grand autel, et une crosse pour l'usage de l'abbé, crosse dont le couvent commit la garde à Jean d'Albon, à l'époque de la guerre du *bien public*, et que cet abbé ne rendit pas. Étienne de Saint-Just eut, comme son prédécesseur, un grand procès à soutenir, tant à Lyon qu'à Mâcon et à Paris, à l'occasion d'un meurtre commis par l'un de ses moines appelé Montarcher, sur la personne d'un nommé Bourgonon, de l'Arbrêle, ce qui lui coûta des sommes considérables. Mais cela ne l'empêcha pas toutefois de léguer au couvent 900 écus pour la fondation d'une messe quotidienne qui devait être dite dans le chapitre. La majeure partie de cette somme (500 écus) fut volée dans le trésor du monastère.

Étienne fit faire un *martyrologe* ou obituaire nouveau, sur lequel il fut inscrit lui-même à la date du 5 des ides d'octobre (11 octobre). Le *Gallia christiana* porte qu'il mourut en 1400; mais c'est probablement une erreur, car nous possédons plusieurs actes de 1406 relatifs à la régale de l'abbaye, et qui semblent prouver que cet abbé était mort tout récemment. L'une de ces pièces nous apprend, en effet, que le nonce du pape réclamait alors les dépouilles du défunt.

47. Quoi qu'il en soit, il paraît que Jean d'Apchier, qui succéda à Étienne

---

[1] Depuis la signature du traité de Bretigny, le pays était livré au plus grand désordre. « En 1363, dit l'abbé Jacques (*Église primatiale de Saint-Jean*, p. 106-107), un corps d'Anglais s'était emparé de Savigny, d'où il ravageait les campagnes; le chapitre de Lyon promit cent florins à un maréchal qui avait offert de les en chasser. Pour trouver cette somme, des chandeliers d'argent de la cathédrale furent mis en gage. »

[2] Reg. CIII, pièce 244.

de Saint-Just, n'était pas encore nommé en 1406; mais il le fut bientôt après, car il figure comme témoin dans le procès-verbal de la visite des reliques de saint Irénée, qui eut lieu en 1410[1].

En 1415, l'abbé Jean d'Apchier, étant sur le point de mourir, résigna son office entre les mains de..... de Chandieu; mais l'archevêque ne tint aucun compte de cette résignation, et nomma abbé un de ses propres neveux. Les moines, refusant de reconnaître ce dernier, l'archevêque, après quelques hostilités, les excommunia. Le saint-siége étant alors vacant, les religieux de Savigny en appelèrent aux juges du concile de Constance, qui siégeait alors. Ceux-ci suspendirent la sentence d'excommunication, et renvoyèrent les parties par-devant l'abbé d'Ainay et Gilles d'Albon, chanoine et maître de chœur de l'église de Lyon.

Cette décision est du 19 juillet; le 3 août, les moines, ou du moins leurs délégués, comparurent devant l'abbé d'Ainay, et lui remirent un mémoire. L'abbé renvoya les parties au mercredi après la révélation de Saint-Étienne (7 août), jour où l'archevêque devrait comparaître ou se faire représenter.

Au jour convenu, les délégués du monastère de Savigny comparurent, et pour l'archevêque se présenta Léonard Lathonie, notaire public. Celui-ci commença par décliner la compétence de l'abbé d'Ainay; il demanda toutefois copie de la plainte des moines, et un jour pour la discuter après en avoir pris connaissance; mais sa demande ne lui fut pas accordée, et, après un court débat, l'abbé d'Ainay leva l'excommunication. Le procureur de l'archevêque en appela au futur pape et au futur concile.

48. Quoique ayant gagné leur procès, les moines de Savigny ne persistèrent pas à avoir pour abbé le résignataire de Jean d'Apchier. Celui-ci étant mort, ils élurent, peu de jours après (le 22 août), Guillaume d'Albon, qui était déjà prieur de Montrotier. Le 26 août, le nouvel abbé se présenta dans le cloître de Saint-Jean de Lyon, avec deux délégués de l'abbaye, pour requérir sa confirmation de l'archevêque. Le procureur du chapitre lui répondit qu'avant tout il devait subir un examen; ce à quoi il consentit. Cet examen eut lieu, en effet, et le postulant fut admis après d'assez longues formalités, quoiqu'il eût parmi les juges deux de ses frères, Gillet et Henri d'Albon, chanoines de Lyon[2].

[1] *Gall. christ.* t. IV, pr. col. 36.
[2] La pièce d'où nous tirons ces renseignements est en original aux archives du Rhône.

Guillaume d'Albon était né en 1379. C'était, suivant Benoît Mailliard, un homme de grande science et de grande vertu, profond canoniste et administrateur prudent. Il fit construire une nouvelle maison abbatiale et une partie du château actuel de Sainbel (*a parte interiori*), dans lequel il mourut le 12 janvier 1456, nouveau style. Il était inscrit sur l'obituaire à la date du 13 (aux ides) du même mois.

49. Il eut pour successeur un de ses neveux, Jean d'Albon, qui était déjà prieur de Mornant et d'Arnas, et qui administrait l'abbaye au nom de son oncle depuis plusieurs années. L'élection de Jean, qui eut lieu le 29 janvier 1456, nouveau style, éprouva de grandes difficultés. Une partie des moines avait élu Antoine de Balsac, prieur d'Ambierle, dont la famille réussit longtemps à empêcher l'installation de son concurrent[1]. Le 28 juin 1460, un arrêt du parlement ordonna à Jean de Bourbon, évêque du Puy et administrateur du diocèse de Lyon pour son neveu Charles de Bourbon, nommé archevêque à l'âge de douze ans, de procéder à la réception de l'abbé de Savigny. Après quelques formalités, Jean d'Albon fut confirmé le 7 décembre 1461, et installé seulement en mars 1462, car Benoît Mailliard dit qu'il mourut le 31 août 1492, après trente ans et quatre mois de gouvernement. Cet abbé fut, suivant le même auteur, pieux et juste. Le *Gallia christiana* dit qu'il fit beaucoup d'aumônes durant la grande famine qui désola le Lyonnais et les provinces voisines pendant l'année 1480.

50. François d'Albon, chamarier de Savigny, succéda immédiatement à son oncle Jean dans la direction de l'abbaye. Le 12 novembre 1493, il donna de nouveaux statuts aux moines de son abbaye. Ces statuts, rédigés par lui-même, en latin et en français, se trouvent dans les archives du Rhône. Il fit aussi construire le clocher de la grande église. Il mourut le 28 mars 1520, après avoir résigné sa charge à son petit-neveu, Antoine, qui était né en 1507, et s'était fait moine à Savigny en 1519, dans la prévision de l'héritage ecclésiastique qui lui était destiné.

51. Antoine d'Albon, nommé par François Ier, en vertu du concordat qui avait attribué au roi la désignation des évêques, abbés, etc. fut pourvu par une bulle du pape du 26 mars 1521[2] : il n'avait pas encore treize ans;

---

[1] Voyez le récit de ce conflit dans la Revue du Lyonnais, n° de sept. 1853.

[2] L'original de cette bulle est aux archives du Rhône, ainsi qu'un indult du pape du 28 mars 1421, relatif à l'âge de cet abbé.

il devint ensuite abbé de l'île Barbe par la résignation de son oncle Antoine d'Albon; puis archevêque d'Arles. Pendant qu'il résidait dans cette ville, en 1562, le monastère de Savigny fut envahi par les religionnaires; « ils rompirent les images qui étaient autour de la *turbine* de l'église, enlevèrent le plomb qui était autour des clochers, prirent les papiers du trésor (les archives) et les brûlèrent sur la place publique[1]. » Quant aux meubles précieux, ils ne purent s'en saisir, car ils avaient été cachés[2]. Antoine d'Albon permuta son archevêché d'Arles contre celui de Lyon en 1563. Cet abbé, qui réunit à ses titres religieux celui de lieutenant du roi dans le gouvernement de Lyonnais, Forez et Beaujolais, vécut plutôt en grand seigneur qu'en ecclésiastique. C'est lui qui fit séculariser l'abbaye de l'île Barbe. Il mourut en septembre 1573.

52. Comme il n'y avait pas alors de membre de la famille d'Albon en état d'*hériter* de la succession d'Antoine, on nomma abbé fiduciaire Jean Durand, curé de Saint-Romain-de-Popès, qui occupa le siége de 1574 à 1581 (il mourut le 4 octobre de cette année).

53. Claude Roudi, de Saint-Marcel-sous-Urfé, fut nommé en 1582, au même titre, suivant les auteurs du *Gallia christiana*.

54. Enfin, en 1607, le pape confirma François d'Albon, neveu d'Antoine et chanoine de Lyon, qui avait été pourvu de l'abbaye peu de temps avant par Henri IV. François vivait encore en 1660, date d'une fondation qu'il fit dans la chapelle de Saint-Étienne de l'église de Saint-Martin de Savigny[3].

55. Il eut pour successeur son neveu Claude, également chanoine de Lyon, qui mourut le 26 novembre 1691[4], et sous lequel l'archevêque de Lyon rendit plusieurs ordonnances de réformations qui sont encore aux archives du Rhône.

56. Jacques-Bénigne Bossuet, neveu du célèbre évêque de Meaux du même nom, avec lequel les auteurs du *Gallia christiana* l'ont confondu, fut

---

[1] Enquête du 18 mars 1600, aux archives du Rhône.

[2] Voir l'inventaire de ces meubles aux archives du Rhône, pièce originale du 25 janvier 1563 (vieux style).

[3] Généalogie de la maison d'Albon, écrite par M. Lainé, et insérée dans l'Histoire des pairs de France de M. de Courcelles, t. XII, p. 43.

[4] Sous le gouvernement de cet abbé, en 1689, l'archevêque de Lyon rendit une ordonnance de réforme de l'abbaye. Les archives du Rhône renferment plusieurs pièces relatives à cette affaire.

## SUR L'ABBAYE DE SAVIGNY.

pourvu par le roi le jour de Noël 1691. En 1698 et 1699, il sollicitait un indult de la cour de Rome, pour avoir le droit de nommer aux bénéfices dépendants de Savigny. Il paraît même qu'il l'obtint, car nous voyons l'un de ses successeurs pourvoir du doyenné de Coursieux un de ses propres parents. L'abbé Bossuet devint, en 1700, grand vicaire de son oncle, qui, atteint de la pierre en 1701, lui donna dans son diocèse un rôle très-actif, afin d'appeler l'attention sur lui, et de disposer le roi à le lui donner pour *coadjuteur*, et immédiatement après pour *successeur*, offrant de se démettre en sa faveur. Le prélat échoua, à son grand regret, dans ce dessein : tout ce que son neveu put obtenir de sa succession fut l'abbaye de Saint-Lucien de Beauvais, qui, étant d'un revenu beaucoup plus considérable que celle de Savigny, fut préférée par lui; ce qui explique pourquoi il eut un successeur dans cette dernière abbaye dès l'année 1704, quoiqu'il ait vécu jusqu'en 1747[1]. L'abbé Bossuet obtint le siége de Troyes en 1717. C'est lui qui, étant abbé de Savigny, prêta le cartulaire de cette abbaye à François de Camps, abbé de Signy, comme on l'apprend d'une lettre de ce dernier, datée de Paris, le 1er janvier 1703, dont nous avons parlé pages IV et VIII.

57. René-Louis de Froulay de Tessé fut nommé le 11 mai 1704.

58. Il eut pour successeur Jean de Fuligny de Damas[2], comte et grand custode de l'église de Lyon, qui fut proclamé le jour de Pâques 1711[3], et resta abbé pendant cinquante ans[4], c'est-à-dire jusqu'à sa mort, arrivée le 5 avril 1761. En 1749, cet abbé eut aussi un différend avec son couvent, parce qu'il avait donné le doyenné de Coursieux à un de ses neveux, Gabriel-François de Fuligny, simple clerc tonsuré du diocèse de Dijon. Le couvent prétendait que ce doyenné, étant un office claustral, ne pouvait être possédé par un séculier. Cette affaire fut portée à Paris; mais j'ignore ce qui fut décidé.

---

[1] Je dois la plupart de ces renseignements à M. Floquet, qui s'occupe depuis longtemps d'une histoire du grand Bossuet.

[2] Le *Gallia christiana* fait à tort deux personnages de cet abbé.

[3] Il paraît que cette nomination ne se fit pas sans difficulté, car les archives du Rhône renferment une foule d'actes de cette époque relatifs à un procès pour la régale prétendue par l'église de Lyon.

[4] Beaunier (*Archevêchés, évêchés, abbayes, etc. de France*, p. 393) indique Massillon comme étant abbé de Savigny à l'époque de l'impression de son livre (1725); mais c'est une erreur, dans laquelle sont tombés, au reste, d'autres auteurs, et particulièrement M. l'abbé Roux. Le Savigny dont Massillon a été abbé est en Normandie et non en Lyonnais. (Voy. le *Gallia christiana*, t. XI, col. 552.)

59. Jean de Fuligny fut remplacé par le comte François de Clugny, évêque de Riez, qui survécut à l'abbaye [1], où il ne vint probablement jamais.

En effet, depuis le Concordat, le titre d'abbé n'obligeait ni à la résidence ni à l'administration de l'abbaye : c'était une sinécure dont le roi disposait à son gré, en faveur de qui il lui plaisait. Au reste, cet abus n'avait fait qu'en remplacer un autre. Nous avons vu que, du xiv° au xvii° siècle, la charge d'abbé était devenue *héréditaire* dans la famille d'Albon, et que, lorsqu'il venait à manquer d'héritier, on la réservait jusqu'à ce qu'il en fût né un.

Ces abus et beaucoup d'autres [2] présageaient la fin de l'institution. L'esprit du siècle avait tellement transformé les populations, qu'on ne trouvait plus assez de religieux pour occuper tous les offices de l'abbaye. Les moines

---

[1] J'ai fait tous mes efforts pour donner une liste complète des abbés de Savigny; toutefois je suis loin de croire que j'ai réussi. La nomenclature qui précède présente sans doute plus d'une lacune pour les siècles anciens. Benoît Mailliard nous fait connaître une cinquantaine d'abbés dont il avait relevé les noms dans le martyrologe ou nécrologe de l'abbaye, sans pouvoir fixer l'époque de leur gouvernement. Mais il y a évidemment exagération dans cette liste : beaucoup de ces abbés appartenaient à d'autres abbayes, et n'étaient inscrits sur le martyrologe de Savigny qu'à titre de bienfaiteurs. Voici, au reste, cette nomenclature, dégagée des noms qui figurent déjà dans la Notice :

Ratuanus, de quo in martirologio viii idus Maii.
Giroldus, de quo in martirologio kal. Jullii.
Saturninus, de quo in martirologio vi kal. Marcii.
Mauricius, de quo in martirologio vii kal. Jullii.
Elbertus, de quo in martirologio iii kal. Maii.
Forto, de quo in martirologio xvi kal. Februarii.
Nicolaus, de quo in martirologio xiii kal. Februarii.
Hugo, de quo in martirologio idus Januarii.
Odo, de quo in martirologio ii non. Februarii.
Athala, de quo in martirologio vii kal. Marcii.
Albertus, de quo in martirologio viii kal. Maii.
Petrus, de quo in martirologio v non. Jullii.
Seguinus, de quo in martirologio xi kal. Octobris.
Arthaudus, de quo in martirologio xv kal. Octobris.
Aster, de quo in martirologio non. Jullii.
Sisbertus, de quo in martirologio viii kal. Octobris.
Girinus, de quo in martirologio non. Octobris.
Ytherius, de quo in martirologio iiii idus Octobris.
Arthaudus, de quo in martirologio iii idus Maii.

Sinmious, de quo in martirologio viii kal. Marcii.
Johannes, de quo in martirologio v kal. Junii.
Guillelmus, de quo in martirologio x kal. Jullii.
Hugo, de quo in martirologio xv kal. Februarii.
Vigo, de quo in martirologio kal. Marcii.
Johannes, de quo in martirologio ii non. Marcii.
Vuigo, de quo in martirologio non. Marcii.
Annulphus, de quo in martirologio vii idus Marcii.
Regnaudus, de quo in martirologio v idus Aprilis.
Humbertus, de quo in martirologio iii kal. Maii.
Petrus, de quo in martirologio viii idus Maii.
Hugo, de quo in martirologio v non. Jullii.
Jocerandus [de Yconio], de quo in martirologio v idus Jullii.
Seguinus, de quo in martirologio ii idus Jullii.
Hermandus, de quo in martirologio idus Jullii.
Rodolphus, de quo in martirologio iii non. Octobris.
Vuarnerius, de quo in martirologio iiii idus Septembris.
Stephanus, de quo in martirologio idus Augusti.
Ogerius, de quo in martirologio vii idus Septembris.
Guillelmus Bolat, de quo in martirologio xii kal. Nov.; in libro consuetudinum Sabbato vigilia dominice de Trinitate et die sancte Trinitatis, et illud festum instituit.
Hugo, de quo in martirologio xii kal. Novembris.
Guillelmus, de quo in martirologio vii kal. Novembris.
Guillelmus, de quo in martirologio vi kal. Novembris.
Stephanus, de quo in martirologio ii non. Novembris.
Girardus, de quo in martirologio vi kal. Januarii.
Raymondus, de quo in martirologio v kal. Januarii.
Girinus, de quo in martirologio ii idus Decembris.
Uldricus, de quo in martirologio ii kal. Decembris.
Ancelmus, de quo in martirologio iiii kal. Decembris.
Eldebertus, de quo in martirologio vi non. Octobris.
Eylbertus, de quo in martirologio x kal. Octobris.

[2] Depuis longtemps, pour être admis comme moine à Savigny, il fallait faire preuve de quatre quartiers de noblesse, tant du côté paternel que du côté maternel. Un arrêt de 1753 renouvela même cette obligation, qui fut probablement pour beaucoup dans l'extinction de l'abbaye.

qui restaient dans le monastère, désireux de se soustraire à la règle, cependant peu suivie alors, de saint Benoît, demandèrent eux-mêmes leur sécularisation en 1779, à l'exemple de ceux de l'île Barbe et d'Ainay, sécularisés depuis longtemps : on leur accorda plus qu'ils ne demandaient, comme nous l'apprenons de la pièce suivante, qui se trouve encore en original dans les archives du Rhône :

BREVET D'EXTINCTION ET SUPPRESSION DU TITRE DE L'ABBAYE
DE SAINT-MARTIN DE SAVIGNY.

« Aujourd'hui, dix-huitième jour du mois de juillet 1779, le roi étant à Versailles, bien informé que la vie commune ne subsiste plus et ne sauroit être rétablie dans l'abbaye de Saint-Martin de Savigny, ordre de saint Benoît, diocèse de Lyon; que ce monastère, destiné aux seules personnes nobles, reçoit peu de sujets depuis longtemps; que les religieux qui le composent, eu égard à leur petit nombre, à l'âge et aux infirmités de la plupart d'entre eux, ne peuvent remplir les exercices de la conventualité et satisfaire à leurs obligations, en sorte qu'il est nécessaire de prévenir l'extinction prochaine dudit monastère et de pourvoir à l'application des biens qui en dépendent, en même temps qu'il convient d'assurer le sort des religieux; et Sa Majesté étant également instruite de l'insuffisance de la dotation des chapitres réguliers de chanoinesses du même ordre, et de l'avantage qu'il y auroit pour la noblesse qui se consacre à la prière publique dans lesdits chapitres de permettre, en faveur de ces établissements, l'union des biens de la mense conventuelle et offices claustraux, et même de la mense abbatiale dudit Savigny, Sa Majesté a permis et permet aux chapitre et chanoinesses nobles et réguliers de Leigneux, aux chapitre et chanoinesses nobles et réguliers de l'Argentière, et aux chapitres et chanoinesses nobles et réguliers d'Alix, de poursuivre en cour de Rome l'extinction et suppression du titre de ladite abbaye de Saint-Martin de Savigny, ancien ordre de saint Benoît, diocèse de Lyon, ensemble de la mense conventuelle, places monachales et offices claustraux de ladite abbaye, et l'union à perpétuité de tous les biens, droits, fruits et revenus qui en dépendent, à chacun desdits chapitres réguliers, et par tiers, autant que faire se pourra, suivant qu'il sera réglé par le sieur archevêque de Lyon, à la réserve néanmoins de ce qui sera jugé par ledit sieur archevêque devoir être employé à l'acquit des fondations dont peuvent être tenues les menses abbatiale et conventuelle, ainsi que les offices claustraux, par le décès successif ou démission tant du titulaire d'icelle que des grand prieur et religieux, avec faculté à chacun desdits religieux de se retirer en tels diocèses qu'ils jugeront à propos pour y vivre sous la juridiction des ordinaires des lieux, tant des revenus de leurs offices claustraux que des pensions annuelles qui leur seront fixées par le sieur archevêque de Lyon, se réservant, Sa Majesté, pour indemnité de son droit de nomination, de pourvoir des trois prieurés de l'Argentière, d'Alix et de Leigneux à chaque vacance, l'un des trois sujets qui lui seront présentés par lesdits chapitres, comme aussi de nommer à tous autres prieurés et bénéfices simples qui sont à la collation et nomination de l'abbé de Savigny, pour lesdites réserves avoir lieu au jour du décès ou démission du titulaire actuel, et en outre à la charge que les cures et bénéfices à charge d'âmes qui peuvent être à la présentation soit de l'abbé soit des religieux, seront à la pleine et libre collation des évêques diocésains : m'ayant Sa Majesté commandé d'expédier toutes lettres et dépêches nécessaires en cour de Rome pour l'obtention des bulles d'extinction et d'union; et ce pendant, pour assurance de sa volonté, le présent brevet, qu'elle a signé de sa main et fait contresigner par moi, conseiller secrétaire d'état et de ses commandements et finances.

« LOUIS. Et plus bas : AMELOT. »

En conséquence, le pape donna une bulle de suppression datée de Saint-Pierre de Latran, le 10 des calendes de juillet (22 juin 1780). Cette pièce est conservée en original dans les archives du Rhône, où l'on en trouve aussi une copie imprimée. Par cet acte, les religieux de Savigny furent relevés de tous leurs vœux, sauf celui de chasteté, et eurent la permission de se retirer où bon leur semblerait, pour y jouir paisiblement et librement du revenu de leur office. Toutefois, ils restèrent provisoirement chargés de la disposition de l'église et des autres édifices jusqu'à la Révolution. Toutes les propriétés de l'abbaye furent alors vendues comme propriétés nationales. Un bref de vente du 28 brumaire an VI (18 novembre 1795) nous apprend que la grande église avec ses dépendances fut adjugée au citoyen Gallon, sur la mise à prix de 1,800,000 livres (valeur en assignats). Elle fut démolie quelque temps après.

Cette église avait été commencée, comme nous l'avons vu, par l'abbé

Dalmace, au xi<sup>e</sup> siècle; mais elle n'avait été complétement terminée qu'au xvi<sup>e</sup>, époque où François d'Albon fit construire le clocher. «Elle était, dit M. Roux[1], comme toutes les églises romanes de cette époque, divisée en trois nefs; chaque pilier était orné de colonnes appliquées, et surmontées de chapiteaux représentant des scènes de l'Ancien Testament; sur le chœur s'élevait un magnifique clocher. L'entrée de l'église, du côté du septentrion et de l'occident, était à huit pieds au-dessus du sol. La porte principale était décorée de plusieurs sculptures, et, entre autres, d'un jugement de Salomon qu'on retrouve encore sur un pan de muraille resté debout.

« Le cloître était placé au côté droit de l'église : il en reste encore quelques arceaux; les colonnes qui les supportent ont leurs chapiteaux à feuilles d'acanthe. Les cintres sont formés de claveaux alternativement rouges et jaunes. A quelques pas de là on voit la petite église Notre-Dame, qu'on a transformée en ateliers, et dont la partie souterraine sert de cave. Nous n'avons pu savoir où était placée la chapelle de Saint-Léger, ce premier berceau de l'abbaye. Les bâtiments du chapitre entouraient l'église : il en reste encore quelques débris. » Il y a mieux que des débris. Les bâtiments d'habitation ont presque tous été conservés avec cette destination; c'est ce que nous avons pu constater, en visitant les lieux, un plan de l'abbaye à la main. Ainsi on retrouve encore l'hôtellerie, la chamarerie, l'aumônerie, le doyenné de Lanay, etc. mais ces bâtiments n'offrent aucun intérêt. On ne retrouve pas la moindre trace du réfectoire, dont les murs étaient ornés des portraits de plusieurs abbés, suivant ce que rapporte Benoît Mailliard, ni du dortoir, incendié au commencement du xiv<sup>e</sup> siècle et reconstruit au xv<sup>e</sup>.

Je ne puis terminer cette notice sans parler des officiers de l'abbaye, sur lesquels nous possédons les détails les plus complets, soit dans le *Manuale prioris* de Benoît Mailliard, soit dans le *Liber refusionum* de 1608, conservés tous deux dans les archives du Rhône. Je dirai peu de choses sur ces fonctionnaires ecclésiastiques, parce qu'ils étaient à peu près les mêmes dans tous les monastères de saint Benoît, et que déjà le *Bulletin des Comités*[2] a publié le *Manuale administrationis* d'une abbaye du même ordre et du même diocèse, celle de Saint-Claude, autrement dit Saint-Oyan-de-Joux; mais je ne puis me dispenser d'en donner la nomenclature, pour faire con-

---

[1] *Album du Lyonnais*, année 1844, p. 201.

[2] *Hist.* t. I (1849), p. 226; t. II (1850), p. 6 et 40.

naître au moins en quoi les deux abbayes différaient. Je suivrai l'ordre adopté par Benoît Mailliard, dont le manuscrit original ne remonte, il est vrai, qu'au xv⁰ siècle, mais il est basé sur une ancienne constitution de l'abbaye, connue sous le nom de *Papirus conventus,* et datant du xiv⁰ siècle. Pour les principaux officiers, je renvoie aux constitutions mêmes de l'ordre de saint Benoît, qui renferment tous les renseignements désirables.

1° L'abbé (*abbas*).

2° Le grand prieur (*prior major*), anciennement le prévôt (*præpositus*).

3° Le chamarier (*camerarius* ou *creditarius*).

4° Le prieur claustral (*prior claustralis*).

5° Le grand célérier (*celerarius major*).

6° Le petit célérier ou célérier de Saint-Laurent (*celerarius Sancti Laurentii*). Il n'y eut d'abord qu'un célérier dans l'abbaye de Savigny; mais on fut obligé de diviser sa charge de bonne heure. Le nom de Saint-Laurent, qu'on donnait au petit célérier, vient de ce qu'on unit à cet office le prieuré de Saint-Laurent-d'Oingt.

7° Le grand sacristain (*sacrista major*) ou sacristain de Saint-Martin. Il n'y eut d'abord qu'un sacristain dans l'abbaye, et il portait ce nom d'une manière absolue; mais en 1286, comme on peut le voir dans le cartulaire (pièce n° 958), il fut créé un sacristain pour l'église Notre-Dame.

8° L'hôtelier (*hostellarius*), chargé d'héberger les visiteurs, tant laïques qu'ecclésiastiques, demeurait anciennement hors du monastère, dans un lieu appelé *le Palais,* afin de pouvoir plus facilement traiter les hôtes sans inconvénient pour les moines; mais les guerres forcèrent de le loger dans le couvent.

9° L'aumônier (*helemosinarius*), chargé de la distribution des aumônes.

10° Le communier (*communarius*), d'une création relativement récente, était chargé de distribuer la viande aux moines à des jours convenus.

11° Le doyen de Lanay (*decanus de Lanay*). Lanay était un ancien domaine de l'abbaye situé à peu de distance du monastère, et dont l'administration, attribuée à un moine, conférait le titre de doyen, sans qu'il y ait jamais eu de doyenné proprement dit dans ce lieu.

12° Le doyen de Teylan (*decanus de Teylant*). Même observation qu'à l'article 11.

13° Le doyen de Coursieux (*decanus Corziaci*). Ce doyen, à la différence des deux précédents, résidait hors du monastère; mais comme le doyenné ou prieuré de Coursieux n'était qu'à une lieue de Savigny, le prieur était considéré comme un officier claustral, et avait sa stalle dans le chœur. Toutefois, c'était une question litigieuse.

14° Le capiscol (*capiscollus*) remplissait plusieurs emplois : il était à la fois maître d'école et chantre; mais sa fonction principale consistait à instruire les jeunes moines, et c'est de là que venait son nom (*caput scholæ*).

15° L'infirmier (*infirmarius*) était chargé de soigner les frères à l'*infirmerie*.

16° Le pitancier (*pitanciarius*), d'une création plus récente encore que le communier, avait une fonction analogue, comme l'indique son nom.

17° Le petit sacristain ou sacristain de Notre-Dame (*sacrista Sanctæ Mariæ*). Cet office fut créé en 1286. (Voyez la ch. 958.)

18° Le réfecturier (*refecturarius*) était chargé de distribuer le pain et le vin aux frères, dans le réfectoire.

19° L'ouvrier (*operarius*) était chargé de veiller à l'entretien des toitures.

20° Le crusier (*crusiarius* ou *magister crucis*) était chargé d'entretenir une lampe ardente devant la croix placée dans le chœur de la grande église.

21° Le prieur de Saint-Clément-de-Valorgue (*prior Sancti Clementis in Valle Organa*). Le prieuré de Saint-Clément était situé dans une petite vallée du diocèse de Clermont, qui a laissé son nom au territoire des environs de Saint-Anthême (Valorgue); mais son revenu était si modique, qu'on crut devoir lui donner une maison dans l'abbaye.

22° Le chambellan (*camerlencus, alio nomine cambellanus domni abbatis*), dont le revenu était établi sur le *pré du domaine*, et non pas *pré du moine*, comme l'écrit M. l'abbé Roux dans sa Notice, exerçait la juridiction civile de l'abbé dans le monastère.

23° Le chancelier (*cancellarius, quem hodie capellanum domni abbatis appellamus*), avait la garde du sceau de l'abbé.

A ces officiers claustraux il faut joindre les simples moines, les *formiers* et les moinillons (*pueri*), et enfin les officiers laïques, dont les offices étaient presque tous possédés héréditairement : 1° le maréchal ou bailli (*marescallus*), le peseur de pain (*ponderator panis*), le tailleur de froc (*sutor flocorum*), le fournisseur du charbon pour encenser (*administrator carbonum incensi*), le médecin (*medicus*), le garde-malade (*nuncius medici*), le barbier (*barbitonsor*), le portier (*janitor*) le *mandier* du four banal, le boulanger (*pistor*

cxx NOTICE HISTORIQUE SUR L'ABBAYE DE SAVIGNY.

ou *pixtor*, comme dit Mailliard), le buandier (*pannorum lavator*), le jardinier (*orti cultor*), le boucher (*macellarius*), le cuisinier (*cocas*), etc.

Enfin, pour compléter cette nomenclature, nous donnerons ici, toujours d'après Benoît Mailliard, la liste des prieurs ressortissant à l'abbaye, et dont dépendaient à leur tour un certain nombre de paroisses. Sauf les trois que nous distinguons par l'addition du mot *conventuel*, ces prieurs étaient, au moins dans le Lyonnais, *de simples obédienciers*, n'ayant pas de frères au-dessous d'eux, ou n'en ayant qu'un pour leur service personnel.

1° DANS LE LYONNAIS [1] :

Le prieur de Montrotier, appelé *Castellanus*, parce que Montrotier fut le premier château donné à l'abbaye.
——— de Tarare (*Taratri*).
——— d'Arnas (d'*Arnault*).
——— de Randans.
——— de Mornant (*de Mornanco*).
——— de Denicé (*Deniciaci*).

Le prieur de Sal-en-Donzy (*Saltus Donziaci*).
——— de Noailly (*Noalliaci*).
——— de Marcilly (*Marcilliaci*).
——— de Saint-Nizier-d'Azergues.
——— de Ternant (*Tarnanti*).
——— de Bussy (*de Buxi*).
——— de Saint-Clément-de-Valorgue [2].
——— d'Alix [3].

2° DANS LE DIOCÈSE DE DIE :

Le prieur de Bourdeaux (*de Bordellis*).

3° DANS LE DIOCÈSE DE SAINTES :

Le prieur de Botteville (*Bottævillæ*), convent¹.
——— de Saint-Thomas de Conac.
——— de Nyort (*de Nyorto*).

Le prieur de Saint-Sébastien.
——— de Mirebeau (*de Mirabello*).
——— de Merpins.

4° DANS LE DIOCÈSE DE LAUSANNE :

Le prieur de Lutry (*Lustriaci*), conventuel.

5° DANS LE DIOCÈSE DE GENÈVE :

Le prieur de Talloires (*Tallueriarii*), conventuel.

Le prieur de Saint-Jorioz (*S. Jori*).
——— de Louvagny (*Lovaniaci*).

---

[1] *Priores provinciæ Lugdunensis*, dit Mailliard, parce qu'il comprend dans ce paragraphe des prieurés situés hors du diocèse, mais cependant dans la province *politique* de Lyon : ainsi Saint-Nizier-d'Azergues était dans le diocèse de Mâcon, et Saint-Clément-de-Valorgue, dans le diocèse de Clermont.

[2] Il paraît déjà parmi les officiers claustraux.

[3] Alix était un chapitre de dames ayant à leur tête un prieur. Il est digne de remarque que Mailliard ne cite pas ici les deux autres chapitres de dames, ceux de l'Argentière et de Leigneux, auxquels furent adjugées les dépouilles de l'abbaye de Savigny en 1780. Peut-être ces chapitres ne dépendaient-ils pas de Savigny au xv° siècle.

# CHARTULARIUM

## SAVINIACENSE.

IN CHRISTI NOMINE,

INCIPIT LIBER CARTARUM QUEM DOMNUS ABBAS PONTIUS COMPONI FECIT [1].

### INCIPIT PROLOGUS [2].

Sapiniacense cœnobium olim longe ab antiquis patribus instructum [3] diu multumque claruit, donec Hunorum [4] bestiali feritate, divino et oculto [5] permitente judicio, desolatum fuit, monachis qui inibi habitabant [6] effugatis atque occisis. Deinde cum reædificari [7] destructa cœpissent, multi nobilium atque fidelium Dei rerum suarum largitione locum ipsum ditaverunt, et dona sua scriptis firmaverunt. Quæ videlicet longa vetustate attrita cum venerabilis ac nobilissimus abbas Pontius considerasset, jam pene ipsa vetustate partim absumi, partim scindi, partim obliterari, provida sollicitudine prævidens, ne ipsa vetustas venturæ generationi atque ecclesiæ suæ obesset in damnum, præsertim cum his diebus pronus sit mundus et hi qui

---

[1] Titulus iste desideratur in P. qui a duobus prioribus prologi verbis (*Sapiniacense cœnobium*), grandibus ornatis implicatisque litteris (quibus altitudo fere est ad duas uncias), ichnographiæ Saviniacencis abbatiæ xvii° sæculo crasse et illepide delineatæ subscriptis, initia repetit.

[2] Legitur hic prologus in *Gallia christiana*, t. IV, instr. col. 14.

[3] Deest *instructum* in B. Mailliardi ms.

[4] L. et M. hic et infra *Hunnorum*.

[5] M. et BM. *occulto*.

[6] G. Ch. et M. *ibi inhabitabant*.

[7] BM. *reedifficari*. — M. *reedificari*.

in eo sunt ad malum omni tempore, voluit renovare scripta, et in unum corpus comprehendere quicquid pene absumptum, scissum et obliteratum fuerat. Ex præcepto igitur supradicti abbatis, memoratum opus non sine quodam magno labore assumentes, antiquarum cartularum scripta, ut potuimus, revoluimus, et eorum abbatum ordinem, quos ante Hunorum tempora huic loco præfuisse comperimus, ordinate disposuimus; necnon et eorum qui post Hunorum tempora, juxta majorum relationem et fidem temporum huic loco præfuerant, pro viribus nostris ordinavimus. Præ vetustate quidem temporum, ante memoratæ perfidæ gentis incursionem, nonnisi tantum undecim abbates invenimus, quorum nomina hæc sunt : Adalbertus, Anasteus, Segefridus, Arnulfus, Ingeraldus, Asterius, Justus, David, Christophorus[1], Adalbertus, Benedictus[2]. Porro a desolatione hujus ecclesiæ ad nostra usque tempora tredecim invenimus abbates, quorum quidam quidem usque ad vitæ suæ finem bene et commode ecclesiam sibi commissam rexerunt; quidam autem ante mortis ostium turpiter honore dejecti sunt, videlicet : Lento atque Durantus, qui proximi fuerunt abbati Dalmatio; domnus quoque Girbaudus, qui post abbatem Iterium secundum extitit, partim coactus, partim sponte sua, honorem abbatiæ longe ante mortem suam amisit. Et horum igitur abbatum ordo talis est : Badinus, Gausmarus, Hugo, Durantus, Iterius, Lento, Durantus [II], Dalmatius, Vuido, Berardus, Iterius [II][3], Girbaudus, et hic qui nunc præest, domnus Pontius. Istorum etiam temporibus, acquisitiones, emptiones seu donationes ecclesiæ nostræ factæ per ordinem sunt distributæ. Cum ergo diligens lector aliqua eorum quæ in hoc continentur volumine voluerit inquirere, quid sub isto[4] et illo abbate sit actum, facile poterit invenire. Quæ videlicet abbatum tempora ideo seriatim discrevimus, ne generaret errorem scriptorum confusio, et ut aperiret utilitatem rerum facta divisio.

[1] C. et M. *Christoforus.*
[2] Non in prologo legitur Stephanus. Vid. chart. 17.
[3] Chartularium exhibet instrumentum Berardi inter Iterium II et Girbaudum.
[4] C. *illo.*

## INCIPIT DE ABBATE ADALBERTO[1].

### 1.

PRESTARIA VUANDALBERTI.

Dominis fratribus Vuandalberto et uxori suæ Hondradanæ petito-    6 Maii 889? ribus, Ego, in Dei nomine, Adalbertus, humilis abbas, et cuncta congregatio Sancti Martini Saviniacensis monasterii. Dum non habetur incognitum qualiter ad nos fuit vestra[2] petitio, et nostra pariter decrevit voluntas, ut illas res quas vos pro eleemosina ad nostrum monasterium condonastis, nos vobis benefficiare deberemus, quod ita a die presenti fecimus. Et sunt res ipsæ sitæ in pago Lugdunensi, in agro Bessenacense, in valle quæ dicitur Bevronica : est locus unus in fine de Noallico[3], villa quæ vocatur de Charpenello, et terminatur ipse curtilus, cum casa indominicata, simul cum vinea et prato vel salzeto, et terminatur a mane gutula percurrente, a medio die similiter, a sero molare et terram Vuandalbert cum hæredibus suis, a cercio gutula. Infra istos fines totum ad integrum nos vobis benefacimus, et infantes vestros; similiter benefacimus vobis alia vinea in ipsa villa Noalliaco[4], quam Vuinifus[5] presbiter per cartam tradidit, vel quicquid ibidem acquisivit[6], et vos ex ipsius conquestione conquirere potueritis, sub integritate vobis concedimus. Benefacimus vobis de alia vinea quæ est in ipso pago vel agro jam dicto, et in ipsa villa quæ dicitur Bisboch, quam de Eurigerio et uxore sua domna[7] Fridana conquisistis et nobis donastis; et terminat a mane semiterium vicinabile, et terra Rodradi, et terra Anondrani[8] cum infantibus suis, a medio die terra de dicta[9] hereditate, a sero similiter, a cercio via publica; et simul in giro bodinas positas. Infra istos confines[10] vobis

---

[1] M. *Alberto.*
[2] C. *vestra fuit.*
[3] BM. *Noailliaco.* — C. et M. *Noallicho.*
[4] C. et M. *Noalliacho.*
[5] L. *Winlifus.* — C. et M. *Vuiniifus.*
[6] C. et M. *conquisivit.*
[7] Vox *domna* deficit in C. L. et M.
[8] C. *Avondrani.* — M. *Avomdrani.*
[9] C. et M. *ipsa.*
[10] C. et M. *fines.*

benefacimus. Est vero alius campus quem de Martino et uxore sua Gerbergana[1] conquisistis, in ipsa villa, quæ terminat a mane terra ipsius Vuandalberti et heredum suorum, et terra ipsius Sancti Martini a medio die, a sero et a cercio similiter; infra istos fines et terminationes totum ad integrum benefacimus vos et infantes vestros. Pro eo vero quod res vestras ad nostrum monasterium condonastis, similiter benefacimus nos vobis de aliis rebus in ipsa villa jam dicta quicquid Rathfredus et uxor sua Drothildis[2] ad nostrum monasterium condonaverunt, ut habeatis per hanc prestariam et per nostrum beneficium, vos et infantes vestri, omnibus diebus vitæ vestræ, ad habendum, tenendum et fruendum, et in melius convertendum, ea videlicet ratione ut annis singulis ad missam sancti Andreæ apostoli solidum unum ad nostrum monasterium condonare faciatis; aliud reliquum, usum et fructum habeatis per hanc prestariam, vos et infantes vestri, omnibus diebus vitæ vestræ. Si quis vero, quod fieri minime credimus, si nos ipsi, aut ulla persona emissa, et ullus de successoribus nostris qui contra hanc prestariam in vos factam aliquid removere aut calumniari et infringere voluerit, non valeat vindicare quod repetit, sed recipiat unusquisque nostrum hoc quod ante istam prestariam factam erat, et tunc faciant exinde quicquid ab hac die et agere et ordinare voluerint, tamen vero dummodo perduraverit, tunc adimpleatis hoc quod superius dixit[3]. Quod si negligentes extiteritis de ipso solido jam dicto ad ipsum terminum persolvendo, aut ipsas res invadere et imminuere dimiseritis, tunc sitis culpabiles, et impleturi ipsius ecclesiæ tantum et aliud tantum quantum ipsæ res eo tempore melioratæ valuerint, et insuper ipsas amittatis res suprascriptas rasa una. S. Adalberti, humilis abbatis, qui hanc prestariam fecit. S. Rostanni monachi. S. Ardoini monachi. S. Leodegarii monachi. S. Beraldi[4] monachi. S. Emmonis monachi. S. Anastei monachi. S. Beroldi monachi. S. Dudini monachi. Ego Ursinus monachus hanc

---

[1] C. et M. *Girbergana.*
[2] C. et M. *Drottildis.*
[3] C. et M. *dicit.*
[4] C. et M. *Beroldi.*

prestariam scripsi. Data die sexta Martis, in mense Maio, anno IIII°
[regnante domno nostro Carolo imperatore][1] post obitum Caroli
Magni regis[2].

## DE ANASTEO ABBATE.

### 2.

PRESTARIA DE GRISINIACO.

Dominis fratribus Constantio et uxori suæ Arlavergi[3], Theodrado
et Ulloni[4] petitoribus, Ego, in Dei nomine, Anasteus abbas, et cuncta
congregatio Sancti Martini Saviniacensis monasterii. Dum non habetur incognitum qualiter vestra ad nos fuit petitio, et nostra decrevit
voluntas, ut de illis rebus quas vos et genitores vestri ad nostrum
monasterium in eleemosina condonastis, vobis benefacere deberemus, quod ita et fecimus : hoc sunt curtili cum mansis, vinea et
campis et pratis; sunt sitæ istæ[5] res in pago Lugdunensi, in agro Saviniacensi, in villa quæ dicitur Grisiniacus, et terminant ipsæ res a
mane terra Sancti Stephani, a medio die terra Sancti Justi et Sancti
Martini, a sero gutula percurrente quæ ad estum siccatur, a cercio
Justonis terra et Sancti Martini. Infra istas terminationes totum ad
integrum vobis benefacimus. Pro eo vero quod vestras res ad nostrum
monasterium condonastis, benefacimus etiam vobis de aliis rebus ex
rebus ipsæ ecclesiæ : hoc sunt sextarias[6] sex de terra arabili, et sunt

Oct. 883.

[1] In codice C. uncis inclusa lituræ deleverunt.

[2] In hac phrasi maxime obscura, imperii annum Caroli Magni quartum indicatum esse putat Mailliardus (804); sed *Galliæ christianæ* auctores melius vident quartum annum indicationem regni Caroli Grossi, qui proclamatus est anno 884 rex Galliæ, post Carlomani mortem. Cujus nomen, quod haud secus ac Caroli Magni pene sonat, in errorem sine dubio induxerit Mailliardum, simul atque Pontii abbatis chartularii scriptorem. Non enim rex, sed imperator denominatus est; Adalbertus igitur neque in capite seriei Saviniacensium abbatum, neque in prologo chartularii remanere debet. Vide abbatiæ notitiam in præfatione.

[3] BM. et M. *Alarvergi*.—G. Ch. *Alavergæ*.

[4] M. *Theodrato et Ullom.*

[5] C. et M. *ipsæ.*

[6] C. et M. *sextariatas.*

sitæ in jam dicto pago vel in ipso agro, sive in ipsa villa aut in congruo loco; ea videlicet ratione ut annis singulis, de fructu quem Dominus ibi dederit, reddatis nonas, et ad festivitatem sancti Martini denaratas[1] duas de cera in censum[2] persolvatis; alium vero reliquum, usum et fructum habeatis per hanc prestariam et per nostrum beneficium, omnibus diebus vitæ vestræ, vos et infantes vestri et filii eorum, et post vestrum discessum ipsæ res ad nostrum monasterium revertantur. Ego, in Dei nomine, Anasteus, humilis abbas, hanc prestariam fieri volui. S. Ingeraldi monachi. S. Emmonis monachi. S. Leodegarii monachi. S. Beroldi monachi. S. Hilderici monachi. Ego in Dei nomine Blitgarius[3] monachus hanc prestariam scripsi. Data die Martis, in mense Octobri, anno sexto post obitum Caroli imperatoris.

## DE SEGEFRIDO ABBATE.

### 3.

#### PRESTARIA DE CLIVIACO.

9 Mart. 889? Domino fratri Iterio petitori, Ego, in Dei nomine, Segefridus abbas, et cuncta congregatio Sancti Martini. Dum non habetur incognitum qualiter ad nos fuit tua petitio[4], et nostra pariter decrevit voluntas, ut res quas tu ad nostrum monasterium condonasti tibi benefaceremus, quod et fecimus. Est autem mansus cum vinea, pratis et silvis, in pago Lugdunensi, in agro Tarnatensi[5], in villa quæ dicitur Vallis; et in alio loco qui dicitur Villa, curtilum cum vinea et manso; et in alio loco, in villa quæ dicitur Tolon, quicquid ad nostrum monasterium condonasti. Pro eo vero quod tu istas res nobis condonasti, benefacimus tibi de rebus Sancti Martini quicquid infra fines de Cliviaco est, ibique aspicere videtur; et in alio loco infra fines de Montels[6], quicquid ibi visi sumus habere tibi benefacimus, et filio tuo qui primus

---

[1] C. et M. *deneratas*.
[2] C. *incensum*.
[3] C. *Blithgarius*.
[4] C. *tua ad nos fuit petitio*.
[5] M. *Tarnatacensi*.
[6] M. *Montelet*.

tibi natus fuerit de matrimonio; eo scilicet tenore ut annis singulis, de fructu quem Dominus supra dederit, nonas ad nostrum monasterium condonare facias, et pro ipsis mansis in festivitate sancti Martini solidos duos persolvas. Et si de eodem censu tardus aut negligens apparueris[1], et ipsas res minuere aut alienare presumpseris, sis culpabilis, et insuper ipsas res amittas. Et ut hæc prestaria firmitatem obtineat, manu nostra et fratrum nostrorum manibus roborandam statuimus. S. Segefridus, humilis abbas. S. David monachi. S. Leodegarii monachi. Ego Egil monachus, rogatus, scripsi. Data III die Jovis[2], in mense Martio, anno XII° post obitum Caroli imperatoris.

## 4.

### ITEM DE CLIVIACO.

In Dei nomine, placuit atque convenit inter venerabilem Segefridum, abbatem Saviniacensis cœnobii, et quemlibet virum Iterium, ut quasdam res inter se in congruis locis commutare deberent, quod et fecerunt. Donat itaque Segefridus et cuncta congregatio Sancti Martini partibus Iterii in Cliviaco villa campum cum manso, qui terminatur a mane via publica et terra Sancti Martini, a medio die et a sero et a cercio viis publicis et terra Sancti Martini. Infra istas terminationes totum et ad integrum quicquid ibi visi sumus habere tibi committimus. Pro hac commutatione donat jam dictus Iterius partibus Segefridi abbatis eique subjectæ congregationi in Tolon villa vineam cum manso et vercariam, quæ terminatur a mane guttula quæ ad estum siccat, a medio die terra Sancti Martini et terra Ratberti; a sero via publica, a cercio terra Sancti Martini et terra Ratberti, et in ipsa villa, in alio loco, vercariam cum manso, quæ terminatur a mane guttula quæ ad estum siccat, a medio die terra Sancti Martini et Ratberti, a sero et a cercio viis publicis; et in ipsa villa, in alio loco, vercariam cum mansis duobus, qui terminantur a mane et medio die via publica, a sero terra

Mart. 889?

---

[1] Codex C. scripserat primum *fueris*.
[2] Dies mensisque hic adscripti concordare nequeunt anno 889, cujus dies Martis tertius fuit Lunæ dies.

Iterii et suorum heredum et bodinas positas, a cercio Turdina aqua volvente. Infra istas terminationes totum et ad integrum quicquid in jam dictis terminationibus visus est habere supradictus Iterius, partibus Segefridi abbatis eique subjectæ congregationi commutat. Donat etiam infra fines de Furcis unum pratum, quod terminatur a mane et a cercio in fine de Trevennaco. Hæc omnia supra nominata jam dictus Segefridus abbas eique subjecta congregatio, et ab altera parte Iterius pariter inter se commutant, eo tenore ut quod unus accipit ab altero teneat absque ulla interpellatione. Et ut hæc commutatio firmitatem obtineat, manu nostra subterfirmare decrevimus. S. Segefridi abbatis. S. Vualdrici monachi. S. Ingeraldi monachi. Ego Egil monachus scripsi. Data tertia[1] die Jovis[2], in mense Martio, anno xii° post obitum Caroli imperatoris.

## DE ARNULPHO[3] ABBATE.

### 5.

#### CARTA DE ALTA RIVORIA.

Jun. 918.
Sacrosanctæ ac venerabili ecclesiæ Sancti Martini Saviniacensis monasterii, quæ est constructa in pago Lugdunensi, super rivulum qui dicitur Bevronicus, ubi Arnulphus abbas, una cum congregatione sibi subjecta, Deo deservire videtur. Igitur ego, in Dei nomine, Landricus et uxor mea nomine Adalgardis, cogitavimus de Dei timore et de æterna retributione, ut pius et misericors Dominus sit nobis propitius de peccatis nostris, et de pœnis infernalibus animas nostras liberare dignetur. Propterea in ipso Dei timore et amore donamus ad ecclesiam Sancti Martini res proprias, hoc est ecclesiam unam cum presbiteratu, quæ est constructa in pago Lugdunensi, in agro Forensi, infra fines, in villa Alta Rivoria, in honore Dei et sanctæ Mariæ. Et sunt ipsæ res in edificiis, curtiferis, cum mansis, campis, pratis, molendino, exiis, et terminantur ipsæ res a mane fine de Buscicio villa, a

---

C. *tertio*. — [2] Ut supra in charta 4, n. 2. — [3] C. et M. hic et infra *Arnulfo*.

medio die guttula, a sero et a cercio viis publicis. Infra istas terminationes totum et donamus in Brociaco vineas; et jam dictas res quæ ipsa carta loquitur totas pro animarum nostrarum remedio ad ipsam casam Dei et sancti Martini et ad suos rectores donamus habenda atque regenda. Sane si quis, si nos ipsi, aut[1] ullus homo est qui istam donationem contradicere voluerit, fisco auri libras quinque componat, et in antea donatio ista omnique tempore firma permaneat cum stipulatione[2] subnixa. S. Landrici et Adalgardis, qui istam donationem fieri jusserunt et firmari[3] rogaverunt. S. Rainoldi. S. Eldeodi. S. Aldraconis. S. Abonis. S. Constabuli. S. Godonis. S. Levolti. S. Theodfredi, qui donationem istam, rogatus, scripsit. Data die Mercurii, in mense Junio, anno XXVIII, regnante Ludovico imperatore.

### 6.
PRESTARIA DE ECCLESIA DE SANCTO JOANNE[4] DE EXARTOPETRO[5].

Dominis fratribus Vuichardo et uxori suæ Vuandalmodi et filio suo Deodato petitoribus, Ego, in Dei nomine, Arnulphus[6], humilis abbas, et cuncta congregatio Sancti Martini Saviniacensis monasterii. Dum non habetur incognitum qualiter vestra ad nos fuit petitio, et nostra pariter decrevit voluntas, ut de illis rebus quas vos ad nostrum monasterium condonastis, vobis benefacere deberemus; quod ita a die presenti fecimus : hoc sunt mansi quatuor, et sunt siti ipsi mansi in pago Lugdunensi, in agro Forensi, in villis nuncupatis Esperolis, in Linaris, in Casellis[7], sive Plana Serra. Propterea quicquid in jam dictis villis visi sumus habere, quæ vos ad nostrum monasterium condonastis, ad integrum vobis benefacimus. Propterea vero quod vos vestras res ad nostrum monasterium condonastis, benefacimus vobis etiam de aliis rebus ipsius ecclesiæ : hoc est ecclesia una quæ est in honore sancti Joannis, quæ est sita in Exartopetro[8], cum manso, et curtilis, et ver-

Sept. 919.

[1] C. et M. *et.*
[2] C. *astipulatione.*
[3] C. et M. *firmare.*
[4] C. hic et infra *Johanne.*
[5] BM. *Exarpetra.* — M. *Exarto Petri.*
[6] C. *Arnulfus.*
[7] BM. *Chaselles.*
[8] C. et M. *Exartipetro.*

cariis, et campis, et pratis, et silvis, et terminantur jam dictæ res a mane via publica et pineto Sancti Martini, a medio die terra Sancti Martini quam Othbaldus possidet et fine de Puteis, a sero guttula quæ in estate siccatur, a cercio Cureria[1] aqua volvente et fine de Ladaneth[2]. Intra hos fines quicquid ad presbiteratum Sancti Johannis aspicit totum ad integrum [donamus][3]. Est in alio loco capella una quæ est in honore sanctæ Mariæ, et est sita in loco qui dicitur Vetula Chaneva[4], et quicquid ad ipsam capellam aspicit; et in alio loco capella una quæ est infra fines de Exartiniis, et est in honore sanctæ Mariæ, cum solum terræ; est alius mansus qui est in monte Cervario, cum campis, et pratis, et silvis, et quicquid ad ipsum mansum aspicit; sunt et aliæ res de presbiteratu Sancti Joannis : in Buliaco, vinea una; in Lagniaco similiter, ad illam vallem, campis cum arboribus; similiter benefacimus vobis de mansis duobus qui sunt siti in agro Forensi, in villis denominatis[5] Ladavalle sive Ladavaleth. Terminat ille mansus qui est in Ladavalle a mane terra Sancti Martini et in[6] fine de monte Elberti, a medio die guttula quæ in æstate siccatur et fine de Gerriis[7], a sero terra Sancti Johannis et fine de Baniaco[8], a cercio guttula quæ in æstate siccatur; a sero terra Sancti Johannis et fine de Banaciaco; a cercio guttula quæ in æstate siccatur, et fine de Gerriis; et aliæ res quæ sunt in Ladavaleth[9], et terminant a mane terra Sancti Martini et molaro, a medio die Curreria[10] aqua volvente, a sero ipsa aqua, a cercio fine de Ladavalle. Inter hos fines et terminationes, quicquid supra dictum est totum ad integrum vobis benefacimus, ea scilicet ratione ut annis singulis, in festivitate sancti Martini, in censu, solidos decem persolvatis; alium vero reliquum usum et fructum habeatis per hanc prestariam, et nostrum beneficium omnibus diebus vitæ vestræ. Post vestrum quoque decessum jam dictæ res absque tardatione ad nos-

[1] M. *Curreria*.
[2] C. *Ladaveth*.
[3] Deest *donamus*.
[4] BM. *Veteris Canabe*.
[5] C. et M. *villas denominatas*.
[6] C. *a* pro *in*. — Nihil in M.
[7] Voces *in fine de Gerriis* desunt in M.
[8] L. *Baniaciaco*. — M. *Banaciaco*.
[9] C. *Ladavalech terminant*.
[10] C. *Cureria*.

trum monasterium revertantur. Et si vos negligentes apparueritis de isto censu annis singulis persolvendo, tantum et aliud tantum componatis quantum ipsæ res eo tempore emelioratæ valuerint[1], et insuper ipsas res amittatis. Ego Arnulphus[2], humilis abbas, hanc prestariam volui fieri. S. Beroldi monachi. S. Hildrici monachi. S. Farulfi monachi. S. Leonis monachi. S. Remestanni monachi. Ego, in Dei nomine, Ratbertus monachus hanc prestariam scripsi. Data sub die Jovis, mense Septembri, anno XVII° imperii Ludovici.

## 7.

PRESTARIA ECCLESIÆ DE CORZIACO.

27 Aug. 925.

Dominis fratribus Andefredo et uxori suæ Richborgi[3] et filio eorum Severio[4], clerico[5], petitoribus, Ego, in Dei nomine, Arnulphus, humilis abbas, et cuncta congregatio Saviniacensis monasterii. Dum non habetur incognitum qualiter vestra ad nos fuit petitio et nostra pariter decrevit voluntas, ut de illis rebus quas vos ad nostrum monasterium in eleemosinam condonastis, vobis benefacere deberemus, quod ita et fecimus. Hoc sunt curtili quatuor cum vineis; et sunt positæ ipsæ res in pago Lugdunensi, in valle Bevronica, in villa[6] quæ dicitur Felice Vulpe; propterea quicquid in ipsa villa visi fuistis habere, quæ nobis condonastis, totum vobis concedimus et benefacimus vobis ex rebus ipsius ecclesiæ, per consensum Remigii archiepiscopi, et Vuillelmi, comitis : hoc est ecclesia una quæ est in honore sancti Desiderii, cum parrochia[7] et presbiteratu, et est sita in jam dicto pago et agro sive villa[8], loco qui dicitur Corciacus; ea videlicet ratione ut illas nonas, annis singulis, nobis condonetis; et pro illa ecclesia, in festivitate sancti Martini, solidos quatuor in censum persolvatis; alium vero reliquum usum et fructum habeatis per hanc

---

[1] C. *valuerunt.*
[2] C. et M. hic et infra *Arnulfus.*
[3] C. et M. *Ricborgi.* — BM. *Ricorgi.*
[4] BM. *Severo.*
[5] C. et M. *clerio.*
[6] M. male *valle.*
[7] C. *perrochia.*
[8] Vocem *villa* male ferunt manuscripta; patet enim hic agi de *valle* Bevronica supra citata.

prestariam et nostrum beneficium omnibus diebus vitæ vestræ; et post vestrum decessum omnes supradictæ res ad nostrum monasterium revertantur. Et si vos negligentes apparueritis de ipso censu annis singulis persolvendo, aut ipsæ res pejoratæ apparuerint, tantum et aliud tantum componatis quantum ipsæ res melioratæ valuerint, et insuper ipsas amittatis. Ego, in Dei nomine, Arnulphus, humilis abbas, hanc prestariam fieri jussi. S. Vualdrici[1] monachi. S. Aimonis monachi. S. Remigii monachi. S. Leotardi monachi. Ego in Dei nomine Ratbertus monachus hanc prestariam scripsi. Data die Lune in mense Augusto, anno XXIII° imperii Ludovici.

## 8.

PRESTARIA DE ECCLESIA DE CHEVENNACO [2].

April. 927? Dominis Anfredo et uxori suæ Richborgæ[3]. Ego Arnulphus[4], humilis abbas, et cuncta congregatio Sancti Martini Saviniacensis monasterii, benefacimus vobis de illis rebus quas vos ad nostrum monasterium in eleemosina condonastis : hoc est mansum unum qui est in pago Lugdunensi, in valle Bevronica[5], in villa qui dicitur Libertis, et est terminus a mane guttula, a medio die via publica usque ad Sanctum Bonetum, a sero via publica et guttula, a cercio guttula percurrente. Præterea vobis benefacimus de aliis rebus : hoc est ecclesia una, cum parrochia et omni appenditio, quæ est in honore sanctæ Mariæ, et est posita in eodem pago et agro, sive in loco qui dicitur a Libertis; ea scilicet ratione ut quamdiu vixeritis, usum et fructum possideatis, et annis singulis, in festivitate sancti Martini,

---

[1] M. *Valdrici.*

[2] Hoc nomen non iterum apparet in contextu chartæ in qua agitur de ecclesia dicata sanctæ Mariæ. Esse ecclesiam *de Chevinay* dicit Mailliardus; sed nunc sancto Georgio ista dicata est. Textus indicare videtur ecclesiam *de Libertis,* sanctæ Mariæ nempe dicatam, sicut legi potest in charta 41. Si vox *Libertis* denominavit antiquitus *Chevinay,* hujus loci patronum mutatum fuisse credendum est, simul atque nomen. Forsan vox *Libertis* nomen est viculi *le Libéral* prope Sanctum Petrum Paludensem, semileuca ad aquilonem a *Chevinay.*

[3] C. et M. *Richorgæ.*

[4] C. hic et infra, *Arnulfus.*

[5] C. *Brurona.*

duodecim denarios in censum persolvatis, et post decessum vestrum ipsæ res, absque ulla retardatione, ad nos revertantur; et si negligentes apparueritis de ipso censu annis singulis persolvendo, legaliter emendetis. Ego, in Dei nomine, Arnulphus, humilis abbas, hanc prestariam fieri jussi. S. Farurfi monachi. S. Attali monachi. S. Romestagni[1] monachi. S. Bernonis monachi. S. Artonis monachi. Ego Ratbertus monachus hanc prestariam scripsi. Data die Martis, in mense Aprilis, anno XXVII° imperii Ludovici.

## 9.

#### CARTA DE ULZONETIS.

Domino Ethenulfo et uxori suæ Heldefendi[2]. Ego Farnurfus sacerdos dono vobis, de rebus meis, consentiente domno Arnulpho abbate cum aliis monachis suis, hoc est curtilos duos cum vineis, campis cum arboribus, exitibus et regressibus, aquis, aquarumque decursibus. Sunt sitæ ipsæ res in pago Lugdunensi, in agro Floriaco, in villa Ulzonetis, et terminant ipsæ res a mane et medio die terra ipsius Arnulphi[3], a sero terra Sancti Martini, a cercio via publica. Infra istas terminationes et istos curtilos[4] circumcinctos et denominatos, totum ad integrum vobis cedo, et dono vobis propter hoc, ut vos cedatis mihi ecclesiam quæ est in Celsiaco, constructa in honore sancti Genesii, ea videlicet ratione ut si vos aut ullus hæres vester, in diebus meis, ipsam ecclesiam mihi abstrahere voluerit, hæreditas mea absque ulla contradictione ad me revertatur, et post meum discessum faciatis de ipsis rebus quicquid volueritis, exinde faciatis. Qui autem hanc commutationem commutare voluerit, convictus persolvat auri libram unam. Arnulfus abbas manu propria firmavit. S. Stephani monachi. S. Ermendradi monachi. S. Gauzeranni monachi. Ego Fridericus monachus scripsi. Data die Sabbati, mense Augusti, regnante Ludovico rege[5].

920 circa.

---

[1] L. *Romestanni.*
[2] M. *Eldefendi.*
[3] C. *Atanulfi.*
[4] M. *terminos.*
[5] Non *rege*, sed *imperatore*, legendum esse puto.

## 10.

### DE TERRA QUÆ EST IN VILLA DE LOZANNA.

927 circa. Placuit atque convenit inter Gundunum et abbatem Arnulfum et cunctam congregationem Sancti Martini Saviniacensis[1] monasterii, ut de rebus suis commutare vel cambiare[2] deberent. In primis donat Gundunus[3] mansum unum qui est situm in pago Lugdunensi, in villa quæ dicitur Lozanna[4]; et est terminus ejus in giro terræ Sancti Martini. Ad cujus recumpensationem donat jam dictus Arnulfus abbas campellum unum qui est in ipsa villa, et est terminus ejus a mane via publica, a medio die terra Sancti Stephani, a sero et a cercio similiter. Infra istas terminationes totum donat prædictus Arnulfus abbas dicto Gunduno, ut faciat post hanc diem unusquisque de rebus suis quicquid voluerit. Et si aliquis eorum pari suo ullam calumniam inferre voluerit, auri onciam unam componat, et ut ista commutatio stabilis permaneat cum astipulatione subnixa, signamus. S. Isembardi. S. Ratulfi. S. Adradi[5]. Ego Ratbertus hanc cartam scripsi. Data die Veneris, anno XXVIII° imperii Ludovici.

## 11.

### CARTA DE LOCO QUI DICITUR SEDENULFUS[6] ET DE SEPZIACO[7].

Jul. 927. Domino Landrico et uxori suæ Aregiæ. Ego Arnulfus, humilis abbas, et cuncta congregatio Sancti Martini Saviniacensis, benefacimus vobis de illis rebus quas vos ad nostrum monasterium in eleemosinam condonastis : hoc est dimidius mansus qui est positus in pago Lugdunensi in valle Bevronica[8], in loco qui dicitur Senedulfus[9]; et benefacimus vobis de[10] aliis rebus ecclesiæ nostræ quæ sunt sitæ in jam dicto pago et agro, sive in villa quæ dicitur Sepziacus. Propterea quantum

---

[1] M. *Saviniensis.*
[2] M. *cambire.*
[3] C. et M. *Gundinus.*
[4] C. et M. *Losanna.*
[5] C. M. et L. *Ardradi.*
[6] BM. *Sedenenulfus.*—C. et V. *Sedenulfi.*
[7] BM. *Sepriaco.*
[8] C. et M. *Bruronica.*
[9] C. *Senedulfi.*—M. *Sedenenulfi.*
[10] C. *ex.*

in ipsa villa visi sumus habere, totum ad integrum vobis condonamus, et donamus vobis campum unum cum verneto qui est infra fines de Trischiliaco [1], et est terminus ejus a mane Bruronica aqua volvente, a medio die et a cercio via publica, a sero terra Silvionis et nepotum ejus; ea videlicet ratione ut annis singulis, in festivitate sancti Martini, duodecim denarios in censum persolvatis, alium vero reliquum usum et fructum possideatis dummodo vivitis, et post vestrum decessum predictæ res ad nos revertantur. Et si negligentes aparueritis de ipso censu annis singulis persolvendo, legaliter respondetis. Ego Arnulfus abbas hanc prestariam fieri jussi. S. Leotardi monachi. S. Constantii monachi. S. Bernonis monachi. Data die Mercurii, mense Julio, anno XXVIII° imperii Ludovici.

## 12.

PRESTARIA DE NUGERIOSI VILLA ET DOMMARIACO.

Domino Bladino et uxori suæ Aremburgi. Ego, in Dei nomine, Arnulfus, humilis abbas, et cuncta congregatio Sancti Martini Saviniacensis monasterii, benefacimus vobis de illis rebus quas vos ad nostrum monasterium in eleemosinam condonastis : hoc est mansi tres et cabanariæ tres, cum campis et pratis, et cum omnibus adjacentibus; et sunt ipsæ res in pago Lugdunensi, in agro Forensi, et infra fines de Nugeriolis villa, et est terminus ejus a mane guttula quæ in æstate siccatur et fine de Madiso villa, a medio die via publica, a sero guttula et fine de Tribus Messellis [2] villa, a cercio Tornica villa. Infra istas terminationes totum ad integrum vobis benefacimus. Propterea vero quod vestras res nobis condonastis, benefacimus et nos vobis per consensum senioris nostri Vuillelmi [3] comitis, ex rebus ipsius ecclesiæ quæ ad stipendia in eleemosinam condonata sunt. Hoc sunt villæ duæ quæ dicuntur Dommariacus, et mansiones cum mansis, et campis, et pratis, et vineis, cum exitibus et regressibus, aquis aquarumque decursibus, et cum farinariis. Et sunt sitæ ipsæ res in jam dicto pago, et

1 Maii 921.

---

[1] L. *Trisciliaco.* — M. *Crissiliaco.* — [2] L. M. et C. *Mesellis.* — [3] P. *Giullermi.*

valle Bevrona, et est terminus ejus a mane terra ipsius ecclesiæ et fine de Bagniolis et silva Sancti Martini, a medio die silva Sancti Martini et fine de Crisiaco [1], a sero guttula et fine de Monte Ailoeni [2], a cercio via publica et fine de Mortariolis villa. Infra istas terminationes, de predictis rebus vobis benefacimus, ea scilicet ratione ut annis singulis, in festivitate sancti Martini, quinque solidos in censum persolvatis. Alium vero reliquum usum et fructum possideatis dummodo vivitis, et post vestrum decessum ipsæ res melioratæ ad nostrum monasterium revertantur. Et si vos negligentes apparueritis de ipso censu persolvendo, tantum et aliud tantum componatis quantum ipsæ res valuerint, et insuper ipsas res amittatis. Ego Arnulfus abbas hanc prestariam fieri jussi. S. Farulfi [3] monachi. S. Ferlaici [4] monachi. S. Frederici [5] monachi. S. Fredusi monachi. Data per manum Ratberti sacerdotis, calendis Maii, anno Dominicæ Incarnationis nongentesimo vigesimo primo, indictione octava, anno decimo octavo [6] imperii Ludovici.

### 13.

#### VENDITIO TERRÆ QUÆ EST IN VILLA MERDACI.

20 Maii 926.

Domino Salaconi et uxori suæ Eufemiæ. Ego Arnulfus, humilis abbas, et cuncta congregatio Sancti Martini Saviniacensis monasterii, vendimus aliquid de rebus nostris : hoc est campellos qui sunt in pago Lugdunensi, in agro Tarnatensi, in villa quæ dicitur Merdacus et [7] campellis. Terminant ipsi campelli a mane terra Leudoini et guttula percurrente quæ in æstate siccatur, a medio die terra Bermundi [8], a sero terra Salaconis et via publica, a cercio terra Sancti Laurentii. Infra istas terminationes totum ad integrum nos vobis vendimus ; unde accipimus a vobis pretium in argento solidos quinque. Si nos, aut ullus homo, aut ulla emissa persona contra hanc venditionem ista

---

[1] C. et M. *Criciaco.*
[2] P. *Aloeni.*
[3] P. *Farnulfi.*
[4] P. *Ferliaci.*
[5] C. *Fredrici.*
[6] Lugdunense manuscriptum habet xix. Legendum est xxi, non xix, secundum Aubret. (Ms. *sur le pays de Dombes,* f. 105.)
[7] M. *et a campellis terminant, etc.*
[8] M. *Vermundi.*

inquietare voluerit, non vendicet; si sit culpabilis et impleturus, libram unam auri componat, et[1] hæc omnis præsens venditio firma et stabilis permaneat. Ego Arnulfus abbas hanc venditionem fieri volui. S. Farulfi[2] monachi. S. Ratberti monachi. S. Constantii monachi. Ego Otbertus monachus scripsi. Data die Lunæ, in mense Maio, anno XXIIII° Ludovici imperatoris.

## DE ABBATE INGELARDO.

### 14.

#### CARTA DE CASSANIACO[3].

Sacrosanctæ ac venerabili ecclesiæ Sancti Martini Saviniacensis monasterii, ubi vir venerabilis Ingeraldus abbas præesse videtur. Nos Otbardus[4] et Bernardus, cum uxoribus Vuadigardæ[5] et Magnetrudi, concedimus ad ipsam casam Dei de rebus nostris : hoc est curtilos duos cum vineis, campis, pratis, exitibus et regressibus, aquis aquarumque decursibus; et sunt sitæ ipsæ res in pago Lugdunensi, in agro Tarnatensi, in villa quæ vocatur Cassanias[6]; et terminantur ipsæ res a mane terra Farulfi, et a medio die similiter et via publica, a sero terra Leutgardi, a cercio terra Andradanæ. Infra istas terminationes ipsarum rerum medietatem ad ipsam casam Dei donamus; ea ratione ut dum Farnulfus et Fredericus[7], sacerdotes, vivunt, pariter de ipsis rebus usum et fructum possideant, et annis singulis, in festivitate sancti Martini, duodecim deneratas de cera ad ipsam Dei casam persolvant, et post illorum decessum ipsæ res ad dictam Dei casam perveniant. Et si de ipso censu negligentes apparuerint, aut legaliter emendent, aut ipsas res amittant. Si quis vero hanc cartam infringere aut inquietare præsumpserit, iram Dei et sancti Martini incurrat. S. Remigii. S. Pontionis. S. Gerardi. S. Ardradi. S. Girardi[8]. Data per

April. 928?

---

[1] M. *ut*.
[2] P. hic et infra *Farnulfi*.
[3] M. *Cassiniaco*.
[4] BM. *Othardus*.
[5] P. *Vuandigardæ*.
[6] BM. *Chassainies*.
[7] C. *Fredricus*.
[8] C. *Girradi*. — M. *Gerardi*.

manum Frederici[1], die Sabbati, mense Aprili, anno xxviiii° Ludovici imperatoris[2].

## DE AUSTERIO[3] ABBATE.

### 15.

CARTA RERUM QUÆ SUNT IN CASTANETO ET PRADELIS.

24 April. 908.

In Dei[4] nomine, ego Austerius, humilis abbas monasterii Sancti Martini Saviniacensis, notum facio omnibus Dei fidelibus, qualiter cuidam viro Rachenoldo[5] nomine concessimus mansos duos cum aliqua parte de vinea et pratis et silva ad unum. Sunt sitæ ipsæ res in pago Lugdunensi, in valle Bevronica[6], in loco qui dicitur Castanetus, sive ad Pradellas. Terminant ipsæ res in giro terra Sancti Martini. Quod ea ratione fecimus ut de rebus suis Sancto Martino condonaret; quod et fecit: hoc est curtilum unum cum vinea et campis et arboribus. Sunt vero sitæ ipsæ res in ipso pago, in villa quæ dicitur Taliacus[7] sive Bisboccus[8], et post decessum suum ad nostrum monasterium revertantur; et annis singulis, ad festivitatem sancti Martini, duos solidos in censum persolvant; quod si negligentes de eodem censu annis singulis persolvendo fueritis, legaliter emendetis. Austerius abbas hanc prestariam fieri jussit. S. David monachi. S. Hilderici[9] monachi. S. Arnulfi monachi. Data per manum Ratberti sacerdotis, octavo calendas Maii, anno vi° imperii Ludovici[10].

---

[1] C. et M. *Fredrici.*

[2] V. dissertationem quam edidit D.Vaissette (*Histoire de Languedoc*, t. II, p. 532).

[3] PM. *Ansterio.*

[4] C. et M. *Christi.*

[5] BM. *Rachelnodo.*

[6] C. et M. *Bruronica.*

[7] BM. *Talliacus sive Bibost.*

[8] L. *Bisbocus.*

[9] C. et M. *Hildrici.*

[10] Auctores *Galliæ christianæ* (nov. ed.) diem hanc ad regnum imperatoris Ludovici Debonarii referunt, sed absque ullo, mea quidem sententia, fundamento. Aperte videtur e contrario de Ludovico Cæco hic agi; nempe apparet ut scriptor chartæ, presbyter Ratbertus nomine, qui eodem titulo inest in charta 12, expresse adscripta anno 921.

## DE JUSTO ABBATE.

### 16.

#### PRESTARIA DE SABONACO VILLA.

Dominis fratribus Alexandro et Laydingo. Ego Justus, abbas Sancti Martini Saviniacensis, concedimus vobis illas res quæ sunt in Sabonaco[1] villa, quas Maifinus et uxor sua ad nostrum monasterium donaverunt, ut a die præsenti habeatis hoc vos et hæredes vestri per hanc præstariam et per nostrum benefficium dummodo vivitis ; ea videlicet ratione ut annis singulis illas nonas ad nostrum monasterium condonare faciatis, et sex denarios in censu persolvatis; alium reliquum usum et fructum habeatis omnibus diebus vitæ vestræ. Justus abbas hanc præstariam fieri jussit. S. Burgulini monachi. S. Sentfredi monachi. S. Gotfredi[2] monachi. Data sub die tertia idus Januarii, anno XI° imperii domini nostri Ludovici.

11 Jan. 825.

## DE STEPHANO[3] ABBATE.

### 17.

#### PRESTARIA RERUM DE MONASTERIOLO.

Ego Stephanus abbas, cum consensu monachorum Sancti Martini Saviniacensis, concedimus Adalborno clerico, et germano suo Severo, quasdam res ex ratione Sancti Martini quas genitor eorum Andefredus per prestariam ad censum tenet : hæc sunt curtili cum vineis et campis et arboribus, et aliquid de silva ; et sunt positæ res ipsæ in pago Lugdunensi, in agro Saviniacensi, in villa quæ dicitur Monasteriolus[4]; concedimus autem vobis, cum consensu fidelium nostrorum, seu per consensum genitoris vestri aut genitricis, ipsas res quas postulatis, quæ supradictæ sunt ad integrum. Benefacimus etiam vobis de

15 April. 915.

---

[1] PM. *Savonaco.*
[2] C. et M. *Gorfredi.*
[3] Hic abbas omittitur in prologo chartul.
[4] BM. *Monosteriolus.*

aliis rebus quæ sunt sitæ in ipso pago et in ipsa villa : hoc est curtilus unus cum vinea et campis, quæ Aiglohdus possidet, et quicquid ad ipsum curtilum aspicit, totum ad integrum; ea scilicet ratione ut annis singulis denaratas[1] quatuor de cera, ad festivitatem sancti Martini, in censum persolvatis; alium vero reliquum usum et fructum habeatis per hanc prestariam et per nostrum benefficium omnibus diebus vitæ vestræ, et qualis super parem suum supervixerit ipsas res firmiter teneat; post vestrum quoque decessum ipsæ res ad jam dictam ecclesiam absque ulla contradictione revertantur. Et si vos negligentes apparueritis de ipso censu annis singulis persolvendo, legaliter emendetis, et in antea auctoritas nostra firma et stabilis permaneat. S. David monachi[2]. S. Beroldi monachi. S. Aimonis monachi. S. Hilderici monachi. S. Vualdrici monachi. S. Farulfi[3] monachi. Data per manum Ratberti, xvii° calendas Maii, anno xiii° imperii Ludovici.

## DE ASTERO ABBATE[4].

### 18.

#### DONATIO RERUM DE TASIACO[5].

Jul. 832.

Sacrosanctæ ecclesiæ Sancti Martini Saviniacensis monasterii, ubi Asterus abbas præesse videtur. Ego Georgius presbiter, pro animæ meæ remedio, dono ad jam dictum monasterium casam unam cum vineis : ipse curtilus cum ipsa casa et vinea terminat a mane terra Ariberti et vinea Vuatberti[6], a medio die terra Lambodi et terra Flotbertanæ, a sero via publica, a cercio terra Vualdranni et Ariberti, et sunt in giro bodinæ positæ, et est in pago Lugdunensi, in agro Tarnatensi, in villa quæ dicitur Tasiacus, in loco qui dicitur Adpigo[7]. Infra istas terminationes superius dictas ad integrum a die presenti

---

[1] C. et M. *deneratas.*
[2] M. omisit testes subseq. usque ad Farulfum.
[3] P. *Furnulfi.*
[4] Hic abbas omittitur in prologo chartul.
[5] C. hic et infra, *Taziac....*
[6] C. et M. *Vatberti.*
[7] Vel *ad Pigo.*

jam dicto monasterio dono. Item et alias res et vineam quæ est in Lagniaco villa, et quæcumque infra fines de Tasiaco et Lagniaco conquisivi, et ad ipsam casam aspiciunt, totum sub integritate, una cum curtificiis et ædificiis, campis, pratis, silvis et arboribus, vineis, exitibus et regressibus, et omnibus quæ ad ipsos curtilos aspiciunt, ad ipsam casam Dei dono, trado atque transfundo; et [1] faciant rectores ipsius ecclesiæ ex eis quicquid facere voluerint. Si autem ego aut ullus de hæredibus meis aut alia emissa persona contra hanc donationem dicere et repetere voluerit, non liceat vendicare quod repetit, sed auri libras tres fisco componat, et omnis [2] præsens cessio firma et stabilis permaneat. Ego Georgius presbiter relegi et firmari rogavi. S. Acberti. S. Lobonis. S. Bertranni. S. Vuingaudi. S. Lambodi. Ego Adrabaldus scripsi. Data die Sabbati, in mense Julio, anno decimo octavo regni Ludovici imperatoris.

## DE DAVID ABBATE.

### 19.

#### CARTA DE CELSIACO.

Sacrosanctæ ac venerabili ecclesiæ Sancti Martini Saviniacensis, ubi præest David abbas. Ego Boso et uxor mea Vaila [3] cedimus atque vendimus res proprias juris nostri supradictæ casæ Dei ejusque rectoribus. Quæ res sunt sitæ in pago Lugdunensi, in valle Bevronica [4], infra fines villæ quæ dicitur Celsiacus; et terminant ipsæ res a mane fine de Mosobro [5] et mulo antiquo, a medio die terra Sancti Stephani et Sancti Martini usque in Iva [6], et guttula usque in Culotressa, a sero guttula quæ dicitur Culotressa, a cercio terra Sancti Stephani et mulo finali. Infra istas terminationes quicquid de genitore meo Remestanno [7] et genitrice mea Flodoarane conquisivi ad ipsam casam Dei [8]

Febr. 857.

[1] C. et M. *ut.*
[2] P. *omnibus.*
[3] L. *Gaila.*
[4] C. et M. *Bruronica.*
[5] BM. *Mosouro.*
[6] M. *Inina.*
[7] C. *Remestanio.*
[8] C. *Dei casam.*

cedimus atque vendimus, unde et accipimus[1] pecuniam, sicut inter nos convenit, solidos centum decem; et nos pro ipso pretio res ipsas vendimus : hoc est in ædificiis, mansis, vineis, campis, pratis, silvis, arboribus pomiferis, exitibus, regressibus, et quicquid in prædicta villa visi sumus habere, ipsi casæ Dei et ejus rectoribus vendimus, ut habeant inde potestatem habendi, tenendi et commutandi. Si quis vero, et nos et aliquis hæredum nostrorum aut aliqua opposita[2] persona, contra hanc venditionem venire tentaverit, et a nobis et a nostris hæredibus deffensatum non fuerit, tunc simus culpabiles, et sacratissimo fisco auri libras sex componat, et quod petit minime vendicare valeat, et hæc nostra venditio firma et inconvulsa permaneat. S. Bosonis et Gallianæ[3], qui venditionem istam fieri rogaverunt. S. Remefredi. S. Ratfredi. S. Anselmi. Ego Aldo, in testimonium rogatus, scripsi. Data die Sabbati[4], mense Februario, anno secundo Caroli regis[5].

### 20.

#### DONATIO RERUM IN VILLA DE TASIACO[6].

19 Maii 858. Dominis fratribus Justo et Hererico, Ego David, abbas Sancti Martini Saviniacensis. Decrevit nostra voluntas ut ex rebus quas Censerius[7] quidam monasterio nostro contulit vobis benefaceremus; quod et fecimus. Res ipsæ sunt sitæ in pago Lugdunensi, in agro Tarnatensi[8], in villa quæ dicitur Tasiacus. Una ex ipsis vineis terminat a mane terra Sancti Martini, a medio die vinea Guntardi, a sero terra Frederici[9], a cercio via publica et terra Gerlani[10]; alia vinea ter-

[1] C. et M. *accepimus.*
[2] C. et M. *obposita.*
[3] C. et M. *Galianæ.*
[4] C. et M. *Sabati.*
[5] Opinantur auctores *Galliæ christianæ* hic agi de Carolo Calvo; quod referret hoc instrumentum ad annum 840 circiter : cum autem David appareat etiam in charta anni undecimi post mortem imperatoris Caroli Calvi (888), de Carolo, rege Provinciæ, post mortem patris ejus Lotharii I, existimo (855).
[6] C. et M. hic et infra *Taziac....*
[7] L. M. et C. *Censurius.*
[8] C. et M. *Ternatensi.*
[9] C. et M. *Fredrici.*
[10] C. et M. *Gerlanni.*

minat a mane terra Sancti Martini, a medio die via publica et mulo antiquo, a sero via publica, a cercio terra Sancti Martini ; tertia vero vinea terminat a mane mulo antiquo et terra Erali, a medio die terra Sancti Bartholomei, a sero via publica, a cercio vinea Sancti Martini; quarta autem vinea a mane terminat terra Mauranæ et hæredum suorum, a medio die vinea Mauranæ, a sero via publica, a cercio terra Teudradi. Infra istos fines et terminationes, sub integro vobis benefacimus; ea videlicet ratione ut annis singulis de omni fructu quem Dominus superdederit [1], illas nonas ad nostrum monasterium condonare faciatis; alium vero reliquum usum et fructum per hanc prestariam habeatis. Quod si negligentes apparueritis, de ipsa vestitura annis singulis persolvenda, aut ipsas res invadere et minuere dimiseritis, aut pejoratæ sive abstractæ fuerint, tunc sitis culpabiles, et partibus ecclesiæ auri libram unam persolvatis, et insuper ipsas res amittatis; et si quis ex vobis prior obierit, absque ulla retardatione ipsius defuncti pars ad nostrum monasterium revertatur perpetualiter possidenda. Ego David abbas hanc præstariam fieri volui. S. Vuargingi monachi. S. Garifredi monachi. S. Arestii [2] monachi. Facta est hæc præstaria die Veneris, decimo quarto calendas Junii, anno tertio regni Caroli.

### 21.

PRESTARIA DE MURA ANTIQUA.

Domino Andefredo [3], Ego David, humilis abbas Sancti Martini Saviniacensis monasterii. Decrevit nostra voluntas ut de illis rebus quas tu ad nostrum monasterium in eleemosinam condonasti, tibi benefacere deberemus; quod et fecimus : hoc est curtilus unus cum vinea et orto. Et sunt sitæ ipsæ res in pago Lugdunensi, in valle Bevronica [4], in loco qui dicitur ad Sanctam Mariam sive ad Sanctum Mauritium [5]; et est terminus ejus a mane terra fiscalis et via publica,

April. 888.

---

[1] C. et M. *supra dederit*.
[2] P. *Aresterii*.
[3] Alias *Audefredo*.
[4] C. et M. *Bruronica*.
[5] C. *Mauricium*.

a medio die terra Sancti Martini, a sero similiter, a cercio terra Sancti Mauritii. Infra istas terminationes totum ad integrum tibi concedimus. Propterea vero quod tuas res nobis condonasti, benefacimus tibi de nostris rebus aliis quæ sunt sitæ in pago jam dicto et agro et loco qui dicitur Corziacus : hoc est mura antiqua quæ a paganis fuit destructa a diebus antiquis, et fuit in honore Sancti Martini; et est unus campus qui[1] terminat a mane et a medio die terra Sancti Martini, et habet perticas viginti quinque, a sero perticas viginti unam, a cercio perticas quatuordecim. Infra istas terminationes seu perticationes totum ad integrum tibi concedimus; ea ratione ut annis singulis, pro ipsa mura antiqua, duas deneratas de cera ad festivitatem sancti Martini condonare faciatis; alium vero reliquum usum et fructum habeatis; et si negligentes de ipso censu apparueritis, legaliter emendetis. Ego David abbas hanc præstariam fieri jussi. S. Beroldi monachi. S. Blitgarii monachi. Ego Otbertus monachus scripsi. Data die Sabbati[2], mense Aprili, anno XI° post obitum Caroli imperatoris.

## 22.

PRESTARIA DUORUM CAMPORUM IN CABANNETIS VILLA.

18 Aug. 913.

Ego David, abbas ecclesiæ Sancti Martini Saviniacensis, notum facio omnibus Dei fidelibus quod cuidam viro Arrico et uxori ejus Heriascendi[3], ex rebus Sancti Martini quas ipsi in eleemosinam ad ipsam ecclesiam condonaverunt, ad censum condonavimus : hæc sunt campi duo cum una mansione, et sunt siti in pago Lugdunensi, in agro Forensi, in villa quæ dicitur Cabannetas, ea videlicet ratione, ut annis singulis, ad festivitatem sancti Martini, quatuor deneratas de cera ad nostrum monasterium condonare faciatis; alium vero reliquum usum et fructum habeatis. Et si vos de ipso censu negligentes apparueritis, auri uncias duas componatis. S. David monachi. S. Beraldi monachi. S. Aimonis monachi. Data per manum Ratberti sacerdotis, decimo quinto calendas Septembris, anno decimo primo imperii Ludovici.

[1] Vox *qui* deest in C. M. et P.    [2] C. et M. *Sabati.* — [3] C. et M. *Heriasendi.*

## 23.

#### PRESTARIA RERUM DE CLIVIACO.

Dominis fratribus Richardo et uxori suæ Ragensindanæ, Ego David abbas. Decrevit nostra voluntas ut aliquid de rebus ecclesiæ Sancti Martini, hoc est curtilum cum manso et vinea sibi adhærente, qui est in pago Lugdunensi, in agro Tarnatensi[1], in villa quæ dicitur Cliviacus, vobis benefaceremus, quod et fecimus, ut habeatis per hanc præstariam et per nostrum beneficium dummodo vivitis; ea videlicet ratione ut annis singulis de omni fructu quem Dominus supradederit, illas nonas reddatis, et pro illo manso duas deneratas de cera ad nostrum monasterium condonare faciatis, alium vero reliquum usum et fructum habeatis. Facta est hæc præstaria calendas Junii, anno secundo post obitum domini nostri Lotharii imperatoris. S. Garifredi monachi. S. Erotberti[2] monachi. S. Vuaringi monachi. S. Otharii monachi.

1 Junii 857.

## DE CHRISTOPHORO[3] ABBATE.

### 24.

#### CARTA CURTILI ET MANSI IN VILLANOVA.

Sacrosanctæ ecclesiæ Sancti Martini Saviniacensis, ubi domnus abbas Christophorus præesse videtur. Ego, in Dei nomine, Martinus, cogitans de Dei misericordia et salute animæ meæ, cedo atque dono ad ipsam casam Dei curtilum unum cum manso et vineam insimul tenentes, qui sunt siti in pago Lugdunensi, in agro Tarnatensi, in loco qui dicitur Villanova, qui terminant a mane via publica, a medio die similiter, a sero terra Sancti Irenei, a cercio terra Aigonis. Infra istas terminationes ad ipsam casam Dei et Sancti Martini ad integrum dono, manibus trado atque transfundo, ut faciant abbates et monachi quicquid inde facere voluerint. Et si fuerit aliquis homo

Oct. 856.

---

[1] C. hic et infra, *Ternatensi.*—M. *Ternantensi.*
[2] P. *Trotberti.*
[3] C. et M. hic et infra, *Christof*.....

qui donationem istam inquietare voluerit, legali judicio constrictus, auri libram unam solvere cogatur, et deinceps donatio ista firma et stabilis permaneat. S. Martini, qui donationem istam fecit et firmare rogavit. S. Hardragenardi. S. Angerani[1]. S. Rodradi[2]. Ego, Domericus rogatus scripsi. Data die Sabbati, in mense Octobri, anno primo, regnante Carolo rege, post obitum Lotharii.

### 25.

PRESTARIA IN CERCENNATIS[3] VILLA.

April. 858.

Dominis fratribus Vuilicherio et uxori suæ Sicberganæ, Ego Christophorus[4], abbas ecclesiæ Sancti Martini Saviniacensis. Decrevit nostra voluntas ut de illis rebus quas vos in eleemosina ad nostrum monasterium condonastis vobis benefaceremus; et sunt sitæ in pago Lugdunensi, in agro Tarnatensi[5], in villa quæ vocatur Cercennatis; et terminant a mane guttula percurrente, a medio die vinea Adalgardis, a sero terra Ermedrocci, et guttula percurrente et terra Sancti Romani, a cercio Soanna[6] fluvio volvente, et sunt in giro bodinæ positæ. Infra istas terminationes, illam sextam partem sicut ad nostrum monasterium condonastis vobis concedimus cunctis diebus vitæ vestræ; ea ratione ut annis singulis de fructu quem Dominus supradederit illas nonas reddatis. Et pro illo manso quatuor deneratas de cera ad nostrum monasterium condonare faciatis, et alium reliquum usum et fructum habeatis. Quod si negligentes extiteritis de ipsa vestitura[7] annis singulis persolvenda, aut ipsas res invadere dimiseritis, tunc sitis partibus nostris culpabiles, impleturi auri uncias duas, et insuper ipsas res amittatis. Ego Christophorus abbas hanc præstariam fieri jussi. S. Frotbaldi monachi. S. Asterii monachi. S. Ermenberti monachi. Ego Bulgarius[8] monachus scripsi. Data die Martis, in mense Aprili, anno tertio regni Caroli regis.

[1] C. et M. *Engerani.*
[2] L. M. et C. *Rodrardi.*
[3] C. et M. *Certentati.*
[4] C. et M. hic et infra *Christof.....*
[5] M. *Ternantensi.*
[6] M. et C. *Soana.*
[7] L. *investitura.*
[8] L. M. et C. *Blugarius.*

## DE ADALBERTO ABBATE.

### 26.

CARTA RERUM DE SEZIACO VILLA.

Sacrosanctæ ac venerabili ecclesiæ Sancti Martini Saviniacensis, Maii 895. ubi vir venerabilis Adalbertus abbas præesse videtur. Ego Andefredus et uxor mea Rarborgis, tractantes de salute nostra, cedimus atque condonamus ad ipsam casam Dei et sancti Martini, ex rebus propriis nostri juris, hoc est curtilos et mansos tres et tres[1] vineas, et alias res quæ ad ipsos curtilos aspiciunt; quæ sunt sitæ in pago Lugdunensi, in valle Bevronica[2], infra fines de Seziaco sive Felice Vulpe, super[3] fluvium qui vocatur Bevrona[4], quantumcumque in Seziaco villa et in Felice Vulpe acquisivimus, aut in antea acquirere potuerimus, ad ipsam casam Dei cedimus atque condonamus, una cum exitibus et regressibus et omnibus adjacentibus[5] earum quæ insuper sunt, ut faciant ex eis rectores ipsius casæ Dei et sancti Martini quicquid voluerint. Sane si quis, quod fieri minime credimus, si nos ipsi aut ullus homo aut ullus de hæredibus nostris, hanc cartulam contradicere aut inquietare voluerit, tantum et aliud tantum persolvat quantum ipsæ res eo tempore emelioratæ apparuerint. Ego Andefredus et Ratborgis[6] donationem istam fecimus[7] et firmari rogavimus[8]. S. Bosonis. S. Leobardi. S. Pascalis[9]. S. Andreæ. S. Ardradi. Data die Sabbati, in mense Maio, anno quinto advocati domini Ludovici regis, filii Bosonis regis.

[1] Deest *tres* in C. et M.
[2] C. et M. *Bruronica.*
[3] C. *supra.*
[4] C. et M. *Bruronna.*
[5] C. et M. *adjacentiis.*
[6] C. *Rarborgis.*
[7] C. et M. *fecerunt.*
[8] C. et M. *rogaverunt.*
[9] C. et M. *Pascali.*

## 27.

CARTA DE VINEA QUÆ EST IN VILLA FLACEGO [1].

10 Maii 899.  Sacrosanctæ ecclesiæ Sancti Martini Saviniacensis. Ego Aymo et uxor mea Maimborgis [2], cogitantes casum humanæ fragilitatis, donamus ad ipsam Dei casam vineam propriam nostri juris, quæ ex alodio paterno nobis obvenit, quæ est sita in pago Lugdunensi, in agro Tarnatensi [3], in villa quæ vocatur Flacegus, et terminat a mane terra Sancti Eugendi et Vulferii condamina et vinea Clerionis [4] et molari finali, a medio die vinea Plectrudis et curtilo cum et vinea Geirvolti [5] usque ad bodinas, a sero via est publica, a cercio terra Geirvolti et vinea Constabuli. Infra istos [6] fines est ipsa vinea, una cum exitibus et regressibus, cum juribus et arboribus, et cum omnibus adjacentiis suis quæ ad ipsam Dei casam condonamus; ea ratione ut dummodo advivimus usum et fructum habeamus, et de ipso fructu quem Dominus supradederit [7] nonas et decimas ad ipsam casam Dei habere faciamus, et post nostrum amborum decessum ad ipsam Dei casam possidenda perveniat. Ego Aymo et Mainborgis [8] hanc fieri rogavimus et firmari. S. Rotboldi. S. Gondolti. S. Adalami [9]. Ego Foleradus [10] scripsi. Data die Jovis, in Ascensa [11] Domini, mense Maio, anno primo regni Caroli imperatoris.

## 28.

CARTA MANSORUM IN VILLA QUÆ DICITUR VALLIS ET IN CLIVIACO.

30 Nov. 919.  In Dei nomine. Ego Iterius [12] tibi filio meo Attoni dono mansum unum cum campis et silvis qui est situs in pago Lugdunensi, in villa quæ dicitur Vallis, et est terminus ejus a mane et a sero et a cercio

[1] C. et M. hic et infra, *Flacceg...*
[2] P. *Mainborgis*.
[3] V. *Ternantensi*.
[4] L. M. et C. *Cleionis*.
[5] Voces *usque ad bodinas, a sero via et publica, a cercio terra Geirvolti*, desunt in M.
[6] M. *ipsos*.
[7] C. *super dederit*.
[8] C. et M. *Maimborgis*.
[9] L. et M. *Adalanni*.
[10] C. et M. *Folcradus*.
[11] Pro *Ascensu*. — L. *Ascensione*.
[12] C. et M. *Icterius*.

terra ad ipsos condonatores, et a media die silva Bernardi. Dono tibi et alium mansum in loco qui dicitur Cliviacus, cum vinea et campis, et quicquid ad ipsum mansum aspicit, quæ de casa Dei et sancti Martini Saviniacensis conquisivi, ut habeas dummodo vivis, et post tuum decessum ad ecclesiam Sancti Martini jam dictæ res remaneant, et ad stipendia monachorum, ut inde faciant quicquid voluerint. Si quis vero ex hæredibus meis et ullus homo huic donationi contradicere aut[1] calumniare voluerit, auri uncias quatuor componat, et in antea donatio ista firma et stabilis permaneat. Ego Icterius et Hermensendis uxor mea fieri et firmari rogavimus. S. Christophori[2]. S. Adalberti. S. Adalfredi. S. Leotardi. S. Vuandalberti. Ego Ratbertus hanc cartam scripsi. Data die Lunæ, in Novembri, anno XVII° imperii Ludovici.

### 29.

PRESTARIA RERUM LOCI QUI DICITUR[3] CUNICULUS.

25 Maii 911.

In Christi nomine. Haluvala, sanctæ Lugdunensis ecclesiæ inutilis famulus, omnibus fidelibus tam instantibus quam et futuris, notum fieri volumus qualiter quidam vir Bernardus nomine nostram adiit præsentiam, postulans ut quasdam res potestatis nostræ, ex ratione Sancti Martini Saviniacensis monasterii, per præstariam ad censum beneficiaremus ei; eo videlicet tenore ut et[4] de ipsis rebus suis ad ipsam casam Dei condonaret; quod et fecit. Cujus petitionem cum consensu fidelium suscipientes, concessimus ei per scripturæ testimonium res quas postulabat, quæ sunt positæ in pago Lugdunensi, in agro vallis Neriacensis, in loco qui dicitur Cuniculus, colonicas tres et quicquid ad ipsas aspicit, in terris, pratis, silvis. Concessimus ei etiam et illas res quas ipse Bernardus pro prædictæ prestaria beato contulit Martino, quæ sunt positæ[5] in eodem pago et agro, scilicet in loco qui dicitur Cassaneus[6], colonicam unam, et in Vaura colonicam

---

[1] C. *et.*
[2] C. *Christofori.*
[3] M. *loci dicti.*
[4] L. et M. *et ipse de.*
[5] Deest *positæ* in M.
[6] M. *Cassaneis.*

unam, et in monte Formicario colonicam unam; eo tamen tenore ut quamdiu jam dictus Bernardus et uxor illius Magnetrudis et filius eorum Archenulfus vixerint, ex ipsis rebus usum et fructum habeant, et annis singulis, in festivitate beati Martini, in censu in cera duodecim deneratas persolvant. Post decessum vero illorum omnes memoratæ res emelioratæ cum integritate ad ecclesiam Beati[1] Martini Saviniacensis monasterii revertantur. Si autem de illo[2] censu aut ipsarum rerum emelioratione tardi aut negligentes apparuerint, legaliter emendent, et propterea ipsas res non perdant, sed hæc nostra auctoritas firma et stabilis permaneat. S. Erlulfi[3]. S. Vualtarii. S. Remigii. S. Odonis presbiteri. S. Erbertilente. Data per manum Andacii diaconi, octavo calendas Junii, regnante Ludovico imperatore anno nono.

### 30.

PRIVILEGIUM ALUVALÆ ARCHIEPISCOPI, DE MORNANCO.

6 April. 908.

Cum, in nomine Domini et Salvatoris nostri Jesu Christi, resideret domnus Haluvala, venerabilis archiepiscopus, apud Lugdunum, cum clericorum et laicorum frequentia, et nonnulla inibi pro juribus, statu et utilitate ejusdem ecclesiæ deliberaret, anno videlicet Dominicæ incarnationis nongentesimo septimo, indictione octava, quidam presbiter atque canonicus ejusdem ecclesiæ illius adiit presentiam, Autcarius scilicet nomine, proclamans se quod de ecclesia Sancti Petri quæ est posita in loco qui dicitur Mornantus[4], cui attitulatus ad presbiteratus officium erat parrochia[5] quæ ex antiquitate ad eam convenerat, quorumdam fraude subtracta erat, et idcirco illam construere atque ædificare minime valeret. Cujus rationabilem querimoniam præfatus pontifex, cum consensu fidelium suorum, suscipiens, tale privilegii sui decretum illi facere præcepit, ut ab ipsa hora et deinceps omnis parrochia memoratæ ecclesiæ sicut hactenus ad eam convolaverat, ita pleniter cum omni integritate absque alicujus calumnia

---

[1] L. et M. *Sancti.*
[2] C. et M. *ipso.*
[3] P. *Erluffi.*
[4] M. *Mornancus.*
[5] C. *perrochia.*

aut contrarietate conveniret : hoc est Lodiscus, Saivatis, Cablionatis, Margenatis [1], Colobratis cum suis appendentiis, Carciatis, Conciliacus, Florentinus, Corcennatis, Vofiacus cum Monte Rotundo, medietas de Marcellatis; eo tandem tenore ut presbiter inibi Domino serviens ex inde viveret, et statuto anni termino dimidiam paratam persolveret. Statuit autem prædictus pontifex hoc : ut si aliquis temerarius ex jam dicta parrochia Sancti Petri aliquo ingenio aliquid subtrahere voluerit, aut aliquis ex ejus parrochianis prædictarum villarum aliqui, nisi matrici ecclesiæ Sancti Petri, decimas suas dare præsumpserit, auctoritate Patris et Filii, et virtute Spiritus Sancti, esset excommunicatus, et ab omni consortio christianorum, nisi resipisceret, alienus. Ut vero hoc auctoritatis illius privilegium succedentibus temporibus majoris existeret firmitatis, manu propria illud roboravit, et fidelium suorum manibus propriis [2] roboranda tradidit. Haluvala, sanctæ matris ecclesiæ Lugdunensis humilis famulus, subscripsit. S. Vualonis, Eduorum [3] episcopi. S. Ardradi, Cavillonensis episcopi. S. Geraldi, Matisconensis episcopi. S. Argruni, Lingonensis episcopi. S. Franconis, Genevensis episcopi. S. Remigii diaconi. S. Arnulfi sacerdotis. S. Arlulfi [4] diaconi. S. Segefridi abbatis. S. Odonis presbiteri. Data per manum Audacii diaconi, octavo idus Aprilis, anno sexto Ludovici imperatoris.

### 31.

PRESTARIA RERUM LOCI QUI DICITUR LONGAVILLA.

In Dei nomine, cuncta congregatio Sancti Martini Saviniacensis monasterii, fratribus nostris Landrico et uxori ejus Aregiæ. De rebus quas ad nostrum monasterium in eleemosinam condonastis, placuit nobis ut vobis beneficiaremus; quod et fecimus. Sunt autem ipsæ res in pago Lugdunensi, in agro Bessenacensi, in loco qui dicitur Longavilla. Ea scilicet ratione vobis concedimus ut de fructu quem Dominus supra dederit nonas ad nostrum monasterium condonare faciatis; pro eo vero quod vos ipsas res ad nostram ecclesiam donastis, concedimus

12 Sept. 929?

---

[1] L. M. et C. *Magernatis.*
[2] Vox *propriis* deest in C. M. et P.
[3] M. *Valonis, Heduorum*, etc.
[4] P. *Arluffi.*

vobis de rebus ipsius ecclesiæ : hoc est ecclesia in honore Sanctæ Mariæ constructa, et de rebus quæ ad ipsam ecclesiam pertinent, quæ sunt sitæ in pago Forensi, in villa quæ dicitur Pinetus [1]; ipsarum rerum medietatem vobis concedimus, et ecclesiam sub integritate; eo scilicet tenore ut annis singulis, in festivitate sancti Martini, duos solidos ad nostrum monasterium persolvatis; et si de ipso censu persolvendo negligentes fueritis, aut legaliter emendetis, aut ipsas res amittatis; alium vero reliquum, usum et fructum habeatis omnibus diebus vitæ vestræ, et post decessum vestrum ad nostram ecclesiam res ipsæ revertantur. Si quis vero hanc præstariam frangere aut inquietare præsumpserit, auri libras duas componat, et in antea auctoritas ista firma et stabilis permaneat. S. Attali monachi. S. Romestagni monachi. S. Bernonis monachi. Data per manum Frederici[2], die Lunæ, in mense Septembri, anno trigesimo [3] imperii Ludovici.

## 32.

### CARTA RERUM IN DRACIACO VILLA [4].

945 circa.

Ego Arlabaldus et uxor mea Aclindrada donamus aliquid de rebus nostris ad altarium Sancti Martini Saviniacensis pro ecclesia Sancti Petri quæ est constructa in colonica de Draciaco. Quæ res sunt sitæ in pago Lugdunensi, in agro Busciacensi, in ipsa villa Draciaci : est unus curtilus cum super posito prato et vinea qui terminat a mane et a medio die adenis [5] Fulculfi, a sero et cercio via publica; alius curtilus cum vinea terminat a mane via publica, a medio die ad ipsos donatores, a sero terra Sancti Romani, a cercio Sancti Marcelli; unus campus terminat a mane via publica, a medio die terra Sancti Joannis, a sero silva Consortorum, a cercio Sancti Romani; alius campus terminat a mane et a medio die et a sero via publica, a cercio ad ipsos donatores; pratus in Lescherias terminat a mane et a medio die et a

---

[1] Absque dubio legendum est : « *in pago Lugdunensi, in agro Forensi,* in villa quæ dicitur Pinetus. »

[2] C. *Fredrici.*

[3] L. *trigesimo et nono.*

[4] Vide chart. 40 et 420, huic fere similes.

[5] L. et M. *ad enes.*

sero silva Consortorum, a cercio rivo percurrente. Infra istas terminationes donamus conscriptarum rerum nonas, ut ad Sanctum Martinum perveniant, et, dummodo vivimus, ego Arlabardus et Arclindrada et Austericus usum et fructum habeamus, et post nostrum decessum ipsæ res ad Sanctum Martinum perveniant. Si quis vero hanc donationem calumniare præsumpserit, et a me vel ab hæredibus meis defensatum non fuerit, aliud tantum componat in congruo loco, et in antea donatio ista firma permaneat. S. Arlabaldi et uxoris ejus, qui donationem istam fecerunt et firmari rogaverunt. S. Beraldi. S. Fulcoardi. S. Gislardi. Remigius, rogatus, subscripsit. Data in mense Maio, feria tertia, regnante Ludovico rege.

### 33.
#### CARTA MANSI ET RERUM QUÆ SUNT IN VILLA FLOVOGIO.

Sacrosanctæ ecclesiæ Sancti Martini Saviniacensis. Ego, in Dei nomine, Pontius, cogitans de Dei misericordia et animæ meæ remedio, dono de rebus meis quæ sunt sitæ in pago Lugdunensi, in agro Forensi, in villa quæ dicitur Flovogius : hoc est mansus unus cum curtilis et vircariis, pratis, terra culta et inculta, aquis, aquarumque decursibus, quantum ad ipsum mansum aspicit. Sane si quis hanc cartam inquietare præsumpserit, non valeat vindicare quod petit; sed coactus auri libras duas persolvat, et insuper donatio ista firma et stabilis permaneat. S. Pontionis, qui hanc donationem fieri et firmari rogavit. S. Sevierti. S. Jarentonis[1]. S. Iterii[2]. Ego Americus[3], rogatus, scripsi. Data die Jovis, sexto idus Decembris, anno sexto regni Ludovici, Francorum regis[4].

8 Dec. 942.

---

[1] M. *Garentonis.*—P. *Harentonis.*
[2] L. M. et C. *Icterii.*
[3] L. M. et C. *Annericus.*
[4] Conf. chartam 100 numeratam, quæ videtur hujus instrumenti duplum, ac diem dat certum.

## INCIPIT DE ABBATE BENEDICTO[1].

### 34.

DE CURTILO IN LIVIACO.

930 circa.   Sacrosanctæ Dei ecclesiæ Saviniacensis monasterii quæ est constructa in honore sancti Martini, ubi grex monachorum sub abbate Benedicto Deo servit, ego, in Dei nomine, Silvius presbiter dono ex rebus meis curtilum unum cum vineis, pratis, salicetis, silvis, qui est situs in pago Lugdunensi, cum vircaria, prato et vinea, silva et terra arabilis[2] in agro Fluriascensi[3], in villa de Liviaco, ita ut in vita mea possideam, et post meum decessum ad Sanctum Martinum perveniat, et pro investitura dono in presenti duas cameras.

### 35.

ITEM IN LIVIACO.

928.   Ego, in Dei nomine, Vuido, dono ad ecclesiam Sancti Martini Saviniacensis, ubi Benedictus abbas præsidet, in pago Lugdunensi, in agro Fluriascensi, in villa de Liviaco, curtilum unum cum vircaria et vineis, campis, pratis et salicetis, et quantum visus sum habere in ipsa villa usque in exquisitum, extra vineam de Replato. S. ejusdem Vuidonis et uxoris ejus Ogdelæ. [S.] Silvionis presbiteri. [S.] Agnonis. [S.] Aldeberti[4]. Ego Rotbertus levita scripsi. Feria quarta, anno decimo quinto regni Rodulfi.

### 36.

DE CAMPO IN POLIACO VILLA.

Aug. 930?   Sanctæ Saviniacensis ecclesiæ beati Martini, cui præest Benedictus abbas. Ego Leodegarius et uxor mea Ingelburgis et filius suus Durantus, donamus campum unum in villa quæ dicitur Poliacus, et quid-

---

[1] In margine Lugd. manuscr. legitur : « Anno 996. Iste Benedictus fuit abbas ante « Badinum, anno xv Rodulfi II regis. »

[2] Voces *cum arabilis* desunt in M.

[3] C. et M. hic et infra *Fluriacensi*.

[4] L. M. et C. *Eldeberti*.

quid ad ipsum aspicit, et in villa quæ dicitur Sclareias vircariam unam et franchisiam usque in exquisitum; et hoc est situm in pago Lugdunensi, in agro Tarnantensi. S. Stephani et Vuanerii, presbiterorum. [S.] Notardi. Data per manum Leutardi monachi, mense Augusto, regnante Rodulfo rege.

### 37.

DE CURTILO IN ARCIACO.

In Christi nomine. Ego Vuifredus dono ecclesiæ Sancti Martini Saviniacensis, ubi præsidet Benedictus abbas, curtilum unum qui est situs in pago Lugdunensi, in agro Bevronensi, in villa quæ dicitur Arciacus, et quidquid ad ipsum aspicit. Datum per manum Rotberti levitæ, monachi, anno decimo quinto regni Rodulfi regis.

928?

## INCIPIT DE ABBATE BADINO.

### 38.

PRIVILEGIUM[1] BORCHARDI LUGDUNENSIS ARCHIEPISCOPI[2].

[3] Pastoralis curæ sollertia insudandum est episcopis, ut grex sibi commissus ad altiora conscendens semper ad meliora proficiat, et proficuis ne in aliquibus deficiat, jugiter alatur utilitatibus[4]. Quo circa notum sit æcclesiæ filiis quod anno DCCCC XLVIIII incarnationis Domini nostri Jesu Christi, indictione VII, XVIII kalendarum Septembrium, die videlicet Assumptionis genitricis filii Dei, dum residerem ego Purcardus, quanquam indignus episcopus, ordine solito, in fratrum capitulo, de publica utilitate tractantium, adstitit inter eos

15 Aug. 949.

---

[1] Hoc diploma, cujus pars continetur in Hist. du dioc. de Lyon, auctore J. M. de la Mure, p. 372, et in Histoire de l'abbaye de Tournus, auctore Chifflet, p. 282, accurate est recognitum ex archetypo Lugduni, in archivis Rhodanensis præfecturæ asservato, spretis codicum variis.

[2] Legitur hic titulus in dorso archetypi.

Ab illo in chartulario adscripto parum discrepat.

[3] Exstat hic quoddam signum quod videtur esse chrismon figuram singularem exhibens.

[4] Hæc prior phrasis integra una linea et characteribus longius productis, id est carolingiis, scribitur.

*5.

cœnobii Saviniacensis, in honore Sancti Martini dicati, a predecessore nostro domno Wuidone subrogatus abbas nomine Badinus, numero narrans desolationem ipsius cœnobii, qualiter videlicet et a tyrannis pervasum, et a regula desistens, et ab Ungris succensum, nullum penitus antiquorum, quo fidere posset, haberet testamentum vel privilegium. Vereri se dicebat namque ne forte post vocationem debitam labor regularis a se inibi diu exhibitus adnullaretur, ut olim contigit aliqua occasione, in posterum. Cujus petitioni assensum debere præberi fratres ortantes, privilegium nostræ parvitatis, sed tamen episcopalis auctoritatis, prælibato cœnobio libenter concessimus : hoc in illo jubentes inseri, ut honor antiquus illius ac regularis, salva subjectione sanctæ matris Lugdunensis æcclesię, in ipso firmiter inviolabiliterque servetur et perseveret; ut amodo et deinceps monachi sub regulare abbate inibi Deo militantes, omnes res quas modo possident vel hactenus possederunt, seu etiam in antea, Domino juvante, adquirere valuerint, absque alicujus contradictione vel successorum nostrorum subtractione ac diminutione, vel iniquorum hominum invasione, quiete possideant et juste utantur; ut pro nobis et pro omnibus antecessoribus vel successoribus nostris jugiter Domini misericordiam implorare non desistant, nullusque successorum nostrorum novi aliquid injustumque inponere præsumat, nec mansionaticos illicitos, nec ex occasione itineris molestiam eis inferre adtemptet, nec ullo unquam tempore abbatem in ipso monasterio, nisi per eorum commune consilium et electionem spontaneam, inponere temere præsumat, sed quiete et cum securitate, absque alicujus violentia vel inpedimento, liceat eis Domino fideliter deservire. Prefatum vero abbatem quem ipsi monasterio decessor noster præposuit, ut secundum beati Benedicti regulam ibi præesse deberet, nostra pontificali auctoritate in eo loco confirmamus, ut, nisi forte, quod absit, suis exigentibus culpis, omni tempore vitæ sue officium inibi fungat abbatis; post ejus quoque obitum, præfati monachi monasticam et regularem obtineant omni tempore electionem in eligendum abbatem. Obsecro autem per Dominum Jesum Christum te beatum successorem nostrum tuosque pariter successores, et sub invocatione divinę majestatis contestor, ut pro amore Dei omnipotentis et veneratione beati Martini, confessoris Christi, in cujus honore prælibatum monasterium constat esse fundatum, et ceterorum electorum Dei, quorum patrociniis jura totius episcopii subjacent, hujusmodi dispositionibus nostris assensum præbeatis, easque scriptis et auctoritate vestra iterato vos confirmare ne pigeat, et omni tempore inconvulsum esse permittatis. Si quis autem, causa cupiditatis, hæc statuta, quod nullo modo credimus, fraternæ utilitati conlata, infringere aut violare præsumpserit, hunc in tremendo judicio coram superno judice, qui vindex est totius injustitiæ, et coram sanctis omnibus, rationem reddere atque anathematis discrimine multandum imprecamur. Ut ergo hujusmodi dispositionibus testamentum inviolabile atque inconvulsum per successiones temporum habeatur, manu propria illud corroboravimus, manibus etiam fidelium nostrorum roborandum tradidimus. Buhorcardus, humilis gratia Dei archiepiscopus, subscripsit[1]. Signum Burchardi archiepiscopi Lugdunensis sedis. Signum Rodulfi filii regis. Childebodus episcopus subscripsit. Maymbodus episcopus subscripsit. Gotiscalcus[2] episcopus subscripsit. Isardus episcopus sum. Signum Icterii archiepiscopi. Signum Vualchaudi episcopi. Signum [Warn]erius[3] Avennionensis episcopus. Eugendus levita. Andreas præpositus. Pontius levita. Subscripsit Hornatus decanus. Aymo levita. Nithardus dyaconus subscripsit. Renco dyaconus subscripsit. Hector presbyter subscripsit. Gontramnus levita subscripsit. Arnulfus subdiaconus. Johannes dyaconus subscripsit. Milo diaconus subscripsit. Eribertus diaconus subscripsit. Anschericus presbyter subscripsit. Erlulfus peccator subscripsit. Manasses subdiaconus sub-

---

[1] Istæ signaturæ fere omnes videntur autographæ. Propter confusionem qua disponuntur in pergameno, non potuimus ordinem certum eis dare. Sunt ante quædam *chrismons*, vel chirographa, quæ depingi nequeunt. Plurimas sequuntur signa tironica quæ *subscripsit* valent : quod verbum scripsimus ubicumque exstant isthæc signa.

[2] Vel forte *Gotlscalcus*, nam littera quarta octavæ similis est. — Vid. Mabillon. *Ann. Bened.* t. III, p. 499.

[3] Hujus vocis priores litteræ desunt, lacerato pergameno.

scripsit. Ingelardus levita subscripsit. Anno diaconus subscripsit. Vuitzo levita subscripsit. Ailbertus levita subscripsit[1]. Datum per manum Cristani, sacerdotis et monachi, jussu Eilmari[2] archicancellarii, anno XIIII regni Conradi, regis Jurensis, feria secunda mensis Novemb.

### 39.

CARTA DE ECCLESIA SANCTI MARTINI DE PERICULIS, ET DE ECCLESIA SANCTI CLEMENTIS.

950 circa.

Sacrosanctæ ecclesiæ Saviniacensis cœnobii, ubi domnus Badinus abbas præesse videtur. Ego Silvester sacerdos, pro eo quod vestra decrevit voluntas, ut aliquid ex rebus Sancti Martini per prestariam mihi concederetis : hoc est ecclesiam unam in honore sancti Martini, in villa quæ vocatur Periculis, medietatem scilicet eorum quæ ad ipsam ecclesiam pertinent dummodo vivo; et aliam ecclesiam quæ est in honore sancti Clementis, quam antecessores mei tenuerunt, scilicet Barbariscus, Cathellus[3], Nidocorvinus, et una mansione quam Raganfredus[4] possidet. Idcirco dono vobis de rebus meis quæ sunt sitæ in pago Lugdunensi, in valle Bevronica, in villa Brenaco[5] : hoc est curtilum cum manso, et vircaria, et vineis, et arboribus; et in alio loco qui est super Carmenfontem, et in alio loco vircaria et vinea quæ vocatur Petretus, et alio campo simul tenente. Et habent ipsæ res fines et terminationes a mane muram Roberti, a medio die aqua volvente quæ in æstate siccatur, a sero vinea Folcherii, a cercio via publica. Campus qui est super fontem terminat a mane via publica, a medio die terra Vuitardi, a cercio terra Fulcherii. Infra istas terminationes, quicquid visus sum habere, unam medietatem dono ad jam dictam ecclesiam Sancti Martini a die presenti; aliam medietatem mihi reservo, ut dum ego vivo, usum et fructum habeam, eo

---

[1] Præter has signaturas, cernitur monogramma quoddam quod litteras S G A E continet.

[2] Exscripta chartularii habent Filmari; vox vero Eilmari rectissime atque aperte est scriptum. Hujus cancellarii nomen nuspiam vidimus.

[3] C. Cathellus.

[4] M. Rangafredus.

[5] P. Brennaco.

tenore ut post meum obitum ad jam dictam ecclesiam, sine ulla retardatione, perveniat.

### 40.

CARTA DE ECCLESIA SANCTI PETRI DE DRACIACO [1].

Sacrosanctæ ecclesiæ Sancti Martini Saviniacensis, ubi domnus Badinus abbas præest. Ego Arlaboldus et uxor mea Albendraa [2], et filius Anschericus, petimus a vobis de rebus Sancti Martini quæ sunt sitæ in pago Lugdunensi, in agro Bussiascensi [3], in villa Draciaco : hoc est ecclesia in honore Sancti Petri, quæ est in Pudiniaco [4], cum vircariis, campis, pratis, silvis, aquis, aquarumque decursibus et vinea quæ est in Pudiniaco, et quicquid ad ipsam ecclesiam pertinet, usque ad inquisitum; ea videlicet ratione ut annis singulis, in festivitate sancti Martini, tres solidos in censum persolvamus; et si de ipso censu fuerimus negligentes, tantum et aliud tantum persolvamus. E contra donamus ad ipsam ecclesiam Sancti Martini de rebus nostris quæ sunt sitæ in ipsa villa : hoc est curtilos duos, et condaminas duas et pratum unum in Lescherias; ea scilicet ratione, ut annis singulis, de fructu quem Dominus supradederit decimas et nonas persolvamus, et dummodo vivimus usum et fructum habeamus, et post nostrum decessum ipsæ res sine ulla contradictione ad monasterium melioratæ perveniant. Si quis vero contra hanc prestariam aliquam calumniam inferre voluerit, auri libras duas componat, et in antea firma permaneat. S. Badini abbatis. S. Norberti. S. Adalborni. S. Adbolti. S. Teotgerii. Ego Helias subscripsi. Data die Sabbati, mense Julio, anno septimo Conradi regis.

*Jul. 947 ?*

### 41.

PRESTARIA DE ECCLESIA SANCTÆ MARIÆ DE LIBERTIS [5].

Dilecto in Christo fratri Severo. Badinus, Sancti Martini Savinia-

*950 circa.*

---

[1] Vide chart. 32 et 420.
[2] M. *Albrendaa.* — BM. *Albredaa.*
[3] M. *Bussiacensi.*
[4] Voces *quæ est in Pud.* desunt in M.
[5] Legitur hoc instrumentum in Mabillonis *Ann. Bened.* t. III, p. 712.

censis abbas, omnibus notum esse volumus te nostram adiisse presentiam, rationabilique precatu poposcisse quo ecclesiam in pago Lugdunensi, in villa quæ vocatur Libertis sitam, atque in honore sanctæ Mariæ dicatam, cum parrochia et presbiteratu, et omnibus ad se pertinentibus, tibi ad censum beneficiaremus; quod et fecimus. Illam etiam vineam et aliquid de prato, quæ nobis in villa Libertis, per cartulæ testamentum tradidisti, tibi similiter benefacimus; ea scilicet ratione ut annis singulis de fructu quem Dominus super ipsam vineam dederit ministri Sancti Martini nonas accipiant, et de predicta ecclesia duodecim denarios in censu persolvas singulis annis, in festivitate Sancti Martini, et dummodo vivis ipsas res teneas ad reædificandum, et in melius semper convergendum; et post tuum decessum ipsæ res sine ulla contradictione ad nostrum monasterium melioratæ revertantur. S. Romestanni [1] monachi. S. Attonis monachi. S. Vuinusii monachi.

## 42.

#### PRESTARIA MANSI IN VILLA RADILLEU.

Circa 950.

Badinus, Saviniacensis monasterii vocatus abbas, Rotbaldo. Petitio quam a nobis fieri postulas talis est : precaris ut mansum quemdam de terra Sancti Martini tibi donare debeamus atque uxori tuæ Guntaræ [2], in pago Lugdunensi, in villa Radilleu, cum omnibus quæ ad illum pertinent; pro hoc reddere volens Sancto Martino et nobis curtile unum quod habes, in eodem pago, in villa Rustieu, cum vinea atque vercaria [3] cujus isti sunt termini : de duabus partibus strata est publica, de duabus aliis Pontius possidet atque Arnulfus; ea ratione [4] ut diebus vitæ vestræ utrumque teneatis et possideatis, et censum annis singulis duodecim denariorum ad festivitatem sancti Martini solvatis; post mortem vero amborum, ad res Sancti Martini et ad jus proprium ejus utrumque revertatur. Juxta petitionem igitur tuam et secundum conventionem quæ descripta est, per hanc scripturam man-

---

[1] M. et C. *Romestagni.*
[2] BM. *Gunctare.*
[3] C. *vircaria.*
[4] M. et C. *conditione.*

sum quem quæris tibi trado et uxori tuæ, ut sicut scripta sunt in petitione tua, ita omnia compleantur. Si autem de censu fueris aliquando negligens comprobatus, et præfinito tempore non illud reddideris, irrita fiat hæc descriptio, et statim Sanctus Martinus quæ sua sunt per nos recipiat. Ego Badinus abbas fieri jussi, atque firmavi. Et hos fratres nostros firmare rogavi. S. Gozmari. S. Danibelis. S.Velfredi. Vuido monachus scripsi.

### 43.

PRESTARIA RERUM IN CALME VILLA.

Dilecto fratri Teutbranno et uxori suæ Eminæ [1], Ego Badinus, abbas Sancti Martini Saviniacensis. Petitio vestra ad nos fuit, ut aliquid de rebus Sancti Martini vobis ad censum et per prestariam concederemus; quod et fecimus; et sunt sitæ ipsæ res in pago Lugdunensi, in agro Saviniacensi, in villa quæ dicitur Calme : hoc est curtile cum aliquid de vinea et paululum de terra in unum tenente, et terminat a mane guttula quæ ad æstum siccat, et in giro Sancti Martini; ea videlicet ratione ut annis singulis, in festivitate sancti Martini, duas denaratas [2] de cera in censum persolvatis; et si negligentes fueritis de ipso censu persolvendo [3], legaliter emendetis, et post vestrum amborum decessum ipsæ res ad Sanctum Martinum sine ulla contradictione revertantur. Et ego Teutbrannus et uxor mea Emina donamus Sancto Martino de rebus nostris : hoc est campum unum in predicta villa, quæ terminatur in giro terra de ipsa hæreditate; ea scilicet ratione ut annis singulis de fructu quem Dominus supradederit ministri Sancti Martini nonas recipiant, et post nostrum decessum ad Sanctum Martinum ipsæ res revertantur. S. Badini abbatis. S. Gausmari. S. Vulfredi. Ego Girbertus scripsi. Data die Veneris, mense Januario, anno decimo quinto regni Conradi regis.

Jan. 954?

[1] M. *Emmæ*. — L. et C. ibi et infra *Enimæ*.
[2] M. et C. *deneratas*.
[3] Deest *persolvendo* in M. et C.

## 44.

#### PRESTARIA RERUM DE MUSSIACO.

950 circa.   Dilecto fratri Beraldo, Ego Badinus, abbas Sancti Martini Saviniacensis. Secundum tuam petitionem concedimus tibi ad censum per prestariam de rebus Sancti Martini quæ sunt sitæ in pago Lugdunensi, infra fines de Mandrincaro sive Mussiaco[1], et terminat a mane terra Sancti Joannis, a medio die terra Arici et Etelonis[2], a sero terra Alectrudis et via, a cercio terra Sancti Joannis et via publica. Infra istas terminationes quicquid habet totum ad integrum tibi benefacimus ad censum; ea scilicet ratione ut annis singulis, in festivitate sancti Martini, duodecim denarios in censum persolvas, et post tuum decessum unus de hæredibus tuis quemcumque petieris ipsas res per ipsum censum teneat dummodo vivit; et post illius decessum ipsæ res ad nostrum monasterium revertantur. Et ego Beraldus pro ipsis rebus dono ad jam dictam ecclesiam aliquid ex rebus meis : hoc est quatuor aleas de vinea, cum mansione et vircaria; eo tenore ut annis singulis quatuor denarios in vestitura ministri Sancti Martini accipiant. Et sunt ipsæ res sitæ in villa de Mussiaco. Dum ego vivo modo usum et fructum exinde habeam, et post meum decessum ad Sanctum Martinum revertantur.

## 45.

#### DONATIO RERUM PRO DALMATIO MONACHO.

7 Martii 945?   Sacrosanctæ ac venerabili ecclesiæ Sancti Martini Saviniacensis, ubi Badinus abbas præest. Ego Raingundis fœmina et filii mei Abbo, Artoldus et Berno, cogitantes casum humanæ fragilitatis, donamus ad ecclesiam ipsam filium nostrum nomine Dalmatium, et damus ad ipsam casam Dei, de rebus nostris, villas Gratiacum[3] et Suciacum et unum servum Sievertum, et a Ligeri usque ad Ararim quicquid de paterna aut materna hæreditate ad nos pervenire debet totum ad

---

[1] Voces *sive Mussiaco* desunt in M. — [2] M. *Airici et Ertelonis.* — [3] M. *Graciacum.* — BM. *Greisiacum.*

integrum donamus; dummodo vivo, usum et fructum teneo, et in festivitate sancti Martini sex solidos persolvam, et post meum obitum ad Dalmatium perveniat, et post obitum Dalmatii ad ecclesiam Sancti Martini reperveniat [1]. Si quis vero hanc donationem de stipendiis fratrum abstrahere voluerit, non valeat vendicare quod repetit, sed ad ipsam ecclesiam tantum et aliud tantum componat quantum ipsæ res eo tempore emelioratæ valuerint, et in antea donatio ista firma et stabilis permaneat. S. Raingundis et Abbonis [2], qui fieri et firmari rogaverunt. S. Enimæ. S. Bernonis. S. Attali. S. Lupi. S. Artoldi. Ego Helias levita scripsi. Data die Veneris, nonas Martii, anno quinto regni Conradi regis.

### 46.

PRESTARIA RERUM INFRA FINES DE AZOLA.

Dominis fratribus Deodato et uxori suæ Volfeldi [3]. Ego Badinus, abbas Sancti Martini Saviniacensis, concedimus vobis per prestariam, de rebus Sancti Martini quæ sunt sitæ in pago Lugdunensi, in agro Forensi, infra fines de Azola, et terminat a mane et a medio die et a sero guttulis quæ ad æstum siccantur, a cercio molari finali. Infra istas terminationes quicquid visi sumus habere, totum ad integrum vobis concedimus, excepto prato uno qui est ad medium diem; ea scilicet ratione ut annis singulis, in festivitate sancti Martini, quatuor denaratas [4] de cera in censum persolvatis; et si negligentes ex eo fueritis, tantum et aliud tantum componatis, et post vestrum decessum ipsæ res ad nos et ad nostros successores melioratæ revertantur. Et ego Deodatus et uxor mea Volfeldis, propter ipsas res quas de vobis per prestariam accepimus, donamus vobis de rebus nostris mansum unum qui vocatur Terminus, qui habet fines vel [5] terminationes. Et sunt sitæ res ipsæ in pago Lugdunensi, in agro Forensi, infra fines

Aug. 945.

---

[1] M. et C. *perveniat.*
[2] Addit in hoc loco Parisiense manuscriptum vocem *Lupi*, quæ est supervacua iterumque invenitur in linea sequente.
[3] BM. *Vuolfeldi.*
[4] M. et C. *deneratas.*
[5] L. *suas* pro *fines vel.*

de Azola, et quicquid ad ipsum mansum aspicit, totum ad integrum vobis donamus; ea scilicet ratione ut annis singulis, de fructu quem Dominus supradederit ministri Sancti Martini nonas accipiant; et nos modo dum vivimus usum et fructum habeamus. Post nostrum vero decessum, res ipsæ sine ulla contradictione ad monasterium Sancti Martini, sine retardatione, melioratæ revertantur. Si quis vero contra hanc prestariam aliquam calumniam inferre voluerit, auri duas libras componat, et in antea firma et stabilis permaneat. S. Deodati et Volfredis. S. Braidinci. S. Sanson. S. Erinenberti. S. Folcardi. Data per manum Gonberti levitæ, die Mercurii, in mense Augusto, anno sexto regni Condradi regis.

### 47.

#### DONATIO VINEARUM IN FELICE VULPE.

950 circa.

Sacrosanctæ Dei ecclesiæ Saviniacensis monasterii, ubi dominus Badinus abbas præest. Ego Severus, Sancti Stephani diaconus, cogitans de salute animæ meæ atque fratris mei Erulfi [1], dono jam dictæ ecclesiæ de rebus meis : hoc est vineas tres cum mansionibus et vircariis, et campis, et bosco simul tenentibus. Sunt autem res ipsæ sitæ in pago Lugdunensi, in agro Saviniacensi, in valle Bevronica [2], in villa Felice Vulpe, quæ his circumdantur terminis : a mane Bevronna decurrit, a medio die vinea Saderesleuvardi [3], a sero terra Sancti Martini, a cercio terra de ipsa hæreditate. Prædictas vero res jam dictæ ecclesiæ dono, eo tenore ut quamdiu vixero usuarie possideam, annisque singulis, in festivitate sancti Martini, sex denarios in cera persolvam. Post meum quoque decessum, predictæ res, sine ulla [4] tarditate, ad jam dictam revertantur ecclesiam. Si quis vero contra hanc donationem aliquam calumniam inferre voluerit, nullatenus vindicet, sed componat cui litem intulerit tantum et aliud tantum quantum predictæ res eo tempore melioratæ valuerint, et postea hæc donatio firma

---

[1] L. M. et C. *Erlulfi.*
[2] M. *Bruronica*, et infra *Bruronna.*
[3] Sic in omnibus manuscriptis; forte legendum est *vineas ad heres* (pro *hæredes*) *Leuvardi?*
[4] C. *aliqua.* — M. nihil.

permaneat. S. Severi, qui hanc donationem fieri et firmari rogavit. S. Evrardi diaconi. S. Herberti diaconi. S. Stephani. S. Leuvardi. S. Saleconis.

## 48.

OBLATIO AGENALDI PRO SE ET NEPOTE SUO GOTEFREDO.

In nomine Domini nostri Jesu Christi, filii Dei Patris. Ego Agenaldus nepotem meum Gotefredum post Dominum, ut eum ambo sequamur, mecum trahens, traditionem rerum nostrarum omnium donatione legali facio monasterio Saviniacensi in honore beati Martini constructo, quicquid et communiter habere videmur, in pago Forensi, in loco qui dicitur Vermionus, et ego per me in pago Lugdunensi, loco dicto Lusinangus¹, hæreditario jure possideo, absque scilicet supradicto nepote meo Gotefredo, in terris aratoriis, silvis, in vineis, in pratis, ut ex his quicquid utilitatis amodo et usque in æternum exire potuerit sumant, quicumque paupertatem Christi diligentes in ejus honore communem vitam ducentes, in prefato monasterio deserviunt atque deservituri sunt. Si vero aut ego ipse, quod absit, aut alter quispiam hanc donationem removere tentaverit aut eam infringere velit, decem libras auri monasterio Sancti Martini cogatur inferre, et nullatenus quod repetit evindicare permittatur. Ego Agenaldus, qui donationem facio, subter assigno. S. Berardi. S. Folcherii. S. Otgeri. S. Aledonis. Item Otgerii³. Hanc donationem Vuido vocatus scripsit, jubente domino abbate Badino.

*950 circa.*

## 49.

PRESTARIA RERUM DE PINEDO².

Ego Badinus, Sancti Martini Saviniacensis abbas, omnibus notum fieri volumus quod quidam vir nomine Bermundus rogavit nos quod ei quasdam res potestati nostræ ex ratione Sancti Martini per pres-

*2 Julii 960 ?*

---

¹ M. *Lusimangus*. — P. *Lisinangus*.
² In transcriptione hujus instrumenti vetussima, sed imperfecta, quæ extat in archivis Lugdunensis urbis, invenitur vox *Carpinedo* pro *Pinedo*. Alia discrepantia omitto, quia nullius momenti sunt.

tariam ad censum benefaceremus, ea videlicet ratione ut et ipse de rebus suis ad ipsam casam Dei condonaret, sicut et fecit. Cujus petitionem suscipientes, concessimus ei per scripturæ testimonium res quas postulabat, quæ sunt sitæ in pago Lugdunensi, in agro Coniacensi, in loco qui dicitur Pinedus : hoc est curtilus cum vinea. Terminat a mane terra Sancti Romani, a medio die terra Sancti Stephani, a sero terra Hugonis, a cercio via publica. Quicquid ad ipsum curtilum aspicit, totum ei condonamus; ea tamen tenore ut quamdiu jam dictus Bermundus et primus hæres suus quem de legali matrimonio habuerit, dummodo vixerit, usum et fructum habeant, et annis singulis, in festivitate sancti Martini, duodecim denaratas[1] de cera persolvant. Post decessum vero Bermundi et primi hæredis sui, memoratæ res melioratæ cum integritate ad nos revertantur. Si autem de ipso censu negligentes apparuerint, legaliter emendent, et hæc nostra auctoritas[2] firma et stabilis permaneat. Ipse autem Bermundus, propter predictam prestariam, contulit beato Martino res quæ sunt positæ in eodem pago et agro, scilicet in loco qui dicitur Senaruva : hoc est curtilus cum vinea insimul tenente de ambobus frontibus, et a cercio via publica, a medio die Braidinci. S. Bermundi. S. Vuigonis. S. Constabuli[3]. S. Austerii. S. Ragemberti. Ego Adelelmus monachus, jubente Bermundo, scripsi. Data die Dominico, sexto nonas Julii, anno xx° regni Condradi regis.

## 50.

### DE VINEA IN APINIACO VILLA.

10 Martii 960 ?

Sacrosanctæ ecclesiæ Sancti Martini Saviniacensis, ubi domnus Badinus abbas præest. Ego Gimbergia fœmina, cogitans de remedio animæ meæ, dono ad ipsam casam Dei aliquid de rebus meis quæ sunt sitæ in pago Lugdunensi, in villa Appiniaci[4] : hoc est vinea cum curtiferis insimul tenentibus. Ipsius vineæ cum curtiferis medietatem dono, ita ut dum vivo usum et fructum habeam, et post meum de-

---

[1] M. et C. *deneratas.*
[2] P. *hereditas.*
[3] L. M. et C. *Costabuli.*
[4] C. *Apiniaci.*

cessum sine ulla contradictione ad ipsam Dei casam perveniant. Et si aliquis de hæredibus meis hanc donationem calumniare præsumpserit, tantum et medium tanti componat, et postea donatio ista firma permaneat. S. Gimbergiæ. S. Amblardi. S. Vuigonis. Data per manum Adelelmi monachi, sexto idus Martii, anno xx° regni Condradi regis.

### 51.

#### PRESTARIA RERUM DE MORTARIO.

Dominis fratribus Ermentario et uxori suæ Constanciæ. Ego Badinus, abbas Sancti Martini Saviniacensis, et cuncta congregatio, concedimus vobis per prestariam de rebus Sancti Martini : hoc est curtilum cum cabanaria et vinea cum campello, quæ res sunt sitæ in pago Lugdunensi, in villa quæ dicitur Mortarius, et terminat a mane via publica, a medio die terra Sancti Martini, a sero terra de Crissilliaco, a cercio terra Sancti Martini et via. Infra istos fines et terminos, quantum ad ipsum curtilum pertinet vobis concedimus, dummodo vivitis; ea ratione ut annis singulis de fructu quem Dominus supradederit ad nostrum monasterium nonas condonare faciatis; et si negligentes fueritis, ipsas res amittatis. [S.] Constanti monachi. S. Remestanni[1] monachi. S. Rainaldi monachi. Ego Genbertus levita hanc prestariam scripsi. Data die Martis, in mense Maio, anno sexto regni Ludovici regis.

Maii 944?

### 52.

#### PRESTARIA RERUM DE ROSSATERRA.

Dominis fratribus Aglaldo et uxori suæ Alexandræ et filio eorum Pontio. Ego Badinus, abbas Sancti Martini Saviniacensis, pro eo quod vos nobis de rebus vestris condonastis, hoc est curtilum unum, decrevimus ut de rebus nostris per præstariam vobis benefaceremus : est autem campus unus quem vobis donamus, in campo Lugdunensi, in agro Tarnatensi[2], in villa quæ dicitur Rossaterra; et terminat a mane terra Stephani et Beraldi et via publica, a medio die terra Aimini et

950 circa.

---

[1] M. et C. *Remestani*. — [2] M. et C. *Tarnantensi*.

via publica, a sero terra Infredi et via publica; et curtilum quem vos condonastis terminat a mane terra Aglaldi, a medio die similiter, a sero terra Gumberti [1] et Joaut [2] et via publica; eo tenore ut, dum vixeritis, annis singulis, usum et fructum habeatis, et nonas nobis reddatis, et censum, ad festivitatem beati Martini, duorum denariorum solvatis; et post vestrum decessum ipsæ res ad nos revertantur. Si autem negligentes fueritis de censu, legaliter emendetis; nostra autem condonatio firma et stabilis permaneat. Datum per manum Vuidonis monachi, mense Julii, die Sabbati.

## 53.

#### DONUM MANSI IN COSTARCIACO.

30 Nov. 959.

Sacrosanctæ Saviniacensi ecclesiæ Beati Martini, ubi domnus Badinus abbas præest. Ego Girinus, pro amore Dei, dono de rebus meis in Costarciaco dimidium mansum et quicquid ad ipsum aspicit, et alias res quæ mihi post decessum matris meæ advenerunt, ut ad ipsam Dei casam perveniant, et in Corcelliaco dimidium mansum et quod ad illum aspicit, et quantum in illa visus sum habere. Quod si aliquis hanc donationem contradicere voluerit, tantum et medium tanti componat, et nostra donatio firma permaneat. S. Girini, qui hoc fieri voluit. S. Hugonis. S. Asterii. S. Arnoldi. S. Gosberti. Data per manum Adelelmi monachi, secundo cal. Decembris, anno decimo nono regni Conradi [3] regis.

## 54.

#### DONUM VINEÆ IN CHIVINNACO.

950 circa.

Sacrosanctæ ac venerabili ecclesiæ Sancti Martini Saviniacensis, ubi domnus Badinus abbas præest. Ego Leitrudis et filii mei, pro remedio animæ meæ et viri mei Teutgrini [4], donamus aliquid de rebus nostris : hoc est vineam unam quæ est sita in pago Lugdunensi, in agro Saviniacensi, in villa quæ dicitur Chivinnacus, et terminat a

---

[1] C. *Gomberti.*
[2] Forte *Toaut.*
[4] L. M. et C. *Teutgrimmi.*
[3] M. et C. *Condradi.*

mane et a medio die via vicinabili, a sero vinea Sobonis, a cercio vinea de ipsa hereditate; in alio quoque loco qui vocatur Pervallis, unum pratum. Totum ad integrum donamus ad jam dictam ecclesiam, ut faciant rectores ipsius ecclesiæ quicquid facere voluerint. S. ipsius Lectrudis[1]. S. Gauseranni. S. Giraldi. S. Arcoldi. S. Justonis. Ego Gumbertus scripsi. Data die Mártis, mense Maio, regnante Condrado rège.

### 55.

PRESTARIA DE PUGNIACO.

Domino fratri Annoni, Ego Badinus, Sancti Martini Saviniacensis abbas. Placuit nobis ut ex rebus Sancti Martini tibi ad censum benefacieremus, quæ sunt sitæ in pago Lugdunensi, in agro Saviniacensi, in fine de Pugniaco villa; et habent ipsæ res in terminatione a mane viam publicam, a medio die terram Sancti Martini quam Justus tenet, a sero terram Sancti Martini, a cercio terram quam Gausbertus tenet; in alia etiam villa Samarciaco[2] similiter tibi concedimus unum curtilum cum vinea et vircaria, et habet in giro terram Sancti Martini; ea scilicet ratione ut annis singulis, in festivitate sancti Martini, sex denarios in censum persolvas dum vivis, et post tuum obitum ipsæ res ad nos revertantur. S. Badini abbatis, qui fieri jussit. S. Bricconis[3]. S. Froterii. S. Tetgerii. Helias levita scripsit. Data die Lunæ, mense Decembri, anno VII regni Conradi regis.

20 Dec. 947.

### 56.

DE MANSO IN MASSILI LOCO.

In nomine Domini, Ego Vuilincus trado Sancto Martino de Saviniaco unum mansum in loco qui dicitur Massillis, in pago Lugdunensi, et unam cavannariam in ipso loco, cum pratis, campis et silvis, quæcumque pertinent ad mansum et ad cavannariam, pro anima mea, et pro anima uxoris meæ Aremburgis, de cujus hæreditate mihi obve-

950 circa.

---

[1] M. *Leutrudis.* — [2] L. et C. *Samariaco.* — [3] L. M. et C. *Briccionis.*

nerunt. Quod si aliquis de nostris parentibus voluerit infringere hanc traditionem, quod vult evindicare non possit, sed fratres qui in loco praedicto deserviunt habeant, teneant et possideant. Et ut haec traditio firma permaneat, ego eam firmo. S. Vuilinci. Ego Vuido, rogante Badino abbate, scripsi. Calendas Februarii, regnante Condrado rege.

### 57.

INCAUTIONATIO TERRÆ IN LUIRCIACO VILLA.

5 Junii 919.

Sacrosanctae ecclesiae Sancti Martini Saviniacensis, ubi domnus Badinus abbas praeest. Ego Agniricus et uxor mea Domesia incautionamus de rebus nostris, id est curtilum indominicatum cum vircaria et vinea, et quicquid ad ipsum curtilum aspicit. Ipse curtilus situs est in pago Lugdunensi, in valle Bevronica, in villa quae dicitur Luirciacus, quem incautionamus pro triginta solidis ad annos tres. Et si aliqua persona cautionem istam calumniare voluerit, centum solidos persolvat, et in antea firma et stabilis permaneat. S. Agnirici et uxoris ejus, qui cautionem istam fieri et firmare rogaverunt. S. Gilini. S. Almanni. S. Arrici [1]. Actum Saviniaco. Data per manum Adelelmi monachi, nonas Junii, anno nono regni Conradi regis.

### 58.

DE MANSIS IN FONTANIS, IN VALNERA [2] ET TANARU.

950 circa.

In nomine Domini, Ego Aledo, pro animabus patris mei Albrici et matris meae Enimae fratrumque meorum Etheleni, Bernonis et Lupi, et pro delictis meis, de rebus quae mihi obvenerunt haereditario jure, trado et donatione legali traditum esse volo ad Sanctum Martinum Saviniacensis monasterii unum mansum in villa quae dicitur Fontanis et alterum [3] in villa quae dicitur Tanerudis, cum omnibus quae in praefatis villis ad mansos et curtilos pertinere videntur, in vineis, pratis, in silvis, in terris aratoriis; omnia trado donatione legali ad praefatum

---

[1] M. et C. *Arirci*.

[2] Invenitur haec charta in *Hist. du dioc. de Lyon*, auctore de la Mure, p. 375. Nomen *Valnera*, quod in contextu chartae non apparet, scribit de la Mure *Valneta*.

[3] Voces *in villa... ad alter.* desunt in M.

monasterium. Ea tamen trado conditione ut si aliquando, et abbas loci et alius aliquis, quod absit, horum aliquid et in beneficium voluerit dare, et in præstariam mittere, ut a mensa fratrum alienet qui in supradicto monasterio Deo deserviunt et sancto Martino, omnibus modis licentiam habeant quicumque superfuerint de propinquis meis, omnia hæc repetendi sibique evindicandi [1]. Si tamen postquam scierint et monuerint semel et secundo et etiam tertio, non fuerit emendatum, quod contra hanc traditionem factum esse probari potuerit. Et ut hæc traditio firma permaneat, ego Aledo ipse, qui feci, subtersignavi, et hos subtersignatos propinquos meos signare rogavi. S. Hiccoris [2] abbatis. S. Sigibaldi clerici. S. Girardi. S. Vuilenci. S. Pontionis. Vuido monachus, jubente abbate Badino, scripsit.

### 59.

PRESTARIA DE TERRA IN TAXELANNO [3].

Dominis fratribus Stephano et uxori suæ Teutzendanæ [4], Ego Badinus, abbas Sancti Martini Saviniacensis. Concedimus vobis ex rebus Sancti Martini ad censum, hoc est aliquid de vinea et aliquid de terra arabili : quæ res sunt sitæ in pago Lugdunensi, in agro Saviniacensi, in villa quæ dicitur Taxelanus, et terminant a mane terra Sancti Martini et via, a medio die via publica, a sero et a cercio terra filiorum Joannis; ea videlicet ratione ut annis singulis, in festivitate sancti Martini, unam denaratam [5] de cera in censum persolvatis. Post vestrum amborum decessum, isti duo hæredes Adalgaudus et Trudhelus [6] ipsas res per ipsum censum, sicut vos, teneant, et post illorum decessum ipsæ res ad nostrum monasterium revertantur. S. Badini abbatis. S. Gausmari monachi. S. Danielis monachi. S. Adalborni monachi. Genbertus scripsit. Data die Lunæ, mense Martio, regnante Conrado rege.

950 circa.

[1] M. et C. *evendicandi.*
[2] M. *Heccoris.*
[3] BM. *Tayelanno.*
[4] M. et C. *Teuzendanæ.*
[5] M. et C. *deneratam.*
[6] L. *Trudeldus.* — M. et C. *Thrudeldus.*

## 60.

**DONATIO VINEARUM ET VIRCARIARUM IN FLURIACO VILLA.**

950 circa.

Sacrosanctæ ecclesiæ Sancti Martini Saviniacensis, ubi domnus Badinus abbas præest. Ego Ethenulfus, cogitans de salute animæ meæ, patris quoque mei Raindrici et matris meæ Justæ, dono de rebus meis quæ sunt sitæ in pago Lugdunensi, in agro et in villa Floriascensi[1] : hoc sunt vineæ et una vircaria, et terra arabilis; et terminant a mane terra Sancti Stephani, a medio die terra Gislamari, a sero terra Raintei, a cercio terra Volberti et Eurardi[2]. Et quicquid ego teneo et possideo in ipsa villa, totum vobis ex integro dono, ut ex hodierna die ad ecclesiam Sancti Martini permaneat; ut quicquid inde facere volueritis, faciatis. S. Ethenulfi, qui hoc fieri voluit.

## 61.

**DONATIO RERUM IN SOLNIACO, COSTATITIACO[3] ET ORIACO.**

937-993.

In nomine Domini, Ego Humbertus meipsum trado in servum, et traditionem rerum mearum omnium donatione legali[4] facio monasterio Saviniacensi, in honore sancti Martini constructo, quicquid habere videor in Solniaco villa, in vineis, vircariis, campis, pratis, farinarcis, silvis, aquis, aquarum decursibus usque ad inquisitum; et in alia villa Costarciaco[5] quicquid mihi advenit usque ad inquisitum; et quicquid mihi ex[6] paterno jure evenit in Oriaco. Quicquid ego in supradictis villis, tam in silvis quam in campis, vineis, vircariis, farinaris[7] possedeo[8], omnia ad integrum trado a die presenti, ut ex his quicquid utilitatis amodo usque in æternum exire potuerit sibi sumant. Si vero aut ego ipse, quod absit, aut alter quispiam, hanc donationem removere tentaverit, ut eam infringere velit, decem libras auri monasterio Sancti Martini inferre cogatur, et nullatenus quod repetit

---

[1] M. et C. *Floriacensi.*
[2] M. *Curardi.*
[3] M. et C. *Constatitiaco.*
[4] Vox *legali* deest in P.
[5] C. *Constarciaco.*
[6] C. pro *ex* legit *et.*
[7] M. et C. *farinareis.*
[8] M. et C. *possideo.*

evendicare permittatur. S. Humberti, qui donationem istam fieri rogavit. S. Vuigonis, fratris ejus. S. Berardi. S. Bermundi. Ego Deidonus monachus scripsi. Data tertio calendas Aprilis, regnante in Galliis Conrado[1], filio Rodulfi regis.

### 62.

#### DE CURTILO IN FLACIACO VILLA.

Aug. 948.

Sacrosanctæ ecclesiæ Sancti Martini Saviniacensis, ubi domnus Badinus abbas præest. Ego Alexander et uxor mea Dominica donamus de rebus nostris curtilum cum vinea et cabannaria qui est situs in pago Lugdunensi, in agro Tarnatensi[2], in villa quæ dicitur Flaciacus; terminat a mane molari[3] finali, a medio die terra Adalgisi, a sero via publica, a cercio vinea Sancti Martini. Infra istos fines et terminationes, totum ad integrum donamus ad jam dictam ecclesiam, ut faciant inde rectores ipsius ecclesiæ quicquid facere voluerint; ea ratione ut, dummodo nos vivimus et filius noster Clemens, usum et fructum habeamus, et de fructu quem Dominus supradederit, annis singulis, nonas ad ipsam Dei ecclesiam condonare faciamus. Si quis vero hanc donationem inquietare voluerit, decem libras auri componat, et in antea donatio ista firma permaneat. S. Alexandri et uxoris ejus Dominicæ, qui donationem istam firmare rogaverunt. S. Arcberti[4]. S. Agdalgis[5]. S. Vuichardi. Data per manum Vuinigisi[6] sacerdotis, die Martis, mense Augusto, anno octavo regni Conradi.

### 63.

#### PRESTARIA RERUM IN VILLA RASALMOREM[7].

Nov. 952?

In nomine Domini, ego Badinus, abbas Sancti Martini Saviniacensis, notum facio omnibus fidelibus, quod quidam vir nobilis Girardus

---

[1] Huic chartæ regnum Conradi Pacifici integrum attribuo, quia in ista abbatis Badini nomen deest.
[2] M. et C. *Tarnantensi*.
[3] M. et C. *molaria*.
[4] L. M. et C. *Acberti*.
[5] L. M. et C. *Adalgis*.
[6] L. *Vuingiis*.
[7] M. et C. hic et infra *Rasalmoren*.

nomine rogavit nos, ut ex rebus Sancti Martini per prestariam aliquid sibi concederemus; quod et fecimus. Dedimus ergo ei de terra Sancti Martini, in villa quæ vocatur Rasalmorem, mansum unum cum campis, pratis, silvis, aquis, aquarum decursibus et omnia aspicientia usque ad exquisitum, in comitatu Rodonensi, in vicaria[1] Sancti Joannis. Terminatur vero ita : a mane via publica et fine de Azolo, a medio die via publica et fine de monte Caprario, a sero via publica et fine de Cavannis, a cercio via publica. E contra in ipsa villa reddidit jam nominatus Gerardus quicquid ex paterno et materno jure hæreditarie tenebat usque ad exquisitum. Terminatur ipsa terra similiter sicut terra Sancti Martini. Ea autem ratione concessimus ei, ut quamdiu adviveret ipse Gerardus[2] et uxor ejus Legerdis, et filius ejus et filia, Pontius et Vuadelmodis, usum et fructum de utrisque terris haberent; ita tamen ut in festivitate sancti Martini per singulos annos in censu persolvant octo denarios. Post decessum vero eorum sine ulla contradictione[3] ambæ res ad præbendam monachorum revertantur. Si autem de ipso censu tardi aut negligentes extiterint, secundum usum terræ tantum et aliud tantum restaurent, et hæc præstaria firma et stabilis permaneat. Christianus[4] sacerdos et monachus hanc prestariam scripsit. Data mense Novembri, die Dominico, anno decimo quinto[5] regni Conradi regis.

### 64.

#### DE CURTILO IN VILLA BASTARCIACO[6].

Jan. 952.

Sacrosanctæ ecclesiæ Sancti Martini Saviniacensis, in qua sanctus Baldomerus requiescit, et ubi præest domnus Badinus abbas, Ego Silvius concedo de rebus meis curtilum unum cum vinea et campis et arboribus quæ sunt sitæ in pago Lugdunensi, in valle Bevronica, in villa Bastarciaco; et dono in ipsa prædicta villa sancto Baldomero mansum quem Andreas possidet. Et terminantur res ipsæ a mane

---

[1] P. *vircaria.*
[2] M. et C. *Girardus.*
[3] M. *contradictione aliqua.*
[4] M. et L. *Christanus.*
[5] A morte patris ejus Rodulfi II (937)?
[6] Ista charta jam edita est in *Hist. du dioc. de Lyon*, auctore de la Mure, p. 388.

fine de Brocia, a medio die guttula quæ ad æstum siccatur, a sero fine de Calliaco, a cercio via publica quæ pergit de præfata Brocia usque in Taliaco. Infra istas terminationes quicquid visus sum habere totum sub integritate dono sancto Martino et sancto Baldomero, pro remedio animæ meæ et uxoris meæ Eulaliæ; ea scilicet ratione ut dum ego vivo usum et fructum habeam, et annis singulis de fructu quem Dominus supradederit ministri Sancti Martini quatuor sextarios in vestitura accipiant; et post meum decessum, sine ulla retardatione[1], ipsæ res ad Sanctum Martinum perveniant. Si quis vero ipsas res de stipendiis monachorum abstrahere voluerit, quod repetit[2] non evindicet, sed donatio ista firma et stabilis permaneat. S. Silvionis[3], qui donationem istam fieri et firmare rogavit. S. Gauzeranni. S. Arnoldi. S. Isembardi. Data per manum Gimberti presbiteri, die Dominico, mense Januario, anno decimo primo Conradi regis.

### 65.

#### CONVENIENTIA.

Convenientia qualiter convenit inter Teotgrinum et Badinum abbatem cæteramque congregationem Sancti Martini Saviniacensis monasterii, ut de rebus suis aliquid inter se commutarent; quod ita fecerunt. Donat itaque Teotgrinus[4] Sancto Martino duos curtilos cum mansionibus et vircariis et arboribus et pratis; quæ res sunt sitæ in pago Lugdunensi, in valle Bevronica[5], in villa quæ dicitur Paludis, et terminantur a mane et a meridie viis publicis, et a sero et a cercio terra ipsius condonatoris. E contra donat prefatus abbas et alia[6] congregatio Sancti Martini Teotgrino[7] de rebus suis : hoc est mansum qui vocatur Silvanicus[8], et in alio loco qui vocatur Trimoliis[9] curtilum cum vineis et arboribus, et quicquid ad ipsum mansum vel ad

Jul. 947.

---

[1] C. tardatione.
[2] M. et C. petit.
[3] M. et C. Slivionis.
[4] C. hic et infra Theot.....
[5] C. Bevronnica.
[6] L. cætera.
[7] M. hic et infra Theot.....
[8] M. et C. Silvanicas.
[9] L. Trunolius. — C. Trauoliis, et in margine Trauolius. — M. Truuoliis.

ipsos curtilos aspicit totum ad integrum vobis cambimus atque commutamus, ut faciat unusquisque de sua commutatione quicquid voluerit. Si quis vero hanc commutationem infringere præsumpserit, auri libras duas componat, et in antea commutatio ista firma permaneat. S. Rostagni. S. Gauseranni. S. Gondonis[1]. S. Gerardi. S. Gubeni. Guibertus scripsit. Data die Sabbati[2], mense Julii, anno septimo regni Conradi regis.

## 66.

#### ITEM ALIA CONVENIENTIA.

Jul. 947.

Item convenit inter supradictum abbatem Badinum et memoratum Teotgrinum[3] de suis rebus commutare. Res autem a parte Teotgrini commutatæ sunt curtili quatuor cum mansionibus et vircariis et vineis et arboribus et pratis et saliceto, quæ sunt sitæ in pago Lugdunensi, in valle Bevronica[4], in villa quæ dicitur Paludis, et terminantur a mane terra Sancti Martini, a meridie via publica, a sero guttula quæ ad æstum siccatur, a cercio terra Teotgrini. Infra istos fines[5], quicquid visus sum habere totum ad integrum vobis cambimus et commutamus. E contra, cambitio ab abbate facta sunt campi et vineæ sitæ in eodem pago et valle, in villa quæ dicitur Chivinnacus et monte Caballo, et terminantur a mane guttula quæ ad æstum siccatur, a meridie via publica, a sero guttula quæ exit de Plataneto. Infra istos fines, quicquid visi sumus habere totum ad integrum, excepto curtilo quem Berno tenet, vobis cambimus et commutamus, ut faciat deinceps unusquisque de sua commutatione quicquid voluerit. Si quis vero contra commutationem hanc aliquam calumniam inferre voluerit, auri duas libras componat, et in antea firma permaneat. S. Artaldi. S. Berengarii. S. Arnici. Data per manum Gumberti levitæ, die Sabbati[6], mense Julii, anno septimo regni Conradi regis.

[1] M. et C. *S. Condonis. S. Gauzeranni.*
[2] C. *Sabati.*
[3] M. et C. hic et infra *Theot.....*
[4] C. *Bevronnica.*
[5] M. *limites.*
[6] C. *Sabati.*

## 67.

#### CARTA DE VINEA APUD CHIVINNACUM.

Maii 950.

Sacrosanctæ ecclesiæ Sancti Martini, ubi domnus abbas Badinus præest. Ego Teotgrinus[1] et uxor mea Leitrudis[2], tractantes de nostra salute, donamus vineam unam infra fines de Chivinnaco, quæ terminatur a mane via vicinabili, a meridie vinea Sancti Martini, a sero molari[3] finali et vinea Teotgrini, a cercio vinea de ipsa hæreditate. Donamus etiam in alio loco, in ipsa villa, campos, pratos, arbores, exitus et regressus quæ terminantur a mane et medio die[4] via publica, a sero aqua volvente, a cercio terra Teotgrini. Infra istos fines totum ad integrum donamus ad jam dictam ecclesiam, ut faciant rectores ipsius ecclesiæ quicquid facere voluerint. Et donamus in ipsa villa tres algias de vinea quam Lambertus mercator facit. Si quis vero hanc donationem infringere voluerit, quod petit si evindicet, sed culpabilis auri libras decem ipsi ecclesiæ cogatur inferre, et in antea donatio ista firma permaneat et stabilis[5]. S. Abundantii. S. Grimalti. S. Vuidolti. Data per manum Vuinigisii sacerdotis, die Mercurii, mense Maio, anno decimo regni Conradi regis.

## 68.

#### CARTA DE VINEIS IN VILLA ADENNA DE RANDANS[6].

3 Jan. 937.

Sacrosanctæ ecclesiæ Sancti Martini Saviniacensis, ubi domnus Badinus abbas præest. Ego Autardus et uxor mea Odila[7], pro remedio animarum nostrarum, donamus de rebus nostris quæ sunt sitæ in pago Lugdunensi, in agro Forensi, infra finem de Adenna : hoc est duæ partes de vinea; una pars terminatur a mane molari finali, a meridie terra de ipsa hæreditate, a sero cresta de Monte, a cercio

---

[1] M. et C. hic et infra *Theot*.....
[2] L. et C. *Leutrudis*.—M. *Leudris*.
[3] M. et C. *molaria*.
[4] Pro *medio die* legitur *meridie* in M. et C.
[5] In M. et C. *permaneat* ad finem rejicitur.
[6] Non legitur *Randans* in isto diplomate, quod congruit cum diplomate 70, in quo *Adenagus* esse in *agro Solobrensi* dicitur.
[7] L. et C. hic et infra *Edila*.

terra de ipsa hæreditate; in alio loco est alia pars, quæ terminatur ex omni parte terra de ipsa hæreditate quam de Girberto[1] conquisivimus. Si quis vero[2] hanc donationem calumniare præsumpserit, non valeat advindicare[3] quod querit, et in antea donatio ista firma et stabilis permaneat. S. Autardi et uxoris suæ Odilæ. S. Teutbodi[4] sacerdotis. S. Ingelardi. S. Sirbodi. Ego Aunericus scripsi. Data die Martis, tertio nonas Januarii, quando Ludovicus rex Francorum cœpit regnare[5].

### 69.

CARTA RERUM DE REGNIACO ET NOALIACO.

7 April. 949.

Sacrosanctæ ecclesiæ Sancti Martini Saviniacensis, ubi domnus Badinus abbas præest. Ego Arnulfus[6] et uxor mea Alectrudis donamus de rebus nostris quæ sunt sitæ in pago Lugdunensi, in agro Forensi, in finibus de Rigniaco[7] et Noaliaco : hæc sunt in[8] curtiferis, vircariis, campis, pratis, pascuis, pomariis, aquis, aquarumque decursibus, omnia usque ad inquisitum donamus; unam medietatem a presenti die concedimus, aliam medietatem nobis reservamus, ut dummodo vivimus usum et fructum habeamus, et post nostrum decessum ad ipsam casam Dei perveniant. Quod si aliquis hanc donationem calumniare præsumpserit, tantum et aliud tantum componat, et in antea donatio ista firma et stabilis permaneat. S. Arusi et uxoris suæ Alectrudis. S. Bernardi. S. Rostagni. S. Gausonis[9]. Data per manum Adelelmi[10] monachi, sexto idus Aprilis, anno xx° regni Ludovici regis[11].

[1] M. *Giberto.*
[2] Deest *vero* in cod. M. C. et P.
[3] M. *advincare.*
[4] M. *Theutboldi.*
[5] Agitur in hoc loco de rege Ludovico Transmarino, qui coronatus fuit rex Francorum anno 936. Tertius dies nonarum Januarii evenit reipsa Martis die anno 937.
[6] C. *Arnusus.*
[7] M. et C. *Regn....*
[8] C. deest *in.*
[9] C. *Gausonæ.*
[10] M. et C. *Adelelini*, sed mendose.
[11] Hæc annorum series numeranda est ab anno 929, in quo Ludovici Transmarini pater defunctus est, quod aliquando fit (Vid. *Élém. de Paléogr.* t. I, p. 333); si enim cursum iniret solummodo ab impositione coronæ, quæ celebrata est anno 936, non invenirentur viginti anni, siquidem anno 954 defunctus est Ludovicus Transmarinus.

## 70.

VENDITIO VINEÆ QUÆ EST IN ADENAGO VILLA.

Domno Badino abbati, et cæteris monachis Sancti Martini Saviniacensis. Ego Richardus[1] et uxor mea Rotberga vendimus vobis vineam nostram quam a Sisberto acquisivimus, quæ est in pago Lugdunensi, et in agro Solobrensi, in fine de Addenago[2] villa. Habet ipsa vinea fines et terminationes a mane et meridie et a sero terra Sancti Martini, a cercio cresta de Monte. Infra istos fines vendimus vobis ipsam vineam, et accipimus a vobis pretium duorum solidorum, ut faciatis exinde quicquid facere vultis. Si quis hanc venditionem inquietare voluerit[3], auri libram unam componat, et in antea firma et stabilis permaneat. S. Richardi et uxoris ejus Rotbergiæ. S. Sutbodi. S. Vuarnerii. S. Theotbodi[4]. Ego Bernardus scripsi. Data die Martis, mense Aprilis[5], anno vigesimo regni Ludovici regis[6].

April. 949.

## 71.

CARTA DE MANSO SITO INTER FORUM ET RANDANS.

Sacrosanctæ ecclesiæ Sancti Martini Saviniacensis, ubi domnus abbas Badinus præest. Ego Folcherius, rogante Girardo, filio Rostagni, cum ad exitum venisset, ut de rebus suis, pro remedio animæ suæ et parentum suorum, ad altare sancti Martini condonaret, dedi mansos duos in territorio Forensi : est autem unus mansus positus inter Foronicum et Randanis castrum et Ligerim fluvium; et in terminatione habet terram Sanctæ Mariæ et terram Duranti, a meridie terram Sancti Martini, a sero Liger fluvius, a cercio terram Duranti. Alius mansus est in Giminiaco, qui habet fines quicquid ad ipsum mansum aspicit, totum ad integrum dono Sancto Martino, ut faciant rectores ipsius[7] ecclesiæ quicquid illis rectum videtur[8]. Si quis vero

950 circa.

---

[1] M. *Ricardus*.
[2] L. *Adenago*.
[3] M. et C. *inquietaverit* pro *inq. voluerit*.
[4] M. et C. *Theotboti*.
[5] M. et C. *Aprili*.
[6] Ut supra in charta 69, n. 11.
[7] Vox *ipsius* deest in cod. C. et M.
[8] L. *videbitur*.

hanc donationem inquietare præsumpserit, quod repetit non valeat vindicare, sed iram Dei incurrat, et in antea donatio ista firma permaneat. S. Folcherii, qui donationem hanc fieri rogavit. S. Ratbodi. S. Udelrici. S. Vualdemari. Ego Vuido scripsi, precante Folcherio et jubente domno abbate Badino.

## 72.

CARTA MANSORUM ET CURTILIUM IN DIVERSIS LOCIS SITORUM.

30 Nov. 953 [1]  Sacrosanctæ ecclesiæ Sancti Martini Saviniacensis, ubi domnus Badinus abbas præest. Ego Girinus et filius meus Jarento, pro animarum nostrarum salute, tradimus nos ipsos et hæreditatem nostram ad ipsam casam Dei : hoc sunt villæ et mansi, in primis Vernedum et quicquid ibi aspicit usque ad inquisitum; ad portum [2], ad Forum mansum unum et quicquid ad illum aspicit; et in burgo Forensi quicquid ibi possidemus; et ad Tasnas mansum unum et quicquid ad ipsum aspicit; ad Ladaniacum mansum unum et quicquid ad ipsum aspicit; in Polliaco [3] villa curtilum unum et quicquid ad ipsum aspicit; et ad Brunacum [4] curtilos duos et vineas, et quæ ibi aspiciunt; ad Punacum [5] curtilos duos cum vineis, et quæ ibi aspiciunt; et ad Bagnerias curticulos sex, cum vineis et quantum Rostagnus possidebat; ipsas [6] res donamus ad ipsam casam Dei ab hac die et deinceps. Et si aliquis de hæredibus nostris [7] aut alia persona hanc donationem calumniare præsumpserit [8], iram Dei et sanctorum ejus incurrat, et postea donatio ista firma et stabilis permaneat. S. Girini et filii ejus [9] Jarentonis, qui fieri et firmare rogaverunt. S. Hugonis. S. Vedulardi [10]. S. Asterii. Data per manum Adelelmi monachi, secundo calendas Decembris, anno decimo nono [11] regni Conradi regis.

[1] Vide infra in subscriptione.
[2] Forte : « .... inquisitum ad Portum; ad Forum mansum.... »
[3] M. et C. Poliaco.
[4] M. et C. Bruvacum.
[5] M. et C. Piniacum.
[6] C. istas.
[7] P. male meis.
[8] M. voluerit.
[9] P. male mei.
[10] M. Vaedalardi.
[11] Error est, nam Gausmarus abbas præerat illo anno Saviniacensi monasterio.

## 73.

PRESTARIA RERUM IN DOMARIACO.

In Christi nomine, Badinus abbas Saviniacensis monasterii. Omnibus presentibus et futuris notum facimus qualiter, cuidam viro Hugoni et uxori ejus Gotolenti, de rebus Sancti Martini per prestariam concessimus; eo videlicet tenore ut et ipsi de rebus suis ad ipsam Dei casam condonarent; sicut et fecerunt. Concessimus ergo eis per scripturæ testimonium res quas postulabant, quæ sunt positæ in pago Lugdunensi, in agro Saviniacensi, in villa Domariaco, et mansiones cum appenditiis, et quicquid Bladinus et Haremburgis[1] in prestaria habuerunt. Concessimus etiam eis ipsas res quas ipsi pro prædicta prestaria Beato Martino contulerunt, quæ sunt positæ in[2] Forensi, mansos scilicet quatuor : in Noaliaco duos, tertium ad Lavarennam, quem Girbertus possidet, et quartum qui est juxta latus montis Candeduni, quem Albo tenet, et quæ ad ipsos aspiciunt. De istis mansis dummodo Hugo et Haremburgis vivunt, usum et fructum habeant, et post illorum decessum ad ipsam Dei casam revertantur; eo tamen tenore ut quandiu jam dictus Hugo et uxor sua et filius eorum primus qui de ipsis genitus fuerit, dum vixerint teneant, et possideant, et annis singulis, in festivitate sancti Martini, solidos sex in censu persolvant. Post vero excessum[3] amborum, omnes memoratæ res emelioratæ cum integritate ad ecclesiam Beati Martini revertantur. Si autem de ipso censu persolvendo negligentes fuerint, ipsas res amittant, sed et hæc nostra auctoritas omni tempore firma et stabilis permaneat cum stipulatione subnixa.

*950 circa.*

## 74.

CARTA DE VINEA IN USOURO VILLA.

Sacrosanctæ ecclesiæ quæ est constructa in honorem[4] beati Petri apostoli, in villa quæ dicitur Randanis. Ego, in Dei nomine, Estavolus

*Nov. 945.*

---

[1] M. et C. hic et infra *Aremburgis*.
[2] In L. legitur hic *agro*.
[3] M. et C. melius *post excessum vero*.
[4] In codic. M. C. et P. deest *in honorem*.

et uxor mea Gontara, pro remedio animarum nostrarum, donamus de rebus nostris quæ sunt sitæ in pago Lugdunensi, in agro Solobrensi, in villa quæ dicitur Usourus : hoc est vinea quæ terminatur a mane terra Pontii, a meridie terra Vualberti, a sero terra Berengerii, a cercio terra Adalardi. Infra istas terminationes totum ad integrum dono Sancto Petro. Sane si quis contra eleemosinam istam venire tentaverit, componat tantum et aliud tantum quantum ipsæ res valent, et in antea donatio ista firma et stabilis permaneat. S. Estavoli et uxoris ejus Gontaræ. S. Agnarici. S. Girardi. S. Gisberti. Ego Bernardus scripsi. Data die Mercurii, mense Novembri, anno decimo quinto regni Conradi regis.

### 75.

CARTA CURTILIS IN VILLA DE NOALIACO.

Feb. 970.

In nomine Domini, Ego Arricus[1] et uxor mea Garlendis, pro sepultura nostra, donamus Sancto Martino et Sancto Petro de Randanis curtilum unum qui est in pago Lugdunensi, in agro Forensi, in fine de villa Noaliaco, cum omnibus quæ ad ipsum curtilum aspiciunt, in vircariis et campis, ut post obitum nostrum faciant de ipsis rebus monachi Sancti Martini quicquid voluerint. Sane si quis donationem istam inquietaverit, non ei liceat vindicare quod cupit, sed componat tantum et aliud tantum quantum ipsæ res emelioratæ valuerint[2], et in antea donatio ista firma et stabilis permaneat. S. Arberti. S. Duranti. S. Albonis. Ego Bernardus scripsi. Data die Sabbati[3], mense Februarii, anno trigesimo regni Conradi regis.

### 76.

CARTA DE VINEA IN VILLA DE MALAVABRA.

937-993.

Sacrosanctæ ecclesiæ Sancti Martini Saviniacensis. Ego, in Dei nomine, Notardus, Ledmandus, Robertus[4] sacerdos, Arincus[5] sacerdos,

---

[1] M. et C. *Aricus.*
[2] C. *valent.*
[3] C. *Sabati.*
[4] M. et C. *Rotbertus.*
[5] M. L. et C. *Aruicus.*

et Ratbornus [1], præcipiente Rotberto, donamus Sancto Martino tres listas de vinea quæ sunt in pago Lugdunensi, in fine Saviniacensi, in villa de Malavabra. Terminatur a mane terra Artaldi, a meridie terra Aribaldi, a sero via publica, a cercio terra Aribaldi. Infra istos terminos [2] totum donamus Sancto Martino, pro anima Rotberti [3] et omni consanguinitate ejus. Si quis autem hanc donationem inquietaverit, auri libram unam componat, et in antea firma et stabilis permaneat. S. Eldonis. S. Constantii. S. Vuiaruni [4]. Junandus [5] sacerdos scripsit. Data die Jovis, mense [6] Februarii, regnante Conrado rege Jurensis [7].

### 77.
#### CARTA DE DUOBUS MANSIS APUD DUAS OLCHAS.

Ego, in Dei nomine, Landricus et uxor mea Adalfrudis, donamus de rebus nostris ad ecclesiam Beati Martini Saviniacensis monasterii, propter remedium animarum nostrarum, mansos duos qui sunt siti in pago Lugdunensi, in agro Forensi, infra fines de Duabus Olchis, cum pratis, campis, exitibus et regressibus, cum omnibus quæ ad ipsos pertinent usque ad inquisitum; eo tenore ut unum mansum quem Evrardus possidet teneant ipsius ecclesiæ rectores, et alium quem Udulricus possidet ego et uxor mea teneamus quandiu vixerimus, et post nostrum decessum ad jam dictum locum revertantur. Quod si aliqua persona cartam istam inquietaverit, non vindicet quod cupit, sed tantum et aliud tantum componat quantum eo tempore ipsæ res melioratæ valuerint, et postea firma permaneat. S. Landrici et uxoris ejus, qui fieri et firmare rogaverunt. S. Arperti [8] levitæ. S. Dadonis. S. Bosonis. Data per manum Gotesmanni sacerdotis, mense Aprili, feria prima, anno trigesimo regni Conradi regis.

April. 970.

---

[1] C. *Radbornus.*
[2] M. *fines et terminos.*
[3] P. *Rotberta.*
[4] M. et C. *Vuiarini.*
[5] M. et C. *Junaudus.*
[6] M. *die Jovis mensis Febr.*
[7] P. *Jurensi.*
[8] M. *Asperti.*

## 78.

### CARTA DE TERRA IN MARCILLIEGO[1] VILLA.

970 circa.

Sacrosanctæ ecclesiæ in honore sancti Martini. Ego, in Dei nomine, Grimeldis, dono de hæreditate mea unam eminadam de campo quæ est in pago Lugdunensi, in fine de Marcilliego, et terminatur a mane terra Guiltranni[2], a medio die Lignono aqua volvente, a sero terra Guiltranni, a cercio dicta aqua volvente[3]. Infra istas terminationes, pro anima mea totum dono. Et si ullus homo est qui ullam calumniam commovere voluerit, tantum et aliud tantum componat quantum, etc. et in antea firma et stabilis permaneat. S. Grimeldis[4], qui donationem istam fieri et firmare rogavit. S. Hugonis. S. Ragenolti. S. Guiltranni. Ego Gunterius sacerdos scripsi.

## 79.

### CARTA CAMPI IN MAGNICO[5] VILLA.

970?

In Dei nomine, ego Maria dono Sancto Martino ad Randanum campum unum qui est in fine de Magnico villa, qui terminatur a mane de ipsa hæreditate, a meridie terra Poncii[6], a sero de ipsa hæreditate, a cercio terra Sancti Martini. Et si ullus homo donationem istam inquietaverit[7], tantum et aliud tantum componat quantum ipsæ res valent, et in antea firma permaneat. S. Mariæ, qui hoc fecit. S. Adraldi. S. Ramberti. S. Asterii. Ego Bernardus scripsi. Data die Martis, mense Aprili, anno trigesimo regni Conradi regis.

## 80.

### CARTA DE TERRA IN VILLANOVA.

970 circa.

Sacrosanctæ ecclesiæ, in honore beati Joannis Baptistæ, constructæ in loco qui dicitur Randanus, adjacens ad ecclesiam Beati Martini

---

[1] C. hic et infra *Marciliego*.
[2] P. *Quiltranni*.
[3] C. male « *a sero Guiltranni, a sero aqua volvente.* »
[4] M. *Crimeldis*.
[5] M. et C. hic et infra *Magnieo*.
[6] M. et C. *Pontii*.
[7] M. *inquietare voluerit*.

Saviniacensis. Ego Salomon, cogitans casus humanæ fragilitatis, pro remedio animæ meæ[1] et omnium parentum meorum, dono aliquid de hæreditate mea Deo et sancto Martino et sancto Joanni Baptistæ sanctoque Michaeli archangelo, et ecclesiæ supradictæ : hoc est unam cartalatam de terra bona; et est sita in pago Lugdunensi, in agro Forensi, in villa quæ dicitur Villanova; tali convenientia ut quamdiu vixero, illam teneam, et omni anno unam deneratam de cera, in festivitate sancti Michaelis aut sancti Martini, in vestitura[2] persolvam, et post obitum meum, absque ulla contradictione, ad locum supradictum et monachos inibi deservientes libera remaneat. Et illi, si admoniti fuerint, corpus meum requirant, et in eodem[3] loco sepulturæ tradant; et ut hoc donum firmum et stabile semper maneat[4], ego Salomon scribi jussi et firmare rogavi. S. Benedicti, filii ejus[5]. S. Ismidonis præpositi. S. Duranti Ultramarini[6]. S. Honorati presbiteri. S. Bosonis. S. Heldoardi.

## 81.

#### CARTA DE CHAVANNARIA IN STABULIS VILLA.

In Dei nomine, Ego Amaricus dono Sancto Martino Saviniacensi de rebus meis quæ sunt sitæ in pago Lugdunensi, in agro Forensi, in fine de Stabulis villa et de Rivario[7], unam chavannariam quam Benignus possidet usque ad inquisitum, et ex integro campum arabilem. Terminat iste campus a mane, a meridie, a sero et a cercio molari finali. Si quis autem hanc[8] donationem inquietaverit, componat tantum et aliud tantum quantum ipsæ res emelioratæ valuerint, et in antea[9] firma permaneat. S. Amarici, qui donationem istam fieri voluit[10] et rogavit. S. Dommesii. S. Benininii. S. Vuidonis. Data die Dominico, mense Junio, anno decimo primo regni Conradi regis.

Junii 951.

[1] M. *pro anima mea et animabus omnium...*
[2] M. et C. *in vestura.*
[3] M. et C. *eo.*
[4] M. *stabile permaneat.*
[5] P. *mei.*
[6] P. *Ultramarini et Horcorati.*
[7] M. et C. *Rivatio.*
[8] Vox *hanc* deest in C.
[9] Pro *in antea*, in M. *interim.*
[10] Voces *voluit et* desunt in M.

## 82.

CARTA CAMPI ET PRATI IN VERCEI[1] VILLA.

Jan. 970.

Sacrosanctæ ecclesiæ Sancti Martini Saviniacensis. Ego in Dei nomine Ranulfus[2], et alius Ranulfus et Ratbertus, donamus campum et pratum qui sunt in pago Lugdunensi, in agro Forensi, in fine de Vercei villa. Terminatur a mane via publica et aqua percurrente, a meridie similiter, a sero molari finali, a cercio de ipsa hæreditate; ea conditione ut dummodo vivo usum et fructum habeamus, et post decessum nostrum ad Sanctum Martinum perveniat. Si quis vero[3] hanc donationem inquietaverit, componat tantum et aliud tantum quantum ipsæ res valent, et postea firma et stabilis permaneat. S. Ranulfi et alterius Ranulfi, et aliorum, qui firmare rogaverunt. Data die Veneris, mense Januario, anno trigesimo regni Conradi regis. Ego Bernardus scripsi.

## 83.

CARTA DE MANSO IN MAGNIACO VILLA[4].

970 circa.

In nomine Domini, Ego Bladinus et uxor mea Elisendis donamus Deo et Sancto Martino unum mansum qui est situs[5] in pago Lugdunensi, in agro Forensi, in villa de Manniaco, cum omnibus appenditiis suis; tali convenientia ut quandiu vixerimus, teneamus, et singulis annis in vestituram unum sextarium de annona[6] persolvamus, et qualiscumque de nobis duobus primus[7] obierit, medietas ipsius mansi[8] in dominicatum veniat. Si vero aliquis hanc donationem calumniare voluerit, non fiat quod voluerit.

---

[1] M. et C. hic et infra *Verceii*.
[2] M. et C. hic et infra *Rannulfus*.
[3] Vox *vero* deest in C. et M.
[4] De hac donatione, vide chart. 792.
[5] Vox *situs* deest in M.
[6] M. et C. *amona*.
[7] P. *primum*.
[8] Vox *mansi* deest in M.

### 84.

DE REBUS ET[1] CABANNARIA IN VILLA DE RAVERIIS.

Sacrosanctæ ecclesiæ Sancti Martini Saviniacensis[2]. Ego, in Dei nomine, Durantus, dono ecclesiæ Sancti Martini Saviniacensis et Sancti Joannis de Randanis, pro sepultura mea et uxoris meæ Saziantæ, unam cabannariam in pago Lugdunensi, in agro Solobrensi, in villa de Raveriis, et quantum ad ipsam cabannariam aspicit, totum usque ad exquisitum donamus, quam Sislandus rusticus excolit. S. Duranti, qui fieri et firmare rogavit. S. Petri. S. Stephani. S. Rutgerii.

970 circa.

### 85.

DE CURTILO IN RANDANIS.

Sacrosanctæ ecclesiæ de Randanis constructæ in honore[3] sancti Michaelis archangeli, et beati Joannis Baptistæ, quæ subest monasterio Sancti Martini Saviniacensis. Ego Sazia destinavi ad prædictum locum in vita mea, per consilium et consensum viri mei Rodanni, et ad meum obitum reliqui pro anima patris mei Gausberti et pro anima mea, et pro sepultura mea, unum curtilum quem prædictus[4] pater meus dedit mihi in allodium[5].

970 circa.

### 86.

CARTA DE ECCLESIA DE TRELINS.

In Dei nomine, Ego Beliardis fœmina dono Deo et Sancto Martino Saviniacensi tertiam partem de ecclesia de Trelino[6] cum presbiteratu et decimis, et quicquid in ea per hæreditatem visa sum habere, quæ est sita in pago Lugdunensi, in agro Forensi; totum dono Deo et Sancto Martino, tali convenientia ut si monachi admoniti pro hoc corpus meum sepeliant aut unum ex filiis meis, si necessitas fuerit;

1016-1024.

---

[1] Voces *rebus et* desunt in C. et M.
[2] Quod præcedit deest in M.
[3] C. *honorem.*
[4] M. *dictus* pro *prædictus.*
[5] C. *alodium.*
[6] M. et C. *Treslino.*

et accipio ab eis aliquid pretii, scilicet solidos tredecim[1], et ut anima mea et filiorum meorum partem habeant in benefacto eorum. S. Beliardis, quæ fieri et firmare[2] rogavit. S. Renconis filii sui. S. Vuichardi filii sui. Data per manum Gauseranni[3] monachi, regnante Henrico imperatore.

### 87.

#### DE CURTILO ET VINEA IN AGRO SOLOVRENSI.

970 circa.

Ego, in Dei nomine, Foscardus[4], dono Deo et Sancto Martino Saviniacensi, pro sepultura mea, unam vineam, simul cum curtilo, quæ est[5] in agro Solovrensi, quam Gausbertus possidet ad melioramentum, ut Deus omnipotens liberet animam meam de pœnis inferni per intercessionem beati Martini. S. Foscardi, qui fieri et firmare rogavit. S. Vigonis. S. Humberti presbiteri. S. Eldini. S. Stephani. Data per manum Duranti.

### 88.

#### DE MOLENDINO IN VILLA DE CAMPANEGO.

970 circa.

Ego Arricus, pro anima mea, dono Deo et Sancto Martino Saviniacensi, et pro sepultura mea, unum molendinum cum vircaria et salzeto, sicut a mane via terminat et sicut aqua currente volvitur; et campum unum ultra Cosiam, qui terminatur a mane aqua currente, a medio die terra Sancti Prejesti, a sero Sancti Stephani, a cercio similiter; et curtilum unum quem Joannes[6] possidet, cum vircaria quam conquisivit de Roberto et de Ratberto[7]; et unum campum qui terminatur a mane terra Sancti Stephani, a medio die terra Rotbaldi[8], a sero et a cercio terra Sancti Stephani. Infra istos fines totum dono Sancto Martino pro remedio animæ meæ in villa de Campanego.

---

[1] M. *tredecim solidorum.*
[2] M. *firmari.*
[3] M. et C. *Gauzeranni.*
[4] M. et C. hic et infra *Foschardus.*
[5] M. *est sita in.*
[6] C. hic et infra *Joh....*
[7] M. et C. *Ratborto.*
[8] C. *Rotbalti.*

## 89.

#### DE VINEA IN VILLA DE TRELINS [1].

Sacrosanctæ Dei ecclesiæ quæ est constructa in honore sancti Joannis Baptistæ et beati archangeli Michaelis, quæ subest monasterio Saviniacensi. Ego Durantus dono Deo et supradictæ ecclesiæ de Randanis vineam unam quæ est sita in pago Lugdunensi, in agro Forensi, in villa quæ dicitur Trelins [2], juxta ecclesiam, pro anima mea et sepultura corporis mei. S. Duranti, qui hanc vineam dedit, tali convenientia ut nulli hominum detur, sed monachi semper eam in suo dominicatu faciant. S. Pontii, filii ejus. S. Umberti de Verneto.

970 circa.

## 90.

#### DE TERRA IN VILLA DE TAISSONERIIS.

Ego, in Dei nomine, Girbertus, dono aliquid de hæreditate mea ad ecclesiam Sancti Joannis de Randanis, pro sepultura mea; hoc est unam cartalatam de terra quæ est sita in pago Forensi, in villa de Teissoneriis [3], et terminatur a mane terra Agninii [4], a medio die similiter, a sero terra Sancti Martini. S. Girberti, qui fieri et firmare rogavit. S. Duranti. S. Girardi. S. Berengarii. Data per manum Duranti monachi, regnante Rodulpho [5] rege.

993-1032.

## 91.

#### DE VINEA IN ACIACO.

Ego, in Dei nomine, Sazia, dono aliquid de hæreditate mea Deo et Sancto Martino, pro sepultura filiæ meæ Constantiæ : hoc est vineam unam quæ est sita in agro Solovrensi et in finibus de Aciaco, et terminatur a mane terra de ipsa hæreditate, a meridie via publica, a sero terra de ipsa hæreditate [6], a cercio terra Sancti Martini. Si quis

970 circa.

[1] C. *Trilins.* — M. *Trislins.*
[2] M. et C. *Tritlin*, et in margine *Trelin.*
[3] M. et C. *Taissoneriis.*
[4] M. et C. *Agmini.*
[5] M. et C. *Rodulfo.*
[6] Voces *a merid..... hæred.* desunt in M.

hanc donationem inquietare voluerit, iram Dei incurrat, et insuper firma et stabilis permaneat. S. Saziæ, quæ fieri et firmare rogavit. S. Ursonis. S. Constantii. S. Siguini.

## 92.

#### DE CURTILO IN TASSONERIIS VILLA.

970 circa.

Sacrosanctæ ecclesiæ Sancti Martini Saviniacensis monasterii. Ego Arnulfus cum uxore mea Ginbergia[1] et filio nostro Aimino donamus, pro sepultura corporis nostri, unum curtilum qui est situs in pago Lugdunensi, in agro Forensi, in villa quæ dicitur Taissoneriis[2], quem Durantus rusticus possidet; tali tenore quod ab hac die in presenti eum recipiant. Quod si aliqua persona aut aliquis de hæredibus meis de mensa fratrum abstrahere aut in beneficium dare voluerit, sit maledictus a Deo; insuper donatio ista firma et stabilis permaneat. S. Aimini. S. Gauseranni[3]. S. Fulcherii.

## 93.

#### DE VINEA IN VILLA DE STABULIS.

970 circa.

Ego, in Dei nomine, Ermengardis, dono aliquid de hæreditate mea Sancto Martino et ecclesiæ Sancti Joannis de Randanis : hoc est unam eminatam de terra quæ est in villa[4] de Stabulis Nerciaco, juxta aliam eminatam quam Eldinus, maritus meus, dedit Sancto Martino, quam terram nos pariter emimus, et unam partem tali convenientia mihi dederit ad beneficium, ut ego meam eis darem post mortem meam, et hanc meam partem eis dono. S. Ermengardis, quæ fieri et firmare rogavit. S. Duranti. S. Gauseranni. S. Charbonelli.

## 94.

#### CONVENIENTIA.

1020 circa.

Donatio et conventientia qua convenerunt Hismido et cæteri monachi de Randanis cum Girino de Pineto et uxore sua Sulpitia et

---

[1] M. et C. *Guibergia.*
[2] M. *Taissoneria.* — C. *Taissonerias.*
[3] M. et C. hic et infra *Gauzeranni.*
[4] M. *via* pro *villa.*

filio eorum Bertranno, de terris quæ continentur in Villanova : hoc est de uno curtilo quem Rotbaldus tenebat, qui Sancti Martini erat, quem monachi dederunt Girino et uxori ejus; tali tenore ut, quamdiu vixerint, fructum terræ illius habeant, et unum cartalum [1] ordei omni anno, in vestitura Sancto Martino persolvant, et post mortem illorum duorum sine aliqua contradictione et inquietudine hæc terra ad Beatum Martinum revertatur. Pro amore autem Dei et remedio animarum suarum, necnon et pro ista convenientia, Girinus et uxor ejus Sulpitia dederunt Deo et Sancto Martino Saviniacensi, et monachis ibidem [2] degentibus, unum curtilum quem Benedictus possidebat tunc, et quicquid ad illum visum est pertinere, quod Sulpitiæ eveniebat jure hæreditario; tali convenientia ut quamdiu vixerint illum teneant et omni anno alium cartalum ordei et unum caponem Sancto Martino in vestitura persolvant [3], laudante hoc filio eorum Bertranno. Sane si quis hanc donationem et convenientiam inquietare voluerit, sit pars ejus cum Datan et Abiron, nisi ad emendationem venerit. Hujus rei testes sunt Constantius *Cogoz* [4], Renco *de Avez*, Berardus *de Avez* [5], Honoratus presbiter, Petrus presbiter, Otbertus Brunus, Umbertus de Candiaco, Ainimus [6] Fers, Gauzerannus Porcoz [7], et multi alii.

## 95.

DE CURTILO ET VINEA IN VILLA DE ACIACO.

Sacrosanctæ ecclesiæ [de Randanis] in honorem beati Joannis Baptistæ constructæ et monachis ibidem habitantibus et Deo servientibus. Ego Stephanus de Marciliaco destinavi in vita mea, et reliqui post obitum meum unum curtilum et unum clausum de vinea. In

1000 circa.

---

[1] M. et C. hic et infra *cartallum*.
[2] C. *inibi*. — M. *ibi*.
[3] M. add. *tunc*.
[4] M. *Cogez*.
[5] Tria hæc cognomina, caracteribus inclinatis scripta, interscribuntur in Paris. manuscripto, ut mos est, super tria nomina; unde gallice vox *surnom*
[6] M. et C. *Aiminus*.
[7] M. *Porcos*.

ipsa vinea sunt decem fossoriatæ. Iste curtilus et ista vinea sunt in pago Lugdunensi, in agro Forensi, in villa de Aciaco.

## 96.

#### DE CAMPO IN NERCIACO VILLA.

20 Sept. 991? In Dei nomine, Ego Girina, pro remedio animæ[1] viri mei Eldeverci, dono ad ecclesiam Sancti Martini aliquantulum de hæreditate ejus : hoc est campi unius medietatem et aliam medietatem pro sepultura mea; ea videlicet conventione ut quamdiu vixero possideam; post mortem vero meam ex integro ad eumdem locum deveniat. Qui campus est situs in pago Lugdunensi, in agro Forensi, in villa quæ dicitur Nerciacus. Terminatur a mane via publica et terra Sancti Martini, a meridie terra Vuarrionis, a sero de ipsa hæreditate, a cercio similiter. S. Girinæ. S. Ragniberti. S. Benigni. Data per manum Joannis monachi, die Dominico, decimo secundo calendas Octobris, regnante Conrado rege in Burgundia.

## 97.

#### CARTA DE VILLA MASSONNELIS[2].

9 Maii 1004. In nomine Domini, Ego Nardunus dono de hæreditate mea ecclesiæ Sancti Martini Saviniacensis : hoc est villam Massonelas[3] cum omnibus appenditiis suis et quicquid ad illam villam aspicit, in pratis, silvis, exitibus et regressibus sicuti terminant rivuli ex utraque parte, totum ex integro Sancto Martino trado et transfundo. Sane si post hæc ipse aut uxor mea aut aliquis de hæredibus meis aut aliqua emissa persona hanc eleemosinam inquietare voluerit, et auferre de mensa monachorum, auferat Deus partem illius de cœtu sanctorum. S. Narduni, qui cartam istam fieri et firmare rogavit. S. Girini. S. Aginini[4]. S. Jarentonis. Data per manum Iterii monachi, septimo idus Maii, luna decima secunda.

---

[1] M. *animæ meæ et viri*, etc.
[2] L. *Mansonelis*. — C. *Masonelis*.
[3] M. et C. *Masonelas*.
[4] M. et C. *Agmini*.

## 98.

#### DE CAMPO IN FENERIIS VILLA.

In nomine Domini, Ego Arricus et uxor mea Garlendis, pro sepul-    16 Jan. 970.
tura filiæ nostræ Adalgardis, donamus campum unum Sancto Martino de Saviniaco : qui campus est in pago[1] Lugdunensi, in agro Forensi, in fine de Ferreriis villa et de Randanis; qui terminatur a medio die via publica, a sero terra Ogganni[2], a cercio terra Sancti Martini. Sane si nos ipsi aut ullus homo hanc donationem inquietare voluerit, componat tantum et aliud tantum quantum ipsæ res amelioratæ valuerint[3], et in antea firma et stabilis permaneat. S. Arrici et uxoris suæ, qui hanc donationem fieri et firmare rogaverunt. S. Arberti. S. Duranti. S. Vualdrici. Ego Bernardus scripsi. Data die Lunæ, mense Januario, anno trigesimo regni Conradi regis.

## 99.

#### DE VINEA IN ADENNACO VILLA.

Sacrosanctæ ecclesiæ Sancti Martini Saviniacensis. Ego Emina[4] et    25 Nov. 959.
filius meus Arnulfus donamus vineam unam quæ est in pago Lugdunensi, in agro Forensi, in fine Solobrensi, in villa quæ nominatur Adennacus. Habet ipsa vinea fines et terminationes a mane via publica, a meridie similiter, a sero molari alto finali, a cercio terra Ariboldi. Si quis vero hanc donationem inquietare voluerit, auri libras tres persolvat, et in antea firma et stabilis permaneat. S. Eminæ, quæ hoc fieri et firmare voluit. S. Seibodi. S. Teutbodi. S. Vuarnerii. Ego Aunericus scripsi. Data die Veneris, mense Novembri, septimo calendas Decembris, anno vigesimo regni Conradi regis.

## 100.

#### DE MANSO IN FLONOGIO VILLA.

Sacrosanctæ ecclesiæ Sancti Martini Saviniacensis. Ego Pontius,    8 Dec. 942.

---

[1] P. male *campo.*
[2] M. *Oganni.*
[3] M. *emelioratæ valent.*
[4] M. hic et infra *Enima.*

pro remedio animæ meæ et parentum meorum, dono de rebus propriis meis quæ sunt sitæ in pago Lugdunensi, in agro Forensi, in villa quæ dicitur Flonogius[1] : hoc est mansus cum curtilis et vircariis, pratis, pascuis, terra culta et inculta, aquis, aquarumque decursibus, et[2] quantum ad illum mansum aspicit et aspicere videtur, mansum videlicet illum quem Hunoldus solebat possidere. Sane si quis istam cartam inquietare voluerit, coactus et culpabilis, auri libras duas persolvat; insuper donatio ista firma et stabilis permaneat. S. Pontii, qui donationem istam fieri et firmare rogavit. S. Somerti[3]. S. Jarentonis. S. Iterii. Ego Aunericus presbiter scripsi. Data die Jovis, sexto idus Decembris, luna vigesima secunda[4].

## 101.

### DE CURTILO IN GRADINIACI VILLA.

968?

Ego, in Dei nomine, Rotardus[5], me ipsum trado in servitio Dei omnipotentis et beati Martini Saviniacensis cœnobii, et omnes res mei juris trado ad ipsam casam Dei supradictam. Quæ res sunt sitæ in pago Lugdunensi, in agro Solobrensi, in villa quæ vocatur Gradiniacus : hoc est curtilum unum et medietatem vineæ quæ inter me et Ratburnum est, et aliam medietatem de terra et de silva quæ vocatur[6] Concisa, et de saliceto quæ est in ipsa silva[7] quæ est inter me et nepotes meos. Omnia trado vel cedo; ea videlicet ratione ut habeant rectores ipsius ecclesiæ licentiam ex ipsis rebus quicquid facere voluerint ex omnibus. Si quis vero contra hanc donationis cartam calumniam inferre voluerit, non impleat quod cupit, sed tantum et aliud tantum componat quantum eo tempore ipsæ res valuerint. S. Rottardi, qui fieri et firmare jussit. Data per manum Germani sacerdotis, anno vigesimo octavo imperii[8] Conradi.

[1] M. et C. *Flovogius.*
[2] Vox *et* deest in M. et C.
[3] L. *Soanerti.* — M. et C. *Soiverti.*
[4] Vide, pro adscriptione temporis, chartam 33, quam ista repetit.
[5] C. *Rottardus.*
[6] Voces *quæ vocatur* desunt in M.
[7] Voces *quæ est in ipsa silva* des. in M.
[8] Vox *imperii*, ut puto, tenet locum *regni.* Sin secus, charta conveniret anno 1052, qui duodetricesimus est dominationis Conradi Salici imperatoris.

## 102.

### DE VINEA IN VILLA DE VERDERIIS [1].

Sacrosanctæ Dei ecclesiæ Sancti Martini Saviniacensis et ecclesiæ Beati Joannis de Randanis. Ego Suscifera dono de hæreditate mea quæ jure mihi advenit ex parte patris : hoc est vineam unam quæ est [2] in villa de Verderiis, quam in nostro dominicatu ego et maritus meus Umbertus faciebamus, et terminatur ex omni parte ipsa hæreditate. Et si ullus fuerit qui hanc donationem contradicere voluerit, iram Dei omnipotentis incurrat, et insuper firma et stabilis permaneat. S. Susciferæ. S. Umberti, mariti ejus. Data per manum Gauzeranni monachi.

1000 circa.

## 103.

### DE VINEA IN TRENAU VILLA.

Ego Adalardus et uxor mea Roteldis donamus Sancto Michaeli de Randanis vineam unam quæ est in pago Lugdunensi, in agro Solobrensi, in fine de Trenau villa, quam Artundrada excolit; quæ terminatur a mane terra Rotlandi, a medio die via publica, a sero terra Pontii, a cercio molari finali. Quod si quis hanc donationem inquietare voluerit, tantum et aliud tantum componat. S. Adalardi et uxoris ejus Roteldis. S. Otberti. S. Fosnardi. S. Batonis. Ego Bernardus scripsi. Data die Jovis, mense Octobri, anno quadragesimo regni Conradi regis.

Oct. 980.

## 104.

### DE CURTILO ET ORTO IN VILLA BRETONICA.

Sacrosanctæ ecclesiæ Sancti Martini Saviniacensis. Ego Ademmarus dono de rebus meis, pro anima mea, curtilum unum et ortum et vineam simul tenentes, quæ sunt sita [3] in pago Lugdunensi, in agro Saviniacensi, in villa Bretonica ; et terminantur a mane terra ipsius

945-990.

---

[1] L. et C. hic et infra *Vedreriis*. — [2] M. addit *sita*. — [3] Vox *sita* deest in M.

donatoris, a meridie via publica, a sero similiter, a cercio terra de ipsa hæreditate, et in alio loco duas listas de vinea quæ terminantur a mane terra Aymonis, a meridie et a sero terra de ipsa hæreditate, a cercio terra Sancti Martini, et in alio loco, aliam vineam quæ terminatur a mane terra Eudonis, a meridie terra fiscali, a sero terra Aymonis, a cercio terra Eudonis. Sane si quis hanc donationem inquietare voluerit, non ei liceat, sed iram Dei et sanctorum ejus offensam incurrat, et postea donatio ista firma permaneat. S. Ademari et uxoris ejus Abellonæ, qui fieri et firmare rogaverunt. S. Aymonis. S. Leidinni [1]. S. Guotbaldi. Ego Atfredus sacerdos scripsi. Data die Sabati, secundo calendas Junii [2], regnante Conrado rege Jurensis [3].

### 105.

#### DE REBUS IN LONGAVILLA.

Sept. 970.

Sacrosanctæ Dei ecclesiæ Sancti Martini Saviniacensis. Ego Bernardus et Jarento et Ermengardis donamus res nostras sitas in pago Lugdunensi, in agro Forensi, in Longavilla : hoc est Mons Verdunus. Habent ipsæ res fines et terminationes a mane de ipsa hæreditate, a meridie via publica, a sero rivo percurrente, a cercio terra Sancti Petri. Si vero hanc donationem quisquam inquietare voluerit, tantum et aliud tantum componat quantum ipsæ res valent, et in antea firma et stabilis permaneat. S. Bernardi [4], Jarenti, et Ermengardis, qui hoc fieri et firmare rogaverunt. S. Amblardi. S. Jarentonis. Data die Sabbati [5], mense Septembri, anno trigesimo regni Conradi regis. Ego Bernardus scripsi.

### 106.

#### DE VIRGARIA IN VILLA DE NOUALIACO.

1000 circa.

Sacrosanctæ ecclesiæ Randanensi in honorem beati Joannis [6] Bap-

---

[1] M. et C. *Leidiuni*.
[2] Duo extremi anni regni Conradi, in quibus secundus calendarum Junii (30 Maii) evenire potuit Sabbato, sunt 945 et 990.
[3] L. *Jurensi*.
[4] M. et C. *et*.
[5] M. et C. hic et infra *Sabati*.
[6] C. hic et infra *Johannis*.

tistæ constructæ[1]. Ego Girinus dedi in vita mea et reliqui ad obitum meum supradicto loco unam vircariam pro remedio animæ meæ et pro sepultura mea. Est autem supradicta vircaria sita ad meridianam plagam de Randanis, scilicet in villa[2] de Noalliaco[3], quem possidet Adalbornus rusticus. Ego Girinus de Nerviaco feci hanc donationem de meo allodio[4] Deo et sanctis ejus in supradicto loco. S. Girini, qui fieri et firmare rogavit. S. Annæ, uxoris ejus. S. Vuigonis, filii eorum. S. Eldegardis et Petronillæ, filiarum eorum.

### 107.

#### DE VINEA IN TRENAU VILLA.

Oct. 980.

In Dei nomine, Ego Autbertus et uxor mea Vuarangardis dono Sancto Martino et Sancto Joanni de Randanis unam vineam quæ est in pago Lugdunensi, in agro Solobrensi, in fine de Trenau villa, quæ terminatur a mane de ipsa hæreditate, a medio die via publica, a sero de ipsa hæreditate, a cercio terra Sancti Martini; eo tenore ut dum ego vivo usum et fructum habeam, et per singulos annos ad festum sancti Martini quatuor denarios persolvam in censu, et post meum decessum ad Sanctum Martinum perveniant. Si aliquis homo donationem istam inquietare voluerit, tantum componat, et donatio ista firma permaneat. S. Autberti. S. Alboini. S. Adalardi. Ego Bernardus scripsi. Data die Sabbati, mense Octobris, anno quadragesimo regni Conradi regis.

### 108.

#### DE CURTILO ET ORTO IN BURBUNIACO VILLA.

Oct. 980.

In nomine Domini, Ego Gausmarus presbiter dono Sancto Martino apud Randanum curtilum et ortum et vineam quæ est in pago Lugdunensi, in agro Saviniacensi, in fine de Burbuniaco villa. Terminantur a mane via publica, a meridie terra Josberti, a sero molari finali, a cercio terra Rotberti; totum ad integrum dono. Sane si nos

---

[1] In cod. C. deest *constructæ*.
[2] M. male *valle*.
[3] C. *Novaliaco*.
[4] C. *alodio*.

aut aliquis hanc donationem inquietare voluerit, componat tantum et aliud tantum quantum ipsæ res amelioratæ valuerint [1], et in antea firma et stabilis permaneat. S. Rotberti [2]. S. Duranti sacerdotis. S. Adalberti. Ego Bernardus scripsi. Data die Sabbati, mense Octobris, anno quadragesimo regni Conradi regis.

### 109.

#### DE CURTILO IN FINE DE NIZECO.

Jan. 974.

In Dei nomine, Ego Ermengardis cum hæredibus meis do Sancto Martino curtilum et ortum et campum qui sunt in pago Lugdunensi, in agro Forensi, in fine de Niseco [3]. Terminantur res ipsæ a mane terra Giroldi, a medio die similiter, a sero aqua volvente, a cercio exitu communi, et in ipsa villa duas sextariatas de campo et alium campum; ea ratione ut quamdiu vixero usum et fructum habeam, et post meum decessum ad Sanctum Martinum perveniat. Si vero aliquis hoc calumniare voluerit, auri libram unam componat, et postea firma permaneat. S. Stephani. S. Adalgisi. S. Ragiboldi. Data die Mercurii, mense Januarii, anno vigesimo regni Lotharii, regis Francorum.

### 110.

#### DE CURTILO IN FLACHERIIS VILLA.

Jan. 970?

In nomine Domini, Ego Dotdo et uxor mea Fredeburgis donamus Sancto Martino de Saviniaco curtilum unum et ortum cum vircaria [4] qui sunt in pago Lugdunensi, in agro Forensi, in fine de Flacheriis villa. Terminantur a mane et a meridie via publica, a sero de ipsa hæreditate, a cercio molari finali. Infra istas terminationes totum ad integrum donamus Sancto Martino; eo tenore : dummodo vivimus usum et fructum possideamus, et per singulos annos tres denarios in censum persolvamus. Si quis vero [5] istam donationem inquietare voluerit, tantum et aliud tantum componat quantum res

---

[1] M. et C. *emelioratæ valent.*
[2] M. et C. *Roberti.*
[3] M. et C. *Nizeco.*
[4] M. et C. *et vircariam.*
[5] Abest vox *vero* in C. et M.

ipsæ[1] valent, et in antea firma permaneat. S. Dotdonis. S. Arnaldi. S. Marnerii. S. Aldonis. Ego Bernardus scripsi. Data die Sabbati, mense Januarii, anno trigesimo regni Conradi regis.

### 111.

#### DE CURTILO IN FINE DE PISICIDIO.

7 Feb. 957.

Sacrosanctæ ecclesiæ Sancti Martini Saviniacensis. Ego Eldoardus presbiter dono curtilum cum orto et campis, quantum de Beroldo conquisivi, et alium curtilum quem de Rolanno[2] conquisivi, quem Aledus possidet, sicut ad ipsum curtilum aspicit, totum ad integrum; et vineam unam in fine de Pisicidio, quam de Rotborno[3] conquisivi cum salicibus ad integrum; et aliam vineam[4] quam de Beroldo conquisivi; et aliam vineam in ipso fine, quam de Guarrenbolto conquisivi. Et dummodo ego Eldoardus vivo, usum et fructum habeam, et duodecim denarios per singulos annos in censum persolvam, et post obitum meum ad Sanctum Martinum perveniant; et donatio ista firma permaneat. S. Eldoardi presbiteri, qui fieri et firmare rogavit. S. Guandalgisi. S. Beroldi. S. Guitboldi. Ego Girardus scripsi. Data die Lunæ, mense Februarii, anno tertio regni Lotharii regis.

### 112.

#### DONUM DE TERRA IN DIAURO VILLA.

1023.

Sacrosanctæ ecclesiæ Sancti Martini Saviniacensis monasterii et Sancti Joannis Randanensis ecclesiæ. Ego, in Dei nomine, Alectrudis, pro remedio animarum Eldini Adalardi et filii mei Aimini[5] et aliorum parentum meorum, dono aliquid de hæreditate nostra quam excambivit mihi et seniori meo Eldino Arnulfus Blancus, in villa quæ dicitur Diauro; et est sita in pago Lugdunensi, in agro Solobrensi, videlicet quantum ibi visi sumus habere usque ad inquisitum; id est quindecim selliones de vinea quos Aychardus rusticus excolit : hoc est

---

[1] C. *ipsæ res.*
[2] L. *Rotlanno.*
[3] C. *Ratborno.*
[4] Voces *in fine de Pisicidio*, etc. usque ad *aliam vineam*, desunt in M.
[5] M. et C. *Aimini.*

totum quod de Arnulfo excanio [1] recepimus; tali tenore ut quandiu vixero usum et fructum possideam, et omni anno, ad festum sancti Michaelis, unam ceram de duodecim denariis in vestituram Sancto Martino persolvam. Post meum vero decessum ad Sanctum Martinum ex integro perveniat. Si quis hanc donationem inquietare voluerit, non valeat vindicare [2] quod repetit, sed iram Dei et sanctorum ejus incurrat. S. Alectrudis. S. Aymini [3]. S. Adalardi [4]. Data per manum Gauzeranni monachi, anno millesimo vigesimo tertio incarnationis Christi.

## 113.

### DE VINEA IN LOCO LITGIACI.

*1000 circa.*

Sacrosanctæ Dei ecclesiæ in honore sancti Joannis Baptistæ et beati Archangeli Michaelis Randani constructæ. Ego Beraldus, pro anima mea dono vineam meam [5] quæ est sita in pago Lugdunensi, in agro Forensi, in loco qui vocatur Litgiacus, et salices et omne quicquid pertinet ad ipsam vineam. S. Beraldi, qui dedit hanc vineam. S. Duranti, filii ejus. S. Bertranni, fratris ejus. S. Pontii, fratris ejus. S. Rotrudis, matris eorum. S. Fulcherii, fratris ejus. Qui omnes simul fieri rogaverunt et firmaverunt. Si quis hanc autem inquietaverit, sit maledictus in perpetuum.

## 114.

### DE VINEA IN MERCURIO.

*1020 circa.*

Sanctæ Dei ecclesiæ Sancti Martini et Sancti Joannis de Randanis. Ego, in Dei nomine, Dumesia, dono de hæreditate mea, pro anima mariti mei Eldini, et pro sepultura mea et filiorum meorum: hoc est vineam unam quæ est sita [6] in loco qui vocatur Perdrierias [7], in

---

[1] Pro *excangio* vel *excambio*. — M. et C. *excannuo*. — L. habet *Excannuo*, sicut nomen proprium; sed de commutatione cum Arnulfo *Blanco* in hoc loco agi patet.

[2] M. et C. *vendicare*.

[3] M. et C. *Aynimi*.

[4] M. *Adolardi*.

[5] M. et C. habent *unam* pro *meam*.

[6] M. *unam vineam sitam*.

[7] M. *Pedrierias*.

parrochia¹ Sancti Christophori de Mercurio villa², quæ ex hæreditate patris³ mei Bladini mihi evenit; eo tenore ut quamdiu vixero usum et fructum habeam, et omni anno unam calgatam de vino in vestitura Sancto Martino persolvam. Post meum vero decessum tota ex integro ad Sanctum Martinum perveniat. S. Dumesiæ, quæ fieri et firmare rogavit. S. Pontii. S. Rigaldi. S. Petri. S. Stephani. Data per manum Gauzeranni monachi.

### 115.

#### DE CURTILO DE NULICO⁴.

Ego, in Dei nomine, Domesia, pro remedio animæ meæ, dono Benedicto sacerdoti curtilum unum et quicquid ad illum⁵ aspicit, qui est situs in pago Lugdunensi, in agro Forensi, in fine de Nulico villa; et terminatur a mane terra Sanctæ Mariæ, a meridie de ipsa hæreditate, a sero via publica, a cercio terra Vuichardi; ea convenientia ut quamdiu vixerit habeat ipsum curtilum, et post ejus obitum ad Sanctum Martinum perveniat. S. Domesiæ. S. Odilonis, mariti ejus. S. Duranti. S. Ranolfi. Ego Bernardus scripsi. Data die Jovis, mense Novembri, anno decimo secundo regni Lotharii regis.

Nov. 966.

### 116.

#### VUIRPITIO ORIELDIS.

In Dei nomine, Ego Orieldis devota, pro amore Dei et salute animæ meæ, vuirpivi res meas proprias totas, quas visa sum habere ex integro, usque ad inquisitum, sancto Martino et ejus congregationi, ut ab hac die misericordiam habeat de me⁶ in vita mea et post mortem. Si aliquis homo contra hanc donationem venire tentaverit, non ei liceat vindicare⁷ quod repetit, sed componat auri libras quatuor, et postea firma et stabilis permaneat. S. Orieldis⁸, quæ donationem istam fieri

7 Nov. 968.

---

¹ C. *perrochia Sancti Christofori.*
² Abest *villa* in C. et M.
³ M. *padris.*
⁴ M. L. et C. hic et infra *Nulieo.*
⁵ M. et C. *ipsum.*
⁶ M. *de me habeant.*
⁷ M. *vendicare.*
⁸ M. *Erieldis.*

et firmare rogavit. S. Ranulfi [1]. S. Rainaldi. S. Rotbaldi [2]. Ego Bernardus scripsi. Data die Lunæ, mense Novembri, anno decimo quinto regni Lotharii, regis Francorum.

### 117.

#### DONUM CAMPI IN RENGONIS VILLA.

Sept. 980.

In nomine Domini, Ego Guarnencus et uxor mea Leogardis, cum filio nostro Amaldrico et uxore ejus Ermengarda, cogitantes de Dei misericordia, donamus ad ecclesiam Beati Martini de Randanis campum unum qui est in pago Lugdunensi, in agro Forensi, in fine de Rengoni villa : terminatur a mane via publica, a meridie terra Vuitaldi, a sero via publica, a cercio Stephani; eo tenore ut dum vivimus, usum et fructum possideamus, et per singulos annos quatuor denarios in censu persolvamus, et post nostrum decessum, ad Sanctum Martinum perveniat. Quod si quis hanc donationem inquietaverit, auri libras duas componat, et in antea firma permaneat et stabilis [3]. S. Guarnenci. S. Constancii [4]. S. Curardi. S. Vuandalberti. Ego Bernardus scripsi. Data die Jovis, mense Septembri, anno quadragesimo regni Conradi regis.

### 118.

#### DE CABANNARIA IN MARCENNAGO.

937-993.

Sacrosanctæ Dei ecclesiæ Sancti Martini Saviniacensis. Ego Umbertus et uxor mea Ingelsoendis, concedimus, pro remedio animarum nostrarum, ad quotidiana stipendia monachorum ibi Deo servientium, cabannariam unam cum orto et vircaria et quodcumque ad illum curtilum aspicit, quem Aribertus excolit, qui est situs in pago Lugdunensi, in agro Forensi, in villa quæ vocatur Marcennagus. Si quis contra hanc donationem, post hanc diem, aliquam calumniam inferre voluerit, minime vindicet [5], sed inferat cui litem intulerit tantum

---

[1] M. et C. *Rannulfi.*
[2] M. *Rotheldis.*
[3] M. et C. *firma et stabilis permaneat.*
[4] M. et C. *Constantii.*
[5] M. et C. *vendicet.*

et aliud tantum cum qualitate et congruentia, et deinceps hæc donatio firma et stabilis permaneat. S. Umberti et uxoris ejus, qui fieri rogaverunt. S. Gualani. S. Vuigonis. S. Gauzelini. Data per manum Arinbaldi[1] presbiteri, secundo idus Martii, regnante Conrado rege.

### 119.

#### DE CURTILO IN SURGIO VILLA.

*1000 circa.*

Ego, in Dei nomine, Girerdis fœmina dono aliquid de hæreditate mea ecclesiæ Sancti Martini Saviniacensis, ut pius Dominus misereatur animæ meæ. Est autem curtilus unus cum orto uno et vircaria situs in pago Lugdunensi, in agro Forensi, in villa Surgio; et sunt termini ejus a mane via publica, a meridie de ipsa hæreditate, a sero via publica, a cercio terra Azonis; ea videlicet ratione ut quandiu vixero, usum et fructum[2] percipiam, et annis singulis quatuor denarios in vestitura persolvam, in festivitate sancti Michaelis. Sane si post hæc aliquis propinquorum meorum aut aliqua persona hanc donationem auferre ab ipso loco voluerit, iram Dei incurrat. S. Girerdi[3]. S. Aynulfi. S. Adzonis. S. Ratboldi. S. Stephani. Data per manum Iterii monachi.

### 120.

#### DE CURTILO AD FARGIIS[4].

*1000 circa.*

In Christi nomine, dilecto fratri meo Asterio. Ego Girinus, frater tuus, dono tibi aliquid de hereditate mea, quæ mihi ex paterno jure advenit: hoc est curtilum unum cum orto, vircaria et vineis, et alia terra arabili, qui est situs in pago Lugdunensi, in agro Forensi, in villa quæ dicitur Farges, quicquid ibi visus sum habere totum tibi dono; tali tenore ut quamdiu vivas, teneas et possideas. Donare vero vel vendere aut alienare non præsumas, sed post tuum decessum ad monasterium Sancti Martini Saviniacensis perveniat pro me et anima patris mei Udulrici.

[1] M. et C. *Arnibaldi.*
[2] M. et C. *usum fructuarium.*
[3] M. et C. *Gireldi.*
[4] M. et C. *Fargis.*

## 121.

DE CABANNARIIS [1] IN RAVERIIS [2].

1023? In nomine sanctæ et individuæ Trinitatis, ego Rotbertus cum uxore mea Datbergia, pro sepultura nostra, donamus Sancto Martino Saviniacensi cabannarias duas quæ sunt sitæ in pago Lugdunensi, in agro Forensi, in villa quæ vocatur[3] Raverias, cum terra arabili culta et inculta, et pratis, et una silva quæ est in ipso monte Raverensi, et quantum visus sum habere in ipsa villa, usque in exquisitum, totum dono Deo et sancto Martino; et quia jugum regulæ sancti Benedicti suscipio, dono unam vineam quæ est in Lanech villa, quæ habet quatuor selliones, quam Constantius Brutinellus possidet; eo tenore ut ab hac die possideant eam ipsius ecclesiæ rectores in perpetuum. Et si aliqua emissa persona hanc donationem infregerit, et de mensa fratrum abstulerit, non fiat quod cupit, sed iram Dei et omnium sanctorum incurrat. Ego Rotbertus hanc donationem feci et firmare rogavi. S. Bernardi. S. Constantii. S. Josberti. S. Stephani. S. Arnulfi.

## 122.

DE ALGIIS ET CAMPO DE ONISIACO VILLA.

11 Jun. 1001? Ego, in Dei nomine, Berno dono de hæreditate mea Sancto Martino de Randanis, pro anima mea et patris mei Rotboldi, id est algas tres quæ sunt sitæ in pago Lugdunensi, in agro Forensi, in villa de Onisiaco. Termini eorum sunt a mane vinea Freelandi, a meridie de ipsa hæreditate, a sero silvis[4] finalibus, a cercio vinea Madalberti, et adjungo campum unum qui terminatur a mane via publica, a meridie terra Joffredi, a sero terra Aroldi[5], a cercio terra Rentrudis[6]; ea videlicet ratione ut, quandiu vixero, usum fructuarium percipiam, et annis singulis dimidium modium vini ex ipsa vinea in vestitura per-

---

[1] P. male *Cabanneriis*.

[2] Vide chartam 715, in qua nominantur iidem donatores, et cui adscribitur annus 1023, isti etiam a me assignatus.

[3] M. *dicitur*.

[4] P. *similis*. — M. et C. *sivilis*.

[5] L. *Araldi*.

[6] M. et C. *Raintrudis*.

solvam, et de campo unum sextarium annonæ quando abladatum fuerit; post meum vero decessum, perveniat ipsa hæreditas ad locum supradictum. Sane si quis propinquorum meorum et alia persona donationem istam calumniatus fuerit et auferre præsumpserit, auferat Deus partem ejus de cœtu sanctorum; donatio vero ista omni tempore firma et stabilis permaneat cum stipulatione subnixa. S. Bernonis, qui donationem istam firmavit et fieri rogavit. S. Dructedi. S. Jozelini. S. Barnoeni. S. Joannis. S. Vendrani [1]. Data per manum Iterii monachi, tertio idus Junii, feria quarta.

### 123.

CARTA DUORUM CURTILORUM IN NUILIACO VILLA.

Ego, in Dei nomine, Guidrannus sacerdos, tradens me in servitium Dei omnipotentis et beati Martini in cœnobio qui vocatur Saviniacus [2], omnes res juris mei trado atque cedo ad ipsam casam Dei. Ipsæ autem res sunt sitæ in pago Lugdunensi, in agro Forensi, in villa quæ dicitur Nuiliacus: hoc sunt curtili duo, unus cum vinea quam de Abbono conquisivi, et quicquid in ipsa villa visus sum habere, usque ad inquisitum, excepto curtilo, quem inter me et fratrem meum Heldinum habemus; et in alia villa quæ vocatur Polliacus curtilum unum cum vinea quem Subbo tribuit mihi in eleemosinam; et in ipsa villa vircariam unam quam conquisivi de Abbono. Si quis ergo hanc donationis cartam inquietare præsumpserit, tantum et medium tanti de rebus melioratis persolvat, et deinceps firma et stabilis permaneat. Ego Guidrannus fieri jussi et firmare rogavi. S. Eldeodi. S. Ladredi. S. Gotberti. Data per manum Aginaldi monachi, die Veneris, mense Aprili, regnante Conrado rege Jurensis.

937-993.

### 124.

PRESTARIA MANSI DE FOSSATO.

Ego Hismido [3], Randanensis obedientiæ præpositus, dono Pontio

1000 circa.

---

[1] C. *Vendranni*. — [2] M. *cœnobio Saviniaco*. — [3] M. L. et C. hic et infra *Hisinido*.

86    CHARTULARIUM SAVINIACENSE.

Angereu et Petro, filio ejus, mansum de Fossato, tantummodo in vita eorum; tali pacto et fœdere ut duodecim denarios et eminam ordei omni anno, quandiu vixerint, loco Randanensis ecclesiæ, ob memoriam recuperationis, reddent[1], et absque ulla calumnia aut violentia suorum parentum et propinquorum loco et monachis in pace dimittatur. Ob recordationem vero, ne oblivioni tradatur, huic cartulæ, quia[2] ita est, insero, et eos omnes qui ita negaverunt et contradixerunt verum esse et verbis et circumventionibus[3] suis, ut Beato Martino auferatur nocuerint, sub maledictionis anathemate cum Datan et Abiron constituo, et eos cum Juda traditore Domini perpetua maledictione ferio. S. Hismidonis. S. Arentii. S. Pontii[4] et Petri, filii ejus. S. Artaldi Juridis[5]. S. Petri Malevicini.

### 125.

CONCAMBIUM RERUM DE GINIMIACO[6] ET BALBIEO.

1 Jul. 956?

Ego, in Dei nomine, Durantus et uxor mea Vualburgis, monachis Sancti Martini Saviniacensis donamus in concambio[7] mansos, campos et pratos et vircarias quæ sunt sitæ in pago Lugdunensi, in agro Forensi, in fine de Ginimiaco et de Balbieo, quantum in ipsis villis visus sum habere usque ad inquisitum, ut faciatis ex eis quicquid facere volueritis. Sane si nos aut aliquis homo cartam istam inquietaverit, non ei liceat vindicare[8] quod repetit, sed componat auri libras quatuor; et deinceps firma et stabilis permaneat cum stipulatione subnixa. S. Duranti et uxoris ejus[9] Vualburgis, qui cartam istam fieri et firmare rogaverunt. Ego Bernardus scripsi. S. Ramberti. S. Girini. S. Adaltrudis. S. Stephani. S. Arperti clerici. Data die Veneris, calendas Julii, anno decimo sexto regni Conradi regis Jurensis.

---

[1] M. *reddant.*
[2] M. *quæ.*
[3] P. *circonventionibus.*
[4] M. *Ponti.*
[5] M. *judicis* vel *Judicis.*
[6] M. hic et infra *Giminiaco.*
[7] M. *contracambio.*
[8] M. et C. *vendicare.*
[9] C. *suæ.*

## INCIPIT DE DOMNO GAUSMARO ABBATE SANCTISSIMO.

(Hic sanctissimus vir ad munimentum et ornamentum suæ ecclesiæ detulit ab Hierusalem[1] multas sanctorum reliquias, quarum partem quamdam in cruce argentea, quæ usque hodie in medio ecclesiæ consistit, quam et ipse fecerat, recondidit, fecit et coronam argenteam et auream quæ adhuc pendet in ecclesia ante prefatam crucem, et maximum calicem argenteum, et quinque tabulas argenteas quos convenienter deauravit. Acquisivit etiam suo loco plures ecclesias sicut in subsequentibus declarabitur. Hic quoque, cum post obitum suum ante sepulchrum suum cuidam a nativitate muto apparuisset, loqui donavit.)

### 126.
#### ELECTIO EJUSDEM[2] ABBATIS[3].

Ex quo divina dispensatio post diluvium constituit, ut homo homini præesset quicumque secundum Dominum tam in Veteri Testamento quam in Novo aliis præfuerunt, quantum possibile fuit procuratur[4], ut consultum subditis[5] in posterum esset, quod et beatum Benedictum fecisse quædam documenta probant. Quapropter tam regalis potestas quam sacerdotalis auctoritas, sed et principum sublimitas, necnon et reliquorum fidelium agnoscat universitas : quod ego Borchardus, sanctæ sedis Lugdunensium archiepiscopus, examen æterni judicis vicinari agnoscens, quemdam fratrem nomine videlicet Gausmarum, una cum fratrum Saviniacensis monasterii consensu, præesse eisdem ipsis monachis delegavi, ac ut regulari patri proprii abbatis officio fungi præcepi; ita scilicet ut et cum omnibus rebus ad eumdem locum pertinentibus regulariter præsit, et Deo favente, causam pro viribus regulariter disponat. Si quis autem hanc institutionem infregerit, deterreat eum vox divina quæ dicit, « Maledictus

Febr. 960?

---

[1] M. et C. *Jerusalem.*
[2] Hoc instrumentum legitur in *Hist. du dioc. de Lyon*, auctore de la Mure, p. 377.
[3] Vox *abbatis* deest in P.
[4] De la Mure, *procurarunt.*
[5] Vox *subditis* deest in P.

qui transfert terminos proximi sui[1], » id est institutiones[2] predecessorum suorum, et conatus ejus penitus frustretur. Dispositio vero nostra quæ, ut credo, per charitatem eidem cœnobio cupit esse consultum, Deo disponente et beato Martino patrocinante, inconvulsum permaneat. S. Danielis. S. Utulfredi[3]. S. Gauzcherii. S. Leoberti. S. Adalborni. S. Acberti. S. Teotgerii[4]. S. Mainardi. S. Dominici. S. Umberti. S. Girini. S. Bernardi[5] S. Luvilis. S. Aledonis[6]. S. Lecberti. S. Adelelmi[7]. S. Heliæ. S. Orgerii. S. Mainfredi. S. Vuilisii. S. Ainoldi. S. Gotesmanni. S. Costabili. S. Etenolfi[8]. S. Arulfi. S. Agenoldi. S. Benedicti monachi. Data per manum Dalmatii[9] levitæ, mense Februarii, imperante Borchardo, Lugdunensi archiepiscopo, et jubente domno abbate cum cuncta congregatione Sancti Martini Saviniacensis cœnobii, anno vigesimo regni[10] Conradi regis.

### 127.

DECRETUM SEU PRÆCEPTUM DOMINI CONRADI REGIS[11].

7 Oct. 976.

In nomine Domini Dei et Salvatoris nostri Jesu Christi, Chonradus, divina ordinante providentia, invictissimus rex. Si petitionibus servo-

---

[1] *Deut.* XXVII, 17.
[2] De la Mure, *institutionis*.
[3] L. *Beulfredi*. — C. *Stulfredi*.
[4] M. et de la Mure, *Theotgerii*.
[5] C. *S. Bernardi stuvilis*. — M. *Siuvilis*.
[6] M. *Adelonis*.
[7] C. *Adelelini*.
[8] M. et de la Mure, *Ethenolfi*.
[9] C. *Dalmacii*.
[10] Annus 960, quem huic chartæ apposui, maxime litigiosus est, siquidem legitur in ea nomen archiepiscopi Lugdunensis Burchardi I, cujus morti *Galliæ christianæ* auctores annum 957 assignant. Forsan revera est legendus iste annus 957, qui congruit anno regnantis Conradi vigesimo, si regnum ejus cursum ineat ab anno 937, cum morte Rodolfi II, patris ejus, conveniente. Videbitur autem in charta sequente annum 940 a Conrado regno suo expresse attributum esse.
[11] Hoc instrumentum a Guichenone, *Bibl. Sebus.* p. 122, et secundum eumdem a Menestrier, *Hist. cons. de Lyon*, pr. p. XXII, atque etiam in *Rer. Gallicar. et Francic. script.* t. IX, p. 703, editum est. In Lugdunensis urbis archivis exstat autographum, cujus sinceritati confidimus omnino. Supervacuum revera est varias editorum præcedentium atque diversorum manuscriptorum chartularii lectiones, vel potius errores mendaque, proferre. Scriptum est in dorso autographi : « Præceptum Codoardi (sic), regis Francorum, in quo canetur qualiter rex precipiebat archiepiscopo Lugdunensi et suis successoribus ne

rum Dei pro quibuslibet ecclesiasticis necessitatibus aurem serenitatis nostræ libenter accomodamus, ideo nobis et ad mortalem vitam temporaliter deducendam et ad æternam feliciter obtinendam profuturum liquido credimus. Idcirco notum fore volumus cunctis fidelibus sanctæ Dei ecclesiæ et nostris, presentibus scilicet ac futuris, quia Amblardus, sanctæ Lugdunensis ecclesiæ presul, cum cæteris nostrorum fidelium episcopis seu comitibus, supplex nostræ serenitatis adiit majestatem, quo per largitionis nostræ scriptum quoddam monasterium quod Sabiniacus vocatum est, in quo Gausmarus preesse dinoscitur abbas, presentialiter ac perpetuo faceremus munitum, metuensque ne futuris temporibus ea quæ pro divino amore vel ab ipso vel a christianis fidelibus ei concessa sunt aut in futuro concedentur a suis successoribus parvipendendo annullarentur, deprecatus est nostram sublimitatem ut, paternum morem servantes, nostræ immunitatis preceptum fieri censeremus, per quod declaretur quatinus nullus pontifex Lugdunensis ecclesiæ ex prædicti rebus monastherii seu possessionibus aliquid injuste minorare præsumat, nec mansionaticos nec ullas redibitiones exigere tentet; fratres vero monasterii prelibati debito ei servitio ac subjectionis reverentia, inpensa omnia quæ ad hoc pertinent absque ulla diminutione seu inpulsione teneant et possideant; habeant etiam potestatem eligendi abbates ex eorum cœnobio, et electos ante presentiam ejusdem civitatis episcopi deducere, ut, ab eo benedictione accepta, congregationem sibi commissam regulariter gubernare studeant. Cujus petitioni libenter assensum prebuimus. Et hoc nostræ auctoritatis preceptum erga ipsum monastherium immunitatis atque tuitionis gratia pro divini cultus amore, et animæ nostræ ac successorum nostrorum remedio fieri decrevimus; per quod precipimus atque jubemus ut sicut ab eodem archiepiscopo Amblardo hæc res statuta

aliquid minueret de bonis ecclesie Sabigniacensis, et qualiter religiosi habent potestatem eligendi futurum prelatum, et quod ipse prelatus, electione factus, debet se presentare in civitate Lugduni pro confirmatione et benedictione ab ipso archiepiscopo recipienda. »

vel ante presentiam nostram delata esse dinoscitur, ita deinceps a nobis vel successoribus nostris et ab omnibus sanctæ Dei ecclesiæ fidelibus, seu etiam ab ipsis episcopis et ab omni clero Lugdunensis ecclesiæ conservetur. Quatinus episcopus subjectionis sive obedientiæ recepta, reverentia debita, nostram jussionem ac successorum nostrorum conservet et monachi ibidem Deo militantes abbati suo, ut decet, humili devotione obedientes existant, ut prepositum suum, Domino largiente, libere conservare valeant; precipientes etiam jubemus ut nullus judex publicus ad causas audiendas vel freda aut tributa exigenda, nec paratas, aut mansiones exigendas vel faciendas, aut fidejussores tollendos, aut homines ejusdem monastherii tam ingenuos quam servos distringendos aut ullum censum et ullam redibitionem exigendam sive ea quæ supra memorata sunt exactari minime presumant. Ut autem hæc auctoritas firmior habeatur et a fidelibus sanctæ ecclesiæ futuris temporibus diligentius conservetur, de anulo nostro subter jussimus sigillari. Signum domni Chonradi, in-(*locus monogrammatis*)victissimi regis. Ego Vincentius recognovi (*signum*). Datum nonis Octobris, anno scilicet incarnationis Christi DCCCC LXXVI[1], indictione II, et anno XXXVI imperii domni nostri Chuonradi, serenissimi regis. Actum Lugduno publice feliciter.

### 128.

CARTA DE MORNANCO.

Oct. 974.

Dum in seculo immoramur, concessum est nobis operare quod in perpetuum nobis expediat, dicente enim veritate : « Thesaurizate vobis thesauros in cœlo, ubi nec erugo nec tinea demolitur, et ubi fures non effodiunt nec furantur[2]; » et alia scriptura : « Redemptio viri divitiæ ejus[3]. » Quid nobis agendum est nisi ut de transitoriis quæ possidemus mercamur æterna. Idcirco ego Heldevertus, reminiscens casus humanæ fragilitatis, simulque cupiens absolvi nexibus delic-

---

[1] Auctores *Gall. chr.* (t. IV, col. 261) legendum esse 974 aiunt, quia indictio secunda non congruit anno 976; sed error potius est in indictione quam in anno.
[2] Matth. VI, 20.
[3] Prov. XIII, 8.

torum et hereditari regna cœlorum, ubi est terra viventium, et audire desiderans vocem Domini in die judicii dicentis, « Venite, benedicti patris mei, precipite præparatum vobis regnum[1], » cedo et dono aliquid de rebus meis quæ mihi jure legis adveniunt ecclesiæ Dei Saviniacensis monasterii, quæ constructa in honore beatissimi Martini præsulis Christi esse dignoscitur, ut pius et misericors Dominus per intercessionem ipsius sancti Martini et aliorum sanctorum quorum ibi reliquiæ habentur et memoria veneratur[2], seu per orationes fidelium ministrorum qui ibidem die ac nocte Deo deservire creduntur, animam meam et patris mei Emmardi, et matris meæ Eldegardis, inter agmina sanctorum suorum collocare dignetur. In supradicto autem loco præesse videtur domnus Gausmarus, humilis abbas, congregationi monachorum. Sunt itaque ipsæ res sitæ in pago Lugdunensi, in agro Gophiacensi, in villa quæ dicitur Mornant; suntque termini earum a mane mercatum et via publica quæ ducit ad Corziacum[3] villa, a medio die aqua volvente quam æstas exsiccat, a sero terra de ipsa hæreditate, a cercio via publica. Infra istas terminationes, quicquid ego Heldevertus visus sum habere, totum ad integrum usque ad exquisitum dono ecclesiæ Sancti Martini in eleemosinam pro anima patris mei et matris, et pro anima mea; sed in hac donatione vineam Amalfredi contestor. Tali vero tenore hanc donationem facio ut quamdiu ego Heldevertus et uxor mea Rotlendis vixerimus, usum fructuarium ex istis rebus possideamus, excepto de supradicta vinea Amalfredi, quam contestor, et annis singulis ex ipso fructu quatuor sextarios vini in vestituram[4] in censu persolvamus; post nostrum quoque amborum decessum, ipsæ res ad supradictam ecclesiam Dei et Sancti Martini, sive ad usus monachorum inibi Deo servientium, absque ulla contradictione, sicut de fine in finem definitæ sunt, ex integro perveniant, habeantque eas in usus suos servi Dei qui inibi servituri sunt ei per omnes successiones suas. Sane si post hæc ego ipse aut ullus de hæredibus meis et pro-

[1] Matth. xxv, 34.
[2] P. add. hic mendose *deservire*.
[3] M. et C. *ducit Corziaco villa*.
[4] M. et C. *vestitura*.

pinquis, aut aliqua emissa persona, contra hanc eleemosinariam donationem insurgere voluerit, ab omnipotente Deo et omnibus sanctis ejus separatus, societur diabolo et angelis ejus in inferno, cruciandus in igne perpetuo, nisi prius ad satisfactionem et emendationem congruam venerit; insuper non possit vindicare quod repetit. Si legaliter convictus, persolvat auri libras quinque; donatio vero ista omni tempore firma et stabilis permaneat cum stipulatione subnixa. S. Heldeverti, qui donationem istam fieri et firmare rogavit. S. Laidredi. S. Josberti. S. Hugonis. S. Constantii. S. Jarentonis. S. Leotberti. S. Stephani. Data per manum Gerberni monachi, anno ab incarnatione Domini nongentesimo septuagesimo quarto, mense Octobri, die Dominica, regnante Conrado rege.

### 129.

#### EXCOMMUNICATIO DE MORNANCO [1].

960-978.

In nomine sanctæ et individuæ Trinitatis. Ego Amblardus, sanctæ matris ecclesiæ Lugdunensis humilis archiepiscopus [2], notum fieri volo fidelibus christianis qui in episcopatu nostro commorantur, qualiter veniens Gausmarus, abbas monasterii Saviniacensis, cum suis monachis, reclamavit se ante presentiam nostram de parrochia Sancti Petri ecclesiæ Mornacensis, dicens aliquos esse in ipsa parrochia qui decimas ejusdem ecclesiæ injuste retinerent, quorum ista sunt nomina : Rodardus, presbiter, de villa Cuiziliaco; Joannes, presbiter, de Fera; Stephanus presbiter, et Justus laicus de Saniaco [3]; Poncius [4] de Cablinatis; Domasiacus de Lodisco; Rostagnus, similiter de Lodisco; Ademarus de Madernatis; Girinus Rostagnus [5] et Romestagnus, et [6] alii duo de Corcennatis. Placuit itaque nobis in ista amonitione [7] manifestare eis voluntatem nostram, ut ipsa de qua in presenti culpa-

---

[1] Hæc charta edita est in *Hist. du dioc. de Lyon*, auctore de la Mure, p. 378.
[2] P. *episcopus*.
[3] M. *Saviaco*.
[4] M. et C. *Pontius*.
[5] Forte apponenda est virgula post vocem *Girinus*, qui hoc modo fieret, sicut Rostagnus, vir familiæ *de Corcennatis*.
[6] M. *similiter* pro *et*.
[7] M. ibi et infra *admonitione*.

biles sunt decimam ex integro reddant, et postea nunquam hoc repetere præsumant. Quod si amonitionem nostram despexerint, et ipsam decimam reddere noluerint, tam ipsos quam omnes de ipsa parrochia qui decimam ipsius ecclesiæ[1] retinere injuste non timent, auctoritate Dei Patris omnipotentis et Filii et Spiritus sancti, et sancti Petri, principis apostolorum, cui potestatem ligandi atque solvendi Dominus dedit, et omnium apostolorum, martirum, confessorum et virginum, et omnis gradus ecclesiastici ordinis, excommunicamus et anathematisamus, et separamus ab unitate sanctæ matris ecclesiæ et a societate fidelium christianorum, donec ad satisfactionem et emendationem veniant, et dicat omnis ecclesia : Amen, amen[2].

Ad hanc obedientiam de Mornanco pertinent quinque ecclesiæ parrochiales, videlicet ecclesia Sancti Mauritii[3] cum presbiteratu, ecclesia ....... de Chassagniaco cum presbiteratu, ecclesia Sancti Joannis Baptistæ de Duerna cum presbiteratu, ecclesia Sancti Martini[4] de Cornaco cum presbiteratu, ecclesia Sancti Nazarii.

### 130.
#### CARTA DE ECCLESIA SANCTI PETRI DE NOALIACO[5].

Sacrosanctæ ecclesiæ quæ est constructa in honore sancti Martini, Saviniacensis monasterii, ubi domnus Gausmarus abbas præest, una cum fratribus ibi degentibus. Ego Hugo et uxor mea Emmena, cogitantes casum humanæ fragilitatis vel æternæ retributionis, donamus ad jam dictam ecclesiam[6] Dei et fratribus ibi Domino militantibus aliquid ex rebus nostris, id est ecclesiam in honore sancti Petri dicatam, quæ est in comitatu Lugdunensi, in pago Rodonensi, in villa quæ dicitur Noalliacus[7] cum parrochia et suo presbiteratu, et quicquid ad ipsam ecclesiam aspicit et aspicere videtur, ut habeant ipsius rec-

18 Oct. 959.

---

[1] L. add. *reddere voluerint et.*
[2] Quod sequitur glossa serius introducta in textu chartularii esse videtur.
[3] C. *Mauricii.*
[4] *Martini* scripsit manus recentior in C.
et P. ubi spatium erat vacuum, ut in linea antepenultima.
[5] M. *Noliaco.*
[6] M. *donamus jam dictam casam Dei.*
[7] M. et C. *Nailiacus.*

tores ecclesiæ supplementum et adjutorium unde Domino servire possint, ea videlicet ratione ut quamdiu vivimus, usum et fructum possideamus, et annis singulis in vestituram inter panem et vinum modium unum persolvamus; post nostrum quoque amborum decessum, prædictæ res ad jam dictam casam Dei sine ulla tarditate revertantur. Si quis autem aut nos ipsi, aut ullus ex hæredibus nostris, contra hanc largitionem aliquam calumniam apponere voluerit, non valeat vindicare quod petit, sed iram Dei incurrat, et cum Datan et Abiron Judaque traditore damnetur, et omnibus maledictionibus quæ in libris divinis continentur subjaceat, et post implecturus[1] tantum et aliud tantum quantum eo tempore res amelioratæ valuerint; et hæc donatio a nobis gratanti animo facta firmitatis obtineat vigorem cum stipulatione subnixa. Actum publice. S. Hugonis et uxoris suæ Emmenæ, qui largitionem istam fieri et firmare rogaverunt, et manibus propriis firmaverunt. S. Gauzeranni. S. Gerardi. S. Rotboldi. S. Gismalari. S. Icmondi[2]. S. Mannoni. S. Beroldi. Data per manum Gislamari presbiteri, decimo quinto calendas Novembris, anno vigesimo regni Conradi regis Jurensis, die Mercurii[3].

### 131.

#### CARTA DE VILLIS CAMPANIACO ET ARCIACO.

18 Oct. 959.

Sacrosanctæ ecclesiæ quæ est constructa in honore[4] sancti Martini, Saviniacensis monasterii, ubi domnus Gausmarus abbas præest, cum fratribus inibi degentibus. Ego Emmena[5], cogitans casum[6] humanæ fragilitatis, pro remedio senioris mei Hugonis, seu animarum ex quorum partibus mihi hæreditas obvenit, cedo aliquid ex rebus meis quæ mihi ex legali conquisto advenerunt. Sunt autem ipsæ res sitæ in

---

[1] M. et C. *impleturus.*
[2] C. *Jemondi.*
[3] Ibi patet error, quintus enim decimus calendarum novembris (18 oct.) in diem Mercurii incidere non potuit, nisi anno 954 vel 965, cui annus regnantis Conradi vigesimus neutri congruit. Probabiliter legendum est *die Martis,* ut in charta sequente.
[4] Voces *quæ est constructa in honore* desunt in M. et melius.
[5] M. C. et P. male *Cimmena.*
[6] L. *cogitans de casu.*

comitatu Lugdunensi, in pago Rodonensi, villæ his nominibus : Campaniacus et Arciacus, cum omnibus itidem[1] adjacentiis suis, id est mansis, campis, pratis, silvis, servis utriusque sexus usque ad inquisitum : hæc omnia dono, trado atque transfundo ad jam dictam casam Dei, omnibusque in ibidem Deo servientibus et[2] militantibus; ea videlicet ratione ut quamdiu ego vixero, usuarium fructum percipiam, et annis singulis, in festivitate sancti Martini, denarios duodecim in censu persolvam; post meum quoque decessum, habeant rectores ipsius ecclesiæ licentiam in omnibus quicquid ex eis facere voluerint. Si quis autem, aut ego aut alius de hæredibus meis, contra hanc donationem aliquam inferre voluerit calumniam[3], non vindicet quod petit, sed iram Dei incurrat, omnibus maledictionibus quæ in libris divinis continentur subjacent, et sit impleturus tantum et aliud tantum quantum ipsæ res eo tempore emelioratæ valuerint, et postea[4] hæc donatio firma et stabilis permaneat cum stipulatione subnixa. Actum publice. S. Hugonis, qui consensit. S. Emmenæ, quæ donationem istam fieri ac firmare rogavit. S. Gauzerandi. S. Girardi[5]. S. Roboldi. S. Gislamari. S. Lemondi. S. Mannonis. S. Beroldi. Data per manum Gislamari presbiteri, sub die Martis, decimo quinto calendas Novembris, anno vigesimo regni Conradi, regis Jurensis.

### 132.

PRÆCEPTUM[6] REGIS LOTHARII DE ECCLESIA DE NOALIACO[7].

In nomine sanctæ et individuæ Trinitatis, Lotharius, Dei gratia rex.   10 Dec. 961. Notum facimus sanctæ[8] Dei ecclesiæ, omnibus nostris fidelibus tam presentibus quam uspiam degentibus, quod quædam matrona, Emmena videlicet nomine, contulit Sancto Martino, ad usum monachorum, ad monasterium Saviniacense, pro remedio animæ suæ suorum-

---

[1] Abest *itidem* in L.
[2] Abest *servientibus et* in M. C. et P.
[3] C. *calumniam voluerit.*
[4] Abest *postea* in C. et P.
[5] C. *Gerardi.*
[6] Hoc regale diploma duabus præcedentibus chartis congruit. Continetur in *Rer. Gallic. et Francic. script.* t. IX, p. 625.
[7] M. *Noliaco.*
[8] M. et C. *gratia Dei rex. Not. sit sanctæ.*

que parentum, ecclesiam in honore sancti Petri, sitam in villa de Noalliaco[1], cum omnibus rebus ad se pertinentibus, duasque etiam villas, Campaniacum et Arciacum, cum omnibus quæ etiam ad easdem villas attinent, tam in vineis quam pratis, silvis, terris cultis et incultis, quæcumque etiam in mancipiis utriusque sexus, pascuis, aquis, æquarumque decursibus, atque, ut diximus, rebus omnibus ad supradictas villas seu ecclesiam pertinentibus. Verum ut supradicta[2] monachi ad honorem præfati monasterii jam dictas res possideant firmius, per consensum fidelium nostrorum episcoporum seu comitum, hoc illis exinde regia auctoritate præceptum fieri jussimus, quo nullus ex supradictis rebus amodo præfati monasterii monachos inquietare præsumat. Quod si quispiam tentaverit, iram Dei omnipotentis incurrat, sanctorumque omnium, et nostram; sicque in jus venerit, centum libras auri præfato monasterio ibique degentibus monachis persolvat, et quod cœperit[3] non vindicet. Insuper annulo nostri palatii subterfirmantes jussimus insigniri, ne a malorum hominum temeritate jam dictæ Emmenæ in rebus nominatis potestas ulla insurgat. Signum Lotharii (*hic monogramma*), gloriosissimi regis. Gezo, notarius, recognovit ad vicem Roriconis episcopi, et signavit. Datum quarto idus Decembris, anno regni domini Lotharii septimo, indictione quarta. Actum in Tablidina villa feliciter.

### 133.

CARTA DE ECCLESIA SANCTI LUPI.

3 Sept. 967.

Sacrosanctæ Dei ecclesiæ quæ est constructa in honore[4] sancti Martini Saviniacensis, ubi domnus Gausmarus abbas præest, cæterique inibi Domino famulantes. Ego Arulfus et uxor mea Suaneburgis, cogitantes casus humanæ fragilitatis, ut Dominus noster liberare dignetur animas nostras seu parentum nostrorum Edulfi[5] et uxoris suæ, necnon et filii eorum Ernici, seu consanguineorum nostrorum de

---

[1] M. et C. *villa Noaliaco.*
[2] L. *supradicti.*
[3] M. et C. *ceperit.*
[4] Voces *quæ est constructa in honore* desunt in M. et melius.
[5] M. L. et C. *Eldulfi.*

pœnis infernalibus, propter hoc donamus ad jam dictam casam Dei aliquid ex rebus proprietatis nostræ quæ legibus nobis evenerunt[1], id est ex ecclesia Sancti Lupi unam medietatem, et quicquid ad ipsam medietatem aspicit et aspicere videtur, id est cum ipso presbiteratu et omnibus adjacentiis suis usque ad inquisitum; ea videlicet ratione ut quamdiu vixerim ego et uxor mea, usuarium fructum percipiamus, et annis singulis, in festivitate sancti Martini, inter panem et vinum, modium unum in censum persolvamus. Si autem hujus hæreditatis legales auctores esse non potuerimus, hæreditas nostra quem in Broliaco habemus sine ulla tarditate, ad jam dictam Dei casam eorumque successores perveniat. Si quis autem, aut nos ipsi, aut ullus ex hæredibus nostris contra hanc eleemosinariam donationem aliquam calumniam inferre voluerit, et a nobis defensatum non fuerit, simus culpabiles, et impleturi tantum et aliud tantum quantum ipsæ res emelioratæ eo tempore valuerint, et hæc donatio firma et stabilis permaneat cum stipulatione subnixa. S. Arulfi et uxoris suæ, qui hanc eleemosinam fieri et firmare rogaverunt. S. Hugonis, fratris sui, qui consensit. S. Ernici[2], qui consensit. S. Plectrudis, matris Arulfi. S. Amblardi episcopi. S. Berardi. S. Girardi. S. Raginardi, Vuilisii, Sigeverti[3], Bernardi. Data per manum Aynaldi subdiaconi, tertio nonas Septembris, jubente domino Gausmaro abbate, anno vigesimo septimo regni Conradi regis.

## 134.

#### ITEM UNDE SUPRA.

In nomine Christi. Ego Gausmarus, abbas Saviniacensis monasterii, 970 circa. et omnis congregatio ejusdem ecclesiæ, tam præsentibus quam futuris, notum fieri volumus qualiter hi homines Hugo et Arsendis, uxor sua, Unfredus et Raingardis[4], uxor sua, nostram adierunt præsentiam, postulantes quod eis quasdam res ex ratione Sancti Martini per præstariam ad censum beneficiaremus, et uni ex filiis Unfredi,

---

[1] C. *obvenerunt.*
[2] M. et C. *Eruici.*
[3] M. *Sigeberti.*
[4] BM. *Rangardis.*

nomine Ancherio [1], hoc est medietatem unam de ecclesia Sancti Lupi, cum medietate presbiteratus et decimarum, quam de Arulfo acquisivimus; eo tenore ut et ipsi aliam medietatem quæ ad illos pertinet ad jam dictam Dei casam Sancti Martini condonarent; sicut et fecerunt. Insuper Unfredus et uxor sua Raingardis, consentiente Susciferana [2], matre Unfredi, dederunt nobis unum mansum qui est situs in villa Nulliaco, usque ad inquisitum, et quicquid ibi aspicit; ea ratione ut teneat cum Suscifera in vita sua, et annis singulis, in festivitate beati Martini, denarios duodecim in censum persolvat, et post suum decessum statim ad locum nostrum perveniat. Quorum petitionem, cum consensu fidelium nostrorum, suscipientes, concessimus eis per scripturæ testimonium partem nostram et illam quam nobis ipsi dederunt totum concessimus eis, ut quamdiu vixerint teneant, et annis singulis denarios duodecim, in supradicto festo, persolvant, et post illorum omnium decessum ad jam dictam ecclesiam Sancti Martini revertantur. Quod si negligentes ex ipso censu fuerint, tantum et aliud tantum componant, et firma permaneat; et si amplius eum neglexerint exsolvere, usque tertio admoneantur; et si postea neglexerint, omnia amittant. S. Hugonis et uxoris ejus Arsendis. S. Unfredi et uxoris ejus Raingardis. S. Susciferæ, matris Unfredi, qui omnes fieri et firmare rogaverunt.

### 135.

CARTA DE ECCLESIA SANCTÆ MARIÆ DE BROLIO.

3o April. 960.

Sacrosanctæ ecclesiæ quæ est constructa in honore sancti Martini, Saviniacensis monasterii, ubi domnus Gausmarus præest, et cuncta congregatio inibi Domino serviens, Ego Raimundus et uxor mea Otsinda [3] donamus aliquid ex rebus nostris quæ nobis legitime obvenerunt. Sunt autem ipsæ res sitæ in pago Lugdunensi, in vicaria Tarnatensi [4], in villa quæ dicitur Brolium. Est autem casa indominicata cum omnibus appenditiis suis, et ecclesia in honore sanctæ Dei geni-

---

[1] M. et C. *Anscherico*.
[2] M. hic et infra *Sulciferana*.
[3] M. *Etsinda*.
[4] M. *Tarnantensi*.

tricis dicata, cum omnibus appenditiis suis, id est parrochia et presbiteratu vel omnibus adjacentiis suis, quicquid in ipsa villa visi sumus habere, usque ad inquisitum; omnia ad jam dictam casam Dei tradimus atque transfundimus. Sunt autem mansi, campi, prati, silvæ, exitus et regressus, aquæ, aquarumque decursus, et omnia usque ad inquisitum quod legibus obtinemus; ea videlicet ratione ut quamdiu vivimus, usum et fructum possideamus, et annis singulis, in festivitate beati Martini, duodecim denarios in censum persolvamus; post vero nostrum decessum, supradictæ res ad jam dictam ecclesiam sine tarditate aliqua perveniant, ut habeant ipsius rectores ecclesiæ eorumque successores aliquod supplementum unde Dominum laudent et veniam pro nobis deposcant. Si quis autem, quod minime credimus, nos ipsi aut ullus ex hæredibus nostris contra hanc largitionem aliquam calumniam opponere voluerit, non valeat vindicare quod petit, sed iram Dei incurrat, impleturus tantum et aliud tantum quantum eo tempore emelioratæ ipsæ res valuerint, hæc donatio a nobis gratanti animo facta firmitatis obtineat vigorem cum stipulatione subnixa. S. Raimundi et uxoris ejus Otsendis, qui largitionem istam fieri et firmare rogaverunt. S. Unfredi. S. Alberici. S. Silvionis. S. Gislamari. S. Anseranni. S. Lamberti. S. Attolonis. Data per manum Ainaldi monachi, decimo secundo calendas Maii, sub die Veneris, anno vigesimo regni Conradi, regis Jurensis.

### 136.

DE ECCLESIA SANCTI MARTINI DE CHASSIACO.

In Christi nomine, Ego Aroldus et uxor mea Engela donationem facimus ex nostris rebus ad locum beati Martini Saviniacensis monasterii, ubi domnus Gausmarus abbas præest : sunt autem ipsæ res quas cedimus[1] sitæ in pago Lugdunensi, in agro Tarnatensi[2], in ipsa vicaria et in vicaria quæ vocatur Chassiacus. Hoc ergo cedimus a die presenti quatenus nostræ animæ seu parentum nostrorum sint etiam

11 April. 968.

---

[1] Voces *quas cedimus* desunt in P. — [2] M. *Tarnantensi*.

illius qui nobis illas[1] cessit, nomine Ratborni, anima. Est itaque hæc cessio dimidia ecclesiæ[2] in supradicta villa, quæ est in honore ejusdem sancti Martini consecrata, cum superpositis rebus quæ ad nos pertinent : hoc sunt vineis, campis, pratis, silvis, aquis aquarumque decursibus, pascuis et impascuis, cum molinare superposito, et quantum ibi visi sumus habere usque ad exquisitum, totum vobis cedimus[3], ut possideatis sine aliqua contradictione, tam vos quam successores vestri, et nos in vestro consortio gratanter suscipiatis et benefficio. Quod si aliquis cessionem istam inquietare voluerit, et ex hæredibus nostris approbatis[4], testibus stet in lege ; si probare non potuerit, non valeat explere quod petit, sed omnipotentis Dei et sanctorum omnium iram incurrat. Nos quidem Aroldus et uxor mea Engela hanc cessionem firmamus et corroboramus quatenus firma et stabilis permaneat. S. Berardi. S. Gerardi[5]. S. Otgerii. S. Ratboldi. S. Iterii. S. Unfredi. S. Bernardi. Ego Aindricus monachus scripsi. Data die Sabbati, tertio idus Aprilis, anno trigesimo[6] regni Conradi regis.

### 137.

#### DE EADEM ECCLESIA SANCTI MARTINI DE CHASSIACO.

970 circa.

Sacratissimæ Dei ecclesiæ in honore sancti Martini Saviniacensis monasterii constructæ, ubi domnus Gausmarus abbas præest, Ego Girardus et uxor mea Leutgardis[7] cum filiis nostris Pontio et Agnone, donamus aliquid ex rebus nostris in locum sepulturæ nostræ ab hodierna die et deinceps, ut pius Dominus animas nostras eripere dignetur de flammis gehenalibus, et perducere in cœlestibus sedibus. Sunt autem ipsæ res sitæ in pago Lugdunensi, in agro Tarnatensi[8], in villa Chassiaco : hoc est medietatem de ecclesia Sancti Martini, quicquid ibi

---

[1] M. et C. *illa.*
[2] M. et C. *ecclesia.*
[3] M. et C. *concedimus.*
[4] M. et C. *approbatus.*
[5] C. *Girardi.*
[6] Trigesimus regnantis Conradi esset annus 970, regno incipiente ab anno 940 ; sed dies adscriptus mensis anno 968 congruit, et indicare videtur annos regni numerari in hac charta a Rodolfo defuncto, patre Conradi.
[7] Vide chartam 166, in qua invenitur idem donatarius.
[8] M. *Tarnantensi.*

aspicit et aspicere videtur, videlicet campis, pratis, silvis, terris cultis et incultis, et dimidium molendinum, et quicquid de Ratburno acquisivimus, totum ad integrum ad supradictam ecclesiam damus. Si vero fuerit aliqua persona quæ contra hanc eleemosinariam cartam inferre voluerit, non expleat quod cupit, sed coactus legem exolvat[1], et in antea carta ista firma et stabilis permaneat. S. Girardi et uxoris suæ Leutgardis et filiorum eorum Pontii et Agnonis, qui fieri et firmare rogaverunt. S. Berardi. S. Vualdemari. S. Leutardi. S. Bernardi. S. Eldradi. S. Stephani clerici, filii Berardi. Data per manum Aynaldi monachi, tertio nonas Martii, regnante Conrado rege in Galliis.

## 138.

DE ECCLESIA SANCTI PETRI DE PALUS.

Sacrosanctæ Dei ecclesiæ Saviniacensis monasterii in honore sancti Martini constructæ, quam Gausmarus abbas regere videtur, Ego, in Dei nomine, Emeltrudis, uxor Gauzeranni[2], et filius meus Amalricus, donamus per jussionem ipsius Gauzeranni aliquid de hæreditate ejus pro remedio animæ ejus et sepultura corporis et filii Sobonis, sicut ipse, dum adviveret, sepius se facturum dixerat, et in hora obitus sui nos hoc facere præcepit. Est autem ipsa hæreditas sita in pago Lugdunensi, in agro vallis Bebronensis, in villa quæ dicitur Paludis[3], ecclesia videlicet in honore sancti Petri dicata, cum omnibus quæ ad eamdem pertinent, vel aspicere videntur. Ipsam ergo ecclesiam donamus supradicto monasterio, ea scilicet ratione ut quamdiu ego Emeltrudis vixero, usum fructuarium ex ea percipiam, et in vestitura loco supradicto vineam unam, cum vircaria simul tenente, in ipsa villa positam, in præsenti reddo, quæ terminatur ex omni parte terra de ipsa hæreditate, a[4] meridie tantum terra Sancti Martini. Hoc tantummodo pro hac donatione ad ecclesiam Sancti Martini in præsenti perveniat; post meum decessum sepulturam pro his in ipso monasterio accipiam; et sic ipsa ecclesia Sancti Petri cum omnibus quæ ad ipsam

Sept. 981.

---

[1] L. *exsolvat.*
[2] BM. *Gauceranni.*
[3] BM. *Palludis.*
[4] P. *et.*

pertinent perveniat ad monasterium Sancti Martini sine aliqua tarditate et contradictione, sitque in usus fratrum ibidem Deo servientium. Sane si post hæc aliquis calumniator contra hanc donationem venire tentaverit, et eam infregerit, iram Dei et omnium sanctorum ejus incurrat, et non ei liceat vendicare [1] quod injuste repetit, sed cui litem intulerit persolvat tantum et aliud tantum quantum ipsæ res eo tempore emelioratæ valuerint; donatio vero ista omni tempore firma et stabilis permaneat cum stipulatione subnixa. S. Emeltrudis, quæ fieri et firmare rogavit. S. Amalrici, filii ejus. S. Ascherici [2] presbiteri. S. Agnonis. S. Fulcherii. S. Eriberti. S. Alarici. Data per manum Girberni monachi, mense Septembri, die Dominico, anno quadragesimo primo regni Conradi regis.

## 139.

CARTA DE ECCLESIA SANCTI PETRI DE AVESIIS [3].

9 April. 974.
die Jovis sancta.

In nomine sanctæ et individuæ Trinitatis, necnon beatæ Dei genitricis ac perpetuæ Virginis Mariæ sanctique Petri, principis apostolorum, et incliti confessoris Christi sancti [4] Martini, seu omnium servorum Dei, Ego Rotbertus, famulus Dei, simul cum uxore mea, cujus nomen est Adeleldis [5], notum fieri volumus omnibus fidelibus qui in sancta Dei ecclesia versantur, tam præsentibus quam illis qui per omnes nobis succedentes generationes futuri sunt, testamentum hoc, quod de hæreditate mihi a Deo data, fieri præcipio; reminiscens enim casus humanæ fragilitatis et pereuntis sæculi [6]; simulque considerans contentiones quæ post mortem hominum ex eorum rebus inter propinquos eorum generari solent; vivens adhuc et sanus, de rebus meis, pro redemptione animæ meæ et parentum meorum, sive omnium fidelium christianorum, Deo offero, ut ipse pius remunerator Dominus per intercessionem omnium sanctorum propitius sit peccatis meis, et misereatur animæ meæ. Qua de causa, in invocatione

---

[1] M. et C. *vindicare*.
[2] L. *Ascirici*. — M. et C. *Aschirici*.
[3] M. et C. *Aurisis*.
[4] Vox *sancti* deest in P.
[5] P. *Adelerdis*.
[6] C. *seculi*.

nominis Christi et sanctorum qui supra memorati sunt, sive omnium sanctorum, dono aliquid de rebus meis ecclesiæ Sancti Martini Saviniacensis monasterii, pro sepultura corporis mei et uxoris meæ Adeledæ, quo in loco Gausmarus abbas, cum grege monachorum, Deo deservire videtur. Sunt autem ipsæ res sitæ in pago Lugdunensi, in agro Grassiacensi, in villa quæ vocatur Avesias : hoc est ecclesia in honore sancti Petri dicata, cum perrochia[1] et presbiteratu. Sunt autem duo mansi qui ad presbiteratum pertinent, cum omnibus quæ ad ipsos mansos aspiciunt, et quæ a die præsenti ad ipsam ecclesiam adcreverunt, omnia in omnibus ; ea scilicet ratione ut quamdiu ego solus vixero, de una medietate ipsius ecclesiæ usuarium fructum[2] possideam ; aliam vero medietatem cum toto presbiteratu a die præsenti ipsi monachi possideant, et singulis annis, pro ipsa medietate, ad sedem beati Petri apostoli Romæ ipsi duodecim denarios persolvant, et ego pro alia medietate alios duodecim. Post meum vero decessum, totam ecclesiam absque ulla contradictione recipiant, et Romæ solidos duos reddant, habeantque potestatem de ipsis rebus tenendi sive in melius commutandi. Sane si nos ipsi aut ullus propinquorum nostrorum aut aliqua emissa persona hanc eleemosinariam donationem inquietare voluerit, sit pars ejus cum diabolo et angelis ejus, habeantque societatem cum Datan et Abiron, qui ad inferna vivi descenderunt, et cum Juda, traditore Domini, et illis qui dixerunt Domino Deo, « Recede a nobis, » qui de potestate ipsorum monachorum has res alienare præsumpserit, nisi emendaverit, et post hæc non vindicet quod querit, sed tantum et aliud tantum componat, quantum ipsæ res eo tempore emelioratæ valuerint ; et hæc donatio omni tempore firma et stabilis permaneat cum stipulatione subnixa. S. Rotberti et uxoris suæ Adeleldis, qui hanc donationem in presentia sui viri fieri, et firmare rogaverunt, et manibus propriis firmaverunt. S. Evrardi. S. Theotgrini[3]. S. alterius Theotgrini. S. Humberti. S. Vuigonis. S. Heldradi[4]. S. Aydulfi. Ego Gerbernus monachus,

[1] M. et C. *parrochia.*
[2] M. *fructuarium.*
[3] M. et C. hic et infra *Theothgrini.*
[4] M. *Eldradi.*

rogatu ipsius Rotberti [1], scripsi. Data mense Aprili, feria quinta, in cœna Domini, anno ab incarnatione Domini nongentesimo septuagesimo tertio, indictione decima quarta, regnante Conrado rege.

### 140.

CARTA DE ECCLESIA SANCTI STEPHANI DE MORTERIO [2].

24 Jan. 955.

Sacrosanctæ Dei ecclesiæ Sancti Martini Saviniacensis, ubi domnus Gausmarus abbas præeest, Ego Bladinus [3], cogitans casum humanæ fragilitatis, pro anima mea et parentum meorum, dono aliquid de rebus meis : hoc est capellam unam dicatam in honore sancti Stephani martiris, cum presbiteratu et omnibus adjacentiis suis usque ad inquisitum; et dono in ipso loco alias res : hoc est curtilum indominicatum, cum mansis et curtilis, campis et pratis, vineis et arboribus, exitibus et regressibus, rivis et fontibus, aquis aquarumque decursibus. Et sunt sitæ ipsæ res in pago Lugdunensi, in agro et valle Argenteria, in loco qui vocatur ad Morterium, et est ei super positum nomen Prevencherias. Terminantur ipsæ res a mane guttula quæ in æstate siccatur, usque ad aliam guttulam Scaravagium, a medio die et a sero ipso rivulo Scaravagio volvente, a cercio terra de ipsa hæreditate et finis mansus quem Engelbertus tenere solebat. Quicquid autem ad ipsam ecclesiam, sive de presbiteratu, sive de aliqua parte, datum est, aut Dominus ei dari concesserit, aut quicquid ad istos mansos et curtilos aspicit et aspicere videtur, habeatis

---

[1] M. et C. *Roberti*.

[2] D. Stephanotus, qui hanc chartam affert, p. 421 Historiæ suæ ms. diœcesis Lugdunensis (*Bibl. nat. resid. S. Germ.* p. 114, n° 2), scribit *de Monteroterio* (Montrotier). Videndane est corruptio *Morterii* in hodierna voce *Montrotier?* Tali horum verborum synonymiæ non facile credam, primo quia *Montrotier* in valle Argenteria non situs est, deinde quia non de illo loquitur Mailliardus. A quo contra certiores facti sumus *Montrotier* originem ducere a castro ab abbate Hugone constructo (ch. 430), tumque simpliciter *Castellum* vocato. Annon potius ageretur de loco appellato *La Chapelle-en-Vaudragon*, et dicato reipsa sancto Stephano, aut etiam de Sancto Stephano dicto *de Coise*, infra quem invenitur locus *le Mas* absolute nominatus?

[3] Stephanotus scripsit *Vladinus*; sed Mailliardus et alii *Bladinus*.

licentiam quicquid facere volueritis. Tamen volo ut locum sepulturæ accipiam si in patria mea obiero. Quod si ego aut ullus de hæredibus meis contra hanc donationem aliquam calumniam inferre voluerit, non vindicet quod cupit, sed tantum et aliud tantum componat quantum eo tempore ipsæ res melioratæ[1] valuerint, et postea donatio ista firma permaneat et stabilis[2]. S. Bladini, qui fieri et firmare rogavit. S. Arnulfi, fratris sui, qui consensit. S. Acfredi. S. Josseranni. Ego Ratburnus scripsi. Data nono calendas Februarii, anno decimo quinto regni Conradi regis.

### 141.

#### CARTA DE CAPELLA SANCTI BENIGNI DE MONTE.

In nomine Domini, Ego Arnulfus, propter spem vitæ æternæ, dono aliquid de[3] rebus meis quæ mihi legibus obveniunt ecclesiæ Dei Saviniacensis cœnobii, in honore sancti Martini dicatæ, quo in loco domnus Gausmarus abbas cum monachis famulatum exhibet[4]. Sunt autem ipsæ res sitæ in pago Lugdunensi, in agro Floriacensi[5], in fine de Versenaico villa, in loco qui dicitur Mons, capella in honore sancti Benigni, et in ipso loco quatuor curtilos cum vircariis, campis, vineis, pratis, silvis[6], salicetis, aquis aquarumque decursibus; et in alio loco ubi dicitur Brugialias, curtilum unum cum vircaria et vinea et alia terra arabili, et quicquid ad ipsum curtilum aspicit. Istas supradictas res dono ego Arnulfus jam dictæ ecclesiæ Sancti Martini, pro anima mea et filii mei Arnulfi, et pro sepultura corporis mei; eo videlicet tenore ut quamdiu ego vixero, usum fructuarium ex ipsis rebus possideam, et annis singulis, in festivitate sancti Martini, duodecim denarios persolvam in vestitura; post meum vero decessum, omnia ex integro ad ministros ipsius ecclesiæ sine ulla contradictione perveniant. Sane si ego aut ullus ex hæredibus meis hanc donationem inquietare voluerit, iram Dei et omnium sanctorum

15 Mart. 975.

---

[1] M. *emelioratæ.*
[2] C. *firma et stabilis permaneat.*
[3] M. *ex* pro *de.*
[4] L. *Deo servitium exhibet.*
[5] P. *Forensi.*
[6] Vox *silvis* deest in M. et C.

ejus incurrat, nisi emendaverit, et non valeat vindicare quod repetit, sed tantum et aliud tantum componat quantum ipsæ res eo tempore melioratæ[1] valuerint; donatio vero ista omni tempore[2] firma et stabilis permaneat cum stipulatione subnixa. S. Arnulfi, qui hanc donationem fieri et firmare rogavit. S. Arnulfi, filii ejus. S. Bernardi. S. Huperti. S. Theotgrini. S. Taremberti. S. Arrici. S. Arberti. Data per manum Gerberni monachi, die iduum Martiarum, anno trigesimo quinto regni Conradi regis.

### 142.

#### CARTA DE ECCLESIA SANCTI GERMANI.

Jul. 956.

Sacrosanctæ Dei ecclesiæ Saviniacensis monasterii, in honore sancti Martini constructæ, Ego Acbertus[3], cogitans de æterna retributione, dono de rebus meis, hoc est ecclesiam unam quæ est in honore sancti Germani, cum presbiteratu et omnibus adjacentiis suis, hoc est campis, pratis, et silvis, et omnibus quæ ad ipsam ecclesiam pertinere videntur. Sunt autem res ipsæ sitæ in pago Matisconensi, in agro Tecommensi; et dono eas a die presenti, eo tenore, dummodo vivo, ut annis singulis tres solidos, in festivitate sancti Germani, ipsi monachi Sancti Martini mihi persolvant; et post meum decessum in stipendio fratrum, sine ulla tarditate, perveniat. Sane si ego[4] aut ullus de hæredibus meis hanc donationem frangere tentaverit, tantum et aliud tantum quantum ipsæ res valuerint persolvat, et in antea donatio ista firma et stabilis permaneat cum stipulatione subnixa. S. Acberti, qui donationem istam fieri et firmare rogavit. S. Adelelmi presbiteri. S. Adreboldi. S. Teudaldi presbiteri. S. Girberti. S. Vuidonis. Data per manum..... monachi, decimo nono[5] calendas Augusti, anno secundo Lotharii regis.

---

[1] M. *emelioratæ*.
[2] Voces *omni tempore* desunt in M.
[3] BM. *Albertus*.
[4] Mendose *si quis ego* in P.
[5] Calendæ Augusti septemdecim dies tantum habebant. Hic igitur patet error.

## 143.

ACQUISITIO QUARUMDAM TERRARUM CUM DIMIDIA CAPELLA.

Ego Aledo levita facio cessionem rerum mearum pro remedio parentum meorum ad ecclesiam Sancti Martini de Saviniaco, ubi domnus Gausmarus [abbas[1]] præest cum monachis; dono itaque de rebus meis ad jam dictum locum, quæ sunt sitæ in pago Lugdunensi, in agro Rodonensi, in villa quæ dicitur Aqua Docta, cum dimidia capella, et omnia quicquid ibi visus sum habere; et in alio loco, in villa quæ dicitur Fontanis, in agro Forensi, totum cedo quantum ibi visus sum habere, quod legibus mihi obvenit; et iterum in loco qui dicitur Tanerudis[2], cedo curtilos illos quos Dominicus et Adalardus excolunt, simul cum vinea, et item curtilum totum quem Aliscodus excolit, et alium curtilum quem Dodo possidet, et in villa quæ dicitur Versenaycus, et in Monte, cedo ad præfatum locum omnia quæ mihi legibus obvenerunt, ut faciant ipsius loci monachi quicquid eis inde placuerit; sed et si quis calumniam ingere[3] voluerit, non valeat explere quod petit, sed iram Dei et sanctorum incurrat, et deinceps hæc cessio eleemosinaria facta firma et stabilis permaneat. S. Aledonis levitæ, qui hanc cartam fieri et firmare[4] rogavit. S. Uperti. S. Bernardi. S. Rostagni. S. Isimbardi. S. Constantionis. Data per manum Ayarici monachi, die Sabbati[5], mense Februarii, anno trigesimo regni Conradi regis.

Febr. 970?

## 144.

CARTA DE ECCLESIA SANCTI MICHAELIS DE CHAZELLIS[6].

Sacrosanctæ ecclesiæ in honore sancti Martini Saviniacensis constructæ, ubi domnus Gausmarus abbas præest, Ego Dalmatius[7] presbiter dono de rebus meis propriis[8] quæ mihi de paterna et

18 Nov. 969.

---

[1] Deest *abbas* in C. et P.
[2] BM. et C. *Tanarudis.*
[3] Legendum est *ingerere*, ut in M.
[4] M. *firmari.*
[5] C. *Sabati.*
[6] C. hic et infra *Chasellis.*
[7] C. hic et infra *Dalmacius.*
[8] C. *propriis meis.*

materna lege obvenerunt : hoc est villa[1] de Chazellis, cum ipsa ecclesia Sancti Michaelis et omnibus adjacentiis quæ ad ipsam villam pertinent et aspiciunt, totum[2] ad inquisitum, et quicquid ibi acquirere potuerimus ; et in alio loco, in villa quæ dicitur Monscorpinus, quantum in ipsa villa mihi legibus evenit, totum ad integrum usque ad inquisitum, ad prædictum monasterium dono, eo tenore ut quamdiu ego[3] vivo usum fructuarium habeam, et per singulos annos, in festivitate sancti Martini, duos solidos in censum persolvam, et post obitum meum ad Sanctum Martinum perveniat. Sane si quis ex hæredibus meis donationem istam inquietare voluerit, non ei liceat vendicare quod petit, sed componat auri libras decem, et postea firma et stabilis permaneat. S. Dalmatii presbiteri, qui fieri et firmare rogavit. S. Gualanni[4]. S. Vuidonis. S. Bernardi. Ego Bernardus scripsi. Data die Lunæ, mense Novembri, anno decimo sexto Lotharii, regis Francorum.

### 145.

DOTALITIUM ECCLESIÆ DE AZOLA.

970 circa.

Sacrosanctæ ecclesiæ quæ est constructa in honore sancti Laurentii martiris, qui consistit in monte qui vocatur Azola, Ego Gausmarus, abbas Saviniacensis monasterii, cum monachis ibidem manentibus, donamus ad ipsam supradictam ecclesiam, in dotalitio, montem in quo sedet, et quicquid ad ipsum mansum[5] pertinet, et servum unum nomine Stephani; et in alio loco mansos duos qui vocantur Meledi, et quicquid ad ipsos videtur pertinere. Et si nos ipsi aut ullus homo contra donationem istam venire tentaverit, aut eam inquietare præsumpserit, tantum et medium tanti de rebus melioratis persolvat, et in antea donatio ista firma et stabilis permaneat. S. Gausmari abbatis. S. Danielis monachi. S. Radulfi. S. Arnulfi[6]. S. Adalborni.

---

[1] M. mendose *vinea* pro *villa*.
[2] C. *villam aspiciunt, totum usque ad inquisitum*.
[3] Vox *ego* deest in M.
[4] C. *Gualani*.
[5] L. *ipsum montem*.
[6] M. et C. *Anulfi*.

## 146.

#### DE VALLE BEVRONICA, DE BRENACO VILLA.

Sacrosanctæ ecclesiæ Beati Martini Saviniacensis, ubi domnus Gausmarus, abbas Saviniacensis monasterii [1], præest, Ego Lucia, Stephanus, Lambertus, Dado, Eudefredus [2], Arnoldus et Agninus [3], cogitantes casum humanæ fragilitatis, donamus de rebus nostris quæ nobis jure legis obvenerunt, quæ sunt sitæ in pago Lugdunensi, in valle Bevronensi, in villa quæ dicitur Brenacus : hoc est curtilum unum cum prato et vinea et saliceto, et quicquid ad ipsum curtilum pertinet usque ad inquisitum; omnia ad jam dictam ecclesiam Dei transfundimus. Terminatur autem terra ista a sero terra Sigismundi, ab aquilone terra Arimandi, a mane terra Arberti [4]. Si quis autem, quod minime credimus, aut nos aut ullus de hæredibus nostris, contra hanc largitionem aliquam calumniam opponere voluerit, non valeat vindicare quod petit, sed iram Dei incurrat, impleturus tantum et aliud tantum quantum res ipsæ eo tempore emelioratæ valuerint, et deinceps hæc donatio a nobis gratanti animo facta firmitatis obtineat vigorem. S. Luciæ, S. Stephani, S. Dadonis [5], S. Eudefredi [6], S. Lamberti, S. Arnoldi [7], qui fieri et firmare rogaverunt. S. Justonis. S. Adradi [8]. S. Landrici. Data per manum Gotesmanni monachi, feria quarta, anno ab incarnatione Domini nongentesimo sexagesimo primo, regnante Conrado rege in Galliis.

## 147.

#### DONUM CURTILI DE ALTA VILLA.

Sacrosanctæ Dei ecclesiæ in honore sancti Martini Saviniacensis constructæ, ubi domnus Gausmarus abbas præest, Ego, in Dei nomine,

---

[1] Voces *Saviniacensis monasterii* desunt in M. et C.
[2] M. C. et P. *Gudefredus*.
[3] BM. *Acquinus*. — C. *Aguinus*.
[4] M. *Alberti*.
[5] M. *Vadonis*.
[6] Male *Eufredi* in P.
[7] M. *Arnodi*.
[8] L. *Adrardi*. — M. et C. *Ardradi*.

Ingeltrudis fœmina et filii mei Bladinus et Boso, pro remedio animarum nostrarum, et viri mei Dadonis, donamus aliquid de rebus nostris quæ sunt sitæ in pago Lugdunensi, in valle Bebronnensi[1], in Alta Villa: hoc est curtilus unus quem Anastasius excolit, usque ad inquisitum, ut faciant ex eo ipsius ecclesiæ rectores quicquid facere voluerint. Quod si ego vel filii mei hanc elemosinam inquietare voluerint, non vindicet quod cupit, sed tantum et aliud tantum componat quantum eo tempore ipsæ res emelioratæ valuerint. S. Ingeltrudis, quæ fieri et firmare rogavit. S. Bladini et Bosonis, filiorum ejus. S. Dunnesianæ[2], filiæ ejus. S. Raginaldi. S. Arnaldi. Data per manum Gotesmanni presbiteri, feria quarta, mense Maio, regnante Conrado rege in Galliis.

### 148.

DONUM CAMPI IN TALLIACO.

*970 circa.*

Sacrosanctæ ac venerabili ecclesiæ Sancti Martini Saviniacensis monasterii, ubi domnus Gausmarus abbas præest, Ego, in Dei nomine, Arnoldus dono aliquid ex rebus meis: hoc est campum unum qui est situs in pago Lugdunensi, in agro Bessenacensi; in villa Talliaco, et terminatur in giro[3] Sancti Martini. Infra hos fines, quicquid totum ad integrum dono ad jam dictam ecclesiam, ut faciant rectores ipsius ecclesiæ quicquid facere voluerint ab hodierna die in perpetuum. Si quis vero, quod minime credo, ego aut ullus de hæredibus meis hanc donationem inquietare voluerit, quod petit non vindicet, sed componat rectoribus ipsius ecclesiæ auri libras duas, et in antea donatio ista firma permaneat. S. Arnoldi, qui fieri et firmare rogavit. S. Dadonis. S. Rotberti. S. Stephani. S. Godonis. S. alterius Rotberti.

### 149.

DE REBUS IN VILLA CALME.

*Oct. 979.*

Sacrosanctæ Dei ecclesiæ Sancti Martini Saviniacensis, quam dom-

---

[1] C. *Bebronensi.* — [2] M. *Dunesianæ.* — [3] M. addit *terra.*

nus Gausmarus abbas regere videtur, Ego, in Dei nomine, Boso dono de rebus meis quæ jure possideo, quæ sunt sitæ in pago Lugdunensi, in agro vallis Bevronicæ, in villa vocabulo Calme : sunt autem vineæ, campi, prati, silva; et sunt termini earum a mane et meridie et a cercio terra Sancti Martini, a sero terra Icterii. Infra istas terminationes et quicquid in ipsa villa visus sum habere, totum ex integro dono usque ad exquisitum supradictæ ecclesiæ Dei et Sancti Martini, ad stipendia fratrum ibi commanentium; ea ratione ut quamdiu vixero, usum fructuarium ex ipsis rebus possideam, et annis singulis, in festivitate sancti Martini, pretium duorum denariorum in cera persolvam. Post meum vero decessum supradictæ res cum omni integritate, absque ulla contradictione, ad ipsam ecclesiam perveniant. Sane si post hæc aut ego ipse, aut ullus ex hæredibus meis, hanc donationem infringere vel inquietare præsumpserit, iram Dei omnipotentis et omnium sanctorum ejus incurrat, nisi ad emendationem et satisfactionem congruam venerit; et post hæc non valeat vendicare quod petit[1], sed componat cui litem intulerit libras auri duas; donatio vero ista omni tempore firma et stabilis permaneat cum stipulatione subnixa. S. Bosonis, qui fieri et firmare rogavit. S. Acfredi. S. Rostagni. S. Adalgerii. Datum per manum Gerberni monachi, mense Octobri, feria quarta, anno trigesimo nono regni Conradi regis.

## 150.

### DE MANSO IN VILLA BRUCIACO [2].

Ego, in Dei nomine, Anna, cogitans casus humanæ fragilitatis, pro remedio animæ meæ et viri mei Bernardi, consentiente viro meo secundo Braidendo, dono ex rebus meis loco Saviniacensis monasterii, ubi domnus Gausmarus abbas præest, mansum unum qui est situs in pago Lugdunensi, in agro Bevronensi, in villa Bruciaco, quem meus Bernardus legaliter habere consensit; ipsum mansum et quicquid ad ipsum mansum aspicit, sicut supradictum est, ad ipsum

980.

---

[1] M. et C. *repetit*. — [2] L. *Brussiaco;* mendose *Villabona* in P.

locum trado atque transfundo. Sane si quis de hæredibus meis hanc donationem inquietare præsumpserit, non valeat vindicare[1] quod repetit, sed sit culpabilis et iram Dei incurrat, et donatio ista firma et stabilis permaneat. S. Annæ, quæ donationem istam fieri et firmare rogavit. S. Braidendi, viri ejus, qui consensit. S. Bernonis. S. Asterii. S. Erimanni. S. Ramberti. S. Constantii. Data per manum Adsonis monachi, Sabbato[2], mense Aprili, regnante Conrado rege.

## 151.

### DE CURTILO IN CHRISIGNIACO[3].

980 circa.

Ego Aschiricus sacerdos, pro anima patris mei Omberti[4], dono ad ecclesiam Sancti Martini de Saviniaco, ubi domnus abbas Gausmarus præest, curtilum unum cum vircaria et vinea, in villa quæ dicitur Chrisigniacus, in pago Lugdunensi, in agro Saviniacensi, et terminatur a mane terra Sancti Martini, a meridie via vicinabili, a sero et a cercio terra Sancti Martini. Quicquid ergo ad ipsum curtilum attinet, totum ad integrum dono. Sane si ullus ex hæredibus meis hanc donationem inquietare voluerit, non valeat vindicare quod cupit, sed tantum et aliud tantum quantum ipsæ res emelioratæ valuerint componat, et postea hæc donatio firma permaneat. S. Aschirici presbiteri, qui hanc donationem fieri et firmare rogavit. S. Isimbardi presbiteri. S. Alberti[5]. S. Otberti. S. Bernonis. Data per manum Girberti monachi, feria quarta, mense Januario, regnante Conrado rege.

## 152.

### CARTA DE VINEA IN VILLABONA[6].

1 Oct. 969.

Sacrosanctæ Dei ecclesiæ Beati Martini Saviniacensis, ubi domnus Gausmarus abbas præest, Nos Bladinus et Boso, cogitantes casus humanæ fragilitatis, donamus vineam unam quæ est sita in pago Lugdunensi, in valle Bevronica, in villa quæ vocatur Villabona; terminatur

---

[1] M. et C. hic et infra *vendicare*.
[2] C. *Sabato*.
[3] BM. *Grisiniaco*.
[4] M. L. et C. *Emberti*.
[5] M. *Arberti*.
[6] C. *Villa Bona*.

a mane et a sero terra nostra, a meridie vinea Ardradi[1], a cercio via publica. Infra hos fines totum ad integrum Sancto Martino donamus, eo tenore ut dummodo vivimus teneamus et possideamus, et per singulos annos, in vestitura, duas deneratas de cera in festivitate sancti Martini persolvamus, et post amborum decessum ipsa vinea ad jam dictam ecclesiam perveniat. Quod si aliquis extiterit qui hoc donum contradicat, non valeat implere quod petit, sed tantum et aliud tantum componat quantum ipsæ res emelioratæ valuerint, insuper auri libras duas persolvat, et in antea firma et stabilis permaneat. S. Bladini et Bosonis, qui fieri et firmare jusserunt. S. Ayndefredi. S. Adradi. S. Adalardi. Data per manum Aschirici sacerdotis, calendas Octobris, anno vigesimo nono regni Conradi, regis Galliarum.

### 153.

CARTA RERUM INFRA FINES DE CASA FABRIVILLÆ.

Sacrosanctæ Dei ecclesiæ Sancti Martini Saviniacensis, ubi domnus Gausmarus abbas præest, Ego, in Dei nomine, Godaltrudis fœmina, et filii mei Albericus et Aymo, Fulcherius et Emmanuel, donamus de rebus nostris, pro anima senioris mei Romestagni[2], patris eorum, quæ sunt sitæ in pago Lugdunensi, in agro Bevronensi, infra fines de casa Fabrivillæ : est autem curtilus, cum orto et vinea et campis et arboribus, quem Rotbaldus[3] possidet, quicquid ad ipsum curtilum aspicit, et quicquid in ipsa villa videmur habere, totum ad integrum usque ad inquisitum, sicut de fine in finem definitur, donamus, ut habeant ministri ipsius ecclesiæ de istis rebus, post hanc diem, potestatem habendi, tenendi, sive in melius commutandi, sine ulla contradictione. Sane, si aliqua emissa persona fuerit qui hanc donationem inquietare[4] præsumpserit, non valeat vindicare quod cupit, sed tantum et aliud tantum componat quantum ipsæ res emelioratæ valuerint, et hæc donatio omni tempore firma et stabilis permaneat cum stipulatione subnixa. S. Godaltrudis et filiorum ejus,

970 circa.

[1] M. *Adradi.*
[2] M. et C. *Remestagni.*
[3] M. et C. *Rotboldus.*
[4] P. add. male voces *voluerit et.*

Alberici, Aymonis, Fulcherii, Emmanuelis. S. Erpini. S. Arnoldi. S. Taremberti. Data per manum Girberti monachi, feria sexta, mense Octobri, regnante Conrado rege.

### 154.

#### CARTA DE VINEA IN BISBOCH [1] VILLA.

970 circa.

Sacrosanctæ Dei ecclesiæ Sancti Martini Saviniacensis, Ego Icterius, cogitans casus humanæ fragilitatis, cedo et dono de rebus meis, hoc est unam vineam et aliquantum de campo; et est ipsa vinea sita in pago Lugdunensi, in agro vallis Bevronicæ, infra fines de Bisboch villa; et sunt termini ejus a mane via publica, et ex omnibus aliis partibus terra Sancti Martini. Infra hos fines et terminationes predictas res ad ipsam casam Dei superius nominatam dono, ea videlicet ratione ut dummodo vivo, usum fructuarium habeam, et post meum decessum ipsæ res ad ipsum locum perveniant, et faciant rectores ipsius ecclesiæ ex eis quicquid voluerint; quandiu vixero [2], quatuor sextarias de musto in censum persolvam.

### 155.

#### CARTA MANSI IN VILLA CELSIACO.

970 circa.

In Christi nomine, Ego Gauzerannus, tractans de salute animæ meæ, ad ecclesiam Sancti Martini Saviniacensis, quam domnus Gausmarus abbas regit, dono de rebus meis quæ hæreditate et legibus mihi obvenerunt: hoc est mansum unum qui est situs in pago Lugdunensi, in valle Bevronica, in villa quæ dicitur Celsiacus; quicquid ad illum mansum aspicit totum ad integrum cedo et dono, atque transfundo, ea videlicet ratione ut dummodo vivo, usum fructuarium possideam; post meum vero decessum, faciant rectores ipsius ecclesiæ ex eo quicquid voluerint. Si quis vero ex hæredibus meis aut aliqua emissa persona contra hanc cartam aliquam calumniam inferre voluerit, non valeat vindicare quod petit, sed culpabilis, iram Dei et omnium

---

[1] BM. *Bisboco.*

[2] M. et C. *quandiu autem ego vixero.*

sanctorum incurrat, et in antea incartatio ista firma et stabilis permaneat, cum stipulatione subnixa. S. Gauzeranni, qui fieri et firmare rogavit.

### 156.
#### CARTA DE CAMPO ET VINEA IN VILLABONA.

Sacrosanctæ Dei ecclesiæ monasterii Saviniacensis, quæ est in honore sancti Martini, ubi domnus Gausmarus abbas præest, Nos Bladinus et Boso impignoramus vobis vineam unam et campum simul tenentes: quæ res sunt sitæ in pago Lugdunensi, in valle Bevronica, in villa quæ vocatur Villabona; terminantur ipsæ res a mane prato et saliceto Adradi, a meridie via publica, a sero terra Sancti Martini, a cercio terra Adradi. Infra istas terminationes totum ad integrum nos vobis incautionamus, et accipimus de vobis pretium solidorum duodecim. Quod si quis cartam istam calumniare voluerit, auri libras duas componat, et in antea firma et stabilis permaneat. S. Bladini et Bosonis, qui fieri et firmare rogaverunt. S. Ragenoldi. S. Ardradi[1]. S. Andefredi. S. Danielti. S. Adalardi. Data per manum Ascirici monachi, mense Octobri, anno vigesimo regni Conradi regis.

Oct. 960.

### 157.
#### CARTA RERUM IN LUIRCIACO[2] VILLA.

Sacrosanctæ Dei ecclesiæ in honore sancti Martini Saviniacensis dicatæ, cui domnus Gausmarus abbas præest, Nos, in Dei nomine, Fulcherius et Emmanuel[3], fratres Alberici, donamus aliquid de hæreditate ejus quæ illi legibus advenit, quæ est sita in pago Lugdunensi, in agro vallis Bevronicæ, in Luirciaco villa; quicquid ad partem ejus advenit in curtilis, vineis, campis, pratis, silvis, excepto quod curtilum Bernonis contradicimus; alia vero omnia sicut ad partem ejus advenerunt, totum ex integro donamus supradictæ ecclesiæ Sancti Martini, pro remedio animæ ejus, et pro sepultura ipsius, ea scilicet

980 circa.

---

[1] M. *Adradi.* — [2] BM. *Lurciaco.* — [3] M. *Emanuel.*

ratione ut habeant a die presenti monachi res ipsas in potestate sua per omnes successiones. Sane si post hæc nos ipsi aut ullus de hæredibus nostris, aut aliqua emissa persona, hanc donationem inquietare præsumpserit[1], non valeat vindicare quod repetit, sed componat cui litem intulerit tantum et aliud tantum quantum ipsæ res eo tempore emelioratæ[2] valuerint; donatio vero ista omni tempore firma et stabilis permaneat. S. Fulcherii et Emanuelis, qui fieri et firmare rogaverunt. S. Rostagni sacerdotis. S. Vualterii sacerdotis[3]. S. Bernardi. Data per manum Gerberni monachi, mense Augusto, feria quarta, regnante Conrado rege[4].

### 158.

COMMUTATIO RERUM INTER ABBATEM GAUSMARUM ET GERARDUM.

970 circa.

In Christi nomine, placuit atque convenit inter Gerardum et uxorem ejus Ermengardem, necnon ab alia parte domnum Gausmarum, abbatem ecclesiæ Sancti Martini Saviniacensis, et reliquam congregationem ipsius ecclesiæ, ut inter se aliquas terras congruis locis commutare deberent, quod et fecerunt. Donant itaque Gerardus et uxor sua Ermengardis, pro hoc quod accipiunt partibus Sancti Martini Saviniacensis, terram illam quæ dicitur Crota[5], quæ est sita in pago Lugdunensi, in valle Bevronensi, et terminatur ex omni parte terra Sancti Martini, quicquid infra ipsos fines Gerardus, cum uxore sua, visus est habere, totum ad integrum donant, pro hoc quod accipiunt atque commutant, consentiente Geilmo. Similiter donant domnus Gausmarus et monachi partibus Gerardi mansum unum quem Berardus dedit Sancto Martino, qui est situs in pago Lugdunensi, in valle Bevronensi, in villa Bruciaco, et quicquid ad ipsum mansum aspicit; ea vero ratione, ab utrisque partibus, hæc commutatio facta est, ut faciant de eis quæ commutatæ sunt quicquid facere voluerint. Si quis

---

[1] M. *voluerit*.
[2] C. hic et infra *meliorata*.
[3] Deest vox *sacerdotis* in M. et C.
[4] Pro anno dieque huic chartæ appositis, vide num. 169, cui adscriptus est annus 982, et qua scitur Fulcherium tunc esse defunctum.
[5] M. et C. *Chrota*.

vero contra has commutationes aliquam calumniam inferre voluerit, non vendicet quod quærit, sed inferat cui litem intulerit tantum et aliud tantum quantum ipsæ res eo tempore[1] emelioratæ[2] valuerint, et in antea commutatio ista firma et stabilis permaneat. S. Iterii. S. Stephani. S. Silvii. S. Arencii[3]. S. Erpini. Data per manum Gerberni monachi, idus Martii, feria secunda, regnante Conrado rege.

### 159.

#### CARTA VINEÆ IN BISBOCH VILLA.

Ego, in Dei nomine, Theutbodus et uxor mea Gerbergia, recogitantes salutem animarum nostrarum, ecclesiæ Sancti Martini Saviniacensis, ubi domnus Gausmarus abbas præest, donamus vineam unam quæ est sita in pago Lugdunensi, in valle Bevronensi, in fine villæ de Bisboch[4], in loco qui vocatur Cresi[5], cujus termini sunt a mane et meridie terra Bosonis, a sero via publica, a cercio terra Volberti. Infra hos fines, quicquid visi sumus habere totum ad integrum ad ipsam Dei ecclesiam donamus, habeantque potestatem rectores ipsius ecclesiæ quicquid pro utilitate loci ipsius exinde facere voluerint. S. Theutbodi et uxoris ejus Gerbergiæ, qui donationem ipsam fieri et firmare rogaverunt. S. Constantii presbiteri. S. Teutgrini[6]. S. Acberti. S. Rothlanni et Icterii. Data per manum Gerberni monachi, mense Septembri, feria quarta, regnante Conrado rege.

*970 circa.*

### 160.

#### CARTA MANSI IN VILLA TRUNCI.

Ego Aynardus, pro redemptione animæ meæ et pro sepultura Ermengardis, matris meæ, sanctæ Dei ecclesiæ Saviniacensis monasterii, cui domnus Gausmarus abbas præest, dono mansum unum qui est situs in pago Lugdunensi, in agro vallis Bevronicæ, in villa nomine

*Mart. 980.*

---

[1] M. *memoratæ* pro *eo tempore.*
[2] M. *melioratæ.*
[3] L. *Trencii.* C. *Arenrii.*
[4] C. *Biboc*, et in margine *Bisboc.*
[5] M. et C. *Chrosi.*
[6] M. et C. *Theutgrini.*

Truncido, quem Barnigerius rusticus excolit; ipsum mansum cum omnibus quæ ad ipsum pertinent, campis, vircariis, pratis, exitibus et redditibus, vel quicquid in ipsa villa ego visus sum habere, totum ex integro dono supradictæ ecclesiæ a die presenti, ea ratione ut si aliquis contradictor contra hoc venire tentaverit, usque ad festivitatem sancti Johannis Baptistæ et octo dies postea, vos, o ministri ipsius ecclesiæ, me expectetis. Quod si ex tunc quietum illum ab omni contradictore tenere non potueritis, mansum illum qui prope villam est, qui vocatur Bancel, statim pro isto recipiatis, cum omnibus adjacentiis suis, vircariis, campis, pratis, silva, molendino, vel quicquid ibi visus sum habere, totum ex integro, excepto quod silvam me[1] reservo in vita mea, post meum decessum ad vos revertantur. Sane si post hæc, ego ipse aut ullus ex heredibus meis, aut aliqua emissa persona, hanc donationem calumniare vel inquietare præsumpserit, non valeat vindicare quod repetit, sed referat[2] cui litem intulerit tantum et aliud tantum quantum res ipsæ eo tempore emelioratæ valuerint, firmaque permaneat, cum stipulatione subnixa. S. Aynardi, qui fieri et firmare rogavit. S. Theotgrini. S. Madalgaudi. S. Thiecbaldi. S. Notardi. S. Aymini. S. Odonis. Datum[3] per manum Gerberni monachi, mense Martio, die Dominica, anno quadragesimo regni Conradi.

### 161.
#### CARTA VIRCARIÆ IN BISBOCH VILLA.

970 circa.

Sacrosanctæ Dei ecclesiæ Saviniacensis, quam domnus Gausmarus abbas regere videtur, Nos, in Dei nomine, Almannus et Albericus, donamus de communi nostra hæreditate quasdam res quæ sunt sitæ in pago Lugdunensi, in fine de Bisboch villa: hoc est vircariam unam cum mansione, et in ipsa villa, in loco qui dicitur Pitavallis, pratum cum saliceto et alia terra arabili, quantum ibi visus sum habere, et pratum unum juxta pratum Acfredi, et in loco ubi dicitur ad Crucem campum unum: ista omnia donamus supradictæ ecclesiæ Sancti Mar-

---

[1] M. et C. *mihi*. — [2] M. et C. *inferat*. — [3] M. *Data*.

tini a die presenti, ut habeant ea ministri ipsius ecclesiæ in potestate sua quamdiu mundus iste permanserit.

### 162.
#### CARTA RERUM DE SALICETO VILLA.

Sacrosanctæ Dei ecclesiæ Sancti Martini Saviniacensis, ubi domnus Gausmarus abbas præest, Nos, in Dei nomine, Lienardus, et uxor mea Rotberta, et Ayminus presbiter, vuadiatores Bernonis, donamus res ipsius sicut ipse præcepit nobis, pro remedio animæ ejus et sepultura corporis ipsius. Est autem hæreditas quæ est sita in pago Lugdunensi, in agro vallis Bevronicæ, in villa quæ vocatur Salicetus; quicquid illi ex paterna vel materna hæreditate sive conquesto[1] legibus advenit vel advenire debet, in curtilis, vircariis, campis, pratis, silvis, exitibus et regressibus, excepto uno prato quem Leotardo dedit; et in alio loco, in agro Forensi, in loco qui vocatur Mons Ratbergianæ, quicquid jure hæreditario possidebat, donamus; similiter ubicumque ex parentela sua advenit et conquisivit, sive donatum illi fuit, et hoc quod in Brussiaco[2] tenebat, per jussionem ejus, sicut supradictum est, totum donamus. Sane si post hæc nos aut aliquis de propinquis ejus, aut aliqua emissa persona, contra hanc donationem insurgere præsumpserit, non possit vendicare quod repetit, sed convictus lege judiciaria tantum et aliud tantum persolvat quantum res ipsæ eo tempore melioratæ valuerint. Donatio vero ista firma et stabilis permaneat. S. Lienardi et uxoris ejus Rotbertæ, qui fieri et firmare rogaverunt. S. Aymini presbiteri. S. Huperti. S. Leotardi. S. Atsonis. Data per manus Gerberni monachi, mense Septembri, feria sexta, anno trigesimo nono regni Conradi regis.

Sept. 979.

### 163.
#### CARTA MANSI DE LONGA VILLA.

Ego, in Dei nomine, Vuatburgis[3] fœmina dono ex rebus meis

15 Mart. 975.

---

[1] M. *Conquisto*. — [2] M. *Bruniaco*. — [3] M. et C. *Vualburgis*.

ecclesiæ Dei et Sancti Martini Saviniacensis, cujus loci regimen obtinet domnus Gausmarus abbas. Sunt vero res ipsæ sitæ in pago Lugdunensi, in agro vallis Bevronensis, in fine de villa quæ dicitur Longavilla, quæ alio nomine vocatur Provincherias[1], in loco qui dicitur Ciriacus : hoc est mansus unus cum vircariis, campis, pratis, salicetis, silva, et quicquid ad ipsum mansum aspicit, pro anima mea et sepultura corporis mei. Sane, si aliqua emissa persona hanc donationem calumniare præsumpserit, non valeat vindicare quod repetit, sed tantum et aliud tantum componat quantum res ipsæ eo tempore melioratæ valuerint, et post hæc firma et stabilis permaneat. S. Vualburgis, qui hanc donationem fieri et firmare rogavit. S. Arnulfi, mariti ejus, qui consensit. S. Teotgrini[2]. S. Bernardi. S. Arnulfi. S. Turemberti. S. Arrici. S. Arberti. Data per manum Gerberni monachi, die iduum Martiarum, anno trigesimo quinto regni Conradi regis.

### 164.

CARTA CURTILIUM ET ALIARUM RERUM IN LUIRCIACO VILLA.

April. 977.

Sacrosanctæ Dei ecclesiæ Sancti Martini Saviniacensis, ubi domnus Gausmarus abbas præest, Nos, in Dei nomine, Albericus, Folcherius et Emmanuel[3], fratres Aymonis, donamus aliquid de hæreditate ipsius quæ illi, si viveret[4], legibus debebatur, pro remedio animæ ejus et sepultura ipsius. Est autem ipsa hereditas sita in pago Lugdunensi, in agro vallis Bevronensis, in villa Luirciaco : quicquid in curtilis, vineis, campis, pratis, silvis, aquis, aquarumque decursibus, in partem ejus advenire debet, totum ex integro usque ad exquisitum donamus supradictæ Dei ecclesiæ, ut a die præsenti habeant servitores ipsius ecclesiæ potestatem de ipsis rebus quicquid pro utilitate ejusdem ecclesiæ facere voluerint. S. Alberici. S. Folcherii et Emmanuelis, qui donationem istam fieri et firmare rogaverunt. S. Acfredi. S. Almandi. S. Alberici. S. Vualterii. S. Ar-

---

[1] M. *Pruvencherias*.
[2] M. et C. *Teogrini*.
[3] M. hic et infra *Emanuel*.
[4] M. *adviveret*.

noldi. Data per manum Gerberni monachi, mense Aprili, feria sexta, anno trigesimo septimo regni Conradi regis.

### 165.
#### CARTA RERUM[1] IN LIBERTIS VILLA.

Sanctæ Dei ecclesiæ Sancti Martini Saviniacensis, quam domnus abbas Gausmarus regere videtur, Nos, in Dei nomine, Livo et Ermengardis conjuges, tractantes de salute animarum nostrarum, pari consensu donamus aliquid de rebus possessionis nostræ supradictæ ecclesiæ, ad stipendia fratrum inibi Deo servientium. Sunt autem res ipsæ sitæ in pago Lugdunensi, in villa vocabulo Libertis, curtili videlicet duo, cum vircariis et vineis[2] insimul tenentibus, et vinea quam nos per consensum memorati abbatis in campo Sancti Martini ibidem sito plantavimus. Suntque termini earum a mane via publica, a meridie terra Erpini, a sero rivulo currente, a cercio terra Sancti Martini insulæ Barbaræ. Infra istos terminos, quicquid visi sumus habere, totum ex integro donamus ipsi ecclesiæ Sancti Martini pro remedio animarum nostrarum et sepultura corporum nostrorum. S. Livonis et uxoris ejus Ermengardis, qui fieri et firmari rogaverunt. S. Bernardi. S. Huperti. S. Girardi[3]. S. Rotberti. S. Aymini. S. Adalranni. Data per manum Gerberni monachi, mense Martio, feria quarta[4], anno quadragesimo tertio regni Conradi regis.

Mart. 983.

### 166.
#### CARTA DE DUOBUS CURTILIS SUPER RIVULUM SCARAVACUM.

Ego, in Dei nomine, Leugardis fœmina et filius meus Agno donamus ecclesiæ Sancti Martini Saviniacensis, ubi domnus Gausmarus abbas præest, pro remedio animæ filii mei Pontii, curtilos duos qui sunt siti in pago Lugdunensi, super rivulum nomine Scaravacum, et omnia quæ ad ipsos mansos pertinent, in vircariis, campis, pratis, silvis, aquis, aquarumque decursibus, concedimus ad jam dictam

Febr. 970.

---

[1] M. et C. *curtilium.*
[2] Voces *et vineis* desunt in P.
[3] M. et C. *Gerardi.*
[4] M. *quinta.*

ecclesiam usque ad inquisitum. S. Leutgardis [1] fœminæ, et filii ejus Agnonis, qui fieri et firmari rogaverunt. S. Narduini. S. Arnulfi. S. Richardi. S. Agloldi. S. Azelini. Data per manum Gottesmanni monachi, mense Februarii, feria quarta, anno trigesimo regni Conradi regis.

### 167.

#### DE VINEIS IN BISBOCH VILLA.

24 April. 956.

Ego Landredus et uxor mea Rotlendis, cogitantes casus humanæ fragilitatis, ecclesiæ Sancti Martini Saviniacensis, quam domnus abbas Gausmarus regit[2], donamus vineas quæ sunt sitæ in pago Lugdunensi, in valle Bevronica, in fine de Bisboch villa, et donamus in alio loco, infra fines de Escariaco villa, curtilum unum cum vircaria et campis et vinea, et quicquid ad ipsum curtilum aspicit, totum donamus. S. Landredi et uxoris ejus Rotlendis, qui donationem istam fieri et firmari voluerunt. S. Amblardi. S. Alfredi. S. Erpini. S. Ordonis. S. Vuolberti. Data per manum Ratburni presbiteri, octavo calendas Maii, feria quinta, anno decimo quinto regni Conradi, regis Jurensis.

### 168.

#### DE CURTILO IN LINIROLIS VILLA.

960 circa.

In Dei nomine, ego Vuindradus, pro Dei amore, ecclesiæ Sancti Martini Saviniacensis, ubi domnus Gausmarus abbas præesse videtur[3], dono de rebus meis in locum sepulturæ meæ: hoc est curtilum unum cum vircariis et vineis, pratis et campis, et quicquid ad ipsum curtilum aspicit et aspicere videtur usque ad inquisitum. Sunt autem res ipsæ sitæ in pago Lugdunensi, in valle Bevronica, in villa quæ vocatur Linirolis[4], totum ad integrum dono a die præsenti ad supradictam Dei casam, ut faciant rectores ipsius ecclesiæ de eis[5] quicquid facere voluerint in omnibus. S. Girini, Rotberti, Arrici, qui dona-

---

[1] M. et C. *Leugardis*.
[2] M. *regere videtur, nomine Gausmarus*, pro *Gausmarus regit*.
[3] M. *præest*, pro *præesse videtur*.
[4] M. et C. *Linirolias*.
[5] Desunt voces *de eis* in M.

tionem istam fieri et firmari rogaverunt. S. Archimboldi. S. Bernardi. Data per manum Agenaldi levitæ, calendas [1] Februarii, regnante Conrado rege.

### 169.
#### CARTA RERUM DE LUIRCIACO.

Sacrosanctæ Dei ecclesiæ Sancti Martini Saviniacensis, ubi domnus Gausmarus abbas præest, Ego, in Dei nomine, Emmanuel[2], frater Folcherii, dono aliquid de hæreditate ipsius, quæ illi, si adviveret, legibus advenire debebat, pro remedio animæ ejus et sepultura corporis ipsius. Est autem ipsa hæreditas sita in pago Lugdunensi, in agro vallis Bevronensis, in villa Luirciaco, quicquid in curtilis, vineis, campis, pratis, silvis, aquis, aquarumque decursibus in partem ejus advenire debet, totum ex integro usque ad exquisitum, excepto curtilo Bernonis, dono supradictæ ecclesiæ Dei, ut a die præsenti habeant servitores ipsius ecclesiæ potestatem de ipsis rebus quicquid pro utilitate ejusdem ecclesiæ facere voluerint. S. Emmanuel, qui hoc donum fieri et firmare rogavit. S. Rotberti. S. Madalgaudi. S. Prunii[3]. S. alterius Madalgaudi. Data per manum Johannis levitæ, mense Augusto, die Dominica, anno quadragesimo secundo regni Conradi regis.

*Aug. 982.*

### 170.
#### DE VINEA IN ARCIACO VILLA.

Ego Gauzo, cogitans casus humanæ fragilitatis, ecclesiæ Sancti Martini Saviniacensis, ubi domnus Gausmarus abbas Deo desservire videtur, dono aliquid de rebus meis quæ mihi jure legis[4] obveniunt, videlicet vineam unam cum campello continentes sementis dimidium sextarium; eo videlicet tenore ut quamdiu vixero, fructum percipiam; post mortem vero meam, ex medietate ejus sepulturam habeam; aliam autem medietatem Adalendis uxor mea, quamdiu vixerit, possideat,

*980 circa.*

---

[1] M. *kalendas.*
[2] M. hic et infra *Emanuel.*
[3] M. et C. *Pruini.*
[4] P. mendose *regis.*

et qualiscumque ex nobis prius obierit, absque ulla contradictione, ad cultores ipsius ecclesiæ medietas de ipsa hæreditate perveniat; post decessum vero utrorumque, omnia vobis cedo. Sunt vero res ipsæ sitæ in pago Lugdunensi, in villa Arciaco, in valle Bevronensi. S. Gauzonis et Adelendis, uxoris ejus. S. Agnoni. S. Arnoldi [1]. S. Rostagni. S. Asterii. S. Unfredi. Data per manum Johannis monachi, tempore Conradi regis, mense Augusto.

## 171.

### DE CURTILO IN VILLA DE MORTARIO.

980 circa.

Sacrosanctæ Dei ecclesiæ Sancti Martini Saviniacensis, ubi præesse videtur domnus Gausmarus abbas, Ego, in Dei nomine, Gerardus, pro remedio animæ meæ, dono omnes res meas quas possidere visus sum in villa quæ dicitur Mortarius : hoc est curtilum unum cum vinea et alia terra et saliceto, et quicquid ibi habeo, excepto una alga [2] de vinea, quam relinquo uxori meæ Domengianæ, ea ratione ut teneat quamdiu vixerit, et post ejus obitum ad jam dictam ecclesiam redeat; et hoc quod dedi ei in sponsalitio et cætera omnia habeant rectores ejusdem ecclesiæ; et in alia villa quæ dicitur Grisiniacus [3] omnem terram quam ibi visus sum habere usque ad inquisitum, omnia trado a die presenti et deinceps ad supradictam ecclesiam Beati Martini. Sunt res ipsæ sitæ in pago Lugdunensi, in valle quæ dicitur Bevronica. Sane si ego aut alius hanc eleemosinariam cartam inquietaverit, non vendicet quod cupit, sed tantum et aliud tantum quantum eo tempore res ipsæ emelioratæ voluerint componat, ut eleemosinaria ista firma permaneat cum stipulatione subnixa. S. Girardi [4], qui fieri et firmari rogavit.

## 172.

### PRESTARIA CAMPI IN BISBOCH VILLA.

980 circa.

Dilecto in Christo fratri Laydredo presbitero, Ego, in Dei nomine,

---

[1] M. *Arnaldi.*
[2] M. et C. *algia.*
[3] M. et C. *Grisinniacus.*
[4] M. *Giraldi.* C. *Geraldi.*

Gausmarus, Saviniacensis monasterii abbas, et congregatio monachorum ibidem consistentium, concedimus tibi aliquid ex ratione Sancti Martini, sicut petisti a nobis, videlicet campum unum ad plantandum et ædificandum, qui est situs [1] in pago Lugdunensi, in agro Saviniacensi, in villa Bisboch [2], super ecclesiam Beatæ Mariæ, de quo contra nos in vuirpitione fecisti, si quid de eo ad rationem tuam pertinere credebas; cujus termini sunt a mane via publica, ex aliis vero partibus terra Sancti Martini, ea ratione ut quamdiu vivus [3], usum fructuarium ex eo retineas, et annis singulis, ad festum sancti Martini, quatuor denarios in vestitura persolvas; post tuum vero decessum, ecclesia nostra confestim hoc in sua dominatione recipiat.

### 173.
#### DE CURTILO [4] IN TASLIACO [5] VILLA.

Sacrosanctæ ecclesiæ Sancti Martini Saviniacensis, quam domnus Gausmarus abbas regit, Ego Leutbertus, pro remedio animæ meæ, dummodo vivo, dono hæreditatem meam usque ad inquisitum, quæ est sita in pago Lugdunensi, in agro Saviniacensi, in villa quæ dicitur Tasliaco : hoc est curtilus unus indominicatus, cum vinea et exitibus et regressibus, et quicquid ad ipsum curtilum aspicit, usque ad inquisitum; et quod in ipsa villa visus sum habere. Quod si aliqua persona contra donationem istam calumniam intulerit, non valeat vindicare quod repetit, sed tantum et aliud tantum persolvat, et postea donatio ista firma et stabilis permaneat. S. Leutberti, qui fieri et firmari rogavit. S. Laidredi [6]. S. Acfredi. S. Stephani. S. Rogodonis. S. Arlefredi. S. Auramini. Data per manum Adelelmi monachi, septimo idus Januarii, anno Domini [7] vigesimo regni Conradi regis.

7 Jan. 960.

---

[1] Deest vox *situs* in M.
[2] M. *Bisboc.*
[3] M. *vixero.*
[4] M *curtili.*
[5] BM. *Talliaco.*
[6] M. et C. *Lardredi.*
[7] Abest vox *Domini* in M. et C.

174.

COMMUTATIONES RERUM INTER ABBATEM SAVINIACI[1] ET [ABBATEM] INSULÆ BARBARÆ.

978 circa.

In Christi nomine. Placuit atque convenit inter domnum Hildebertum[2], abbatem ecclesiæ Sancti Martini insulæ Barbaricæ, et reliquam congregationem ipsius ecclesiæ, necnon et ab alia parte domnum Gausmarum, abbatem ecclesiæ Sancti Martini Saviniacensis, et reliquam congregationem, ut inter se aliquas terras congruis locis commutare deberent; quod et fecerunt. Donat itaque jam dictus Heldebertus cum congregatione, pro hoc quod accipiunt partibus Sancti Martini Saviniacensis monasterii, curtilum unum situm in pago Lugdunensi, in agro Saviniacensi, et in villa Ischiriaco, cujus termini sunt a mane et meridie terra Sancti Martini, a sero via publica, a cercio similiter. Infra hos fines et terminationes[3], totum ad integrum pro hoc quod accipiunt donant atque commutant. Similiter donant et commutant domnus Gausmarus et cuncta congregatio Sancti Martini Saviniacensis, partibus Sancti Martini insulæ Barbaricæ, pro hoc quod accipiunt, illas res quas Juseus[4] in villa Floriaco pro sepultura uxoris suæ Sancto Martino dedit, et illas res quas Ethenulfus monachus Sancto Martino tradidit : hoc sunt vineæ, campi, terra culta et inculta, et quicquid ipsi Sancto Martino dederunt, in villa Floriacensi. Infra hos fines et terminos totum ad integrum donant atque commutant prædictæ congregationes, ea ratione ut faciant tam prædictæ congregationes quam successores eorum, de his quæ inter eos conventa vel commutata sunt, quicquid facere voluerint. Si quis vero contra has commutationes aliquam calumniam inferre voluerit, minime vendicet, sed inferat cui litem intulerit tantum et aliud tantum cum qualitate et congruentia, et in antea hæc donatio et commutatio firma et stabilis permaneat. S. Heldeberti abbatis. S. Gausmari abbatis. S. Vuidaldi monachi. S. Giroldi monachi. S. Vuidonis. S. Johannis. S. Bernardi. S. Adalgarii. S. Gauceranni.

[1] M. *Saviniacensem.*
[2] M. *Hyldebertum.*
[3] C. *terminos.*
[4] M. *Iusæus.*

S. Danielis. Data per manum Aramberti, mense Decembri, die Dominica, regnante Conrado rege in Gallia.

### 175.

#### DE CAMPO IN MARCIACO VILLA.

Ego, in Dei nomine, Gaucerannus, cogitans humanæ fragilitatis casus, dono ecclesiæ Dei Saviniacensis, cujus regimen obtinet Gausmarus abbas, ex rebus meis : hoc est vineam unam cum campo simul tenente, quæ est sita in pago Lugdunensi, in agro vallis Neriacensis, in fine de Marciaco villa, in loco qui vocatur[1] Massennacus, cujus termini sunt : a mane terra Sancti Stephani, a meridie terra Odrici, a sero terra Girberti, a cercio terra Sancti Justi. Infra hos fines, quicquid visus sum habere totum ex integro dono supradictæ Dei ecclesiæ, ea ratione ut quamdiu vixero usum fructuarium ex hoc possideam, et annis singulis duos sextarios vini in vestitura persolvam. Cum vero mortuus fuero, parentes mei et amici mei ex rebus meis mobilibus duodecim solidos superaugeant, et sic pro his rebus in loco ipso sepulturam accipiam, et tunc cum omni integritate supradictæ res ad ministros ipsius ecclesiæ perveniant, habeantque eas in usus suos tam ipsi quam omnes successores eorum. Sane si post hoc ego ipse aut ullus de hæredibus meis aut aliqua persona hanc donationem inquietare præsumpserit, non valeat vendicare quod repetit, sed tantum et aliud tantum componat quantum ipsæ res eo tempore melioratæ valuerint, et post hæc firma permaneat. S. Gauceranni, qui fieri et firmari rogavit. S. Fulcherii. S. Girberti. S. Henrici. S. Bernerii. S. Odrici. Data per manum Gerberni monachi, mense Maio, die Dominica, regnante Conrado rege.

970 circa.

### 176.

#### DE VINEA ET TERRA IN BRIONNI VILLA.

Sanctæ Dei ecclesiæ Beati Martini Saviniacensis, quam Gausmarus

2 Nov. 981.

---

[1] M. *dicitur*.

abbas gubernat, Nos, in Dei nomine, Ingela, Narduinus[1], Rotbaldus et Iterius[2], donamus de hæreditate nostra, pro sepultura duorum filiorum Araldi et jam dictæ Ingelæ, Stephani, videlicet, et Araldi, fratris ejus : est autem vinea una cum alia terra arabili, quæ in circuitu ejus est, sita in pago Lugdunensi, in valle Ansensi, infra fines de Brionna villa, cujus termini sunt a mane via publica, a meridie et a sero terra et silva Narduini, a circio terra Girardi. Quicquid infra hos fines et terminos continetur, totum ex integro donamus supradictæ ecclesiæ Beati Martini, ut habeant illud in usus suos a die presenti monachi ipsius monasterii per omne seculum. Si quis vero de dominio fratrum Deo ibi servientium abstrahere præsumpserit, non ei liceat implere quod voluerit, sed tantum et aliud tantum componat quantum ipsæ res eo tempore melioratæ[3] valuerint; donatio vero ista firma permaneat. S. Ingelæ matris, quæ fieri et firmari rogavit. S. Iterii. S. Leutgardis. S. Rothaldi. S. Narduini. Datum per manum Gerberni monachi, quarto nonas Novembris, feria quarta, anno quadragesimo primo regni Conradi regis.

### 177.

#### DE TERRIS IN FINE COGNIACENSI.

980 circa.

Sacrosanctæ Dei ecclesiæ Beati Martini Saviniacensis, cui domnus Gausmarus abbas præest, Ego, in Dei nomine, Avæa, Deo dicata, dono aliquid de rebus meis quæ sunt sitæ in pago Lugdunensi, in agro Cogniacensi : hoc est vineam et campum insimul tenentes; et habent terminos a mane viam publicam, a meridie molarem finalem, a sero terram Sancti Romani[4], a circio viam publicam[5]. Infra istas terminationes, totum ad integrum dono ad ipsam Dei casam a die præsenti, in stipendiis fratrum, ut faciant rectores ipsius ecclesiæ ex eis quicquid voluerint. Sane si aliquis ex hæredibus meis aut aliqua persona hanc donationem inquietare præsumpserit, non valeat ven-

---

[1] BM. *Harduinus.*
[2] M. L. et C. hic et infra *Icterius.*
[3] M. *emeliorata.*
[4] L. *Martini.* — C. primo scripserat *Martini*, quod delevit et scripsit *Romani.*
[5] C. *via publica.*

dicare quod cupit, sed tantum et medium tanti componat, quantum et ipsæ res melioratæ valuerint, et postea firma et stabilis permaneat. S. Avanæ, quæ donationem istam fieri et firmari rogavit. S. Stephani. S. Agnardi[1]. S. Yamalberti. S. Teutberti. S. Yopselmi. Data per manum Adelelmi monachi, decimo secundo calendas Julii, feria tertia, regnante Conrado rege.

### 178.

#### DE CURTILO IN TORONIACO[2] VILLA.

Ego, in Dei nomine, Volbertus et uxor mea Dumesia donamus, pro sepultura nostra, de rebus nostris, Sancto Martino Saviniacensis monasterii, cui domnus Gausmarus abbas præest : hoc est curtilum unum cum vircaria et vinea, campis et arboribus, in pago Lugdunensi, in agro Saviniacensi, in villa Toroniaco, cujus termini sunt a mane et a cercio terra Alamanni[3], a meridie terra Sancti Martini, a sero terra Sanctæ Mariæ. Infra hos terminos quicquid ad ipsum curtilum aspicit totum ex integro donamus supradictæ ecclesiæ, tali ratione, ut a die presenti ipsa ecclesia hoc in suo dominio recipiat, et nos ambo pro eo locum sepulturæ in ipso monasterio accipiamus. S. Volberti et Dumesiæ uxoris ejus, qui fieri et firmare rogaverunt. S. Arnulfi. S. Ladredi. S. Madalgaudi. S. Rostagni. S. Duranti. S. Adalgerii. Datum per manum Gerberni monachi, mense Aprili, Sabbato sancto, anno quadragesimo tertio regni Conradi regis.

7 April. 983.

### 179.

#### DE VINEA IN VILLA DE TORONIACO.

In Dei nomine, Ego Adelelmus, consentiente fratre meo Adalgerio, dono aliquid de hæreditate mea ecclesiæ Sancti Martini Saviniacensis, quam domnus abbas Gausmarus regit : hoc est vineam unam quæ sita est in pago Lugdunensi, in villa Toriniaco[4], cujus termini

Mai. 980.

---

[1] M. *Aynardi.*
[2] BM. *Thoroniaco.*
[3] M. L. et C. *Almanni.*
[4] M. *Toroniaco.*

sunt a mane et meridie et a cercio terra de ipsa hæreditate, a sero terra Sancti Martini. Infra istas terminationes, quicquid ad meam partem advenit de ipsa vinea dono supradictæ ecclesiæ Sancti Martini. Sane si post hæc aliquis[1] de hæredibus et propinquis meis aut aliqua emissa persona hanc donationem inquietare præsumpserit, non ei liceat vindicare quod repetit, sed componat tantum et aliud tantum quantum ipsæ res eo tempore melioratæ valuerint; donatio vero ista firma permaneat. S. Adelelmi[2], qui fieri rogavit. S. Adalgerii, fratris ejus, qui consensit. S. Alberici. S. Sigini. S. Constancii. S. Rostagni. S. Icterii. S. Heliæ. Datum per manum Gerberni monachi, mense Maio, die Dominico, anno quadragesimo regni Conradi regis.

### 180.

#### DE CURTILO IN[3] TORONIACO VILLA.

980 circa.

Ego, in Dei nomine, Gauzo dono de rebus meis Sancto Martino Saviniacensis monasterii, quod domnus Gausmarus abbas regit, in villa Toriniaco[4], curtilum unum cum vinea et arboribus, cujus termini sunt a mane via publica, a meridie et a sero similiter, a cercio curtilus Almanni. Infra istas terminationes, quicquid visus sum habere, omnia dono, ut habeant licentiam rectores ipsius ecclesiæ quicquid ex eis facere voluerint.

### 181.

#### DE CURTILO IN LENTILIACO VILLA.

5 Jul. 975.

Sacrosanctæ Dei ecclesiæ Sancti Martini Saviniacensis monasterii, ubi domnus Gausmarus abbas cum grege monachorum Deo servire videtur, Nos, in Dei nomine, Maynardus et Amalgerius presbiter, fratres Gunduini, donamus supradictæ ecclesiæ aliquid de rebus ipsius Gunduini, pro remedio animæ et sepultura ejus. Sunt autem res ipsæ sitæ in pago Lugdunensi, in agro Floriacensi, in villa Lentiliaco:

---

[1] M. *Si quis, post hæc, de*, etc.
[2] M. et C. *Adelmi*.
[3] L. add. *eadem villa*.
[4] L. *Toroniaco*.

hoc est curtilus unus cum vircaria, et vinea, et campis, et pratis; et in villa Moriaco vinea una. Omnes istas res denominatas ex integro usque ad inquisitum donamus jam dictæ Dei ecclesiæ, ea ratione ut habeant rectores[1] ipsius ecclesiæ a presenti die potestatem de istis rebus quicquid pro utilitate ipsius loci facere voluerint. Sane si post hæc aut nos ipsi, aut ullus hæres et propinquus et aliqua emissa persona hanc donationem inquietare præsumpserit, non valeat vendicare quod petit[2], sed tantum et aliud tantum componat quantum res ipsæ eo tempore melioratæ valuerint; donatio vero ista omni tempore firma et stabilis permaneat. S. Maynardi et Amalgerii sacerdotis, qui donationem istam fieri et firmari rogaverunt. S. Aremburgis, uxoris ipsius Gunduini. S. Almanni. S. Alberici. S. Gerardi. Data per manum Gerberni monachi, tertio idus Julii, feria secunda, anno ab incarnatione Domini nongentesimo septuagesimo quinto.

## 182.

### DE CURTILO IN MADIS VILLA.

Sanctæ Dei ecclesiæ Sancti Martini Saviniacensis, cui præest domnus abbas Gausmarus, Ego, in Dei nomine, Madalgaudus et uxor mea Aymendrada, pro Dei amore, donamus aliquid de rebus nostris quæ sunt sitæ in pago Lugdunensi, in agro Floriacensi, in ipsa villa, in loco qui dicitur Estrada, videlicet curtilus unus cum vinea et vircaria, et quicquid ad ipsum curtilum aspicit; et in ipso comitatu, in agro Forensi, in villa quæ dicitur Madis, in loco qui vocatur Madisech, mansum unum et quicquid ad ipsum mansum aspicit, excepto[3] una eminada, quam dedi Sancto Petro; et in eodem loco dono curtilos duos, et quicquid ad ipsos pertinet, et pratum indominicatum qui terminatur a meridie guttula dividente, et ex aliis partibus terra de ipsa hæreditate. Similiter in ipso loco dono silvam, cujus termini sunt : a mane et a meridie guttula et silva Siginerci, a sero terra de hæreditate, a cercio terra Almanni[4]. Infra istas termi-

975 circa.

[1] M. *servitores.*
[2] M. et C. *repetit.*
[3] L. *excepta.*
[4] M. *Almandi.*

nationes, quicquid visi sumus habere totum ad integrum usque ad exquisitum donamus supradictæ Dei ecclesiæ pro animabus nostris et parentum nostrorum. S. Madalgaudi et uxoris suæ Aymendradæ, qui donationem istam fieri et firmari rogaverunt. S. Eldeverti. S. Almandi. S. Bladini. S. Adelborni. Datum per manus Gerberni monachi, mense Maio, feria sexta, regnante Conrado rege.

### 183.

#### DE CAMPO AD TRES CANES[1].

Mai. 976.

Sacrosanctæ Dei ecclesiæ Beati[2] Martini Saviniacensis, ubi præest domnus Gausmarus abbas, Ego, in Dei nomine, Gauzo dono aliquid ex rebus meis pro sepultura uxoris meæ Beliardis : hoc est campum unum qui est situs in pago Lugdunensi, in agro Floriacensi, in villa quæ dicitur[3] ad Tres Canes, cujus termini sunt a mane terra Erpini, a meridie guttula currente, a sero terra de ipsa hæreditate, a cercio via publica. Infra hos terminos, totum ipsum campum cum prato simul tenente dono supradictæ ecclesiæ Dei, ut habeant ministri ipsius potestatem a die presenti quicquid pro utilitate ejusdem ecclesiæ de eo facere voluerint. S. Gausonis[4], qui fieri et firmare rogavit. S. Rostagni. Data per manum Gerberni monachi, mense Maio, die Dominico, anno trigesimo sexto regni Conradi regis.

### 184.

#### ITEM DE MANSO AD TRES CANES.

April. 977.

In Dei nomine, Ego Erpinus et uxor mea Hilaria, filium nostrum Durantum nomine offerrimus[5] Deo, in monasterio Saviniaco[6], ad nomen et memoriam sancti Martini, in presentia[7] Gausmari abbatis. Cedimus etiam nos ipsi, sed cum ipso supradicto monasterio et altari sancti Martini, aliquid de hæreditate nostra[8], mansum unum qui est

---

[1] C. hic et infra *Trescanes*.
[2] M. *Sancti*.
[3] M. *dicta* pro *quæ dicitur*.
[4] M. et C. *Gauzonis*.
[5] M. *offerimus*.
[6] C. *Saviniacensi*.
[7] M. et L. add. *domni*.
[8] L. add. *id est*.

situs in pago Lugdunensi, in agro Floriacensi, in villa quæ dicitur ad Tres Canes, cum vircariis, campis, pratis, silvis, aquis, aquarumque decursibus, omnia quæ ad ipsum mansum pertinent, et quicquid nos in ipsa villa visi sumus habere; totum ex integro usque ad exquisitum donamus supradictæ Dei ecclesiæ Sancti Martini, ad stipendia fratrum inibi Deo servientium. S. Erpini et uxoris ejus Hilariæ, qui fieri et firmari rogaverunt. S. Laydredi[1]. S. Bernardi. S. Arnaldi. S. Geraldi. Data per manum Gerberni monachi, mense Aprili, feria sexta, anno trigesimo septimo regni Conradi regis.

### 185.
#### DE VINEA IN VILLA FLURIACENSI[2].

Ego Gerardus et uxor mea Hilaria, cogitantes casum fragilitatis humanæ, donamus de rebus nostris ad ecclesiam Dei, quæ est constructa in honore sancti Martini Saviniacensis, quam domnus Gausmarus abbas regit : hoc est vineam unam quæ est sita in pago Lugdunensi, in agro Floriacensi, in ipsa villa; et isti sunt termini ejus : a mane terra ipsius Sancti Martini, a meridie terra Asterii, a sero terra Berengerii, a cercio terra Archodi, et in ipsa villa campum unum qui terminatur a mane via publica, a meridie et a sero terra Sancti Martini de Insula, a cercio terra Berengerii; tali tenore ut quamdiu nos vivimus, usum et fructum possideamus, et post nostrum decessum totum ad integrum, sine ulla tarditate, ad illos perveniat, et faciant postea quicquid inde facere voluerint. S. Gerardi et uxoris ejus Hilariæ, qui fieri et firmari rogaverunt. S. Huperti. S. Arnaldi. S. Adalfredi. Data per manum Gerberni monachi, mense Aprili, feria secunda, anno quadragesimo regni Conradi regis.

April. 980.

### 186.
#### DE TRIBUS CURTILIBUS[3] IN EXCOLIACO VILLA.

Ego, in Dei nomine, Vuido, cognomento Bodo, et uxor mea

Oct. 980.

---

[1] M. *Laidredi.* — [2] L. *Floriacensi.* — [3] M. et C. *curtilis.*

Rotildis [1], donamus ex rebus proprietatis nostræ, pro remedio animarum nostrarum, Deo et Sancto Martino Saviniacensis ecclesiæ, quam abbas Gausmarus regere videtur : sunt autem res ipsæ sitæ in pago Lugdunensi, in agro Neriacensi, in fine de Excoliaco villa, videlicet curtili tres, cum ortis, vircariis, vineis, quorum duos possident Hupertus unum, et Constantius alium, tertium Adraldus, si in ipso non habetur vircaria. Suntque termini eorum, Huperti scilicet et Constantii, a mane [terra] Sancti Victoris et Sancti Justi, a meridie terra Sanctæ Mariæ, a sero via publica, a cercio terra Sancti Justi. Tertius habet terminos a mane terra Ascherii, a meridie via publica quæ ducit ad Fontem, a sero Marochia aqua currente, a cercio terra Adalbaldi. Infra hos terminos, quicquid continetur, totum ex integro donamus supradictæ ecclesiæ ad usum fratrum inibi consistentium, et habeant illud in usus suos a die presenti usque in finem seculi. S. Vuidonis et uxoris ejus Roteldis, qui fieri et firmari rogaverunt. S. Eugendi levitæ. S. Hildeberti. S. Artaldi. S. Humberti. S. Pontii. Data per manum Gerberni monachi, mense Octobri, feria tertia, anno quadragesimo regni Conradi regis.

## 187.

### DE MANSO IN CELSIACO VILLA.

Mart. 977.

In Dei nomine, Ego Ayglaldus, pro remedio animæ uxoris meæ Elisendis, dono de rebus meis ecclesiæ Sancti Martini Saviniacensis, cui domnus Gausmarus abbas præesse videtur, quæ res sunt sitæ in pago Lugdunensi, in agro Floriacensi, in villa Celsiaco : hoc est mansus unus et quicquid ad ipsum mansum aspicit; et in alio loco, in vicaria [2] vallis Bevronensis, in villa quæ dicitur Brugilolis [3], curtilos duos cum vircariis, campis, vineis, pratis, salicetis, vel quicquid ad ipsos curtilos pertinet. In his supradictis locis, quicquid visus sum habere, totum ex integro usque ad inquisitum dono supradictæ Dei ecclesiæ, ut habeant ea ministri ejus in usus suos, faciantque ex eis

---

[1] C. *Rottildis.* — [2] Mendose *vircaria* in P. — [3] M. et C. *Brugillolis.*

quicquid pro utilitate ipsius ecclesiæ voluerint. S. Ayglaldi, qui fieri et firmari rogavit. S. Pontii. S. Aymonis. S. Hugonis. S. Duranti. S. Teuchardi[1]. S. Girardi. S. Arnulfi. Data per manum Gerberni monachi, mense Martio, feria quinta, anno trigesimo septimo regni Conradi regis.

## 188.
#### DE REBUS IN VILLIS FLURIACO ET MORIACO.

Ego, in Dei nomine, Maginsedis[2] dono ecclesiæ Beati Martini Saviniacensis, cui domnus Gausmarus abbas præest, ex rebus fratris mei Vuillenchi, pro remedio animæ ejus, in pago Lugdunensi, in vicaria Floriacensi, in ipsa villa Floriaco, quicquid ibi visus sum habere usque ad inquisitum; et in alio loco, in villa quæ dicitur Moriacus, similiter quicquid ibi visus sum[3] habere : hoc sunt mansi cum ortis, campis, omnibusque adjacentiis ejus[4]; ea videlicet ratione ut a die presenti habeant rectores ipsius ecclesiæ licentiam de his rebus quicquid facere voluerint. S. Maginsedis, qui fieri et firmari rogavit. S. Girardi [et] Arlulfi, qui consenserunt. S. Icterii. S. Silvionis. S. Leidradi. S. Roberti. Data per manum Aynaldi, subdiaconi, decimo quarto calendas[5] Martii, anno vigesimo septimo regni Conradi regis.

16 Febr. 967.

## 189.
#### DONUM DE TERRA IN FLURIACO.

In Dei nomine, Ego Drocteldis fœmina, uxor Aremberti, pro remedio animæ meæ et parentum meorum, dono ad ecclesiam Beati Martini Saviniacensis, quam domnus Gausmarus abbas regit, de rebus meis quæ sunt sitæ in pago Lugdunensi, in agro Floriacensi, in ipsa villa Floriaco, et in Liviaco : hoc sunt curtili duo, cum vineis, campis, et vircariis, quorum termini sunt a mane terra Madalgaudi, a

16 Sept. 976.

---

[1] M. et C. *Tenchardi.*
[2] P. *Maginsendis.*
[3] M. et C. *fuit.*
[4] M. et C. *omniaque adjacentia ejus.*
[5] M. hic et infra *kalendas.*

meridie terra Sancti Martini, a sero terra Mainardi [1], a cercio terra Adalardi; alius curtilus in Liviaco : terminatur in giro via publica. Quantumcumque ad ipsos curtilos aspicit, totum ad ipsam casam Dei dono. S. Drocteldis, quæ fieri et firmari rogavit. S. Isembarti presbiteri. S. Ariberti. S. Raynardi [2]. S. Rotlanni [3]. S. Cavallarii. Ego Aymenricus presbiter rogatus scripsi, die Martis, decimo sexto calendas Octobris, anno trigesimo sexto regni Conradi regis.

## 190.

### DE CURTILO IN CRAPONICA VILLA.

970 circa.

Ego, in Dei nomine, Fulcherius, pro remedio animæ meæ et uxoris meæ Ermengardis, dono unum curtilum cum vinea ad sacrum locum Sancti Martini Saviniacensis monasterii, ubi domnus Gausmarus abbas præesse videtur; qui curtilus est situs in pago Lugdunensi, in agro Neriacensi, in villa Craponica, et habet terminos a mane et a meridie, a sero et a cercio, terram Ermengardis et cohæredum ejus. Infra istas terminationes, ipsum curtilum dono atque transfundo ad supradictum locum, ut faciant ipsius ecclesiæ rectores ex eo quicquid voluerint. S. Fulcherii. S. Rotlanni. S. Stephani. S. Eriberti. S. Bodonis. S. Vulgrini. Data per manum Adsonis monachi, mense Januarii [4], feria quinta, regnante Conrado rege.

## 191.

### DE CURTILO IN FLURIACO VILLA.

960 circa.

Sacrosanctæ ecclesiæ Beati Martini Saviniacensis, quam domnus Gausmarus abbas regit, Ego Deodatus et uxor mea Volfidis [5], donamus curtilum unum cum mansione et vinea, et vircaria, et pratis, et quicquid ad ipsum curtilum aspicit; qui curtilus est situs in pago Lugdunensi, in agro Floriacensi, in villa Appinaco [6], ut faciant rectores ipsius ecclesiæ de eo, cum omnibus adjacentiis suis, quicquid

---

[1] M. et C. *Maniardi.*
[2] M. *Rainardi.*
[3] M. et C. *Rothlanni.*
[4] M. et C. *Januario.*
[5] M. L. et C. *Volfildis.*
[6] M. et C. *Apinaco.*

voluerint. S. Deodati, qui donationem istam fieri et firmari rogavit. S. Aroldi. S. Leutardi. S. Gausberti[1]. S. Mainardi. S. Volfardi. Data per manum Gislamari monachi, sexto calendas[2] Julii, regnante Conrado rege Jurensi.

### 192.

#### DE VINEA IN FLURIACO.

Ego, in Dei nomine, Asterius sacerdos, pro redemptione animæ fratris mei Rainardi et sepultura corporis ejus, dono aliquid de rebus possessionis suæ, hoc est duas aleas de vinea quæ habent in se cameras decem, ad ecclesiam Sancti Martini Saviniacensis, quam domnus abbas Gausmarus regere videtur : est autem hoc situm in pago Lugdunensi, in[3] agro Floriacensi, in ipsa villa; et sunt termini ejus a mane terra Costabilis, a meridie terra Sancti Martini insulæ Barbaræ, a sero terra Adalfredi, a cercio via publica. Quicquid infra hos terminos continetur, totum dono supradictæ ecclesiæ, ut habeant ministri ejus potestatem a die præsenti quicquid facere voluerint de hoc pro utilitate ejusdem ecclesiæ. S. Asterii presbiteri. S. Arnaldi. S. Adalfredi. Data per manum Johannis levitæ, mense Martio, feria secunda.

970 circa.

### 193.

#### DE PRATO IN FLURIACO.

Sacrosanctæ Dei ecclesiæ Sancti Martini Saviniacensis, quam domnus Gausmarus abbas regere videtur, Ego Adalardus, pro sepultura filii mei Lamberti, dono aliquid de rebus meis quæ sunt sitæ in pago Lugdunensi, in[4] agro Floriacensi, in ipsa villa : pratum videlicet unum cum saliceto et aliquid[5] de terra arabili, capiente sementis cartalos[6] tres; cujus termini sunt a mane terra Adalberti, a meridie terra Otberti, a sero terra Sancti Martini, a cercio terra Sancti Andreæ.

970 circa.

---

[1] M. et C. *Gauzberti*.
[2] M. *kalendas*.
[3] In M. et C. deest *in*.
[4] In M. et C. deest *in*.
[5] Desunt voces *et aliquid* in P.
[6] C. *cartallos*.

Infra hos terminos, quicquid ego visus sum habere, totum dono supradictæ ecclesiæ Sancti Martini, ut habeant potestatem ministri ipsius ecclesiæ a die præsenti de ipsis rebus pro utilitate ipsius ecclesiæ facere quicquid voluerint. Sane si ullus de hæredibus meis aut aliqua emissa persona hoc inquietare voluerint, non valeat vendicare, sed componat tantum et aliud tantum quantum ipsæ res eo tempore emelioratæ valuerint; donatio vero ista omni tempore firma permaneat.

### 194.

#### DE DUOBUS CURTILIS IN FLURIACO.

970 circa.

In Dei nomine, Ego Gauserannus[1] dono Sancto Martino de Saviniaco, ubi domnus Gausmarus abbas præest, duos curtilos qui sunt in Pitavalle[2] siti, in confinio de villa quæ dicitur Floriacus, pro anima fratris mei Rotberti; dono etiam vobis in ipsa villa curtilum unum cum vinea quæ vocatur Margarita, cum omnibus adjacentiis suis, tali convenientia, ut si supradictos curtilos vobis quietos habere non fecero, sine aliquo vestro labore, istum curtilum teneatis et possideatis, sine mea aut alterius contradictione; et si quietos eos tenere vos fecero, istum curtilum dimittatis; et postea carta ista permaneat. S. Gauzeranni, qui fieri et firmare rogavit. S. Sansonis. S. Gotafredi. S. Fulcherii. S. Acfredi. S. Amblardi. S. Duranti.

### 195.

#### CARTA DE VINEA IN LIVIACO VILLA.

970 circa.

Sanctæ ecclesiæ Beati Martini Saviniacensis, ubi domnus Gausmarus abbas præesse videtur, Ego Ethenulfus et uxor mea Gallia, et filius noster Vuido, pro anima filii nostri Ugonis[3], donamus algiam unam de vinea quæ est sita in pago Lugdunensi, in agro Floriacensi, in villa[4] quæ dicitur Liviacus, cujus termini sunt a mane vinea Ingelberti, a meridie Rostagni, a sero via publica. Quod si hoc aliquis

---

[1] M. et C. hic et infra *Gauzerannus*.
[2] M. et C. *Pittavalle*.
[3] M. *Hugonis*.
[4] M. *in villa Liviaco*.

inquietare voluerit, non vendicet quod cupit, sed componat tantum et aliud tantum quantum eo tempore ipsa algia meliorata voluerit. S. Ethenulfi, qui fieri et firmari rogavit. S. Vuidonis, filii ejus. S. Gauzonis. S. Gerardi. S. Tornubelti [1]. S. Ingelberti. Data per manum Gotesmanni [2] sacerdotis, mense Maio, feria sexta, regnante Conrado rege.

### 196.

DONATIO RERUM IN CASSANIAS [3] VILLA ET IN BIBOSCHO [4].

In Dei nomine, Ego Stephanus dono omnia quæ mihi legibus obvenerunt et quæ conquisivi, Deo et Beato Martino Saviniacensis loci, cui domnus Gausmarus abbas præest; quæ res sunt sitæ in pago Lugdunensi, in agro Broliacensi [5], in villa quæ dicitur Cassanias; et in ipso loco, pro anima filii mei Rotlanni; et in alia villa quæ dicitur Bisbochus, vineam unam; ea videlicet ratione ut quandiu ego vixero, usum fructuarium habeam, et per singulos annos, in festo sancti Martini, duos denarios in cera persolvam. S. Stephani, qui fieri et firmare rogavit. S. Romestagni [6]. S. Benedicti. S. Costabilis. S. Otberti. S. Adalardi. Data per manum Gotesmanni sacerdotis, mense Maio, feria secunda, anno vigesimo septimo regni Conradi regis.

Mai. 967.

### 197.

CARTA MANSORUM IN VILLA LANZOLARIA.

Sanctæ ecclesiæ Beati Martini Saviniacensis, ubi domnus Gausmarus abbas præest, Ego Maginsindis, dono aliquid ex rebus meis : hoc sunt mansi, campi, prati, silvæ, cum aquis, aquarumque decursibus, eorumque adjacentiis. Sunt autem res ipsæ sitæ in pago Lugdunensi, in vicaria [7] Brolliacensi [8], in villa quæ vocatur Lanzolarias, quantum in ipsa villa visa sum habere aut possidere, totum ad integrum usque

Mart. 967.

---

[1] M. *Dorimberti.* — L. *Dorimbelti.*
[2] M. et C. hic et infra *Gottesmanni.*
[3] BM. *Chassanias.*
[4] M. et C. *Bisboch* et infra *Bisbocus*
[5] C. *Brolliacensi.*
[6] M. *Remestagni.*
[7] P. mendose *vircaria.*
[8] M. *Broliacensi.*

ad inquisitum dono pro remedio animæ meæ[1] et parentum meorum; ea videlicet ratione ut quandiu ego vivo, usum fructuarium habeam, et annis singulis in festivitate sancti Martini, duodecim denarios in vestitura persolvam; post meum vero decessum habeant rectores prædictæ ecclesiæ licentiam in omnibus quicquid inde facere voluerint. S. ipsius Maginsindis. S. domni Amblardi episcopi. S. Sumni[2]. S. Rotbaldi. S. Siquierci[3]. S. Saliconis. S. Aschirici. Data per manum Aynaldi subdiaconi, mense Martio, anno vigesimo septimo regni Conradi regis.

## 198.

### CONVENIENTIA.

970 circa.

Convenientia inter domnum abbatem Gausmarum Saviniacensis monasterii et duos quosdam viros Adalbertum et Gauzelinum, de terra Sancti Martini quæ est in Monte Aureo, in confinio parrochiæ[4] Sancti Desiderii. Venerunt præfati viri ad ipsum abbatem, et petierunt eum ut ipsam terram ad laborandum eis concederet; quod et fecit, tali conditione ut cum omni diligentia ipsam terram excolerent, domos supra eam construerent, vineas plantarent, et cæteris agriculturis operam darent, et res suas supra eam manere facerent; de vineis quas ibi plantarent, medietatem ipsi haberent, sed vendere et alienare non præsumerent, sine licentia et consensu ipsius abbatis et successorum ejus. Sane si post hæc, de ista convenientia ipsi culpabiles fuerint et emendare noluerint, ipsam terram simul cum fructu quem de illa habuerint perdant. S. Adalberti et Gauzelini, qui cartam istam fieri et firmare rogaverunt. Data per manum Gerberni monachi, mense Martio.

## 199.

### CARTA CURTILI IN LESCHERIIS VILLA.

970 circa.

Dominis fratribus Gausmaro, abbati Sancti Martini Saviniacensis,

[1] Deest *meæ* in C. et P.
[2] M. et C. *Suvuni?*
[3] M. et C. *Siguierci.*
[4] M. et C. *perrochiæ.*

et omni congregationi inibi degenti. Nos, in Dei nomine, Desiderius et Ademarus vendimus vobis aliquid de rebus nostris, quæ sunt sitæ in pago Lugdunensi, in agro Montis Aureacensis, in villa quæ vocatur Lescherias. Est autem curtilus unus et quicquid ad ipsum curtilum aspicit[1], et accipimus a vobis solidos viginti, et de ipsis rebus ab hac die habeatis potestatem tenendi et in melius commutandi. S. Eldeverti. S. Eymonis. S. Rostagni. S. Gerardi. S. Leotberti. Data per manum Gerberni monachi, mense Aprili, die Sabbati[2], regnante Conrado rege.

## 200.

CARTA CURTILI IN VILLA SANCTI BANDELII[3].

Avril. 965.

Sacrosanctæ ecclesiæ Beati Martini Saviniacensis, cui præest domnus Gausmarus abbas, Nos, in Dei nomine, Evrardus decanus, Anschericus et Costabilis sacerdotes, pro redemptione animæ Desiderii, cujus nos vuadiatores et suffragatores extitimus, cedimus aliquas res hæreditatis ejus, sicut idem, dum adviveret, sui arbitrii ordinatione faciendum censuerat. Sunt autem res ipsæ sitæ in suburbio Lugdunensis civitatis, adjacentes ecclesiæ Sancti Baudelii martiris. Est etiam curtilus unus, cum vineis et campis et mansionibus et cum omnibus sibi adjacentibus, velut prædictus Desiderius acquisivit, cujus termini sunt : a mane terra Costabilis, a cæteris vero partibus via publica. Si quis vero huic cessioni nostræ, quam Desiderii vice facimus, contrarius existere tentaverit, nullatenus vendicet, sed emendationis causa componat tantum et aliud tantum quantum res ipsæ eo tempore melioratæ valuerint, et auctoritas[4] hujus eleemosinariæ donationis roborata permaneat. S. Evrardi. S. Costabilis. S. Adalgerii[5]. S. Johannis. S. Anscherici presbiteri. Data per manum Theutardi[6], Sancti Stephani diaconi, mense Aprili, feria quarta, anno vigesimo quinto regni Conradi regis.

[1] M. pertinet.
[2] M. Sabathi. C. Sabati.
[3] M. et C. hic et infra Baudelii.
[4] M. et C. autoritas.
[5] M. Aalgerii.
[6] M. Theudardi.

## 142 CHARTULARIUM SAVINIACENSE.

### 201.

CARTA DE CURTILO [1] IN VILLA SANCTI BANDELII.

970 circa.

Conventio vel venditio quæ fuit inter Benedictam fœminam et domnum abbatem Gausmarum Saviniacensis ecclesiæ ac cæteris fratribus. Vendidit ergo prædicta Benedicta curtilum unum, cum vinea et mansione, qui est situs in pago Lugdunensi, in agro Vesiacensi, in villa Sancti Baudelii, cujus termini sunt, a mane et a cercio terra Sancti Georgii, a meridie terra Sancti Martini, a sero terra Sancti Pauli. Infra istas terminationes ipsum curtilum vendidit atque transfundit, et accepit ab illis pretium solidorum decem. S. Benedictæ, quæ venditionem hanc fieri et firmari rogavit. S. Agnonis, Euremari, Gembertanæ [2], qui consenserunt. S. Duranti. S. Rotberti. S. Gonfredi. Data per manum Adsonis monachi, mense Decembri, feria sexta, regnante Conrado rege.

### 202.

DE VINEA IN VILLA SANCTI BAUDELII.

970 circa.

Sacrosanctæ ecclesiæ Sancti Martini Saviniacensis, ubi domnus abbas Gausmarus præest, Ego, in Dei nomine, Raculfus et uxor mea Emeltrudis vendimus supradicto abbati aliquid vineæ quæ est sita in pago Lugdunensi, in agro Montis Aureacensis, juxta ecclesiam quæ est constructa in honore sancti Baudelii, cujus termini sunt : a mane concubitus viarum, a meridie et a cercio via publica, a sero vinea de ipsa hæreditate. Infra hos terminos, quicquid visus sum habere, supradicto abbati et fratribus præfati loci vendimus, et accipimus ab eis pretium solidorum octo, ea ratione ut ab hac die deinceps quicquid facere voluerint ex ea faciant. S. ejusdem Riculfi et uxoris ejus Emeltrudis. S. Johannis. S. Gonfredi. S. Arlulfi. S. Gauzeranni. S. Adalberti. Data per manum Evrardi [3] subdiaconi, mense Decembri, feria sexta, regnante Conrado rege.

---

[1] M. *curtili.* — [2] C. *Gimbertanæ.* — [3] M. *Evraldi.*

## 203.

#### CARTA RERUM IN LESCHERIIS VILLA.

Ego, in Dei nomine, Radulfus sacerdos, cogitans casus fragilitatis 970 circa. humanæ et cupiens suscipere jugum Domini suave, idcirco me ipsum trado in servitio Dei omnipotentis et beati Martini, in cœnobio quod vocatur Saviniacus[1], et omnes res juris mei trado ad ipsam Dei ecclesiam. Quæ res sunt sitæ in pago Lugdunensi, in agro Montis Aureacensis, in villa quæ dicitur Leschiriacus[2]. Quicquid in ipsa villa visus sum habere, totum ad integrum usque ad inquisitum omnia dono ac transfundo, cum suis adjacentiis : hoc est vircariis, campis, pratis, silvis, aquis, aquarumque decursibus; et in alio loco, in ripa Rodani, in villa quæ dicitur Carbentongias[3] et Lomincus, quicquid in ipsa villa visus sum habere, mansos cum ortis, servis et ancillis, et quicquid ibi aspicit et aspicere videtur; et in alio loco, in valle Bevronica, in villa quæ dicitur Colonicas : hoc sunt curtiferis, vircariis, vineis, campis, pratis, silvis, pascuis, aquis, aquarumque decursibus; et in Gerense, in villa quæ dicitur Trevedus[4] : hoc est vircariis, campis, pratis, silvis, pascuis, aquis, aquarumque decursibus, et quicquid ibi aspicit et aspicere videtur usque ad inquisitum, omnia dono, ea ratione ut habeant licentiam rectores ipsius ecclesiæ ex his rebus quicquid facere voluerint ab hac die in reliquum. Ego Radulfus donator manu propria firmavi. S. Eldeoti. S. Ladredi. S. Goberti. S. Acfredi. S. Arnoldi. S. Azilini. S. Amalrici. Data per manum Aynaldi monachi, mense Aprili, feria sexta, regnante Conrado rege Jurensi.

## 204.

#### CARTA DE CURTILO IN CASSIACO VILLA.

Sanctæ Dei ecclesiæ Beati Martini Saviniacensis, ubi domnus abbas Nov. 980. Gausmarus Deo servire videtur, Ego Adalgardis, uxor Ratbodi, et filius noster Vuilusus, donamus, pro remedio animæ ejus, curtilum

---

[1] M. *Saviniacum.*
[2] M. et C. *Lescherias.*
[3] BM. *Carentongias.*
[4] M. *Trevedis.*

unum cum vircaria, et vinea, et prato, et alia terra arabili quæ ad ipsum curtilum aspicit; et est situs in pago Lugdunensi, in agro Tarnantensi, in villa Cassiaco, cujus termini sunt : a mane via publica, a meridie et sero similiter, a cercio terra Gentonis. Ipsum curtilum cum omnibus quæ ad ipsum pertinent donamus supradictæ ecclesiæ Sancti Martini, et permaneat in dominio ejus a die præsenti usque in finem sæculi. S. ejusdem Adalgardi et filii ejus Vuilisii. S. Narduini. S. Rotbaldi. S. Agnonis. S. Ratbodi. S. Gisleberti. Data per manum Gerberni monachi, mense Novembri, feria sexta, anno quadragesimo regni Conradi regis.

### 205.

CARTA MANSI IN VILLA QUÆ DICITUR MONS.

April. 977.

Ego, in Dei nomine, Arencus, pro remedio animæ meæ, dono ex rebus meis Beato Martino Saviniacensis ecclesiæ, cujus regimen obtinet domnus Gausmarus abbas. Sunt autem res ipsæ sitæ in pago Lugdunensi, in agro Tarnantensi[1], in villa quæ dicitur Mons : hoc est mansus unus cum vircariis, campis, pratis et quicquid ad ipsum mansum aspicit; ea ratione ut quandiu ego vixero, usum fructuarium ex eo possideam, et annis singulis duodecim denarios in vestitura persolvam. Post meum vero decessum, ad jam dictam ecclesiam, absque ulla contradictione, perveniat. S. Arenci, qui donationem istam fieri et firmari rogavit. S. Bernardi. S. alterius Bernardi. S. Sigismondi[2]. S. Tidei. S. Raganfredi. Datum per manum Gerberni monachi, mense Aprili, feria quarta, anno trigesimo septimo regni Conradi regis.

### 206.

CARTA DE DUOBUS MANSIS IN VILLA DE[3] ESCLAREIS.

Nov. 979.

Ego, in Dei nomine, Girardus, frater Arnulfi, et Ingelburgis, uxor ejusdem Arnulfi, donamus aliquid de hæreditate ipsius pro sepultura

---

[1] M. *Tarnatensi*. — [2] M. *Sisimundi*. C. *Sigismundi*. — [3] Deest vox *de* in M.

ejus Sancto Martino Saviniacensis ecclesiæ, quam domnus Gausmarus abbas regere videtur. Est autem ipsa hæreditas sita in pago Lugdunensi, in agro Tarnantensi[1], in villa nomine Esclareias[2] : hoc sunt mansi duo cum curtilis, campis, pratis, silva, quorum termini sunt : a mane et sero et cercio via publica, a meridie terra Sigiverti[3]. Infra istas terminationes, et quicquid in ipsa villa visi sumus habere, totum ex integro donamus supradictæ Dei ecclesiæ. S. Arrici presbiteri. S. Alarici. S. Vuildani[4]. Data per manum Gerberni monachi, mense Novembri, die Sabbati[5], anno trigesimo nono regni Conradi regis.

### 207.

#### CARTA DE MOLENDINO IN BROLIO[6].

2 Jan. 980.

Sacrosanctæ ecclesiæ Beati Martini Saviniacensis, quam domnus Gausmarus abbas regere videtur, Ego, in Dei nomine, Arrius presbiter, dono de hæreditate mea, pro remedio animæ meæ et patris mei Sansonis. Est autem ipsa hæreditas sita in pago Lugdunensi, in agro Tarnantensi[7], in confinio villæ quæ vocatur[8] Brolius : hoc est molendinum cum mulinario sibi super posito, et prato simul tenente, cujus terminus est a mane terra Lamberti, a meridie et a sero Aselgo aqua currente, a cercio terra Vuandalmodis; et in alio loco qui vocatur Exartis, curtilum unum et quicquid ad illum pertinet. Istas[9] res ego Arrius dono supradictæ ecclesiæ Sancti Martini, tali tenore ut curtilum illum in præsenti recipiat, et de aliis rebus, quamdiu ego[10] vixero, usum fructuarium percipiam; post meum autem decessum, omnia ex integro[11] ad ipsam ecclesiam perveniant. S. Arrii presbiteri, qui fieri et firmari rogavit. S. Icterii. S. Alarici. S. Alberici[12]. S. Rainardi. S. Rotlandi. Data per manum Gerberni monachi, quarto nonas Januarii, anno trigesimo nono regni Conradi regis.

[1] M. *Tarnatensi.*
[2] L. *Esclareis.*
[3] M. et C. *Siguierti.*
[4] L. et C. *Vuidalni.*
[5] M. *Sabbathi.*
[6] C. *Brollio.*
[7] M. *Tarnatensi.*
[8] M. *dicitur.*
[9] M. *Ipsas.*
[10] Deest vox *ego* in M.
[11] Desunt voces *ex integro* in M.
[12] Deest vox *Alberici* in M.

## 208.

**VENDITIO CURTILI IN CLIVIACO VILLA.**

Oct. 980.

Dominis fratribus Gausmaro abbati et omni congregationi Sancti Martini Saviniacensis loci, Nos, in Dei nomine, Raganfredus et uxor mea Ragina, vendimus vobis curtilum unum cum vinea et campis et pratis, et est situs in pago Lugdunensi, in agro Tarnantensi[1], in confinio de Cliviaco villa; suntque termini ejus a mane terra Sancti Martini et fine de Cassaniis descendens usque ad rivulum, a meridie pratum Totgrini[2], a sero via publica, a cercio similiter. Infra hos fines, totum ex integro, excepto campo Gauzelini, vobis vendimus, et accipimus a vobis pretium solidorum viginti, ea ratione ut a die presenti, in potestate Sancti Martini et in vestros usus ac successorum vestrorum permaneat. S. Raganfredi et uxoris ejus Raginæ, qui fieri et firmari rogaverunt. S. Theotgrini. S. Gaucelini. S. Alarici. S. Aynardi. S. Vuidardi. Data per manum Gerberni monachi, mense Octobri, feria secunda, anno quadragesimo regni Conradis regis.

## 209.

**VENDITIO CAMPI IN VILLA DE CLIVIACO.**

Oct. 980.

Dominis fratribus Gausmaro abbati et cunctæ congregationi Saviniacensis loci, Ego, in Dei nomine, Bonus et uxor mea Eltrudis, vendimus vobis aliquid de rebus nostris quæ sunt sitæ in pago Lugdunensi, in agro Tarnantensi, in villa Cliviaco : hoc est campus unus continens sextariadas sex; et accipimus a vobis solidos octo et dimidium. Terminat ipse campus a mane ad nostros hæredes pertinens, a meridie prato Teotgrini[3], a sero et a cercio terra Sancti Martini, et per medium via publica. Infra terminationes istas, vendimus vobis ipsum campum, ut habeatis potestatem ex eo quicquid facere volueritis. S. Boni et uxoris ejus Eltrudis. S. Teotgrini. S. Raganfredi. S. Gaucelini. S. Alarici. S. Aynardi. Data per manum Gerberni mo-

---

[1] M. hic et infra *Tarnatensi*. — [2] M. et C. *Thotgrini*. — [3] M. et C. hic et infra *Theotgrini*.

nachi, mense Octobri, feria secunda, anno quadragesimo regni Conradi regis.

### 210.

#### CARTA DE CURTILO IN VILLA CASELLIS [1].

Ego, in Dei nomine, Leotherius, pro redemptione animæ meæ, dono ecclesiæ Sancti Martini Saviniacensis, quam domnus abbas Gausmarus regit, aliquid ex rebus quas possideo, curtilum videlicet unum cum vircaria et molendino et prato et saliceto et alia terra arabili; et est situs in pago Lugdunensi, in agro Tarnantensi [2], in loco qui vocatur Casellas, cujus termini sunt a mane et meridie Turdina aqua volvente, a sero molari finali, a cercio via publica. Infra istas terminationes quicquid continetur, totum dono supradictæ ecclesiæ Sancti Martini, exceptis duabus portionibus de prato, quarum unam dedi filio meo Raginaldo, alteram genero meo Odini [3]. S. Leothardi, qui fieri rogavit. S. Udalrici presbiteri, filii ejus. S. Constantini. S. Anschirici. S. Eriberti. S. Leotherii. Data per manum Gerberni monachi, mense Februario, tertio calendas [4] Martii, anno quadragesimo secundo regni Conradi regis.

*27 Feb. 981.*

### 211.

#### CARTA CURTILI IN MAGNIACO VILLA.

Sanctæ Saviniacensis ecclesiæ Beati Martini, ubi domnus Gausmarus abbas Deo deservit, Nos, in Dei nomine, Adalgardis fœmina et Fulcherius, filius meus, vuadiarii Rotlanni, donamus de hæreditate ipsius, pro anima ejus, [sicut] ipse deprecatus est nos. Est autem ipsa hæreditas sita in pago Lugdunensi, in agro Tarnantensi, infra fines de Magniaco villa : est autem curtilus indominicatus, cum vircariis, campis, pratis, silvis, aquis, aquarumque decursibus, vel quicquid ad ipsum curtilum aspicit et aspicere videtur usque ad inquisitum donamus, ut habeant potestatem rectores ipsius ecclesiæ post hanc diem

*980 circa.*

---

[1] BM. *Chassellis.* M. et C. *Cassellis.*
[2] M. hic et infra *Tarnatensi.*
[3] M. *Eldoni.*
[4] M. *kalendas.*

habendi, tenendi, sive in melius commutandi. S. Adalgardis et filii ejus Fulcherii. S. Arrii. S. Rostagni. S. Ermenfredi. S. Hugonis. S. Ingelrici. Data per manum Gerberni monachi, mense Octobri, die Sabbati[1], regnante Conrado rege.

### 212.

#### DE MANSO IN ESCANATIS[2] VILLA.

980 circa.

Sanctæ Saviniacensis ecclesiæ Beati Martini, ubi domnus Gausmarus abbas regere videtur, Ego, in Dei nomine, Ermengardis, simul cum filio meo Aynardo, dono aliquid ex rebus meis pro sepultura duorum filiorum meorum Arenci et Almanni, et pro remedio animarum eorum. Sunt autem res ipsæ sitæ in pago Lugdunensi, in agro Tarnantensi[3], in villa quæ vocatur Escannatis : hoc est mansus unus et quicquid ad ipsum mansum aspicit, totum ex integro usque ad exquisitum dono supradictæ Dei ecclesiæ, ea videlicet ratione ut habeant a die presenti rectores et ministri ipsius ecclesiæ potestatem de ipsis rebus quicquid pro utilitate ejusdem ecclesiæ facere voluerint, ita tamen ut de mensa fratrum hoc alienare non præsumant. S. Ermengardis et filii ejus Aynardi. S. Icterii. S. Vualtepii. S. Leotardi. S. Tetbaldi. S. Laydredi. Data per manum Gerberni monachi, mense Novembri, die Sabbati, regnante Conrado rege.

### 213.

#### DE CURTILO IN VILLA SARSAY.

Febr. 982.

Ego, in Dei nomine, Ermengardis, uxor Alarici, et vuadiarii ejus, Fulcherius et Vuidaldus, donamus aliquid ex rebus ipsius Alarici ecclesiæ Sancti Martini Saviniacensis, cujus regimen obtinet domnus Gausmarus abbas, pro redemptione animæ ejus et sepultura. Sunt autem res ipsæ sitæ in pago Lugdunensi, in agro Tarnantensi, in villa Sarsaico : curtilus videlicet unus ad locum, cum vircaria et vinea et prato ; et in eodem confinio, in loco qui vocatur Cambariacus,

---

[1] C. hic et infra *Sabati*. M. *Sabathi*.
[2] M. et C. *Escannatis*.
[3] M. hic et infra *Tarnatensi*.

campi arabiles cum prato qui ei advenerunt, tam de hæreditate quam de conquisto, quorum termini sunt : a mane terra Sancti Martini, a meridie Turdina aqua volvente, a sero terra Sancti Stephani, a cercio via publica. Infra istas terminationes, quicquid illi legibus advenit, totum ex integro usque ad exquisitum donamus supradictæ ecclesiæ Sancti Martini, ut a die presenti habeant ea ministri ipsius ecclesiæ in potestate et in dominatione sua. S. Ermengardis, quæ fieri jussit. S. Fulcherii. S. Vuidaldi. S. Silvii. S. Erlulfi. S. Eldeverti. Data per manum Gerberni monachi, mense Februario, feria secunda, anno quadragesimo primo regni Conradi regis.

### 214.

#### DE MANSO IN EXSARNIACO VILLA.

Sanctæ Saviniacensis ecclesiæ Beati Martini, cui domnus abbas Gausmarus præest, Nos, in Dei nomine, Pontius et frater meus Libertus, donamus de rebus nostris, pro anima matris nostræ Ermensendis et pro sepultura ejus. Sunt autem res ipsæ sitæ in pago Lugdunensi, in agro Tarnantensi[1], in Exsarniaco villa : hoc est mansus unus cum campis, pratis, vircariis, aquis, aquarumque decursibus, et franchisia[2] et quicquid ibi aspicit et aspicere videtur, totum ad integrum usque ad exquisitum[3]. S. Pontii et Itberti, qui donationem hanc fieri et firmari rogaverunt. S. Arrii. S. Ragemundi. S. Rotlanni. S. Rotbadi[4]. S. Erimanni. Data per manus Gerberni monachi, die decima mensis Januarii.

*980 circa.*

### 215.

#### DE TERRIS VENDITIS ET EMPTIS IN PRADELLIS VILLA.

Dilectis, in Dei nomine, Gausmaro abbati et omni congregationi Sancti Martini Saviniacensis, Ego Milo et Emmo vendimus vobis aliquid de rebus nostris quæ sunt sitæ in pago Lugdunensi, in agro Tarnantensi, in villa quæ dicitur Pradellis, tertiam partem : hoc sunt mansi, curtili,

*980 circa.*

---

[1] M. hic et infra *Tarnatensi*.
[2] P. *franchisiæ*.
[3] M. *totum usque ad exquisitum donamus*.
[4] L. *Rotbaldi*.

vircaria, campi, prati, silvæ, molendini, aquæ, aquarumque decursus, et quicquid ibi visi sumus habere, totum ad integrum vendimus monachis, et accipimus de illis pretium solidorum quinquaginta, et faciant inde post hunc diem rectores ipsius ecclesiæ quicquid voluerint. S. Milonis et Emmonis. S. Bernardi. S. Alirici. S. Iterii. S. Gaucelini[1], S. Fulcherii. Data per manum Agenaldi, mense Octobri, die Sabbati, regnante Conrado rege.

### 216.

#### DE CURTILO IN BROLIO.

980 circa.

Ego Raymundus et uxor mea Otcenda vendimus aliquid de rebus nostris domno Gausmaro abbati, et omni congregationi Sancti Martini de Saviniaco, quæ sunt sitæ in pago Lugdunensi, in agro Tarnantensi[2], in villa quæ vocatur Brolius : hoc est curtilus cum cavannaria; et in ipsa villa campos et pratos simul tenentes. Habent ipsæ res fines et terminationes a mane Aselgo aqua currente, a meridie Rohigirbolt, a sero terra Sancti Martini, a cercio similiter Curel. Infra istos terminos totum ex integro vobis vendimus, et accipimus a vobis pretium in argento valente solidos viginti octo, ea ratione, ut ipsum curtilum quem supra memoravimus a præsenti die in vestitura recipiatis; alias vero res dummodo vivimus teneamus et possideamus; post nostrum vero decessum faciant rectores ipsius ecclesiæ quicquid voluerint in omnibus. S. Raymundi et uxoris ejus Otcendæ. S. Sansonis. S. Alberici. S. Raginulfi. S. Lamberti[3]. S. Bernonis. Data per manum Agenoldi[4] diaconi, sexto nonas Julii, feria quinta, regnante Conrado rege.

### 217.

#### DE TRIBUS CURTILIS IN SARSAY.

Nov. 979.

Sanctæ ecclesiæ Beati Martini Saviniacensis, quam domnus Gausmarus abbas regere videtur, Ego, in Dei nomine, Milo et uxor mea

---

[1] M. et C. *Gancelini*.
[2] M. *Tarnatensi*.
[3] M. et C. *Lantberti*.
[4] M. et C. *Agenaldi*.

Mesembria[1], donamus aliquid de hæreditate nostra, quæ nobis jure legis advenit; quæ videlicet hæreditas sita est in pago Lugdunensi, in agro Tarnatensi, in villa nomine Sarsagico : sunt autem curtili tres cum vircariis, vineis, campis, pratis, silvis, vel quicquid in ipsa villa visi sumus habere, totum ex integro donamus supradictæ Dei ecclesiæ, eo tenore ut quamdiu vixerimus usum fructuarium ex ipsis rebus habeamus, et in loco vestituræ silvam illam quæ conjuncta est silvæ Sancti Martini in præsenti recipiant; post nostrum vero decessum supradicta hæreditas cum omni integritate ad prædictam ecclesiam perveniat. S. Milonis et Mesembriæ, uxoris ejus, qui donationem hanc fecerunt. S. Arrici. S. Teotgrini[2]. S. Jarentonis. S. Eterii[3]. S. Alerici. Data per manum Eribaldi monachi, mense Novembri, anno trigesimo nono regni Conradi regis.

218.

DE CURTILO IN CHASSIACO.

Sanctæ Saviniacensis ecclesiæ Beati Martini, quam domnus abbas Gausmarus regit, Nos, in Dei nomine, Arricus, Franco et Etherius, vuaduarii Godaldrici, donamus aliquid de rebus ipsius Godaldrici, rogatu ejus, pro sepultura et remedio animæ ejus. Sunt autem res ipsæ sitæ in pago Lugdunensi, in agro Tarnantensi[4], in villa quæ dicitur Cassiacus : id est curtilus unus cum vircaria, et vinea cum torculari, et prato et alia terra arabili, cujus termini sunt : a mane et a cercio via publica, a meridie terra Sancti Martini, a sero terra Gentionis[5]; et in alio loco, in agro Forensi, in villa Nusidia[6], curtilos duos cum vircariis, campis, pratis, silvis, aquis, aquarumque decursibus, exitibus et redditibus, vel quicquid ad ipsos aspicit, totum donamus prædictæ ecclesiæ, ut habeant potestatem servitores ejusdem ecclesiæ a die præsenti quicquid de ipsis rebus pro utilitate ejusdem ecclesiæ facere voluerint. S. Arrici, Franconis et Etherii, qui

Jun. 962.

[1] Vide ch. 603.
[2] M. et C. *Theotgrini.*
[3] M. et C. *Etherii.*
[4] M. *Tarnatensi.*
[5] L. *Gentonis.*
[6] M. *Musidia.*

donationem istam[1] fecerunt. S. Othulfi[2]. S. Vuidaldi. Data per manum Aribaldi monachi, mense Junii, feria quinta, anno quadragesimo secundo regni Conradi regis.

### 219.

#### DE DUABUS MANSIONIBUS IN PASSILIACO VILLA.

980 circa.   Ego, in Dei nomine, Milo, sanctæ ecclesiæ Beati Martini Saviniacensis, quam domnus abbas Gausmarus regit, dono de rebus meis, pro remedio animæ meæ et parentum meorum. Sunt autem res ipsæ sitæ in pago Lugdunensi, in agro Tarnantensi[3], in villa quæ dicitur Passilliacus : id est mansiones duæ cum pratis, campis, silvis, exitibus et redditibus, et quicquid ad ipsas aspicit, ut habeant potestatem habitatores ipsius loci, a die præsenti, quicquid pro utilitate ejusdem ecclesiæ inde facere voluerint. S. Milonis, qui donationem hanc fecit, S. Girberti. S. Franconis. S. Vuidonis. S. Agindradi. S. Ingelberti. Data per manum Aribaldi monachi, mense Martio, feria tertia, regnante Conrado rege.

### 220.

#### DE CURTILO IN BOYNACO VILLA.

980 circa.   Sanctæ Saviniacensis ecclesiæ Beati Martini, quam domnus Gausmarus abbas regit, Ego, in Dei nomine, Vuillelmus dono de rebus Affredi, per ejus jussionem, pro sepultura et redemptione animæ ejus, quæ sunt sitæ in pago Lugdunensi, in agro Tarnantensi, in villa quæ dicitur Boynacus : id est curtilus unus cum prato, vinea et salicetis, cujus termini sunt : a mane et meridie et a cercio terra Hugonis, a sero terra Berardi. Infra istas terminationes, quicquid ad ipsum curtilum aspicit, totum ex integro dono prædictæ Dei ecclesiæ ad stipendia monachorum inibi Deo servientium, ut habeant potestatem, a die præsenti, quicquid de ipsis rebus pro utilitate ejusdem ecclesiæ, facere voluerint. S. Vuillelmi, qui donationem hanc pro Affredo fieri voluit.

---

[1] M. et C. *hanc*. — [2] M. et C. *Ottulfi*. — [3] M. hic et infra *Tarnatensi*.

S. Uhonis. S. Agelmodi. S. Gausmari. S. Unfredi. S. Agnonis. Data per manum Aribaldi monachi, mense Julio, Sabbato, anno quadragesimo regni Conradi regis.

### 221.

#### DE VINEA IN NOREREDIS VILLA.

Ego, in Dei nomine, Constantius et uxor mea Ermengardis, cogitantes casus humanæ fragilitatis, donamus duas cameras de vinea ad ecclesiam Sancti Martini Saviniacensis, quam domnus Gausmarus abbas regit, quæ sunt sitæ in pago Lugdunensi, in agro Tarnantensi [1], in villa Noreredis, cujus termini sunt : a mane molare finali, a meridie terra de ipsa hæreditate, a sero via publica, a cercio terra Sancti Martini. Infra terminationes istas, cedimus quicquid est, ea ratione ut, quamdiu vivimus, usum fructuarium habeamus, et singulis annis duas denaratas de cera in censum persolvamus, et post nostrum decessum ad dictam ecclesiam perveniant. S. Constantii et uxoris ejus Ermengardis. S. Agnonis. S. Aifardi. S. Leodoni [2]. S. Gausberti. S. Vuarini. Data per manum Amalgerii, mense Martio, feria sexta, regnante Conrado rege.

980 circa.

### 222.

#### DE CURTILO IN NOREREDIS VILLA.

In Dei nomine, Ego Amalgerius sacerdos, pro remedio animæ meæ, dono ex rebus meis ad ecclesiam Sancti Martini Saviniacensis, ubi domnus Gausmarus abbas præsidet, videlicet curtilum unum et vineam et vircariam insimul tenentes, qui sunt in pago Lugdunensi, in agro Tarnantensi, in fine de Noreredis, cujus termini sunt : a mane terra Monceldi, a meridie Pontianæ, a sero via publica, a cercio terra Airardi. Infra istas terminationes, totum dono, eo tenore ut, dum vivo, usum fructuarium habeam, et post meum decessum ad præfatam ecclesiam perveniant. S. Amalgerii, qui donationem

980 circa.

---

[1] M. hic et infra *Tarnatensi*. — [2] M. et C. *Leodomi*.

hanc firmavit. S. Airoardi[1]. S. Odolgri[2]. S. Giroardi[3]. S. Leodoni[4]. S. Vuandaldradi. Data per manum Amalgerii, mense Octobri, regnante Conrado rege.

## 223.

#### DE REBUS QUIBUSDAM IN VILLA QUÆ DICITUR MONS.

Jun. 969.

Sanctæ Saviniacensis ecclesiæ Beati Martini, quam domnus Gausmarus abbas obtinet, Ego Adeburgis, cogitans casus humanæ fragilitatis, dono et concedo ex rebus meis, id est vineas, campos et silvas: quæ res sunt sitæ in pago Lugdunensi, in agro Tarnantensi[5], in villa quæ vocatur Mons, unam medietatem usque ad inquisitum, eo tenore ut, dum vixero, usum fructuarium habeam, et annis singulis, in vindemiis, dimidium modium de musto in censum persolvam. S. Adeburgis, quæ hoc firmavit. S. Alebonis[6]. S. Pontii. S. Berardi. S. Rotbordi. Data per manum Gotesmanni sacerdotis, mense Junii, feria quinta, anno vigesimo nono regni Conradi regis.

## 224.

#### VENDITIO PRATI IN TADRARELLA VILLA.

970.

In Dei nomine, Ego Costabilis et soror mea Benedicta notum esse volumus præsentibus et absentibus quoniam vendidimus domno abbati Gausmaro Sancti Martini Saviniacensis pratum unum, et accipimus ab eo solidos tredecim et quinque denarios. Insuper ego, pro remedio animæ meæ, dono campum unum cum arboribus, et in circuitu ipsius campi vel prati duas portiunculas, vel omnia quæ ibi visus sum habere trado et concedo, ut faciant inde quicquid voluerint. Sunt autem res ipsæ sitæ in pago Lugdunensi, in agro Tarnantensi, in villa Tadrarello. Pratus terminatur ex omni parte terra Sancti Martini; campus autem a mane villa Baladusi et ex aliis partibus terra Sancti Martini. S. Costabilis et sororis suæ qui firmave-

---

[1] M. *Ayroardi*.
[2] M. *Edolgri*.
[3] P. *Girairdi*.
[4] M. *Leodomi*.
[5] M. hic et infra *Tarnatensi*.
[6] M. *Aledonis*.

runt. S. Silvionis. S. Constantii. S. Rainoldi. S. Ingeldranni. S. Ayndradi. Data per manum Gotesmanni sacerdotis, feria quinta, anno trigesimo regni Conradi regis.

### 225.

#### DONUM VINEÆ IN FLACIACO VILLA.

980 circa.

Sanctæ Saviniacensis ecclesiæ Beati Martini, cui domnus abbas Gausmarus præsidet, Ego Ragimundus et uxor mea Otcenda donamus aliquid de rebus nostris quæ sunt in pago Lugdunensi, in agro Tarnantensi [1], in villa nomine Flaciaco: hoc est vinea una cujus termini sunt : a mane terra Bergonis, a meridie et a sero et a cercio via publica. Infra istos terminos, quicquid visi sumus habere, totum ad integrum donamus, ut faciant inde quicquid voluerint. S. Ragimundi et uxoris suæ, qui firmaverunt. S. Rostagni presbiteri. S. Bertrardi [2] presbiteri. S. Vuichardi. S. Tecberci. S. Archinardi. Data per manum Gotesmanni sacerdotis, feria quinta [3], mense Augusto, regnante Conrado rege.

### 226.

#### DONATIO RERUM IN TELEDACO VILLA.

980 circa.

Ego, in Dei nomine, Amblaldus et uxor mea Vualburgis donamus ad ecclesiam Sancti Martini Saviniacensis, ubi domnus Gausmarus abbas præest, res quæ sunt sitæ in pago Lugdunensi, in agro Tarnantensi, in villa Teledaco nomine. Quarum rerum termini sunt : a mane terra Tegrini, a meridie terra Atzonis, a sero terra Sancti Martini, a cercio terra Adalardi. Infra has terminationes, omnia quæ visi sumus habere in mansis, campis sive pratis, sive silvis, donamus et tradimus usque ad inquisitum. S. Amblardi et uxoris ejus Vualburgis, qui hoc firmaverunt. S. Bernardi. S. Arnardi [4]. S. Fulcherii. S. Duranti. S. Otdonis. Data per manum Gotesmanni, mense Julio, feria quarta, regnante Conrado rege.

---

[1] M. hic et infra *Tarnatensi*.
[2] M. et C. *Bertardi*.
[3] M. *quarta*.
[4] M. et C. *Arvardi*.

## 227.

#### DE DUOBUS CURTILIS IN FINE DE CONLIDIO.

980 circa.

Sanctæ Saviniacensis ecclesiæ Beati Martini, cui Gausmarus abbas præest, Ego Otgerius dono de rebus quæ possideo, quæ sunt sitæ in pago Lugdunensi, in agro Tarnantensi[1], in fine de Conlidio : hoc sunt curtili duo cum campis, pratis, silvis, exitibus et regressibus, et quicquid ad ipsa aut ad ipsos curtilos aspicit et aspicere videtur, sicut denominatum[2] est, totum ex integro, usque in inquisitum[3], dono supradictæ ecclesiæ Dei et Sancto Martino, ad stipendia fratrum inibi commanentium. S. Otgerii sacerdotis, qui hoc firmavit. S. Jononis. S. Utuldrici. S. Folcherii. S. Constancii. S. Ascherici. Data per manum Arnulfi, mense Octobri, feria secunda, quinto calendas Novembris, regnante Conrado rege.

## 228.

#### DONUM DUORUM CURTILIUM IN VILLA VARENNIS.

23 Jan. 977.

Sanctæ Saviniacensis ecclesiæ Sancti Martini, ubi domnus Gausmarus abbas Deo servit, Ego, in Dei nomine, Amalgerius sacerdos dono aliquid de rebus meis : hoc est curtilos duos cum vineis qui sunt siti in pago Lugdunensi, in agro Tarnantensi, in villa Varennis : unus curtilus habet terminos, a mane vineam Ingelardi, a meridie terram Bosonis, a sero exitum communem, a cercio terram Constantionis; alius curtilus, a mane et meridie via publica, a sero et a cercio terra Arfonsi. Infra istas terminationes, totum ad integrum dono ad supradictam ecclesiam. S. Amalgerii sacerdotis, qui fieri et firmari rogavit. S. Erii sacerdotis. S. Gausmari presbiteri. S. Gausberti presbiteri. S. Bernardi presbiteri. S. Ermenfredi. Data per manum Ragenoldi[4] sacerdotis, decimo calendas Februarii, feria tertia, anno quadragesimo regni Conradi regis[5].

---

[1] M. hic et infra *Tarnatensi*.
[2] M. *dictum*.
[3] M. *exquisitum*.

[4] M. *Ragenaldi*.
[5] Videtur hæc charta una illarum inquibus ab anno 937 currat regnum Conradi.

## 229.

**DONUM MANSI IN AGRO TARNANTENSI.**

Ego Ayminus[1] et uxor mea Pontia donamus de rebus nostris ad ecclesiam Sancti Martini de Saviniaco, quam domnus abbas Gausmarus regit, quæ res sunt sitæ in pago Lugdunensi, in agro Tarnantensi : hoc est mansus unus et quicquid ad ipsum mansum aspicit usque ad inquisitum; et in alio loco qui dicitur Carpenetus, cavannariam unam, et quicquid ad ipsam aspicit, a die præsenti, ut faciant rectores ipsius ecclesiæ ex eis quicquid voluerint in omnibus. S. Eymini et uxoris ejus Pontiæ, qui fieri et firmari rogaverunt. S. Alglodi[2]. S. Duranti. S. Achardi. S. Leutherii. S. Benonis. Data per manum Aynaldi diaconi, decimo sexto calendas Februarii, regnante Conrado rege.

980 circa.

## 230.

**DE CAMPO IN VILLA DE SARSAY.**

In Dei nomine, Ego Eyminus et uxor mea Adalgudis et filii nostri Ingelbertus et Flama[3] et Adolsasia donamus ad ecclesiam Sancti Martini Saviniacensis, cui præest domnus abbas Gausmarus, de rebus nostris : hoc est campum unum cujus termini sunt a mane terra Sancti Martini, a meridie terra de ipsa hæreditate, a sero terra Danielis, a cercio via publica; et est situs in pago Lugdunensi, in agro Tarnantensi, in villa Sarsaico. Infra hos terminos, totum ad integrum donamus Sancto Martino, ut ab hac die faciant inde rectores ipsius ecclesiæ quicquid voluerint; alias autem res quas in præfata villa visi sumus habere, totum ad integrum post decessum nostrum Sancto Martino concedimus; tantum in vita nostra usum fructuarium habeamus. S. Emenonis et uxoris ejus Adalgudis. S. Alerici. S. Joannis. S. Grimardi. S. Udulrici[4]. S. Rigaldi. Data per manum Girberti, mense Maio, die Sabbati, anno decimo septimo regni Conradi regis.

Mai. 957 ?

[1] M. C. *Eyminus.*
[2] M. L. C. *Agloldi.*
[3] M. *Flavia.*
[4] M. et C. *Uduldrici.*

## 231.

**DE DUOBUS CURTILIS IN GAUSIACO VILLA.**

960 circa.   Sanctæ Saviniacensis ecclesiæ Sancti Martini, cui præest domnus abbas Gausmarus, Ego Albericus sacerdos, pro remedio animæ meæ, dono curtilos duos cum superpositis vineis et vircariis insimul tenentibus, qui sunt siti in pago Lugdunensi, in agro Tarnantensi[1], in villa quæ vocatur Gausiacus, cujus termini sunt, a mane et meridie et a cercio via publica, a sero terra Amblardi. Infra istas terminationes, totum cedo ad jam dictam Dei ecclesiam, eo tenore ut, dum vivo, usum fructuarium habeam, et post decessum meum ad ipsam ecclesiam sine ulla tarditate perveniant. S. Amblardi[2] presbiteri, qui hoc donum fecit. S. Laidradi. S. Bernardi. S. Gaussonis. S. Rostagni. S. Amblardi. Data per manum Gislamari, mense Martio, feria tertia, regnante Conrado rege.

## 232.

**DE REBUS IN CONZIACO VILLA DATIS.**

960 circa.   Ego Arlulfus, pro animabus patris mei et matris, et pro remedio animæ meæ, dono aliquid de rebus meis ad ecclesiam Sancti Martini Saviniacensis, quam domnus abbas Gausmarus regit. Res autem quas cedo sunt sitæ in pago Lugdunensi, in agro Tarnantensi, in villa quæ dicitur Conziacus : hoc sunt curtili duo cum vineis et vircariis, terris et silvis; et in alio loco, in villa quæ dicitur Jocus, mansum unum, et quicquid ad ipsos aspicit, usque ad inquirendum, ad prædictum locum cedo, ita ut, quamdiu vixero, teneam et possideam, et per singulos annos dimidium modii de vino et duos sextarios de annona in censum persolvam, et post meum decessum omnia ad supradictum locum perveniant. S. Arlulfi, qui donationem hanc firmari rogavit. S. Sansonis. S. Ysimbardi. S. Ethenulfi. S. Rotberti.

---

[1] M. hic et infra *Tarnatensi*.

[2] Legendum est sine dubio *Alberici*, ut supra. Amblardus, cujus nomen invenitur in contextu instrumenti, testis duntaxat fuit, ut videtur extrema chirographorum serie.

## 233.

#### DE TRIBUS CURTILIS IN APINIACI [1] VILLA.

Sanctæ Dei ecclesiæ Beati Martini Saviniacensis, ubi domnus Gaus-     960 circa.
marus abbas præest, Ego Arlulfus et uxor mea Eldegardis donamus
aliquid de rebus nostris : hoc est curtilos tres cum vineis et campis et
pratis, exitibus et regressibus; et sunt siti in pago Lugdunensi, in agro
Tarnantensi [2], infra fines de Apiniaco villa : quicquid ad ipsos curtilos
aspicit, totum donamus ad ipsam casam Dei, sicut ipsa gutta pergit
quæ ibidem est, ea ratione ut dum vivo usum fructuarium habeam,
et annis singulis, in festivitate Sancti Martini, duodecim denaratas de
cera in censum [3] persolvam, et post nostrum decessum, locum sepulturæ ibi accipiamus, et faciant rectores ipsius ecclesiæ de his rebus
quicquid voluerint. S. Arlulfi et uxoris ejus Eldegardis, qui fieri et
firmari rogaverunt. S. Icterii. S. Utperti [4]. S. Ranulfi. S. Roberti.
S. Deodati [5]. Data per manum Ratburni presbiteri, tertio calendas
Septembris, feria tertia, regnante Conrado rege.

## 234.

#### DE CURTILO IN FLACIACO VILLA.

Sanctæ Saviniacensis ecclesiæ Beati Martini, cui domnus abbas     960 circa.
Gausmarus præsidet, Nos, in Dei nomine, Lambertus et uxor mea
Constantia donamus aliquid de rebus nostris quæ sunt sitæ in pago
Lugdunensi, in agro Tarnantensi, in villa de Flaciaco : hoc est curtilum unum cum vinea et molendino qui est in Casucias, sicut rivulus
currebat, et campus ubi ipse molendinus sedet. Termini curtili sunt,
a mane terra Sansonis, a meridie terra Sancti Martini, a sero via publica, a cercio semita percurrente ; hæc omnia donamus omnibus in
ipsa ecclesia Deo servientibus, ea ratione ut, quamdiu vixero, curtilum cum vinea possideam ; post meum vero obitum ad eos redeat ;

---

[1] P. *Appiniaci.* M. et C. *Apinnaci.* BM. *Apinniaci.*
[2] M. hic et infra *Tarnatensi.*
[3] Voces *in censum* desunt in M.
[4] C. *Uperti.*
[5] C. et P. *Geodadi.* M. *Deodadi.*

molendinum vero et campum ego et uxor mea, quamdiu vixerimus, possidebimus, et annis singulis tres denaratas de cera in censum persolvemus in festo beati Martini; post nostrum vero amborum decessum, omnia ad rectores ipsius ecclesiæ perveniant, absque ulla contradictione. Ego Lambertus donator et uxor mea Constantia, et frater meus Adalbodus, manibus propriis firmavimus et firmari rogavimus. S. Sansonis et fratris ejus Ragemundi. S. Unfredi. S. Raginulfi. S. Grimonis. S. Leutherii. S. Hiotelini.

### 235.

#### DE MANSIS IN MONASTERIOLO.

Nov. 965.

In Dei nomine, Ego Adalgardis ad sanctam Saviniacensem ecclesiam Beati Martini, quam domnus abbas Gausmarus regit, dono aliquid de rebus meis quæ sunt sitæ in pago Lugdunensi, in agro Tarnantensi[1], in fine de Monasteriolis[2] : hoc est mansos cum ædificiis, curtilis, vircariis, campis, pratis, pascuis, silvis, rivis, fontibus, aquis, aquarumque decursibus, et aliquantum de vinea quantum ibi habeo; et in alio loco, ultra flumen Aselgum, ubi dicitur Cersurios, vircariam unam, et quantum ibi habeo; et in alio loco, ubi dicitur Dagneias, campum et pratum et quicquid ibi habeo, totum vobis dono a die præsenti, ut faciatis ex eis quæ volueritis. S. Adalgardis, quæ firmari rogavit. S. Rotbodis. S. Rotlanni. S. Ratdulfi. S. Engeldrici. S. Ermenfredi. Data per manum David, mense Novembri, feria secunda, anno vigesimo quinto regni Conradi regis.

### 236.

#### DE MANSO IN NOVIANTI VILLA.

955-986.

Sanctæ Saviniacensis ecclesiæ Beati Martini, ubi domnus abbas Gausmarus præest, Ego, in Dei nomine, Roteldis fœmina, dono Sancto Martino sibique servientibus, in sepultura senioris mei Rotlandi, mansum unum qui est situs in pago Lugdunensi, in agro Rodonensi,

---

[1] M. hic et infra *Tarnatensi*. — [2] C. *Monesteriolis*.

in villa quæ dicitur Noviantus. Ipsum mansum totum ex integro dono Sancto Martino, et quicquid ad ipsum aspicere videtur, ut habeant a die præsenti servientes Sancti Martini, et faciant inde quicquid pro utilitate sua voluerint. Quod si hoc quisquam calumniatus fuerit, non vendicet quod cupit, sed donatio ista firma permaneat. S. Roteldis, quæ firmari rogavit. S. Umberti. S. Pontii. S. Abonis. S. item Umberti. S. Vuigonis. Data per manum Eustorgii, mense Maio, feria quinta, regnante domino Lothario, rege Francorum seu Aquitanorum.

### 237.

#### DE FORENSI TERRITORIO.

Sanctæ Saviniacensis ecclesiæ Beati Martini cui domnus abbas Gausmarus præest, Ego Gerardus et uxor mea Gimbergia, pro animabus nostris, donamus de rebus nostris quæ sunt sitæ in pago Lugdunensi, in agro Forensi, in villa quæ dicitur Rozerias[1], quantum in ipsa villa nos visi sumus habere, totum ad integrum ad ipsum locum donamus; et in alio loco, in villa quæ dicitur Albucennacus, quicquid visi sumus habere usque ad inquisitum, ut faciant ex eis rectores ipsius ecclesiæ quod voluerint. S. Gerardi et Gimbergiæ, uxoris ejus, qui fieri et firmari rogaverunt. S. Ugonis. S. Unfredi. S. Arlebodi. S. Berardi. S. Joceranni. Data per manum Anselmi presbiteri, mense Februario, feria quinta, regnante Conrado rege.

960 circa

### 238.

#### DE CONCA VILLA.

Ego, in Dei nomine, Rotlannus[2], morte præoccupatus et subito innocenter interemptus, in hora exitus mei, antequam anima egrederetur a corpore, Deo confessus fui, et vuadium meum amicis meis dedi et hæreditatem meam Deo et Sancto Martino de Saviniaco, ubi præest domnus Gausmarus abbas; dedi pro remedio animæ meæ et sepultura mei corporis, et illos rogavi ut de ipsa hæreditate, ex parte

954-987.

---

[1] M. *villa nomine Roserias.* — [2] P. *Rotlandus.*

mea, cum dono facerent cartam, sicut et fecerunt. Isti sunt vuadiarii mei per quorum manus cartam istam fieri volui et mandavi : Ethenulphus[1], Constantius, Bernardus, Tarembertus; et nos vuaduarii, sicut ipse deprecatus est, facimus hanc donationem cum carta ad jam dictam Dei ecclesiam de rebus ejus. Sunt autem res ipsæ sitæ in pago Lugdunensi, in agro Forensi, in villa quæ vocatur Concas. De ipsa villa sicut dividitur de fine in finem tertiam partem quæ illi legibus obvenit, totum ad integrum ad ipsam Dei casam ex parte ejus donamus, ut habeant ministri ipsius ecclesiæ post hanc diem de istis rebus potestatem habendi, tenendi sive in melius commutandi. S. Ethenulphi, Constantii, Bernardi et Taremberti, qui cartam istam pro Rotlanno fieri et firmari rogaverunt. S. Gallæ. S. Candidæ. S. Audacri. S. Vuidonis. S. Iterii. Data per manum Gerberti monachi, die Sabbati, mense[2] . . . . septimo, regnante Conrado rege.

### 239.

#### DE MANSO IN MAGNEIVILLA.

Nov. 958.

Ego, in Dei nomine, Braidencus et uxor mea Agna donamus ad ecclesiam Sancti Martini de Saviniaco, quam domnus abbas Gausmarus regit, mansum unum qui est in pago Lugdunensi, in agro Forensi, in fine de Magneivilla, et quicquid ad ipsum aspicit usque ad inquisitum. S. Braidenci et uxoris ejus Agnæ, qui fieri donationem hanc et firmari rogaverunt. S. Eldeverti. S. Matdaldi. S. Silvionis. S. Barnonii[3]. S. Rotbaldi. Data per manum Bernardi, mense Novembri, die Sabbati, anno decimo octavo regni Conradi regis.

### 240.

#### DE MANSO IN VILLA LOCTANGIS.

980 circa.

Sanctæ Dei ecclesiæ Sancti Martini Saviniacensis, ubi domnus

---

[1] M. et C. hic et infra *Etenulfus*.

[2] Hic desideratur aliquid in omnibus manuscriptis. Ut patet, non agitur de anno septimo regni Conradi, nam in hoc documento abbatem Gausmarum invenimus. Legendum est 17, 27, 37 vel 47 : quare adscripsi in margine 954-987.

[3] M. et C. *Barnoini*.

abbas Gausmarus Deo descrvit, Ego, in Dei nomine, Adalgerius dono aliquid de rebus meis, pro sepultura filii mei Duranti, quæ sunt sitæ in pago Lugdunensi, in agro Forensi, in villa quæ dicitur Loctanges [1], id est mansum et dimidium cum pratis, silvis, campis et molendino, et quicquid ad ipsos aspicit, usque ad exquisitum, ea ratione ut quamdiu ego vixero medietatem possideam; aliam vero medietatem filia mea Rainsedis [2]; quæ si mortua fuerit sine legali hærede, totum ad eamdem perveniat ecclesiam. S. Adalgerii, qui donationem hanc fieri et firmari rogavit. S. Arperti. S. Laidredi [3]. S. Duranti. S. Constantii. S. Rotgerii. Data per manum Aribaldi monachi, mense Martio [4], feria secunda, regnante Conrado rege.

### 241.

#### DE PRATO IN MARANGIIS.

Sanctæ Saviniacensis ecclesiæ Beati Martini, ubi præest domnus abbas Gausmarus, Nos, in Dei nomine, Unfredus, Fulcherius et Stephanus, donamus dimidium pratum qui conjungitur prato Sancti Martini, qui est in pago Lugdunensi, in agro Forensi, in villa quæ dicitur Marangias, ut a die præsenti habeant illum ipsius ecclesiæ rectores, et faciant inde quicquid facere voluerint. S. Unfredi, Fulcherii et Stephani, qui fieri et firmari rogaverunt. S. Duranti. S. Pontionis. Data per manum Aribaldi monachi, calendas Aprilis, anno quadragesimo secundo regni Conradi regis.

1 April. 982.

### 242.

#### DE MANSO IN LONGA SAGNIA.

In Dei nomine, nos Sirvertus [5] et Amblardus, et Theotgrinus [6], pro anima fratris nostri Unfredi, donamus ad ecclesiam Sancti Martini Saviniacensis, quam domnus abbas Gausmarus regere videtur, mansum unum cum campis, pratis et pineto, qui est situs in pago Lugdu-

Jan. 955.

---

[1] M. villa Loctangis. C. Loctangies.
[2] P. Rainsendis.
[3] C. Laydredi.
[4] L. Februario.
[5] M. Sivertus.
[6] M. et C. hic et infra Teotgrinus.

nensi, in agro Forensi, infra fines de Longa Sagnia[1], cujus termini sunt : a mane via publica, a meridie terra Sirverti, a sero similiter, a cercio terra Sanctæ Mariæ. Infra hos terminos totum donamus, ut faciant rectores ipsius ecclesiæ quicquid inde facere voluerint. S. Sirverti[2], Amblardi et Teotgrini, qui fieri et firmari rogaverunt. S. Bladini. S. Arnulfi. S. Acfredi. S. Girardi. S. Leoterii. Data per manum Ratburni sacerdotis, mense Januario, feria secunda, anno decimo quinto regni Conradi regis.

### 243.

#### DE MANSO IN CASALEURSI.

5 Jun. 954.

Ego, in Dei nomine, Adeborgis fœmina, pro anima senioris mei Udulardi, et filii mei Asterii, dono ad ecclesiam Sancti Martini de Saviniaco, cui domnus abbas Gausmarus præest, mansum unum cum vircariis, campis, pratis et pinetis, quæ sunt in pago Lugdunensi, in agro Forensi, infra fines de Casaleursi; quicquid in ipsius finibus visa sum habere, totum ad integrum dono ad jam dictam ecclesiam, ut faciant inde rectores ipsius ecclesiæ quicquid voluerint. S. Adeborgis, quæ donationem hanc fieri rogavit. S. Pontii sacerdotis. S. Vuigonis. S. Acfredi. S. Josberti. S. Ondradi. Data per manum Ratburni presbiteri, nonas Junii, feria secunda, anno decimo quinto regni Conradi regis.

### 244.

#### CARTA MANSORUM UNDECIM IN MULTIS LOCIS SITORUM.

Jun. 960.

Sanctæ Saviniacensis ecclesiæ Sancti Martini, cujus curam domnus Gausmarus abbas gerit, Ego Berardus et uxor mea Vuandalmodis, pro remedio animarum nostrarum et parentum nostrorum, donamus de rebus nostris quæ sunt sitæ in pago Lugdunensi, in agro Forensi, in loco quem nuncupaturi sumus. Unus mansus dicitur Felicis[3] Vulpis, alius Moncellis, alius Molmenz[4], alius Valedusa, alius Cimen-

---

[1] M. et C. *Longa Sania.*  
[2] M. *Sirberti.*  
[3] M. *Felice.*  
[4] M. *Molmeus.* C. *Molmeuz.*

tis[1], alius Avesa, alius Alesuitis, alius ad Posolis[2], alius Almaris[3], alius a Novaliaco, alius a Brociaco : qui omnes sunt undecim; omnia cum pratis et silvis et campis, ad integrum ad jam dictum trado monasterium, ita dumtaxat, ut dum, Deo juvante, vixero, teneam et possideam, et annis singulis duodecim denarios in censu persolvam. Post meum vero decessum, ad ipsum locum perveniant. S. Berardi et uxoris ejus Vuandalmodis, qui hanc donationem fieri et firmari rogaverunt. S. Unfredi. S. Vuichardi. S. Bernardi. S. Isoardi. S. Milonis. Data per manum Aynrici, mense Junio, feria sexta, anno vigesimo regni Conradi regis.

### 245.

#### CARTA MANSI IN CAVANNIS VILLA.

Ego, in Dei nomine, Vuilisius cedo aliquid ex rebus meis ad ecclesiam Beati Martini de Saviniaco, ubi domnus abbas Gausmarus Deo servit[4]; quæ res sunt sitæ in pago Lugdunensi, in agro Forensi, in villa quæ dicitur Cavannas : mansum scilicet illum[5] qui nominatur mansus Vuichardi[6]. In ipsa villa continentur vel appendunt prati, silvæ seu campi; quæ omnia, et quicquid in præfata villa habeo, totum dono ad præfatum locum, eo tenore ut, quamdiu vixero, teneam, et post meum decessum ad ipsum locum perveniant. S. Vuilisii, qui hoc fieri et firmari rogavit. S. Fulcaldi. S. Raculfi. S. Raymundi[7]. S. Sansonis. S. Utulrici. Data per manum Agindrici monachi, secundo idus Aprilis, regnante Conrado rege.

960 circa.

### 246[8].

#### CARTA MANSI IN AZOLA VILLA.

Sanctæ Dei ecclesiæ Sancti Martini Saviniacensis, quam domnus abbas Gausmarus gubernat, Nos, in Dei nomine, Eugendus levita,

960 circa.

---

[1] P. *Canentis.* M. et C. *Cymentis.*
[2] C. *Adposolis.*
[3] M. et C. *Alinaris.*
[4] M. *præest.*
[5] M. *unum.*
[6] P. *Guichardi.*
[7] M. *Raimundi.*
[8] Hæc charta deest in P.

Reimundus[1], et Ennogius, vuadiarii Sigiburgis, donamus de rebus ipsius, sicut ipsa antequam obiret per manus nostras destinavit. Sunt autem res ipsæ sitæ in pago Lugdunensi, in agro Forensi, in villa quæ vocatur Azola, et est mansus unus cum omnibus quæ ad ipsum pertinent; et in alio loco qui dicitur Monte, et cabannaria una. Has ergo res præfate Dei ecclesiæ donamus ut hac die et deinceps servitores ejusdem ecclesiæ potestatem habeant de istis rebus faciendi quicquid pro utilitate ejusdem ecclesiæ facere voluerint. S. Eugendi, Regimundi et Ennogii, qui donationem hanc firmare rogaverunt. S. Girini. S. Vuidonis. S. Leunardi. S. Duranti. Data per manum Gerberni monachi, sexto kal. Septembris, regnante Conrado rege.

## 247.

### DE CAMPO AD FORUM.

*960 circa.*

Ego, in Dei nomine, Sobo, cognomento Vuinemanus, dono de rebus meis, quas jure possideo, in eleemosinam ad ecclesiam Sancti Martini Saviniacensis, quam domnus Gausmarus abbas regit, campum videlicet unum qui est situs in pago Lugdunensi, in agro Forensi, in confinio ipsius vici qui vocatur Forus; cujus termini sunt: a mane Balbiacus villa, a meridie via publica, a sero ecclesia Sancti Baudelii[2], a cercio pratum. Infra istas terminationes, totum ipsum campum, tam in longitudine quam in latitudine, cum omni integritate, dono jam dictæ ecclesiæ Dei et Sancto Martino, ut a die præsenti ministri ipsius ecclesiæ habeant potestatem de eo quicquid pro utilitate ipsius ecclesiæ[3] facere voluerint. S. Sobonis, qui hanc donationem fecit et firmare rogavit. S. Ascherici[4]. S. Almandi. S. Eldini. S. Sansonis. S. Vuidonis. S. Fulcherii. S. Gausberti. Data per manum Gerberni monachi, die decima quarta calendarum Aprilium, regnante Conrado rege.

[1] M. *Raimundus.* L. *Reymundus.*
[2] C. *Bandelii.*
[3] Voces *ipsius ecclesiæ* desunt in P.
[4] M. et C. *Aschirici.*

## 248.

#### DE MANSO IN TRESDOVULP.

Sanctæ Saviniacensis ecclesiæ Beati Martini, quam domnus abbas Gausmarus regere videtur, Ego Sigibaldus, de rebus quæ mihi jure hæreditario adveniunt, dono pro sepultura fratris mei Milonis et pro redemptione animæ ejus. Sunt autem res ipsæ sitæ in pago Lugdunensi, in agro Forensi, in vicinio ecclesiæ Sanctæ Mariæ de Exartinis[1], loco qui dicitur Tresdovulp : hoc est mansus unus cum vircariis, campis, pratis, silvis, aquis, aquarumque decursibus, et quicquid ad ipsum mansum aspicit, totum ex integro usque ad inquisitum dono supradictæ Dei ecclesiæ, ad stipendia monachorum Deo ibi servientium, ut habeant potestatem a die præsenti quicquid de ipsis rebus pro utilitate ejusdem ecclesiæ facere voluerint. S. Sigibaldi, qui donationem istam fieri et firmare rogavit. S. Aschirici. S. Adalardi. S. Arberti. S. Icterii. S. Evrardi. Data per manum Gerberni monachi, mense Aprili, feria quarta, anno trigesimo septimo regni Conradi regis.

April. 977.

## 249.

#### DE QUINQUE CURTILIS AD PRATUM MENULFI.

Sanctæ Saviniacensi ecclesiæ Beati Martini, ubi domnus Gausmarus abbas præest, Ego, in Dei nomine, Adalgardis dono pro anima Fulcherii, filii mei, ex rebus meis quæ sunt sitæ in pago[2] Matisconensi, in vicaria[3] Sancti Martini quæ dicitur Mura, in villa quæ vocatur Pratum Menulfi : hoc sunt quinque curtili, cum vircariis, campis, pratis et molinario, et quicquid in ipsa villa mihi et infantibus meis advenit et advenire debet, totum ex integro usque ad inquisitum dono supradictæ Dei ecclesiæ et ministris ejus, ut habeant a die præsenti potestatem de ipsis rebus quicquid pro utilitate ejusdem

Dec. 977.

---

[1] M. et C. *Exartiniis.*
[2] M. et C. omittunt *sitæ* et *pago.*
[3] Sic in omnibus manuscriptis, forte pro *vicaria.*

ecclesiæ facere voluerint. S. Adalgardis, quæ fieri et firmare rogavit. S. Ermenfredi. S. Saliconis. S. Rotlanni. S. Erisii. S. Madalulfi. Data per manum Gerberni monachi, mense Decembri, die Dominica, anno trigesimo septimo regni Conradi regis.

### 250.

IMPIGNORATIO MANSI DE SCANNATIS [1].

April. 977.

Domnis fratribus Gausmaro, Saviniacensis monasterii abbati, et congregationi monachorum sub eo degentium, Ego, in Dei nomine, Ermengardis dono vobis, pro sepultura filii mei Arenci, mansum unum in convadio[2] pro triginta solidis. Et est ipse mansus in villa quæ dicitur Scannatis, quem Gausmarus rusticus excolit. Ea vero ratione trado, ut a diebus Paschæ præsentis usque ad festivitatem sancti Joannis Baptistæ, si antea non redemero, ipsum mansum pro solidis supradictis teneatur; si vero pretium persolvero, recipiam. Quod si ad ipsum terminum pretium ipsum non fuerit persolutum, mansus ipse sit, sicut lingua rustica dicitur, *impopec;* faciatisque ex illo ab ipsa die et deinceps quicquid pro utilitate loci vestri facere volueritis. S. Ermengardis, qui fieri et firmari rogavit. S. Almandi. S. Alberici. S. Acfredi. S. Aynardi. S. Erpini. Data per manum Gerberni monachi, mense Aprili, feria sexta, anno trigesimo septimo regni Conradi regis.

### 251.

DE CURTILO IN SIVRIACO.

977 circa.

Sacrosanctæ Dei ecclesiæ Saviniacensis monasterii, ubi domnus Gausmarus abbas cum monachis Deo deservire videtur, Nos, in Dei nomine, Rotboldus et Icterius, parentes Aroldi, donamus pro sepultura corporis ejus aliquid de rebus Aroldi patris ejus in convadio : hoc est curtilum unum cum vinea in Sivriaco villa, quam Ansfredus[3]

---

[1] Hæc charta in Glossario Cangii citata est, secundum manuscriptum D. Stephanoti, voce *impopee,* sed male, nam omnia manuscripta habent *impopec.* — [2] M. *convuadio.* — [3] C. *Anffredus.*

possidet; ea scilicet ratione, ut tamdiu ipsum curtilum in sua potestate ipsi monachi teneant quo usque pro eo redimento aut quadraginta solidos aut unum mansum legalem parentes ejus persolvant. S. Rotboldi et Icterii, qui fieri et firmari rogaverunt. S. Huperti[1] et alterius Rotboldi. S. Gislaberti. Data per manum Gerberni monachi, mense Februario, feria sexta.

### 252.

#### DE CURTILO AD LIMANS.

22 Mart. 976.

Ego, in Dei nomine, Unfredus dono de rebus meis ad ecclesiam Sancti Martini Saviniacensis, quam domnus Gausmarus abbas regit, pro anima uxoris meæ Eminæ[2] et sepultura ejus. Quæ res sunt sitæ in pago Lugdunensi, in agro Valansensi[3], in villa quæ dicitur Limans[4]: est autem curtilus unus indominicatus cum vircaria et vinea et prato, et alia terra arabili, et quicquid ad ipsum curtilum aspicit, et quicquid ego in ipsa villa visus sum habere, totum ad integrum usque ad exquisitum[5] ad ipsam ecclesiam dono, ut habeant rectores ipsius ecclesiæ potestatem a die presenti quicquid pro utilitate ipsius loci de ipsis rebus facere voluerint, habendi, tenendi, sive in melius commutandi. S. Unfredi, qui fieri et firmari rogavit. S. Eldiverti[6]. S. Almanni. S. Acfredi. S. Alarici. S. Ratburni. Data per manum Gerberni monachi, nono calendas Aprilis, feria sexta, anno trigesimo sexto regni Conradi regis.

### 253.

#### IMPIGNORATIO MANSI DE SCANNATIS[7].

980 circa.

Ego, in Dei nomine, Ermengardis fœmina, et filius meus Eynardus, Sanctæ Dei ecclesiæ Beati Martini Saviniacensis, ubi domnus Gausmarus abbas præest, impignoramus mansum unum pro sepultura

---

[1] M. *Huperti.*
[2] M. *Etnimæ.*
[3] P. *Valensensi.* M. *Valasensi.*
[4] M. *villa nomine Limans.*
[5] C. *in inquisitum.* M. *in exquisitum.*
[6] C. *Eldeverti.*
[7] Hoc instrumentum videtur esse n. 250 repetitum.

filii mei Almanni; qui est situs in villa quæ dicitur[1] Scannatis, et quicquid ad ipsum adjacet, pro quadraginta solidis usque ad festum Sancti Michaelis, ea ratione ut si ipsa die quadraginta solidos vobis non reddiderimus, mansus iste ad jam dictam ecclesiam et ad rectores ejus, absque nostra et ullius hominis contradictione, perveniat, et habeant licentiam habendi, possidendi seu commutandi. S. Ermengardis, quæ fieri et firmari rogavit. S. Eynardi, filii ejus, qui consensit. S. Almanni. S. Acfredi. S. Fulcherii. S. Rotlanni. S. Teygrini.

### 254.
#### DE CURTILO IN APPINIACO [2].

980 circa.

Ego, in Dei nomine, Giroldus dono aliquid de rebus meis ad ecclesiam Sancti Martini Saviniacensis, ubi domnus abbas Gausmarus præest, unam videlicet vineam cum mansione et curtilo quæ est sita in villa quæ dicitur Appinnacus[3], cum vircariis et aliis terris ad ipsam vineam pertinentibus; omnia quæ ibi habeo Beato Martino do., excepto uno corgealio quem donare non possum; tali tenore ut quamdiu ego vixero usufructuario teneam, et in festivitate beati Martini tres denarios in censu persolvam; post meam vero mortem, ipsæ res ad supradictum locum sine ulla tarditate[4] perveniant. S. Giroldi, qui fieri et firmari rogavit. S. Amblardi. S. Grimardi. S. Anceduni. S. Ingelberti. S. Aurani. Data per manum Agenaldi diaconi, quarto calendas Aprilis, feria sexta, regnante Conrado rege.

### 255.
#### DE PRATO IN APPINNACO [5].

Oct. 962.

In Dei nomine, Ego Deodatus, pro salute animæ meæ et uxoris meæ Volfeldis[6], dono ad ecclesiam Sancti Martini Saviniacensis, quam domnus abbas Gausmarus regit, [aliquid] ex rebus meis : hoc est pratum et salicetum in unum tenentes, et campum superpositum; cujus

---

[1] Voces *quæ dicitur* desunt in M.
[2] M. et C. hic et infra *Apinnaco*.
[3] M. *villa Apinnaco*.
[4] Voces *sine ulla tarditate* desunt in M
[5] M. et C. hic et infra *Apinnaco*.
[6] P. *Volfedis*.

prati termini sunt : a mane et meridie terra Erlulfi, a sero guttula ; campus vero terminat, a mane terra Sancti Martini, a meridie terra Teudini[1], a sero guttula, a cercio terra Sancti Ragneberti[2] ; et sunt positæ res ipsæ infra fines de Appinnaco villa. Quicquid infra has terminationes aspicit, ad integrum dono ad jam dictam ecclesiam, ut faciant rectores ipsius ecclesiæ de ipsis rebus quicquid illis rectum videbitur. S. Deodati, qui fieri et firmari rogavit. S. Isembardi presbiteri. S. Vuigonis. S. Vuidonis[3]. S. Dominici. S. Teudonis[4]. Data per manum Gumberti, mense Octobri, feria quarta, anno vigesimo secundo regni Conradi regis.

### 256.

#### VUIRPITIO DE TERRA SANCTI BAUDELII.

Notitia seu vuirpitio[5] qualiter inter Matfredum[6] et fratrem ejus Silvium[7] et domnum Gausmarum abbatem, de quadam terra de[8] Sancto Baudelio, quæ est sita in pago Lugdunensi, facta est. De qua terra ipsi supradicti proclamatores venientes Lugdunum, ad ecclesiam Sancti Stephani, ante præpositum Andræam et alios fratres, proclamaverunt se illam terram melius tenere debere, quam ex toto perdere ; unde victi et cognoscentes se injuste ac injuriose contra abbatem Gausmarum egisse, illic, in præsentia eorum qui aderant, facta est vera[9], stabilis et firma vuirpitio usque in perpetuum, et viginti quinque solidos ab eodem abbate acceperunt. Si quis vero contra hanc vuirpitionem aliquam calumniam intulerit, componat tantum et aliud tantum quantum supradictæ res emelioratæ valuerint. S. Matfredi et Silvionis fratris ejus. S. Astherumi, Sancti Stephani canonici. S. Bernardi. S. Asterii. S. Eldeverti. Data per manum Undulfi, tertio calendas Septembris, anno trigesimo sexto regni Conradi regis.

30 Aug. 976.

---

[1] M. et C. *Theudini.*
[2] M. et C. *Regneberti.*
[3] Vox *Vuidonis* deest in P.
[4] M. *Theudonis.*
[5] P. *vuirtpitio.*
[6] P. *Mafredum.*
[7] M. C. et P. *Silinum.*
[8] M. *in* pro *de.*
[9] M. et C. *vera et stabilis firma.*

## 257.

#### DE DUOBUS CURTILIS.

980 circa.
In Dei nomine, Ego Drocteldis fœmina, pro remedio animæ meæ et parentum meorum atque filiorum, dono curtilos duos et vircarias duas, cum vinea, ad ecclesiam Sancti Martini Saviniacensis, quam domnus abbas Gausmarus regere videtur. Termini eorum sunt ex omni parte terra Beati Martini; et quicquid habere videor in præfata villa, totum trado et concedo, ut habeant rectores ipsius ecclesiæ licentiam quicquid ex eis[1] facere voluerint. Quod si ego aut aliquis ex hæredibus meis vel alius homo fuerit qui contra hanc donationem aliquam calumniam inferre voluerit, non vendicet quod cupit, sed tantum et aliud tantum componat quantum ipsæ res eo tempore melioratæ valuerint, et in antea hæc donatio firma permaneat. S. Drocteldis, quæ fieri et firmare rogavit.

## 258.

#### DE MANSO IN PULLIACO.

960.
Ego Rainaldus dono aliquid de rebus meis ad ecclesiam Beati Martini Saviniacensis, ubi domnus Gausmarus abbas præest, pro remedio animæ meæ et parentum meorum, videlicet mansum unum qui est in villa Pulliaco, cum vircaria et prato, et aliis terris ad ipsum pertinentibus. Omnia quæ ibi habeo, Beato Martino do, excepto uno curtilo quem donare non possum; tali tenore ut, quamdiu vixero, in usufructuario teneam, et singulis annis, in festo beati Martini, unum sextarium annonæ in censu persolvam; post meam vero mortem, res ipsæ ad supradictum locum perveniant, habeantque potestatem habitatores ipsius loci quicquid ex his rebus facere voluerint. S. ejusdem Rainaldi. S. Anseranti. S. Constantii. S. Adalfredi. S. Vuandalfredi. S. Adalardi. Data per manum Gislemari monachi, anno vigesimo regni Conradi regis.

[1] M. et C. *his.*

## 259.

#### DE CURTILO IN CALVIACO.

Sanctæ Dei ecclesiæ Beati Martini Saviniacensis, cui domnus Gausmarus abbas præest, Ego, in Dei nomine, Dominicus dono aliquid de rebus meis mihi concessis, pro remedio animæ meæ et uxoris meæ Ermendradæ, id est curtilum unum in villa Calviaco, et quartam partem prati. Do etiam, in alio loco, campum unum in finibus Nicorbini villæ[1]; ita tamen ut quamdiu vixero habeam in potestatem, et per singulos annos in vestitura persolvam dimidium sextarium de annona. S. ejusdem Dominici. S. Silvestri. S. Girardi. S. Adalardi. S. Martini[2]. Data per manum Joannis levitæ, die Dominica, calendas Aprilis, anno quadragesimo tertio regni Conradi regis.

1 April. 983.

## 260.

#### DE CAMPO IN PULISIACO.

Ego, in Dei nomine, Censorius et uxor mea Dominica donamus ad ecclesiam Sancti Martini Saviniacensis, ubi domnus Gausmarus abbas præest, unum campum qui est in villa Pulisiaco; tali tenore ut, quamdiu vixerimus, teneamus et taschas reddamus; et post obitum nostrum ad supradictum locum perveniat. S. Censorii et uxoris ejus Dominicæ. S. Anseranti[3]. S. Otberti[4]. S. Aymonis. S. Constantii. S. Adalfredi. Data per manum Gislamari monachi, die Dominica, regnante Conrado rege Jurensi.

980 circa.

## 261.

#### DE RANDANIS[5]; DE QUINQUE CURTILIS IN ANISIACO ET ESPARTIACO.

Sanctæ Saviniacensi ecclesiæ, ubi domnus Gausmarus abbas præest, Ego Arulfus et uxor mea Gotolendis, pro remedio animarum nostrarum, donamus de rebus nostris quæ sunt sitæ in pago Lugdunensi,

980 circa.

---

[1] M. *in finibus villæ Nicorbini.*
[2] P. *Marini.* Phrasis quæ sequitur deest.
[3] P. *Auseranti.*
[4] L. *Erberti.* M. et C. *Etberti.*
[5] Vox *Randanis* non legitur in instrumento.

in agro Forensi, in villis his nominibus : Anisiaco et Espartiaco; hoc sunt curtili quinque, cum vircariis, campis, pratis, aquis, aquarumque decursibus. Quicquid ad ipsos curtilos aspicit et quicquid in ipsis villis visi sumus habere, totum ex integro usque ad[1] exquisitum donamus supradictæ ecclesiæ et monachis inibi[2] Deo servientibus, ut habeant ipsas res in usus suos a die præsenti et deinceps. S. ejusdem Arulfi. S. Aglerii[3] presbiteri. S. Fulcherii. S. Almandi. S. Duranti. S. Arfondi. Data per manum Aribaldi, mense Martio, die Sabbato, regnante Conrado rege in Gallia.

### 262.

#### DE VINEA IN RUINANGIIS[4].

970 circa.

Ego, in Dei nomine, Theotlandus[5] cum uxore mea Otbergia[6] donamus ad ecclesiam Sancti Martini Saviniacensis, ubi domnus Gausmarus abbas præest, de rebus propriis quæ sunt sitæ in pago Lugdunensi, in agro Forensi, in loco cui vocabulum est Ruinangiis[7] : hoc est quatuor listas de vinea, tali ratione ut, quamdiu vixerimus, usum fructuarium habeamus, et singulis annis quatuor denarios in censu persolvamus. S. ejusdem Theotlandi et uxoris ejus Otbergiæ. S. Arberti. S. Constantini. S. Galani. Data per manum Eustorgii, mense Novembri, regnante Lothario rege.

### 263.

#### DE MANSO IN MACERIIS.

969.

Ego, in Dei nomine, Fulcherius et Ermengardis, uxor mea, donamus Sancto Martino de Saviniaco, præsente abbate Gausmaro, mansum unum qui est situs in pago Lugdunensi, in agro Forensi, in villa Macerias, cum vinea et prato et campis. S. Danielis. S. Adelelmi[8]. S. Utulfredi. S. Rostagni. S. Jarentonis. Data per manum

---

[1] C. *in.*
[2] M. et C. *ibi.*
[3] P. *Algerii.*
[4] M. et C. *Ruinangis.*
[5] M. et C. hic et infra *Teotlandus.*
[6] M. et C. *Otberga.*
[7] M. *loco nomine Ruinangias.*
[8] M. et C. *Adalelmi.*

Ayndrici sacerdotis, feria tertia, anno vigesimo nono regni Conradi regis.

### 264.

#### DE CURTILO IN MONTANIACO.

Sacrosanctæ Dei ecclesiæ Beati Martini Saviniacensis, Ego Bertelenus[1] cum uxore mea Teotberga dono curtilum unum et ortum et vircariam et quantum ad ipsum curtilum aspicit, qui est in pago Lugdunensi, in agro Forensi, in fine de Montaniaco villa, cujus termini sunt : a mane via publica, a meridie terra Adalaudi[2], a sero molare finali, a cercio terra de ipsa hæreditate. Infra istas terminationes, totum ad integrum dono, eo tenore ut dum nos vivimus, usum fructuarium possideamus, et per singulos annos quatuor denarios in censu Sancto Martino persolvamus, et post obitum nostrum ad Sanctum Martinum perveniat, sine ulla contradictione. S. Berteleni et uxoris ejus Teotbergiæ, qui hoc donum fieri et firmari rogaverunt.

970 circa.

### 265.

#### DE DUOBUS CURTILIS IN NIRNIACO[3].

In Dei nomine, Ego Vualo et uxor mea Ermengardis, pro remedio animarum nostrarum, donamus ad ecclesiam Beati Martini Saviniacensis, ubi domnus abbas Gausmarus præest, de rebus nostris quæ sunt sitæ in pago Lugdunensi, in agro Nirniacensi : hoc est curtilos duos cum mansis, vineis, campis, silvis, salicetis, omnia usque ad inquisitum, ea ratione ut, quamdiu vixerimus, fructum ex his percipiamus, et annis singulis, tempore vindemiæ, semi-modium vini in vestitura persolvamus. S. Vualonis et uxoris ejus Ermengardis. S. Vuidonis. S. Mainsedi[4]. S. Joannis. S. Girperti. S. Rotlandi. S. Ramberti. S. Bosonis[5].

970 circa.

---

[1] P. hic et infra *Bertelemus*.
[2] M. *Adalandi*.
[3] M. *Mirniciaco*. C. *Nirniciaco*.
[4] M. *Mansediæ*.
[5] M. *Bozonis*.

## 266.

#### DE TRIBUS CURTILIS IN BRINNIACO [1].

970 circa.

Sanctæ Saviniacensi ecclesiæ Beati Martini, cui præest domnus Gausmarus abbas, Ego, in Dei nomine, Adalardus cum uxore mea Dulcisina[2] donamus de rebus hæreditatis nostræ, pro remedio animarum nostrarum : sunt autem res ipsæ sitæ in pago Lugdunensi, in agro Forensi, in villa quæ dicitur Binniacus[3] : id est curtili tres cum vircariis, campis, pratis, pascuis, exitibus et reddittibus, et quicquid cum monachis insulæ Barbaræ partiendo visi sumus habere, totum usque ad exquisitum donamus; ita tamen ut medietas de ipsis rebus ad ipsam ecclesiam pro sepultura corporis mei a die præsenti perveniat ; aliam vero medietatem, quamdiu Dulcisina, uxor mea, vixerit, possideat, et post suum decessum sepulturæ locum exinde accipiat, et sic cum omni integritate prædictæ res ad ipsum monasterium perveniant. S. Adalardi et uxoris ejus Dulcisinæ, qui hoc fieri et firmari rogaverunt. S. Amblardi. S. Adalardi. S. Asterii. S. Girardi.

## 267.

#### DE CURTILO IN BANNERIIS.

970 circa.

Sanctæ Dei ecclesiæ Beati Martini Saviniacensis, quam domnus abbas Gausmarus regit, Ego Rotlandus et uxor mea Dominica donamus de rebus nostris quæ sunt sitæ in pago Lugdunensi, in agro Forensi, in fine de Banneriis villa : hoc est curtilus et vircaria, et quantum in ipsa villa visus sum habere, totum ad integrum donamus. S. Rotlandi et uxoris ejus Dominicæ, qui hoc fieri et firmari rogaverunt.

## 268.

#### DE CABANNARIIS IN CHRONTILIACO.

Mart. 977.

In Dei nomine, Ego Folcholdus, pro remedio animæ meæ, dono Sancto Martino de Saviniaco, in presentia domni abbatis Gausmari,

---

[1] C. hic et infra *Binniaco*. — [2] C. hic et infra *Dulcisma*. — [3] M. *in villa Brinniaco*.

de rebus meis quæ sunt sitæ in pago Lugdunensi, in agro Forensi, in villa quæ vocatur Chrontilliacus, videlicet cavannarias novem cum curtilis, campis, pratis, exitibus et regressibus, et omnibus ad ipsas aspicientibus, et quicquid in ipsa villa visus sum habere, totum ex integro usque in exquisitum dono supradictæ Dei ecclesiæ; ea ratione ut ipsi monachi unam ex ipsis cavannariis loco vestituræ semper accipiant, et de aliis, quamdiu ego Folcholdus vixero, usum fructuarium possideam; et si in hac patria obiero, pro his rebus sepulturam in ipso loco accipiam; post meum vero decessum, supradictæ res cum omni integritate, absque ullo contradictore, ad servitores ipsius ecclesiæ perveniant, habeantque in suos usus per omnes suas successiones. S. ejusdem Folcholdi. S. Milonis, fratris ejus. S. Vuichardi. S. Unfredi. S. Godalrici. S. Taremberti. Data per manum Gerberni monachi, mense Martio, feria tertia, anno trigesimo regni Conradi regis.

### 269.

#### DE VINEA IN LANNECH.

In Dei nomine, Ego Stephanus sacerdos dono de rebus meis ad ecclesiam Beati Martini Saviniacensis, quam domnus abbas Gausmarus regit : hoc est vineam unam quæ est sita in pago Lugdunensi, in agro Solobrensi, in villa Lannech, cujus termini sunt : a mane via publica, a meridie terra Constantii, a sero via publica, a cercio terra Bosonis ; quicquid infra hos terminos concluditur, totum dono supradictæ Dei ecclesiæ, ad stipendia fratrum inibi Deo deservientium. S. Stephani sacerdotis, qui fieri et firmari rogavit. S. Archimbodi. S. Agyni. S. Folcholdi. S. Richardi. S. Anastasii. Data per manum Gerberni monachi, mense Octobri, feria sexta, anno quadragesimo tertio regni Conradi regis.

*Oct. 983.*

### 270.

#### DE MANSIS IN MAGNIACO.

Ego, in Dei nomine, Braydencus, ecclesiæ Beati Martini Savinia-

*980 circa.*

censis, cui præest domnus Gausmarus abbas, dono de rebus meis quæ sunt sitæ in pago Lugdunensi, in agro Forensi, in Magniaco villa : hoc sunt mansi cum curtilis, campis, pratis, molendino, exitibus et regressibus, quantumcumque in ipsa villa visi sumus habere. Unam medietatem dono Deo et Sancto Martino, tali tenore ut, quamdiu ego et Anna, uxor mea, vixerimus, usum fructuarium possideamus, et de ipsa hæreditate donamus in vestitura curtilum unum. Post nostrorum vero amborum decessum, tota ipsa medietas de ipsa villa, sicut jam diximus, ad ipsam ecclesiam perveniat, pro remedio animarum nostrarum et sepultura corporum. S. Braydenci et Annæ, uxoris ejus, qui hoc firmari rogaverunt. S. Eriberti. S. Bernoini. S. Erimanni. S. Asterii. S. Raimberti. S. Bladini, qui hanc donationem inquietare conatus, postea firmavit et vuirpitionem fecit. Data per manum Gerberni monachi, mense Aprili, feria secunda, regnante Conrado rege.

### 271.

#### DE CAMPO IN STABULIS VILLA.

980 circa.   Sanctæ Saviniacensi ecclesiæ, ubi domnus Gausmarus abbas præest, Ego Arnulfus dono de rebus meis pro sepultura uxoris meæ Aremburgis, quæ sunt sitæ in pago Lugdunensi, in agro Forensi, in fine de Stabulis villa : hoc est campum unum quem de Gotholento[1] conquisivi. S. ejusdem Arnulfi. S. Leunardi[2]. S. Gotafridi. S. Rotbaldi. S. Dominici. Data per manum Gerberni monachi, mense Decembri, feria quinta, regnante Conrado rege.

### 272.

#### DE MANSO IN VALLELIIS[3].

980 circa.   Sanctæ Dei ecclesiæ Beati Martini Saviniacensis, quam domnus abbas Gausmarus regit. Ego Aschiricus et uxor mea Ava donamus de rebus nostris quæ sunt sitæ in pago Lugdunensi, in agro Forensi, in

---

[1] M. *Gottolento.* — [2] C. *Leuvardi.* — [3] M. et C. *Valellis.*

villa quæ vocatur Vallelias[1] : hoc est mansus unus cum omnibus appenditiis suis, curtilis, campis, pratis, silva et franchicia[2], et quicquid in ipsa villa visi sumus habere, totum ad integrum donamus usque in exquisitum. S. Aschirici et uxoris ejus Avæ, qui hanc donationem fieri et firmari rogaverunt. S. Arnulfi. S. Unfredi. S. Gausberti. S. Folcherii. S. Rotlanni. S. Archuodi. Data per manum Gerberni monachi, mense Aprili, feria quarta, regnante Conrado rege.

### 273.

#### DE MANSIS IN GRADINIACO ET SERRIS.

980 circa.

Sanctæ Dei ecclesiæ Beati Martini Saviniacensis, ubi domnus Gausmarus abbas Deo deservit, Ego, in Dei nomine, Sigiburgis et Eugendus, filius meus, donamus de rebus nostris quæ sunt sitæ in pago Lugdunensi, in agro Solobrensi, in villis his nominibus : Gradiniaco et Serris. In Gradiniaco sunt mansi, curtili cum ortis, vircariis, campis, pratis et austatis, et omnia quæ in ipsa villa visi sumus habere, totum ad integrum usque ad inquisitum donamus, et quicquid in ea[3] acquirere potuerimus. In Serris quoque omnia quæ a legibus nobis proveniunt, et quicquid ibi visi sumus habere, totum similiter usque ad inquisitum ad jam dictam ecclesiam donamus. S. ejusdem Sigiburgis et Eugendi. S. Almandi. S. Ethenulfi. S. Bracdenci. S. Fulcherii. S. Umberti. Data per manum Gerberni monachi, mense Novembri, feria secunda.

### 274.

#### DE MANSO IN LODENIS VILLA.

980 circa.

Sanctæ Saviniacensi ecclesiæ Beati Martini, cui domnus abbas Gausmarus præest, Ego Amblardus et uxor mea Vualburgis[4] donamus de rebus nostris quæ sunt sitæ in pago Lugdunensi, in agro Forensi, in villa quæ vocatur Lodenas : hoc est mansus unus de Planile cum cabannaria sibi adjacente et brolio indominicato, et appenditiis suis, et

---

[1] M. *Vallellias.*
[2] L. *franchisiis.*
[3] M. *ibi* pro *in ea.*
[4] Vide ch. 226.

quantumcumque ad ipsum mansum aspicit et aspicere videtur, totum ad integrum usque ad exquisitum dono, ut habeant potestatem habendi, tenendi, sive in melius commutandi. S. ejusdem Amblardi. S. Theotgrini. S. Hugonis. S. Leoterii. S. Rostagni. S. Rotlanni. Data per manum Gerberni monachi, mense Septembri, feria sexta, regnante Conrado rege.

## 275.

#### DONUM IN POMEDIO.

980 circa.

Ego, in Dei nomine, Vuigo[1] levita dono Deo et Sancto Martino, præsente domno Gausmaro abbate, de rebus meis quæ sunt sitæ in pago Lugdunensi, in agro Forensi, in villa quæ dicitur Pomedius, quantum ibi visus sum habere. S. ejusdem Vuigonis levitæ. S. Adaltrudis, quæ consensit. S. Stephani. S. Gauzeranni. S. Humberti. Data per manum Gerberni monachi, decimo sexto calendas Aprilis, die Dominica, regnante Conrado rege.

## 276.

#### DE CAMPO IN STABULI VILLA.

980 circa.

In Dei nomine, Ego Vera fœmina dono de rebus meis, ad ecclesiam Beati Martini de Saviniaco, ubi domnus Gausmarus abbas præest, quæ sunt sitæ in pago Lugdunensi, in agro Forensi, in villa quæ dicitur Stabulis[2] : hoc est unus campus qui terminat a mane terra Sancti Martini, a meridie terra de ipsa hæreditate, a sero via publica, a cercio terra Arivi. Infra istos fines, totum ad integrum dono quicquid habeo, ut faciant ipsius ecclesiæ rectores inde quicquid voluerint, absque ulla contradictione. S. ejusdem Veræ, qui hoc fieri et firmari rogavit. S. Joannis. S. Aynulfi. S. Benigni. S. Galdrici. S. Adeberti. Data per manum Heustorgii levitæ, mense Decembri.

---

[1] P. *Vuido*. — [2] M. *villa nomine Stabulus*.

## 277.

#### DE VINEIS IN LIVINIACO [1].

980 circa.

Sacrosanctæ ecclesiæ Beati Martini Saviniacensis, quam domnus abbas Gausmarus regit, Ego Ansbertus dono de rebus meis quæ sunt sitæ in pago Lugdunensi, in agro Forensi, in villa quæ nuncupatur Liviniacus : hoc sunt vineæ quæ legitimo jure obvenerunt, quorum termini sunt : a mane et meridie terra de ipsa hæreditate, a sero via publica, a cercio terra Adraldi. Infra istos terminos, quicquid habeo ad integrum dono Sancto Martino suisque servientibus, ut faciant inde quicquid voluerint sine ulla contradictione. S. Ansberti, Girberti, Girardi, qui cartam istam fieri et firmari rogaverunt. S. Ratberti. S. Aldebranni. S. Silvionis. S. Bodonis. S. Vualani. Data per manum Heustorgii [2] levitæ, mense Februario, regnante Lothario, rege Francorum seu Aquitanorum.

## 278.

#### DE VINEIS IN AYNNACO.

980 circa.

Ego Theotardus et uxor mea Ava donamus sanctæ Dei ecclesiæ Saviniacensi, quam domnus abbas Gausmarus regit, de rebus nostris quæ sunt sitæ in pago Lugdunensi, in agro Forensi, in villa quæ nuncupatur Aynnacus : hoc est duæ vineæ, et quicquid habere visus sum in ipso loco. S. Theotardi et uxoris ejus Avæ, qui hoc fieri et firmari rogaverunt. S. Segibodi [3]. S. Ingeldradi. S. Eldranni. S. Rainaldi. S. Vuarnerii. Data per manum Heustorgii levitæ, mense Februario, regnante Lothario, rege Francorum.

## 279.

#### DE CURTILO IN CAMBETDONO.

980 circa.

In Christi nomine, Ego Arboldus et frater meus Rennulfus [4] donamus ad ecclesiam Sancti Martini Saviniacensis, cui domnus abbas

---

[1] M. L. et C. hic et infra *Luviniaco*.
[2] M. hic et infra *Eustorgii*.
[3] M. *Segiboldi*.
[4] L. *Arnulfus*.

Gausmarus præest, de rebus nostris quæ sunt sitæ in pago Lugdunensi, in agro Forensi, in villa quæ dicitur Cambetdonus : hoc est curtilus cum vircaria, cujus termini sunt : a mane terra Sancti Stephani, a meridie terra de ipsa hæreditate, a sero via publica, a cercio terra Umberti. Infra istas terminationes, totum ad integrum donamus, ut, a præsenti die, faciant inde rectores ipsius ecclesiæ quicquid voluerint. S. Arboldi et Rennulfi, qui cartam istam fieri et firmari rogaverunt. S. Gundeldi. S. Girardi. S. Arrini[1]. Data per manum Heustorgii[2] levitæ, mense Novembri, regnante Lothario rege.

## 280.

### DE DUOBUS CURTILIS IN NULLIACO.

980 circa.

Sanctæ Saviniacensi ecclesiæ quam domnus abbas Gausmarus regit, Ego Pontius dono de rebus meis quæ sunt sitæ in pago Lugdunensi, in agro Forensi, in villis his nominibus : Nulliaco superiori et Nulliaco subteriori : hoc est curtilos duos cum vircariis, campis sive pratis. Quicquid ibi visus sum habere usque ad inquisitum, omnia trado, præter unum campum quem Sancto Petro dedi. S. Pontii, qui fieri et firmari rogavit. Data per manum Gotesmanni, octavo calendas Julii, regnante Conrado rege.

## 281.

### DE MANSO IN PEXOLIO.

Jun. 960.

Sacrosanctæ Dei ecclesiæ Beati Martini Saviniacensis, ubi abbas Gausmarus præest, Ego Pontius dono de rebus meis quæ sunt sitæ in pago Lugdunensi, in agro Forensi, in villa nomine Pexolio, quicquid visus sum habere : hoc est mansum unum cum campis, silvis, pratis et quicquid ibi habeo. S. ejusdem Pontii, qui jussit fieri et firmari. S. Sigiverti[3]. S. Simburgis. S. Albonis. S. Acuimi[4]. S. Borrelli. Data per manum Gotesmanni, mense Junio, feria secunda, anno vigesimo nono regni Conradi regis.

---

[1] M. et C. *Arrivi.*
M. *Eustorgii.*

[3] M. *Siguieberti.* C. *Signierti.*
[4] M. L. et C. *Acmini.*

## 282.

#### DE CURTILO IN ESTABULI VILLA.

Sanctæ Saviniacensi ecclesiæ Beati Martini, quam domnus Gausmarus abbas regit, Ego, in Dei nomine, Agnericus et uxor mea Domesia, cogitantes de salute nostra, donamus de rebus propriis quæ sunt sitæ in pago Lugdunensi, in agro Forensi, in villa de Stabulo[1] : hoc est curtilus unus et quicquid ad ipsum curtilum aspicit vel aspicere videtur, usque ad inquisitum, et campum unum quem de Armiso conquisivimus. S. Agnerici et uxoris ejus Domesiæ, qui eleemosinam istam fieri et firmari rogaverunt. S. Vualonis. S. Rotlanni. S. Arboldi. S. Rotboldi. S. Raginoldi. Data per manum Adelelmi monachi, sexto calendas Februarii, regnante Conrado rege.

960 circa.

## 283.

#### DE CURTILO DE UNISIACO.

Sanctæ Saviniacensi ecclesiæ Beati Martini, quam domnus abbas Gausmarus præest, Ego Gimbergia[2] fœmina dono de rebus propriis, in eleemosinam, quæ sunt sitæ in pago Lugdunensi, in agro Forensi, in villa Unisiaco : hoc est curtilus unus cum vircaria, vinea et alia terra, sicut cum Sobo possidere videtur, usque ad inquisitum. S. Gimbergiæ fœminæ, quæ fieri et firmari rogavit, et Leotaldi, filii ejus, qui consensit. S. Adalardi et Brunenci. Data per manum Gotesmanni, regnante Conrado rege.

960 circa.

## 284.

#### DE DUOBUS MANSIS IN GRAMIACO.

Sacrosanctæ Dei ecclesiæ Beati Martini Saviniacensis, ubi domnus abbas Gausmarus præest, Ego Iterius[3], pro remedio animæ meæ, consentiente matre mea Simburga[4], dono ex rebus meis quæ sunt sitæ in pago Lugdunensi, in agro Forensi, in villa nuncupata Gramiaco :

970 circa.

---

[1] M. *Estabulo.*
[2] C. *Gimberga.*
[3] M. hic et infra *Icterius.*
[4] M. et C. *Suiburga.*

hoc sunt mansi duo, et quicquid ad ipsos aspicit, totum ad jam dictam ecclesiam trado, a die præsenti, in stipendio fratrum. S. Iterii, qui hoc fieri jussit, et matris ejus Simburgis, et fratris ejus Eugendi, qui consenserunt. Data per manum Aynaldi diaconi, tertio idus Septembris, regnante Conrado rege.

### 285.

#### DE REBUS IN DIVERSIS VILLIS ACQUISITIS.

*970 circa.*

Ego, in Dei nomine, Ariheldis fœmina dono ex meis rebus ad ecclesiam Sancti Martini Saviniacensis, ubi domnus abbas Gausmarus præest : quæ res sunt sitæ in pago Lugdunensi, in agro Forensi, in locis his nominibus : in primis Alboscum[1], alias Avalesia, et in alia villa Clodosolicas. De istis rebus nominatis, a die præsenti, dono tertiam partem, duas vero partes mihi reservo dum vivo ; post meum vero decessum alia pars tertia ad ipsam ecclesiam perveniat sine ulla contradictione ; alia autem tertia pars ad filium meum Andream deveniat, et dum vixerit teneat ; post suum autem exitum, si sine legali hærede obierit, ad eamdem ecclesiam pertingat. S. ejusdem Arieldis, et filii ejus Andreæ, qui consensit. S. Ranulfi[2]. S. Grimaldi[3]. S. Vuallani[4]. S. Vuidonis. S. Arberti[5]. Data per manum Aynaldi, decimo secundo Aprilis, regnante Conrado rege.

### 286.

#### DE DIMIDIO MANSO AD FOSSADUM.

*970 circa.*

In nomine Domini, Ego Anna fœmina, et Hugo, et Arnulfus[6], filii Vuilenci interempti, donamus de hæreditate ejus ad ecclesiam Sancti Martini Saviniacensis, ubi domnus abbas Gausmarus præest ; quæ hæreditas est sita in pago Lugdunensi, in agro Forensi, in villa quæ Affosadus[7] dicitur ; hoc est mansus unus et dimidius, et quicquid in

---

[1] M. *Aboscum.*
[2] M. et C. *Rannulfi.*
[3] M. et C. *Grimardi.*
[4] M. *Vualani.*
[5] M. et C. *Acberti.*
[6] M. et C. hic et infra *Arulf...*
[7] M. *ad Fossadas.* L. *ad Fossado.* C. *Adfossadus,* et in margine *Fossadus.*

ipsa villa visus fuit habere; et in alio loco, in agro Tarnatensi[1], in villa Verniaco, curtilum unum cum mansione, et quicquid in ipsa villa visus fuit habere, usque ad inquisitum. Ipsas res prænominatas donamus ut ad ipsam Dei casam die præsenti perveniant. S. Annæ, Vigonis, Arnulfi, Gimonis[2], et Raginardi, qui donationem istam fieri et firmari rogaverunt. S. Arulfi. S. Agmini. S. Aclardi. S. Sigiverdi[3]. S. Saceldi[4]. Data per manum Aynaldi monachi, decimo sexto calendas Octobris, regnante Conrado rege.

### 287.

#### DE VINEA IN LANNECH.

Ego, in Dei nomine, Ratburnus et uxor mea Goda donamus de rebus nostris ad ecclesiam Sancti Martini Saviniacensis, quam domnus abbas Gausmarus regit, vineam scilicet unam quæ est infra fines de villa quæ dicitur Lannech[5], cujus termini sunt: a mane via publica, a cercio vinea Amblardi. S. Ratburni et Godæ, uxoris ejus. S. Danielis. S. Ranulfi. S. Leutardi. S. Berengerii. S. Anastasii. Data per manum Agenardi diaconi, decimo primo calendas Aprilis, feria sexta, regnante Conrado rege.

980 circa.

### 288.

#### DE QUINQUE CURTILIS IN FORO[6].

Sanctæ Dei ecclesiæ Saviniacensi Beati Martini, cujus domnus abbas Gausmarus curam regit, Ego Gosbertus dono de rebus meis quæ sunt sitæ in pago Lugdunensi, in agro Forensi, in villa quæ dicitur Forus : hoc sunt curtili quinque, et in alio loco, ubi dicitur ad Mocellum, mansum dimidium et cavannarium et molendinum in ipso loco positum, et quicquid ibi aspicit; et in alio loco, ubi dicitur Avernidus, cavannariam unam. S. Gosberti, qui fieri et firmari ro-

980 circa.

---

[1] C. *Tarnantensi*.
[2] M. *Simonis*.
[3] M. et C. *Sijverdi*.
[4] L. *Sacerdi*. M. et C. *Sascerdi*.
[5] M. *villa Lanech*.
[6] Hanc chartam edidi in meo libello titulato *Mémoire sur les origines du Lyonnais*, p. 47; *Soc. des antiq.* t. XVIII, p. 383.

gavit. S. Alboaranni [1]. S. Radnulfi. S. Folradi. S. Umberti. S. Arnoldi. Data per manum Arsonis monachi, mense Januario, feria quinta, regnante Conrado rege.

### 289.
#### DE VINEA IN VALESIA.

980 circa.

Sacrosanctæ Dei ecclesiæ Beati Martini Saviniacensis, cui domnus abbas Gausmarus præest, Ego Adalbertus et filius meus Constantius donamus vineam unam quæ est sita in pago Lugdunensi, in agro Forensi, in villa Valesia. S. ejusdem Adalberti et filii ejus Constantii, qui donationem istam fecerunt. Data per manum Arsonis [2] monachi, mense Octobri, regnante Clotario rege.

### 290.
#### DE MANSO IN MONCELLO.

980 circa.

Ego, in Dei nomine, Girardus et uxor mea Richvara donamus de rebus nostris ad ecclesiam Beati Martini Saviniacensis, ubi domnus Gausmarus abbas præest : hoc est mansum unum ubi dicitur ad Moncellum, qui est situs in pago Lugdunensi, in agro Forensi, cujus termini sunt : a mane terra Sanctæ Mariæ, a meridie terra Sancti Martini, a sero Liger fluvius, habens ibidem portum de ipsa donatione, a cercio terra Sancti Martini insulæ Barbaricæ. Infra istas terminationes, ipsum mansum et quicquid ad ipsum aspicit, et portum supradictum cedimus atque donamus. S. Girardi et uxoris ejus Richvaræ [3], qui hanc eleemosinam fecerunt. S. Bernardi. S. Etilii. S. Siguini. S. Arrici. S. Pontioni. Data per manum Atsonis monachi, mense Augusto, feria secunda, regnante Conrado rege.

### 291.
#### DE CURTILO IN ACCINGIS.

980 circa.

Sanctæ Saviniacensis ecclesiæ Beati Martini, quam domnus abbas

---

[1] M. et C. *Abboarani.* — [2] M. et C. *Atsonis.* — [3] M. *Richicaræ.*

Gausmarus regit. Ego Dumesia fœmina dono de rebus meis quæ sunt sitæ in pago Lugdunensi, in agro Forensi, in villa Accingias[1] : hoc est curtilum cum vircaria et orto et vinea, ut faciant inde rectores ipsius ecclesiæ quicquid voluerint. S. ejusdem Dumesiæ. S. Odolonis[2]. S. Arboldi. S. Rannulfi. S. Girardi. Data per manum Adelelmi monachi, tertio calendas Decembris, regnante Conrado rege.

### 292.

#### DE VINEA IN CIVILETO.

Ego, in Dei nomine, Vuandalmodis et uxor mea Teutgardis donamus ad ecclesiam Beati Martini Saviniacensis vineam unam : quam ecclesiam regit domnus Gausmarus abbas. Ipsa vinea sita est in pago Lugdunensi, in agro Forensi, in villa quæ dicitur[3] Mascerias, in loco qui vocatur Civileto. S. Vuandalmodis[4] et uxoris ejus Teutgardis. S. Rannulfi. S. Benedicti. S. Jarentonis. S. Vulgrini. S. Rotboldi. Data per manum Adelmandii monachi, decimo octavo calendas Maii, regnante Conrado rege.

980 circa.

### 293.

#### DE MANSO IN LOCO PINATII.

Ego, in Dei nomine, Girardus dono ad ecclesiam Beati Martini Saviniacensis, cui domnus abbas Gausmarus præest, de rebus meis quæ sunt sitæ in pago Lugdunensi, in agro Saviniacensi, in loco qui vocatur[5] Pinatius : hoc est mansus unus cum appenditiis suis et quicquid ad ipsum mansum aspicit et aspicere videtur, usque ad inquirendum, excepto manso[6] uno quem Sirverto dedi. S. ejusdem Girardi. S. Sierverti. S. Iterii[7]. S. Raginaldi. S. Vuidonis. S. Arboldi. Data per manum Adelmani[8] monachi, secundo idus Decembris, regnante Conrado rege.

980 circa.

[1] C. *Accyngias.*
[2] M. *Edolonis.*
[3] C. *vocatur.* M. *villa dicta Mascherias.*
[4] L. *Vuandalmodus.*
[5] M. et C. *nuncupato.*
[6] M. et C. *campo* pro *manso.*
[7] M. *Icterii.*
[8] M. et C. *Adelmanni.*

## 294.

#### EMPTIO VINEARUM IN ADEMNIACO VILLA.

980 circa.

Sanctæ Dei ecclesiæ Beati Martini Saviniacensis, cui domnus Gausmarus abbas præest, et cunctæ congregationi sibi commissæ, Ego Artoldus et uxor mea Arengardis vendimus vobis vineas tres quæ sunt sitæ in pago Lugdunensi, in agro Forensi, in villa Ademniaco, et accipimus de vobis precium[1] solidorum quinque. S. ejusdem Artoldi et Arengardis uxoris ejus. S. Vuandalmodis. S. Umberti. S. Berengerii. S. Marheri[2]. S. Rotgodi. Data per manum Adelelmi[3] monachi, quinto idus Junii, regnante Conrado rege.

## 295.

#### DE VINEIS, CAMPIS ET PRATIS IN MACERIIS.

980 circa.

In Dei nomine, Ego Acglerius dono de rebus meis ad ecclesiam Beati Martini Saviniacensis, ubi domnus Gausmarus abbas præest; quæ res sunt sitæ in pago Lugdunensi, in agro Forensi, in villa Macerias[4], infra fines de Fluriaco : hoc est terram quæ fuit Giroldi, et vineas, campos cum pratis et cum omnibus adjacentiis suis, quæ mihi legibus advenerunt. S. ejusdem Acglerii. S. Vualani. S. Bodonis. S. Calstonis. S. Droyberti. S. Arnulfi. Data per manum Adelelmi, decimo quarto calendas Septembris, regnante Conrado rege.

## 296.

#### DE DIMIDIO MANSO IN ACCENGIA.

980 circa.

Ego, in Dei nomine, Vualo dono ad ecclesiam Beati Martini Saviniacensis, ubi domnus abbas Gausmarus præest, de rebus meis quæ sunt sitæ in pago Lugdunensi, in agro Forensi, in villa Accingia[5] : hoc est dimidius mansus cum sala indominicata et quicquid ad ipsum mansum aspicit et aspicere videtur usque ad inquisitum, a die pre-

---

[1] M. et C. *pretium.*
[2] M. et C. *Marherii.*
[3] C. *Adalelmi.*
[4] M. et C. *Mascerias.*
[5] M. et C. *Accengia.*

senti et deinceps. S. ejusdem Vualonis¹. S. Fulcherii. S. Vuidonis. S. Ascherici. S. Arberti. S. Arnulfi. Data per manum Adelelmi monachi, sexto calendas Augusti, regnante Conrado rege.

### 297.

DE REBUS IN PISSEDICIO.

Sanctæ Dei ecclesiæ Beati Martini Saviniacensis, ubi domnus abbas Gausmarus præest, Ego Vualdemarus² dono de rebus meis quæ sunt in pago Lugdunensi, in agro Forensi, in Pissedicio villa, partem videlicet meam in mansis, curtiferis, vircariis, campis, pratis, aquis, aquarum decursibus, omnia ex omnibus usque ad inquirendum. S. Vualdemari. S. Asterii. S. Atzonis. S. Vuitcardi. S. Hugonis. S. item Vualdemari. Data per manum Adelelmi monachi, decimo quinto calendas Aprilis, anno quinto regni Lotharii³ regis.

18 Mart. 959.

### 298.

DE VINEA IN TROMNIACO.

Ad ecclesiam Beati Martini Saviniacensis, cui domnus Gausmarus abbas præest. Ego Fulcherius et uxor mea Ermengardis donamus de rebus nostris quæ sunt sitæ in pago Lugdunensi, in agro Solobrensi, in villa Tromniaco : hoc est vineam unam ad stipendia fratrum. S. ejusdem Fulcherii et uxoris ejus Ermengardis. S. Rotlandi. S. Abonis. S. Vuigonis. S. Alardi. S. Asterii. Data per manum Adelelmi monachi, quarto calendas Julii, regnante Lothario rege.

960 circa.

### 299.

DE REBUS IN PISSEDICIO⁴ ET AGNOGELTI⁵ VILLIS.

Ego, in Dei nomine, Eldoardus presbiter dono de rebus meis Deo et Sancto Martino de Saviniaco, coram domno abbate Gausmaro, quæ sunt sitæ in pago Lugdunensi, in agro Forensi, in villis Pissedicio et

960 circa.

---

¹ M. et C. *Vualani.*
² P. *Valdemarus.*
³ C. hic et infra *Lotar...*
⁴ M. et C. hic et infra *Pissidicio.*
⁵ M. et C. hic et infra *Acnogelti.*

Agnogelto. In Pissedicio curtilum unum cum orto et campis et duas vineas cum saliceto; et in Agnogelti villa curtilum unum et quicquid ad ipsum aspicit et aspicere videtur. S. Eldoardi presbiteri. S. Vuandalgisi. S. Beroldi. S. Vuitboldi. S. Aladonis. S. Rotboldi. Data per manum Adelelmi monachi, sexto idus Aprilis, regnante Lothario rege.

### 300.
##### DE CAMPO IN SIVRIACO.

960 circa.

In nomine Domini, Ego Abelona fœmina et filius meus Sevinnus[1] levita donamus campum unum Sancto Martino Saviniacensis ecclesiæ, ubi domnus abbas Gausmarus præest; qui est situs in pago Lugdunensi, in agro Solobrensi, in fine de Sivriaco. S. Abelonæ. S. Sevinni levitæ. S. Raynaldi. S. Girboldi. S. Ugonis. S. Vualterii. Data per manum Adelelmi monachi, sexto idus Julii, regnante Lothario rege.

### 301.
##### DE VINEA IN AGRO SOLOBRENSI.

960 circa.

Sacrosanctæ ecclesiæ Beati Martini Saviniacensis, cui domnus abbas Gausmarus præest. Ego Aruldis fœmina dono vineam unam quæ est sita in pago Lugdunensi, in agro Solobrensi; cujus termini sunt : a mane rivo volvente, a meridie terra Arimanni, a sero terra Rotboldi presbiteri[2], a cercio terra Constantii. S. Aruldis[3]. S. Grimaldi[4]. S. Rotboldi presbiteri. S. Constantionis. S. Arnulfi. S. Rotborni. Data per manum Adelelmi monachi, regnante Lothario rege.

### 302.
##### DE CURTILO IN AGINIACO VILLA.

960 circa.

Sanctæ Dei ecclesiæ Beati Martini Saviniacensis, ubi domnus Gausmarus abbas præest, Ego Gerotdus dono de rebus meis quæ sunt sitæ in pago Lugdunensi, in agro Forensi, in villa quæ vocatur Aginiacus, vineas duas et curtilum unum cum alia vinea, et quicquid in ipsa villa

---

[1] M. et C. hic et infra *Seviunus*.
[2] Deest *presbiteri* in M. et C.
[3] M. et C. *Arieldis*.
[4] M. et C. *Grimardi*.

visus sum habere usque ad inquisitum; in comitatu Matisconensi, in villa quæ vocatur Curcetedrannica[1], quasdam res quas conquisivi, et campum unum in Buxeroloas. S. ejusdem Gerotdi. S. Rainoldi[2]. S. Girardi. S. Ratboldi. S. Vualonis. S. Vuidonis. Data per manum Adelelmi monachi, quarto nonas Julii, regnante Lothario[3] rege.

### 303.
#### DE CURTILO IN ISIOURO[4].

Sacrosanctæ ecclesiæ Beati Martini Saviniacensis, ubi domnus abbas Gausmarus præest, Ego, in Dei nomine, Adaltrudis fœmina dono de rebus meis quæ sunt sitæ in pago Lugdunensi, in agro Forensi, in villa Isiouro, in primis curtilum unum cum vinea simul tenente, et campum suum subtus viam, et pratum unum in ipso fine; et in alia villa quæ vocatur Macerias[5], quicquid in ipsa visa sum habere in vineis, campis, pratis cum exitibus et regressibus. S. ejusdem Adeltrudis. S. Rotboldi. S. Vualani. S. Vuidonis. S. Arboldi. S. Leutardi. Data per manum Adelelmi monachi, idus Junii, regnante Lothario rege.

970 circa.

### 304.
#### DE CURTILO IN VITCELLIS VILLA.

Ego, in Dei nomine, Rotardus[6] sacerdos dono ad ecclesiam Sancti Martini Saviniacensis, quam domnus abbas Gausmarus regit, res meas proprias quæ sunt in pago Lugdunensi, in agro Saviniacensi, in fine de Vitcellis villa : hoc est curtilum unum et ortum et vircariam. S. ejusdem Rothardi[7] sacerdotis. S. Arbaldi. S. Ranulfi. S. Rordandi. S. Marherii. S. Barnonii[8]. Data per manum Bernardi, anno decimo tertio regni Lotharii regis.

967.

---

[1] M. et C. *Curcetedranica*.
[2] M. *Raitnoldi*.
[3] C. hic et infra *Lotario*.
[4] M. et C. hic et infra *Usiouro*.
[5] M. *Mascherias*.
[6] C. *Rortardus*.
[7] M. *Rorhardi*. C. *Rorthardi*.
[8] L. *Bernoini*. M. et C. *Barnoini*.

## 305.

### DE VINEA IN ANGIRIACO [1].

958.

Ego Beninimis [2], quando ad obitum veni, dedi Sancto Martino Saviniacensis ecclesiæ, quam domnus Gausmarus abbas regit, tres listas de vinea et cameras duas quæ sunt sitæ in pago Lugdunensi, in agro Solobrensi, in fine de Angeriaco villa, ut habeant inde potestatem a die presenti quicquid rectores ejusdem ecclesiæ facere voluerint. S. Joannis. S. Eldeverti. S. Arnulfi. S. Martini. S. Ingelberti. Data per manum Bernardi, anno decimo octavo regni Conradi regis.

## 306.

### DE CAMPO AD DUAS OLCHAS.

960.

Ego, in Dei nomine, Vuitaldus, et uxor mea Adaltrudis, dono de rebus meis ad ecclesiam Beati Martini Saviniacensis, ubi domnus Gausmarus præest : hoc est quatuor quartalados de campo in pago Lugdunensi, in agro Forensi, in fine de villa Duas Olchas. S. ejusdem Vuitaldi. S. Rotbaldi. S. Rainnulfi. S. Abonis. S. Umberti. S. Osonis [3]. Data per manum Bernardi, anno vigesimo regni Conradi regis.

## 307.

### DE CAMPO IN FENERIIS VILLA.

956.

In Dei nomine, Ego Agenulfus [4], ad ecclesiam Beati Martini Saviniacensis, ubi domnus Gausmarus abbas præest, dono campum unum qui est in pago Lugdunensi, in agro Forensi, in fine de Feneriis villa. S. Agenulfi. S. Joannis. S. Vualdrici. S. Gotdonis. S. Unberti. Data per manum Bernardi, anno decimo sexto regni Conradi regis.

## 308.

### DE MANSO IN ROOFANGO VILLA.

956.

Sacrosanctæ ecclesiæ Beati Martini Saviniacensis, ubi domnus

---

[1] L. et C. hic et infra *Angerico*.
[2] M. L. et C. *Beniminuis*.
[3] L. et C. *Orsonis*.
[4] M. *Arnulfus*.

abbas Gausmarus præest, Ego Josbertus, et uxor mea Boara, dono de rebus meis quæ sunt sitæ in pago Lugdunensi, in agro Rodanensi, in villa quæ dicitur Roofangus : hoc est mansum unum et cabannariam unam, et quicquid ad ipsum mansum aspicit usque ad inquisitum. S. Vuidonis. S. Arrici. S. Rainaldi. S. Rotbaldi. S. Foldradi. Data per manum Bernardi, anno decimo sexto regni Conradi regis.

### 309.

#### DE CURTILO IN STABULIS VILLA.

Sanctæ Saviniacensis ecclesiæ Beati Martini, quam domnus abbas Gausmarus regit, Ego Aguiriacus[1] dono curtilum unum quem Benignus possidet, cum campis qui sunt in circuitu ejus, et in Foro unam medietatem de his quæ mihi legibus obveniunt. Res ipsæ sunt sitæ in pago Lugdunensi, in agro Forensi, infra fines de Stabulis villa; et unum campum in Feneriis villa. S. Vualani. S. Vuidonis. S. Girberti. S. Rainaldi. S. Arcaldi. Data per manum Bernardi, anno decimo sexto regni Conradi regis.

956.

### 310.

#### DE CURTILO IN CABANNETIS VILLA.

Sanctæ Dei ecclesiæ Sancti Martini Saviniacensis, ubi domnus abbas Gausmarus præest, Ego Raimbotdus[2] et uxor mea Rotlendis donamus de rebus nostris quæ sunt sitæ in pago Lugdunensi, in agro Forensi, in villa de Cabannetis : hoc est curtilum indominicatum et ortum et vircariam, totum ex integro. S. Ratbaldi. S. Leotardi. S. Vuarnenci. S. Vuidaldi. S. Marherii. Data per manum Bernardi, anno decimo sexto regni Conradi regis.

956.

### 311.

#### DE CURTILO IN ADDENNACO[3] VILLA.

Ego, in Dei nomine, Theobaldus[4] sacerdos dono ad ecclesiam

956.

---

[1] M. *Agniariacus.* C. *Agniaricus.*
[2] P. *Ranutbodus.*
[3] M. L. et C. hic et infra *Addennavo.*
[4] M. et C. hic et infra *Theotbaldus.*

Beati Martini Saviniacensis, ubi præest domnus abbas Gausmarus, de rebus meis quæ sunt sitæ in pago Lugdunensi, in agro Solobrensi, in fine de Addenaco villa : hoc est vineas duas et curtilum unum et pratum. S. Theobaldi. S. Segebodi [1]. S. Benedicti. S. Eldrandi. S. Rotberti. S. Ingeldradi. Data per manum Bernardi, anno decimo sexto regni Conradi regis.

### 312.

#### DE MANSO IN FINE DEL MONT.

965.

Ego Agna fœmina dono de rebus meis ad ecclesiam Beati Martini Saviniacensis, ubi præest domnus abbas Gausmarus : hoc est mansum unum et quicquid ad ipsum pertinet, qui est situs in pago Lugdunensi, in agro Forensi, in fine del Mont. S. Aymini. S. Stephani. S. Saliconis. S. Arnulfi. S. Eldeberti. Data per manum Bernardi, anno vigesimo quinto regni Conradi regis.

### 313.

#### DE DUOBUS CAMPIS IN FENERIIS VILLA.

Jan. 965.

In Dei nomine, Ego Elissendis et Constantius et Siguinus, pro anima senioris nostri Rotbaldi, donamus de rebus nostris ad ecclesiam Beati [2] Martini, in præsentia domini abbatis Gausmari : hoc est campos duos qui sunt in pago Lugdunensi, in agro Forensi, in fine de Randanis et de Feneriis villa. S. Elissendis, Constantii et Siguini, qui fieri et firmare rogaverunt. S. Vuidonis. S. Arbardi. S. Berengerii. S. Foldradi. S. Agendrici. Data per manum Bernardi, mense Januario, die Sabbati [3], anno vigesimo quinto regni Conradi regis.

### 314.

#### DE DUOBUS CURTILIS IN CAMBECHONO [4] VILLA.

965.

Sanctæ Saviniacensis ecclesiæ Beati Martini, cui præest domnus abbas Gausmarus, Nos Arbaldus et Rotbaldus et Benedictus, sacer-

---

[1] M. et C. *Segebotdi.*
[2] M. *Sancti.*
[3] C. *Sabati.*
[4] P. *Chambechono.*

dotes, et Berno, donamus, pro anima Rannulfi, curtilos duos cum ortis et vircariis et prato sibi inhærentibus, qui sunt in pago Lugdunensi, in agro Forensi, in fine de Cambechono villa. S. Arbaldi, Rotbaldi et Benedicti, sacerdotum, et Bernonis, qui hoc donum pro anima Rannulfi fecerunt et firmare rogaverunt. Data per manum Bernardi, anno vigesimo quinto regni Conradi regis.

### 315.

#### DE MANSO IN BESEN.

Sacrosanctæ Dei ecclesiæ Beati Martini Saviniacensis, cui præest domnus abbas Gausmarus, Ego Vuido, veniens in extremis, dedi mansum unum quem Berengerius et Ermengardis possident, cum campis, pratis et vineis et silva, qui sunt[1] in pago Lugdunensi, in agro Forensi, in villa de Besen. S. Vuidonis. S. Hugonis, fratris ejus, qui consensit. S. Almandi. S. Arici[2]. S. Folcherii. Data per manum Bernardi, anno vigesimo quinto regni Conradi regis.

965.

### 316.

#### DE CURTILO IN AVALESIA.

Ego Foldradus et uxor mea Euregardis, ad ecclesiam Sancti Martini Saviniacensis, quem regit domnus abbas Gausmarus, donamus de rebus nostris, videlicet curtilum unum et vircariam, et vineas et pratos in pago Lugdunensi, in agro Solobrensi, in fine de Avalesia villa. S. ejusdem Foldradi et uxoris ejus Euregardis. S. Hugonis[3]. S. Rostagni. S. Agendrici. S. Umberti. S. Arnaldi. Data per manum Bernardi, anno vigesimo quinto regni Conradi regis.

965.

### 317.

#### DE CAMPO IN MONTANIACO.

In nomine Domini, Ego Chrestina[4] et filii mei Adalbornus et Berengerius et Emeltrudis, donamus curtilum unum et unam quar-

970.

---

[1] M. *positis* pro *qui sunt.*  
[2] M. *Arrici.*  
[3] M. *Ugonis.*  
[4] M. et C. hic et infra *Christina.*

taladam de campo ad ecclesiam Beati Martini Saviniacensis, ubi præest domnus Gausmarus abbas : quæ res sunt sitæ in pago Lugdunensi, in agro Forensi, in fine de Montaniaco villa. S. ejusdem Chrestinæ et filiorum ejus. S. Adalborni. S. Remestagni. S. Alboini. S. Rotlandi. S. Ratbaldi. Data per manum Bernardi, anno trigesimo [1] regni Conradi regis.

### 318.

#### DE CURTILO AD DUAS OLCHAS.

970.

Ego Orsionus[2] presbiter dono Deo et Sancto Martino de Saviniaco, in præsentia domni abbatis Gausmari, curtilum unum et vircariam cum campis et prato et saliceto, qui sunt in pago Lugdunensi, in agro Forensi, in fine villæ de Duabus Olchis. S. Orsionis presbiteri, et Pontionis, fratris ejus, qui consensit. S. Abonis. S. Rotbaldi sacerdotis, et alterius Rotbaldi. S. Auranti levitæ. Data per manum Bernardi, anno trigesimo regni Conradi regis.

### 319.

#### ITEM DE CAMPO AD DUAS OLCHAS.

970.

Ad ecclesiam Beati Martini Saviniacensis, ubi præest domnus abbas Gausmarus, Ego Vuitaldus et uxor mea Adaltrudis donamus, pro animabus nostris, campum unum qui est in pago Lugdunensi, in agro Forensi, in fine villæ de Duabus Olchis. Donamus etiam tres sextariadas de terra in ipsa hæreditate. S. ejusdem Vuitaldi et uxoris ejus. S. Rotbaldi sacerdotis. S. Abonis. S. Orsionis. S. Rotbaldi. S. Bernoini. Anno trigesimo regni Conradi regis.

### 320.

#### VENDITIO CAMPI IN SARMENNI VILLA.

970.

Ego Benedictus vendo campum unum domno Gausmaro, abbati monasterii Saviniacensis Beati[3] Martini, et cæteris fratribus; accipimus

---

[1] C. *vigesimo.* M. *vigesimo quinto.* — [2] M. *Orsonius.* — [3] M. *Sancti.*

pretium quatuor solidorum. Qui campus est situs in pago Lugdunensi, in agro Forensi, in fine de Sarmenna villa; cujus termini sunt : a mane terra de ipsa hæreditate, a meridie et sero terra Sancti Martini, a cercio via publica. S. ejusdem Benedicti. S. Marni. S. Marconis. S. Aymonis[1]. S. Costabuli. S. Rotbaldi. Data per manum Bernardi, anno trigesimo regni Conradi regis.

### 321.

#### DE CURTILO IN CAVANNETIS VILLA.

Sanctæ Saviniacensi ecclesiæ Beati Martini, cui præest domnus abbas Gausmarus, Ego Gotabergis dono curtilum unum cum orto et vircariæ sextarada[2], qui est in pago Lugdunensi, in agro Forensi, in fine de Cavannetis villa. S. Gotabergis[3], quæ hoc fieri voluit. S. Eldeverti. S. Rannulfi. S. Evrardi[4]. S. Raimberti. S. Raindolfi. Data per manum Bernardi, anno decimo nono regni Conradi regis.

### 322.

#### DE CAMPO IN NERECIO.

Ego Eldevertus, et Rainulfus[5], et Rotlandus, et Benedictus donamus Sancto Martino Saviniacensi, præsente domno abbate Gausmaro, pratum unum pro sepultura patris nostri Ingeldrici; qui pratus est in pago Lugdunensi, in agro Forensi, in fine de Nerecio villa. S. ejusdem Eldeverti et fratrum ejus. S. alterius Eldeverti. S. Rotbaldi. S. Raimberti. Data per manum Bernardi, anno trigesimo regni Conradi regis.

### 323.

#### DE MOLENDINO DE FLECTERIIS.

Sanctæ Dei ecclesiæ Beati Martini Saviniacensis, quam regit domnus abbas Gausmarus, Ego Ingelbertus et uxor mea Isengardis[6] do-

---

[1] M. et C. *Aimonis.*
[2] M. *sextariada.*
[3] M. *Gothabergis.*
[4] L. *Euvrardi.*
[5] C. *Rainnulfus.*
[6] M. et C. *Isingardis.*

namus molendinum unum qui est situs in pago Lugdunensi, in agro Forensi, in fine de Flecteriis villa, totum ex integro, sicut ego possideo. S. ejusdem Ingelberti et uxoris ejus. S. Dominici. S. Berfredi. S. Dotdonis. S. Eldefredi[1]. S. Aldonis. Data per manum Bernardi, anno trigesimo regni Conradi regis.

### 324.

#### DE VINEA IN ANGIRSIO [2].

970.

Ego, in Dei nomine, Flavardus cum uxore mea Nema dono Sancto Martino Saviniacensi, coram domno abbate Gausmaro, vineam unam quæ est in pago Lugdunensi, in agro Solobrensi, in fine de Angirsio villa. S. Flavardi et uxoris ejus Nemæ. S. Edolfi[3]. S. Arberti. S. Eldrandi. S. Folcherii. S. Aldoini. Data per manum Bernardi, anno trigesimo regni Conradi regis.

### 325.

#### DE VINEA IN USOURO.

970.

Ego Almandus, et Berno, et Berengerius, et Bernardus, donamus, pro anima Vuarborgi[4], vineam unam quæ est in pago Lugdunensi, in agro Forensi, in fine de Usouro villa, ad locum Saviniacensis monasterii, cui præest domnus abbas Gausmarus. S. Almandi et suprascriptorum. S. Duranti. S. Vuarneti[5]. S. Adalborni. S. Annerici. S. Leotardi. Data per manum Bernardi, anno trigesimo regni Conradi regis.

### 326.

#### DE CAMPO IN ALBRIO VILLA.

970.

Ego, in Dei nomine, Leotgardis fœmina dono de rebus meis ad ecclesiam Beati Martini Saviniacensis, ubi præest domnus abbas Gausmarus, quæ sunt in pago Lugdunensi, in agro Forensi, in fine de Albrio villa, campus unus, et in [agro] Solobrensi, in fine de Trevano[6]

[1] P. *Elfredi.*
[2] P. *Angirsiaco.*
[3] M. L. et C. *Eldolfi.*
[4] M. et L. *Vuaborgi.*
[5] L. *Vuarnerii.* M. et C. *Vuarneri.*
[6] M. et C. *Trenavo* et in marg. *Trenavus.*

villa, alius campus. S. ejusdem Leotgardis. S. Anastei. S. Autberti. S. Rorgaudi. S. Adalardi. S. Rannulfi. Data per manum Bernardi, anno trigesimo regni Conradi regis.

### 327.

#### DE CURTILO IN MONCELLO.

In Dei nomine, Ego Aricus et Altrudis, uxor ejus, et filius Durantus, donamus Sancto Martino de Saviniaco, coram domno abbate Gausmaro, curtilum unum, ortum et vircariam, et campos cum pratis, quæ sunt in pago Lugdunensi, in agro Forensi, in fine de Montcello[1] villa. S. ejusdem Arici et Altrudis. S. Duranti. S.[2] Rotbaldi sacerdotis. S. Abonis. S. Bernoini. S. Arbaldi, et alterius Duranti. Data per manum Bernardi, anno trigesimo regni Conradi regis.

970.

### 328.

#### DE CAMPO JUXTA FORUM.

Sanctæ Dei ecclesiæ Beati Martini Saviniacensis, cui præest domnus Gausmarus abbas, Ego Adalendis, pro anima filii mei Duranti, dono campum unum qui est in pago Lugdunensi, in agro Forensi, in fine de Manso contra Forum. S. ejusdem Adalendis. S. Blismodis. S. Rainaldi. S. Hugonis. S. Adalborni. S. Girardi. Data per manum Bernardi, anno trigesimo regni Conradi regis.

970.

### 329.

#### DE CAMPO IN NIZEIO.

Sacrosanctæ Saviniacensi ecclesiæ Beati Martini, ubi præest domnus Gausmarus abbas, Ego Dotdo dono campum unum qui est in pago Lugdunensi, in agro Forensi, in fine de Nizeio villa. S. ejusdem Dotdonis et uxoris ejus Ermengardis. S. Dominici. S. Mauricii. S. Stephani. S. alterius Dotdonis. S. Girardi[3]. Data per manum Bernardi, anno trigesimo regni Conradi regis.

970.

---

[1] M. *in villa de Moncello fine.* — [2] M. et C. *et* pro S. — [3] M L. et C. *Giroldi.*

## 330.

#### DE VINEA IN MONTEVERDUNO[1].

970.

Ego, in Dei nomine, Amaldricus presbiter dono ad ecclesiam Beati Martini Saviniacensis, ubi præest domnus abbas Gausmarus, vineam unam quæ est in pago Lugdunensi, in agro Forensi[2], in fine Monteverduno[3]. S. ejusdem Amaldrici. S. Umberti. S. Asterii. S. alterius Asterii[4]. S. Vuarangaudi[5]. S. Anglerii. Data per manum Bernardi, anno trigesimo regni Conradi regis.

## 331.

#### DE CAMPO AD DUAS OLCHAS.

970.

In Dei nomine, Ego Vuitaldus et uxor mea Adaltrudis donamus ad ecclesiam Beati Martini Saviniacensis, ubi præest domnus Gausmarus abbas, de campo eminadam[6] unam, qui est in pago Lugdunensi, in agro Forensi, in fine de Duabus Olchis. S. ejusdem Vuitaldi et uxoris ejus. S. Rotbaldi sacerdotis. S. Abonis. S. Orsionis. S. Adalberti. S. Raimberti. Data per manum Bernardi, anno trigesimo regni Conradi regis.

## 332.

#### DE PRATO IN CAMBETDONO.

970.

Sanctæ Saviniacensis ecclesiæ Beati Martini, ubi præest domnus Gausmarus abbas, Ego Arbaldus, cum uxore mea Ingelbergia, dono pratum unum qui est in pago Lugdunensi, in agro Forensi, in fine de Cambetdoni[7] villa. S. Vuitaldi. S. Bernoini. S. Rotbaldi sacerdotis. S. Evrardi sacerdotis. S. Folcherii. Data per manum Bernardi, anno trigesimo regni Conradi regis.

---

[1] M. L. et C. *Monte Verduni.*
[2] M. L. et C. *Solobrensi.*
[3] M. *de Monte Verduni.*
[4] Desunt voces *alterius Asterii* in P.
[5] C. *Vuarangandi.*
[6] P. *eyminadam.*
[7] M. et C. *Cambethdoni.*

## 333.

#### DE CAMPO IN SARMONACO.

Ego Volberta fœmina, cum filiis meis, vendo campum unum qui est in pago Lugdunensi, in agro Forensi, in fine de Sarmonaco villa, domno abbati Gausmaro et cæteris fratribus Saviniacensis ecclesiæ, et accipio ab eis pretium sexdecim denariorum. S. Duranti. S. Aignonis[1]. S. Marcionis. S. Ansegisi. S. Rotlandi. Data per manum Bernardi, anno quadragesimo regni Conradi regis.

980.

## 334.

#### DE VINEIS IN PRATO LONGO.

Sanctæ Dei ecclesiæ Beati Martini Saviniacensis, ubi præest domnus Gausmarus abbas, Ego Arbaldus[2], pro animabus parentum meorum, dono vineas duas quæ sunt in pago Lugdunensi, in agro Solobrensi, in fine villæ de Prato Longo. S. Etheleni[3]. S. Erdolfi. S. Constantii. S. Silvionis. S. Stephani. Data per manum Bernardi, anno trigesimo[4] regni Conradi regis.

970.

## 335.

#### DONUM DE MERCATO DE MORNANTO[5].

Sacrosanctæ Dei ecclesiæ Beati Martini Saviniacensis, Ego Stephanus dono de rebus meis, præsente domno Gausmaro abbate, quæ sunt sitæ in pago Lugdunensi, in agro Gofiacensi, in villa de Mornanto : hoc est mercatum ejusdem villæ, pro remedio animæ meæ et parentum meorum. S. Stephani, qui istam donationem fecit et firmari rogavit. S. Girardi. S. Eldradi. S. Almandrici. S. Umberti. S. Teutgrini. S. Arnoldi. S. Vuidonis. Data per manum Utgerii[6], nono calendas Martii, feria quinta, anno quadragesimo quinto regni Conradi regis.

22 Feb. 984.

---

[1] M. *Agonis.* L. et C. *Agnonis.*
[2] L. *Arboldus.*
[3] C. *Ethelini.*
[4] M. L. et C. *quadragesimo.*
[5] M. et C. *De Mornanto. Donum de Mercato.*
[6] L. *Urgerio.*

## 336.

#### DE CURTILO IN MONTE CALVO.

980 circa.  In nomine Domini. Amen. Nos Hugo et Arembertus presbiter, Bernardus et Arencus, donamus aliquid de hæreditate Adaltrudinis fœminæ, pro anima ipsius, ad locum Sancti Martini Saviniacensis, ubi præest domnus Gausmarus; quæ res sunt sitæ in pago Lugdunensi, in agro Gofiacensi, in villa quæ vocatur Mons Calvus : hoc est in curtilis, vircariis, pratis, vineis et silvæ duas partes, et tertiam partem dedi Aremberto presbitero. S. Hugonis et supra nominatorum. S. Hugonis. S. Bracdenci. S. Amblardi. S. Ademari. Data per manum Gerberti[1] monachi, regnante Conrado rege.

## 337.

#### DE CURTILO IN LODISCO.

980 circa.  Sanctæ Dei ecclesiæ Beati Martini Saviniacensis, cui præest domnus Gausmarus abbas, Ego Dudrannus, pro desiderio vitæ eternæ, dono de rebus meis que sunt in pago Lugdunensi, in agro Gofiacensi[2], in villa quæ dicitur Lodiscus[3]. Est autem curtilus unus cum vircaria, et vinea, et prato et saliceto; et in ipsa villa, in alio loco, dimidium mulinarium et dimidium salicetum ipsi ecclesiæ dono. S. ejusdem Dudranni. S. Eldeverti. S. Gerardi. S. Leotberti. S. Joannis. S. Constantii. S. Emoini. S. Vendranni. Data per manum Gerberni monachi, mense Martio, feria secunda, regnante Conrado rege.

## 338.

#### IMPIGNERATIO.

980 circa.  Dominis et fratribus domno Gausmaro abbati et cæteris fratribus Sancti Martini Saviniacensis, Ego Eldevertus impignero vobis de rebus meis quæ sunt sitæ in pago Lugdunensi, in agro Gofiacensi, in villa Mornantensi[4] : hoc est vineam unam quam Almafredus incolit,

---

[1] M. et C. *Girberti.*
[2] P. *Goffiacensi*
[3] M. *dicta Lodisco.*
[4] M. *villa Mornant.*

partem videlicet meam, pro pretio quod a vobis accipio sexaginta solidorum ; tali ratione ut tamdiu vineam ipsam teneatis, quamdiu vobis ipsum pretium persolvam, et post decessum meum ipsa vinea ad vos, sine ulla contradictione, perveniat. S. ejusdem Eldeverti. S. Laidredi. S. Constantii. S. Leotberti. S. Dradanni. S. Isdrel. Data per manum Gerberni monachi, mense Octobri, die Dominica, regnante Conrado rege.

### 339.

#### DE VINEA IN CORCENNATO [1].

Ego, in Dei nomine, Gausbertus dono aliquid de hæreditate mea ad ecclesiam Sancti Martini Saviniacensis, pro anima mea et parentum meorum : est autem vinea una sita in pago Lugdunensi, in agro Gofiacensi, in villa Corcennatis, cujus termini sunt de totis partibus terra de ipsa hæreditate.

980 circa.

### 340.

#### DONUM VINEÆ IN DAGNINO VILLA.

Sanctæ Dei ecclesiæ quæ est constructa in honore sancti Martini et [2] sancti Petri apostoli, in loco qui vocatur Mornantus, Ego, in Dei nomine, Rodoardus, cum uxore mea Adaltrude [3], dono de rebus possessionis meæ quæ sunt in pago Lugdunensi, in agro Gofiacensi, in fine de Dagnino-villa : hoc est una aliga de vinea. S. ejusdem Rodoardi et uxoris ejus. S. Amalfredi, filii ipsorum. S. Aymonis. S. Adalgerii. S. Arnoldi. Data per manum Gerberni monachi, mense Februario, die Dominica, regnante Conrado rege.

980 circa.

### 341.

#### DE DUOBUS CURTILIS IN CASENICA.

In Christi nomine, Ego Rotbertus do Sancto Martino et Sancto Petro de Mornanto [4] curtilos duos quos Leotardus et Benedictus

980 circa.

---

[1] M. et C. hic et infra *Corcenato*.
[2] Desunt voces *Sancti Martini et* in M. et C.
[3] M. *Adaldrude*. L. *Altrude*.
[4] M. et C. *de Mornant*.

excolunt, et quicquid ad ipsos aspicit, qui sunt in pago Lugdunensi, in agro Gofiacensi, in villa Casenica. S. ejusdem Rotberti[1]. S. Arestagni. S. Roberti. S. Andreæ. S. Hugonis. S. Leotardi. Data per manum Christophori[2], mense Novembri, feria quarta, regnante Conrado rege.

### 342.

#### DE CAMPO IN MORNANTO.

Febr. 955.

Ego Almafredus, cum uxore mea Rotrudi, vendo et dono campum unum ad ecclesiam Sancti Petri de Mornanto, qui est situs in pago Lugdunensi, in agro Gofiacensi, in eadem villa. S. Eldeverti. S. Aroldi. S. Iterii. S. Bernardi. S. Duranti. S. Sisberti. S. Stephani. Data[3] per manum Leotberti, mense Februario, feria quarta, anno decimo quinto regni Conradi regis.

### 343.

#### DE VINEA AD CLASSUM.

Febr. 960.

In nomine Domini, Ego Seyardus[4] dono ad ecclesiam Beati Petri de Mornanto medietatem vineæ quam de Aquino conquisivi, et post obitum meum, aliam medietatem quæ est in pago Lugdunensi, in agro Gofiacensi, in villa de Classo. S. ejusdem Seyardi. S. Sisperti. S. Fredæni. S. Saliconis. S. Madalberti. S. Gerini. Data per manum Ageni, mense Februario, feria quinta[5], anno vigesimo regni Conradi regis.

### 344.

#### DE VINEA IN SAYNATI VILLA.

April. 980.

Sanctæ Dei ecclesiæ Beati Martini Saviniacensis vel Sancti Petri de Mornanto, Ego Leotbertus et uxor mea Alboara et filius noster Joannes, [donamus[6],] pro remedio animarum nostrarum, de vinea ali-

---

[1] M. et C. *Roberti.*
[2] M. et C. *Cristofori.*
[3] P. *Datum.*
[4] P. *Sayardus.*
[5] M. *quinta.*
[6] Hæc vox deest in omnibus mss.

gas quinque, quæ sunt in pago Lugdunensi, in agro Gofiacensi, in villa quæ dicitur Saynatis. S. ejusdem Leotberti. S. Eldeverti. S. Bladini. S. Atzionis. S. Giroldi. S. Stephani. Data per manum Dodoldi[1], mense Aprili, feria quinta, anno quadragesimo regni Conradi regis.

### 345.

#### DE CAMPO IN LODISCO.

Sanctæ Dei ecclesiæ in honore sancti Petri apostoli dicatæ, in loco qui vocatur Mornantus, Ego, in Dei nomine, Justus, pro remedio animæ meæ, dono campum unum capientem sextarium unum de annona, qui est situs in pago Lugdunensi, in agro Gofiacensi, in fine de Lodisco villa. S. Justi, qui hoc donum fecit, et Adaleldis, uxoris ejus. S. Arberti. S. Gumberti. S. Amblardi. S. Martini. S. Umfredi[2]. Data per manum Gerberni monachi, mense Februario, die Dominica, anno quinquagesimo[3] sexto regni Conradi regis.

April. 993?

### 346.

#### DONATIO CAMPI VUANDALFREDI.

Ego, in Dei nomine, Rotlannus dono de hæreditate mea ad locum Sancti Petri de Mornanto, qui subjacet ecclesiæ Sancti Martini de Saviniaco : hoc est campum unum, qui dicitur Vuandalfredus. S. ejusdem Rotlanni. S. Arnulfi. S. Gerardi[4]. S. Rodulfi, et alterius Rotlanni. Data per manum Gauceranni, regnante Rodulfo rege, filio Conradi[5].

994-1032.

### 347.

#### DE VINEA IN ESCALATI VILLA.

Sacrosanctæ Dei ecclesiæ Saviniacensi, in honore Sancti Martini dicatæ, Ego Iterius, sacerdos, dono vineam unam, pro salute animæ

Nov. 999.

---

[1] M. *Dotdoldi.*
[2] M. et C. *Unfredi.*
[3] L. *quadragesimo.*
[4] M. et C. *Geraldi.*

[5] Hæc charta et viginti chartæ sequentes non editæ sunt gubernante Gausmaro, circa annum 985 defuncti.

meæ, quæ est sita in pago Lugdunensi, in agro Jarense, in fine de Escalati[1] villa. S. Iterii presbiteri. S. Otgerii presbiteri. S. Teudoini[2] presbiteri. S. Adraldi. S. Hugonis, filii ejus. S. Jarentonis. Data per manum Gerberni monachi, mense Novembri, feria tertia, anno sexto regni Rodulfi regis.

### 348.

#### DE VINEA IN COLOVRATIS VILLA.

Mart. 1002. Sanctæ Dei ecclesiæ quæ est apud Mornantum, in honore beati Petri apostoli constructæ, Ego Jarento dono vineam unam quam ego ædificavi, quæ est in pago Lugdunensi, in agro Gofiacensi, in villa quæ dicitur Colovratis. S. Ludradi. S. Girini. S. Almanni. S. Duranti. S. Leotberti. Data per manum Otgerii presbiteri, mense Martio, feria quinta, anno octavo regni Rodulfi regis.

### 349.

#### DE MANSO IN FERA.

Mart. 1003. In nomine Domini, Ego Albuinus et uxor mea Blismodis donamus Sancto Martino Saviniacensi, et Beato Petro de Mornanto, de rebus nostris quæ sunt sitæ in pago Lugdunensi, in agro Gofiacensi, in loco qui dicitur Fera: hoc est mansum unum cum vircariis, vineis, campis, pratis, silva, pascuis, aquis, aquarumque decursibus, et exitibus et regressibus, vel omnibus appenditiis suis, et quicquid nos Geraldus et Aalardus[3] habemus indominicatum[4] in manso de Fera usque ad[5] exquisitum, totum dederimus[6] Sancto Martino Saviniacensi, et Sancto Petro de Mornanto et omnibus monachis qui ibi manserint, et monachi dederunt pro hoc unam unciam de auro. S. Silvi[7]. S. Arrici. S. Berengerii. S. Arberti. S. Vuigonis. Datum per manum Gerberni monachi, mense Martio, feria tertia, anno nono regni Rodulfi regis.

---

[1] M. et C. *Escalatis.*
[2] M. et C. *Theudoini.*
[3] M. *Alardus.*
[4] P. *indominicato.*
[5] M. et C. *in.*
[6] M. *dedimus.*
[7] M. et C. *Silvii.*

## 350.

#### ITEM DE ALIA VINEA.

Ego Gausmarus et uxor mea Maria donamus Otgerio presbitero unam peciolam de vinea, ea ratione ut post obitum ejus ad ecclesiam Beati Petri de Mornanto perveniat. S. ejusdem Gausmari. S. Adalberti, qui consensit. S. Girberti. S. Eldradi. S. Roberti[1]. S. Sicherii. Otgerius presbiter scripsit, mense Martio, feria quinta, anno decimo regni Rodulfi regis.

Mart. 1004.

## 351.

#### DE VINEA IN COLUNGIS.

Ego Stephanus, pro salute animæ meæ, dono ad ecclesiam Sancti Petri de Mornanto peciolam unam de vinea quæ est in pago Lugdunensi, in agro Gofiacensi, in villa quæ dicitur Colungis. S. Stephani, qui hoc donum fecit. S. Girardi. S. Theodonis. S. Theuderii[2]. Otgerius presbiter scripsit, mense Aprili, feria quarta, anno decimo secundo regni Rodulfi regis.

April. 1005.

## 352.

#### DE CURTILO IN SOCIACO.

Sanctæ Saviniacensis ecclesiæ Beati Martini, Ego Godefredus, sacerdos, dono, de hereditate mea, curtilum unum cum orto et vircaria, et vineis, et campis, et silvis : quæ res sut sitæ in pago Lugdunensi, in agro Gofiacensi, in villa de Sociaco[3]. S. Godefredi[4]. S. Pontionis. S. Arrici. S. Arestagni. S. Udulrici. S. Fulcherii. Data per manum Alnaldi levitæ, quinto calendas Martii, feria quinta[5], anno decimo quarto regni Rodulfi regis.

25 Febr. 1007.

---

[1] M. et C. *Rotberti.*
[2] L. *Teutgerii.* M. et C. *Theutgerii.*
[3] M. et C. *in villa Sociaco.*
[4] M. *Gotefredi.*
[5] M. et C. habent *sexta;* sed hoc parvi refert, nequit enim convenire Jovis vel Veneris dies vigesimo quinto Februarii (quinto kalend. Martii) anni 1007, qui decimus quartus est regni Rodulfi Desidiosi, nam ille dies evenit Martis die.

## 353.

#### DE VINEA IN BALEDONO.

Mai. 1014.   Ego Gausbertus[1] et uxor mea Ermendrada donamus ad ecclesiam Beati Petri de Mornanto[2] unam peciolam de vinea quæ est in pago Lugdunensi, in agro Gofiacensi, in villa Baledoni. S. Rotbaldi. S. Pontionis. S. Anchræ. S. Ermengardæ. S. Stephani. Otgerius presbiter scripsit, mense Maio, feria quinta, anno vigesimo primo regni Rodulfi regis.

## 354.

#### DE VINEA IN COLUNGIS.

Oct. 1014.   Sanctæ Dei ecclesiæ de Mornanto, quæ est constructa in honore Sancti Petri apostoli, Ego Fulcherius dono de hæreditate mea quæ est in pago Lugdunensi, in agro Gofiacensi, in villa quæ dicitur Colungis: hoc est vineæ cameras novem; et in alio loco Adlutioni[3], de terra arabili peciolam unam subtus viam, juxta terram Sancti Martini. S. Blismodis, quæ consensit. S. Asterii. S. Rotlanni. S. Amaldrici. S. Girini. S. Seibodi. Data per manum Otgerii sacerdotis, mense Octobri, feria secunda, anno vigesimo primo regni Rodulfi regis.

## 355.

#### DE VINEA ET TERRA IN CAPOLECO[4].

Mart. 1017.   Ego Domesia dono ad ecclesiam Beati Petri de Mornanto vineam unam et terram arabilem insimul tenentes, quæ sunt in pago Lugdunensi, in agro Gofiacensi, in villa de Copaleco. S. ejusdem Domesiæ. S. Duranti. S. Bernardi. S. Abonis. S. Arnoldi. Otgerius presbiter scripsit, mense Martio, feria quarta, anno vigesimo tertio regni Rodulfi regis.

---

[1] L. *Gauspertus.*
[2] M. *Mornant.*
[3] P. *Alutioni.*
[4] M. et C. hic et infra *Copaleco.*

## 356.

#### DE VINEA IN SCELATIS VILLA.

Ego Arbertus, filius Aalerii, dono ad ecclesiam Beati Petri de Mornanto vineam unam quæ est sita in villa quæ dicitur Scelatis. S. Aalbradæ. S. Rotberti. S. Baldrani. S. Girini. Data per manum Rodulfi monachi.

1000 circa.

## 357.

#### DE TERRA IN MATUSATIS VILLA.

Sacrosanctæ Dei ecclesiæ de Mornanto[1] quæ est constructa in honore beati Petri apostoli, Ego Giroldus[2] dono aliquid de hæreditate mea, quæ est sita in pago Lugdunensi, in agro Gofiacensi, in villa quæ dicitur Matusatis : hoc est de terra arabili tres eminadas, pro sepultura filii mei Duranti, et ut pro ipsa hæreditate vel donatione sepeliant corpus meum.

1000 circa.

## 358.

#### DE VINEA QUADAM.

Ego, in Dei nomine, Bernardus clericus dono ad ecclesiam Sancti Petri de Mornanto, in territorio ejusdem Mornantis, quatuor fossoradas[3] de vinea propter fratrem meum monachum nomine Bladuni. S. ejusdem Bernardi et matris eorum Lotrardæ[4]. S. Guillermi[5]. S. Adradi. Adalbertus scripsit septimo calendas Novembris, feria sexta, luna vigesima octava. Ipso anno fuit natalis sancti Petri in feria sexta, et magnum signum apparuit in sole[6].

26 Oct. 1033.

---

[1] Desunt voces *de Mornanto* in M. C. et P.
[2] M. *Giraldus.*
[3] M. et C. *fessoradas.*
[4] M. *Leotardæ.* C. *Lotiardæ.*
[5] M. *Vuillelmi.* C. *Villelmi.*
[6] Omnia indicia hanc chartam anno 1033 assignant. Illo enim anno, 29 Junii, qui erat Veneris et sancti Petri festivitati consecratus, fuit defectio solis centralis meridie, in Europa visibilis; octavus et vigesimus dies lunæ evenit 26 Octobris, septimo calendas Novembris, qui erat quoque Veneris dies.

## 359.

###### DE VINEA IN MAIERNATIS.

1000 circa. Sanctæ Dei ecclesiæ Beati Petri apostoli de Mornanto, Ego Stephanus dono, pro sepultura corporis mei, tres cameras de vinea quæ sunt in pago Lugdunensi, in agro Gofiacensi, in villa quæ dicitur Maiernatis.

## 360.

###### DE CURTILO IN MARCIOLATIS.

1000 circa. Ego Petrus dono ad ecclesiam Beati Petri de Mornanto curtilum unum cum orto et vircaria et campis et aliquid de silva, et quicquid Marcelinus in villa quæ dicitur Marciolatis excolere videtur. S. Eldefredi[1]. S. Aymonis. S. Rostagni. S. Petri clerici. S. Hugonis sacerdotis.

## 361.

###### DE VINEA IN CLASSO.

1000 circa. Sanctæ ecclesiæ Beati Petri de Mornanto, Ego Gausmarus dono de vinea mea algam unam quæ est in pago Lugdunensi, in agro Gofiacensi, in villa quæ dicitur Classo. S. Bertæ fœminæ. S. Leonis. S. Adalberti. S. Atzionis. S. Arbrani. S. Acmonis[2]. S. Bermundi.

## 362.

###### DE CURTILO IN LODISCO.

1000 circa. Ego, in Dei nomine, Ingelberga fœmina, dono de rebus meis ad ecclesiam Sancti Petri de Mornanto dimidium curtilum qui est in pago Lugdunensi, in agro Gofiacensi, in villa quæ dicitur Lodiscus[3]. S. Ingelbergæ, quæ hoc donum fecit. S. Emmæ[4], quæ consensit.

## 363.

###### DE TERRA IN MORNANTO SITA.

1000 circa. Ego Bladinus et uxor mea Leotgardis donamus ad ecclesiam Sancti

---

[1] P. *Elfredi.*
[2] M. *Agmonis.*
[3] M. *villa Lodisco.*
[4] L. et C. *Enimæ.* M. *Enymæ.*

Petri de Mornanto, de hæreditate nostra, unam quartalatam de terra quæ est in ipsa villa de Mornanto. S. Bladini et uxoris ejus. S. Bernardi clerici. S. Vuillelmi. S. Adraldi. Data per manum Gauccranni levitæ.

### 364.

#### DE VINEA IN MUSCILLIACO.

Ego Gonterius et uxor mea Constantia, et soror mea Emeldis[1], donamus Sancto Martino de Saviniaco, de hæreditate nostra, quinque fessoratas de vinea et quinque de terra arabili, cum saliceto et verneto; quæ omnia hæc sita sunt in villa de[2] Mussiliaco. S. ejusdem Gonterii[3] et uxoris ejus Constanciæ et sororis ejus Emeldis. S. Focaldi et alterius Focaldi. Data per manum Girbaldi.

1000 circa.

### 365.

#### SPONSALITIUM ECCLESIÆ SANCTI PETRI DE MORNANTO.

Ego, in Dei nomine, Eldevertus do de rebus[4] meis Sancto Martino Saviniacensi, ad altare beati Petri de Mornanto, loco sponsalitii, terram in circuitu ipsius ecclesiæ, sicut definitum est et mensuratum extra casam indominicatam; ea ratione [do] ut, quamdiu vixero, in usu eam habeam, et post meum decessum ad eamdem ecclesiam perveniat.

1000 circa.

### 366.

#### ACQUISITIONES DIVERSARUM RERUM[5] SIVE DONATIONES DIVERSARUM PARTIUM.

Sanctus Martinus et Sanctus Petrus habent terram in Sainatis[6], et est dimidia quartalata de hæreditate Duranti canonici Balbi, et Ayniani[7] Muscionis fuit, et terminatur a sero....... et via publica. Pro sepultura mulieris Amalberti, nomine Ingelbergiæ, donaverunt

1000 circa.

---

[1] P. *Emeldris.*
[2] Abest *de* in M. et C.
[3] M. et C. *Gunterii.*
[4] M. et C. *dono ex rebus.*
[5] Des. voc. *diversarum rerum* in M. et C.
[6] P. *Sannatis.* C. *Saiviatis.* M. *habent terram Sainiatis?*
[7] M. L. et C. *Aymini.*

parentes sui et filius suus Bladinus unam eminatam de terra, et est sita in villa quæ dicitur Florentinus, et terminatur a sero via publica quæ est juxta eam, et de duabus aliis partibus est terminus de ipsa hæreditate. Et pro filia ipsius habetur una dimidia quartalata in ipsa hæreditate, pro sepultura. Gombertus de Luisco dedit, pro sepultura sororis suæ, unam quartalatam de terra. Constantinus dedit unam vineam quam plantavit, quæ est sita in villa quæ dicitur Lodiscus, et fuit de hæreditate, Ermengardis, et in circuitu est terra de ipsa hæreditate et contra orientem est unus pratus. Robertus et Constantinus et Azo donaverunt, pro sepultura ipsius Rotberti, ad ecclesiam de Mornantis, unam eminatam de terra arabili quæ est super molendinum Umberti : de una parte est terra ipsius Sancti, in villa quæ dicitur Lodiscus. In villa quæ dicitur Corcinatis, donaverunt Grimoardus et uxor sua, pro sepultura, unam quartalatam de terra arabili : juxta ipsam terram est terra Sancti Stephani Lugdunensis; et in eadem villa donavit domnus Ugo unam quartalatam de terra arabili in duobus locis : de una parte est terra Isaach[1] et de alia, terra Almanni Caballarii. In campo munito donavit Alunarus dimidiam quartalatam de terra Sancto Petro pro sepultura sua. Et in villa Corcinatis[2] habet Sanctus Petrus duas operatas de vinea, quam Isaach possidet : terra Sisoaldi est juxta eam et via publica. Rainerius et Valentia donaverunt pro sepultura sua unam quartalatam de terra Sancto Petro de Mornanto in Lodisco villa : terra Azonis est juxta eam contra orientem. Ad Cinciliacum dedit Salico unam alicam de vinea pro sepultura sua. Aymo presbiter donavit Sancto Petro unam operatam[3] de vinea in villa quæ dicitur Costa. Rainaldus dedit Sancto Petro, pro sepultura sua, unam quartalatam de terra.

### 367.

DE TARNANTENSI. DE CAMPO IN POLOSIACO.

Ego, in Dei nomine, Ayannus[4] dono Sancto Martino de Saviniaco

---

[1] M. et C. hic et infra *Isaac*.
[2] P. *Corcenatis*.
[3] P. *operam*.
[4] P. *Ayanus*.

campum unum qui est in pago Lugdunensi, in agro Tarnantensi, in fine de Polosiaco. S. ejusdem Ayanni, qui firmare rogavit. S. Alberici. S. Aydenci. S. Joannis. S. Adalfredi. S. Agenulfi. Data per manum Dalvini, anno decimo regni Conradi regis.

### 368.

#### DE MANSO IN VILLA TARADRA.

Ego, in Dei nomine, Gauzerannus, præcipiente matre mea nomine Areia[1], dedi Sancto Martino mansum unum cum omni integritate, in villa quæ vocatur Taradra; eo die quo sepulta fuit mater mea, tradidi predictum mansum, ab illo die in reliquum, ad præbendam monachorum. S. Gauzeranni. S. Arnoldi. S. Dadonis. S. Silvionis. S. Ingelranni. S. Ricfredi[2]. Genbertus scripsit, mense Aprili, feria sexta, anno decimo quarto regni Conradi regis.

April. 954.

### 369.

#### DE CURTILO IN SAVONIACO.

Sanctæ Saviniacensi ecclesiæ Beati Martini, Ego Gilbertus, pro remedio animæ meæ, concedo de rebus meis curtilum cum vinea et vircaria, et in aliis locis campos arabiles qui sunt in pago Lugdunensi, in agro Turiacensi[3], in villa quæ vocatur Savoniacus. S. Dominici. S. Christini. S. Constantionis. S. Duranti. S. Jarsenti. Ego Gontelmus scripsi, anno decimo quarto regni Conradi regis.

954.

### 370.

#### DONATIO DE VILLA DESPUSOLIS[4].

In Dei nomine, Ego Emina[5] dono ad ecclesiam Beati Martini Saviniacensis curtilos, mansos, et pratos et silvas qui sunt in pago Lugdunensi, in agro Forensi, in villa quæ dicitur Despusolis, et quicquid ad ipsos aspicit. S. ejusdem Eminæ. S. Vuilenci. S. Rotboldi. S. Mi-

960.

---

[1] L. *Arcia.*
[2] P. *Rufredi.*
[3] L. *Juriacensi?*
[4] L. *De Spusoliis.* M. et C. hic et infra *Despusoliis.*
[5] L. et C. hic et infra *Enima fœmina.*

lonis. S. Infredi. S. Ayroardi[1]. Ego Dalvinus scripsi, anno vigesimo regni Conradi regis.

### 371.

#### DE CURTILO IN FINE DE CASELLIS.

960.    Ego, in nomine Domini, Arumbuoda concedo Sancto Martino de Saviniaco curtilum cum campo insimul tenente, in pago Lugdunensi, in agro Tarnantensi, infra fines de Casellis. S. ejusdem Arambuodæ[2]. S. Raimundi[3]. S. Alberici. S. Rannulfi. S. Saliconis. Ego Dalvinus scripsi, anno vigesimo regni Conradi regis.

### 372.

#### DE VINEA IN BILLIACO.

960.    Sanctæ ecclesiæ Beati Martini Saviniacensis, Ego Albericus et uxor mea Othelda donamus vineam unam quæ est in pago Lugdunensi, in agro Tarnantensi, in fine de Billiaco. S. ejusdem Alberici et uxoris ejus. S. Adalfredi. S. Grimardi. S. Bernonis. S. Justini. S. Beroldi. Ego Dalvinus scripsi, anno vigesimo regni Conradi regis.

### 373.

#### DE CURTILIS ET MANSIS IN AVALGO.

960.    Ego Leotherius[4] donavi Sancto Martino curtilos et mansos, vineas et campos et pratos qui sunt in fine de Avalgo. S. ejusdem Leotherii[5]. S. Costabuli. S. Rostagni. S. Vuidoldi. S. Raimberti. S. Avodantii. Ego Dalvinus scripsi, anno vigesimo regni Conradi regis.

### 374.

#### DE ECCLESIA SANCTI PETRI IN VILLA BICALONA.

960.    Sanctæ ecclesiæ Beati Martini Saviniacensis, Ego Rodulfus[6] sacerdos trado meipsum in servitio Dei omnipotentis et beati Martini, et

---

[1] M. *Aïroardi.*
[2] M. *Arumboda.*
[3] M. *Raimondi.* C. *Raimmundi.*
[4] M. *Leoterius.*
[5] C. *Leoterii.*
[6] Leg. *Radulfus* ut infra et in ch. 396.

trado omnes res juris mei quæ sunt sitæ in pago Lugdunensi, in villa Buxiti, cum omnibus adjacentiis suis; et in alio loco, in comitatu Tolornensi [1], in valle Valonica, in villa Bicalona, ecclesiam in honore sancti Petri dicatam, cum parochia et suo presbiteratu. S. ejusdem Radulfi. S. Fredelonis. S. Eldeodi. S. Ladredi. S. Gausberti. S. Acfredi. Data per manum Aynaldi, anno vigesimo regni Conradi regis.

### 375.

DE CURTILO IN TAURINIACO.

Ego Gerbergia dono Beato Martino de Saviniaco, de rebus meis, pro remedio animæ meæ, hoc est curtilum cum orto, et aliquid de vinea in pago Lugdunensi, in valle Bevronica, in Tauriniaco villa. S. Rotlendis. S. Duranti. S. Bosonis. S. Almanni. S. Rostagni. Data per manum Ratburni presbiteri, anno trigesimo regni Conradi regis.

970.

### 376.

DE TERRA IN GRISSELEIO [2].

Ego Foldradus dono Sancto Martino terram in pago Lugdunensi, in agro Saviniacensi, in fine de Grisseleio. S. Arnulfi. S. Leotardi. S. Vuidonis. S. Gumberti. S. Acberti. Ego Bernardus scripsi, anno trigesimo regni Conradi regis.

970.

### 377.

DE CURTILO IN LIVIACO.

Sanctæ Saviniacensis ecclesiæ Beati Martini, Ego Rostagnus presbiter dono de rebus meis curtilum cum vineis et saliceto, et unam peciolam de campo in pago Lugdunensi, in agro Fluriacensi, in villa quæ dicitur Liviacus [3]. S. ejusdem Rostagni presbiteri. S. Constantii. S. Agnonis. S. Ascherii presbiteri. S. Adalgerii. S. Rotberti. Ego Aimenricus [4] scripsi, anno trigesimo sexto regni Conradi regis.

976.

---

[1] P. *Torlonensi.*
[2] C. hic et infra *Grissileio.*
[3] M. *villa Liviaco.*
[4] P. *Aimenricus.*

## 378.

**DE VINEA ET CAMPO IN PREVENCHERIIS.**

976.    Ego, in Dei nomine, Acbertus et uxor mea Ermengardis donamus vineam et campum cum saliceto Sancto Martino de Saviniaco, quæ sunt in pago Lugdunensi, in valle Bevronica, in loco qui dicitur Prevencheriis[1]; et in alio loco, unum campum arabilem cum saliceto. S. ejusdem Acberti et ejus uxoris. S. Stephani. S. Justonis. S. Estraderii. S. Aimendrici. S. Dodonis. Ego Aimendricus scripsi, anno trigesimo sexto regni Conradi regis.

## 379.

**DE CURTILO IN BRIONNA.**

970 circa.    In Christi nomine, Ego Engenlannus[2], pro remedio animæ meæ et parentum meorum, dono ad ecclesiam Beati Martini Saviniacensis curtilum unum cum vircaria et vinea, qui est in pago Lugdunensi, in valle Ansensi, in villa nomine Brionna. S. Engenlanni. S. Mainsendi, filii ejus. S. Sigereldi. S. Girardi. S. Gausmari. S. Vineruni levitæ. Data per manum Gotesmanni monachi, regnante Conrado rege.

## 380.

**DE CURTILO IN DONCIACO[3] VILLA.**

970 circa.    Ego, in Dei nomine, Theudenus presbiter, tradens me ipsum in Dei servitio, ad ecclesiam Beati Martini Saviniacensis concedo omnes res mei juris quæ sunt sitæ in pago Lugdunensi, in agro Rodanensi, in Donciaco villa : hoc est curtilum unum cum manso et vircaria et pratis, et quicquid in ipsa villa conquisivi; et in alia villa nomine Sonlodro[4] alium curtilum cum vircaria et pratis, et campis, et saliceto, et quicquid ibi conquisivi. S. ejusdem Theudeni, qui fieri et firmari rogavit. Data per manum Gotesmanni, regnante Conrado rege.

[1] M. *loco de Prevencheriis.*  
[2] M. hic et infra *Engelannus.*  
[3] P. *Donsiaco.*  
[4] P. *Soulodro?*

## 381.

#### DE CURTILO IN POLOSIACO.

Ego Agno dono de rebus meis ad ecclesiam Sancti Martini Saviniacensis : hoc est curtilum unum cum manso et vineis, pratis et arboribus, in pago Lugdunensi, in agro Tarnantensi, in fine de Polosiaco. S. Agnonis. S. Alberici. S. Adalfredi. S. Censorii. Ego Dalvinus scripsi, anno vigesimo regni Conradi regis.

*960.*

## 382.

#### DE DUABUS VINEIS IN VILLARI VILLA.

Sacrosanctæ Dei ecclesiæ Beati Martini Saviniacensis, Ego Leutardus sacerdos, pro remedio animæ meæ et parentum meorum, dono de rebus meis duas vineas in pago Lugdunensi, in agro Marciniacensi, in villa quæ dicitur Villaris[1]. S. ejusdem Leutardi. S. Rotbaldi, Adalberti, Grimaldi, Adalardi, Theuderici, presbiterorum. Data per manum Gotesmanni, regnante Conrado rege.

*970 circa.*

## 383.

#### DONUM THEOTGRINI.

Ego Theotgrinus et Hugo, frater meus, donamus ad ecclesiam Sancti Martini Saviniacensis curtilum unum cum vircaria et prato et terra continente sementis sextarios duos. S. Vuichardi. S. Umfredi[2]. S. Taremberti. S. Rotberti. Data per manum Joannis[3] levitæ, regnante Conrado rege.

*980 circa.*

## 384.

#### DE CAMPO IN ALTA VILLA.

Sacrosanctæ ecclesiæ Beati Martini Saviniacensis, Ego Ingelbergia[4] fœmina et filius meus Adalardus donamus campum unum pro anima viri mei Mainardi, qui est situs in pago Lugdunensi, in villa nomine

*980 circa.*

---

[1] C. *Vilaris.*
[2] M. et C. *Unfredi.*
[3] C. hic et infra *Johannis.*
[4] M. et C. *Ingelberga.*

Alta Villa. S. Acberti. S. Ambraudi[1]. S. Leutardi. S. Vualburgis fœminæ. Data per manum Gotesmanni, regnante Conrado rege.

### 385.
#### DE MANSO IN CASOCCO VILLA.

980 circa.

Ego, in Dei nomine, Berardus et Vuichardus, filius meus, cedimus et tradimus ad ecclesiam Sancti Martini Saviniacensis, pro anima Agnonis[2], aliquid de rebus meis[3] quæ sunt sitæ in pago Lugdunensi, in villa nomine Casocco, mansum unum qui est super ripam Araris positus, et quicquid ad ipsum aspicit : hoc sunt mansiones cum vircariis, campis, pratis, silvis, rivis, totum ad integrum; et in alia villa quæ vocatur Cogniacus, curtilos tres cum vineis, vircariis et campo et prato. S. Eugendi. S. Bernardi. S. Arnulfi. S. Arenci. S. Ermensendæ fœminæ. S. Pontionis. S. Icberti. Data per manum Gotesmanni, regnante Conrado rege.

### 386.
#### DE MANSIS IN PRADELLIS.

980 circa.

Ego Bragdincus et uxor mea Agna donamus Sancto Martino Saviniacensi, de rebus nostris, in pago Lugdunensi, in agro Tarnantensi, in villa nomine Pradellis : hoc sunt mansi, campi, prati, silvæ, molendinarii, et quicquid in ipsa villa visi sumus habere usque ad inquisitum. S. Amblardi. S. Acfredi. S. Almanni. S. Averini[4]. S. Agnonis. Data per manum Gotesmanni, regnante Conrado rege.

### 387.
#### DE CURTILO IN APPENNIACO[5].

980 circa.

Ego, in Dei nomine, Aimo[6] presbiter dono ecclesiæ Beati Martini Saviniacensis, de rebus propriis quæ sunt in pago Lugdunensi, in agro Tarnantensi, in villa quæ appellatur Appenniacus: hoc est cur-

---

[1] M. *Ambrandi.*
[2] M. *Agonis.*
[3] M. et C. *ipsius.*
[4] M. L. et C. *Arcrimi.*
[5] C. hic et infra *Apenniaco.*
[6] M. *Aymo.*

tilum unum cum vircaria et vinea et alia terra arabili ad ipsum curtilum pertinente. S. Gerardi. S. Almanni. S. Gauberti. S. Vuarini. S. Bertæ fœminæ. Data per manum Gotesmanni, regnante Conrado rege.

### 388.
#### DE CURTILO IN BISBOCH.

Ego Adalardus presbiter facio donationem Deo et Sancto Martino Saviniacensi et omnibus monachis de curtilo uno qui est in pago Lugdunensi, in agro Saviniacensi, in valle Bebronna, in villa quæ dicitur Bisboch. S. Adalardi presbiteri, qui fieri et firmari rogavit. S. Andreæ monachi. S. Bertranni. S. Oliverii. S. Duranti. Vualterius monachus scripsit. *1000 circa.*

### 389.
#### DE CURTILO IN MOLLISOLEA.

Ego, in Dei nomine, Vuilisius dono Deo et sancto Martino Saviniacensi unum curtile quod habeo in villa de Arciaco, qui vocatur Mollisolea, pro anima mea et sepultura nepotis mei Bertranni, ut ab hac die in antea monachi habeant et possideant, et faciant inde quicquid voluerint. S. Vuilisii, qui firmari rogavit. S. Vuichardi. Data per manum Gauzeranni monachi. *1000 circa.*

### 390.
#### DE CURTILO IN COLLIGIO.

Ego Aymineldis dono Deo et Sancto Martino Saviniacensi curtilum unum in villa quæ dicitur Colligius, cum campis, et pratis, et arboribus, et quicquid ad ipsum curtilum aspicit, pro sepultura corporis mei. S. ejusdem Aymineldis. S. Vuillelmi. S. Hugonis. S. Girardi. S. Vuigonis. S. Rotlanni. Ego Gausmarus scripsi. *1000 circa.*

### 391.
#### DE CURTILO IN PRAGNOLIS.

Sanctæ Dei ecclesiæ Beati Martini Saviniacensis, Ego Ayno dono *1000 circa.*

curtilum unum cum vircaria et prato (consentiente uxore mea nomine Sulpicia), qui sunt in pago Lugdunensi, in vicaria Tarnantensi, in villa quæ dicitur Pragnolis. S. Duranti. S. Vuidonis. S. Rainerii. S. Aindraldi. Data per manum Joannis levitæ.

### 392.

#### DE VINEA IN FLURIACO.

1000 circa.

Ego Hilaria fœmina concedo Sancto Martino Saviniacensi, pro sepultura filii mei Bosonis, cameram unam de vinea quæ est in pago Lugdunensi, in agro Fluriacensi. S. Hilariæ[1]. Data per manum Joannis levitæ.

### 393.

#### DE VINEA ET VIRCARIA IN CELSIACO.

1000 circa.

Sanctæ Saviniacensi ecclesiæ Sancti Martini, Ego Agno presbiter do vineam unam cum vircaria quæ est in pago Lugdunensi, in agro[2] Fluriacensi, in villa quæ dicitur Celsiacus. S. Agnonis sacerdotis. S. Gauzonis. S. Rostagni. S. Ingelberti. S. Rotlanni. Data per manum Joannis levitæ.

### 394.

#### DE CURTILO IN LUIRCIACO.

1000 circa.

Ego Berno dono Deo et Sancto Martino curtilum unum qui est in villa quæ dicitur Lurciacus[3], cum campis et vineis, et quicquid ad ipsum aspicit, totum ad integrum in presenti cedo, pro sepultura corporis mei. S. Amblardi. S. Arnaldi. S. Raginaldi. S. Vualterii. Data per manum Martini monachi.

### 395.

#### DE CAMPO IN AVALGIIS[4].

1000 circa.

Ego Costabilis, et uxor mea Ermengardis, concedo Deo et Beato

---

[1] M. L. et C. *Hilarii.*
[2] M. P. et C. *villa.*
[3] L. *Luirciacus.*
[4] M. et C. hic et infra *Avalgis.*

Martino Saviniacensi campum unum de terra arabili in pago Lugdunensi, in agro Tarnantensi, in loco qui vocatur Avalgiis; et in alio loco qui dicitur Chambariacus [1], partem prati quam habeo cum supradicta ecclesia, et campum unum ibi situm. S. ejusdem Costabilis. S. Vuidaldi, filius ejus. Ego Gotesmannus scripsi.

### 396.

ACQUISITIO IN DIVERSIS PARTIBUS.

Ego Radulfus [2] sacerdos trado meipsum in servitium [Dei] in locum qui dicitur Saviniacus atque omnes res mei juris quæ sunt in pago Alvernensi, in comitatu Turornensi, in villa quæ dicitur Cercladis [3]: hoc sunt vircariæ, vineæ et campi, prati, silvæ cum appenditiis suis usque ad inquisitum; et in eodem comitatu, in vicaria [4] Libratensi, in villa quæ dicitur Beureria, mansos cum omnibus rebus quæ ibi aspiciunt usque ad inquirendum. S. Radulfi sacerdotis. S. Agnonis. S. Goberti. S. Arnoldi. S. Azilini. S. Amalrici. Data per manum Aynaldi [5] monachi.

960 circa.

### 397.

DE PRATO IN ORVAL.

Sacrosanctæ Dei ecclesiæ quæ est constructa in honore sancti Petri et sancti Nicetii, Ego Umbertus et Eldeardis, uxor mea, donamus de hæreditate nostra unum pratum qui est in valle de Orval, et est in pago Matisconensi, in agro Tolveoensi [6], propter sepulturam nostram. S. David. S. Constantii et Durantii, fratris ejus, atque et Constantii presbiteri.

1000 circa.

### 398.

DE VINEA IN GIMILANGIS.

Ego, in Dei nomine, Rotgardis dono Deo et Sancto Martino, et

1000 circa.

---

[1] M. et C. *Cambariacus.*
[2] Vid. c. 374.
[3] L. *Cecladis.*
[4] P. male *vircaria.*
[5] M. L. et C. *Agiraldi.*
[6] L. *Tolvecensi.*

Sancto Joanni et Beato Petro et Sancto Nicetio, de hæreditate mea, pro sepultura mea, vineam unam quæ est in pago Lugdunensi, in agro Cuniacensi, in villa quæ dicitur Gimilangias. S. Rotgardis fœminæ. S. Pontionis clerici. S. Duranti. S. Stephani. Data per manum Duranti.

### 399.

#### DE VINEA INTER ICONIUM ET THASIACUM.

1000 circa.

Ego Girardus dono Sancto Martino Saviniacensi, de hæreditate mea, hoc est quatuor cameras de vinea et dimidiam in vita mea, quæ sunt in pago Lugdunensi, in agro Tarnantensi, in villa de Vallis; et post meum decessum relinquo alias tres cameras de vinea; et est ipsa vinea in pago et agro præscripto, inter Yconium et Thasiacum. S. Girardi, qui cartam istam fieri jussit.

### 400.

#### DE MANSO IN SOLERIOS.

1000 circa.

Ego Affizia dono Deo et Sancto Martino Saviniacensi, pro sepultura mea, de rebus meis quæ sunt sitæ in pago Lugdunensi, in agro Tarnantensi, in villa quæ dicitur ad Solerios, et est unus mansus prope ecclesiam Sancti Clementis. S. Affiziæ.

### 401.

#### DE TERRA DE BISBOCH.

1000 circa.

Ego Gausbertus et uxor mea Habunda, donamus ad ecclesiam Sancti Martini Saviniacensis omnia quæ in villa de Bisboch visi sumus habere, sive in vineis, sive in campis, totum ad integrum usque ad exquisitum donamus ac transfundimus ad eamdem ecclesiam.

### 402.

#### DE CURTILO IN TORONIACO.

1000 circa.

Ego, in Dei nomine, Almannus dono Beato Martino Saviniacensi

[1] M. *Abunda.*

curtilum unum qui est in pago Lugdunensi, in agro Saviniacensi, in villa Toroniaco, cum orto et vircaria et vinea; et in alio loco, in ipsa villa, vineolam pro anima mea et sepultura.

### 403.
#### DE CURTILO IN OLZONETO.

In nomine Sanctæ Trinitatis, Ego Silvius, frater Bernonis, et uxor sua nomine Agna, et filius ejus, donamus Sancto Martino Saviniacensi, de rebus ipsius Bernonis, pro anima ejus, hoc est curtilum unum qui est situs in pago Lugdunensi, in villa de Olzonetis, et quicquid ad ipsum curtilum aspicit. S. Silvii. S. Agnæ, uxoris Bernonis. S. Bernonis. S. Pontii. S. Aymonis. S. Vuigonis.

*1000 circa.*

### 404.
#### DE ECCLESIA DE VELCHI.

Donum Hugonis Carpinelli quod fecit de ecclesia de Velchi, quæ est constructa in honore beati Petri apostoli, Deo et Sancto Martino Saviniacensis monasterii et monachis ibidem degentibus, coram testibus his : Arberto, Esvelicho, Gauceranno, Trossa et aliis pluribus.

*1000 circa.*

### 405.
#### DE VINEA IN CALESCI VILLA.

Ego, in Dei nomine, Pontius dono Deo et Sancto Martino Saviniacensi vineam unam quam de amita mea Ermengarde emi, quæ est in villa de Calesco, in agro Tarnantensi, et de terra arabili. Iterum ego et frater meus Rodulfus donamus de terra unam sextariatam in ipso loco. S. Pontii, qui fieri et firmari rogavit. S. Rodulfi, fratris ejus. S. Evrardi et Duranti. Data per manum Gauzeranni monachi.

*1000 circa.*

### 406.
#### DE MANSO IN BUXILIA.

Ego Durantus et frater meus Vuilencus donamus Sancto Martino

*1000 circa.*

de Saviniaco, pro matre nostra Ylicia[1], unum mansum in villa quæ vocatur Buxilia; et in alio loco, in villa Praynaz[2], dono ego Durantus meam partem de uno curtilo de quo fratres mei jam dederant partes suas. S. Duranti. S. Vuilenci. Data per manum Vuitberti levitæ.

### 407.

#### DE SILVA QUÆ APPELLATUR BELNA.

1000 circa.

Sanctæ Dei ecclesiæ Beati Martini Saviniacensis, Ego Rotlannus, pro remedio animæ meæ, dono silvam quæ appellatur Belna, et quantum ibi visus sum habere in silvis et in exartiriis, et terram quam ego teneo, quæ est super viam. S. Rotlanni. S. Duranti.

### 408.

#### DE FELICI VULPE.

970 circa.

Bladinus, frater Bosonis, fecit donum Sancto Martino de Felice Vulpe de omni conquisto suo quod habet et quod acquisiverit ante, pro anima sua et pro animabus patris sui et matris, et pro anima nepotis sui Geraldi.

### 409.

#### DE VINEA IN TAXILANCO.

1000 circa.

Ego Durantus Tornavent dono Deo et Sancto Martino, pro remedio animæ meæ et sepultura corporis mei, septem fossoriatas de vinea in villa quæ dicitur Taxilancus, cum laude fratris mei Gerardi et duarum sororum mearum. S. Petroni. S. Arberti presbiteri. S. Agnonis. S. Bernardi.

### 410.

#### DE TERRA SUPER RIVULUM COLTRESSAM[3].

1000 circa.

Ego Pontius, et uxor mea Pontia, dono Beato Martino de Saviniaco medietatem vineæ quam Vago[4] et Durantus, fratres ejus, planta-

---

[1] M. *Ilicia.*
[2] C. *Prainaz.* M. *loco dicto Prainas.*
[3] M. et C. *Coltressan.*
[4] M. L. et C. *Vuago.*

verunt, cum terra culta et inculta et mansione in ipsa terra posita, et totam ipsam terram quæ ad ipsam vineam pertinet, tenente usque ad rivulum qui Cultressa[1] vocatur; et in alio loco qui vocatur Sagiforana, pratum unum.

### 411.

#### DE VINEA ET CAMBONE IN PARROCHIA SANCTI LAURENTII.

Ego Durantus facio donum Sancto Martino de Saviniaco de una vinea, de uno cambone, quæ habeo in parrochia de ecclesia Sancti Laurentii. Dono etiam medietatem de mea mansione quam habeo in castro de Yconio[2]. S. ejusdem Duranti et Ragensendis[3], uxoris ejus. S. Evrardi.

*1000 circa.*

### 412.

#### DE CURTILO VARENNIS.

Ego Aymo dono ad ecclesiam Sancti Martini Saviniacensis, pro anima mea et parentum meorum, curtilum unum qui vocatur Varennis, et est situs in parrochia de Buxo. S. ejusdem Aymonis. S. Pontii Menaio[4]. S. Vuidonis. S. Duranti, filii ejus. S. Vuichardi, fratris ejus.

*1000 circa.*

### 413.

#### DE TRIBUS CURTILIS IN VALLE NIGRA.

Ego, in Dei nomine, Dulcisma, dono Deo et Sancto Martino, pro sepultura mea, tres curtilos qui sunt in Montanea, in loco qui dicitur Vallis Nigra; unum concedo modo presenti, alios vero duos post obitum mariti mei Fulcherii. Data per manum Gauzeranni monachi.

*1000 circa.*

### 414.

#### DE CURTILO IN LIVIACO.

Nos, in Dei nomine, Jarento, Aymo et Fulcherius, filii mei, do-

*1000 circa.*

---

[1] M. et C. *Cultrissa.*
[2] M. *Iconio.*
[3] M. *Ragendensis.*
[4] M. *Pontiimenaio.*

namus Sancto Martino, pro anima filii mei Arnulfi interempti, unum curtilum cum vinea, et vircaria, et terra arabili, culta et inculta, et unum mansum in villa de Liviaco. S. Jarentonis. S. Aymonis. S. Fulcherii. S. Girini.

### 415.

#### CARTA DE VALLE CUM CAPELLA.

1000 circa.

Quidam vir nobilis dedit Sancto Martino de Saviniaco villam de Valle cum capella, et pratis, et salicetis, ac vernetis, et quod habebat in Donziaco et villam de Serris similiter, et mansum de Brueria [1], et alium mansum quem Umbertus excolebat, et franchisiam de Pomariolis.

### 416.

#### DE CURTILO IN FLUNIS VILLA.

1000 circa.

Sanctæ Saviniacensi ecclesiæ Beati Martini, Ego Berardus concedo, pro anima mea et patris mei Gunduini [2] et matris meæ Sazæ [3], de hæreditate mea, unum curtilum in pago Lugdunensi, in agro Tarnantensi, in villa de Flunis, in ripa rivuli qui vocatur Merlonis, vineam et terram arabilem, et bosculum, et quicquid ad ipsum curtilum aspicit; dono etiam aliam vineam inibi sitam (sed via est in medio posita), quæ vocatur vinea ad Portum [4]; dono et [5] alium curtilum qui vocatur ad Frigidum Fontem, cum vinea et terra arabili, et quicquid ad ipsum aspicit; dono et aliam vineam inibi sitam, quæ dicitur vinea de Ladoys [6], et aliam vineam quæ de Tecto vocatur. Data per manum Gauzeranni monachi.

### 417.

#### DE CURTILO IN BRINNACO [7] VILLA.

1000 circa.

In Christi nomine, Ego Auffredus [8] et uxor mea Christina donamus

---

[1] M. et C. *Bruieria.*
[2] M. et C. *Gundiuni.*
[3] M. et C. *Saziæ.*
[4] M. L. et C. *Portam.*
[5] Deest vox *et* in P.
[6] M. *dicitur de Ladoys.*
[7] M. L. et C. hic et infra *Bruinaco.*
[8] M. et L. *Ansfredus.* C. *Anffredus.*

ad ecclesiam Sancti Martini Saviniacensis, pro requie animarum nostrarum, curtilum unum in villa quæ dicitur Brinnacus, cum vinea et vircaria, et alium curtilum in villa quæ dicitur Bisboch.

### 418.

#### DE VINEIS IN COLOVRACI VILLA.

Ego Gauzerannus cum uxore mea Biliarda[1] donamus Sancto Martino de Saviniaco, de hæreditate nostra, pro filio nostro Gauzeranno, quem offerimus sub regula sancti Benedicti alendum : hoc est vineas duas in agro Mornantensi, in villa quæ dicitur Colovracia, et vircariam ; donamus etiam unum curtilum in villa de Jussiaco[2], cum vircaria et vinea, prato, horto, et campis, et arboribus, et quicquid ad ipsum curtilum aspicit.

*1000 circa.*

### 419.

#### DE MANSO IN FARGIIS[3].

Ego, in Dei nomine, Otgerius et Gerardus, fratres Benedicti, donamus ad ecclesiam Sancti Martini Saviniacensis mansum unum in pago Lugdunensi, in agro Tarnantensi, in villa quæ dicitur Fargias[4], et quicquid ad ipsum mansum aspicit et aspicere videtur usque in exquisitum ; et donamus duas algias de vinea ex ipsa hæreditate.

*1000 circa.*

### 420[5].

#### DE CURTILO IN DRACIACO VILLA[6].

Ego Arlabaldus et uxor mea Ardrindana[7] donamus de rebus nostris ad altare Sancti Martini Saviniacensis, in pago Lugdunensi, in agro Busciacensi, in villa Draciaco : hoc est curtilum unum cum vinea, et alium curtilum cum vinea et campis duobus. S. Arlabaldi[8] et uxoris ejus Adindranæ. S. Berardi. S. Larfingi. S. Falcoardi.

*1000 circa.*

---

[1] M. et C. *Biliarde.*
[2] M. L. et C. *Jassiaco.*
[3] M. et C. *Fargis.*
[4] M. et C. *Falgias.*
[5] Vid. c. 32 et 40.
[6] Abest *villa* in M. et C.
[7] L. *Ardindrana.* M. et C. *Adindrada.*
[8] P. *Alabaldi.*

## 421.

### DE CURTILO IN DONCIACO [1] VILLA.

1000 circa.

Ego, in Dei nomine, Theudenus presbiter dono de rebus meis Beato Martino Saviniacensi, quæ sunt in pago Lugdunensi, in agro Rodanensi, in villa Donciaco : hoc est curtilum unum cum manso et vircaria, et pratis, et quicquid in ipsa villa conquisivi, usque ad inquisitum.

## 422 [2].

### DE VINEA IN DRASIACO.

1000 circa.

Ego Theodinus [3] sacerdos concedo Beato Martino Saviniacensi novem cameras de vinea cum terris quæ ibi sunt, in villa quæ dicitur Draciacus [4]. S. Rainoldi. S. Adalardi presbiteri. S. Sasardi. S. Ademari. S. Rotberti.

## 423.

### DE VINEA ET CAMPO IN ARCIACO.

1000 circa.

Ego Bernardus concedo tibi dilecto filio meo Miloni vineam unam et campum de terra arabili in villa Arciaco, et dimidium pratum, tali tenore ut, quamdiu vixeritis, usu fructuario ea possideas, et post tuum decessum ad ecclesiam Sancti Martini Saviniacensis, pro remedio animarum nostrarum, perveniant.

## 424.

### DE ECCLESIA DE LONGISAGNI.

1000 circa.

Ego, in Dei nomine, Gauzerannus [5] dono ad ecclesiam Beati Martini Saviniacensis dimidiam ecclesiam quæ dicitur Longasagnia [6]; et in alio loco unum mansum qui vocatur Albiniacus, pro anima mea et parentum meorum.

---

[1] M. hic et infra *Donziaco*.
[2] Hæc charta deest in P.
[3] M. et C. *Theodenus*.
[4] M. *villa Drassiaco*. C. *Drassiacus*.
[5] BM. *Gaucerannus*.
[6] M. et C. *Longasagni*.

## 425.

#### DONUM GODALVINI.

Ego Godalvinus et uxor mea Nicetia donamus Beato Martino de Saviniaco, de rebus nostris, curtilum unum cum campis et pratis; et in alio loco pratum unum. S. Alberici. S. Silvii. S. Lotherii[1] et Acfredi.

## 426.

#### DE MANSO QUI VOCATUR BISI [2].

In Dei nomine, Ego Theotgrinus[3] dono Deo et Sancto Martino Saviniacensi, pro remedio animæ meæ, de hæreditate mea, in pago Lugdunensi, in villa de Palus, juxta ecclesiam Sancti Petri : hoc est unus mansus qui vocatur Bici, cum omnibus appenditiis suis, campis. pratis, salicetis, et quantum ad ipsum mansum aspicit; et in alio loco curtilum et vircariam, pratum et salicetum, et quicquid ad ipsum curtilum aspicit; in altero etiam loco tertiam partem silvæ de Castaneto, et tertiam partem de Sartiriis. S. Theotgrini. S. Blismodis, uxoris ejus. S. Gausmari. S. Amblardi. S. Adalardi. S. Jarentonis. S. Arnulfi.

Explicit de tempore abbatis Gausmari [4].

---

[1] M. L. et C. *Leotherii.*

[2] M. et C. hic et infra *Bizi.*

[3] M. hic et infra *Teotgrinus.*

[4] Legitur in analysi chartularii Saviniacensis a Benedicto Mailliardo facta, et in cauda articuli abbatem Gausmarum spectantis, notitia chartæ cujusdam quæ non invenitur in chartulario. In hac notitia, quæ cætero videtur interposita fuisse manu aliena, mandataque litteris ex charta nunc amissa, leguntur hæc verba :

« Donatio nemoris dicti de Besail, cum terris, garda, et omnibus pertinenciis villæ et loci Sancti Clementis Vallis Longæ, quam dicimus Vallis Organa, facta ecclesiæ Savigniaci et dictæ ecclesiæ Sancti Clementis per nobilem Guillelmum Goys, et confirmata per dominum Guillelmum comitem Forensem. »

Mentio facta cujusdam comitis Forensis nomine Guillelmus indicat diploma scriptum fuisse ante annum 960, in quo comitatus venit in manus Gerardi, filii Guillelmi II. Vide inferius, c. 901, bullam papæ Calixti II, quæ mentionem facit Sancti Clementis de Valorge.

## INCIPIT DE ABBATE HUGONE.

### 427.

ELECTIO EJUSDEM[1].

984.

Anno Dominicæ incarnationis nongentesimo octogesimo quarto, indictione decima secunda, venerabili viro Gausmaro[2], Saviniacensis monasterii patre, viam universæ carnis ingresso, atque proprii, quem pro Deo executus est, laboris fructum percipiente, necesse fuit ejusdem loci pastoralis curæ solertiam a procuratoribus exhiberi. Igitur ego Borchardus, divina largiente gratia, Lugdunensis ecclesiæ præsul, notum esse volo Dei fidelibus ac matris ecclesiæ gremio consistentibus, quod fratres ejusdem Saviniacensis monasterii, in nomine Domini et in[3] honore beati Martini dicati, præsentiam domini Conradi regis adeuntes, deprecati sunt obnice[4] clementiam illius ac nostram parvitatem, ut fratrem qui eidem loco præesset ac eis officium paternitatis impenderet, secundum morem antiquitus servatum, et juxta beati Benedicti edictum, regularem eis concederemus abbatem; quorum petitionibus, largiente gratia prædicti regis, et voto ecclesiæ nobis comissæ favente, assensum præbentes, concessimus eis, sicut devotio prædicti pastoris Gausmari, eo vivente, postulaverat, et noster assensus ei spoponderat, virum quemdam, juvenili quidem ætate pollentem, moribus vero secundum regularem institutionem a puerili ætate institutum, nomine scilicet Hugonem : quem ob Christi amorem et sanctæ fraternitatis dilectionem paternitatis monitu flagitamus, ut eidem loco sic studeat præesse, quo magis valeat prodesse; tramitem vero discretionis[5] ita tenere satagat, quo, Jacob ut alter, validos justa censura regat; pusillos vero ita soliditate verbi et exempli, ne in via

---

[1] Hoc instrumentum ediderunt J. M. de la Mure, in *Hist. du dioc. de Lyon*, p. 379; Mabill. in *Ann. Bened.* t. IV, p. 22, et Dom. Bouquet, in *Rer. Gallic. et Franc. script.* t. IX, p. 736.

[2] Deest *Gausmaro* in M. C. et P.
[3] Vox *in* deest in M. et C.
[4] M. *enixe*.
[5] L. *dilectionis*.

deficiant, paterno more confoveat; omni vero gregi ita utilem se præbeat, ut quod Petro dictum est, « Pasce oves meas[1], » a Domino sibi imperatum existimet. Et ut hoc nostræ sanctionis decretum firmitatem obtineat, nostro assensu id firmavimus et manibus fratrum ut firmaretur decrevimus. Borchardus archiepiscopus. Heldebertus abbas. Joannes monachus. Adzo monachus. Gotesmannus monachus. Auterius[2] monachus. Madalbertus monachus. Aschiricus monachus. Durantus, Iterius, Stephanus, Rotbaldus, Arnulfus, Benedictus, Gerbernus, monachi.

428.

NOTITIA SIVE VUIRPITIO QUÆ CONVENIT INTER BURCHARDUM PONTIFICEM, CONRADI REGIS FILIUM, ET SANCTI MARTINI SAVINIACENSIS CŒNOBII CONGREGATIONEM.

1000 circa.

Dum idem pontifex resideret in cleothedro pontificatus, ordine diversæ multitudinis clericorum circumseptus[3], adiit eum Hugo, prædicti cœnobii abbas, cum primoribus ejusdem congregationis fratribus, interpellantes pro quibusdam terris quæ olim ab antecessoribus ipsius[4] pontificis ab ipso cœnobio iniqua pervasione alienatæ erant. Quorum petitioni præfatus pontifex libenter annuens, intuitu superni muneris stimulatus, pro remedio animæ suæ omniumque parentum suorum, ac per consilium fidelium[5] suorum, Saviniacensi cœnobio, coram clero et populo, reddidit terras quas antecessores ejus, de eadem ecclesia tollentes, cuidam militi, Sigiberto scilicet Calvo, dederant, justius esse censens eas Deo famulantibus restitui, quam potestate laicali injuste diutius retentari. Adjacent autem in villis his nominibus : in Melarada[6] mansus unus, in Taxilano unus, in Arciaco unus, in Periculis unus, in Annadesia[7] unus, in Baladinis unus; in reliquis vero villis, id est in Mussiaco, in Monasteriolo, in Ceneviaco, in Nerviaco, in Bagnolis, in Brennaco, in Monte Indranno[8], in Monte

---

[1] Johan. XXI, 17.
[2] C. *Autrius.*
[3] P. mole *circumspectus.*
[4] M. *ejusdem.*
[5] M. *familiarium.*
[6] M. et C. *Melerada.*
[7] L. *Auvedesia.* M. et C. *Auradesia.*
[8] M. et C. *Iudranno.*

Savonerio, et juxta Montem Bloccum, et ubicumque idem Sigibertus aliquid de hæreditate ipsius Sancti Martini in curtilis, vircariis, vineis, campis, pratis, pascuis, silvis, aquis aquarumque decursibus, per donum supradictorum pontificum loco beneficii tenuit, totum ad integrum usque ad[1] exquisitum jam dictus pontifex Borchardus prædicto cœnobio reddidit, ad stipendia fratrum inibi Deo servientium.

### 429.

ITEM NOTITIA SIVE VUIRPITIO QUÆ OLIM CONVENIT INTER BORCHARDUM PONTIFICEM, CONRADI REGIS FILIUM, ET SANCTI MARTINI SAVINIACENSIS CŒNOBII CONGREGATIONEM [2].

1000 circa.

Dum idem archimandrita Lugdunensis ecclesiæ resideret in cleothedro pontificatus, ordine diversæ multitudinis clericorum circumseptus[3], recognoscens[4] loca sanctorum inibi a malis pastoribus dilaniata, tam stimulatus misericordia muneris superna divini quam remedio[5] Ychæ omniumque parentum suorum, ac per consilium suorum fidelium, Saviniacensi cœnobio, coram clero et populo, reddere jussit quicquid a pseudis pastoribus abstractum videbitur : hoc est vineas, campos, silvas ac prata et pascua, aquarumque decursus, cum omni integritate. Sicut a principio fuerant res ecclesiæ ordinatæ, modo et deinceps sit hæc notitia sive vuerpitio firma ac stabilis perseveret cum stipulatione subnixa. Scire autem volumus tam præsentes quam futuros quod hæc ita fieri mandavimus, et nullatenus deinceps fieri ab aliquo irrita, sed firma. S. Borchardi, Lugdunensis archiepiscopi, qui hanc notitiam fieri et se præsente scribi ac firmare rogavit.

---

[1] M. et C. *in.*

[2] Hoc instrumentum edidit J. M. de la Mure, in *Hist. du dioc. de Lyon*, p. 380.

[3] P. mendose *circumspectus.*

[4] M. et C. *cognoscens.*

[5] De la Mure : *quam pro remedio animæ suæ omniumque*, etc. Habent autem *Ychæ* omnia manuscripta. Atqui, sicut validissimis argumentis alibi confirmabo, hoc est nomen concubinæ Conradi quæ genuit Burchardum. Hæc igitur charta magni momenti est et ponderis.

## 430.

[CASTELLUM CONSTRUCTUM IN PARROCHIA SANCTI MARTINI DE PERICULIS.[1]]

1000 circa.

Notum sit omnibus tam præsentibus quam futuris quod hic venerabilis abbas Hugo, cujus tempus evolvere incipimus, propter inimicitias hostium locum istum inquietantium, castellum quoddam in parrochia Sancti Martini de Periculis construxit, ad munimentum monasterii nostri, ad quod videlicet castellum duodecim ecclesiæ parrochiales pertinent, quarum hæc sunt nomina : ecclesia de Pineto prima, ecclesia de Sancto Marcello secunda, ecclesia de Longasagni[2] tertia, ecclesia de Exartinis quarta, ecclesia de Roziers[3] quinta, ecclesia de Affo[4] sexta, ecclesia de Altarivoria[5] septima, ecclesia Sancti Johannis de Exarpetra octava, ecclesia Sancti Clementis[6] nona, ecclesia de Violeto[7] decima, ecclesia de Vetula-Chaneva[8] undecima, ecclesia Sancti Juliani duodecima, et decima tertia ecclesia Sancti Martini de Periculis, in cujus parrochia consistit.

## 431.

DE ECCLESIA SANCTI NICETII[9].

Febr. 989.

Ego, in Dei nomine, Salico sacerdos dono aliquid ex rebus meis ad ecclesiam Beati Martini Saviniacensis, quam vir nobilis Hugo abbas regere videtur : quæ res sunt sitæ in pago Matisconensi, in agro Tolvedunensi, ecclesia videlicet in honore sancti Petri apostoli et sanctorum Joannis Baptistæ ac Nicetii, confessoris Christi, dicata, cum suo presbiteratu, id est curtilis, vircariis, vineis, campis, pratis, salicetis, aquis, aquarumque decursibus, exitibus et regressibus, et quidquid ad rationem ipsius ecclesiæ pertinere videtur. Similiter in

---

[1] In omnibus codicibus nullus est huic chartæ titulus. In margine ms. P. reperitur iste quem hic inscripsimus, sed M. habet, et in margine : *Ædificatio castri Montistroterii.*

[2] BM. *Longesaigny.*

[3] M. et C. *Rosers.*

[4] BM. *d'Aphou.*

[5] M. et C. *Altarivori.*

[6] BM. add. *Plateorum;* ita et Estiennot.

[7] M. *Violeta.*

[8] BM. *Canaba.*

[9] BM. addit *d'Azergue.*

villa Montanensi, quidquid in curtilis, campis, pratis, silvis et omnibus ad rationem ipsius ecclesiæ pertinentibus etiam dono. Tertiam quoque partem de ecclesia Sanctæ Mariæ quæ dicitur Cluylesiolis[1], quæ rationi congruit. Similiter et dono curtilum unum in Novavilla quem de Agnone fratre meo commutavi. Hæc omnia dono supradictæ ecclesiæ Sancti Martini Saviniacensis, pro anima mea et parentum meorum, ea ratione ut, dum vivo, usumfructuarium de ipsis rebus habeam ; sed pro vestitura in presenti dono curtilum qui est in villa quæ dicitur Pratum Menulfi, quem pater meus mihi dedit, et omnes campos qui in ipsa villa supradictæ ecclesiæ Sancti Petri donati sunt. Post meum vero decessum omnes supradictæ res ad præfatum monasterium absque ulla contradictione perveniant, ad stipendia fratrum monasterium[2] servientium. Quod si post hæc aliquis de mensa ipsorum fratrum aliquo ingenio hoc abstrahere præsumpserit, statim ad ecclesiam[3] Saviniacensis monasterii perveniat. Ille vero qui hoc facere præsumpserit, anathema permaneat ; donatio vero ista omni tempore firma et stabilis permaneat, cum stipulatione subnixa. S. Saliconis, qui firmare rogavit. S. Agnonis. S. Goffredi. S. Gausmari presbiteri. S. Volfeldis. S. Bernonis. S. Vuitbaldi. S. Amalrici. Data per manum Gerberni monachi, anno ab incarnatione Domini nongentesimo octogesimo octavo, mense Februario, regnante Conrado rege. Ad hanc obedientiam Sancti Nicetii pertinent duæ parrochiales ecclesiæ, videlicet ecclesia de Cuilisolis[4] et ecclesia de Mura.

### 432.

DE ECCLESIA SANCTÆ MARIÆ DE BISBOCH.

1000 circa.

Sanctæ Saviniacensi ecclesiæ Beati Martini, ubi domnus abbas Hugo præest, Ego, in Dei nomine, Laydredus[5] presbiter dono aliquid de rebus hæreditatis meæ : hoc est medietatem capellæ que est

---

[1] M. *Cuylesiolis.* L. et C. *Cuilesiolis.* BM. *Curlesiolis.*
[2] M. et C. *fratrum inibi Deo servientium.*
[3] M. et C. *ad ecclesiam Sancti Petri Dunensis* (C. *Dumensis*) *monasterii perveniat.* Cur *Dunensis* vel *Dumensis* ?
[4] M. et C. *Cuilisoilis.*
[5] BM. *Layfredus.*

in honore sanctæ Mariæ, et quidquid ad ipsam aspicit, et curtilum indominicatum. Sunt autem res ipsæ sitæ in pago Lugdunensi, in valle Bevronica, in villa quæ dicitur Bisboch. S. ejusdem Laydredi presbiteri. S. Arnulfi. S. Azelini. S. Almanni.

### 433.

#### DE ECCLESIA SANCTI MARCELLI[1] DE GOELIS.

Donum Aymonis sacerdotis, quod fecit Sancto Martino de Saviniaco, coram domno Hugone abbate, de duabus partibus ecclesiæ Sancti Marcelli quæ dicitur Goelis, cum parrochia et presbiteratu et terra ipsius sancti, vineas scilicet, saliceta, terras cultas et incultas, et quicquid ad ipsas duas partes ecclesiæ aspicit : et in alio loco, in villa quæ dicitur Crienensis, mansum unum et vineas, prata, silvas, campos, et quicquid ibi aspicit. S. ejusdem Aymonis. S. Pontionis. S. Rotbaldi. S. Bernulfi. S. Evrardi. S. Godolardi. Data per manum Joannis monachi, mense Novembri, regnante Rodulfo rege, anno quarto regni ejus.

Nov. 997.

### 434.

#### UNDE SUPRA.

Ego Aymo sacerdos, pro remedio animæ meæ et matris meæ Blitgardis, et pro animabus Archodi et Isdrahel[2], et omnium parentum meorum, dono ad ecclesiam Sancti Martini Saviniacensis, ubi domnus abbas Hugo præest, de rebus meis, ecclesiam Sancti Marcelli in villa quæ dicitur Goelis et quicquid ad ipsam ecclesiam aspicit, videlicet in terra, in vota, in sepultura, et quicquid ad meam partem pertinere videtur, ea ratione ut, quamdiu vixero, usum fructuarium possideam, et, post meam mortem, ad eamdem ecclesiam perveniat. Item in loco qui dicitur Crienensis, dono quicquid de Gerardo[3] conquisivi, et a die præsenti dono, de investitura, medietatem omnium quæ ad ipsam ecclesiam exierint : hoc est in vota et in sepulturam.

997 circa.

---

[1] M. male *Martini*. — [2] M. *Isdraël*. — [3] M. et C. *Giraldo*.

## 435.

### DE ECCLESIA SANCTI LAURENTII.

1 Aug. 1000.

Nos, in Dei nomine, Fredelandus, frater Gauzeranni, et uxor mea Richoara, donamus de hæreditate ipsius Gauzeranni, per testamentum[1] ipsius, quasdam res quæ ei hæreditario jure obveniunt, ad locum Beati Martini Saviniacensis, cui præest domnus abbas Hugo : hoc est ecclesiam Sancti Laurentii, cum hæreditate et parrochia, et quicquid ad ipsam ecclesiam aspicit; terras etiam alias : hoc est in mansis, in pratis, in vineis, in agris, in molendinis, et quidquid Girardus Brunus ibi possidebit[2], usque in exquisitum. Sunt autem ipsæ res sitæ in pago Lugdunensi, in agro Tarnantensi; ut habeant rectores præfatæ ecclesiæ potestatem quicquid inde facere voluerint ex hac die et deinceps. S. Fredelandi et Richoaræ, qui fieri et firmare rogaverunt. S. Theotgrini[3]. S. Iterii. S. Bernardi. S. Duranti. S. Olmari. S. Artaldi. S. Gauzfredi. S. Hugonis. S. Alburni[4]. Data per manum Richardi levitæ monachi, calendis Augusti, feria quinta, anno septimo regni Rodulfi regis.

## 436.

### DE ECCLESIA SANCTI STEPHANI.

1000 circa.

Sanctæ Saviniacensi ecclesiæ Beati Martini, ubi domnus abbas Hugo præest, Ego Aroldus, pro remedio animæ meæ et patris mei Adradi[5] et matris meæ Magiscendis, dono ecclesiam unam in honore sancti Stephani dicatam, et curtilos duos, cum vircariis et campis duobus arabilibus, et silva in medio posita. Sunt ipsæ res sitæ in pago Lugdunensi, in agro Bebronensi, in villa nomine Luanis[6], cujus termini sunt a mane via publica, a meridie silva Sancti Martini, a sero rivulo volvente et terra Sancti Martini, a cercio semita vergente usque ad ecclesiam. Quicquid infra has terminationes visus sum

---

[1] M. *testimentum.*
[2] M. *possedit.*
[3] M. et C. *Teotgrini.*
[4] M. et C. *Albiuni.*
[5] L. et C. *Ardradi.*
[6] M. *Luans.*

habere, omnia cedo et dono ad jam dictam ecclesiam, reservato mihi usu fructuario quamdiu vixero, excepto illo campo qui est juxta silvam super rivulum, quem vobis pro vestitura dono. Post meum vero decessum, habeatis licentiam de ipsis rebus supradictis quicquid facere volueritis. S. Aroldi, qui fieri et firmare rogavit. S. Ermengardis, uxoris suæ, quæ consensit. S. Teotgrini[1]. S. Girardi. S. Gireldis. S. Alberti presbiteri.

### 437.
#### CARTA ARTALDI COMITIS[2].

*Ante 994.*

In Dei nomine, Ego Artaldus comes, Gerardi quondam nobilis viri et Gimbergiæ[3] filius, reminiscens malorum omnium quæ, tam pro acquisitione quam etiam pro defensione honoris mei, contra Dei præcepta egi, pavesco Dei judicia, pro his metuens æterna perpeti supplicia; verum quia longa nimis est super me Domini patientia, non differo diutius pœnitentiæ subire remedia. Nuper itaque sacerdotum ac ministrorum Dei adii concilium, quærens ab eis salubre consilium: qui dijudicantes me secundum sanctorum canonum statuta, hæc inter cætera mihi indixerunt monita, quo possint levius mea solvi peccata. His salutaribus præceptis monitus, considerans quæ et quanta erga Sancti Martini monasterium quod vocatur Saviniacum commiserim mala, in deprædando villas ejus ac devastando agros, primum ipsi Beato Martino aliquid ex rebus meæ possessionis tribuo. Igitur ego Artaldus dono de hæreditate mea ecclesiæ Sancti Martini, quam regit domnus abbas Hugo, una cum grege sibi commisso. Est autem ipsa hæreditas sita in pago Lugdunensi, in agro Cogniacensi, super fluvium Ararim, in villa Toriniaco[4]: hoc est vinea indominicata, cum curtilis, vircariis[5], campis, pratis, silvis, aquis aquarumque decursibus, terris cultis et incultis, servis etiam et ancillis, quantumcumque in ipsa villa visus sum habere, et in villa Casocco mansum

---

[1] M. *Theotgrini.*
[2] Hanc chartam edidit Guichenon, in *Bibl. Sebus.* n° 85.
[3] BM. *Ginburgiæ.*
[4] BM. *Thoriniaco.*
[5] Guich. male *viridariis.*

unum cum omnibus appenditiis suis, id est curtilis, campis, pratis et silvis, et quicquid ibi visus sum habere hæreditatis, et quicquid in Miseriaco et in Mota[1] videor habere, id est portum cum piscationibus, terras cultas et incultas, servos et ancillas utriusque sexus; quicquid ego in istis prædictis villis, et a rivulo Morgonæ usque ad Ronnenchum[2] visus sum habere, totum ad integrum usque in exquisitum dono Sancto Martino et monasterio Saviniacensi, ad stipendia fratrum inibi Deo servientium, pro emendatione mali facti, pro absolutione omnium peccatorum meorum et omnium parentum meorum. Tali vero ratione hanc eleemosinariam donationem fieri jussi, ut a die præsenti supradictæ res in dominio et potestate Sancti Martini permaneant, nullique hominum liceat ab hodierna die et deinceps quidquam de ipsis rebus ab ipsa ecclesia auferre aut diminuere, nec mihi, nec alicui parentum meorum vel propinquorum, nec episcopo et abbati, nulli, inquam, potestati. S. Artaldi comitis, et uxoris ejus Theodebergiæ, qui ita fieri et firmari rogaverunt. S. Fredelanni. S. Vuichardi. S. Milonis. S. Berardi et alterius Beraldi. S. Etelini[3]. S. Leudegarii[4]. Data per manum Gerberni monachi, mense Martio, regnante Conrado rege.

### 438.

PRIVILEGIUM BURCHARDI ARCHIEPISCOPI[5].

Mart. 1000.

Dum, in Christi nomine, Ego Burchardus, humilis Lugdunensium præsul[6], nostræ sacratissimæ sedis gremio confoveri devotus cuperem, filiorumque nostrorum ac venerabilium fratrum circumstante caterva sedule tractaremus qualiter nobis a Deo commissæ matris ecclesiæ

---

[1] Secundum J. M. de la Mure, qui hanc chartam transcripsit in suo libro manuscripto titulato *Histoire des comtes de Forez*, donatio horum locorum destinata fuisset constituendo Randani prioratui, *notamment*, ait, *le port et droit de pêche, qui étoit l'ancien port qu'avoit ce prieuré sur la Loire.*

[2] C. *Ronnencum*. M. *usque Rennericum*.

[3] M. *Erclini*.

[4] L. *Leodegarii*.

[5] Hanc chartam ediderunt J. M. de la Mure, in *Hist. du dioc. de Lyon*, p. 381, et Dom. Sammarth. in *Gall. christ.* t. IV, pr. col. 79. Vide chartam similem a comite datam, n. 602.

[6] M. *archiepiscopus*. C. *archipræsul*.

subjectarumque illi ecclesiarum commodis atque utilitatibus provideremus, huic nostro conventui interfuit quidam nobis charissimus sanctæ Saviniacensis ecclesiæ venerabilis abbas nomine Hugo, cum sibi a Deo tradita monachorum cohorte, postulantes ut aliquid rerum nostræ sedis ad illorum victum profutura illis concederemus. Cui tam utili petitioni atque rationabili annuentes, decrevimus communi fraternoque consilio petita illis tribuere; quod et fecimus. Est autem in pago Lugdunensi, in agro Tarnantensi, in finibus villæ quæ Conziacus vocatur, mons qui dicitur Ledaycus[1], triticeæ utilis sationi, concluditurque finibus villarum quas subjecturi sumus, a mane jam dictæ villæ quæ Conziacus vocatur finibus terminatur, a medio die finibus terminatur de Versennaco et Appinnaco[2], a sero de Amantiniaco, a cercio terra ipsius Sancti Martini Saviniacensis et Aselga[3] rivulo volvente. Hunc supradictum Ledaycum montem cum ibidem sita silva, sicut antiqua distributione in finibus denominatarum villarum circumpositarum sibi constat, aspicitque et aspicere ad ipsum montem videtur, communi consensu ac fraterna largitate donamus jam dictæ ecclesiæ, ad mensam fratrum perpetuo serviturum ac æternaliter permansurum, atque de nostro jure in eorum transfundimus potestatem, ut habeant deinceps licentiam pro ejusdem ecclesiæ utilitate quidquid juste elegerint faciendi, habendi videlicet tenendique, donandi ac commutandi, atque perpetuo possidendi. Hujus autem contradictor donationis, dilapidator habeatur ecclesiarum, anathematique perpetuo ac maledictioni communione privatum, se traditum, nisi resipuerit, sciat. Ut hæc autem scriptio firma permaneat, manu propria firmavimus, atque nostræ ecclesiæ filios firmare rogavimus. S. Borchardi archiepiscopi. S. Renconis præpositi et archiclavis. S. Fulcherii decani. S. Rotlanni præcentoris. S. Richonis[4] diaconi. S. Dodonis canonici. S. Amaldrici levitæ. S. Fredaldi sacerdotis. Data Lugduni publice per manum Vualterii monachi, mense Martio, feria sexta, anno septimo regni Rodulfi regis.

---

[1] M. hic et infra *Ledaicus*.
[2] M. *Apinnaco*. L. *Apinaco*.
[3] M. male *a Selga*.
[4] M. *Rieconis*.

## 439.

#### DONA DE FRASNETO.

16 Febr. 988. Ego, in Dei nomine Fulcherius, dono ecclesiæ Beati Martini de Saviniaco, ubi præest domnus abbas Hugo, de rebus meis quæ sunt in pago Lugdunensi, in agro Forensi, in villa de Frasneto, quicquid advenire mihi debet, in curtilis, in campis, in pratis, in silvis, et curtilum unum in loco qui dicitur Fargis. S. Josberti. S. Hugonis. S. Rotlanni. S. Almanni. S. Aymini. Grimardus scripsit, decimo quarto calendas Martii, anno vigesimo octavo[1] regni Conradi regis.

## 440.

#### DE MANSO IN CAMPANIACO.

Mart. 986. Ego Bladinus et uxor mea Theoderisma donamus ad ecclesiam Sancti Martini Saviniacensis, quam domnus abbas Hugo regit, mansum unum cum omnibus quæ ad ipsum pertinent in agro Forensi, in villa Campaniaco, et quidquid[2] in ipsa villa visi sumus habere. S. Bladini et uxoris ejus. S. Girini, filii ipsorum. S. Vualonis. S. Arestanici. S. Vualdonis. Data per manum Gerberni monachi, mense Martio, feria tertia, anno quadragesimo sexto regni Conradi regis.

## 441.

#### DE MANSO IN VILLA DE[3] POMARIOLIS.

993. Sanctæ Dei ecclesiæ Beati Martini Saviniacensis, ubi domnus Hugo abbas præest, Ego Arricus et filius meus Durantus donamus de rebus nostris quæ sunt sitæ in pago Lugdunensi, in agro vallis Bevronicæ, in villa Pomariolis, videlicet mansum unum cum vircariis, campis, pratis, silvis et omnibus quæ ad ipsum aspicere[4] videntur; et in pago Forensi, juxta Randanum, ad insulam, cavannariam unam cum orto et vircariis et saliceto, et campo arabili. S. ejusdem Arrici et Dul-

---

[1] Hæc anni adscriptio sine dubio peccat. Hugo nondum abbas erat in anno 968. Legendum est, puto, *quadragesimo octavo*.

[2] P. hic et infra *quicquid*.

[3] Deest vox *de* in C. et M.

[4] M. *pertinere*.

cissimæ[1], uxoris ejus. S. Duranti, filii ejus. S. Pontii. S. Abbonis[2]. S. Jarentonis. S. Ursi. Data per manum Gerberni monachi, anno quinquagesimo tertio regni Conradi regis.

### 442.

#### DE SILVA MONTIS MEDIANI.

Ego Audacres dono ad ecclesiam Sancti Martini Saviniacensis, quam Hugo abbas regit, de rebus meis quæ sunt in pago Lugdunensi, in agro vallis Bevronicæ, in loco qui vocatur Mons Medianus, videlicet silva quæ mihi prope extra propinquos[3] advenit. S. Almanni. S. Acfredi. S. Aymonis. S. Beraldi. S. Gontarii. Data per manum Gerberni monachi, mense Februario, anno quinquagesimo tertio[4] regni Conradi regis.

Febr. 993.

### 443.

#### DE CURTILO IN PONTIS VILLA.

Ego Macharius[5] dono curtilum unum cum vircaria et una sextariada de campo, et vineam ad ecclesiam Sancti Martini Saviniacensis, ubi domnus abbas Hugo præest; quæ res sunt sitæ in pago Lugdunensi, in agro Neriacensi[6], in villa quæ dicitur Pontus, in loco qui vocatur Vallellias[7] et in Noncedo[8] medietatem silvæ quæ mihi advenit. Data per manum Gerberni monachi, mense Maio, die Sabbati, anno quinquagesimo septimo regni Conradi regis[9].

Mai. 993?

### 444.

#### DE MANSO IN ANDRIS VILLA.

In nomine Domini, Ego Audacres dono ad ecclesiam Sancti Martini

April. 993.

---

[1] L. *Dulcismæ.*
[2] M. *Abonis.*
[3] Forte leg. *proprie, extra propinquos.*
[4] Vox *tertio* deest in P.
[5] M. et C. *Marcharius.*
[6] M. L. et C. *Niriacensi.*
[7] M. *Valeillias.*
[8] M. et C. *Moncedon.*
[9] Quod ad hanc chartam attinet et sequentem, cogimur admittere regnum Conradi a morte patris ejus currere, anno 936; quinimo altera, cui adscriptus est annus quinquagesimus octavus Conradi, aliquantulum difficultatis præbet.

Saviniacensis, ubi domnus abbas Hugo præest, de rebus meis quæ sunt in pago Lugdunensi, in valle Bevronica, in villa quæ dicitur Andres : hoc est mansus indominicatus cum vinea et campis, pratis et salicetis, et aliis arboribus pomiferis, et silva, et omnia quæ ad ipsum mansum aspicere videntur, vel quidquid in ipsa villa visus sum habere, totum ad integrum usque ad exquisitum, excepto uno curtili quem Vualdradus possidet, et campum qui ad ipsum curtilum aspicit, quem donavi Sancto Johanni. S. Aymini. S. Theygrini[1]. S. Madalgaudi. S. Amalrici. S. Adalardi. Data per manum Gerberni monachi, mense Aprili, feria quarta, anno quinquagesimo octavo regni Conradi regis.

### 445.

#### DE CURTILO IN TANINACI LOCO.

984-993.

Ego, in Dei nomine, Unfredus dono ad ecclesiam Sancti Martini Saviniacensis, cui præest domnus abbas Hugo, de rebus meis quæ sunt in pago Lugdunensi, in agro Tarnantensi, in fine villæ quæ dicitur Tasiacus, in loco qui vocatur Taninacus : hoc est curtilum unum cum vircaria et vinea quæ ibi aspicit. S. Unfredi et Stephani, filii ejus. S. Almanni. S. Pontii. S. Rotlanni. S. Arrici. Data per manum Joannis monachi, regnante Conrado rege.

### 446.

#### DE QUINQUE CAMERIS IN PONTUS VILLA.

984-993.

Nos, in Dei nomine, Costabilis et Archimbertus, filii Andreæ, donamus, pro anima ejus, ad ecclesiam Sancti Michaelis et Sancti Martini Saviniacensis, ubi præest domnus abbas Hugo, de rebus ipsius quæ sunt in pago Lugdunensi, in agro Vallis Nuriacensis, et in villa quæ dicitur Pontus, videlicet cameras quinque quas de Gonfredo conquisivit, quarum termini sunt : a mane via publica, a meridie et a sero et a cercio terra Rodardi[2]. S. Flodardi[3]. S. Macharii[4]. S. Ar-

[1] M. *Teigrini.*
[2] M. *Rodoardi.*
[3] M. *Florardi.*
[4] M. et C. *Marcharii.*

doeni [1]. Data per manum Gerberni monachi, mense Decembri, die Sabbati, regnante Conrado rege.

### 447.

#### DE DIMIDIO CURTILO IN CHAORNIS [2] VILLA.

Ego, in Dei nomine, Aroardus, pro redemptione animæ fratris mei Girardi, dono de possessione ejus dimidium curtilum in pago Lugdunensi, in valle Bevronica, in villa quæ dicitur Chaornis, ad ecclesiam Sancti Martini Saviniacensis, quam regit domnus abbas Hugo. S. Aroardi. S. Bladini. S. Rainoldi. S. Soadolfi. S. Arlulfi. Data per manum Vualterii, regnante Conrado rege.

984-993.

### 448.

#### DE CURTILO IN CAVENNACO.

Ego Bernardus, pro anima filii mei Folcherii, dono ecclesiæ Sancti Martini Saviniacensis, ubi domnus abbas Hugo præest, curtilum unum cum vircaria et vinea in valle Bevronica, in villa quæ dicitur Cavennacus [3]; et in alio loco, silvam quæ dicitur Pladanedus. S. ejusdem Bernardi et Bernardi, filii ejus. Data per manum Joannis monachi, tertio calendas Septembris, feria quarta, regnante Conrado rege.

984-993.

### 449.

#### DE CURTILO IN VILLABONI.

Ego Vualdrada, pro anima filii mei Landrici, dono ad ecclesiam Sancti Martini Saviniacensis, ubi præest domnus abbas Hugo, curtilum unum, cum vircaria et vinea, qui est situs in valle Bevronica, in villa quæ dicitur Villaboni. S. ejusdem Vualdradæ. S. Bracdini levitæ [4]. S. Geroldi presbiteri. S. Beroldi. S. Aacronis. Data per manum Vualterii levitæ, regnante Conrado rege.

984-993.

[1] L. *Odoeni*. M. et C. *Audoeni*.
[2] P. *Cahornis*.
[3] C. *Cavenniacus*.
[4] Abest *levitæ* in M. et C.

## 450.

#### DE CURTILO IN [1] AVALGIS.

984-993.  Ego, in Dei nomine, Aledo sacerdos dono ad ecclesiam Sancti Martini Saviniacensis, ubi præest domnus Hugo abbas, curtilum unum cum vinea et vircaria, et quidquid ad ipsum curtilum aspicit, qui est situs in pago Lugdunensi, in villa quæ dicitur Avalgias; item in alio loco qui dicitur Prades, cedo dimidium molinarium et medietatem de cambono qui ad me pertinet; item in Cambariaco cedo terram continentem sementis sextarios tres. Data per manum Joannis, mense Julio, feria secunda, regnante Conrado rege.

## 451.

#### DE CAMPO IN CASIS VARENNIS [2].

984-993.  In Dei nomine, Ego Ingelbertus et uxor mea Maria donamus ad ecclesiam Sancti Martini Saviniacensis, ubi domnus abbas Hugo præest, campum unum continentem sementis septem sextarios, in pago Forensi, in villa quæ dicitur in [3] Casas Varennas. S. Aymonis [4]. S. Bernulfi. S. Constantii, S. Teudeni. Data per manum Joannis, mense Januario, feria secunda, regnante Conrado rege.

## 452.

#### DE DUOBUS CURTILIS IN BROLIO.

984-993.  Sanctæ Saviniacensi ecclesiæ Beati Martini, ubi domnus Hugo abbas præest, Ego Bergundis, sanctimonialis fœmina, dono in pago Lugdunensi, in agro Tarnantensi, in villa de Brolio, in loco qui dicitur Exartis, curtilos duos cum campis, et vircariis, et silvis, et prato, et quidquid ibidem habere videor. S. Unfredi. S. Aymonis. S. Pontii. S. Volfardi. S. Duranti. Data per manum Joannis, mense Maio, die Martis, regnante Conrado rege.

[1] Vox *in* deest in M. et C.
[2] P. *Varenis.*
[3] M. *villa dicta de.*
[4] M. *Aynonis.*

## 453.

#### DE CURTILO IN FLURIACO.

Ego Caballarius et uxor mea Ramberta donamus ad ecclesiam Sancti Martini Saviniacensis, ubi domnus abbas Hugo præest, in pago Lugdunensi, in agro Fluriacensi : ad primum, in villa supranominata, curtilum unum cum vinea, et vircaria, et partibus de campis, et prato et saliceto; in Tisiaco, unam medietatem et quantum in ipsa villa visi sumus habere et quod acquirere de hæredibus nostris ex vineis poterimus. S. Lamberti. S. Ingelmari. S. Aregii. Data per manum Gotesmanni, mense Martio, feria secunda, regnante Conrado rege.

984-993.

## 454.

#### DONA DIVERSA CUM CURTILIS ET VIRCARIIS.

Ego Vuichardus et uxor mea Egilmodis donamus ad ecclesiam Sancti Martini Saviniacensis, quam domnus abbas Hugo regit, in pago Lugdunensi, in valle Bevronica, in villis his nominibus, Crissiniaco et Mortario : in Crissiniaco franchisiam, et in Mortario curtilum indominicatum, cum vircariis, vineis, campis, pratis atque franchisia, et omnibus quæ ibi aspiciunt. S. Umberti. S. Berardi. S. Vuillermi[1]. S. Unfredi. S. Gausmari. Data per manum Gerberni, tertio calendas Decembris, regnante Conrado rege.

984-993.

## 455.

#### DE MANSO IN CRIONI VILLA.

Ego Giraldus dono ad ecclesiam Sancti Martini Saviniacensis, quam domnus abbas Hugo regit, mansum unum et quicquid ad ipsum aspicit, in agro Forensi, in villa quæ dicitur Crionensis. S. Otgerii. S. Aymonis presbiteri. S. Leotbardi[2] presbiteri. S. Renconis. S. Duranti. Data per manum Joannis, mense Januario, feria secunda, regnante Conrado rege.

984-993.

[1] P. *Guillelmi*. — [2] M. *Leotbaldi*.

## 456.

#### DE CURTILO ET VIRCARIIS IN LIVIACO[1] VILLA.

984-993.   Ego Ingelbertus dono ad ecclesiam Sancti Martini Saviniacensis, ubi domnus abbas Hugo præest, in agro Fluriacensi, in villa quæ dicitur Liviacus, vineam cum curtilo et vircariis. S. Caballarii[2]. S. Rotberti. S. Rostagni. Data per manum Gotesmanni monachi, mense Februario, die Dominica, regnante Conrado rege.

## 457.

#### DE CURTILO IN SCLAREIS.

984-993.   Sanctæ Saviniacensis ecclesiæ Beati Martini, ubi præest domnus abbas Hugo, Nos, in Dei nomine, Raginaldus sacerdos et Agidradus, vuadiarii Raginerii, donamus de rebus ipsius, pro anima ejus : hoc est curtilum unum cum vircaria et arboribus. Quæ res sunt in pago Lugdunensi, in agro Tarnantensi, in villa Sclareias. S. Raufi[3]. S. Silvestri. S. Unfredi. S. Agnonis[4]. S. Goalboldi. Regnante Conrado rege.

## 458.

#### DE DUABUS VIRCARIIS IN MONTE ROMANI.

984-993.   Sanctæ Saviniacensi ecclesiæ Beati Martini, ubi domnus Hugo abbas præest, Nos, in Dei nomine, Arpertus presbiter et genitrix mea Dulcisma, et Gausbertus, Vuago et Engelbertus, vuadiarii Constantionis presbiteri, donamus pro eo duas vircarias in pago Lugdunensi, in valle Bevronica, in villa quæ vocatur Mons Romani. S. Arperti presbiteri. S. Dulcismæ. S. Gausberti. S. Engelberti. S. Girardi. Data per manum Vualterii, regnante Conrado rege.

## 459.

#### DONUM IN GRIVILIACO.

984-993.   Ego, in Dei nomine, Ayglaldus et uxor mea Aymendrada donamus

---

[1] M. *Lunaco* et infra *Luvacus*.
[2] M. et C. *Cabalarii*.
[3] M. et C. *Raulfi*.
[4] M. L. et C. *Aymonis*.

de rebus nostris, ad ecclesiam Sancti Martini Saviniacensis, quam domnus abbas Hugo regit, quæ sunt in pago Lugdunensi, in agro Tarnantensi, in loco qui dicitur Griviliacus, quidquid ibi visi sumus habere. S. Aymoni presbiteri. S. Duranti. S. Aymonis. S. item Duranti. S. Odonis. Data per manum Joannis monachi, regnante Conrado rege.

### 460.

#### DE MANSO IN BUXERIIS.

In Dei nomine, Ego Aymo dono ad ecclesiam Sancti Martini Saviniacensis, ubi domnus abbas Hugo præest, mansum unum et quicquid ad ipsum aspicit, qui est in agro Forensi, in villa quæ vocatur Buxerias. S. Renconis. S. Geraldi. S. Rotbaldi. S. Otgerii. S. Ragunardi[1]. Data per manum Gotesmanni, regnante Conrado rege.

984-993.

### 461.

#### RECUPERATIO TERRARUM IN VALLE[2] RODONENSI.

Quidam nobilis vir Vuichardus nomine, veniens ante altare Sancti Martini Saviniacensis, ubi domnus abbas Hugo præest, coram fidelibus quibusdam, reddidit quasdam terras quas fœmina quædam, Emmena nomine, dederat Sancto Martino, quæ sunt in comitatu Lugdunensi, in agro Rodonensi, in villa nomine Arciaco et Campanico, et quidquid in ipsis villis et in silva de Vallefolis[3] continetur. S. Beraldi[4]. S. Rotgerii. S. Martini presbiteri. S. Arlulfi. S. Uperti. Data per manum Joannis monachi, regnante Conrado rege.

984-993.

### 462.

#### DONATIO RERUM IN ARCIACO.

Ego Stephanus levita dono ad ecclesiam Sancti Martini Saviniacensis, ubi præest domnus Hugo abbas, de hæreditate mea, quidquid infra hos terminos continetur : a mane guttula percurrente, a meridie terra Arberti et via publica, a sero similiter, a cercio terra Sancti

984-993.

---

[1] M. L. et C. *Ragnuardi.*
[2] Legendum est *agro.*
[3] M. *Vallefollis.*
[4] M. *Bernardi.*

Martini. Hæreditas ipsa sita est in pago Lugdunensi, in agro Fluriacensi, in villa quæ dicitur Arciacus. S. Jarentonis. S. Rotlanni. S. Achardi. S. Bladini. S. Aymonis. Data per manum Joannis monachi, regnante Conrado rege.

### 463.

#### DE VINEA IN ULCINETO.

1000 circa.

Ego, in Dei nomine, Desiderius et uxor mea Leogardis donamus ad ecclesiam Sancti Martini Saviniacensis, quam domnus abbas Hugo regit, vineam unam quæ est sita in villa quæ dicitur Ulcinetis. S. Bononis et David. Data per manum Joannis monachi, regnante Rodulfo rege, filio Conradi.

### 464.

#### DE VIRCARIA IN NOALIACO.

1005.

Sanctæ ecclesiæ Sancti Martini Saviniacensis, quam domnus abbas Hugo regit, Ego Domesia fœmina dono vircariam unam cum campo et saliceto et terra arabili in villa Noaliaco. S. Arnulfi. S. Almanni. S. Rotlanni. S. Fulcherii. S. Christianæ. Data per manum Rotberti levitæ, anno decimo secundo regni Rodulfi regis.

### 465.

#### DE CURTILO IN MASLIACO.

1000 circa.

Ego, in Dei nomine, Ermenfredis dono Attonem, filium meum, ad ecclesiam Sancti Martini Saviniacensis, ubi præest domnus abbas Hugo, in monachum; et dono pro eo curtilum cum vinea et campo in pago Lugdunensi, in agro Cogniacensi, in villa Masliacensi, et in Rodanæ pago et agro, in villa Carpaneto, curtilum cum vinea; dono etiam in agro Tarnantensi, in villa Prunaco, mansum unum integrum cum vinea et campis, et pratis et silva, et quicquid ad ipsum mansum aspicit, usque ad exquisitum. S. Vuarnerii. S. Eroldi. S. Franconis. S. Ornadi. S. Monardi. Data per manum Frederici, regnante Rodulfo rege.

## 466.

### DE DIMIDIO MANSO IN LOCTANGIS[1].

Ego Raginsendis dono ad ecclesiam Sancti Martini Saviniacensis, ubi domnus abbas Hugo præest, de rebus meis, in pago Lugdunensi, in agro Forensi, in villa Loctangis, et est dimidius mansus cum vircaria, et campis, et pratis, et silvis, et molendino, et quicquid in ipsa villa visa sum habere usque ad inquisitum. S. Agnonis presbiteri. S. Adalardi. S. Arrici. Data per manum Rotberti monachi, anno decimo regni Rodulfi regis.

1003.

## 467.

### DE CURTILO IN VILLA DE MONTSENDOLF[2].

Ego Adalachiz, uxor Vualdrici, et filius meus Ornadus, ecclesiæ Sancti Martini Saviniacensis, cui præest domnus Hugo abbas, reddimus quasdam res quas post mortem ipsius Vualdrici, ab eadem ecclesia abstraxeramus : hoc est curtilum unum in villa quæ dicitur Montsendolf, et in villa Dracciaco[3] quatuor sextariadas de terra; et insuper addimus de prato octo andanz; et in alio, ad Loperosam[4], unam sextariatam frumenti. S. Constantii. S. Fredelonis. S. Gondranni[5]. S. Constantii presbiteri. S. Costabilis piscatoris. Data per manum Adalberti, regnante Rodulfo rege.

1000 circa.

## 468.

### DE VINEA IN BRINNIACO.

In Dei nomine, Ego Rotlannus dono de rebus meis Sancto Martino Saviniacensi, ubi domnus Hugo abbas præest, quæ sunt in pago Lugdunensi, in valle Bevronica, in villa quæ dicitur Brinniacus, unam vineam cum vircaria; et in alio loco, qui vocatur Ponteuls, cabannariam unam cum terra arabili, cum prato et saliceto; et in alio loco, unam

994.

---

[1] M. hic et infra *Loëtangis*.
[2] P. *Montsendoolf*.
[3] M. et C. *Draciaco*.
[4] P. *Aloperosam*.
[5] M. et C. *Gondranni*.

medietatem de cambone quæ est juxta Colnam. S. Pontionis et Gauzeranni, filiorum Rotlanni. S. Almanni. S. Rostagni. S. Teotgrini[1]. Data per manum Vualterii, anno primo regni Rodulfi regis.

### 469.

#### DE VINEA IN CHRUSILLIA.

984-993.

Nos, in Dei nomine, Iterius, Silvius, Bernardus et Amblardus, donamus ecclesiæ Sancti Martini Saviniacensis, ubi domnus abbas Hugo præest, vineam, campos, pratos, salicetum et molendinum in valle Bevronica, in villa quæ dicitur Crusillia. S. Adalgardis. S. Olfaciæ. S. Ermengardis et aliæ Ermengardis. Data per manum Vualterii levitæ, regnante Conrado rege.

### 470.

#### VUIRPITIO ECCLESIÆ SANCTI CIPRIANI.

Jan. 998.

In Christi nomine, notum sit omnibus, tam præsentibus quam futuris, qualiter veniens vir nobilis Renco et uxor ejus Enima, et filius eorum Renco[2] clericus, ad ecclesiam Sancti Martini Saviniacensis, ante Hugonem abbatem et congregationem sub eo degentem, vuirpitionem fecerit de hæreditate quam Eugendus clericus olim dederat ipsi Sancto Martino. Unde longa contentio inter eos versata fuerat, de ecclesia videlicet Sancti Cipriani, quæ sita est in loco qui dicitur Alaval[3], cum curtilis, campis, pratis, aquis, molendinis, vel omnibus appenditiis suis. Nos itaque, in Dei nomine, Renco et uxor mea Enima, et filius noster Renco, si ipse Sanctus Martinus et ministri ejus meliorem rationem in ipsa hæreditate habent quam nos, relicta omni contentione et querela, vuirpimus eam contra illos. Si vero nos meliorem rationem habemus, pro amore Dei et sanctorum ejus et remedio animarum nostrarum, et ipsius supradicti clerici Eugendi, donamus hoc Sancto Martino et monachis ejus. Verum, si post hæc aliqui aut nos contra vos, aut vos contra nos, propter hoc aliquam calumniam commovere et infringere tentaverit, non valeat vendicare, sed

[1] M. et C. *Theotgrini*. — [2] M. *Rinco*. — [3] M. *a Laval*.

impleat tantum et aliud tantum qui convictus fuerit, quantum ipsæ res eo tempore emelioratæ valuerint. S. Renconis et ejus uxoris Enimæ, qui fieri et firmari rogaverunt. S. Renconis, filii eorum. S. Fulcherii. S. Danielis. S. Gothalberti. Hugo abbas roboravit. Durantus monachus, Aschiricus monachus, Aribaldus monachus, Arnulfus monachus, Iterius monachus, Madalbertus monachus, Arnaldus monachus, Emodus[1] monachus. Data per manum Gerberni monachi, mense Januario, anno quinto regni Rodulfi regis.

### 471.

#### DONUM MAINARDI IN FRAXINO VILLA.

Ego Mainardus et uxor mea Adalborgis, cum filiis nostris Arnoldo et Milone, donamus ad ecclesiam Sancti Martini Saviniacensis, ubi præest domnus abbas Hugo, de rebus nostris quæ sunt in pago Lugdunensi, in agro Forensi, in villa quæ vocatur Fraxinus, videlicet medietatem, quidquid in curtilis, campis, pratis, terris cultis et incultis habemus. S. Berardi. S. Amaldrici et alterius Amaldrici. S. Vuidonis. Data per manum Arnaldi levitæ, anno decimo secundo[2] regni Rodulfi regis.

### 472.

#### DE MONTE ALGAUDI DONUM[3].

In Dei nomine, Ego Ademarus, abbas Sancti Justi, dono ad ecclesiam Sancti Martini Saviniacensis quasdam res mei juris : hoc est montem qui dicitur Algaudius, cum bosco super se sito, usque in exquisitum, ut deinceps permaneat in dominio fratrum. S. Gauzeranni diaconi. S. Berengarii diaconi. S. Ardradi. S. Bernardi. S. Theotgrini. Data per manum Alcherii, mense Martio, feria quinta, regnante Rodulfo rege.

---

[1] M. *Euvrardus.* L. *Enurdus.* C. *Evurdus.*

[2] P. male *sexto,* nam in decimo sexto anno regni Rodulfi (id est 1009), Durannus abbas monasterium Saviniacense regebat. Vide chartam electionis ejus anno 1007 datam, n. 581.

[3] Hanc chartam edidit J. M. de la Mure, in *Hist. du dioc. de Lyon,* p. 382.

## 473.

#### DE CURTILO IN CASUTIIS.

1000 circa. Ego Vuandalmodis dono ad ecclesiam Sancti Martini Saviniacensis, ubi domnus abbas Hugo præest, de rebus meis, in pago Lugdunensi, in agro Tarnantensi, in villa quæ dicitur Casutias : hoc est curtilum, cum vineis, campis, silvis, salicetis, et quidquid ad ipsum aspicit, usque ad exquisitum. S. Girberti. S. Duranti. Data per manum Aribaldi, mense Maio, feria secunda, regnante Rodulfo rege.

## 474.

#### DE CURTILO IN MARCIACO[1] VILLA.

1000 circa. Sanctæ Saviniacensi ecclesiæ Beati Martini, ubi domnus abbas Hugo præesse videtur, Nos, in Dei nomine, Arpertus[2] et Bladinus donamus in pago Lugdunensi, in villa Marciaco, curtilum unum, cum vircaria et prato; et in alio loco, campellum unum. S. Arperti. S. Bladini. S. Adalardi et alterius Adalardi. S. Adalranni[3]. Data per manum Arnulfi monachi, regnante Rodulfo rege.

## 475.

#### DE CURTILO IN BUXO.

1000 circa. Ego, in Dei nomine, Heldinus et uxor mea Maimburgis[4] donamus ad ecclesiam Beati Martini Saviniacensis, ubi præest domnus abbas Hugo, curtilum unum cum vircaria et terra arabili sive prato, et quidquid ad ipsum curtilum aspicit usque in exquisitum, et est in pago Lugdunensi, in agro Tarnantensi, in villa quæ dicitur Victriacus, in loco qui dicitur Buxus. S. ejusdem Heldini, mense Junio, regnante Rodulfo rege.

## 476.

#### DE CURTILO IN BABECH.

1000 circa. Sanctæ Saviniacensi ecclesiæ Beati Martini, ubi præest domnus

---

[1] M. *Marsiaco.* — [2] P. *Apertus.* — [3] M. *Adalrami.* — [4] M. *Maumburgis.* C. *Maunburgis.*

abbas Hugo, Ego Domesia[1] dono de hæreditate senioris mei Petri, pro anima ejus, et pro animabus filiorum meorum Ademari et Duranti; est autem in pago Lugdunensi, in valle Bevronica, in villa quæ dicitur Babech : hoc est curtilum unum cum horto et vircaria, et prato, et terra arabili, et silva et quidquid ad ipsum aspicit. S. Almanni. S. Fulcherii. S. Bladini. S. Arrici. Data per manum Gausmari levitæ, regnante Rodulfo rege.

### 477.

#### DE MANSIS IN VILLIS QUATUOR DATIS.

Ego Vuandalmodis et filii mei Ramoldus et Grilinus donamus ad ecclesiam Sancti Martini Saviniacensis, ubi domnus abbas Hugo præest, mansos cum vinea, et campis, et pratis, et arboribus, et silvis, aquis, aquarumque decursibus, qui sunt in pago Lugdunensi, in agro Tarnantensi, in villis his nominibus : Longa Calma, Radice, Valle[2], in Geneva, et in prato. Data per manum Frederici[3] mense Aprili, die Sabbati, anno quinto regni Rodulfi regis.

April. 998.

### 478.

#### DE MOLENDINO IN AMBRONIACO.

Ego Regis domina dono ad ecclesiam Sancti Martini Saviniacensis, de rebus meis, in pago Lugdunensi, in ripa de Gerio, molendinum cum vineis et campis, et quicquid habere videor in villa quæ vocatur Ambroniacus. S. Hugonis. S. Renconis. S. Arrici. S. Fulcheri[4]. Data per manum Gotesmanni monachi, regnante Rodulfo rege.

1000 circa.

### 479.

#### DE VINEA IN LAMACO[5].

Ego, in Dei nomine, Teuza[6] dono ad ecclesiam Sancti Martini

1005.

---

[1] M. et C. *Dumesia.*
[2] Forte legendum est *Radice Valle.* M. et C. habent : *Radice, Valle in Geneua, et in prato;* et in margine *vallis in Geneua.*
[3] M. *Fridrici.* C. *Fredrici.*
[4] M. et C. *Fulcherii.*
[5] Forte *Laviaco.* M. *Lanniaco.*
[6] M. et C. hic et infra *Theuza.*

Saviniacensis, cui præest domnus abbas Hugo, in agro Tarnantensi, in villa quæ vocatur Lamacus[1], vineam unam. S. Teuzæ et filii sui Otgerii. S. Andreæ. Data per manum Richardi monachi, anno decimo secundo regni Rodulfi regis.

### 480.
#### DE REBUS IN REGERETIO[2] MONTE DATIS.

1000 circa.

Ego, in Dei nomine, Agna dono ex rebus meis ecclesiæ Sancti Martini Saviniacensis, cui præest domnus Hugo abbas; sunt autem sitæ res ipsæ in pago Lugdunensi, in agro Tarnantensi, in monte qui dicitur Regeretius[3], quidquid ibi visa sum habere, usque in exquisitum. S. Arnulfi. S. Rainardi. S. Vuinerii. S. Aymonis. S. Duranti et Stephani, presbiterorum. Data per manum Joannis monachi, mense Februario, regnante Rodulfo rege.

### 481.
#### DE MANSO IN BESSENNACO.

994.

Ego Durantus et Suadulfus, maritus Agnæ, donamus mansum unum et quidquid ad ipsum aspicit, pro anima ejus, ecclesiæ Sancti Martini Saviniacensis, ubi præest domnus abbas Hugo; idem mansus situs est in valle Bevronica, in villa quæ dicitur Bessennacus. S. Umberti. S. Rodardi[4]. S. Andreæ. Data per manum Vualterii, anno primo regni Rodulfi regis.

### 482.
#### DE MANSO IN TILLIACO.

994.

Sanctæ Saviniacensi Beati Martini ecclesiæ, cui præest domnus abbas Hugo, Nos, in Dei nomine, Aschericus[5], et uxor mea Girbergia[6], donamus mansum unum cum vircariis, campis, pratis, et quidquid ad ipsum aspicit usque ad exquisitum : est autem idem mansus in

---

[1] M. et C. *Lanniacus.*
[2] M. L. et C. *Rageretio.*
[3] C. *Rageretias.*
[4] M. et C. *Rodoardi.*
[5] M. *Aschiricus.*
[6] P. *Gibergia.*

pago Lugdunensi, in agro Forensi, in villa quæ dicitur Tilliacus. S. Madalgaudi[1]. S. Archinardi. S. Adalborni. Data per manum Aribaldi, anno primo regni Rodulfi regis.

### 483.

#### DE CAMPIS ET PRATIS IN PERICULIS.

Ego, in Dei nomine, Artaldus, simul cum conjuge mea Rotburgia[2], dono ecclesiæ Sancti Martini Saviniacensis, ubi præest domnus Hugo abbas, de rebus meis quæ sunt sitæ in pago Lugdunensi, in valle Bevronica, in villa nomine Periculis : hoc sunt campi, prati, silva, cum mansione et quidquid ibi visus sum habere. S. Iterii. S. Silvii. S. Amalrici. S. Hugonis. S. Pontionis. Data per manum Joannis, anno primo regni Rodulfi regis.

### 484.

#### DE CAMPO ET VINEA IN LOCO QUI DICITUR VILLA.

Ego Almannus et uxor mea, nomine Gotholendis, donamus campum unum et partem de vinea et tertiam partem de prato, necnon sextam partem de silva Auriaco : sunt autem hæ res sitæ in pago Lugdunensi, in agro Tarnantensi, in loco qui dicitur Villa; et donamus ad ecclesiam Sancti Martini Saviniacensis, ubi præest domnus abbas Hugo. S. Costabilis. S. Raynerii[3]. S. Stephani presbiteri. Data per manum Joannis, anno secundo regni Rodulfi regis.

### 485.

#### DE CURTILO DE[4] FLURIACO.

In Dei nomine, Ego Midalgaudus, cum uxore mea Aymendrada, dono ecclesiæ Sancti Martini Saviniacensis, ubi præest domnus abbas Hugo, curtilum unum cum orto et vircaria, et vinea, et campo arabili, et prato et saliceto, et vinea quæ vocatur Margarita : est autem in pago Lugdunensi, in agro Fluriacensi, in ipsa villa Fluriaco. S. Bla-

---

[1] M. *Madgaudi.*
[2] M. et C. *Rotbergia.*
[3] M. et C. *Rainerii.*
[4] M. *in* pro *de.*

dini. S. Almanni. S. Alberici. S. Girardi. S. Taremberti. Data per manum Gerberni monachi, anno secundo regni Rodulfi regis.

### 486.
#### DE REBUS IN FONTANIS DATIS.

997.  Ego, in Dei nomine, Upertus, cum uxore mea Adalsenda[1], dono ad ecclesiam Sancti Martini Saviniacensis, quam domnus abbas Hugo regit, curtilum unum cum orto et vircaria, et quidquid visus sum habere in pago Lugdunensi, in agro Forensi, in villa quæ dicitur Fontanis. S. Arlulfi. S. Taremberti. S. Bladini. S. Almanni. S. Alberici. Data per manum Joannis monachi, anno quarto regni Rodulfi regis.

### 487.
#### DE CURTILO IN CHIVINNACO.

1001.  In Dei nomine, Ego Hugo[2], et uxor mea Vualburgis, dono ecclesiæ Sancti Martini Saviniacensis, ubi domnus Hugo abbas præest, curtilum unum, cum vircaria et vinea et prato insimul tenente, qui est situs in pago Lugdunensi, in valle Bevronica, in Chivinnaco villa. S. Ariperti. S. Raginaldi. S. Vualterii[3]. S. Girberti. S. Rotberti. Data per manum Andreæ, anno octavo regni Rodulfi regis.

### 488.
#### DE DUOBUS CURTILIS IN LOCO QUI DICITUR ALBUS.

1001.  Sanctæ Saviniacensi ecclesiæ Beati Martini, cui præest domnus Hugo abbas, Ego Teuza[4] et filius meus Otgerius donamus curtilos duos, cum vineis et terra arabili et salicetis, in pago Lugdunensi, in agro Tarnantensi, in villa Lagniaco, et quicquid in ipsa villa visi sumus habere; et in alio loco, in ipsa villa, tres algias de vinea, in loco qui dicitur Albus. S. Teuzæ et filii ejus Otgerii. S. Andreæ. Data per manum Andreæ monachi, anno octavo regni Rodulfi regis.

---

[1] M. et C. *Adalsende.*  
[2] M. *Ugo.*  
[3] M. *Vuesterii.*  
[4] L. et C. *Theuza.*

## 489.

#### DE ECCLESIA IN CLIVIACO.

Ego, in Dei nomine, Ermessendis fœmina dono ad ecclesiam Sancti Martini Saviniacensis, de rebus meis, quæ mihi in sponsalitium datæ sunt : hoc est ecclesia cum mansis, vineis, campis, pratis, silvis. Et sunt sitæ res ipsæ in pago Lugdunensi, in agro Bessenacensi, in villa Cliviaco. S. Vuarnerii. S. Eroldi. S. Franconis. S. Ornadi. S. Monoardi. Data per manum Fredrici[1], anno nono regni Rodulfi regis.

1002.

## 490.

#### DE CURTILO IN CRISCILIACO.

In Dei nomine, Ego Silvius, pro anima uxoris meæ nomine Hilariæ, dono ad ecclesiam Sancti Martini Saviniacensis curtilum unum, cum vinea et campis et arboribus, qui est situs in pago Lugdunensi, in agro Bessennacensi, in villa quæ dicitur Crisciliacus. S. Landrici. S. Vincterii. S. Roberti presbiteri. S. Rotlanni. S. Rostagni. Data per manum Fredrici, anno decimo regni Rodulfi regis.

1003.

## 491.

#### DE CURTILO IN FENESTRÆ VILLA.

Ego Arricus dono ecclesiæ Beati Martini Saviniacensis mansum unum in pago Lugdunensi, in agro Forensi, in villa quæ vocatur Fenestra; et in loco qui dicitur ad Briverias, curtilum unum; et in villa quæ dicitur ad Montem, mansum unum, et quicquid ad ipsum aspicit. Reddo etiam commendam de ecclesia Sancti Petri quæ dicitur ad Roserias. Data per manum Gausmari levitæ, regnante Rodulfo rege.

1000 circa.

## 492.

#### DE CURTILO IN VERSENNACO.

Ego, in Dei nomine, Bellus Homo, cum filio meo Mayolo, pro sepultura uxoris meæ Abelloniæ, dono Beato Martino de Saviniaco

1000 circa.

---

[1] M. hic et infra *Frederici*.

curtilum unum qui est in pago Lugdunensi, in villa quæ vulgo vocatur Versennas[1], et quantum ad ipsum curtilum aspicit usque in exquisitum. S. Belli Hominis et Girardi, fratris ejus. S. Pontii et Mayoli, filiorum ejus. S. Bernardi. S. Duranti. Data per manum Gausmari, regnante Rodulfo rege.

### 493.

#### DE DUOBUS CURTILIS IN FRAGNETO.

1000 circa.

In Dei nomine, Ego Durantus dono Beato Martino Saviniacensi duos curtilos qui sunt in pago Lugdunensi, in agro Tarnantensi, in villa quæ vulgo vocatur Fragnetus, cum pratis et silvis et terra arabili, et carteria[2], egressibus et regressibus, et quidquid ad ipsos aspicit, usque in inquisitum[3]; et in alio loco, in villa quæ dicitur Rossaterra, duas vircarias. Data per manum Gausmari, regnante Rodulfo rege.

### 494.

#### DE REBUS IN CALVIACO ET STRADA.

1000 circa.

Sanctæ Saviniacensi ecclesiæ Beati Martini, ubi domnus Hugo abbas præest, Ego Theotgrinus et uxor mea Offecia offerimus filium nostrum nomine Vuicardum, in eodem monasterio, in monachum, et donamus pro eo de rebus possessionis nostræ, quæ sunt in pago Lugdunensi, in agro Forensi, hoc est in villa quæ dicitur Calviacus, dimidium mansum cum franchisia; et in alia villa quæ dicitur ad Lestrada, mansum unum et quicquid ad ipsum aspicit; et in alio loco Costonulo, in villa quæ dicitur Vindriacus[4], aliquid de campis cum vinea. S. Gausmari. S. Hugonis. S. Almanni. S. Vuidaldi. S. Theotgrini. Data per manum Aribaldi, regnante Rodulfo rege.

### 495.

#### DE CURTILO IN VARCIAGO.

1000 circa.

In Dei nomine, Ego Durantus et uxor mea Girbergia et filius noster

---

[1] M. *Versennaco.*
[2] M. L. et C. *terra carteria.*
[3] M. et C. *exquisitum.*
[4] L. et C. *Vrindriacus.*

Pontius donamus ad ecclesiam Sancti Martini Saviniacensis, quam domnus abbas Hugo regit, curtilum unum cum vinea et vircaria, qui est in pago Lugdunensi, in agro Tarnantensi, in villa quæ dicitur Varciagus[1]. S. ejusdem Duranti. S. Girbergiæ. S. Pontionis. S. Aymini. Data per manum Aribaldi, regnante Rodulfo rege.

### 496.

#### DE CAMPIS ET VINEIS IN CAORNIS.

Ego Aroardus dono ad ecclesiam Beati Martini Saviniacensis, ubi domnus abbas Hugo præest, medietatem de illo curtilo quem frater meus concessit, et in accrescementum[2] : campos, vineas, pratos et salicetos, et quicquid ad ipsum curtilum aspicit usque in exquisitum, et tres eminadas de terra. Et sunt hæc in pago Lugdunensi, in valle Bevronica, in villa quæ dicitur Caornis. Data per manum Vualterii levitæ, regnante Conrado rege.

984-993.

### 497.

#### DE VILLA QUÆ DICITUR FONTANA.

Ego, in Dei nomine, Upertus[3] et Berno, filius Pontionis, et Lozoara, uxor sua, donamus ecclesiæ Sancti Martini Saviniacensis, cui præest domnus Hugo abbas, medietatem de villa quæ dicitur Fontanis, totum usque in exquisitum. S. Uperti, Pontionis et Lozoaræ, qui firmari rogaverunt. Data per manum Vualterii levitæ, regnante Rodulfo rege.

1000 circa.

### 498.

#### DE CURTILO IN VILLANOVA.

Sanctæ Saviniacensi ecclesiæ Beati Martini, quam domnus abbas Hugo regere videtur, Ego Agno dono, in pago Lugdunensi, in agro Alduniacensi, in villa quæ vocatur Villanova, curtilum unum cum vircaria et vinea et saliceto. S. Aroardi. S. Constantionis. Data per manum Vualterii, regnante Rodulfo rege.

1000 circa.

[1] M. *Varsiagus.* P. *Valciagus.* — [2] M. *accrescimentum.* — [3] P. *Hupertus.*

## 499.

#### DE CAMPO IN PAXILETO.

1000 circa.

Nos, in Dei nomine, vuadiatores Adaloldi, Rigaldus et filius ejus Ayminius [1], donamus ad ecclesiam Sancti Martini Saviniacensis, quam domnus abbas Hugo regit, campum continentem tres sextarias[2] sementis, et est in pago Lugdunensi, in agro Tarnantensi, in loco qui dicitur Paxiletus. S. Benedicti. S. Rodulfi. Data per manum Joannis monachi, regnante Rodulfo rege.

## 500.

#### DE CURTILO IN BISBOCH.

1000 circa.

Sanctæ Saviniacensi ecclesiæ Beati Martini, ubi domnus abbas Hugo præest, Ego Bernardus clericus dono curtilum unum cum vinea et terra arabili, et saliceto, in pago Lugdunensi, in valle Bevronica, in villa quæ dicitur Bisboch. S. Theotgrini. S. Artaldi. S. Rostagni. S. Vuigonis. S. Ermengardi. Data per manum Joannis monachi, regnante Rodulfo rege.

## 501.

#### DE MANSIS IN MONTANIACO, LEVIACO ET ULMIS.

1000 circa.

Ego, in Dei nomine, Unfredus et uxor mea Offecia, pro filio nostro nomine Duranto, quem monachum esse volumus in ecclesia Sancti Martini Saviniacensis, quam regit domnus abbas Hugo, donamus, in villa Montaniaco, mansum unum et quicquid ad ipsum aspicit, usque in exquisitum, et in eadem villa, vineam unam; item in villa Leviaco, curtilum unum et vineam et quicquid ad ipsum aspicit; item donamus quasdam res in villis his nominibus, videlicet in villa quæ dicitur ad Ulmos, mansum unum et quicquid ad ipsum aspicit, et in villa quæ dicitur Tassiacus, curtilum unum cum vircaria et vinea usque in exquisitum. S. Arlulfi. S. Belli Hominis. S. Andreæ.

---

[1] M. et C. *Ayminus.* — [2] M. et C. *sextarios.*

S. Achardi[1]. S. Arrici. Data per manum Joannis, regnante Rodulfo rege.

### 502.
#### DE MANSO AD FENESTRAS.

Ego Arricus dono ecclesiæ Sancti Martini Saviniacensis, ubi domnus abbas Hugo præest, de rebus meis in pago Lugdunensi, in agro Forensi, in villa quæ dicitur ad Fenestras : hoc est mansum unum, cum vircaria et prato et terra culta et inculta. S. Otgerii. S. Silvii. S. Arrici. Data per manum Joannis, regnante Rodulfo rege.

*1000 circa.*

### 503.
#### DE CURTILO IN VALLIS.

Sanctæ Saviniacensi ecclesiæ, cui præest domnus Hugo abbas, Ego Hugo et uxor mea Girbergia dono curtilum unum cum vinea et vircaria et quicquid ad ipsum aspicit, in pago Lugdunensi, in agro Tarnantensi, in villa quæ dicitur Vallis. S. Unfredi. S. Ayni. S. Pontionis. S. Milonis. S. Gunduini. Data per manum Adalberti, regnante Rodulfo rege.

*1000 circa.*

### 504.
#### DE MANSO ET CURTILO IN MADISIO.

Ego Madalgaudus dono, de rebus meis, ad ecclesiam Sancti Martini Saviniacensis, quam domnus abbas Hugo regit, dimidium mansum cum curtilo et prato et vircaria, et terra arabili, et quicquid ad ipsum mansum aspicit, qui est in pago Lugdunensi, in valle Bevronica, in villa quæ dicitur Madisius[2]. S. Eribaldi. S. Arnulfi. S. Duranti. S. Arnoldi. S. Pontionis. Data per manum Andreæ, regnante Rodulfo rege.

*1000 circa.*

### 505.
#### DE VINEA IN MILLIACO.

Nos, in Dei nomine, Vualterius[3], vuadiator Rotlanni, et frater ejus

*1000 circa.*

---

[1] P. *Archardi*. — [2] M. et C. *Madusius*. — [3] M. L. et C. hic et infra *Valterius*.

Pontius, et Iterius, et soror ejus Ricburgis, donamus, pro anima ejusdem, ecclesiæ Sancti Martini Saviniacensis, cui præest domnus abbas Hugo, vineam unam quæ est in pago Lugdunensi, in valle Bevronensi, in villa quæ dicitur Milliacus. S. Vualterii. S. Pontii. S. Iterii. S. Ricburgis. S. Vrucii. Data per manum Iterii levitæ.

### 506.

#### DE VINEA ET CAMPO IN PONTIS VILLA.

1000 circa.

Sanctæ Saviniacensi ecclesiæ Beati Martini, cui domnus abbas Hugo præest, Ego Ermendradus, cum uxore mea Theotbergia, dono tres algias de vinea et campum unum in pago Lugdunensi, in agro vallis Muriacensis [1], in villa Pontis. S. Martini. S. Rotberti. S. Macharii [2]. S. Evrardi.

### 507.

#### DE TERRA IN MONTE MAGNIACO.

1000 circa.

Ego Bono dono de rebus fratris mei Lindeverti, jussu ipsius, ad ecclesiam Sancti Martini Saviniacensis, quam domnus Hugo abbas regit : hoc est de terra arabili sex sextariadas, in pago Lugdunensi, in agro Tarnantensi, in monte Magniaco.

### 508.

#### DE VINEA IN CHIVENNACO.

1000 circa.

Ego Aalannus vendo, de hæreditate mea, vineam unam monachis Sancti Martini Saviniacensis monasterii, ubi domnus abbas Hugo præest, et accipio ab eis solidos sexdecim ; et est sita ipsa vinea in pago Lugdunensi, in villa quæ vocatur Chivennacus.

### 509.

#### DE CURTILO IN LOCO QUI DICITUR VILLA.

1000 circa.

In Dei nomine, Ego Archrinus [3], consentiente filio meo Arnoldo,

---

[1] M. *agro Muriacensi.* — [2] L. *Marcarii.* M. et C. *Marcharii.* — [3] M. L. et C. hic et infra *Archrimus.*

dono curtilum unum cum vircaria, in pago Lugdunensi, in agro Tarnantensi, in loco qui dicitur Villa, ad ecclesiam Sancti Martini Saviniacensis, quam domnus abbas Hugo regit. S. Archrini. S. Arnoldi. S. Arperti. S. Johannis. S. Richardi.

### 510.
#### DE MANSO IN POLOMIACO.

Sanctæ Saviniacensi ecclesiæ, ubi præest domnus abbas Hugo, Ego Teudegrinus[1] et uxor mea Radissendis, pro filio nostro Ragnaldo, quem tradimus ibi in monachum, donamus, de rebus nostris, in pago Lugdunensi, in agro Tarnantensi, in villa quæ vocatur Polomiacus, mansum videlicet unum cum vircaria, et prato, et saliceto, et terra arabili, et quicquid ad ipsum mansum aspicit; donamus et campum unum in eadem villa; donamus quoque mansum unum in valle Bevronica, in villa cui nomen est Adolsconetus; donamus etiam alium mansum in villa cujus vocabulum est Savonatis. S. Hugonis. S. Milonis. S. Teudegrini. S. Duranti. S. Arrici.

1000 circa.

### 511.
#### DE DUOBUS CAMPIS IN LIVIACO.

Ego Caballarius dono Deo et Sancto Martino Saviniacensi, coram domno abbate Hugone, de rebus meis, in pago Lugdunensi, in agro Fluriacensi, in villa quæ dicitur Liviacus : hoc sunt duo campelli et duæ particulæ de vinea. S. ejusdem Caballarii, et Asterii presbiteri.

1000 circa.

### 512.
#### DE VINEA IN CELSIACO.

Nos Ubertus et uxor mea Gula vendimus domno abbati Hugoni et monachis Sancti Martini Saviniacensis, de hereditate nostra, in agro Fluriacensi, in Celsiaco villa, vineam unam, accipientes ab eis solidos viginti quinque, et in eorum jus perpetuo transfundimus possidendam.

1000 circa.

[1] P. *Theudegrinus.*

### 513.

#### DE CLAUSO IN PREVENCHERIIS [1].

1000 circa.

In Dei nomine, Nos Justus, Rotlannus et Amalfredus[2], vuadiarii Duranti, donamus de rebus ipsius clausum unum, pro anima ejus, ad ecclesiam Sancti Martini Saviniacensis, ubi domnus Hugo abbas præesse videtur : est ipsa vinea sita in pago Lugdunensi, in valle Bevronensi, in villa quæ vocatur Prevencherias.

### 514.

#### DE TRIBUS CURTILIS IN ROSSONTI[3] VILLA.

1000 circa.

Nos, in Dei nomine, Bladinus et Boso[4] donamus, de rebus nepotum nostrorum Rotberti et Silvii, ad ecclesiam Sancti Martini Saviniacensis, quam regit domnus abbas Hugo, quæ sunt in pago Lugdunensi, in valle Bevronica, in villa nomine Rossonte : hoc est curtili tres cum vircariis, campis, pratis, salicetis atque silva, et quicquid ad ipsos pertinet.

### 515.

#### DE DIMIDIO MANSO IN LESTRADA.

1000 circa.

Ego, in Dei nomine, Gauzerannus do ecclesiæ Sancti Martini Saviniacensis, cui præest domnus abbas Hugo, dimidium mansum qui est situs in pago Lugdunensi, in agro Forensi, in villa quæ dicitur Sancti Martini ad Lestrada, et quicquid ad ipsum dimidium mansum aspicit.

### 516.

#### DE REBUS IN BESSENNACO.

1000 circa.

Ego Teudogrinus concedo Sancto Martino de Saviniaco, coram domno abbate Hugone, de rebus meis, quæ sunt sitæ in pago Lugdunensi, in agro Bessennacensi[5].

---

[1] M. *Pervencheriis*.
[2] M. *Almafredus*.
[3] P. *Rossoni*.
[4] P. *Bozo*. Hi duo fratres nominati sunt in c. 152, 156, 408.
[5] P. *Bessenacensi*.

## 517.

#### DE CAMPO IN PRATO LONGO.

Sanctæ Saviniacensi ecclesiæ Beati Martini, ubi domnus abbas Hugo præest, Ego Durantus dono, pro anima matris meæ, vineam unam et campum unum arabilem, qui sunt in pago Lugdunensi, in agro Forensi, in villa quæ vocatur Pratus Longus.

*1000 circa.*

## 518.

#### DE CURTILO ET MANSIS IN DIVERSIS LOCIS.

In Dei nomine, Nos Girinus et mater mea Ingelana donamus Sancto Martino Saviniacensi, coram domno Hugone abbate, in pago Lugdunensi, in agro Forensi, in villa quæ vocatur Puteus, mansum cum curtilis, vircariis, campis, pratis, et quicquid ibi mihi advenire debet; et in Gincennaco, curtilum unum cum orto et vircaria, et quodcumque in ipsa villa mihi advenit, in mansis, curtilis, campis, pratis, silvis et dimidio molendino; et in Cusiaco, dimidium mansum et curtilum unum, et quidquid ad ipsos aspicit, cum franchisia; et in Choons, dimidium mansum, et curtilum cum vircaria, campis et prato indominicato, et curtilum unum cum orto et vircaria, et quidquid ibi aspicit. Ego quoque Ingela dono, in Brugillo Iis, curtilum unum cum orto et vircaria, et aliquid de vinea, et aliquid de saliceto et prato; et in Boscalatis, pratum unum indominicatum et molendinum unum. Aliud vero quodcumque in ipsa villa habeo, id est mansum unum et franchisiam, quamdiu vivo, mihi reservo; post obitum vero meum, in dominio Sancti Martini perveniat. Et in agro Gofiacensi, in villa Santilliaco, curtilos duos cum vineis similiter dono.

*1000 circa.*

## 519.

#### DE TRIBUS CURTILIS IN SARSAY.

Ego Unfredus, cum uxore mea Offecia, dono ad ecclesiam Sancti Martini Saviniacensis, quam domnus abbas Hugo regit, de rebus meis quæ nobis jure legis adveniunt, id est curtilos tres, cum vineis, cam-

*1000 circa.*

pis, pratis, silvis, exitibus et reditibus[1], et quicquid ad ipsos aspicit, excepta franchisia. Sunt autem res ipsæ sitæ in pago Lugdunensi, in agro Tarnantensi, in villa quæ dicitur Sarsaycus. S. Arrici presbiteri. S. Agelmodi. S. Stephani. S. Arrulfi. S. Bergundæ[2]. S. Aymonis. S. Vuidaldi. Data per manum Aribaldi monachi, mense Maio, die Sabbati.

### 520.

#### DE VINEA IN BRULLIOLIS[3].

1000 circa.   Sanctæ Saviniacensi ecclesiæ Beati Martini, ubi domnus Hugo abbas præest, Ego Stephanus et uxor mea Girbergia tradimus filium nostrum Humbertum[4] ad serviendum Deo in eadem ecclesia; et donamus pro eo vineam unam et unum cambonem in pago Lugdunensi, in valle Bevronica, in villa de Brulliolis. S. Arenci. S. Adalardi[5].

### 521.

#### DE ECCLESIA SANCTÆ MARIÆ IN BISBOCH.

1000 circa.   Ego, in Dei nomine, Gerardus presbiter, relinquens hoc seculum, et sub regula vivere cupiens in monasterio Saviniacensi Beati Martini, ubi præest domnus Hugo abbas, concedo res quas possideo : hoc est medietatem capellæ Sanctæ Mariæ in villa quæ dicitur Bisboch, et quicquid ad ipsam medietatem, de hæreditate mea, pertinet. Item dono, in eadem villa medietatem vineæ. S. Rotlanni. S. Arnulfi. S. Duranti. S. Adalmanni. S. Christianæ. Data per manum Joannis monachi, nonis Aprilis, die sextæ[6] feriæ.

### 522.

#### ITEM UNDE SUPRA.

1000 circa.   Ego, in Christi nomine, Laydredus[7] presbiter, consentientibus fratribus meis Rostagno, Arnulfo et Azelino[8], dono, de hæreditate mea,

---

[1] P. *redditibus.*
[2] M. *Bergondæ.*
[3] P. *Brailollis,* et infra *Bruliollis.*
[4] M. et C. *Umbertum.*
[5] M. *Adaraldi.*
[6] M. *Sexta.*
[7] M. *Faydredus.*
[8] M. et C. *Atzelino.*

ecclesiæ Sancti Martini Saviniacensis, cui præest domnus Hugo abbas : hoc est dimidiam ecclesiam Sanctæ Mariæ in villa quæ dicitur Bisboch, et quicquid ad ipsam medietatem aspicit[1], cum omnibus terris quæ ad ipsam ecclesiam aspiciunt; et dono similiter curtilum indominicatum cum orto, et vinea, et saliceto. Dono etiam vineam quæ est juxta vineam quam Christiana dedit filio suo Girardo.

### 523.

#### DE SARSAY VILLA.

In Dei nomine, Ego Unfredus, et uxor mea Offezia, dono Beato Martino Saviniacensi, coram domno Hugone abbate, franchisiam in villa de Sarsayo[2], et quicquid in ipsa villa et in fine visus sum habere.

1000 circa.

### 524.

#### DE ECCLESIA SANCTI MAURITII IN CHAMBOSCO[3].

Sanctæ Saviniacensi ecclesiæ, cui præest domnus Hugo abbas, Ego Vuichardus, cum uxore mea cui nomen est Eymodis[4], dono de rebus meis quæ sitæ sunt in pago Lugdunensi, in agro Exartipetriacensi[5], in villa Cambosco[6] : hoc est ecclesia quæ est constructa in honore sancti Mauricii, cum suo presbiteratu et parrochia et omni decimatione, ut semper sit ad mensam fratrum a die presenti et deinceps. S. Vuichardi et fratris ejus Stephani. S. Vuigonis. S. Milonis. S. Saliconis.

1000 circa.

### 525.

#### DE DUOBUS CURTILIS IN SAUGNATIS.

Ego, in Christi nomine, Amaldricus, pro sepultura uxoris meæ Dulcismæ, dono ecclesiæ Beati Martini Saviniacensis, ubi præest domnus Hugo abbas, duos curtilos in agro Fluriacensi, in villa quæ dicitur

1000 circa.

---

[1] Desunt voces *et quicquid ad ipsam medietatem aspicit* in M. et C.

[2] L. *Sarsaico*. M. et C. *Sarsayco*.

[3] M. et C. *Sancti Mauricii in Chambosc*.

[4] P. *Aymodis*.

[5] L. *Exartipetracensi*.

[6] M. et C. *Camboscho*.

Saugnatis; unus curtilus est cum orto, et vircaria, et vinea, et terra arabili; alius est cum solo orto et vircaria.

### 526.

#### DE CURTILO IN MILLIACO.

1000 circa. Ego, in Dei nomine, Pontius et uxor mea Ingelbergia[1] donamus, de rebus nostris, ad ecclesiam Sancti Martini Saviniacensis, quam domnus Hugo abbas regit : hoc est curtilum unum cum vineis et terra arabili, et aliquid de prato et saliceto, qui est in pago Lugdunensi, in valle Bevronica, in villa quæ dicitur Milliacus. S. Pontii, qui cartam istam fieri et firmari rogavit. S. uxoris ejus Ingelbergiæ.

### 527.

#### VUIRPITIO.

1000 circa. Notum sit omnibus tam præsentibus quam futuris qualiter domnus abbas Hugo, et omnis congregatio Sancti Martini Saviniacensis, querelam habuit contra Gauzerannum, fratrem suum, de quadam terra quæ est sita in comitatu Rodonensi, in villis nomine Arciaco et Campaniaco; quam ego conjux ejus, nomine Richoara, post mortem ejus tenens, pro amore Dei et pro redemptione animæ meæ, et Gauzeranni, viri mei, vuirpitionem facio, una cum filio meo Artaldo, ea ratione ut, a die præsenti, recipiant rectores supradictæ ecclesiæ omnia usque in exquisitum, et faciant ex eis quidquid voluerint; et accipio ab eis triginta solidos.

### 528.

#### DE VINEA IN LIVIACO.

1000 circa. Sanctæ Saviniacensi ecclesiæ, ubi domnus Hugo abbas præest, Ego Engelbertus[2] dono de vinea cameras quatuordecim et de terra arabili campum unum, in pago Lugdunensi, in agro Fluriacensi, in villa quæ dicitur Liviacus, et quicquid ibi visus sum habere usque *in exquisitum.*

[1] M. hic et infra *Ingelvergia.*     [2] M. *Angelbertus.*

## 529.

#### DE CURTILO IN MAGNIACO.

Ego Udulricus dono ad ecclesiam Sancti Martini Saviniacensis, quam domnus Hugo abbas regit, curtilum unum cum orto, et vircaria, et vinea, et saliceto, et uno campo arabili, in pago Lugdunensi, in agro Tarnantensi, in villa de Magniaco. S. ejusdem Udulrici. S. Elisendis, uxoris ejus, et Duranti, filii eorum. S. Acfredi. S. alterius Duranti.

1000 circa.

## 530.

#### DE TERRIS IN BISBOCH.

Ego Durantus et uxor mea Adeltrudis donamus ecclesiæ Sancti Martini Saviniacensis, cui præest domnus Hugo abbas, de rebus meis, in pago Lugdunensi, in valle Bevronica, in villa quæ dicitur Bisboch : hoc est partem vineæ. S. Duranti. S. Laydredi[1]. S. Rostagni. S. Adeltrudis.

1000 circa.

## 531.

#### ITEM DE LIVIACO.

In Christi nomine, Ego Ingelbertus[2] dono Sancto Martino Saviniacensi, coram domno Hugone abbate, vineam unam cum campis et saliceto, in agro Fluriacensi, in villa Liviaco nomine.

1000 circa.

## 532.

#### DE CAMPIS IN ORIACO.

Sanctæ Saviniacensi ecclesiæ, ubi domnus abbas Hugo præest, Ego Engela[3], uxor quondam Asterii, dono, in pago Lugdunensi, in agro Forensi[4], in villa nomine[5] Oriacus, campos et pratos valentes dimidium mansum.

1000 circa.

---

[1] M. L. et C. *Laydradi.*
[2] M. *Angelbertus.*
[3] M. *Angela.*
[4] M. male *Florensi.*
[5] M. et C. *cui nomen est.*

## 533.

#### VUIRPITIO ARTALDI.

11 Jul. 992.  In Dei nomine, Ego Artaldus, pro amore Dei et pro remedio animæ meæ et patris mei Hugonis, vuirpitionem facio ex quadam hereditate quæ est sita in pago Lugdunensi, in comitatu Rodonensi, in villis his nominibus Arciaco et Campaniaco, quam quondam quædam nobilis fœmina, Emmena nomine, dedit ecclesiæ Sancti Martini Saviniacensis, pro animabus seniorum suorum Bernardi et Hugonis, quam aliquando pater meus Hugo injuste monasterio abstulit. Ego igitur Artaldus, cum consilio fidelium meorum, reddo eidem ecclesiæ, ubi Hugo abbas præest, quidquid in supradictis villis possidere videor, sicut in cartis nostris scriptum continetur usque ad exquisitum, excepto uno manso et uno prato quem in vita mea in usu fructuario retineo; et accipio ab eis, ex rebus Sancti Martini, cupas duas argenteas et vestimentum unum ad missam canendam, et equos duos et sexaginta solidos. S. Artaldi, qui vuirpitionem istam scribi jussit. S. Aynonis. S. Vuigonis. S. Duranti. S. Ragnerii. Data per manum Joannis monachi, quinto idus Julii, feria secunda, regnante Hugone, rege Francorum.

## 534.

#### DE CURTILO IN ANDARII MONTE.

1000 circa.  Sanctæ Saviniacensi ecclesiæ Beati Martini, cui præest domnus Hugo abbas, Ego Udulricus presbiter dono, in pago Lugdunensi, in agro Tarnantensi, in villa quæ dicitur mons Andarius[1], curtilum unum cum vircaria et vinea, campis, pratis et arboribus. S. Leutherii. S. Arbulfi. S. Teutgrini. S. Constantii. S. Turimberti. Data per manum Gotesmanni monachi.

## 535.

#### DE CABANNARIA IN COLUMBERIO.

1000 circa.  Ego Volvardus[2], cum uxore mea Allica[3], dono ad ecclesiam Sancti

[1] P. *Andariacus*. — [2] L. *Votvardus*. — [3] M. L. et C. *Albia*.

Martini Saviniacensis, quam domnus Hugo abbas regit, de rebus meis quæ sunt in agro Forensi, in villa de Columbario : hoc est cabannaria una cum orto, et vircaria, et prato, et terra arabili. S. ejusdem Volvardi, qui fieri et firmari rogavit.

### 536.

#### DE CURTILO IN VERSENNACO.

In Dei nomine, Ego Pontius et uxor mea Adalgardis, et Arricus, frater meus, tradimus filium nostrum Iterium ad serviendum Deo in monasterio Sancti Martini Saviniacensis, in quo præest domnus Hugo abbas, et donamus pro eo curtilum unum in pago Lugdunensi, in agro Fluriacensi, in villa de Versennaco, cum vircaria et vineis, et quicquid ad ipsum curtilum aspicit; et in alio loco, campum unum qui vocatur Genevredus.

*1000 circa.*

### 537.

#### DE CURTILO IN CHIVINNACO.

Sanctæ Saviniacensi ecclesiæ Beati Martini, ubi domnus abbas Hugo præest, Ego Hugo et uxor mea Vualburgis donamus curtilum unum cum vircaria, et vinea, et prato, qui est situs in valle Bevronica, in Chivinnaco villa.

*1000 circa.*

### 538.

#### DE VINEA IN CELSIACO.

Ego, in Dei nomine, Anno presbiter concedo vineam unam cum vircaria ad ecclesiam Sancti Martini Saviniacensis, quam domnus Hugo abbas regit, quæ est in agro Fluriacensi, in villa quæ dicitur Celsiacus. S. Gauzonis. S. Rostagni. S. Ingelberti. S. Rotlanni. Data per manum Joannis monachi.

*1000 circa.*

### 539.

#### DE CURTILIS IN AVELGO.

Ego, in Dei nomine, Hugo concedo Sancto Martino Saviniacensi,

*1000 circa.*

coram domno abbate Hugone, in agro vallis Bevronicæ, id est in Avelgo villa, quantum ibi visi sumus habere, videlicet curtilos cum vircariis, campis, pratis, silvis, aquis, aquarumque decursibus usque in exquisitum, et in Villabona[1], vineam unam. S. ejusdem Hugonis et Dignerti[2], filii ejus. S. Theotgrini. S. Gausmari. S. Silvii. S. Uperti.

### 540.
COMMUTATIO RERUM INTER HUGONEM ET HILDEBERTUM ABBATES.

985 circa.

Placuit atque convenit inter domnum Heldebertum, insulæ Barbaricæ abbatem, et ejusdem loci congregationem, necnon et ab alia parte domnum Hugonem, Saviniacensis ecclesiæ abbatem, suamque congregationem, ut inter se aliquas terras congruis locis commutare deberent, quod et fecerunt. Donat itaque jam dictus Hildebertus abbas et cuncta congregatio sub eo degens, pro hoc quod accipiunt, partibus Sancti Martini Saviniacensis, coloniam unam sitam in pago Lugdunensi[3], in agro Fluriacensi, in villa quæ dicitur Appinnacus[4], cum vineis, campis, silvis et quicquid ad ipsum aspicit, usque in exquisitum; et in villa de Bulliaco, curtilum unum cum vircaria, et vinea, et terra arabili, et plantarium, quod Bonus Filius ædificavit, et omnia quæcumque habentur, usque in Versennacum et fine de Talarudis villa, et revertitur Turdina aqua currente. Infra hos fines, totum ad integrum, pro hoc quod accipiunt, donant atque commutant. Similiter donant domnus Hugo abbas et cuncta congregatio Sancti Martini Saviniacensis, partibus Sancti Martini insulæ Barbaricæ, pro hoc quod accipiunt, illas res quæ sunt in pago Lugdunensi, in villa quæ dicitur Rialiacus : hoc est mansum unum cum vineis, campis, terra culta et inculta, exiis et regressis, et quicquid Sanctus Martinus in ipsa villa habere videtur. Infra hos fines, totum ad integrum donant atque commutant predictæ congregationes, ea ratione ut faciant tam prædictæ congregationes quam successores eorum, de his quæ inter eos commutata sunt, quicquid facere voluerint. S. domni Heldeberti abbatis.

[1] M. et C. *Villabono;* in marg. *Villaboni.*
[2] M. *Digiverti.* C. *Diguierti.*
[3] Deest *in pago Lugdunensi* in M. P. et C.
[4] C. *Apinnacus.*

S. Aremberti. S. Benedicti. S. Renconis. S. Vuarnerii. S. Vualdini. S. Vuitberti. S. Artaldi[1]. S. domni Hugonis abbatis. S. Leotardi. S. Duranti. S. Rotbaldi. S. Raimundi. S. David. S. Gundulfi[2]. S. Tetberti.

### 541.

#### DE MARLIACO VILLA.

Sanctæ Saviniacensi ecclesiæ Beati Martini, cui præest domnus Hugo abbas, Ego Itbertus, dono quidquid in Marliaco villa visus sum habere usque ad inquisitum.

1000 circa.

### 542.

#### DE DIMIDIO MANSO IN CAVANEROSO.

Sanctæ Saviniacensi ecclesiæ Beati Martini, ubi domnus Hugo abbas præest, Ego, in Dei nomine, Jarento, dono de hæreditate mea, in pago Lugdunensi, in villa quæ dicitur Cavanerosum, dimidium mansum et alium curtilum in eadem villa, et quicquid ad ipsum aspicit. S. Gerini. S. Jarentonis. S. Aymini et alterius Aymini. Data per manum Iterii monachi.

1000 circa.

### 543.

#### DE CAMPIS IN BALEUSA.

Ego, in Dei nomine, Otbertus[3], concedo ad ecclesiam Sancti Martini Saviniacensis, quam domnus abbas Hugo regit, quicquid ex paterna et materna hæreditate advenit in campis, pratis, arboribus, exitibus et reditibus : est autem hoc situm in pago Lugdunensi, in agro Tarnantensi, in villa quæ dicitur Baleusa.

1000 circa.

### 544.

#### DE CAMPO IN SOLOBRO.

Ego Grimardus concedo Sancto Martino Saviniacensi, coram abbate

1000 circa.

---

[1] M. *Altardi*. — [2] M. et C. *Gondulfi*. — [3] M. *Etbertus*.

Hugone, de rebus meis, in pago Lugdunensi, in agro Solobrensi, campum unum. S. Rotboldi presbiteri. S. Constantii. S. Arlulfi. S. Rotborni. S. Andreæ.

## 545.

### DE DUOBUS CURTILIS IN MONTE POLINO.

1000 circa.

Sanctæ Saviniacensi ecclesiæ Sancti Martini, Ego Daniel levita dono, in Monte Aureo, in loco qui vocatur Mons Polinus, curtilos duos cum mansionibus et ortis, et vircariis, et vineis; et in alio loco, vineam cum aliquid de terra; et iterum in alio loco, vineam unam et curtilum unum, et juxta ipsum quinque algias de vinea. Hæc omnia concedo Deo et Sancto Martino, per manum domni Hugonis abbatis. S. Girardi[1], Amblardi et Bernardi, qui consenserunt. S. Amalgisi. S. Adraldi. S. Rotberti. S. Rotardi. S. Vuilberti. Data per manum Gerberni monachi.

## 546.

### DE TIRNIACENSI MONASTERIO.

1000 circa.

In nomine Sanctæ Trinitatis, Ego Teutardus[2], quamvis indignus, clericus, qui videor esse procurator juris proprii, monasterium Tirniacense, constructum in honore Domini Salvatoris et sancti Simphoriani martiris, cum minime per se ipsum statuere potuissemus, secundum propositum ordinem religionis, tamen, causa proficiendi, adnectere[3] eum cupimus ad monasterium Sancti Martini Saviniacensis, ubi domnus Hugo abbas jura regiminis regulariter tenet, cum cæteris fratribus ibidem consistentibus, ut per ipsorum adjutorium sive consilium consequi valeat fructum boni operis, secundum consuetudinem monasticam et religionis ordinem; et ego ultranea voluntate hoc confirmo, ut perfectum et stabile omni tempore permaneat nobis in mercedis augmentum et genitoribus meis, et consanguineis, et omnibus fidelibus in sanctam ecclesiam consistentibus. Si quis

---

[1] M. L. et C. *Gerardi.* — [2] M. L. et C. *Theutardus.* — [3] P. *adnectare.*

vero, quod facturum minime credimus, et ulla opposita persona hanc firmam causam inquietare voluerit, nunquam valeat consequi quod petit, sed æternis sit pœnis deputatus et a sanctorum societate separatus.

### 547.
#### DE VINEA IN CURCIACO.

Sanctæ Saviniacensi ecclesiæ Beati Martini, Ego Firminus et uxor mea Maria concedimus, de rebus nostris, in pago Lugdunensi, in agro Gofiacensi, in villa quæ dicitur Curciacus, vineam unam et terram arabilem. S. Joannis. S. Constantii. S. Aymonis. S. Acroardi. S. Ademari. Otgerius scripsit, mense Januario, die Sabbati.

1000 circa.

### 548.
#### DE VINEA IN BIDINO VILLA.

Ego, in Christi nomine, Berengarius senex dono ad ecclesiam Sancti Martini Saviniacensis, ubi domnus Hugo abbas præest, de vinea tres algias et de terra arabili capiente sementis duos quartallos, quæ sunt in agro Gofiacensi, in villa quæ dicitur Bidinus. S. Otgerii presbiteri. S. Achardi. S. Rotberti. S. Bartholomei. S. Bernerii. Otgerius scripsit, Novembri mense, feria sexta.

1000 circa.

### 549.
#### DE CURTILO IN SAYNATO.

Sanctæ Dei ecclesiæ Sancti Martini Saviniacensis, cui domnus abbas Hugo præest, Ego Otgerius sacerdos, pro remedio animæ meæ et matris meæ Gombergiæ et fratris mei Stephani presbiteri, sive omnium parentum meorum, dono aliquid ex rebus meis quæ sunt in agro Gofiacensi, in fine de Saynatis villa : est autem curtilus unus indominicatus cum orto et vinea, et aliquid de terra arabili, et juxta ipsum curtilum campum unum. S. ejusdem Otgerii. S. Benedicti, nepotis ejus. S. Danielis, consanguinei ejus. S. Bertini similiter. S. Adraldi vicarii. S. Ardradi. S. Hugonis, filii ejus. Data per manum Gerberni

Nov. 999.

monachi, mense Novembri, feria tertia, quando congregatio clericorum et laycorum[1] sive nobilium fœminarum matronarum, sub appellatione Fraternitatis, in domo ipsius Otgerii coadunata epulabatur, anno sexto regni Rodulfi, filii Conradi.

### 550.

##### DE CURTILO IN VERSENNACO.

1000 circa.   Ego, in Dei nomine, Upertus et uxor mea Adalsendis tradimus filium nostrum Durantum in monasterium Sancti Martini Saviniacensis, quod domnus abbas Hugo regit, et donamus pro eo in Versennaco villa curtilum unum cum vircaria, et vinea, et terra arabili; et in villa de Appinnaco[2], vineam unam; et in agro Gofiacensi, in villa Maiernatis, mansum unum cum vircariis, campis, pratis et quicquid ad ipsum mansum aspicit. S. Bladini. S. Almanni. S. Acfredi. S. Unfredi. S. Bernonis. Data per manum[3] Aribaldi, mense Aprili, feria quinta, regnante Rodulfo rege.

### 551.

##### DE CURTILO IN SOZIACO.

1000 circa.   Sanctæ Dei ecclesiæ Beati Martini Saviniacensis, cui domnus abbas Hugo præest, Ego Gotafredus presbiter dono, de hæreditate mea, quæ est in agro Gofiacensi, in villa Soziaco : hoc est curtilum unum cum vircariis, vineis, campis et silvis, et quicquid in ipsa villa visus sum habere, sive de hæreditate, sive de conquisito. S. ejusdem Gotafredi. Data per manum Arnaldi levitæ, die Sabbati, regnante Rodulfo rege.

### 552.

##### DE VINEA IN BEDINA.

1000 circa.   Domno Hugoni abbati et monachis Sancti Martini Saviniacensis, Ego Siffredus et uxor mea Leoteldis vendimus vobis, de hæreditate nostra, in agro Gofiacensi[4], in villa quæ dicitur Bedina, duas algias de

---

[1] M. et C. *laicorum.*  
[2] M. et C. *Apinnaco.*  
[3] M. et C. *manus.*  
[4] M. et C. hic et infra *Goffiacensi.*

vinea, et accipimus a vobis solidos quinque. S. Acmonis presbiteri. S. Girini. S. Laydredi[1]. S. Rotberti. S. Gotolendæ. Otgerius scripsit, mense Octobri, feria quarta.

### 553.
#### DE CURTILO IN CURCIACO [2].

Ego, in Dei nomine, Bladinus concedo Sancto Martino de Saviniaco et Sancto Petro de Mornanto, coram domno abbate Hugone, in agro Gofiacensi, in villa quæ dicitur Lodiscus, curtilum unum cum orto et vinea et vircaria, et in villa quæ dicitur Curciacus dono vineam quam de Seguino[3] conquisivi.

*1000 circa.*

### 554.
#### DE TRIBUS MANSIS IN FISCO.

Ego Rotlannus, tradens meipsum in servitium Dei, in ecclesiam Sancti Martini Saviniacensis, quam domnus abbas Hugo regit, dono de rebus meis, quæ sunt in pago Lugdunensi, in agro Forensi, in villa cujus vocabulum est Fiscus, mansos tres cum vircariis, pratis, campis; et in villa quæ dicitur Argenteria[4], mansum unum, et in agro Gofiacensi, in loco qui dicitur Florentinianus, unum curtilum cum vircariis, pratis, campis, silvis.

*1000 circa.*

### 555.
#### DE DUOBUS CURTILIS IN LUCIONI VILLA.

In Christi nomine, Ego Girbertus presbiter dono ecclesiæ Sancti Martini Saviniacensis, cui præest domnus Hugo abbas, curtilos duos cum ortis, vineis, vircariis et terra arabili, qui sunt in pago Lugdunensi, in agro Gofiacensi, in villa quæ dicitur Lucionis. S. Leidradi. S. Constantii. S. Ramerii. S. Acmonis[5]. S. Girini. Otgerius scripsit, mense Decembri, feria tertia, regnante Rodulfo rege.

*1000 circa.*

---

[1] M. et C. *Laidredi.*
[2] BM. *Surciaco?*
[3] M. *Siguini.*
[4] M. *Arjentaria.* C. *Arjenteria.*
[5] P. *Acnionis.*

## 556.

**DE MANSO IN MONTANIACO.**

30 Nov. 1002? Sanctæ Saviniacensi ecclesiæ Beati Martini, cui præest domnus abbas Hugo, Nos Sievertus et Durantus donamus, de hæreditate Almanni, pro anima ejus et sepultura, et pro annuali ipsius; quæ videlicet hæreditas est sita in pago Lugdunensi, in agro Forensi, in villa quæ vocatur Montaniacus : hoc est mansus unus et quicquid ad ipsum aspicit; et in villa Frasneto[1] dimidium mansum et quicquid ad ipsum aspicit; et in villa quæ dicitur Cavanerosus[2], curtilum unum cum appenditiis suis. S. Sieverti et Duranti, qui firmare rogaverunt. Data per manum Iterii monachi, secundo calendas Decembris, luna decima octava.

## 557.

**DE CAMPO AD DUAS OLCHAS.**

1000 circa. In Christi nomine, Ego Barnoenus dono ad ecclesiam Sancti Martini Saviniacensis, quam domnus abbas Hugo regit, campum unum in pago Lugdunensi, in agro Forensi, in villa quæ vocatur [ad] Duas Olchas. S. Ratberti. S. Theodranni[3]. S. Rotlanni. S. Dodonis. Data per manum Iterii, mense Februario, die Sabbati.

## 558.

**DE CAMPO IN CAMBETDONI VILLA.**

1000 circa. Sanctæ Saviniacensi ecclesiæ Beati Martini, cui domnus abbas Hugo præest, Ego Arbaldus[4] et uxor mea Ingelbergia[5] donamus pratum unum in pago Lugdunensi, in agro Forensi, in fine de Cambetdoni villa. S. Arlulfi. S. Duranti. S. Bernardi. S. Vuarnonis[6]. S. Arnaldi. Ego Bernardus scripsi, mense Aprili, die Sabbati.

---

[1] M. et C. *Frasnedo.*
[2] C. *Cavancrosus.*
[3] C. *Teodranni.*
[4] Vid. ch. 332, in qua sunt iidem donatores, sed sub Gausmaro abbate, anno trigesimo regni Conradi, datam.
[5] M. L. et C. *Ingelberga.*
[6] M. *Varnonis.*

559.

DE CAMPO IN CASELLIS.

Ego, in Dei nomine, Ayndricus, pro anima filii mei Gosberti, concedo ecclesiæ Sancti Martini Saviniacensis, cui domnus abbas Hugo præest, campum unum et vineam unam, quæ sunt in agro Forensi, in villa quæ vocatur Casellas. S. Ayndrici, qui fieri rogavit. S. Eldini, filii ejus. S. Raynulfi.

1000 circa.

560.

DE CAMPO AD DUAS OLCHAS.

Ego Pontius dono ad ecclesiam Beati Martini Saviniacensis, quam domnus abbas Hugo regit, campum unum et pratum unum, in agro Forensi, in villa quæ dicitur [ad] Duas Olchas. S. Rotbaldi et Auranni[1], sacerdotum. S. Abonis. S. Pontiani. S. Vuidoldi.

1000 circa.

561.

DE CAMPO IN NERCIEO[2].

In Christi nomine, Ego Vuarnonus et Ermensendis, domno Hugoni, abbati Sancti Martini Saviniacensis, et cæteris monachis, vendimus campum unum qui est in pago Lugdunensi, in agro Forensi, in fine de Nercieo villa, et accipimus ab eis pretium valentem solidos viginti. S. Rotbaldi sacerdotis. S. Erdeverti. S. Rainnulfi. S. Raimberti. S. Theotdrandi[3]. Et ego Bernardus scripsi, mense Aprili, feria quinta, anno quadragesimo regni Conradi[4].

April. 986?

562.

DE TERRA IN SPELEVO.

Sanctæ Saviniacensi ecclesiæ Beati Martini, ubi domnus Hugo ab-

1000 circa.

---

[1] M. et C. *Aurani*.
[2] P. *Nercieio*.
[3] L. *Theotbrandi*.
[4] Hæc subscriptio mendosa videtur, nam quadragesimo anno regnantis Conradi præerat abbas Gausmarus. Quemcumque profecto numerum omisit amanuensis.

bas præest, Ego Arnulfus dono, de hæreditate mea, vineas quæ sunt in pago Lugdunensi, in agro Forensi, in loco ubi fons est qui vocatur Spelevis. S. ejusdem Arnulfi. S. Archimbaudi, Stephani et Hugonis, filiorum ipsius. Data per manum Iterii monachi.

### 563.

#### DE CAMPO IN CAVANNETO.

Mai. 986? In Dei nomine, Nos Benedicta et Abraham sacerdos, Pontius et Rotbaldus sacerdos, donamus Sancto Joanni de Randanis et Sancto Martino Saviniacensi, ubi præest domnus abbas Hugo, pro anima Rotbaldi[1], campum unum qui est in pago Lugdunensi, in agro Forensi, in fine de Cavanetis villa. S. Bernoini. S. Adalberti. S. Raimbotdi[2]. S. Leotardi. S. Rotbaldi sacerdotis. Ego Bernardus scripsi, mense Maio, feria sexta, anno quadragesimo[3] regni Conradi regis[4].

### 564.

#### DE CURTILO IN MASZIRIACO.

1000 circa. Ego, in Dei nomine, Sigervertus dono Sancto Martino Saviniacensi, coram domno Hugone abbate, pro anima mea, curtilum unum qui est in agro Forensi, in villa quæ vocatur Masziriacus. S. ejusdem Sigerverti[5] et uxoris ejus Ermengardis. S. Rodulfi filii eorum. S. Bernardi. S. Rotbaldi. Data per manum Iterii monachi, octavo idus Martii.

### 565.

#### DE VINEA IN LANNECH VILLA[6].

1000 circa. Ego Constantius facio donationem de quadam vinea Sancto Joanni de Randanis et monachis qui ibi habitant; et est ipsa vinea sita in agro Forensi et Solovrensi, in villa de Lannech. S. Constantii, qui hoc firmare rogavit.

---

[1] M. *Rotualdi.*
[2] P. *Ranutbodi.*
[3] Vide supra, ch. 561, not. 4.
[4] Deest vox *regis* in M. et C.
[5] M. et C. *Sigeverti.*
[6] Vox *villa* deest in M.

### 566.

#### DE CAMPO IN FOLVODI VILLA.

Sanctæ Saviniacensi ecclesiæ Beati Martini, cui præest domnus Hugo abbas, Ego Christiana, cum filio meo Joanne presbitero, dono campum unum qui est in pago Lugdunensi, in agro Forensi, in fine de Folvodi villa. S. Girardi. S. Berengarii. S. Gerberti[1]. S. Adalborni, et alterius Berengarii.

1000 circa.

### 567.

#### ITEM UBI SUPRA.

In nomine Domini, Ego Joannes presbiter, cogitans de salute animæ meæ, concedo Sancto Martino Saviniacensi pratum unum qui est in agro Forensi, in fine de Folvodi villa. S. Girberti. S. Girardi. S. Adalborni. S. Grimaldi. S. Berengarii. Ego Bernardus scripsi, mense Aprili, feria sexta, anno quadragesimo regni Conradi regis.

April. 980.

### 568.

#### DE TERRA IN MASERIIS[2].

Ego Girardus dono de terra mea ecclesiæ Sancti Martini Saviniacensis, ubi domnus abbas Hugo præest, in agro Solobrensi, in fine de Maseriis[3] : hoc est duas sextariadas de terra; et in alio loco, curtilum cum vineis. S. Gauduini[4]. S. Leotardi. S. Rotberti. S. Joscelini. Data per manum Gonterii sacerdotis, mense Maio, feria quarta, regnante Rodulfo rege.

1000 circa.

### 569.

#### DE TERRA IN RUINIACO.

Sanctæ Dei ecclesiæ Beati Martini Saviniacensis, cui præest domnus Hugo abbas, Ego Asterius dono, de hereditate mea propria, quæ est in pago Lugdunensi, in agro Solobrensi, in fine de Ruiniaco,

1000 circa.

---

[1] M. *Girberti.*
[2] C. *Mascriis.*
[3] P. *Mazeriis.*
[4] M. et C. *Gaudinni.*

quantum mihi legibus advenit, totum usque ad inquisitum. S. ejusdem Asterii. S. Vuigonis[1], patris ejus. S. Otmari. S. Ungrini.

### 570.

#### DE VINEA IN LANNECH.

1000 circa.

Ego Girardus, filius Abeloniæ, dono Sancto Martino Saviniacensi, coram abbate Hugone, de hæreditate mea quæ est in agro Solobrense, in villa de Lannech, vineam unam; et in villa Usouro, medietatem alterius vineæ quæ partitur cum terra Sancti Martini. S. Hugonis Calvi. S. Artaldi Bardoni[2]. S. Hugonis et Vuilentii, fratrum Girardi. Data per manum Iterii monachi, sexto idus Junii, feria tertia, regnante Rodulfo rege.

### 571.

#### DE VINEA IN MARCENNACO[3].

1000 circa.

Ego Eldesendis concedo ecclesiæ Sancti Martini Saviniacensis, cui præsidet domnus Hugo abbas, vineam unam quæ est in agro Solobrensi, in fine de Marcennaco villa. S. Arnaldi. S. Josberti. S. Arlulfi sacerdotis. S. Danielis. S. Hugonis. Ego Bernardus scripsi, mense Junio, feria secunda.

### 572.

#### DE CURTILIS IN RUNNEI VILLA.

1000 circa.

Ego Adalardus et Amaldricus, pro animabus nostris et sepultura, donamus Sancto Martino Saviniacensi ecclesiæ, ubi præest domnus Hugo abbas, de rebus nostris, quæ sunt in pago Lugdunensi, in agro Solobrensi, in fine de Runneo[4] villa : hoc est curtilos, campos et vineas, et quantum in ipsa villa habemus. S. Amaldrici sacerdotis. S. Rotardi. S. Begonis. S. Rotlandi[5]. Ego Bernardus scripsi. Facta est donatio ista mense Decembri, die Sabbati.

[1] M. *Vigonis.*
[2] Forte legendum est *S. Artaldi. S. Bardoni.*
[3] M. hic et infra *Marsennaco.*
[4] P. *Runeo.*
[5] M. *Rorlandi.*

## 573.

#### DE MANSO IN DUERNA.

Sanctæ Saviniacensi ecclesiæ Beati Martini, cui præest domnus Hugo abbas, Ego Agna, uxor Arberti, et Girardus, frater ejus, donamus, in pago Lugdunensi, in agro Forensi, in villa quæ vocatur Duerna, mansum unum cum vircariis, campis, pratis et quicquid ad ipsum aspicit totum ex integro.

1000 circa.

## 574.

#### DE CURTILO ET VIRCARIIS IN ARCIACO ET SAVONATIS.

Ego, in Dei nomine, Stephanus clericus concedo de rebus meis ecclesiæ Sancti Martini Saviniacensis, ubi præsidet domnus abbas Hugo, quæ sunt in pago Lugdunensi, in agro Fluriacensi, in villis Arciaco et Savonatis, curtilum videlicet, cum vircariis, vineis, campis, pratis, aquis, aquarumque decursibus, terris cultis et incultis, et quidquid in ipsis villis visus sum habere.

1000 circa.

## 575.

#### EMPTIO VINEÆ IN CELSIACO.

In Christi nomine, nos Albericus et uxor mea Gisla vendimus unam vineam domno abbati Hugoni, Saviniacensis ecclesiæ, et monachis ibi deservientibus, quæ est sita in pago Lugdunensi, in agro Fluriacensi, in villa Celsiaco, et accipimus ab eis pretium viginti quinque solidorum.

1000 circa.

## 576.

#### DE PRATIS ET CAMPIS IN AVELGA.

Ego Leutgardis fœmina dono ad ecclesiam Sancti Martini Saviniacensis, quam domnus abbas Hugo regit, pratos, campos et silvam, in valle Bevronica, infra fines de Linireolas[1], in villa quæ dicitur

984-993.

---

[1] M. *Lini Roleas.* L. et C. *Liniroleas*

Avelga. S. ejusdem Leutgardis. S. Adalardi. S. Gosberti. Data per manum Vualterii, regnante Conrado rege.

### 577.

#### DE VINEA IN TORINNIACO [1].

984-993.

Sanctæ Saviniacensi ecclesiæ Beati Martini, ubi domnus abbas Hugo præest, Nos Bernardus, Almannus[2], Albericus, Adalgerius et Eldegardis[3], uxor Arnoldi, donamus, de rebus ipsius, octo cameras de vinea, et de alia terra dimidia sextariada, quæ sunt in pago Lugdunensi, in valle Bevronensi, in villa quæ dicitur Torinniacus. S. Aschirici. S. Rostagni. S. Unfredi. Data per manum Aribaldi, regnante Conrado rege.

### 578.

#### DE CURTILO IN COLNA.

1000 circa.

Ego, in Christi nomine, Eltrudis cum seniore meo Archrimo[4] tradimus filium nostrum Adalardum ad monachum in ecclesia Sancti Martini Saviniacensis, quam regit domnus Hugo abbas, et donamus pro eo de rebus nostris quæ sunt in agro vallis Bevronensis, in loco qui dicitur Ciriacus sive Colna : est autem curtilus unus cum vircaria, et vinea, et terra arabili, pratis, salicetis et molendino, et silva; et in Prevencheriis, curtilos tres, cum vircariis, campis, pratis, salicetis, vineis et silvis.

### 579.

#### DE VINEA IN BISBOCH.

990.

Ego Bernardus, pro redemptione animæ meæ, dono ecclesiæ Sancti Martini Saviniacensis vineam unam in valle Bevronica, in villa quæ dicitur Bisboch, et quidquid ad ipsam vineam aspicit, totum ex integro, usque in exquisitum. S. ejusdem Bernardi. S. Duranti. S. Aquini[5].

---

[1] M. hic et infra *Torrinniaco*.
[2] Forte legendum est *Bernardus Alemannus*.
[3] L. *Edelgardis*.
[4] M. *Alchrimo*.
[5] L. *Agnini*.

Data per manum Vualterii levitæ, feria tertia, anno quinquagesimo regni Conradi regis.

### 580.
#### DE VINEA IN LISCHERIIS.

Ego Asterius levita concedo ad ecclesiam Sancti Martini Saviniacensis, quam domnus Hugo abbas regit, vineam unam quæ est sita in pago Lugdunensi, in agro Montis Aureacensis[1], in villa quæ dicitur Lischaria. S. Desiderii. S. Renconis. S. Landulfi. S. Vuarnerii. S. Hugonis. S. Umberti[2]. Data per manum Gerberni monachi, mense Aprili, anno tertio regni Rodulfi regis.

1000 circa.

## INCIPIT DE ABBATE DURANTO.

### 581.
#### ELECTIO EJUSDEM[3].

Institutio deificæ normæ, a rectitudine cujus dispositio totius creaturæ mystica quadam ac ineffabili ratione gubernatur, doctrinisque multifarie ordinatis, cum æquus[4] sit moderator, diversis tamen in creaturis diverse disponit; ac dum cœlestis opifex regimine suo[5] providentiaque gubernat quæque creata pro diversitate creationis, in duobus, in quibus excellentia suæ cognitionis exhibitioque sui famulatus lucidius clarescit, quidam ordo rationis præeminet[6]: in angelica scilicet, quæ, ut majorum documenta prædicant, quædam sunt præeminentia, quædam vero, secundum officia a Creatore sibi disposita, principalibus obsecundantia; et in humana[7], quæ, quamvis mole miseriaque hujus infimi cosmi[8] perplexim depressa, haud sic perpetim

1007.

---

[1] M. et C. *Auriacensis*.

[2] M. *Humberti*.

[3] Hujus instrumenti pars continetur in *Hist. du dioc. de Lyon*, auctore J. M. de la Mure, p. 383. Ea versione aliisque tribus manuscriptis, quæ inter se aliquantulum differunt, usus sum. Nihilominus obscurum in quibusdam partibus remanet instrumentum.

[4] P. *equus*.

[5] M. P. et C. *sui*.

[6] M. C. et P. hic et infra *præminet*.

[7] C. *inhumana*.

[8] M. et C. *chosmi*.

hæret Creatori, ut necessitate corporali minime gravetur, angelicis tamen doctrinis et catholicis specialibusque donis ditata mente[1] Deo adhærens et corporaliter deserviens, vocatur Ecclesia : quæ videlicet sancta convocatio fidelium, diversitate[2] vicissim ordinum graduumque a Deo decorata, emicat in summis, vernat in mediocribus, floret in supremis; in quorum diversitate vitæ, cum unus sit grex, eidemque[3] unus sit custos pastoralis, cui insit cura, Dominus scilicet Jesus Christus, quidam nitentes instant, ab eodem vero pastore munere ditiori præcelse eminentiores effecti; pastoris equidem nuncupatione et illi utentes, qui suo pro posse desudantes in labore totis nisibus corporis animique ob valetudinem[4] subditorum, utque sint carentes antiquissimis vitiis bonorum supplantatoris Chelidri, sint parentes præceptis dominicis, ac virtutum eos nutrimentis fovendo, ad pascua cœlibis agminis referre gestiunt : enimvero alii ab istorum[5] longe continentia actibusque et vita exulati, suppetiis[6] eminentium indigentes, propriis non sufficientes, majorum virtute freti ac sequaces illorum pro viribus effecti, cum ipsis ad tripudium supernæ fœlicitatis quod Vera Lux, Salvator scilicet Expiatorque hujus caduci sæculi, promisit suis obtemperantibus jussis, merentur introduci capedine, mora nulla obstante, et quibus mirifice ditatis nomine pastorum uni a summo redemptore Deo dicitur : « Pasce oves meas. » Enimvero eruditio hujus exempli præceptumque Altitonantis intimo lumine irradians[7] cor præcordiaque magnifici patris rectorisque nostri domini Burchardi, Deo annuente, archipræsulis Lugdunensium, qui cupiens atque affectans obsecundare præceptis æquissimi pastoris, munimine ipsius adjutus, omnino non distulit compati necessitatibus pressurisque cœnobitarum digne Deo in monasterio Sancti Martini Saviniacensis abbatiæ militantium, qui carentes terrigeno custode, ut moris est, de quo quæque cœnobia polleant[8] valeantque, mœstitiam affatim adhibentes suarum actionum, ob

---

[1] P. *ditatæ mentis.*
[2] P. *diversitate vitæ,* aliis vocibus omissis.
[3] M. *et denique* pro *eidemque.*
[4] M. et C. *valitudinem.*
[5] M. *justorum.*
[6] M. P. et C. *suppetio.*
[7] De la Mure : *irradiavit.*
[8] De la Mure : *polleant ob vacationem,* etc.

vacationem pastoris prorsus tristes commanebant, si præfatus archiepiscopus providens utilitatem prælibati cœnobii monachorumque seu omnium degentium in ipso, necnon omnium adhærentium sibi[1], mœstitiæ eorum solamen non adhibuisset. Ipse igitur una cum consensu consilioque præpositi sanctæ sedis archiepiscopatus Lugdunensis ecclesiæ, ac totius gregis sibi a Deo commissi, suisque jussionibus digne obtemperantis, canonicorum scilicet atque illustrium virorum abbatum, necnon domni equidem Odilonis[2], jura regiminis Cluniacensis[3] archimonasterii[4] eximie tenentis, usus et[5] consilio, necnon domini Rainaldi, patris Athanatensium, dominique Bernardi, rectoris insulæ Barbaræ, ac domini Vuigonis, abbatis monasterii Sancti Theuderii[6], elegit virum, dominum videlicet Durantum, eximiis moribus decoratum, ætate perfectum, scientia præditum, flore sapientiæ fulgidum, castitate conspicuum, undique vitia in omnibus pro posse vitantem, proemia cœlestis paradisi obiter visitans hoc quoad[7] probe suis in actibus curantem; ipsis vero monachis ejusdem monasterii omnique conventui prædictarum personarum faventibus ac laudantibus assensumque et consilium præbentibus, decrevit fore eum abbatem archimonasterii Sancti Martini Saviniacensis, ordinavitque eum pastorem animarum, qui[8] pervigil curam gerens gregis locique sibi commissi, sui mercedem laboris percipiens, mereatur vero pastori cum sibi subditis adscisci. Anno ab incarnatione Domini nostri Jesu Christi millesimo septimo, sceptrum regni domino Rodulfo rege lucidissime exerente, atque archiepiscopatu[9] Sancti Stephani Lugdunensis ecclesiæ stre-

---

[1] P. et C. *sibi, una cum et consensu*, etc.
[2] Quædam manuscripta male *Milonis*; in P. legitur *necne equidem Milonis*.
[3] M. et P. *Cluniensis*.
[4] M. P. et C. hic et infra *archisterii*.
[5] Omnia mss. habent *est*.
[6] M. *Teuderius*. Theuderius, illustris Viennensis solitarius, sexto sæculo. Vide ejus vitam a sancto Adone scriptam, in Mabillon. *Act. SS. Ord. S. Bened.* t. I, p. 678 sqq. et F. Z. Collombet. *Hist. de l'église de Vienne*, t. II, p. 186 sqq. Existebat igitur, cum data fuit hæc charta, monasterium sub nomine sancti Theuderii : serius vulgo *Saint-Chaffre* appellatum fuit.
[7] De la Mure : *obiter utendo hoc ævo, probe*. Cod. C. *obiter usitans hoc ævo ac probe*. P. *obiter visitans hæc ævo ad probe*.
[8] M. *quo*. De la Mure : *pro quo*.
[9] M. *archiepiscopatum*.

nuissimi¹ et mitissimi patris domini Burchardi, archipræsulis prælibati, baculo venustato, ipsoque in judicatoria² sede eminenti existente, hæc electio, una cum consensu voluntateque phalangum canonicorum, monachorum, illustriumque laycorum³ in subditione regiminis præfati ductoris commanentium, facta est.

### 582.

PRIVILEGIUM EVRARDI⁴, EPISCOPI MURIANÆ, DE ECCLESIA SANCTI VERANI⁵.

29 Jun. 1010?

Ego, in Dei nomine, Evrardus, indignus, gratia Dei tamen præsul sanctæ matris ecclesiæ Murianæ⁶, cum consilio amicorum meorum, pro remedio animæ meæ et senioris mei Conradi regis, filiique ejus Rodulfi regis, necnon etiam patris mei et matris, et omnium parentum meorum, dono sanctæ ecclesiæ Sancti Martini Saviniacensis monasterii, ubi domnus Durannus abbas cum grege monachorum habitare videtur, ecclesiam Sancti Verani, quæ est in villa quæ vulgo vocatur Erbins⁷, juxta ripam Iseræ⁸ fluminis, cum suo presbiteratu et omnibus adjacentiis suis, quæ infra terminos subtitulatos sitæ sunt : sunt autem prædictæ res sitæ in pago Gratianopoli⁹, in agro Savogensi, et terminantur a mane villis Marini, a sero terra Cavorni¹⁰, a meridie Ysara volvente, a septentrione vero montem Benedictum; et in alio loco, in villa quæ dicitur Balbiacus, mansum unum et quantum ad ipsum aspicit usque in exquisitum. Tali igitur tenore dono prædictas res Deo et Sancto Martino, ut ab hodierno die habeant seniores ejusdem loci in suo dominicatu, et annis singulis, in festivitate beati Andreæ, ad altare beati Joannis sanctæ matris ecclesiæ Murianæ decem solidatas ceræ persolvant. S. Evrardi præsulis, qui hoc donum fecit, et firmare rogavit. S. Riculfi¹¹, qui consensit. S. Leothardi¹² præpositi. S. Arberti.

---

¹ P. et C. *strenuissime mittissimi.*

² P. M. et C. *prælibati, baculo venustatum, in judicatoria.*

³ M. et C. *illustrium laicorum.*

⁴ M. et P. male *Conradi.*

⁵ Hoc privilegium continetur in Guichenon. *Bibl. Sebus.* p. 58.

⁶ Guich. hic et infra *Maurianæ.*

⁷ P. *quæ vocatur Erbinus.*

⁸ M. et C. *Yseræ.* Guich. *Isaræ.*

⁹ M. *Grationopoli.* L. *Gratianopolitensi.*

¹⁰ Guich. *Vorni.*

¹¹ M. *Reculfi.*

¹² Guich. *Leotardi.*

S. Adalberti[1]. S. Desiderii. S. Franconis et Desiderii, filiorum Evrardi. Data tertio calendas Julii, feria secunda[2], anno decimo septimo regni Rodulfi regis.

### 583.
#### DE ECCLESIA SANCTI MARCELLI IN FRACSNETO.

Sanctæ Saviniacensi ecclesiæ Beati Martini, cui præest Durantus abbas, Ego Agno et Arnulfus, frater meus, cum consilio amicorum nostrorum, donamus ecclesiam Sancti Marcelli cum suo presbiteratu et omnibus adjacentiis suis, et curtilos quatuor, et alodum[3] quod ad Sanctum Petrum pertinet. Sunt autem prædictæ res sitæ in pago Lugdunensi, in agro Tarnantensi, in villa Fracsneto. S. Arnulfi. S. Arcodi. S. Artardi. S. Aigloldi. S. Almanni. Data manu Duranti, decimo sexto calendas Martii, feria quinta, regnante Rodulfo rege.

14 Febr. 1012?

### 584.
#### DE CURTILO IN SAVONATIS.

Ego, in Dei nomine, Amblardus, et uxor mea nomine Ermengardis, et filius noster Vuichardus, donamus Deo et Sancto Martino Saviniacensis ecclesiæ, quam Durantus abbas regit, pro animabus nostris, curtilum unum qui est in villa Savonatis, et quicquid ad ipsum aspicit usque in exquisitum. Facimus etiam vuirpitionem et donum de ecclesia Sancti Marcelli[4] de Frasneto, tali tenore ut omni tempore in mensa fratrum permaneat. S. ejusdem Amblardi et uxoris ejus Ermengardis et Vuichardi, filii eorum.

1010 circa.

### 585.
#### DE PRATO IN MONTCELLO.

Ego, in Dei nomine, Udulgrinus[5] dono ex rebus meis ad ecclesiam Sancti Martini Saviniacensis, quam Durantus abbas regit, hoc est

April. 1013.

---

[1] M. *Audaberti.*
[2] Hæc feria non congruit anno 17 regni Rodulfi, i. e. 1010; sed melius anno 1013.
[3] P. *ad locum.*
[4] Estiennot : *Martiali.*
[5] C. *Udulgrimus.*

pratum meum¹ cum verneto, et saliceto, et terra arabili, quæ sunt in pago Lugdunensi, in agro Tarnantensi, in villa quæ dicitur ad Montcellum². S. ejusdem Udulgrini et filii ejus Johannis, et Stephani presbiteri. Data per manum Umberti, mense Aprili, feria quinta, anno vigesimo regni Rodulphi regis.

### 586.

**DE REBUS CONCESSIS IN ARNACO.**

1013.

Ego Arnulfus et uxor mea Radingardis concedimus, post obitum nostrum, ecclesiæ Beati Martini Saviniacensis, ubi Durantus abbas præest, de hæreditate nostra, quæ est in agro Tarnantensi, in villa quæ dicitur Arnacus, omnia videlicet quæ in ipsa villa visi sumus habere; et in loco vestituræ, unum cambonem qui est juxta villam quæ dicitur Mortarius, juxta viam publicam. Data per manum Rotberti monachi, anno vigesimo regni Rodulfi regis.

### 587.

**DE CURTILO IN VARZIACO.**

1010 circa.
(28 Jun.)

Ego Pontius et uxor mea Emmena donamus, de hæreditate nostra, ecclesiæ Sancti Martini Saviniacensis, cui præest Durantus abbas : hoc est curtilum unum cum vineis et campis, vircariis et arboribus, et quantum ad ipsum curtilum aspicit totum ex integro. Est autem hoc situm in pago Lugdunensi, in agro Tarnantensi, in villa quæ dicitur Varziacus. Data per manum Leotardi monachi, quarto calendas Julii, regnante Rodulfo rege.

### 588.

**DE DUOBUS MANSIS IN BICIACO[3].**

1010 circa.

Ego Agno, pro remedio animæ meæ, dono de rebus meis ad ecclesiam Sancti Martini Saviniacensis, quam Durantus abbas regit, mansos duos in agro Tarnantensi, in villa quæ Biciacus[4] vocatur, et

---

[1] M. *unum.*
[2] M. *Morcellum.* C. *Motcellum.*
[3] P. *Bissiaco.*
[4] M. *Viciacus.*

est sita super rivulum nomine Scaravacum, et quicquid ad ipsos mansos pertinet usque ad exquisitum. S. ejusdem Agnonis et uxoris ejus Iliæ. S. Unfredi. S. Aymonis. S. Otgerii[1]. Data per manum Duranti, regnante Rodulfo rege.

### 589.
#### DE TERRA DATA IN BROLIO.

Ego Adalelmus dono Sancto Martino Saviniacensi, coram domno abbate Duranto, quinque quartalatas de terra quæ sunt in agro Tarnantensi, in fine quem vocant el mont de Brolio[2]. S. Acindi[3]. S. Duranti. S. Agnonis. Gauzmarus scripsit, mense Maio, feria secunda, regnante Rodulfo rege.

*1010 circa.*

### 590.
#### DE TERRA IN FLACIACO.

Ego Berta, pro Dei amore, dono ecclesiæ Sancti Martini Saviniacensis, cui præest Durantus abbas, unam eminatam de terra quæ est in agro Tarnantensi, in fine villæ de Flaciaco. S. ejusdem Bertæ et filiorum ejus Girini, Annæ et Restavilliæ. S. Vualburgis[4] et filiorum ejus Otgerii, Arulfi et Venorii, et Tiechsedis. Data per manum Arvici, mense Martio, feria sexta, regnante Rodulfo rege.

*1010 circa.*

### 591.
#### DE DIMIDIO CURTILO IN VERSENNACO.

Sanctæ Saviniacensi ecclesiæ Beati Martini, ubi Durantus abbas præesse videtur, Ego Jarento dono de rebus meis dimidium curtilum cum vircaria, prato et vinea, silva et terra arabili, et arboribus, et medietatem eorum quæ ad ipsum curtilum pertinent, et sunt in agro Tarnantensi, in villa quæ dicitur Versennacus. S. ejusdem Jarentonis. S. Amblardi. S. Hugonis. Data per manum Iterii monachi, regnante Rodulfo rege.

*1010 circa.*

[1] M. *Orgerii.*
[2] M. *Elmont.*
[3] M. *Aundi.*
[4] Vid. ch. 704.

## 592.

### DE CURTILO IN LOSANNA [1].

1010 circa.

In Christi nomine, Ego Agno, sanctæ Dei ecclesiæ Beati Martini Saviniacensis, cui Durantus abbas præesse videtur, dono ex rebus meis quæ sunt in pago Lugdunensi, in agro Montis Aurei, hoc est curtilum unum in villa quæ dicitur Losanna [2]. S. Unfredi. S. Aymonis. S. Otgerii. S. Vuichardi. S. Girardi. Data per manum Duranti monachi, regnante Rodulfo rege.

## 593.

### DE SILVA IN PROFUNDA VALLE.

1010 circa.

Ego Rotbertus dono, de hereditate mea, ad ecclesiam Sancti Martini Saviniacensis, quam Durantus abbas regit, hoc est silvam quæ est in Valle Profunda [3], tali tenore, ut habitatores prædictæ ecclesiæ habeant licentiam faciendi ex ea quicquid voluerint. S. ejusdem Rotberti [4]. S. Gislamundi. Data per manum Duranti monachi, decimo octavo calendas Februarii, regnante Rodulfo rege.

## 594.

### DE TERRA IN CERCENNACO.

1010 circa.

Ego, in Dei nomine, Blismodis, concedo ad ecclesiam Sancti Martini Saviniacensis, quam Durantus abbas regit, de hæreditate mea,

---

[1] P. *Lauzanna.* M. et C. *Lausonna.*

[2] C. *Lausonna.*

[3] Profundæ Vallis nomen datum fuisse videtur vallis Brevennensis parti quæ Croziaco subjicitur. Quod saltem induci potest e manuscripto D. Estiennot, ubi hæc verba : « Decanatus B. Mariæ de Croziaco, « vulgo *Crozieu,* monachorum, non longe « ab Arbrella et Saviniaco, valle profunda « et imis (*forte* rivis) aquis abundanti situs, « Saviniaco subjicitur et fundatur sub regi- « mine Gausmari abbatis Saviniacensis, re- « gnante Conrado rege; qui quidem Gaus- « marus abbas aut alius quis post ipsum « ibidem monachos statuit sub regimine « decani VI aut VII, quique multis annis « ibidem substitere. » Et inferius : « Au- « thenticæ probationes pro cœnobio S. M. « de Profundis Aquis seu de Croziaco, « vulgo *Creuzieu.....* » (*Antiquit. in Dioc. Lugd. etc.* p. 128 et 416. Bibl. Reipubl.)

[4] C. hic et infra *Roberti.*

quæ est inter me et Theotdegrinum, filium meum, unam medietatem quæ est in pago Lugdunensi, in agro Forensi, in villa[1] quæ dicitur Acercennacus. S. Bernardi. S. Aschirici. S. Theotdegrini. S. Vuidaldi[2]. Data per manum Rotberti[3] diaconi, sexto calendas Maii, regnante Rodulfo rege.

### 595.

#### DE VINEA IN LIVERTI VILLA.

Sanctæ Saviniacensi ecclesiæ Beati Martini, ubi Durantus abbas præest, Ego Aymo presbiter dono, de hæreditate mea, quinque cameras de vinea quæ sunt in pago Lugdunensi, in villa quæ dicitur Livertis. S. Aymonis presbiteri. S. Ermengardis, sororis ejus. S. Andreæ. S. Girberti pueri. Data per manum Rotberti monachi, decimo sexto calendas Februarii, regnante Rodulfo rege.

1010 circa.

### 596.

#### DE REBUS DATIS IN CHIVENNACO[4].

Ego, in Christi nomine, Aripertus cum fratribus meis, Vualterio scilicet atque Rotberto, offerimus fratrem nostrum Renconem monasterio Sancti Martini Saviniacensis, ubi Durantus abbas præesse videtur, et donamus pro eo et pro anima patris nostri Hugonis, de rebus nostris quæ sunt in pago Lugdunensi, in agro Saviniacensi, in villa quæ dicitur Chivennacus, in loco qui dicitur Mons Pethenis[5], cum vircariis, pratis, silva, terra arabili, et cunctis quæ nos ibi visi sumus habere, usque in exquisitum, ea scilicet ratione, ut a die presenti habeant licentiam rectores ipsius ecclesiæ de rebus denominatis quidquid facere voluerint. S. Ariperti, Vualterii, et Rotberti. S. Vincrini[6]. S. Rotlanni. S. Bernardi. Data per manum Iterii monachi, decimo secundo calendas Februarii, regnante Rodulfo rege.

1010 circa.

[1] P. male *agro.*
[2] L. *Vuinaldi.*
[3] M. et C. hic et infra *Roberti.*
[4] BM. *Chivinnaco.* P. *Chevennaco.*
[5] M. et C. *Monspethevis.*
[6] M. *Vincrimi.*

## 597.

### DE CURTILO IN CASTANNETO [1].

1010 circa.

Sanctæ Saviniacensi ecclesiæ Beati Martini, ubi Durantus abbas præesse videtur, Ego Ermengardis fœmina, pro sepultura filiæ meæ Ermengardis, et mea, dono de hæreditate mea, consentiente seniore meo Arrico, quæ est in pago Lugdunensi, subtus rivulum Bebronnæ[2], in villa de Castanneto : hoc est curtilum unum cum orto, vircaria et vinea[3] et aliquid de prato simul tenente; et in alio loco, qui vocatur ad Fontem de Bizi, pratum unum et quantum ad ipsum curtilum aspicit usque in exquisitum. S. Ermengardis et senioris ejus Arrici. Datum per manum Gausmari monachi, mense Junio, feria quarta, regnante Rodulfo rege.

## 598.

### DE CURTILO IN BRUCIACO.

1010 circa.

Ego Stephanus et uxor mea Aremburgis, et filius noster Girardus, donamus de hæreditate nostra, ad locum Saviniacensem Beati Martini, quem Durantus abbas gubernat, quæ hæreditas est in valle Bebronnæ, in villa de Bruciaco : hoc est curtilus unus cum terra arabili et prato et quantum ad ipsum aspicit usque ad exquisitum. S. ejusdem Stephani et Aremburgis, uxoris ejus. S. Girardi, filii eorum. S. Girardi Poisat[4]. S. Grimaldi et Atelmi[5], presbiterorum. Data per manum Gausmari levitæ, mense Maio, feria sexta, regnante Rodulfo rege.

## 599.

### DONATIO RERUM IN VILLA DE CRISCILIACO [6].

1010 circa.

In Dei nomine, Ego Olmarus et uxor mea Andeburgis donamus, de hæreditate nostra, ad ecclesiam Sancti Martini Saviniacensis, quam

---

[1] M. et C. hic et infra *Castaneto*.
[2] M. hic et infra *Vebronnæ*.
[3] C. *cum vircarias orto et vinea*.
[4] Forte *S. Girardi. S. Poisat*.
[5] L. *Antelmi*. M. et C. *Altelmi*.
[6] M. et C. hic et infra *Criscilliaco*.

Durantus abbas regit : hoc est cuncta quæ habere visi sumus in villa quæ Crisciliacus vocatur, in loco quem Percidem vocant, in vineis, pratis, salicetis cum silva quæ ibi adjacet, et omnia quæ ibi acquirere poterimus ab hoc die usque ad diem mortis nostræ. Sunt autem res ipsæ sitæ in pago Lugdunensi, in agro vallis Bebronnæ[1], in villa supradicta. S. Olmari et Andeburgis, et filii eorum Jarentonis. S. Unfredi. S. Girardi. S. Ungrini. S. Duranti. Data per manum Rotberti monachi, die Parasceve, regnante Rodulfo rege.

### 600.

#### DE CURTILO IN ARACTI VILLA.

Ego, in Christi nomine, Iterius, pro remedio animæ meæ, dono, de hæreditate mea, ad ecclesiam Sancti Martini Saviniacensis, ubi Durantus abbas præest, curtilum unum qui est in valle Bebronnensi, in villa quæ dicitur Haaracti[2], et quicquid ad ipsum curtilum aspicit; et in villa Celsiaco, alodum et franchisias, et quantum ibi visus sum habere usque in exquisitum; et in villa de Olzoneto, alodum et franchisias usque in exquisitum. S. ejusdem Iterii et Emmenæ, uxoris ejus. S. Girardi et Vuichardi, filiorum eorum. Data per manum Duranti sacerdotis, regnante Rodulfo rege.

1010 circa.

### 601.

#### DE SILVA QUÆ DICITUR CYRIACUS[3].

Ego, in Dei nomine, Vuidaldus[4] et filius meus Durantus donamus ecclesiæ Sancti Martini Saviniacensis, cui præesse videtur abbas Durantus, quartam partem de silva quæ dicitur Cyriacus, a die presenti, pro redemptione animæ Istiburgis, uxoris meæ : quæ silva est in agro Bebronnensi[5], in loco qui dicitur Longa Villa. S. Vuidaldi. S. Duranti [filii ejus]. S. Gausmari. S. Bernardi. S. Theotgrini. Data per manum Humberti[6], anno vigesimo regni Rodulfi regis.

1013.

---

[1] M. hic et infra *Vebronnæ*.
[2] P. *Haracti*.
[3] L. *Ciriacus*.
[4] P. *Vuidoldus*. L. *Vuivoldus*.
[5] M. *Vebronensi*. C. *Bebronensi*.
[6] M. L. et C. *Umberti*.

## 602[1].

### DE MONTE LEDAYCO [2].

1017 circa.

In Dei nomine, Ego Girardus[3] comes, cum consilio fidelium meorum, dono, de rebus meis, Deo et Sancto Martino Saviniacensis monasterii, ubi domnus Durantus abbas præest, pro remedio animæ meæ, et pro animabus patris[4] mei Artaldi[5] et matris meæ Theotbergiæ et fratris mei Artaldi : est autem in pago Lugdunensi, in agro Tarnantensi, in finibus villæ quæ Conziacus[6] vocatur, mons qui dicitur Ledaycus[7], triticeæ sationi habilis; concluditurque finibus villarum quarum nomina subjecimus : a mane villa quæ dicitur Conziacus, a meridie Versennacus et Appinnacus[8], a sero Amantiniacus, a cercio terra Sancti Martini. Hunc supra dictum Ledaycum[9] montem cum ibi sita[10] silva, sicut antiqua distributione[11], in finibus denominatarum villarum[12] sibi circumpositarum constat, aspicitque et aspicere ad ipsum montem videtur, communi consensu fidelium meorum, dono jam dictæ ecclesiæ ad mensam fratrum perpetuo servaturum ac æternaliter permansurum, et de nostra potestate transfundimus in eorum dominatione[13]. Ut autem hæc scriptio firma permaneat, ego Geraldus comes, manu propria firmavi ac fideles meos firmare rogavi. S. Unfredi[14]. S. Silvii. S. Berardi. S. Gerardi[15]. S. Pontionis. S. Jarentonis. S. Silvionis.

[1] Hanc chartam edidit Guichenon. in *Bibl. Sebus.* p. 129.

[2] M. et C. *Ledaico.*

[3] L. *Giraldus.* M. C. *Geraldus.* Guich. *Gerardus.*

[4] Desunt voces subsequentes usque ad *autem* inclusive in M.

[5] Guich. hic et infra *Altardi.*

[6] Secundum Mabillonem, qui hoc instrumentum affert, *Ann. Bened.* t. IV, p. 139, hic agitur de Cousano et Laignaco; sed ibi erratur, siquidem montem Ledaicum fuisse in agro Tarnantensi inferius legitur.

[7] Guich. hic et infra *Ledaicus.*

[8] M. *Appinacus.*

[9] M. et C. *Ledaicum.*

[10] Guich. *cum juncta silva.*

[11] Agitur absque dubio de antiqua partitione terrarum inter archiepiscopum et comitem. Vide chartam huic similem ab archiepiscopo datam, n. 438.

[12] M. *silvarum.*

[13] M. male *denominatione.*

[14] Guich. *Vinfredi.*

[15] M. et C. *Girardi.*

## 603.

#### DE DECEM CURTILIBUS IN MANTINIACO.

1012 circa.

Ego, in Dei nomine, Stephanus, sortitus ordinem clericatus, reminiscens humanæ casus fragilitatis, dono aliquid ex rebus meis, quæ mihi jure legis adveniunt, ecclesiæ Beati Martini Saviniacensis monasterii, cui Durantus abbas præesse videtur; cedo itaque, pro remedio animæ meæ et parentum meorum, id est Milonis, patris mei, et Mysimbriæ[1], matris meæ, et pro sepultura fratris mei Milonis, curtilos decem et duas silvas. Hæc supradicta curtilia sunt in pago Lugdunensi, in agro Tarnantensi, in villa quæ vocatur Mantiniacus[2]; quæ omnia, sicut pater meus quiete tenuit, usque ad inquisitum cedo in parte ecclesiæ Sancti Martini Saviniacensis; a parte meridiana est supradicta silva quæ vocatur Bonafons, a cercio alia silva quæ vocatur Ardenna. Supra dicta autem villa in medio habetur quam cedo memoratæ ecclesiæ, cum vineis, campis, vircariis, salicetis, terra culta et inculta atque arabili, cum omnibus exitibus et regressibus, usque ad exquisitum, tali tenore ut ab hac die res ipsæ ad jam dictam ecclesiam et ad opus[3] monachorum Deo inibi servientium, absque ulla contradictione, sicut definitum est, ex integro perveniant, habeantque eas in usus suos per omnes successiones suas, nec cuiquam licentia potestasve sit dare supradictas res cuilibet hominum, neque ad beneficium, neque ad venditionem, sed semper, ut dictum est, sint servis Dei in usum. Stephanus clericus hoc fieri jussit ultronea voluntate, firmavitque propria manu. Vuilencus, frater ejus, similiter. Vuigo, rogatus, firmavit[4].

## 604.

#### PRÆSTARIA.

21 Sept. 1010.

Durantus, reverendissimus abbas et congregatio humillima Savinia-

---

[1] M. *Misymbriæ*. L. *Misembriæ*.
[2] BM. *Amantiniacus*.
[3] M. *usus*.

[4] Vide, pro adscriptione temporis hujus chartæ, n. 217, in qua nominati sunt consanguinei ejusdem donatoris Stephani.

censis monasterii dant supradicto[1] Stephano clerico, valde amantissimo eorum amico, de rebus sanctæ Dei ecclesiæ quæ illis commissa est : hoc est curtilos septem in Chassiaco villa, ut idem Stephanus licentiam habeat tenendi ad usum fructuarium cunctis diebus vitæ suæ; post suum autem decessum supradicti curtili revertantur ad ecclesiam Saviniacensem, absque contradictione ullius hominis. Quod si aliquis ex consanguineis ejusdem Stephani, seu aliqua[2] persona supradictam donationem ipsius Stephani, et reversionem terræ quæ ipsi data est ad beneficium violare vel inquietare aut sanctæ Dei ecclesiæ abstrahere præsumpserit, non valeat vindicare quod cupit, sed societate omnium christianorum separatus, sit excomunicatus, usque dum resipiscat. Data per manum Iterii monachi, decimo primo calendas Octobris, anno ab incarnatione Domini millesimo decimo.

### 605.

DE CLAUSO IN LIVIACO.

1010 circa.  Sanctæ Saviniacensi ecclesiæ, ubi Durantus abbas præesse videtur, Ego, in Dei nomine, Ingelbertus et uxor mea Adaleldis donamus, de rebus nostris quæ sunt in pago Lugdunensi, in villa quæ dicitur Liviacus, clausum unum et unam algiam; et sunt quatuor campi super Liviacum arabiles, quos ex integro similiter dono ad supradictam ecclesiam, ea ratione ut, quamdiu vixero, usum fructuarium habeam, et post meum decessum ad ipsam Dei casam perveniant[3].

### 606.

DE MEDIETATE VINEÆ IN LURCIACO[4].

1010 circa.  Ego Silvius proposui in animo meo dare aliquid ex rebus meis ad locum Beati Martini Saviniacensis, quem Durantus abbas regit : hoc est medietatem vineæ quæ est in valle Bevronensi, in villa quæ dicitur Luirciacus.

---

[1] Vide ch. 604, quæ ante est.
[2] M. add. *emissa*.
[3] Vide ch. 611, quæ sequitur.
[4] M. hic et infra *Livirciaco*. L. *Luirciaco*.

## 607.

**COMMUTATIONES.**

Notitia commutationis quæ facta est inter Durantum abbatem et cæteram congregationem Sancti Martini Saviniacensis, et quamdam fœminam nobilem, nomine Arciam[1], de molendino quem monachi jusserunt fieri in Longavilla[2] : est autem decursus aquæ per quem aqua decurrit ad molendinum, pars quædam in quodam prato qui est hæreditas prædictæ fœminæ; propter quam rem donant domnus Durantus abbas et monachi quemdam pratum in excambio[3] quem Martinus possidet, et terminatur ex omni parte terra Adalardi. Sane si quis hujus commutationis contradictor extiterit, maledicatur a Deo et omnibus sanctis ejus.

*1010 circa.*

## 608.

**EMPTIO RERUM IN SAVINISETO [4].**

Sanctæ Saviniacensi ecclesiæ Beati Martini, ubi Durantus abbas præesse videtur, Ego Layterius[5] cum uxore mea Gombergia vendimus pratum, campum, cum saliceto, qui mihi, ex hæreditate et ex parte parentum meorum, legitime obvenerunt, pro solidis tredecim. Sunt autem res ipsæ sitæ in pago Lugdunensi, in agro Saviniacensi, in villa Saviniseto[6], in loco qui vocatur Pratus Longus, et terminatur a mane et meridie et sero terra Sancti Stephani, et a cercio terra de ipsa hæreditate, ea ratione ut faciant abbas et monachi quicquid inde voluerint. S. Umberti. S. Bernardi. S. Constabuli. S. Adalgerii. S. Stephani. S. Abbonis. Data per manum Rotberti monachi.

*1010 circa.*

## 609.

**DE CURTILO IN VARENNA VILLA.**

Sanctæ Saviniacensi ecclesiæ Beati Martini quæ est sub regimine

*1010 circa.*

---

[1] BM. *Marciam.*
[2] L. *Novavilla.*
[3] M. et C. *escambio.*
[4] M. et L. *Saviniceto.* P. *Savisineto.*
[5] M. *Leyterius.*
[6] L. *Saviniaceto.*

Duranti abbatis, Ego Milo, pro sepultura avunculi mei Hugonis, dono aliquid ex rebus ipsius : hoc est curtilum unum et quantum ad ipsum aspicit, cum vineis, vircariis, pratis, salicetis, et terra arabili et inarabili, et cum omnibus pomiferis arboribus. Est autem situs in pago Lugdunensi, in villa quæ dicitur Varenna; et habeant ipsius ecclesiæ ministri potestatem a die præsenti quidquid pro utilitate sua facere voluerint.

### 610.

#### DE VINEA IN VILLABO VILLA.

1010 circa.

Ego, in Christi nomine, Girinus, pro sepultura fratris mei Pontii, dono aliquid ex rebus meis ad ecclesiam Sancti Martini Saviniacensis, ubi Durantus abbas præest : est autem vinea una quæ est sita in pago Lugdunensi, in valle Bebronna, in villa quæ dicitur Villabo. S. ejusdem Girini. S. Bladini. S. Raynaldi. Data per manum Duranni monachi.

### 611.

#### DE CURTILO IN LIVIACO.

1010 circa.

Ego in Dei nomine Ingelbertus, dono ecclesiæ Beati Martini Saviniacensis, cui Durantus abbas præesse videtur, de rebus meis propriis quæ sunt sitæ in agro Fluriacensi, in villa quæ dicitur Liviacus : hoc est curtilum unum cum vircariis, vineis, campis, et quantum ad ipsum curtilum aspicit, usque ad exquisitum, pro remedio animæ meæ et sepultura corporis mei et uxoris meæ Adeleldis.

### 612.

#### DE MEDIETATE CURTILI IN LONGAVILLA.

1010 circa.

Ego Girinus, pro sepultura fratris mei Humberti[1], ecclesiæ Beati Martini Saviniacensis, quam Durantus abbas regere videtur, dono, de nostra hæreditate, medietatem unius curtilis cum orto et vircaria,

---

[1] M. et C. *Umberti.*

et prato et pomiferis arboribus, tali tenore ut, quamdiu vita mihi comes fuerit, possideam, et persolvam omni anno in vestiario pondus unius asini; post meum decessum illa et alia medietas ipsius curtili ad prædictum locum revertantur usque in exquisitum. Sunt autem prædictæ res sitæ in agro Saviniacensi, in villa quæ dicitur Longavilla. S. Girini. S. Arnulfi. S. Gauzeranni. S. Orieldis fœminæ. Data per manum Duranni monachi.

### 613.

#### DE CAMPO IN TASSONNERIIS [1].

In Dei nomine, Ego Girbertus cum uxore mea Dominica, dono ad ecclesiam Sancti Martini Saviniacensis, ubi Durantus[2] abbas præest, campum unum de terra arabili continentem sementis dimidium sextarium, et est in agro Forensi, in villa quæ dicitur Tassonnerias[3].

*1010 circa.*

### 614.

#### DE VINEA IN MARCILIACO.

Ego, in Dei nomine, Umbertus, sanctæ Dei ecclesiæ Beati Martini Saviniacensis, ubi Durantus abbas præesse videtur, necnon ecclesiæ Sancti Joannis de Randanis, dono vineam unam quæ appellatur Coorsangias, quæ est in agro Forensi, in loco[4] qui vocatur Marciliacus; et donat Ermengardis, uxor mea, in eodem loco, locum ubi ædificetur mansio et ortus: ea ratione ut habeant potestatem monachi ex hac die quidquid facere voluerint. S. Umberti et Ermengardis, uxoris ejus. S. Stephani presbiteri. S. Eldini. S. Rotlanni et uxoris ejus Alexandræ. S. Ugonis. S. Danielis. Data per manum Rotberti monachi, mense Martio, die Sabbati, regnante Rodulfo rege.

*1010 circa.*

### 615.

#### DE VIRCARIA ET VINEA IN LANNECH.

Sanctæ Saviniacensi ecclesiæ Beati Martini, ubi Durantus abbas

*1010 circa.*

---

[1] M. L. et C. *Tassoneriis*.
[2] M. P. et C. *Durannus*.
[3] M. et C. *Tassonarias*.
[4] L. *villa*.

præesse videtur, Ego, in Dei nomine, Stephanus presbiter, dono præfato loco, de rebus meis, et Sancto Joanni de Randanis : hoc est vircariam et vineam quæ in ea est, et quidquid in ipsa est; et est sita in pago Lugdunensi, in agro Forensi, in villa quæ dicitur Lannech. S. ejusdem Stephani presbiteri, et alterius Stephani presbiteri. S. Girini. S. Adalardi. S. Constantii. S. Agenonis. S. Stephani. Data per manum Vuichardi monachi, mense Januario, decimo nono calendas Februarii, regnante Rodulfo rege.

### 616.

#### DONATIO TERRÆ IN FINE DE COMBIS [1].

1010 circa.

Ego Adalendis, pro anima filiæ meæ nomine Aremburgis, ad ecclesiam Sancti Martini Saviniacensis, quam Durantus abbas regit, dono terram quæ est in agro Forensi, in fine de Cumbis. S. Aquini. S. Azonis et Notardi, fratris ejus. Gonterius sacerdos scripsit.

### 617.

#### DE MANSO IN BIETHEIS [2] VILLA.

1010 circa.

In Dei nomine, Ego Ayminus, pro remedio animæ meæ et sepultura corporis mei, dono de hæreditate mea ad ecclesiam Sancti Martini Saviniacensis, ubi Durantus abbas videtur præesse : hoc est mansum unum in agro Forensi, in villa quæ vocatur vulgo Bietheias, cum vircariis, pratis, silvis, et campis, et quantum ad ipsum mansum aspicit; et in ipsa villa franchisias quas debent Rotbaldus et Thedaldus, et quædam fœmina nomine Girina; et franchisiam Barnoeni et hæredum ejus. S. Girardi. S. Ugonis. S. Bernardi. S. Ilisiardi. S. Eldegardis. S. Leutgardis. Data per manum Duranti monachi.

### 618.

#### DE VINEA IN YZOURO [3].

1010 circa.

Ego Rotrudis fœmina dono, de hæreditate mea, Sancto Joanni de

---

[1] M. et C. *Cumbis* et infra *Combis*. — [2] M. *Bietehis*. — [3] M. et C. hic et infra *Ysouro*.

Randanis et Beato Martino Saviniacensis ecclesiæ, cui præest Durantus abbas : hoc est vineam unam, laudante viro meo Atsone; et est sita in agro Forensi, in monte qui vocatur Yzourus. S. Rotrudis, et viri ejus Atsonis. S. Girini. S. Adalardi. S. Bernardi. S. Ursonis. S. Arnardi. Data per manum Joannis monachi, mense Junio, regnante Rodulfo rege.

### 619.

#### DE CURTILO IN CHAVANNIS.

Sanctæ Dei ecclesiæ Beati Martini Saviniacensis, ubi Durantus abbas Deo deservit, Ego Pontius, pro Dei amore et remedio animæ meæ atque sepultura corporis mei, dono aliquid ex rebus meis, quæ mihi jure hæreditario adveniunt : hoc est curtilum unum cum vircaria, et orto, et prato, et terra arabili. Sunt autem res ipsæ sitæ in pago Lugdunensi, in agro Forensi, in villa quæ dicitur Chavannis, et quidquid ibi visus sum habere. S. Pontionis, qui fieri et firmari rogavit.

1010 circa.

### 620.

#### DE CAMPO IN CAVANNETO.

Sanctæ Saviniacensi ecclesiæ Beati Martini, ubi Durantus abbas præest, Ego Pontius presbiter dono, de hæreditate mea, medietatem campi habens ex omni parte molarem finalem; et est in pago Lugdunensi, in agro Forensi, in fine de Cavannentis[1]. S. ejusdem Pontii. S. Duranti[2], qui hanc cartam fieri jussit et firmari rogavit. S. Vuidaldi. S. Constantii. Data per manum Gislemari monachi, decimo quinto calendas Martii.

1010 circa.

### 621.

#### UNDE SUPRA.

Ego, in Dei nomine, Durantus dono Sancto Martino Saviniacensis

1010 circa.

---

[1] L. *Cavannetis*.
[2] In mss. non disjunguntur voces *Pontii* et *Duranti*; sed, ut liquet, de duobus agitur, scilicet Pontio presbitero donatore, et Duranto, fratre ejus, in instrumento sequenti citato.

monasterii et Sancto Joanni de Randanis, pro sepultura corporis mei, medietatem campi qui est situs in villa de Cavannetis, cujus aliam medietatem frater meus Pontius presbiter prius dederat Sancto Martino. Data per manum Gauzeranni monachi.

### 622.

#### DE CAMPO AD DUAS OLCHAS.

1010 circa.

Nos, in Dei nomine, Abo et Ursus, fratres Rotbaldi presbiteri, donamus de hæreditate ejus Sancto Martino Saviniacensis ecclesiæ, cui præest Durantus abbas : hoc est tertiam partem de campo qui vocatur Bernardiscus, et est in pago Lugdunensi, in agro Forensi, in villa quæ dicitur [ad] Duas Olchas. S. Abonis. S. Ursionis. S. Ragnardi. S. Stephani. S. Bernardi. S. Pontionis. S. Arnulfi. Data die Sabbati, mense Januario, regnante Rodulfo rege.

### 623.

#### DE TERRA AD DUAS OLCHAS.

1010 circa.

Ego, in Dei nomine, Azo dono Sancto Martino Saviniacensis ecclesiæ, ubi præesse videtur Durantus abbas, de hæreditate mea, tertiam partem quæ est in pago Lugdunensi, in agro Forensi, in fine villæ quæ dicitur [ad] Duas Olchas. S. Ursionis. S. Pontionis. S. Rostagni. S. Bernardi. S. Stephani. Data per manum Gunterii, die Dominico, mense Septembri, regnante Rodulfo rege.

### 624.

#### PRÆSTARIA MANSI IN NOALIACO.

1010 circa.

Notitia conventionis quæ convenit inter Durantum abbatem et monachos Sancti Martini Saviniacensis, et quemdam militem Attonem nomine. Petitor namque fuit idem Azo ut daretur ei aliquid de terra Sancti Martini ad beneficium ; dederuntque ei dimidium mansum qui est in villa Noaliaco, tali tenore ut quamdiu vivit possideat, et solvat omni anno in vestitura unum porcum sex denariorum et unum sextarium de annona ; et post suum decessum ipsa terra cum alio curtilo qui ibidem est, et molendino, et bobus, et quidquid ibi ædificatum[1] fuerit usque in exquisitum, ad monachos ejusdem loci perveniat. Pro hac re fecit ipse Azo vuirpitionem[2] de manso qui est in Villa Nova, et de vircaria quæ fuit data pro sepultura matris suæ, et de franchisia quam Adalannus debet. S. ejusdem Azonis et uxoris suæ Rotrudis.

### 625.

#### DE TARNANTO; DE CURTILO IN FLACIACO.

Sanctæ Saviniacensi ecclesiæ Beati Martini, ubi Durantus abbas præesse videtur, Ego, in Dei nomine, Unfredus et uxor mea Offecia, pro filio nostro Vuichardo, ut ei Deus sensum et honorem augeat, donamus unum curtilum cum vircaria, vinea et orto, et terra arabili, et quantum ad ipsum curtilum aspicit usque in exquisitum, et est situs in pago Lugdunensi, in agro Tarnantensi, in villa quæ nominatur Flaciacus. S. Iterii. S. Pontionis. S. Rodulfi. S. Silvionis. S. Vualburdis. Data per manum Duranti monachi.

1010 circa.

### 626.

#### DE CURTILO IN FALCONO.

Ego, in Dei nomine, Gislemarus dono aliquid de hæreditate mea ad ecclesiam Sancti Martini Saviniacensis, quam Durantus abbas regere videtur : [hoc est] curtilum unum qui est positus ad Falcono[3], in pago Lugdunensi, in agro Tarnantensi. S. ejusdem Gislemari. Data per manum Duranti monachi.

1010 circa.

### 627.

#### DE PLANTERIO[4] IN PARROCHIA SANCTI LAURENTII.

Placuit Duranto abbati et monachis Saviniacensis ecclesiæ, ut darent cuidam homini Rotlanno nomine, aliquid ex terra Sancti Martini ad medium plantum; quod et fecerunt. Dederunt autem ei vineam unam quæ est sita in pago Lugdunensi, in agro Tarnantensi, in parro-

1010 circa.

---

[1] P. ædifficatum.
[2] M. virpitionem.
[3] P. Falchono.
[4] M. et C. plantario.

chia Sancti Laurentii, juxta castrum quod vocatur Iconium[1], tali convenientia ut, quamdiu ipse Rotlannus vixerit, possideat, nec habeat licentiam vendere et donare nisi ipsis monachis, et post suum decessum, ad supradictum monasterium perveniat. S. Duranti abbatis. S. Rotberti monachi. S. Amaldrici monachi. S. Aribaldi. S. Andreæ. Data per manum Duranti monachi, regnante Rodulfo rege.

### 628.

#### DE MANSO IN BEDOCIACO.

1010 circa.

Ego Silvius et uxor mea Pontia, simul cum filio nostro nomine Gausmaro, donamus, de hæreditate nostra, pro anima filii nostri Vuichardi, ad ecclesiam Sancti Martini Saviniacensis, cui Durantus abbas præest : est autem mansus unus qui est in pago Lugdunensi, in agro Rodonensi, in villa quæ dicitur Bedociacus, cum vircariis, silvis, ortis, terra arabili et quantum ad ipsum aspicit; et in alio loco, tertiam partem de silva quæ nominatur Noaliacus[2], cum exarteriis et quantum ad ipsam tertiam partem aspicit.

### 629.

#### REDDITIO ECCLESIÆ DE VALLE.

1010 circa.

Ego Renco, simul cum filiis meis Iterio et Arnaldo, reddo sanctæ Dei ecclesiæ Saviniacensis monasterii Beati Martini, ubi Durantus abbas præesse videtur, medietatem ecclesiæ de Valle, quam injuste eis abstuli; unam medietatem reddo eis in presenti; alteram vero post mortem meam; et accipimus ab eis centum solidos. Si quis autem, aut ego, aut filii mei, aut aliquis de hæredibus meis, hanc donationem calumniare voluerit, non queat vindicare quod quæsierit; insuper componat auri libras decem, et hæc donatio firma permaneat. Quod si abbas aut seniores ejus loci accommodare voluerint hanc ecclesiam et ea quæ ibi adjacent ad beneficium cuilibet hominum, ad proprios hæredes revertantur. Data per manum Duranti monachi, secundo nonas Martii.

[1] M. *Yconium*. — [2] C. *Noalicus*.

## 630.

#### DE ECCLESIA SANCTI PETRI DE BOENNACO.

In Christi nomine, qui dicit in Evangelio, « Date eleemosinam, et omnia munda sunt vobis[1], » Ego Berardus et frater meus Otgerius donamus ad ecclesiam Sancti Martini Saviniacensis cœnobii, ubi Durantus abbas gregem sibi commissum regere videtur, aliquid de hæreditate nostra, hoc est unam ecclesiam quæ est sita in pago Lugdunensi, in agro Tarnantensi, in villa quæ dicitur Boennacus, et est in honore Sancti Petri apostoli, et quantum ad ipsam ecclesiam aspicit usque in exquisitum. Unus nostrum donat suam medietatem pro sepultura corporis sui; alius suam, pro redemptione animæ suæ. S. Berardi et Otgeri, qui fieri et firmare rogaverunt.

1010 circa.

## 631.

#### DE CAPELLA IN MONTEVERDUNO.

Ego, in Dei nomine, Umbertus et uxor mea Apalsia[2] donamus Sancto Martino Saviniacensis monasterii, ubi Durantus abbas præest, de hæreditate nostra, in pago Lugdunensi, in agro Forensi, montem qui vocatur Verdunus, cum capella quæ ibi in ipso monte est sita, et unum mansum quem Durantus presbiter possidet, et unam vineam quæ est a parte castri Marcilliaci[3], et in circuitu ejusdem podii omnem terram illam in sursum, excepta parte illa alia quam mihi et filiis meis retinui, vidente hoc abbate et omnibus qui illic aderant; et accipimus a monachis sexaginta quinque solidos. Concedo quoque in Randanis mansum unum qui vocatur Hisla[4]. S. Humberti, qui hoc fieri jussit et firmari rogavit. S. Alpasiæ, uxoris ejus. S. Vuilisii[5], filii Humberti[6]. S. Bracdencæ[7], fratris sui. S. alterius Umberti.

1010 circa.

Explicit de abbate Duranto.

---

[1] Luc. XI, 41.
[2] Vide ch. 663, in qua nomen istud litteris dissimile est.
[3] M. et C. *Marcelliaci.*
[4] Estiennot. *Hysla.*
[5] M. et C. *Vuilisi.*
[6] M. *Umberti.*
[7] M. *Bracdenca.*

## INCIPIT DE ABBATE ITERIO PRIMO.

### 632.

ELECTIO EJUSDEM [1].

1028 circa. Pastoralis curæ solertia insudandum est cuique qui ovili boni ac benigni pastoris Jesu Christi, mundi salvatoris, præesse dignoscitur, ut grex commissus sibi, ad altiora conscendens, melior semper proficiat sectando, et proficiens[2] alatur virtutibus, ne in aliquibus deficiat; etenim ex quo divina dispensatio post diluvium instituit ut homo præesset homini, quicumque secundum Deum tam in Veteri Testamento quam in Novo aliis præfuerit, quantum possibile fuit, procuravit ut consultum subditis in posterum esset; quod et beatum Benedictum fecisse quædam probant documenta. Igitur sancta et universalis mater Ecclesia, diversitate vicissim ordinum graduumque a Deo decorata, emicat in summis, vernat in mediocribus, floret in supremis; in quorum diversitate vitæ, nec etiam fidei[3], cum unus grex, eidemque unus sit custos, Dominus videlicet Jesus Christus, quidam nitentes instant[4] ab eodem vero pastore munere ditiori eminentiores effecti; pastoris equidem nuncupatione et illi utentes, qui suo pro posse sancto desudantes in labore, commissos sibi totis nisibus, virtutum nutrimentis fovendo, super aquam refectionis velut oves educantes, ad pascua æternæ viriditatis semper referre gestiunt. Venerabili ergo patre congregationis almi Martini Saviniacensis monasterii viam universæ carnis ingresso, atque proprii, quem pro Deo exsecutus est[5], laboris fructum percipiente, necesse fuit eidem loco pastoralis curæ solertiam a procuratoribus exhiberi. Quapropter tam regalis potestas quam episcopalis et sacerdotalis auctoritas, sed et principum sublimitas, necnon et reliquorum[6] fidelium agnoscat[7]

---

[1] Hoc instrumentum edidit J. B. de la Mure, *Hist. du dioc. de Lyon*, p. 385.

[2] Omnia mss. *sextando et proficius*.

[3] Quod sequitur usque ad *Christus* deest apud de la Mure.

[4] De la Mure : *extant*.

[5] Vox *est* deest in P.

[6] M. *religiorum*.

[7] P. *agnoscant*.

universitas, quod fratres supradicti monasterii Sancti Martini, freti munimine normæ eximii patris Benedicti, communi assensu, jussu domini Burchardi, sanctæ sedis Lugdunensis[1] archiepiscopi, adeuntes præsentiam sanctæ discretionis patris reverendi domini Odilonis, jura regiminis Cluniacensis archimonasterii[2] nobiliter procurantis, deprecati sunt obnixe clementiam illius ac paternitatem, ut de suis sanctæ eruditionis filiis, charitatis ac[3] benignitatis, quo fervet incomparabiliter amore, fratrem qui eidem loco non tam præesse quam prodesse regulariter studeat[4], delegeret, et hunc fratrem concors unanimitas, secundum morem antiquitus servatum, patrem super se constitui utiliter gauderet. Quorum petitionibus charitativis pater tandem aliquando assensum præbens, concessit fratribus his, sicut devotio prædicti domini Burchardi archipræsulis postularat, quemdam seniorem, domnum scilicet Icterium, sub beatæ dominationis prædicto patre[5] tramite regulari adprime institutum. Quem fratrem diu expetitum et, nisi divinæ dispositioni et tantorum ac talium votis repugnare judicaretur, nimium se excusare cupientem, ego Burchardus, divina largiente gratia, Lugdunensis ecclesiæ archiepiscopus, desiderabiliter brachiis totius dilectionis amplectens[6], cum consilio et consensu canonicorum et abbatum, domini Bernardi, modesti patris insulæ Barbaræ, atque domini Arnulfi, patris Athanacensium religiosi ac sapientissimi, totiusque gregis mihi a Deo commissi, præesse eisdem ipsis monachis Sancti Martini Saviniacensis monasterii præcepi, et votis omnibus laudavi, atque laudando pastorem animarum inibi fore decrevi, ita scilicet ut cum[7] omnibus rebus ad eumdem locum pertinentibus, Deo favente et beato Martino patrocinante, sine ulla contradicente persona, quæ Dei sunt secundum regulam beati Benedicti feliciter in omnibus valeat exsequi.

[1] M. et de la Mure, *Lugdunensium.*
[2] M. P. et C. semper *archisterium,* ubi *archimonasterium* in L. et de la Mure.
[3] M. *a* pro *ac.*
[4] M. *sudeat.*
[5] De la Mure, *prædicti patris.*
[6] P. *complectens.*
[7] M. *ut et cum.*

## 633.

#### DE ECCLESIA SANCTI PAULI IN BOTAVILLA [1].

Ante 1028.

Meta mundi ineunte [2], crebrescunt mundi ruinæ, mala seculi inundant [3], finem ejus nunc demonstrant : quam celeriter occurrit dies judicii ostendit. Quapropter vigilare debet quisque et summo studio curare, ut eum possit ipsa dies anticipare; Domini enim vox in Evangelio fideles suos admonet, dicens, « Date eleemosinam, et ecce omnia munda sunt vobis [4]; » et per prophetam : « Sicut aqua extinguit ignem, ita eleemosina extinguit peccatum [5]. » Salomon etiam affirmat, dicens : « Redemptio animæ viri, propriæ divitiæ [6]. » Istarum admonitionum obauditores fieri cupientes, Ego Gaufredus et uxor mea Petronilla delegimus ecclesiam Sancti Pauli, quæ est sita in Sanctonensi territorio, subter castrum quod vocatur Botavilla, mancipandam servitio Dei pro animabus nostris, patrum etiam et matrum nostrorum, seu filiorum nostrorum et filiarum nostrarum, et omnium parentum nostrorum, sub regula monachorum; freti vero adjutorio Domini et consilio Vuillelmi, comitis Engolismensis, et uxoris ejus, dominæ Girbergiæ [7], patris videlicet mei et matris, et domini Elduini, fratris mei, necnon domini Isli, episcopi Sanctonensis, et aliorum fidelium nostrorum, donamus Deo et rectoribus ecclesiæ Sancti Martini Saviniacensis monasterii, scilicet domno abbati Iterio et monachis sub eo degentibus, et omnibus successoribus eorum sub regula sancti patris Benedicti in eodem monasterio Deo servientibus, quatenus ipsa ecclesia Sancti Pauli cum omnibus quæ ibi delegavimus et quæ in antea daturi sumus, vel quantum ipsa ecclesia a fidelibus Christi acquisitura est, gubernationi abbatum et monachorum et eorum ditioni subjaceat. Perpetuo etiam anathemate damnamus, et omnibus maledictionibus quæ in libris Veteris ac Novi Testamenti

---

[1] Hoc instrumentum edidit Guichenon. *Bibl. Sebus.* p. 125.
[2] M. et C. *meante.*
[3] M. *mundant.*
[4] Matth. II, 41.
[5] Ecclesiastic. III, 33.
[6] Prov. XIII, 8.
[7] M. L. et C. *Girbergæ.* Guich. *Gerbergæ.*

continentur maledicimus omnes illos homines sive fœminas qui hanc eleemosinam calumniaverint et subtraxerint, et de potestate abbatum et monachorum Saviniacensium abstulerint, quamdiu ipsum monasterium in regula patris Benedicti steterit. S. domini Gaufredi[1] et uxoris ejus Petronillæ, qui hanc eleemosinam fecerunt, et scribi jusserunt, et firmari rogaverunt. S. domini Vuillelmi comitis, patris ejus. S. Girbergiæ comitissæ, matris ejus. S. Elduini[2], fratris ejus. S. Falconis et Vuillelmi, filiorum eorum. S. domini Isli, episcopi Sanctonensis, qui laudavit, et sinodum quam prædictæ ecclesiæ suæ sedi debebat dedit. S. Aymardi. S. Aymonis. S. Vuillelmi. S. Ademari. S. Ebali. S. Rainulfi[3]. S. Immonis. S. Berengerii. S. Iterii. S. Ademari. S. Vuillelmi. S. Iterii presbiteri. S. Otgerii. Data per manum Duranti monachi, mense Junio, feria tertia, regnante Roberto rege in Francia, et Rodulfo in Gallia.

### 634.

#### ITEM UNDE SUPRA[4].

Superna dispositio omnipotentis Dei et Salvatoris nostri Jesu Christi, qui dicit in Evangelio, « Sine me nihil potestis facere[5], » in quarumlibet rerum initiis summo studio ac fideli devotione exoranda[6] est, ut a quo omne bonum incipitur ejus perceptione finiatur; omnipotentissima enim gubernatio, qua regitur omne quod est, ad redemptionem humanæ naturæ in talamo uteri virginalis conjunctam sibi sponsam, quotidie adoptionis filios generare non cessat, quatenus sancta Ecclesia, diversis ordinibus venerabiliter adornata ac regenerationis lavacro mundata, indefessas laudes Creatori suo perpetualiter solvat. Dominus ergo redemptor noster Jesus Christus, qui omnes vult salvos fieri et neminem vult perire, ipse per semetipsum fideles suos docet, ut[7] ex talento sibi credito redemptionem peccatorum et repromissionem

1029.

---

[1] P. *Gausfredi.*
[2] M. *Eduini.* Guich. *Alduini.*
[3] M. et C. *Raynnulfi. Ymmonis.*
[4] Hoc instrumentum, sicut illud quod ante est, ed. Guich., *Bibl. Sebus.* pag. 131.
[5] Johann. xv, 5.
[6] Guich. *exhortanda.*
[7] Omnia mss. *et.*

æternæ hæreditatis acquirant, quatenus eleemosinarum fulti juvaminibus cum ipso feliciter gaudeant. Hujus igitur admonitionis et promissionis socius et particeps cupiens fieri, Ego, in Dei nomine, Gaufredus, filius Vuillelmi, nobilissimi comitis Engolismensis, notum fieri volo omnibus fidelibus sanctæ matris Ecclesiæ filiis, tam præsentibus quam futuris, qualiter in nomine sanctæ et individuæ Trinitatis misericordissima pietas animo meo infulsit, ut ecclesiam Sancti Pauli, sitam in pago Sanctonensi, in vicaria Cristiolensi[1], in villa quæ vulgo dicitur Botavilla, quam ego et uxor mea Petronilla ex nostro proprio fecimus ædificare, et sub dominatione Sancti Martini Saviniacensis monasterii et domni Iterii abbatis, et monachorum in prædicto monasterio commorantium, constituimus, et ad consecrationis et benedictionis sublimitatem ab episcopis fecimus[2] roborari. Placuit hæc convenientia amicis et fidelibus meis, et una cum consilio domni Iterii abbatis, expetivi suffragia et adjutorium vicinorum meorum episcoporum, domini videlicet Gotafredi[3], archiepiscopi sanctæ matris ecclesiæ Burdegalensis, et domini Islonis, episcopi Sanctonensis, et domini Arnaldi, episcopi Petragoricensis, et domini Rohonis[4], episcopi Engolismensis; quibus in unum conventis, antequam ad consecrationis gratiam pedem verterent, dixerunt nullo modo ecclesiam catholice posse benedici nisi sub nomine dotis. Convenit autem mihi ut jussionibus eorum obtemperarem et sponsarem ipsam ecclesiam in nomine Domini, ex proprio meo constituens ibi[5] secundum posse meum ex redditibus meis, et uxoris meæ Petronillæ, quam Dominus jam de hoc vocavit seculo, ad victum[6] monachorum inibi degentium. Quæ propriis nominibus subter vocabuntur, videlicet Marinalis[7] villæ, unam medietatem cedo[8], et Fossatis villam, quantum ibi visi sumus habere. Ex terris etiam inibi[9] adjacentibus, quas boni homines dederunt Deo et

---

[1] M. *Christiolensi.*

[2] Legendum esse *constituerimus.... fecerimus,* existimo; alioquin phrasis claudicat.

[3] M. *Gotasfredi.*

[4] Guich. hic et infra *Rahonis.*

[5] Forsan *illi.*

[6] M. et C. *victus.*

[7] Guich. *Maximatis.*

[8] M. *concedo.*

[9] M. *mihi.*

Sancto Paulo, pro animabus suis, cum censu qui mihi advenit in vino et denariis, totum in dotem dono; similiter etiam de ipsis terris quæ in antea daturæ sunt, censum dono; decimas similiter etiam ex molendinis dono; accresco etiam juxta Marinacum culturam terræ amplissimæ et valde bonæ, in sponsalitio, et[1] in villa quæ dicitur Trislis, terras et vineas indominicatas, et Aflaaz[2] villa, terras, vineas et silvas quæ Mainardus et Gasferius[3] per beneficium tenent. Actum ab incarnatione Domini anno millesimo vigesimo nono, indictione decima prima[4], sceptrum regni domino Roberto, invictissimo rege, tenente, summæ cathedræ pontificalis honoris sanctæ matris ecclesiæ Burdegalensis domino Gotafredo decentissime insidente; domino vero Islone sanctæ matris ecclesiæ Sanctonensi episcopali solio præeunte, necnon domino Arnaldo sanctæ matris ecclesiæ Petragoricensis pontificali honore micante; domino etiam Rohone[5] sanctæ matris ecclesiæ Engolismensis pontificali stola fulgente; astante domino Gaufredo[6], nobilissimo comite : coram eis publice, in ecclesia Beati Pauli apostoli, doctoris gentium, hæc dispositio sive institutio a prædictis episcopis solidata et confirmata est, laudantes eam abbates et monachi seu plurimæ populorum catervæ inibi ad consecrationem ecclesiæ convenientes. Amen. Data manu Almanni monachi, præcipiente domno Iterio abbate.

635.

DE ECCLESIA SANCTÆ TRINITATIS JUXTA CASTRUM MERPINI.

Ego, in Dei nomine, Folcardus, et mater mea Girbergia[7], et uxor mea Aynors, et frater meus Oddo, divinarum admonitionum obauditores fieri cupientes, delegimus unum locum in quo ædificemus sanctam Dei ecclesiam in honore sanctæ Trinitatis et beatæ Mariæ semper virginis, et omnium sanctorum, et beati Abundi martiris

1031 circa.

---

[1] Vox *et* deest in M. et C.
[2] P. *Alfaaz*. Guich. *Aflaas*.
[3] L. *Mainardus Gasferius... tenet*. M. et C. *Mainardus Gaiferius... tenet*.
[4] Legendum est *secunda*.
[5] Mss. *Rohoni*, al. *Robo*.
[6] Guich. *Gautfredo*.
[7] M. L. et C. *Girberga*.

Christi; et est ipse locus positus in Sanctonensi territorio, juxta castrum Merpini, mancipandum servitio Domini, pro animabus nostris, patrum etiam et matrum nostrorum, seu filiorum et filiarum nostrorum, et omnium parentum nostrorum, sub regula monachorum. Inchoavimus vero cum adjutorio Domini nostri Jesu Christi et omnium sanctorum, et consilio domini Islonis, episcopi Sanctonensis[1] urbis, et domini Gaufredi comitis, qui ipsam terram dedit, et uxoris suæ Petronillæ, et constituimus hunc locum sub potestate ecclesiæ Sancti Martini Saviniacensis monasterii et normæ monachorum inibi degentium, quibus videtur non tam præesse quam prodesse domnus Iterius abbas. Do etiam, ad victum fratrum inibi degentium, unum mansum juxta portum qui vocatur Lis; et in alio loco unum mansum, in villa quæ vocatur Floiacus[2]; et in alio loco unum mansum qui vocatur Gentem; et ad Sargiam villam unam modiatam de terra, et tres sextariadas, et ad Cruch tertiam partem de uno manso et de vineis quæ sunt ad Sennonvillam[3] similiter, et ad Flaaz villam similiter, et ad Mansiones, meam partem quam habeo cum fratribus meis, et unum junctum meum proprium, et unam bordariam; et ad Corollionem[4] meam partem, et ad Malaz villam similiter, et ad Flaaz villam similiter, et ad Mansiones meam partem, et ad Podium Medianum meam partem. Do vero, ex parte matris meæ Girbergiæ, quæ pro amore Domini nostri Jesu Christi, et sanctæ Mariæ semper virginis, et sancti Petri apostoli, et sancti Abundi martiris, et omnium sanctorum, sponsavit prædictum locum, de[5] sepultura corporis sui, pro redemptione animæ suæ et senioris sui Ayzonis, et filiorum suorum ac filiarum, et omnium parentum suorum, quantum ipsa dedit in villa quæ vocatur Irer, quantum ipsa habebat in terris, vineis, pratis, quia ipsa mihi præcepit ut ego cartam et donum ex sua parte facerem Deo et prædictis sanctis, in quorum honore vocatus est locus ille. Est autem situs in pago Engolismensi, in vicaria Nauziacensi[6]. Ego Folcaldus istud do-

---

[1] M. et C. *Santonensis.*
[2] L. *Floriacus.*
[3] M. *Senon villam.*
[4] M. *Cocollionem.* L. *Cocellionem.*
[5] P. *et* pro *de.*
[6] M. L. et C. *Nanziacensi.*

num feci et firmare rogavi, pro redemptione animæ meæ et animarum patris et matris et omnium parentum meorum. Sane si ullus de hæredibus meis, aut ullus homo istum locum calumniatus fuerit, et pertinentia sibi subtraxerit, iram Dei incurrat, et ab ecclesia Dei sint extranei, et a consortio sanctorum separati, et in inferno condemnati cum Datan et Abiron. Maledicimus autem omnes illos homines et fœminas, et cum Juda traditore perpetuo anathemate damnamus qui hunc locum de potestate monachorum abstulerit. S. Aynors. S. Odonis. S. Eldeberti. S. Vuillelmi. S. Rannulfi. Data per manum[1] Almanni monachi, regnante Roberto rege in Francia.

### 636.
#### CARTA DE ECCLESIA SANCTI SABINI DE BURDELLIS.

Quia post mortem nihil boni facere possumus, opere pretium credimus, antequam ad illum subtile et incomprehensibile ducamur examen, occulto judici satisfaciendo negligenter a nobis commissa manu pœnitentiæ in istius ævi brevitate qualitercumque possumus non desistamus. Igitur nos Gontardus[2], Pontius, Gerardus, Petrus, Lambertus, propter scelerum nostrorum enormitatem considerantes, et, quod salubrius est, illam Domini nostri Jesu Christi dulcissimam vocem delectantes audire, qua ait, « Venite, benedicti patris mei, percipite regnum quod vobis præparatum est ab initio seculi[3], » donamus aliquid de rebus nostris propriis Domino Deo et Sancto Martino et monasterio quod dicitur Saviniacus et monachis qui ibi habitant et habitaturi sunt, pro remedio animarum nostrarum et genitoris mei ac genitricis et uxoris meæ Adalaæ, et pro omnibus parentibus meis vivis et defunctis, et ut ecclesia quæ est consecrata in honore sancti Michaelis et sancti Petri apostoli, sanctique Sabini martiris, nulli loco ipsa ecclesia et ipse locus subjectus sit, nisi monasterio Sancti Martini[4] Saviniacensis; non enim ego Gontardus et filii mei donamus hoc pro auro et argento, sed pro orationibus ipsorum et aliorum monachorum

7 Jul. 1032.

---

[1] M. *Data manu.*
[2] P. *Guntardus.*
[3] Matth. xxv, 34.
[4] M. *nisi Sancto Martino monasterii.*

sibi succedentium, quatenus pius Dominus innumerabilibus nostris propitiari dignetur offensis, picei[1] quoque flammas evadere valeamus baratri, et regna coelestia Christo propitio adipisci. Sunt ergo res ipsæ sitæ in comitatu Diensi, in valle quæ dicitur Burdegalis[2] : hoc est ecclesia in honore sancti Petri sanctorumque prænominatorum consecrata, cum appenditiis suis: hoc est in pratis, silvis, campis, pascuis, vineis, salicetis, ecclesiis, decimis, et appenditiis; quæ sicut a nobis præsenti tempore regitur et possidetur, ita in posterum cum omni integritate Deo, ut sæpe jam diximus, et beato Martino donamus, donatumque in perpetuum esse volumus, in alimonia et stipendia monachorum. Dedit etiam idem Gontardus, quando effectus est monachus, et filius ejus Pontius, ecclesiam Sancti Michaelis de Besalduno Deo et Sancto Martino et monachis ibidem habitantibus, cum decimis et omnibus appenditiis suis. Si quis, quod futurum esse minime credimus, aut nos ipsi, quod absit, aut aliquis consanguinitate nobis conjunctus et nepos, seu etiam ulla intromissa persona, istius donationis spontaneæ a nobis factæ contrarius invasor aut contradictor extiterit, aut res Deo dicatas sanctoque Martino delegatas in suos usus transferre conatus fuerit, iram Dei omnipotentis incurrat, et vinculo anathematis innodetur. S. Gontardi, Pontii, Giraldi, Petri et Lamberti, qui cartam istam eleemosinariam scribere et firmare rogaverunt. S. Isarni. S. Disderii[3]. S. Pontii. S. Isiliardi. S. Avidi. S. Anseverti. S. Avierti. S. Trutmundi. S. Vuigonis. S. Rostagni. Data per manum Aldeberti[4] monachi, mense Julio, nonis ejusdem, feria sexta, regnante Rodulfo rege.

### 637.

DE DECIMA VILLÆ SANCTI MAXIMI.

April. 1031? Sacrosanctæ Dei ecclesiæ quæ est constructa in honore sancti Michaelis et sanctorum apostolorum Petri et Pauli, sanctique Sabini

---

[1] Omnes habent codices *picci*, sed nihil aliud legi potest nisi *picei* (picei baratri, id est infernorum).

[2] BM. *Burdegallis*.
[3] L. *Desiderii*.
[4] M. *Adeberti*. L. *Acdeberti*.

martiris, Ego Donfredus[1] et uxor mea Gotlennis[2], cogitantes de Dei misericordia, donamus Deo et prædictis sanctis decimam de villa quam nominant Sancti Maximi, quantum nobis advenit[3] ad integrum, et est in episcopatu Diensi, in vicaria de Culmis[4]. Quod si aliquis homo surrexerit qui contra cartam istam eleemosinariam inquietare voluerit[5], iram Dei omnipotentis incurrat. S. Donfredi et uxoris ejus Gotlennis[6], qui cartam istam fieri et firmari rogaverunt. S. Ademari comitis. S. Arnaldi. S. Vuigonis. S. Rostagni. S. Arnaldi. S. Vuijardi. S. Arnulfi. S. Girardi. Isembardus presbiter, rogatus, scripsit, mense Aprili, feria sexta, regnante Rodulfo rege.

638[7].

PRÆCEPTUM RODULFI REGIS DE TALUERIIS.

In nomine sanctæ et individuæ Trinitatis, Rodulfus, divina favente gratia, rex, rebus nostris ecclesias Dei augmentare more regum prædecessorum nostrorum utile ducimus et honestum dijudicamus. Quapropter notum sit omnibus Dei Ecclesiæ et nostris fidelibus natis et nascituris, qualiter, ob animæ nostræ remedium et petitiones Irmengardis[8] reginæ, conjugis nostræ dilectæ[9], et Burchardi, archiepiscopi Lugdunensis[10], fratris nostri, et Burchardi, Viennensis archiepiscopi, cæterorumque nostrorum fidelium, damus, in pago Albanense, Talluieriis[11] villam, cum appenditiis suis, et cum ecclesia in honore sanctæ Mariæ et sancti Petri et sancti Mauricii consecrata, ad Sanctum Martinum, ad[12] monasterium Saviniacense, et ad regimen et subjectionem Iterii abbatis, et successorum ejus, et utilitatem fratrum Talluieriis

1032 circa.

---

[1] M. *Domfredus.*
[2] BM. *Gothlemis.*
[3] M. *obvenit.*
[4] P. *Culnis.*
[5] P. *inquietaverit* pro *inquietare voluerit.*
[6] P. *Gotelennis.*
[7] Hanc chartam edidit Guichenon, *Bibl. Sebus.* p. 97.
[8] M. et C. *Irmingardis.* L. *Ermengardis.*
[9] Ms. Lugd. hoc loco inserit hanc glossam quæ legitur in margine codd. M. et C. : « Burchardus, archiepiscopus Lugdunensis, filius Conradi regis, non imperatoris, et frater Rodulfi regis. »
[10] Vox *Lugdunensis* deest in P.
[11] Guich. hic et infra *Talueris.*
[12] L. *et* pro *ad.*

monastice Deo famulantium, ita ut in nostra tuitione, et Irmengardis reginæ, et successorum nostrorum regum, remaneat. Ut hæc a nobis facta credantur, manu nostra roboravimus et sigillari jussimus. S. domini Rodulfi, regis piissimi.

### 639[1].

#### DE ECCLESIA SANCTÆ MARIÆ DE TALLUERIIS [2].

1037[3]. Mundi terminum appropinquare ruinis crebrescentibus certa manifestant indicia; ideo[4] oportet unumcumque sollicite persistere[5] quamdiu in presenti vita subsistit, ut de terrenis mereantur æterna, et de transitoriis acquirantur sempiterna, laborando non lacescere[6]. Igitur Ego Ermengardis, domini[7] Rodulfi regis conjux humilis, pro animæ remedio senioris mei Rodulfi regis, et pro remedio animæ meæ, construam ecclesiam in honore sanctæ Mariæ ad habitationem monachorum Sancti Martini Saviniacensis monasterii, et ad regimen et subjectionem Iterii abbatis et successorum illius, et utilitatem fratrum ibidem Deo famulantium, in pago Albanense, in villa quæ vocatur Talueriis[8]; cui loco, ex permissione senioris mei Rodulfi, et per consilium archiepiscoporum et episcoporum, scilicet Leodegarii Viennensis, et Emmonis Tarentasis, et Frederici[9] Genavensis[10], et Pontii Valentini, et comitis Umberti, et aliorum qui ibidem convenerunt[11] fidelium nostrorum in dedicatione ecclesiæ, donavi ad victualia fratrum potestatem de Dulsatis cum ecclesia et appenditiis suis, et Marsaciacum[12] cum appenditiis suis, et Vesonam cum appenditiis suis, et potestatem Marlensis[13]

---

[1] Hæc charta partim vulgata est a Guichenone, in *Hist. de Savoie*, ch. VI, p. 3, et secundum ipsum in *Gallia christiana*, t. IV, pr. col. 7, atque in *Rer. Gallic. et Francic. script.* t. XI, p. 555.

[2] M. et C. *Talueriis*.

[3] Hic opinionem auctorum *Galliæ christianæ* mihi assero. Male, mea sententia, ibidem annum 1079 adscripsit Brequigny (*Table chronol. des dipl.*).

[4] M. et C. *ideoque*.

[5] M. *percistere*.

[6] M. *lascessere*. P. *sascessere*.

[7] M. et C. *domni*.

[8] M. *Tallueriis*. C. *Taluieriis*.

[9] C. *Fredrici*.

[10] M. et C. *Genanensis*. BM. *Gebenensis*.

[11] P. male *invenerunt*.

[12] P. *Marfaciacum*.

[13] Estiennot, *Marlentis*. .

cum ecclesia et omnibus appenditiis ejus, et villam Blufiacum[1] cum ecclesia et appenditiis, et in Verello tres mansos, et in Loviaco[2] unum mansum, et unum mansum qui vocatur Ramponetus, et mansum de Escaluina[3], et silvam quæ vocatur Cheria[4], et villam Calvonacum cum appenditiis et duabus partibus decimæ ipsius villæ, ut fratres libere teneant et possideant sine ulla contradicente persona. Et ut hæc donatio firma et stabilis semper maneat, manu propria firmavimus et firmari rogavimus. S. Umberti comitis. S. Sigibodi, S. Fulcherii. S. Alloldi[5]. S. Vulardi. Notum fieri itaque[6] volumus quod tali tenore factum est istud donum, ut Ermengardis regina tres potestates Dulsatis, Vesonam et Marlendis, quamdiu vixerit, teneat, nisi voluntarie reddiderit, et omni anno, in festivitate sancti Andreæ, pro hoc quod retinuerit, in censum et vestituram viginti solidos monachis ipsius loci persolvat; post decessum vero suum libere omnia suprascripta remaneant habitantibus in loco illo et devote servientibus Domino Deo.

### 640.

#### DE ECCLESIA SANCTI GEORII[7].

*1030 circa.*

In nomine Domini nostri Jesu Christi, Ego Adalgaldus[8], clericali ordine sortitus, simul cum fratribus meis Chonone[9], Rotberto, Vuidone[10] et Artaldo, volumus notum fieri præsentibus et futuris, qualiter pater noster Chono quemdam filium suum, fratrem nostrum, nomine Lentonem[11], Deo obtulit et monastico ordini deputavit in monasterio Saviniaco, sub manu Iterii abbatis; tali convenientia hoc fecit, ut cum divisionem inter filios suos ex suis rebus faceret, eidem filio suo suam partem redderet; sed morte præveniente, hoc implere non prævalens, per nos filios suos reservavit quemadmodum desideravit compleri.

---

[1] P. *Bulfiacum.* BM. *Blusiacum.*
[2] BM. *Pomaco.* M. et C. *Loviacum.*
[3] BM. *Escaluma.*
[4] BM. *Iheria.*
[5] L. *Aloldi.*
[6] M. et C. *itaque fieri.*
[7] BM. *Jorii.*
[8] L. *Adagaldus.*
[9] BM. *Cononem.*
[10] BM. *Vindone.*
[11] M. L. et C. hic et infra *Lentonem.* BM. *Leuthonem.*

Nos vero supranominati fratres, memores voluntatis patris nostri, in parte una nostræ hæreditatis delegamus, ex rebus patris nostri, pro anima ejus et matris nostræ, seu omnium parentum nostrorum, fratrum scilicet et avunculorum nostrorum, et præcipue pro nutrimento fratris nostri Lentonis, laudante et consentiente domno Frederico, Gebenensi episcopo, cum consilio clericorum suorum, donamus Deo omnipotenti et Sancto Martino Saviniacensis monasterii, et domno Iterio, ejusdem ecclesiæ abbati, et omnium successorum ejus potestati, et fratribus qui in eodem monasterio manent et manebunt, omnes partes quas habemus in ecclesia Beatæ Mariæ Lovaniaci et Beati Georii in macello constructa, cum decimis et dotalitio et omnibus appenditiis ipsius ecclesiæ, et cum capellis quæ in eadem parrochia sunt constructæ : hoc donum laudantes et confirmantes, hoc videlicet tenore, sicut pater noster disposuit, ut ab hac die et deinceps supradictus Iterius abbas et monachi sui ipsum locum ordinent, et censum et servitium habeant, et sicut ei[1] placuerit tractent. Donamus etiam supradictæ ecclesiæ vineas quæ sunt in circuitu ipsius ecclesiæ, et particulas terrarum quæ ibidem sunt sitæ. Pro supradicta convenientia et pro specialibus lucris quæ accipere sperando confidimus, hoc donum laudamus et confirmamus, et in eorum dominatione et subjectione ipsum locum mittimus, sine ulla contradicente persona. Si quis contra hanc donationis cartam calumniam inferre tentaverit, vindicare non valeat quod cupit, sed componat tantum et aliud tantum, insuper incurrat judicia[2] omnipotentis Dei; et donatio ista semper firma permaneat cum stipulatione subnixa. S. Vuillelmi, Chononis et Burchardi.

### 641.

DE ECCLESIA SANCTI MARTINI DE LUSTRIACO[3].

Dum hujus mundi finem simulque terminum nostrum advenire non dubitamus, necesse est unicuique mortalium ut de terrenis ac tran-

---

[1] Vox *ei* abest in M. et C.
[2] Omn. mss. *judicis*.
[3] Hoc nomen non legitur in instrumento.

sitoriis acquirere satagat, quatenus Deo in æternum placere possit. Quapropter Ego Anselmus, cogitans animæ meæ remedium parentumque meorum viventium ac mortuorum, sæculum relinquens et Deo servire cupiens, laudante et consentiente matre mea Adalasia et fratre meo Gunfredo[1], per manum cujusdam Anselmi, cognati mei, atque advocati, tale alodium quale visus sum habere et possidere, et quod mihi provenire debet, cum servis et ancillis, in comitatu Vualdense, et in comitatu Augustudunense, et in comitatu Valense, et in comitatu Vuarasco, Sancto Martino, ad monasterium quod est in loco Saviniensi constructum, dono, lego atque transfundo, ut abbas illius loci, cum fratribus die noctuque Deo servientibus, habeat, teneat atque possideat, suisque posteris ad possidendum relinquat sine ullo contradicente. Si quis autem hæredum aut prohæredum meorum est qui hanc donationem infringere voluerit, non valeat evindicare quod cupit, sed insuper sit culpabilis et impleturus cameræ regis auri purissimi uncias triginta. Per jussum autem regis Rodulfi, et præsente regina Ermengarde, loco advocati, accepit hoc alodium ad partes Sancti Martini quidam liber miles eorum nomine Vuilhelmus[2]. S. Anselmi advocati, qui hanc cartam de terra levavit, et scribi et firmari rogavit. S. Leuterii. S. Girini[3]. S. Hugonis. S. Constantini. S. Vuilenci[4]. S. Salierii. S. Heleræ. Actum Lauzonnæ[5], anno ab incarnatione Domini millesimo vigesimo quinto, regnante domno rege Rodulfo, anno trigesimo tertio. Ego Fochardus[6] subdiaconus, in vice Pandulfi[7] cancellarii, scripsi. Data in die Jovis.

### 642.

CARTA DE ECCLESIA SANCTI PHILIBERTI DE ULMIS.

Sacrosanctæ Dei ecclesiæ quæ est constructa in honore sancti Mar-     1030 circa.

---

[1] M. *Gonfredo.*
[2] M. *Vuillelmus.* L. et C. *Vuillehelmus.*
[3] M. *Gilmi.* C. *Gilini.*
[4] M. et C. *Vuillenci.*
[5] M. et C. *Lausonnæ.* Legendum est *Lausannæ.*
[6] M. et C. *Frehardus.*
[7] Ignotus est, ut puto, iste Rodolfi cancellarius, nisi idem sit ac Parduffus, a dom. Nat. de Wailly citatus (*Élém. de paléogr.*), in articulo Conradum Pacificum spectante.

tini, in loco qui Saviniacus vocatur, ubi domnus Iterius abbas præesse videtur, Ego, in Dei nomine, Magno, perlaudantium matris meæ et sororum mearum[1], dono Deo et Sancto Martino ecclesiam Sancti Philiberti de Ulmis, cum decimis et censu et cum omnibus appenditiis quæ ipsi ecclesiæ appendunt et in antea acquisierit, et ipsum mansum qui ipsi ecclesiæ appendit, qui est juxta ipsam ecclesiam. Hæc omnia supradicta dono Deo et Sancto Martino, pro anima mea et patris mei et matris meæ et omnium parentum meorum, ut[2] in cellario Sancti Martini semper sit, nec umquam inde tollatur. Quod si aliquis tollere voluerit, maledictionem Dei omnipotentis incurrat, et insuper hoc firmum et stabile permaneat. Tali convenientia hoc dono Deo et Sancto Martino, cum decem solidis qui mihi advenirent ad tertium annum, ut, dum mater mea[3] vixerit, de ipsis decem solidis et de censu ecclesiæ, et de mansionibus quæ ipsi ecclesiæ appendunt et appenderint, medietas ad Sanctum Martinum perveniat; post suum vero decessum, omnia supradicta ad ipsum Sanctum Martinum perveniant. Et si aliqua ex meis sororibus ibi mansionem facere voluerit, quinque tensas ibi ei concedam[4] sine censu, et ipsi marito, qui meam sororem Solemniam nomine habuerit, hoc concedo, ut ter in anno pro bona custodia ipsius loci et fidelitate Sancti Martini se tertius[5] ibi manducet, et nihil amplius ibi unquam præsumet. S. Magnonis, qui dedit et firmari rogavit. S. Pontiæ, matris ejus. S. Solemnæ, sororis ejus. S. Amicæ[6]. S. Rotbaldi, qui laudavit. S. Engelburdis. S. Emmenanæ. S. Emmeldis.

## 643.

ITEM UNDE SUPRA [7].

1030 circa. Mundi terminum appropinquare ruinis crebrescentibus certa mani-

---

[1] Vide in ch. 767 eumdem idiotismum.
[2] P. *et* pro *ut*.
[3] M. *in ea* pro *mea*.
[4] P. *concedans* vel *concedant*.
[5] Sic in omnibus mss.
[6] M. et C. *Anneæ*.

[7] Hoc titulo duntaxat donationem hujus chartæ donationi præcedentis confinem esse notatur (Sanctus Lupus et Ulmi duæ parochiæ limitaneæ sunt); non enim aliam video congruentiam hæc duo inter instrumenta.

festant indicia; ideoque oportet unicuique, dum in hac vita subsistit, ut de rebus terrenis æterna mereantur, et de transitoriis acquirantur sempiterna. Idcirco Ego, in Dei nomine, Pontius, considerans molem peccaminum meorum, insuper et sermonem reminiscens dicentis, « Date eleemosinam, et ecce omnia munda sunt vobis[1], » et quoniam « Sicut aqua extinguit ignem, ita eleemosina extinguit peccatum[2], » dono aliquid de hæreditate mea ad ecclesiam sancti ac beatissimi Martini, præsulis Christi, ubi domnus Iterius abbas, cum grege sibi commisso, Deo ibidem servire videtur : hoc est tertiam partem de ecclesia Sancti Lupi, et quantum ad ipsam ecclesiam aspicit, usque in exquisitum, tali tenore ut, quamdiu ego vixero, teneam, et post meum decessum ad jam supradictam ecclesiam revertatur, et omni tempore in vestitura persolvam, quantum ad ipsam ecclesiam exierit, die natali sancti Stephani protomartiris (quod est septimo calendas Januarii), quamdiu ego eam tenuero. Sane si ego aut aliqua emissa persona hanc donationem inquietare voluerit, non valeat evindicare quod cupit, sed sit deputatus gehennalibus flammis, et in antea firma et stabilis permaneat cum stipulatione subnixa. S. Pontionis, qui fieri et firmari rogavit. S. Agnonis, nepotis sui. S. Duranti et alterius Duranti, et iterum alterius Duranti. Data per manum Adalardi levitæ, regnante Rodulfo rege in Gallia.

### 644.

#### DE ECCLESIA SANCTI SATURNINI DE ARNACO.

In nomine Domini Jesu Christi, qui jubet eleemosinam largiri, et qui in Evangelio præcipit dicens, « Date eleemosinam, et ecce omnia munda sunt vobis[3], » et in alio loco, « Sicut aqua extinguit ignem, ita eleemosina extinguit peccatum[4], » et iterum, « Thesaurisate vobis thesauros in cœlo, ubi nec erugo nec tinea demolitur, et ubi fures non effodiunt nec furantur[5]; » in multis enim[6] locis habemus adnotatum ut

1030 circa.

---

[1] Matth. II, 41.
[2] Ecclesiastic. III, 33.
[3] Matth. II, 41.
[4] Ecclesiastic. III, 33.
[5] Matth. VI, 20.
[6] Vox *enim* deest in P. IM. *etenim*.

ex rebus quas sibi homo acquirit et possidet, mansionem sibi præparet in cœlo, quam ignis non accendit, nisi ille divinus qui proprio suo operario januam aperit, id est vitam æternam. Hanc admonitionem et hanc præparationem a Domino accepturos sperantes, Nos, in Dei nomine, filii Fredelanni, Hugo et Bernardus, cogitantes casus humanæ fragilitatis et interemptionem patris nostri, simul et diem mortis nostræ, volumus aliqua de rebus nostris et patris nostri dare Deo et Sancto Martino Saviniacensis monasterii, ubi abbas præesse videtur Iterius; quas res ipse Fredelannus in vita sua multis vicibus destinavit : hoc est unam ecclesiam quæ est sita in pago Lugdunensi, in agro Valanse, in villa quæ dicitur Arnacus, in honore sancti Saturnini, cum decimis et appenditiis suis, et alodium quod est ad Sanctum [1], et quantum Adzelina abbatissa [2] tenet per beneficium et per alodium in curtilis, in pratis, in silvis, in vineis, in exartiriis, in aquis aquarumque decursibus, in terra culta et inculta, et quantum ipsa visa est habere per beneficium et per alodium, et advenientia nostrum est post mortem suam; totum ergo donamus, ego Hugo et Berardus, pro anima patris nostri Fredelanni et sepultura corporis illius, et pro animabus nostris, et pro sepultura corporum nostrorum, et pro animabus parentum nostrorum, Deo et Sancto Martino Saviniacensi, et fratribus inibi degentibus, ut Dominus, per intercessionem beati Martini, animam patris nostri et animas nostras eripere dignetur de pœnis inferni, et accipimus a vobis argenti libras quindecim.

## 645.

UNDE SUPRA.

1030 circa.

Ego Adzelena abbatissa hanc donationem laudo et donum facio ex bona voluntate et bono animo, pro anima mea et anima patris mei et fratris mei Fredelanni, et omnium parentum meorum, ut Dominus, per intercessionem beati Martini, a gehennalibus flammis nos liberet. Sane si quis hanc donationem et hanc eleemosinam, aut aliqua emissa

---

[1] Agiturne de Sancto Saturnino, vel de loco *Sanctus* vocato?

[2] Abbatissa monasterii de Pelogiis (*de Péloges*), non longe ab Arnaco.

persona, aut ullus ex propinquis nostris, extrahere voluerit de eleemosina fratrum, sit maledictus et excommunicatus, et a liminibus matris Ecclesiæ ejectus, et cum Datan et Abiron et Juda, traditore Domini, fiat possessio ejus et illorum, et omnis populus dicat, « Fiat, fiat; » insuper hæc carta firma et stabilis permaneat. Ego Hugo et Berardus, frater meus, hoc donum firmamus et firmare rogamus amicos et propinquos nostros. S. Adzelenæ[1], quæ laudavit, et Rotbaldi, fratris ejus. S. Raimundi, filii Fredelanni. S. Agnonis. S. Milonis. S. Bermundi. S. Geraldi, nobilissimi comitis, qui non solum laudavit, sed etiam firmavit. S. Vuigonis senioris, qui laudavit. Gausmarus monachus scripsit, regnante Rodulfo rege.

### 646.

#### UNDE SUPRA.

Post hanc convenientiam factam et firmatam, orta est contentio, post mortem Adzelenæ abbatissæ, inter monachos[2] et Astrudem monacham vocatam[3] abbatissam, vindicantis[4] sibi hoc donum vitæ suæ esse convenientiæ; cujus rei multi ex sua parte et multi ex parte monachorum, qui ad hoc donum fuerant nobilissimi viri, rectum esse dixerunt. Ex qua re longa altercatione peracta, venerunt monachi ad convenientiam cum Hugone et Berardo, fratre ejus, ut convenientiam illorum non fallerent, et rectum[5] illorum tenerent, et pactum illius[6] dare ducentos solidos et solidatas; quod et fecerunt. Et venit Hugo ante altare sancti[7] Martini, et accepit hanc cartam cum Andalanno, et, audientibus cunctis, reddidit eam Deo et Sancto Martino in presenti, astante domno Iterio abbate. Postea autem convenit cum eis ibidem cum sacramento, ut per rectam fidem, sine malo ingenio, adjutor et

1030 circa.

---

[1] Post *nostros*, nominis locus vacuus est in M. et C. dein *qui laudavit, etc.*

[2] Agitur de Saviniacensibus monachis, quibus abbatissa de Pelogiis quod illis dederat Adzelina, abbatissa antecessor, cedere nolebat.

[3] Vox *vocatam* deest in P.

[4] Forsan *vindicantem*?

[5] M. *reclusum illorum non tenerent.*

[6] P. *pacti illi.*

[7] M. et C. *beati.*

defensor esse [1] Sancto Martino et monachis rectitudinem sibi vindicantibus. Pro Berardo vero fratre suo dedit sex fidejussores, videlicet Agnonem, Geraldum, Bermundum, Raimundum, Stephanum, Hugonem, ut sicut ille per sacramentum tenuerit adjutorium Sancto Martino. Pro hac re, ex sua parte, ita Berardus frater suus det quatuor fidejussores recipientes, ut teneat de sua parte.

### 647.
#### UNDE SUPRA.

1033. Notitia vuirpitionis et donationis quæ facta est inter Iterium abbatem et monachos Sancti Martini Saviniacensis monasterii, et Vuidonem, quondam [2] militem de Bellomonte, [et] Raimundam, uxorem suam, de quadam ecclesia Sancti Saturnini, quæ est sita in villa de Arnaco. Prædicti enim monachi tenebant ipsam ecclesiam pro sepultura Fredelandi, patris prædictæ Raimmodis. Ipse enim Vuido movit magnam contentionem monachis, et uxor sua Raimmodis; et venit abbas Iterius et monachi ante præsentiam domini Burchardi, Lugdunensis archiepiscopi, et propter amorem ejus fecit Vuido, et uxor sua, hanc vuirpitionem, et fecit [3] eam firmare filios suos et filias, videlicet de ipsa ecclesia cum appenditiis suis, et curtilis qui in finibus ejusdem ecclesiæ sunt; tali tenore ut, si ullus hæres eorum deinceps eis in damnum fuerit, sit excommunicatus et a Deo deorum in inferno damnatus. Anno Dominicæ incarnationis millesimo [4]....... indictione prima. Fulcherius canonicus scripsit.

### 648.
#### UNDE SUPRA.

1033 circa. Nota sit omnibus convenientia vuirpitionis quæ fuit inter domnum Iterium, abbatem Saviniacensem, et abbatissam Astrudem, de ecclesia Sancti Saturnini de Arnaco, de qua Fredelannus fecit donum Sancto

---

[1] Phrasis claudicat: forsan *esset*.
[2] M. *quendam*.
[3] M. et C. *fecerunt*.

[4] Exstat lacuna in mss. Supponit Mailliardus xx, sed malim xxxiii; anno enim, 1033 congruit indictio prima.

Martino, pro sepultura sua et filii sui post eum, necnon etiam abbatissa Adzolena; quæ et Altrudis, post multas contentiones et multa placita, ad hunc finem devenerunt, in præsentia archiepiscoporum, scilicet Lugdunensis et Viennensis, necnon episcopi[1] Malleni, seu etiam Vuigonis vicecomitis, atque aliorum principum, quod ipsa prædicta abbatissa fecit donum Sancto Martino de ipsa ecclesia, si aliquod rectum habebat; et tali tenore vuirpivit, ut in vita sua omnem medietatem quæ pertinebat ad ipsam ecclesiam pro beneficio teneret et possideret; post suum vero decessum, omnia, absque ulla contradictione, perveniant ad Sanctum Martinum. Hoc fecit laudante fratre suo Umberto præposito, et nepote suo Ilione, cum aliis parentibus, et laudantibus archiepiscopis et principibus, cum aliis militibus. Ad hanc obedientiam de Arnaco pertinent tres ecclesiæ parrochiales, id est ecclesia Sancti Petri de Draciaco, ecclesia Sanctæ Mariæ de Auviliaco[2], ecclesia Sancti Petri de Boennaco.

### 649.

#### DE ECCLESIA SANCTI PETRI DE MAURIACO.

1030 circa.

Hoc sciant omnes cultores sacrosanctæ ecclesiæ Dei Saviniacensis cœnobii, rectores et subditi, præsentes et futuri, quod ista carta loco testamenti sit scripta de acquisitione cujusdam ecclesiæ in honore sancti Petri apostoli consecratæ, quæ est sita in villa de Mauriaco, quam concessit nobis, cum cimiterio et vircaria et dimidia quartalata de altera terra, quidam homo nobilis nomine Stephanus, ab ipsa villa cognomen habens Mauriacus[3]. Accepit autem a nobis, pro eadem ecclesia et pro[4] aliis rebus suprascriptis, primum duos sciphos de argento, et de Duranto monacho decem solidos, et de Stephano monacho alios decem solidos. Postea rursum dedit nobis duas condaminas ad ipsam ecclesiam aspicientes, et habuit pro eis, de nobis, triginta solidos. Postea etiam, cum adhuc ad integrum ipsa capella nobis non esset libera, accepit a Stephano Albo, monacho nostro, quindecim solidos et unum

---

[1] L. add. *Grationopol.*
[2] M. *Auvilliaco.* P. *Anniliaco.*
[3] BM. *Muriacus.*
[4] Vox *pro* deest in P.

equum valde bonum, qui postquam illam de Pontione clerico delibe-
ravit, et nobis ad integrum liberam reddidit, testamentum exinde nos
facere rogavit; quod nos, voluntarie facientes, taliter ex ejus persona[1]
scripsimus et scriptum ad confirmandum ei obtulimus. Ego Stephanus,
cum uxore mea Constantia, trado habitatoribus monasterii Sancti Martini Saviniacensis, videlicet domno Iterio abbati et monachis ibidem
Deo servientibus, et omnibus successoribus eorum, amodo et usque
in sempiternum, quandam capellam mei juris quæ, in honore sancti
Petri apostoli consecrata, in pago Lugdunensi, in agro Saviniacensi, in
villula Mauriaco sita est. Hanc autem[2] capellam cum omnibus suprascriptis rebus, videlicet cimiterio, vircaria et altera terra, et duabus
condaminis, concedo monasterio Sancti Martini quod nominatur Saviniacus, et omnibus Deo et sancto Martino in eodem monasterio servientibus, usque in perpetuum, tali lege ut habeant et possideant, et
faciant quidquid facere voluerint pro utilitate ejusdem monasterii.
Non autem hoc ego feci tam pro precio quod exinde accepi, quam
pro eo, ut Dominus Deus, per intercessionem sancti Martini, me dignetur in isto sæculo[3] liberare de inimicis meis, et conservare vitam
meam et salutem corporis mei, et ut in altero sæculo me liberet Dominus Deus de pœnis infernalibus, et constituat me inter sanctos suos,
in regno suo. Amen. Et egomet ipse Stephanus, contestor per virtu-
tem Dei, et contradico ex parte Dei et omnium sanctorum, quod non
sit ullus de parentibus meis et de amicis meis qui istud donum meum
in aliquantula re præsumat contradicere et violare. Quod si hoc aliquis
homo, aut mea uxor, aut filius, aut frater, aut soror, aut serviens,
infringere in aliquo præsumpserit in vita mea, sic me habeat quasi
inimicum mortalem; et si post meum obitum hoc facere voluerit,
nullo modo possit, sed maledictus sit et excommunicatus, et cum Juda
deputatus, si non emendaverit. S. Stephani, qui fieri et firmari rogavit.
S. Constantiæ, uxoris ejus, quæ consensit et laudavit. S. Milonis, filii
eorum. S. Duranti. S. Amblardi. Post hanc donationem accepit a nobis

---

[1] Sic in omnibus mss. — [2] M. et L. *inquam*. — [3] C. hic et infra *seculo*.

unum equum, et dedit nobis duos pratos qui sunt in.......... tali tenore ut habeamus et possideamus quoadusque habeat nobis unum mansum deliberatum. Scripta manu Stephani monachi Albi.

### 650.

#### DE ECCLESIA SANCTI LAURENTII.

Sacrosanctæ Dei ecclesiæ Saviniacensis monasterii, quæ est constructa [in honore] sancti Martini, ubi domnus Iterius abbas gregem monachorum nobiliter regere videtur, Ego, in nomine [Dei], Gausmarus Romphator[1], dono aliquid de hæreditate mea quæ me contingit, videlicet sextam partem de ecclesia Sancti Laurentii, pro remedio animæ meæ et sepultura corporis mei. Est autem sita ipsa ecclesia in pago Lugdunensi, in agro Vendonensi, in villa quæ dicitur Ivinnellis[2], et terminatur ipsa parrochia ex omni parte ecclesiis Sancti Martini. Sane si ego aut aliqua submissa[3] persona hanc cartam inquietare voluerit, non valeat evindicare quod cupit, sed insuper iram Dei incurrat; carta vero hæc firma et stabilis permaneat, cum stipulatione subnixa. S. Gausmari, qui hanc cartam fieri et firmari rogavit. S. Constantiæ. S. Iterii. S. Vuichardi. S. Bernardi. S. alterius Vuichardi. S. Milonis Albi. S. Duranti Regis. S. Amblardi. S. Bernardi clerici, et Iterii, Girardi, Vualdemari : isti sunt fidejussores qui hanc cartam ad scribendum dederunt, tali tenore ut si aliquis hanc donationem de mensa monachorum auferre voluerit, unus ex eis cum juramento dicat, quia melius eam rectores ipsius ecclesiæ tenere debent quam alius possidere.

1030 circa.

### 651.

#### DE ECCLESIA SANCTÆ MARIÆ DE ALTARIVORIA[4].

Notitia seu carta convenientiæ seu donationis duorum fratrum, Hugonis[5] scilicet et Gausmari de Turoniaco[6], quam fecerunt Deo et

1030 circa.

---

[1] L. *Rumfator.* M. et C. *Romfator.*
[2] M. *Jujunellis.* L. *Juiniellis.* C. *Iviunellis.*
[3] L. *emissa.*
[4] M. et C. hic et infra *Altarovoria.*
[5] P. *Huchonis.* C. *Huhonis.*
[6] L. *Turionaco.* BM. *Thoronaco.*

Sancto Martino Saviniacensis monasterii, præsente domno Iterio abbate et cuncta congregatione, pro remedio animarum et sepultura corporum suorum, necnon pro redemptione animarum parentum suorum. Fuit autem hæc donatio de parte quam habebant in quadam ecclesia Sanctæ Mariæ de Altarivoria, scilicet quarta pars illius ecclesiæ, de presbiteratu, de decimis, de offerendis, et de manso qui est juxta dictam ecclesiam, cum molendino; tali scilicet tenore ut, quamdiu vixerint, usum et fructum habeant; postea vero pars uniuscujusque ad Sanctum Martinum sine ulla contradictione perveniat, et pro hoc corpora illorum sepeliantur. Est autem sita ipsa ecclesia in pago Lugdunensi, in agro Forensi. Omnia quæ prædicti fratres in ipsa ecclesia visi sunt habere, totum dederunt Deo et Sancto Martino. Et Gausmarus donat Sancto Martino terram de Bisboch, quam Anastasius possidet. Sane si quis hanc donationem inquietare vel de mensa fratrum abstrahere voluerit, non valeat vendicare quod cupit, sed iram Dei omnipotentis incurrat, et perpetua maledictione damnetur, et hæc donatio firma et stabilis permaneat. S. Hugonis. S. Gausmari. S. Duranti. S. Vuilenci. Data per manum Gauceranni monachi, regnante Rodulfo rege.

## 652.

### DE ECCLESIA SANCTI JULIANI DE SAL.

1018.

Dum immoramur in incolatu hujus cosmi, concessum est nobis ab Altitonante operari quod expediat nobis in futura vita, ipso attestante, « Operamini non cibum qui perit, sed qui prodest in vitam æternam[1]; » itemque, « Date eleemosinam, et omnia munda sunt vobis[2]; » nam et Salomone dicente : « Redemptio viri propriæ divitiæ[3]. » Quid nobis est agendum, nisi ut perpetua mereamur de his quæ possidemus transitoriis? Etenim nisi quis prius a Deo acceperit, non aliquid potest dare, Psalmista testante, qui ait, « Domini est terra, et plenitudo ejus orbis terrarum, et universi qui habitant in eo[4]; » ab illo enim omnia

[1] Joh. VI, 27.
[2] Matth. II, 41.
[3] Prov. XIII, 8.
[4] Psal. XXIII, 1.

nobis bona, ejus gratia præveniente, donantur, qui interdum peccantibus nobis sua dona non retrahit, quotidieque exspectat, ut ad spem divinæ propitiationis humana mens consurgat. Quod enim sapientes, quod potentes, quod divites sumus, non alterius, sed potius divino munere sumus; vitam ergo optime divinis beneficiis, id est ut convertamur de malo in bonum, de peccatis ad veram pœnitentiam, quatenus et Dominum non pœniteat dedisse, et nobis accepisse sit utile. Quapropter, in Dei nomine, Ego Girinus, audiens has promissiones suprascriptas, et reminiscens casus humanæ fragilitatis, vel diem mortis meæ, timens incidere in pœnis inferni pro peccatis meis, quæ operatus sum et operor quotidie, dono, per consilium amicorum et parentum meorum, aliquid de hæreditate mea Deo et Sancto Martino ad Saviniacense monasterium, ubi domnus Iterius abbas præesse dignoscitur; hoc tamen pro redemptione animæ meæ et patris et matris meæ, et parentum meorum : hoc est ecclesia Sancti Juliani quæ dicitur Sal, cum decimis et appenditiis suis, et quidquid exquisierint omni tempore, ex hoc in antea et usque in ævum; et juxta ipsam ecclesiam dono unum pratum cum saliceto, et terram ad plantandum, quantum ips monachi plantare voluerint, qui et in ipso loco stabunt; et do unum ortum juxta meum ortum. Hoc tamen do semper in præsenti et unam vircariam juxta ipsum ortum. Est autem hæc ecclesia sita in pago Lugdunensi, in agro Forensi, juxta fluvium Adoysi[1], et terminatur ex omni parte terra ipsius Girini et Jarentonis, fratris illius. Et quidquid visus sum habere in ipsa ecclesia, dono Deo et Sancto Martino et monachis, ad ædificandum, plantandum et construendum ipsum locum, muras vetustas[2] circuitum ipsius ecclesiæ; omnia quæ ad meam partem pertinent, totum dono. Sane, si post hanc donationem aliqua emissa persona, ego, aut frater, aut aliquis ex propinquis meis, hanc scripturam et donationem calumniare voluerit, et de eleemosina fratrum abstrahere, non fiat quod cupit, sed omnes maledictiones quæ in Libris scriptæ sunt veniant[3] super eos. Ego Girinus hoc donum feci[4], fieri et firmari

---

[1] L. *Adoisii*.
[2] P. *vestutas*.
[3] Vox *veniant* deest in P.
[4] Vox *feci* deest in M.

rogavi. S. Asterii. S. Vuigonis. S. Aymini. S. Jarentonis. S. Olmari. S. Jarentonis, fratris ejusdem Girini. S. Girini, fratris ejus. Actum anno ab incarnatione Domini nostri Jesu Christi millesimo decimo octavo.

### 653.

#### UNDE SUPRA.

*1020 circa.*

Notum esse volumus omnibus Christianis, tam præsentibus quam futuris, clericis et monachis, de ecclesia Sancti Juliani quæ dicitur Sal, cum suis appenditiis, et de ipsa[1] convenientia quam Girinus habuit cum abbate Iterio et monachis Saviniacensis monasterii. Ego, in Dei nomine, Girinus dono Deo et Sancto Martino et monachis inibi degentibus ecclesiam Sancti Juliani, cum decima et appenditia illius, extra quartam partem ipsius ecclesiæ quæ est Girini, nepotis mei; quam videlicet quartam partem idem nepos meus Girinus per meum consilium jam dedit Sancto Martino, et accepit ab abbate Iterio et a monachis sexaginta solidos, et dum moreretur, dedit Sancto Juliano vircariam unam quæ est subtus borgum ipsius ecclesiæ, in qua monachi ibi degentes unam vineam optimam habent ædificatam, et juxta ipsam vineam habent unum curtilum cum orto. De ipsa vircaria, et pro hac vircaria, dedit monachus Gausmarus Duranto de Tiliz, cujus erat ad beneficium, quinque solidos, et Girino de Pineto alios quinque, et fratri suo Aymoni quinque. Ego Girinus dono Deo et Sancto Martino ortum unum, cum vircaria ipsa tenente; et in ipsa vircaria sunt modo mansiones quatuor, et una mansio est modo cum orto quem Durantus possidet, et unum pratum simul cum fratre meo Jarentone; et est grangia ipsorum monachorum juxta ipsum pratum; et ex omni parte ipsius prati sitæ sunt mansiones a rusticis et optimum salicetum quas monachi duo servientes Deo ibidem constituerunt. Medium burgi ipsius situm est in hæreditate Girini, et alia medietas in hæreditate Jarentonis. De ipsa ecclesia quisquis scire voluerit ex quo et ex cujus parte est, scire potest, quia ex parte Girini tres partes sunt, et quarta

---

[1] P. *cum ipsa* pro *et de ipsa*.

pars est ex parte Girini, nepotis ejus. Jarento, frater Girini, cum venisset ad diem mortis suæ, fecit quemdam monachum ad se venire, et fuit ei confessus, et dedit Sancto Martino Sanctoque Juliano unam vircariam, cum mansione et orto suo indominicato, et postea fecit destinamentum suum Deo et Sancto Martino et monachis illi subjacentibus; destinavit tali convenientia suam partem de Baieriis[1], ut Arnulfus, qui filiam suam Gottolendem habebat uxorem, liberam faceret habere ecclesiam Sancti Michaelis de Fornels, quam ipse Arnulfus voluit plus habere Mammonem participem quam Deum, et noluit liberare ecclesiam de ipsis qui eam habebant ad beneficium. Venerunt ad convenientiam idem Arnulfus et uxor ejus Gottolendis[2] cum abbate Iterio de rebus supranominatis; et reliquit Arnulfus commendas[3] Sancti Joannis de Exartipetri, et juravit, per suum legatum, nomine Umbertum, istas res quas modo denominavimus, vineam Benedicti, vineam Segeranni, vineam Godalfredi[4], vineam Ermendranni, vircariam Godalfredi[5], quæ modo est vinea, mansionem ipsius Godalfredi[6] cum grangia ipsius Arnulfi, curtilum quem Ermendrannus[7] possidet, ubi sunt modo tres curtili, quos isti possident Girardus, Alido, Ermendrannus[7], et aliam vircariam quam Doctrildis[8] rustica possedit, quæ modo est optima vinea, et omnia quidquid ipsi habebant in Sal, omnia reliquerunt Deo et Sancto Martino Saviniacensi in excamamentum propter ipsas res de Baieriis, coram istis testibus et judicibus: Girino et Girardo Crasso, et aliis multis qui viderunt et audierunt quando ipsi vuirpitionem fecerunt, et jurare fecerunt quod ipsi nec filii eorum mandam nec commandam jam amplius in eis recepissent.

### 654.

UNDE SUPRA.

In nomine Dei Patris omnipotentis, Ego Girinus, cogitans casus hu-   1020 circa.

---

[1] L. *Bayeriis.*
[2] M. et C. *Gottelendis.*
[3] C. *commandas.*
[4] M. *Gadalfredi.* C. *Galdalfredi.*
[5] M. *Galdalfredi.* C. *Gadalfredi.*
[6] M. et C. *Galdalfredi.*
[7] L. *Elmandrannus.*
[8] M. *Doctrilis.*

manæ fragilitatis et diem mortis meæ, per consilium amicorum et parentum meorum et uxoris meæ Petronillæ, fratrisque mei Jarentonis, dono Deo et Sancto Martino, ad locum Saviniacum, aliquid de hæreditate mea quæ est sita in pago Lugdunensi, in agro Forensi, [scilicet] ecclesiam Sancti Juliani quæ vocatur Sal, cum sua decima et appenditiis illius : hoc sunt tres partes de ipsa ecclesia, et quarta pars est ipsius ecclesiæ Girini, nepotis mei, quam ipse Girinus dabit Deo et Sancto Martino, per consilium meum. Ego igitur[1] Girinus dono aliquid de meo beneficio nepoti meo Girino, pro ista quarta parte ecclesiæ : hoc est de terra quantum inter me et ipsum convenit, et unum caballum, et pariter ego et ipse donamus ipsam ecclesiam liberam ad locum supranominatum, ubi domnus abbas Iterius præesse dignoscitur. Hoc donum facio ego pro sepultura corporis mei et pro redemptione animæ meæ, et pro anima patris mei Hugonis, et pro animabus parentum meorum : hoc est ipsa ecclesia cum offerenda et decima, et sepultura, circuitu et ipsius ecclesiæ, et circuitu castelli quod jam vetustissimum fuit, et unum ortum, et unam vircariam, et unum pratum, et tres eminatas de terra ad plantandum juxta meum clausum ; tali tenore ut semper in præsenti recipiant ipsi fratres ad usum suum, et bene construant ipsum locum, ad ædificandum et plantandum, ad bene operandum. Et si aliquis homo, aut ex propinquis meis, aut aliqua emissa persona, hanc eleemosinam destruere voluerit et calumniari, sit maledictus et iram Dei incurrat. Ego Girinus hoc donum facio et firmari rogo. S. Girini, nepotis ejus. S. Jarentonis, frater ejus. S. Asterii. S. Jarentonis. S. Olmari. S. Girini. S. Adsonis. S. Aquini[2]. Data per manum Gausmari monachi, regnante Rodulfo rege.

### 655.

#### UNDE SUPRA.

1020 circa.

Notum sit omnibus, tam præsentibus quam futuris, de controversia quam nobis faciebat Aremburgis, uxor Girini, de quarta parte eccle-

---

[1] P. *dictus* pro *igitur*. — [2] M. et L. *Aguini*.

siæ Sancti Juliani quam Girinus, avunculus suus, dedit Sancto Martino. Ego, in Dei nomine, Aremburgis, per consilium senioris mei Girini, dono et reddo, et vuirpitionem facio Sancto Martino et abbati Iterio et cunctæ congregationi ipsius loci, de advenientia quæ mihi adveniebat de ecclesia Sancti Juliani et advenire debebat in antea, in vircariis, in mansionaticis et in omnibus quæ mihi advenire debent, omnia reddo Deo et Sancto Martino, et reddo filium meum Pontium Deo et Sancto Martino et abbati Iterio et cunctæ congregationi ipsius loci. Isti sunt testes : Asterius cum filiis suis Hugone et Vualdomaro, Pontius, Gerardus[1] et multi alii.

### 656.

#### ITEM DE EODEM.

Sacrosanctæ Dei ecclesiæ quæ est constructa in honore Sancti Martini Saviniacensis, ubi domnus Iterius abbas præesse videtur, Ego, in Dei nomine, Hugo, per consilium amicorum meorum, dono Deo et Sancto Martino aliquid de mea hæreditate quam contendebam Sancto Martino : hoc est quartam partem de ecclesia Sancti Juliani, quæ fuit aviæ meæ Aremburgis, cum vircaria et decimis[2] et ejus appenditiis, et quantum ipsa habuit in ecclesia, totum ex integro dono et relinquo Sancto Martino, et quantum in ipsa villa visa est habere, omnia relinquo, et laudo donum Girini vetuli et Girini, avunculi mei, et sororis meæ Aremburgis; et partem quam Arpertus[3] contendebat, similiter dono atque relinquo, ut sit remedium animæ meæ et animæ patris mei Hugonis, et Girini, avunculi mei, et parentum meorum, ut Deus omnipotens liberare nos dignetur de pœnis inferni, et perducere in[4] regnum suum cœleste. Insuper, carta ista firma et stabilis permaneat. Ego Hugo firmo et firmari rogo. S. Aschirici. S. Milonis. S. Arrici. S. Aselini. S. Stephani. Pro hoc dono, dedit Gausmarus monachus unam mulam valde optimam et quinquaginta solidos, et quindecim solidos aliis hominibus nobilibus. Gausmarus monachus scripsit.

1020 circa.

---

[1] M. et C. *Girardas*.
[2] M. *decima*.
[3] M. et P. *Apertus*.
[4] M. *ad* pro *in*.

## 657.

#### UNDE SUPRA.

1020 circa.   Sacrosanctæ Saviniacensi ecclesiæ Beati Martini, ubi domnus Iterius abbas præesse videtur, Ego, in Dei nomine, Girinus, dono Deo et Sancto Martino, per consilium Girini, avunculi mei, aliquid de hæreditate mea, pro redemptione animæ meæ et animarum fratrum meorum Hugonis et Rotlanni : hoc est quartam partem de ecclesia Sancti Juliani quæ vocatur Sal, cum sua decima, et sepultura, et offerenda, et quidquid visus sum habere in ipsa ecclesia, ego et fratres mei; et juxta ipsam ecclesiam dono Sancto Juliano unam vircariam valde optimam, quæ terminatur ex omni parte terra ipsius Sancti Juliani[1]; et faciant ipsi monachi quicquid operari voluerint in eodem loco. Ego Girinus firmo et firmari rogo. S. Girini. S. Asterii. S. Jarentonis, fratris Girini. S. Girardi. S. Adsonis. S. Aquini. S. Pontii. S. Aymini. S. Jarentonis. Gausmarus monachus scripsit, regnante Rodulfo rege.

## 658.

#### UNDE SUPRA.

1020 circa.   In nomine Domini, qui dicit in Evangelio, « Date eleemosinam, et ecce omnia munda sunt vobis[2]; » in ipsius amore, Ego Girinus dono, per consilium Girini, nepotis mei, ex rebus meis, Sancto Martino Saviniacensis ecclesiæ, ubi Iterius abbas præesse videtur : hoc est quartam partem de ecclesia Sancti Juliani quæ dicitur Sal; quas videlicet tres partes de ipsa, ego Girinus donavi Sancto Martino, et hanc quartam partem per meum consilium donat Girinus, nepos meus, Sancto Martino, in offerenda, in sepultura, in decimis, in omnibus appenditiis quæ ad ipsam ecclesiam pertinent, totum[3] ex integro semper in præsenti dono. Ego Girinus, in Dei nomine, nepos senioris Girini, dono aliquid ex mea hæreditate Deo et Sancto Martino, Sanctoque Juliano : hoc sunt

---

[1] Vox *Juliani* deest in M. — [2] Matth. II, 41. — [3] P. *toto* pro *totum*.

duæ vircariæ quæ sunt sitæ juxta ecclesiam de Sal, tenentes se simul cum prato quod ibidem est, et ex alia parte currit rivulus qui vocatur Adoysi; et quicquid visus sum habere in ipsa villa, in vineis, in terris, et in quarta parte quæ mihi debet advenire, totum dono Sancto Juliano, pro redemptione animæ meæ et propinquorum meorum. Sane, si post hanc donationem aliqua emissa[1] persona hanc cartam calumniari voluerit, non fiat quod cupit, sed veniant super eum omnes maledictiones quæ in Libris divinis continentur.

### 659.

DE ECCLESIA SANCTI MAURITII DE TRISLINS[2].

Sacrosanctæ Dei ecclesiæ Beati Martini Saviniacensis, ubi domnus Iterius abbas præesse videtur, Ego, in Dei nomine, Bernardus Rumphator, pro remedio animæ meæ et sepultura corporis mei, dono aliquid de hæreditate mea : hoc est partem meam de ecclesia Sancti Mauricii de loco qui vocatur Trislins, quæ videlicet ecclesia sita est in pago Lugdunensi, in agro Forensi, cum omnibus quæ ad ipsam ecclesiam pertinent, in decimis, in vineis, in pratis: quantum ad meam partem advenit, dono Deo et Sancto Martino; et in loco qui Planciacus[3] dicitur, unum mansum cum omnibus appenditiis suis, quem Durantus cognomine Domzels[4] incolit; et in alio loco, in pago Lugdunensi, in valle Argenteria, in villa Torenchi, dimidium mansum, post mortem uxoris meæ, quem ego in meo dominio excolebam. Sane, si post hæc, aut ego ipse, aut ullus de hæredibus meis, aut aliqua persona, hanc eleemosinariam donationem inquietare et calumniari præsumpserit, in primis quidem iram Dei omnipotentis et omnium sanctorum ejus incurrat, nisi ad emendationem congruam venerit; non possit vindicare quod repetit, sed tantum et aliud tantum componat quantum supradictæ res eo tempore melioratæ valuerint; donatio vero ista deinceps omni tempore firma et stabilis permaneat. S. Bernardi, qui hanc donationem fieri præcepit et firmari rogavit. S. Vuichardi, propinqui sui.

1020 circa.

---

[1] Vox *emissa* deest in P.
[2] BM. *Treslins.*
[3] M. *Plannacus.*
[4] P. *Douzels.*

S. Emmenæ, matris ejus. S. Hugonis. S. Folchardi[1]. S. Ademari. S. Ethenulfi. S. Pontionis. Data per manum Leutonis levitæ, die tertia idus Junii, regnante Rodulfo rege in Gallia.

## 660.

#### UNDE SUPRA.

1022.     Sacrosanctæ Dei ecclesiæ Saviniacensis monasterii Sancti Martini, et Sancti Joannis Randanensis, ubi domnus Iterius abbas præesse videtur congregationi monachorum inibi degentium, Ego, in Dei nomine, Girardus et uxor mea Vuandalmodis, et filii mei Fulcherius et Pontius, donamus aliquid ex rebus quæ nobis jure legis obvenerunt : hoc est tertiam partem de presbiteratu ecclesiæ Sancti Mauritii Trislinensis, id est tertiam partem altaris et tertiam partem sepulturæ, et tertiam partem clausulæ ipsius villæ, et tertiam partem terræ quæ ad ipsam ecclesiam aspicit, et tertiam partem ipsius decimationis quæ ad presbiteratum ipsius ecclesiæ aspicit, videlicet quantum in ipsa villa[2] visus sum habere, usque in inquisitum, excepta decimatione parrochiæ quæ ad presbiteratum non attendit, et excepto una peda, ubi[3] mansionem faciam, quam monachis de Randanis monstravi. Dono etiam supradictæ ecclesiæ unum pratum qui subtus ipsum montem est positus, et unum curtilum cum orto qui in fine ipsius prati est positus, et mulnare[4] qui sub ipso curtilo est, cum exitibus et regressibus. Hæc omnia dono Deo et supradictæ ecclesiæ Sancti Martini Saviniacensis, et ecclesiæ Sancti Joannis Randanensis, pro remedio animæ meæ, et pro remedio animarum patris mei et matris meæ, et uxoris ac filiorum et cæterorum parentum meorum. Si quis vero hanc donationem inquietare aut contradicere præsumpserit, et auferre de mensa monachorum, aut ullam malam consuetudinem levare et habere ibi præsumpserit, auferat Deus partem illius de cœtu sanctorum, et omnes maledictiones quæ in Libris divinis continentur super illum veniant, nisi ad emendationem venerit. S. Girardi et uxoris ejus, qui hanc cartam fieri et firmari ro-

[1] M. *Folchaldi.*
[2] M. male, ut videtur, *ecclesia.*
[3] P. *ibi.*
[4] P. *mulinare.*

gaverunt. S. Fulcherii et Pontii, filiorum eorum. S. Duranti[1] de Fracca. S. Constantii. S. Girardi. Data manu Leotardi monachi, anno ab incarnatione Domini millesimo vigesimo secundo, regnante Rodulfo rege.

### 661.

#### DE EODEM.

Sacrosanctæ Dei ecclesiæ Sancti Martini Saviniacensis et Sancti Joannis Randanensis ecclesiæ, ubi domnus Iterius abbas præesse dignoscitur, Ego, in Dei nomine, Agno, pro remedio animæ meæ, patris mei, et matris meæ, et fratris mei Duranti, aliorumque parentum meorum, dono aliquid de hæreditate quæ mihi obvenit ex paterno jure; et est sita in pago Lugdunensi, in agro Forensi, in villa et parrochia quæ Trislinis[2] dicitur : hoc est totum quod in ipsa ecclesia et ad ipsam ecclesiam aspicit quod visus sum habere, id est tertiam partem presbiteratus ecclesiæ, et tertiam partem totius decimationis, et tertiam partem clausulæ de supradicta villa. Dono etiam unum curtilum quem ad Pirarum[3] dicunt, et quantum ad ipsum curtilum aspicit usque ad[4] exquisitum. Si quis[5] hanc donationem inquietare aut contradicere præsumpserit et auferre de mensa monachorum, auferat Deus partem illius de cœtu sanctorum. S. Agnonis, qui fieri et firmari rogavit. S. Girardi. S. Fulcherii. S. Pontii. S. Duranti. S. Girardi. Data per manum Gauzeranni monachi, anno incarnationis Christi millesimo vigesimo primo.

### 662.

#### ITEM DE[6] EODEM.

Ego, in Dei nomine, Stephanus et uxor mea Ermengardis, et filius noster Girinus, firmamus donum Agnonis, fratris nostri, et vuirpitionem facimus pro remedio animæ illius et pro remedio animarum nostrarum et parentum nostrorum : hoc est, cum presbiteratu, tertiam

---

[1] M. et C. *Duranni.*
[2] P. *Trislinus.*
[3] M. L. et C. *Pirarium.*
[4] M. *in* pro *ad.*
[5] L. add. *vero.*
[6] P. *in* pro *de.*

partem de ecclesia de[1] Trislins, et decimationem de alodo Sancti Martini quæ ad ipsam partem aspicit in ipsa parrochia, et decimationem de Grangico villa[2] quæ ad ipsam partem aspicit; et pro ista vuirpitione, accepimus a monachis Sancti Martini Randanensis quinquaginta quinque solidos et dimidiam unciam auri. Si quis hanc vuirpitionem et donationem violaverit et infregerit, aut in aliquam malam consuetudinem mittere præsumpserit, sit maledictus et excommunicatus, nisi emendaverit. S. Stephani et uxoris ejus ac filii, qui hanc vuirpitionem fecerunt. S. Girini. S. Fulcherii. S. Unchrini. S. Rotlanni. S. item Unchrini.

## 663.

### DE ECCLESIA SANCTI PETRI IN MONTE VERDUNI.

*1020 circa.*

Sacrosanctæ Dei ecclesiæ Sancti Joannis Randanensis, quæ subjacet ecclesiæ Sancti Martini Saviniacensis, ubi domnus Iterius abbas regere videtur, Ego Umbertus[3] et uxor mea Alpasia[4], et filii mei Vuilisus[5] et Braydencus, per consilium amicorum nostrorum, donamus aliquid de hæreditate nostra quæ est in pago Lugdunensi, in agro Forensi, in monte qui vocatur Verdunus : hoc est capellam quæ est sita in ipso monte, et omnem terram quæ ad ipsam capellam Sancti Petri aspicit, usque in exquisitum, et ipsum montem, sicut ipse Umbertus et filii ejus terminaverunt in præsentia monachorum et eorum qui cum eis erant, videlicet Iterii[6] et Gauberti[7] monachorum; et laici fuerunt hi : Girinus, Azo, Boso, Constantius, Rotlannus et alii quam plurimi. Et terminatur his finibus : a mane via publica, a meridie terra Sancti Martini, a sero de ipsa hæreditate, a cercio terra Ursionis[8]; et accipio a supradictis monachis sexaginta quinque solidos. Sane, si post hæc, ego aut aliqua persona, hanc donationem contradicere et inquietare præsumpserit, aut auferre de mensa monachorum, auferat Deus

---

[1] Deest *de* in M. et C.
[2] P. *Graigico villa.*
[3] BM. *Humbertus.*
[4] Vide supra chartam 631.
[5] Estiennot : *Umbertus.*
[6] L. *Icterii.*
[7] L. *Gauterii.*
[8] M. et C. *Ursonis.*

partem ipsius de cœtu sanctorum. S. Azonis. S. Umberti. S. Bosonis. S. Girini. S. Constantii. S. Rotlanni.

### 664.

#### DE ECCLESIA DE FORNELS.

*1020 circa.*

Annotatio convenientiæ quæ convenit inter domnum Iterium abbatem et monachos de Saviniaco, adversus Girinum et Arnulfum Calvum et uxorem ejus Gotolendam, pro sepultura Jarentonis. Jarento enim dedit Sancto Martino Saviniensi ecclesiam de Fornels, quam tenebat ad beneficium Arpertus de Algirolis, et donec ipsa ecclesia esset deliberata, dedit ad[1] vadium vineas de Bareriis[2]; sed Arnulfus, gener ejus, et uxor ejus Gotolendis[3], nec ecclesiam potuerunt deliberare, nec vadium voluerunt relinquere; et ideo, per consilium Girini et per manum ejus, venit Arnulfus et uxor ejus, et dederunt Sancto Martino curtilos et vineas juxta ecclesiam Sancti Juliani de Sal, quæ his nominibus notantur, curtilum quem Martinus possidebat, cum orto et plantario et saliceto, et quantum ad ipsum curtilum aspicit, et alium curtilum quem Ermendrannus possidebat, cum orto et vircaria et quantum ad ipsum aspicit. Dedit et vircariam cum vinea quam Vuandalfredus tenet; dedit et vineas quatuor his nominibus : vineam Ermendranni, vineam Vuandalfredi, vineam Benedicti, vineam Sigiraudi[4]. Dedit et quantum habet infra terminationes quæ quatuor viis terminantur : hoc est de mansione Ermendranni usque ad mansionem Asterii, et de mansione Asterii usque ad mansionem Stephani, et de mansione Stephani usque ad grangiam Vuidonis. Post istum amorem quod monachi istam convenientiam receperunt, venit Arnulfus et uxor ejus, et fecerunt vuirpitionem de malis consuetudinibus quas Jarento accipiebat in terra Sancti Martini in Montanea, et quas ipsi post mortem ejus accipiebant; primitus perdonaverunt, et postea vuirpitionem fecerunt, quod neque ipsi, neque ullus homo, neque filii eorum, pro eis quidquam jam amplius accipiant. Similiter Girinus, pro anima sua

---

[1] M. et C. *in* pro *ad*.
[2] L. *Barreriis*.
[3] P. *Gotelendis*.
[4] C. *Sigirandi*.

et pro fidelitate Sancti Martini, per istam cartam vuirpitionem et donum fecit de consuetudinibus quas accipiebat in Montanea, et Arnulfum et uxorem ejus laudare et firmare fecit. Similiter etiam eleemosinam de ecclesia Sancti Juliani de Sal, Arnulfum et uxorem ejus per hanc cartam laudare et firmare fecit; et ipse Arnulfus hominem quemdam, nomine Umbertum, abbati Iterio et monachis reddidit, qui sacramento juravit ex sua parte, super altare Sancti Juliani, quod ista convenientia sine malo ingenio ab eo teneatur, et cum filii eorum tales fuerint, ut sacramentum intelligere et recipere possint, et ab abbate Saviniacensi moniti fuerint, infra unum mensem istam convenientiam similiter eos sine malo ingenio jurare faciant. S. Arnulfi Calvi et uxoris ejus. S. Girini, qui laudavit.

### 665.

#### DE VINEA IN ALTAVILLA.

1020 circa. Sacrosanctæ Dei ecclesiæ Beati Martini Saviniacensis, ubi domnus Iterius abbas præesse dignoscitur, Nos, in Dei nomine, Asterius et Altrudis, mater mea, donamus aliquid de hæreditate nostra quæ est sita in pago Lugdunensi, in valle Bebronica, in agro Bessenacensi[1], in villa quæ vocatur Altavilla : hoc est una vinea quæ dicitur ad Platum, valente unum mansum. Hoc donamus pro anima Vuigonis sive Girini, fratris ejus, et pro sepultura corporum illorum, ut Deus eripiat animas illorum de pœnis infernalibus. Et in alio loco, Ego Altrudis, consentiente Asterio filio meo, dono aliquid de hæreditate mea Sancto Martino, pro anima mea et sepultura corporis mei, et pro anima senioris mei Leotardi : hoc est in villa de Crissilliaco[2], quicquid visa sum habere, in vineis[3], in pratis, in silvis, in salicetis, in terra culta et inculta, dono meam partem in præsenti; ita tamen ut, post hanc diem, si aliqua emissa persona, aut aliquis ex propinquis meis, hanc donationem calumniari præsumpserit, non fiat quod cupit, sed sit damnatus damnatione perpetua, et insuper iram Dei incurrat; et si aliqua persona, abbas aut monachus, aut ullus homo ad beneficium

[1] M. et C. *Bessennacensi.* — [2] M. et C. *Crissiliaco.* — [3] P. *villis.*

donare et de eleemosina fratrum abstrahere voluerit, sit maledictus a Deo conditore[1] et omnibus sanctis ejus; insuper ad propinquos meos revertatur. Hæc carta firma et stabilis permaneat. Ego Altrudis firmavi et firmari rogavi. S. Asterii, filii ejus. S. Annæ. S. Girini. S. Pontii. S. Bladini. S. Duranni. S. Amalrici. Gausmarus scripsit, die Jovis.

### 666.
#### DE MANSO IN FONTANILLIS [2].

In Dei nomine et Salvatoris nostri Jesu Christi, qui dicit in Evangelio, « Date eleemosinam, et ecce omnia munda sunt vobis[3], » Ego Fulcherius dono aliquid de hæreditate mea ad ecclesiam Sancti Martini Saviniacensis, ubi domnus Iterius abbas gregem monachorum regere videtur, pro redemptione animæ meæ et sepultura corporis mei : est autem unus mansus qui est situs in pago Lugdunensi, in agro Saviniacensi, in villa de Fontanillis, et quantum ad ipsum mansum aspicit; et terminatur a mane terra Sancti Martini, a meridie similiter, a sero terra Isimbardi. Et dono in alio loco mansum de Pratis et quicquid ad ipsum mansum aspicit, et terminatur a mane terra Sancti Martini[4], a meridie Turdina aqua volvente, a cercio via publica. Infra istas terminationes, quidquid ego visus sum habere totum dono Sancto Martino, consentiente matre mea Ermengarde et uxore mea Aremburge, ut habeant monachi ex hac die et faciant quicquid voluerint. Si quis autem hanc donationem inquietare præsumpserit, non valeat vendicare quod cupit, sed tantum et aliud tantum componat; insuper donatio ista firma permaneat. S Fulcherii et Ermengardis, matris ejus, et Aremburgis, uxoris ejus. S. Milonis. S. Vuichardi. S. Bernonis. S. Amblardi. S. Silvionis. Data per manum Gauzeranni, mense Novembri, regnante Rodulfo rege.

1020 circa.

### 667.
#### DE VINEIS IN VILLABONA.

Sacrosanctæ Dei ecclesiæ Beati Martini Saviniacensis, ubi domnus

1020 circa.

---

[1] M. *contradictore.* — [2] P. *Fontanellis.* — [3] Matth. II, 41. — [4] M. et L. *Stephani.*

Iterius abbas gregem monachorum regere videtur, Ego Girinus dono aliquid de hæreditate mea, pro sepultura corporis mei et remedio animæ meæ : hoc est vineas omnes quas ego et monachi Sancti Martini communiter partiebamur; omnem partem meam dono Sancto Martino. Sunt autem sitæ in pago Lugdunensi, in valle Bebronnæ, in villa nomine Villabona[1]. Sane, si quis hanc donationem inquietare voluerit, non valeat vendicare quod cupit; sed hæc carta firma et stabilis permaneat cum stipulatione subnixa. S. Girini, qui hanc donationem fieri et firmari rogavit.

### 668.

#### DE DUOBUS CURTILIS IN VILLABONA.

1020 circa.

Ego, in Dei nomine, Milo, reminiscens casus humanæ fragilitatis, cupio meipsum tradere sub jugo regulæ sanctissimi Benedicti, in monasterio Sancti Martini Saviniacensis, ubi domnus Iterius abbas gregem monachorum gubernare videtur, et propter hoc dono Deo et Sancto Martino et monachis demorantibus in supradicto loco aliquid de hæreditate mea, ut, propter ipsam hæreditatem, me in consortium suum recipiant : hoc sunt duo curtili cum vircariis et vineis et prato et saliceto. Est autem sita hæreditas ipsa in pago Lugdunensi, in valle Bebronnæ, in villa quæ vocatur Villabona[2].

### 669.

#### DE CURTILO IN ARCIACO.

1021.

Dum in hoc mundo immoramur, concessum est nobis operari quod in perpetuum nobis expediat; idcirco Ego, in Dei nomine, Durannus dono Sancto Martino Saviniacensi, ubi domnus Iterius abbas gregi monachorum præesse videtur, aliquid de hæreditate mea pro sepultura corporis mei et redemptione animæ meæ et omnium parentum meorum. Sunt ipsæ res sitæ in pago Lugdunensi, in agro Saviniacensi, in villa quæ dicitur Arciacus, in loco ubi[3] dicitur Rua :

---

[1] M. et C. *Villabone*. — [2] M. et C. *Villabone*. — [3] L. *qui* pro *ubi*.

hoc est unus curtilus quem Heldinus rusticus possidet, cum orto et vircaria et prato, et aliquid de terra arabili et vinea indominicata, et omnia quantum ad ipsum curtilum aspicit; et terminatur a mane terra de ipsa hæreditate, a meridie terra Sancti Stephani, a sero gutta quæ ad æstum [1] siccat, a cercio terra Vualburgis [2]. Si quis autem cartam hanc inquietare et de mensa fratrum abstrahere voluerit, non valeat vendicare quod cupit, sed componat tantum et aliud tantum quantum ipsæ res eo tempore emelioratæ valuerint; insuper hæc donatio firma et stabilis permaneat. S. ejusdem Duranni et Enimæ, uxoris ejus. S. Adalardi. S. Galiciæ. S. Otzendæ. S. Vualburgis [3]. S. Constantiæ. Data per manum Lintonis [4] monachi, anno ab incarnatione Domini millesimo vigesimo primo, indictione decima [5] quarta, regnante Rodulfo rege.

### 670.

#### ITEM DE MANSO IN ARCIACO.

Sacrosanctæ Dei ecclesiæ Beati Martini Saviniacensis, ubi domnus Iterius abbas præesse videtur, Nos, in Dei nomine, Milo et Berardus, fratres Agnonis, ipso jubente, donamus aliquid de terra ipsius pro sepultura corporis et redemptione animæ ejus : sunt autem ipsæ res sitæ in pago Lugdunensi, in agro Saviniacensi, in villa de Arciaco : hoc est unus mansus quem Adaldradus possidet, cum duabus vircariis, campis, pratis, exarteriis, terris cultis et incultis, et quantum ad ipsum mansum aspicit, usque in exquisitum. Si quis autem hanc cartam inquietare præsumpserit, non valeat vendicare quod cupit, sed componat tantum et aliud tantum quantum ipsæ res eo tempore emelioratæ valuerint; carta vero ista firma et stabilis permaneat. S. Duranti. S. Vuilisi. S. Amblardi. S. Constantii. S. alterius Duranti.

1020 circa.

---

[1] C. *estum.*
[2] P. *Valburgis.*
[3] M. *Valburgis.*
[4] L. *Lituonis.* M. et C. *Liutonis.*
[5] Hæ temporis adscriptiones non inter se concordant; in alterutra minus est aut nimis quoddam. Annus 1021 indictioni quartæ congruit; indictio quarta decima anno 1031. Lectio prior mihi anteferenda videtur.

S. Hugonis. Data per manum Lintonis[1] monachi, regnante Rodulfo rege.

### 671.
#### DE REBUS IN PUGNIACO.

3o Jun. 1024.

Sacrosanctæ Dei ecclesiæ Beati Martini, ubi domnus Iterius abbas gregem monachorum regere videtur, Ego, in Dei nomine, Arria dono aliquid de hæreditate mea pro sepultura corporis mei, consentientibus filiis meis Arrico et Leotardo : est autem sita ipsa hæreditas in pago Lugdunensi, in agro Saviniacensi, in villa de Pugniaco, quantum in ipsa villa visa sum habere, et terminatur ex omni parte terra Sancti Martini. Si quis autem hanc donationem inquietare præsumpserit, non valeat vendicare quod cupit, *ut supra*. S. Arriæ, quæ hanc donationem fieri et firmari rogavit. S. Arrici et Leotardi, filiorum ejus. Data per manum Gauzeranni monachi, secundo calendas Julii, die Martis, regnante Rodulfo rege in Gallia.

### 672.
#### DE PRATIS ET SILVIS IN PRAINAZ [2].

1024 circa.

Sacrosanctæ Dei ecclesiæ Beati Martini Saviniacensis, ubi domnus Iterius abbas præesse videtur, Ego, in Dei nomine, Laydredus dono aliquid de hæreditate mea pro anima et sepultura corporis mei : est autem sita ipsa hæreditas in villa de Prainaz. Quantum ego visus sum habere in ipsa villa, in pratis, in silvis, exitibus et regressibus, totum dono Deo et Sancto Martino. S. Laydredi, qui fieri et firmari rogavit, S. Amblardi, fratris ejus. S. Teziæ [3], uxoris ejus. S. Rotlendis [4], sororis ejus. Data per manum Gauzeranni monachi.

### 673.
#### DE MEDIETATE CURTILI IN LONGAVILLA.

1024 circa.

Sanctæ Dei ecclesiæ Beati Martini Saviniacensis, ubi domnus Iterius

---

[1] M. et C. *Liutonis.*
[2] BM. *Pramaz.*
[3] L. *Thesiæ.*
[4] M. *Rotlandis.*

abbas præesse videtur gregi monachorum, Ego Arricus, pro Dei amore et remedio animæ meæ, ac sepultura corporis mei, dono aliquid de hæreditate mea.: hoc est dimidium curtilum quem Gausbertus, [pater] meus, emit de Rotlanno de Noalliaco [1], qui est situs in pago Lugdunensi, in agro Bebronensi, in villa quæ vocatur Longavilla, quem Archinardus possidet, totum ex integro quantum ad ipsum curtilum aspicit ex mea parte, et totum acatamentum quem pater meus fecit in ipsa villa, quantum ad me pertinet. Si autem ullus de hæredibus meis hanc donationem inquietare voluerit, non valeat vendicare quod cupit, *ut supra*. S. Arrici, qui fieri et firmari rogavit, et Ermangardis, uxoris ejus, et Fulcherii, filii eorum. S. Leotardi. S. Rotlanni. Data per manum Gauzeranni monachi, regnante Rodulfo rege.

### 674.

#### DE CURTILO IN BUSCIS [2].

Sacrosanctæ Dei ecclesiæ Beati Martini Saviniacensis, ubi domnus Iterius abbas præesse videtur, Ego, in Dei nomine, Silvius et uxor mea Leutgardis, et filius noster Girardus, cogitantes casum humanæ fragilitatis, donamus aliquid de hæreditate nostra, hoc est unum curtilum cum vircaria et orto et prato; et est situs in valle Argenteria, in villa quæ vocatur Buscis, in valle Bebronna; et terminatur a mane et a sero terra Sancti Martini. Et in alio loco, in villa quæ appellatur Bruciacus, donamus unum curtilum cum vinea et vircaria, et terra arabili, pro sepultura corporum nostrorum, tali tenore ut, quamdiu vixerim, usum et fructum habeamus [3] et possideamus; et donamus omni anno, in vestitura, quatuor sextarios de ipso curtilo; post decessum vero nostrum, ad Sanctum Martinum perveniat. Si quis autem istam donationem inquietare præsumpserit, non valeat vendicare quod cupit, sed iram Dei incurrat. S. Silvionis, qui fieri et firmari rogavit. S. Leutgardis, uxoris ejus, et Girardi, filii eorum. Data per manum Roberti [4] monachi, anno trigesimo regni Rodulfi regis.

---

[1] M. *Noalico*. L. et C. *Noaliaco*.
[2] M. et C. *Busciz*.
[3] Desunt voces *habeamus et* in M. et C.
[4] C. *Rotberti*.

## 675.

### DE CURTILO IN CAORCI VILLA.

1024 circa.

Sacrosanctæ Dei ecclesiæ Beati Martini Saviniacensis, ubi domnus Iterius abbas gregem monachorum regere videtur, Ego, in Dei nomine, Rotlendis et filia mea Ermengardis donamus aliquid de hæreditate filii mei Iterii pro redemptione animæ[1] et sepultura corporis ejus : hoc est unus curtilus qui est situs in pago Lugdunensi, in agro Bruillolis, cum vinea et vircaria, et terra arabili, culta et inculta; et quicquid ad ipsum curtilum aspicit, usque in exquisitum, totum donamus. Et hic curtilus situs est in villa quæ dicitur Cahors[2]; et possidet eum Allo, rusticus. Terminatur, ex una parte, terra Gauzeranni, et ex alia parte terra Amblardi. Sane si, post hanc donationem, aliqua emissa persona, ego, aut aliquis ex propinquis nostris, hunc curtilum calumniari voluerit, et ad suam hæreditatem attraxerit, aut de eleemosina fratrum tulerit, sciat se excomunicatum et maledictum a Deo et sancto Martino; insuper iram Dei et omnium sanctorum incurrat, si non ad satisfactionem venerit. S. Ermengardis et Rotlendis, matris ejus, quæ fieri et firmari rogaverunt. S. Amblardi et Laydredi.

## 676.

### DE CURTILO IN MOISIACO VILLA.

1024 circa.

Sacrosanctæ Dei ecclesiæ Beati Martini Saviniacensis, ubi domnus Iterius abbas præesse videtur, Ego, in Dei nomine, Iterius, pro remedio animæ meæ et sepultura corporis mei, dono aliquid de hæreditate mea : hoc est unum curtilum cum appenditiis suis, qui est situs in pago Lugdunensi, in agro Bebronensi, in villa quæ dicitur Moysiacus, cum campis, pratis, silvis et quantum ad ipsum curtilum aspicit, tali tenore ut habeant rectores ipsius ecclesiæ potestatem quicquid ex eo facere voluerint. Si quis autem hoc donum inquietare voluerit, sit maledictus a Deo et omnibus sanctis ejus, et hoc donum firmum et

---

[1] L. add. *meæ et suæ*. — [2] L. *Chaors*. M. *Cahort*. C. *Chaort*.

stabile permaneat. S. Ermengardis, uxoris Iterii. S. Pontionis, fratris Iterii. Data per manum Lyutonis[1] monachi, regnante Rodulfo rege.

### 677.

#### DONATIO RERUM [IN CALVIACO VILLA].

Sacrosanctæ Dei ecclesiæ Sancti Martini Saviniacensis, ubi domnus Iterius abbas præesse videtur, Ego, in Dei nomine, Ardradus dono aliquid de hæreditate mea quæ antea debebat franchisiam in Sancto Martino Saviniacensi : hoc sunt campi per multas divisiones positi, terra culta et inculta, de prato tres partes ; et sunt in pago Lugdunensi, in Montanea, in villa de Calviaco, et terminantur[2] a mane terra Sancti Martini, a sero terra Eldradi ; et est in medio via publica. Sane si, post hanc donationem, aliquis calumniam fecerit, non fiat quod cupit, sed tantum et aliud tantum componat. S. Ardradi, qui hanc cartam fieri jussit et firmari rogavit. S. Bernardi. S. Girboldi[3]. S. Agnonis. S. Andreæ.

1024 circa.

### 678.

#### DE CAMPO AD THERIAM.

Sacrosanctæ Dei ecclesiæ Sancti Martini Saviniacensis, ubi domnus Iterius abbas cum grege monachorum habitare videtur, Ego, in Dei nomine, Adalsendis dono aliquid de hæreditate senioris mei Arnulfi, pro sepultura corporis ejus : videlicet unum campum quem ego et frater ejus Durantus, et Berardus, et soror eorum Acilina, simul excambire debemus, cum ad portionem de nostro alodo venerimus ; tali tenore ut Acilina et fratres ejus reddant mihi pretium quindecim solidorum quod senior meus Arnulfus dedit pro sepultura fratris sui Maioli. Est autem ipse campus situs in pago Lugdunensi, in agro Vallis Colnensis, ad Theriam, juxta mansionem Amurici. Sane, si quis hanc cartam inquietare voluerit, sit maledictus a Deo et omnibus sanctis ejus. S. Adalsendis, Acilinæ, Duranti et Beraldi.

1024 circa.

---

[1] L. *Luytonis.* — [2] Omn. mss. *terminatur.* — [3] M. *Gilbordi.*

## 679.

#### VUIRPITIO VUICHARDI.

1024 circa. Notitia vuirpitionis quam fecit Vuichardus Romphator Deo et Sancto Martino, et domno abbati Iterio, et cunctis monachis Sancti Martini Saviniacensis monasterii, de omnibus malis consuetudinibus quas in illorum terras accipiebat. Fuit autem hæc vuirpitio tali tenore facta, ut nec ipse, nec ullus ex hæredibus ejus in illorum terra malam accipiat consuetudinem; et accepit ab illis quinquaginta solidos, et dedit fidejussores quatuor, quorum nomina hæc sunt : Silvius de Miliaco; Vualdemarus, filius Duranti Regis; Sigibertus, filius Jornet; Pontius, frater Amblardi de Monte. Si quis autem hanc vuirpitionem, quæ ante altare beati Martini facta fuit, astantibus cunctis fratribus, aliqua fraude aut occasione calumniare aut infringere præsumpserit, sit separatus a Deo omnipotente et omnibus sanctis illius.

## 680.

#### VUIRPITIO FULCHERII.

1024 circa. Notitia vuirpitionis quam fecit Fulcherius Sancto Martino et domno Iterio abbati et fratribus in loco Saviniacensi Deo servientibus, de terra videlicet quam Gimbergia donavit Sancto Martino : est autem campus juxta rivulum nomine Turdinam, et accepit ab eis quatuor solidos; tali convenientia ut de illa terra ille aut[1] aliquis de hæredibus suis nihil amplius requirat. Si quis autem contra hanc vuirpitionem injuriam aliquam inferre voluerit, quod minime credimus esse futurum, componat tantum et aliud tantum quantum supradictæ res eo tempore[2] emelioratæ[3] valuerint. S. Fulcherii. S. Amblardi. S. Asterii. S. Leotardi. Data per manum Gauzeranni monachi, regnante Rodulfo rege.

[1] M. et C. *et pro aut.* — [2] In M. C. et P. desunt voces *eo tempore.* — [3] C. *melioratæ.*

## 681.

#### DE TERRA AD VUILBAENCHIIS.

1020-1037.

S[igna] Vuldrici Thurumberti, Amblardi, Euvrardi, Unfredi[1], Thurumberti[2], Pagani, Rotfredi, Anniconis, qui fieri jusserunt et firmari rogaverunt. S. Udulardi, Bolnoldi, Rodulfi de Sancto Sulpitio : isti omnes nobiles homines suprascripti fecerunt donum Deo et Sancto Martino, et domno abbati Iterio, et monachis de Saviniaco. Et hoc fuit factum in præsentia episcopi Aymonis Belicensis, et ante dominum[3] Umbertum comitem et filium ejus Amedeum, et alios complures nobiles; præsente etiam Richardo abbate in hoc dono et in consecratione istius ecclesiæ. Fecerunt ergo donationem de tota illa terra quæ pertinet ad illum locum qui vulgo dicitur Vuilbaenchies; et terminatur ipsa terra a mane Frigido Fonte, a sero Terra Petra[4]. Infra istas terminationes, omnia dederunt Deo et monachis de Saviniaco, et infra duos montes; unus est a cercio, et nominatur Liticus[5]; alter a meridie, et nominatur Treenes[6]. Pro remissione peccatorum suorum et remedio animarum suarum et omnium parentum suorum, fecerunt istam donationem, ut in perpetuum rata et firma permaneat[7], cum stipulatione subnixa[8].

---

[1] P. et C. *Vunfredi.*

[2] Forte legendum est *Unfredi Thurumberti,* sine virgula, ut in initio chartæ legitur *Vuldrici Thurumberti.*

[3] M. et C. *domnum.*

[4] M. et C. *Toeria Petra.*

[5] M. L. et C. *Licticus.*

[6] M. P. et C. *Treencs.*

[7] M. *permaneret.*

[8] Hujus scriptura instrumenti ab usu declinat: initium faciunt chirographa. Editum est absque cura a Guichenone (*Hist. de Savoie,* p. 663), et secundum ipsum a dominis Cibrario et Promis, in *Documenti inediti, etc.* (Torini, 1833), p. 27; qui Humbertum, sub nomine Humberti Manibus Albis notum, comitem fuisse Bellicensem contendunt. Vide *Recherches historiques sur le département de l'Ain,* auctore A. C. N. de Lateyssonnière, t. II, p. 54. Cui auctori nostra habetur charta constitutionis prioratus vulgo nominati *la Burbanche.* Per dominum episcopum Bellicensem, a curato Burbanchiæ accepi exquisitissimum de locorum in instrumento citatorum nominibus libellum. Quod eum, ob amplitudinem, inserere non possem, maximo fui desiderio affectus; sed eo usus sum ut restituerem diversorum locorum synonymiam, qualis in indice nominum locorum invenietur.

682[1].

### DE CURTILO IN SEDZIACO [2].

1020.

Ego[3], in Dei nomine, Girardus Rumphator[4], cogitans diem mortis meæ et pœnas inferni, simul et recogitans forfacturas et malum quod[5] feci in terra Sancti Martini Saviniacensis[6], dono, pro anima mea et pro sepultura corporis mei, aliquid de hæreditate mea, quæ mihi jure advenit, ad locum quod consecratum[7] est in honore Sancti Martini, ubi domnus Iterius abbas præesse videtur : hoc est curtilum qui est in villa quæ vocatur Sedziacus, cum vineis, arboribus, pratis, salicetis, valente[8] unum mansum, et omnia quæ[9] visus sum habere[10] in ipsa villa, totum dono; et in alia villa quæ Cerveseria[11] dicitur, quicquid visus sum habere, in terra arabili[12], campos, terram cultam et incultam[13], et quicquid debet mihi advenire[14] in ipsa villa post necem Eldiardis, fœminæ monialis, totum dono; et in alia villa quæ Frigderias vocatur,

---

[1] Istius instrumenti archetypum, vel saltem exscriptum authenticum atque contemporaneum, in archivis invenitur urbis Lugdunensis. Illud cum mss. chartularii contuli, et discrimina notavi litteris CL.

[2] In dorso archetypi Lugdunensium archivorum, et manu contemporanea scripta, leguntur hæc : « Carta Girardi Romphatoris de villis infra nominatis, Sedziaco, Cerveserias, Friderias, de duas cabannarias (sic)..... juxta ecclesiam Sanctæ Margaritæ. »

[3] In archetypo Lugdunensium archivorum, legitur exordium subsequens, quod in omnibus exscriptis chartularii Saviniacensis omissum fuit : « Piissimus ac miserator omnium suorum Dominus quotidie operariis suis clamat, dicens : « O « cuncti mei coloni, date et dabitur vobis. » Ipse iterum dicit : « Date helemosinam, et « ecce omnia munda sunt vobis. » Certe cuncti poteris (sic) Dominus quotidie nos exspectat, ut convertamur de malum (sic) ad bonum, de ignorantia ad scientiam, de peccatis ad veram pœnitentiam. Propterea ego, etc. »

[4] M. Rumfator. Non apparet in contextu archetypi Lugdunensium archivorum cognomen istud, quod tergo documenti inscriptum est, in annotatione quam transcripsi supra, not. 2.

[5] CL. add. abeo (habeo).

[6] CL. Sapiniacensis.

[7] CL. cernitur in onore (honore) almi confessoris Christi Martini Sabiniacensis archisterii, ubi domnus Itherius, etc.

[8] CL. volente.

[9] CL. quicquid.

[10] CL. abere.

[11] CL. Cerveserias. M. Cerneseria.

[12] CL. abere in ea.

[13] CL. terra culta et inculta, et omnia quicquid.

[14] M. evenire.

quicquid visus sum habere, in campis, pratis, silvis, terra culta et inculta, totum ex integro reddo in præsenti, et post decessum[1] matris meæ,[2] quidquid mihi debet advenire in ipsa villa, totum dono; et in pago Rodonensi[3], in villa quæ Novals dicitur, juxta ecclesiam Sanctæ Margaritæ[4], duas cabannarias cum omne[5] quod ad ipsos curtilos aspicit, totum reddo semper in præsenti Deo et Sancto Martino et fratribus inibi degentibus, ut Dominus, per intercessionem[6] ejus, me absolvere dignetur, et de pœnis inferni[7] eripere. Sane si, post hanc donationem, aliqua emissa persona, sive aliquis ex propinquis meis, aut ullus de hæredibus[8] meis, calumniare et contradicere[9] voluerit, aut de eleemosina fratrum abstrahere[10], iram Dei et sancti Martini incurrat. S. ejusdem Girardi, et Vuichardi, fratris ejus. S. Gausmari et Pontiæ, matris ejus. S. Emmenæ. S. Duranti. S. Uncrini. S. Pontionis[11]. Actum ab incarnatione Domini nostri Jesu Christi millesimo vigesimo, indictione tertia, Gausmaro notante, regnante Rodulfo rege[12].

### 683.
#### ITEM DE CURTILO IN SEDZIACO.

In Dei nomine, Ego Vuichardus Rumphator, salutaribus Domini monitis obtemperare cupiens, dono Dei ecclesiæ et Sancti Martini Saviniacensis monasterii, ubi domnus Iterius abbas congregationi monachorum præesse videtur, curtilum unum cum vircaria et vinea, et terra culta et inculta; et est situs in pago Lugdunensi, in valle

1020 circa

---

[1] CL. *discessum.*

[2] CL. add. *omnia.*

[3] CL. *Rodonense.*

[4] M. *Margaretæ.* L. *Mariæ Margaritæ.*

[5] CL. *omnia quiquid.*

[6] CL. *beati Martini mihi absolvere.*

[7] CL. *infernalibus.*

[8] M. *ex hæredibus.* CL. *ex eredibus meis hanc cartam sive donationem istam.*

[9] CL. *contrariare.*

[10] CL. sic terminatur : « ... abstraere voluerit, non fiat quod cupit, sed sit maledictus a Domino patre et excommunicatus ab omnibus sanctis Dei; sitque cum Datan et Abiron, insuper et iram sancti Martini incurrat. Signum Girardi, qui donationem istam fieri jussit et firmare rogavit. S. Vuicardi, fratris ejus, qui consensit, et firmare rogavit propinquis et amicis. S. Gauzmari et Porie, matris ejus. S. Emmenæ. S. Duranni... . ardi. S. Umcrini. S. Pontioni. »

[11] Litteris Carolinis scripta est formula subsequens, in CL.

[12] CL. add. *in Gallia.*

Bebronnensi, in villa quæ Sedziacus vocatur, et in eadem villa partem fraternitatis meæ, et hoc quod mater mea tenet, et mihi advenire debet post mortem ejus, et quantum in ipsa villa de Sedziaco visus sum habere et mihi advenire debet; et in alia villa de Cerveseriis, juxta prædictam villam sita, quantum visus sum habere, et in antea advenire debet, similiter dono. Hæc omnia supradicta dono Deo et Sancto Martino Saviniacensi, et monachis, pro remedio animæ meæ et sepultura corporis mei. Propter istam vero convenientiam donat mihi abbas Iterius et monachi in prædicta villa de Sedziaco unum curtilum quem Girardus, frater meus, dedit Sancto Martino; tali tenore ut, quandiu vixero, teneam, et nec in occasionem, nec ad beneficium ulli hominum mittam, et post mortem meam, sine ulla contradictione, cum aliis prædictis rebus, ad Sanctum Martinum perveniat. S. Vuichardi, qui fieri et firmari rogavit. S. Adalgardis, uxoris ejus. S. Adalardi. S. Pontionis. S. Girardi. S. Duranti. Data per manum Leitonis, monachi, mense Martio, regnante Rodulfo rege.

### 684.

#### DE MEDIETATE IN TRUNCI MANSI.

1020 circa.

Sacrosanctæ Dei ecclesiæ Beati Martini Saviniacensis, ubi turba monachorum Deo servire videtur, Ego Raginaldus dono aliquid de hæreditate mea pro redemptione animæ patris mei et animæ meæ, et pro fratre meo Almanno, quem trado illuc ad serviendum Deo sub regula sancti Benedicti: hoc est medietatem de manso qui est situs in pago Lugdunensi, in valle Bebronna, in villa quæ vocatur Truncis; et terminatur ipsa hæreditas a sero terra Milonis, et ex omni parte terra Sancti Martini; et in alio loco, in terra quæ vocatur Malaval, omne quod illuc visus sum habere, quod pater meus et mater mea emerunt de Girberno et Desiderio, fratre ejus: hoc sunt campi cum silva tenente, volente[1] medietate mansi, tali tenore ut, ab hac die, semper recipiant in præsenti. Sane si ego aut[2] de hæredibus meis, aut aliqua emissa persona, hanc donationem calumniari voluerit, sit maledictus a

---

[1] Sic in omn. mss. Forsan *valente*. — [2] Suppl *unus*.

Deo patre et a sancto Martino. S. Raginaldi, qui fieri et firmari jussit. Data per manum Gausmari, die Dominico, regnante Rodulfo rege.

### 685.

#### DE REBUS IN CELSIACO DATIS.

In nomine Dei et Salvatoris nostri Jesu Christi, qui dicit, « Date eleemosinam, et ecce omnia munda sunt vobis[1], » Nos donatores, Iterius videlicet et uxor mea Æmena[2], cum filiis nostris, Gerardo[3] atque Vuichardo, donamus aliquid ex rebus nostris sancto Martino, ad monasterium Saviniacum, ad usum monachorum inibi Deo servientium, pro remedio animarum nostrarum et parentum nostrorum, et præcipue illorum ex quorum parentela res ipsæ mihi specialius advenerunt. Sunt autem sitæ in pago Lugdunensi, in agro Saviniacensi, in villa quæ dicitur Celsiacus, in vineis, campis, pratis, silvis, terris cultis et incultis; et terminantur ipsæ res ad finem de Treschins, usque ad rivulum qui dicitur Cultrossa[4], et alia parte rivulo Scaharevaco[5]. Quantum in ipsa villa de Celsiaco visus sum habere, omnia donamus Sancto Martino, excepta franchisia : tali convenientia ut quisquis ex nobis quatuor primus obierit, sepulturam corporis sui accipiat, et ipsam franchisiam in melioramento reddat. Si quis autem cartam inquietare voluerit, non valeat vendicare quod petit, sed componat tantum et aliud tantum quantum ipsæ res eo tempore emelioratæ valuerint. S. Iterii et uxoris ejus Æmenæ, qui fieri et firmari rogaverunt. S. Girardi, filii ejus, et Vuichardi, [fratris Girardi]. Data per manum Vuarini[6] levitæ, quarto nonas Aprilis, anno ab incarnatione Domini millesimo decimo tertio, regnante Rodulfo rege.

2 April. 1013.

### 686.

#### DE BOYACO VILLA.

Agni immortalis cruore redemptis nihil aliud suppetit nisi ut

1020 circa.

---

[1] Matth. II, 41.
[2] P. *Armena.*
[3] M. et C. *Girardo.*
[4] M. L. et C. *Cultressa.*
[5] M. L. et C. *Scharevaro.*
[6] L. *Vitarini.*

spem totam ponant in Eo qui non denegat cuiquam petenti misericordiam. Quapropter Ego, in Dei nomine, Girardus clericus, cogitans casus humanæ fragilitatis, dono aliquid de hæreditate mea pro remedio animæ meæ, ad ecclesiam Sancti Martini Saviniacensis, ubi domnus Iterius abbas gregem monachorum regere videtur : hoc est quartam partem de villa quæ Boyacus vocatur. Quantum ego in ipsa villa visus sum habere, totum ad integrum in mensa fratrum dono, tali tenore ut, quandiu vixero, usum et fructum possideam, et annis singulis in vestitura, unam calgatam de vino et unum sextarium de frumento persolvam; post meum vero decessum, omnia ad jam dictam ecclesiam, sine ulla contradictione, revertantur. Est autem prædicta villa sita in pago Lugdunensi, in agro Tarnantensi. Et accipio ab eis pretium sexaginta solidorum.

## 687.

#### UNDE SUPRA.

1020 circa.

Sacrosanctæ Dei ecclesiæ Beati Martini Saviniacensis, ubi domnus Iterius abbas præesse videtur, Ego, in Dei nomine, Agno dono aliquid pro redemptione animæ meæ, de hæreditate mea quæ mihi jure hæreditario advenit; et est sita in pago Lugdunensi, in agro Tarnantensi, in villa de Boyaco : hoc est totum quod in eadem villa videor habere, ex integro in præsenti relinquo, id est in vineis, pratis, campis, silvis, terra culta et inculta. Si qua autem emissa persona hanc cartam inquietare voluerit, non valeat consequi quod cupit, carta vero hæc semper firma permaneat. S. Agnonis. S. Girardi clerici. S. Arnulfi. S. Rotlanni. S. Arcodi. Ego Arnulfus levita scripsi, die quintæ feriæ, regnante Rodulfo rege.

## 688[1].

#### DE EODEM.

1020 circa.

Ego, in Dei nomine, Rotlannus dono aliquid de hæreditate mea ad

---

[1] Hæc charta deficit in P.

ecclesiam Sancti Martini Saviniacensis, ubi præest domnus Iterius abbas[1] : hoc est totum quod ad meam partem advenit in villa quæ Boyacus vocatur, totum in mensa fratrum dono, tali tenore ut quamdiu vixero possideam, et, post meum decessum, ad prædictam perveniat ecclesiam; et accipio ab eis pretium quadraginta solidorum. S. Rotlanni. S. Vuillelmi. S. Arcodi.

### 689[2].

#### ITEM UNDE SUPRA.

Sanctæ Saviniacensi ecclesiæ Beati Martini, ubi domnus Iterius præest, Ego, in Dei nomine, Arnulfus dono aliquid de hæreditate mea, in villa de Boyaco : hoc est tertiam partem, in vineis, campis, pratis, silvis, terra culta et inculta, et quidquid ibi visus sum habere, totum dono Deo et Sancto Martino et monachis inibi conversantibus. Pro hac causa, dederunt mihi monachi et dominus abbas Iterius centum solidatas. Sane si ego, aut ullus ex fratribus meis, aut aliqua emissa persona, hanc donationem abstrahere voluerit a supradicto loco, sit separatus a Deo et omnibus sanctis. Data per manum Gausmari, mense Junio, die Jovis, regnante Rodulfo rege.

1020 circa.

### 690.

#### DE CAMPO AD SANCTUM NICETIUM.

Sanctæ Saviniacensis ecclesiæ Beati Martini, ubi domnus abbas Iterius præest, Ego Misimbria dono unum campum de mea hæreditate pro remedio animæ meæ, pro patre meo et matre, et pro animabus parentum meorum; et est situs in pago Matisconensi, in agro Tolvedunensi, in villa quæ dicitur Sancti Nicetii. Sane si, post hæc, ego aut ullus de hæredibus meis, donationem istam calumniari voluerit, non valeat consequi quod quærit[3]. S. ejusdem Misimbriæ. S. Umberti filii sui. S. Duranti. S. Pontionis. S. Bulfredi. Data manu Umberti presbiteri, regnante Rodulfo rege.

1020 circa.

---

[1] M. *ubi domnus Iterius abbas gregem monachorum regere videtur.*

[2] Hæc charta deficit in P.

[3] L. *cupit.*

## 691.

#### DE TRIBUS CURTILIS IN CASSIACO.

1031.

Congruam Domini Salvatoris admonitionem quisque fidelis audiens mente percipere debet, et ex rebus sibi a Deo datis æternos acquirere fructus. Idcirco, Ego, in Dei nomine, Gauzerannus et uxor mea Biliardis donamus aliquid de rebus nostris Deo et Sancto Martino Saviniacensis monasterii, ubi domnus abbas Iterius præesse videtur, pro sepultura corporum nostrorum et filii nostri Jarentonis : hoc sunt tres curtili cum omnibus appenditiis suis et unum pratum, et unum planterium. Sunt autem res ipsæ sitæ in pago Lugdunensi, in agro Tarnantensi, in villa quæ vocatur Cassiacus. S. Gauzeranni et uxoris ejus Biliardæ. S. Geraldi, nepotis sui, et alterius Geraldi. S. Hugonis. S. Ademari. S. Paginoti. S. Asterii. Data per manum Lintonis[1] monachi, anno ab incarnatione Domini millesimo trigesimo primo, regnante Rodulfo rege.

## 692.

#### DE MANSO IN CHAARNACO.

1021.

Auctor totius bonitatis quotidie unumquemque peccatorem expectat ut mala quæ agit relinquat, provocatque ut resurgat; ideo Ego Agno, mœrens et lugens interfectionem et obitum fratris mei Girardi, dono, pro redemptione animæ ipsius et pro sepultura corporis illius, in eleemosinam, aliquid de hæreditate nostra Deo et Sancto Martino Saviniacensis monasterii, Iterio abbate præsidente : hoc est unum mansum cum vircaria una tenente et arboribus pomiferis, qui est situs in pago Lugdunensi, in agro Tarnantensi, in villa Chaarnaco, quem Ebrardus[2] rusticus excolit; et est ipse mansus cum vineis unum clausum habente[3]. Ego Agno manibus meis firmavi et firmari rogavi. Actum anno ab incarnatione Domini millesimo vigesimo primo, indictione quarta, Gausmaro monacho notante, Rodulfo rege regnante.

[1] L. *Luitonis.* C. *Lyntonis.*
[2] P. *Erbrardus.*
[3] Legendum est *habens,* vel forte *habentes.*

## 693.

#### DE CURTILO IN ESCLAREIS.

Sanctæ Dei ecclesiæ Beati Martini Saviniacensis, ubi domnus Iterius abbas præest, Ego, in Dei nomine, Arulfus dono aliquid de hæreditate mea quæ me contingit : unum curtilum qui est situs in pago [Lugdunensi, in agro] Tarnantensi, in villa quam dicunt Esclareias[1], quem Adalardus rusticus excolit, et quidquid ad ipsum curtilum aspicit; dono etiam unam vineam quæ est juxta Flaciacum[2], quam vocant ad Publicam; facio etiam vuirpitionem ex toto beneficio quod de Sancto Martino possidebam. S. Arulfi. S. Ratboldi. S. Stephani. S. Berengerii. Data per manum Arnulfi, die sextæ feriæ[3] Penthecosten.

1030 circa.

## 694.

#### DE DIMIDIO MANSO IN APINNACO[4].

Sanctæ Dei ecclesiæ Beati Martini Saviniacensis, ubi domnus Iterius abbas præesse videtur, Ego Archodus[5], pro amore Dei et remedio animæ meæ, dono aliquid de hæreditate mea quæ me contingit, quæ est in pago Lugdunensi, in agro Tarnantensi, in villa de Apinnaco : hoc est medietatem de uno manso [et] curtilo, in terra culta et inculta, et totam medietatem in vineis, in silva, et totum quidquid Durantus possidet. S. Archodi, qui fieri et firmari rogavit.

1030 circa.

## 695.

#### DE CURTILO IN COMBECIES[6].

In nomine Dei et Salvatoris nostri, Ego Sulicia dono aliquid de hæreditate senioris mei Silvii, pro anima ejus et sepultura corporis illius, ad ecclesiam Dei et Sancti Martini Saviniacensis, ubi domnus Iterius abbas præesse videtur : sunt autem ipsæ res sitæ in pago Lugdunensi, in agro Tarnantensi, in villa quæ vocatur Combecies : hoc est curti-

1030 circa.

---

[1] M. et C. *Exclareias.*
[2] L. *Flacciacum.*
[3] L. add. *post.*
[4] P. hic et infra *Appinnaco*
[5] M. et P. *Arcodus.*
[6] M. et C. *Combecis.*

lum quem Durantus excolit, ab integro usque in exquisitum, tali tenore ut ab hac die fratres in Saviniaco degentes possideant et teneant. S. Suliciæ, quæ fieri et firmari rogavit. S. Iterii. S. Pontii. S. Milonis. S. Hugonis. S. Bernonis. S. Adalardi. Data per manum Almanni levitæ, regnante Rodulfo rege.

### 696.

#### DE CURTILO IN VALLE TARARENSI.

1030 circa. Ego, in Dei nomine, Agno clericus, pro remedio animæ meæ, dono unum curtilum ad ecclesiam Sancti Martini Saviniacensis, ubi domnus Iterius abbas præesse videtur : est autem ipse curtilus situs in valle Tararensi, in agro Tarnantensi; et in alio loco teneo ego Agno, per præstariam, de terra Sancti Martini, unum curtilum in valle de Rugniaco; et in alio loco unum medium plantum in villa de Coniaco : quæ omnia, post meum decessum, ad prædictam ecclesiam perveniant. S. Agnonis, qui fieri et firmari rogavit. S. Unfredi. S. Gisleberti. S. Stephani et alterius Stephani. Data per manum Rotberti monachi, anno septuagesimo[1] regni Rodulfi regis.

### 697.

#### DE CURTILO IN GRIORGIIS [2].

1030 circa. Sanctæ Saviniacensi ecclesiæ Beati Martini, ubi domnus Iterius abbas præesse videtur, Ego Raginaldus dono, de rebus meis, quæ mihi jure hæreditario adveniunt, unum curtilum qui est situs in pago Lugdunensi, in agro Tarnantensi, in villa de Griorgiis, cum omnibus quæ ad ipsum curtilum aspiciunt. Dono etiam prædictæ ecclesiæ, pro redemptione animæ fratris mei Girini, et pro anima patris mei Renconis, et matris meæ. S. Raginaldi, qui hanc cartam fieri et firmari

---

[1] Est hic error correctu difficilis. Rodulfus quadraginta annos et non septuaginta regnavit. Dici non potest etiam *anno septimo*, septimo enim anno regni Conradi nondum erat abbas Saviniacensis Iterius. Quod mirum est, hæc adscriptio septuagesimi anni in ch. 706 iterum invenitur. Probabiliter hic et illic erat xxx, amanuensisque legerit lxx.

[2] M. et L. hic et infra *Griorgis*.

rogavit. S. Vuigonis. S. Aymonis. Data per manum Arnulfi monachi.

### 698.

#### DE CURTILO AD FARGIS.

Sacrosanctæ Saviniacensis ecclesiæ Beati Martini, ubi domnus Iterius abbas Deo desservire noscitur, Ego Otho dono aliquid de hæreditate mea quæ est sita in pago Lugdunensi, in agro Tarnantensi, in villa de Fargis : hoc est unum curtilum, et quantum ad ipsum aspicit usque in exquisitum; et in alio loco unum curtilum et quantum ad ipsum aspicit; et in alio loco duas algias de vinea. S. Othonis, qui fieri voluit, et firmari rogavit.

1030 circa.

### 699.

#### DE TERRA IN SARSAY.

Sacrosanctæ Dei ecclesiæ Beati Martini Saviniacensis, ubi domnus abbas Iterius præesse videtur, Ego, in Dei nomine, Nectardus dono de rebus meis, pro remedio animæ meæ : hoc est tres eyminatas[1] de terra; terminatur ex omni parte terra Sancti Martini; et est in pago Lugdunensi, in agro Tarnantensi, in villa Sarsaiaco. S. Girardi. S. Goalvini. S. Vualteldis. S. Duranti. Data per manum Arnulfi, die Parasceve, regnante Rodulfo rege.

1030 circa.

### 700.

#### DE VINEA IN CAPONERIIS.

Sacrosanctæ Dei ecclesiæ quæ est constructa in honore sancti Martini Saviniacensis, ubi domnus Iterius abbas præesse videtur, Ego, in Dei nomine, Durantus, cognomento Saxo, dono aliquid de hæreditate mea pro remedio animæ meæ : hoc est vineam unam et terram arabilem quæ juxta eam est; et est sita in pago Lugdunensi, in agro Tarnantensi, in villa quæ dicitur Caponerias. S. Duranti, qui hanc

1030 circa.

---

[1] M. *eminatas*. C. *eminadas*.

donationem fecit, et uxoris ejus Pontiæ, quæ consensit et laudavit. S. fratris ejus Pontii clerici. S. Duranti, et[1] Pontii et Magnonis, filiorum eorum. S. Girini. S. Arulfi. S. Fulcherii. Data manu Almanni monachi, mense Aprili, regnante Rodulfo rege.

### 701.

#### DE CAMPO IN MONTE CRUSSIACO [2].

1030 circa.

Ego, in Dei nomine, Vuialdus, cogitans casus meæ fragilitatis, consentiente filio meo Duranto, dono campum ad ecclesiam Sancti Martini Saviniacensis, ubi domnus Iterius abbas Deo deservire videtur: est autem situs in pago Lugdunensi, in agro Tarnantensi, in villa quæ vocatur Cliviacus, in monte Crussiaco. S. Vuialdi. S. Joannis. S. Pontionis. S. Constantionis. Data per manum Duranti monachi.

### 702.

#### DE MANSO AD COLONIAM.

1030 circa.

Piissimus ac misericors omnium Deus quotidie operariis suis clamat dicens, « Date et dabitur vobis[3]; » propterea Ego, in Dei nomine, Agno, cogitans diem mortis meæ, dono, pro anima mea, aliquid de hæreditate mea quæ mihi jure advenit, ad locum Saviniacum, in honore sancti Martini consecratum, ubi domnus Iterius abbas præesse videtur: hoc est mansum qui est situs in pago Lugdunensi, in agro Forensi, et vocatur ipse mansus ad Coloniam; et quantum ad ipsum mansum aspicit usque in exquisitum : hoc sunt prati, vircariæ, molendinus. S. Agnonis, qui donationem istam fieri et firmari rogavit. S. Gauzeranni, fratris [ejus]. S. Ugonis. S. Pontionis. S. Aginonis[4]. S. Artaldi. S. Vuillelmi. S. Fulcherii.

### 703.

#### DE CURTILO AD GARRIAS.

1030 circa.

Nos, in Dei nomine, fratres Pontius et Adalardus donamus aliquid

---

[1] M. et C. pro *et* habent *S*.  
[2] M. hic et infra *Crusciaco*.  
[3] Luc. VI, 38.  
[4] M. L. et C. *Agnionis*.

de hæreditate nostra ad ecclesiam Sancti Martini Saviniacensis, ubi domnus Iterius abbas præesse videtur : est autem unus curtilus qui est situs in pago Lugdunensi, in villa quæ vocatur [1] Garrias, cum pratis, vircariis et terra arabili, et terminatur a mane et a sero terra Rotlanni. S. Pontii et fratris ejus Adalardi. S. Rotlanni. S. Leotardi. S. Gausmari. S. Stephani presbiteri. S. Artaldi. Data per manum Lintonis [2] monachi, anno ab incarnatione Domini millesimo trigesimo, indictione decima tertia.

### 704.

#### DE CURTILO IN VIVERIS LOCO.

1030 circa.

Sanctæ Saviniacensi ecclesiæ Beati Martini, quam domnus abbas Iterius regere videtur, Nos, in Dei nomine, Otgerius[3] et Arulfus donamus aliquid de hæreditate nostra, quæ nobis jure hæreditario advenit, pro sepultura corporis matris meæ Vualburgis[4] et pro remedio animæ ejus : hoc est vineam unam quæ terminatur a mane et a cercio terra Sancti Martini, a meridie terra Engelberti, a sero via publica; et dono de alia vinea medietatem, cujus termini sunt a mane terra Sancti Joannis, a meridie Engelberti, a sero Durandi, a cercio Bertranni; et sunt sitæ in pago Lugdunensi, in loco qui dicitur Viveris. S. Otgerii et fratris ejus Arulfi. S. Asterii. S. Girini. S. Aroldi. S. Duranti. S. Briccionis. Data per manum Adalardi levitæ, regnante Rodulfo rege.

### 705.

#### DE MANSO IN CELSIHIACO.

30 Jan. 1029.

In nomine sanctæ et individuæ Trinitatis, Ego Arbertus cum uxore mea, cui nomen est Isengardis, dono aliquid de hæreditate mea quæ mihi advenit ecclesiæ Sancti Martini Saviniacensis monasterii, quo in loco abbas Iterius Deo servire videtur. Sunt autem res ipsæ sitæ in pago Lugdunensi, in agro Jarense : hoc est unum mansum in villa

[1] M. et C. *dicitur.*
[2] M. L. et C. *Lyutonis.*
[3] L. et C. *Othgerius.*
[4] Vide ch. 590.

quæ dicitur Celsihiacus, et quantum ad ipsum mansum aspicit, usque in exquisitum; et in alium locum unum curtilum et quantum ad ipsum aspicit. Sane si ego, aut ullus propinquorum meorum et aliqua emissa persona, hanc donationem calumniari voluerit aut subtrahere de mensa fratrum, omnes maledictiones quæ in Libris continentur patiatur. S. Arberti[1] et uxoris ejus, qui fieri et firmari rogaverunt. S. Vuidonis. S. Aviti. S. Umberti. S. Fulcherii. Data per manum Ayndrici monachi, tertio calendas Februarii, die Jovis, regnante Rodulfo rege.

### 706.

#### DE CURTILO IN GIMELANGIS.

1030 circa.

Sacrosanctæ Saviniacensi ecclesiæ Beati Martini, ubi domnus Iterius abbas præesse videtur, Ego, in Dei nomine, Ermengaudus et uxor mea Bertejardis, consentientibus filiis nostris, pro remedio animarum nostrarum, donamus aliquid de rebus nostris: hoc est unum curtilum cum vinea et vircaria, et mansione sive torculari; ea videlicet ratione ut, quamdiu vixerimus, possideamus; post nostrum vero decessum, tota ipsa hæreditas ad ipsum monasterium perveniat. Terminatur ipse curtilus a mane terra Berardi, a meridie die ipsa hæreditate, a sero franchisia Berardi. Sunt autem res ipsæ sitæ in pago Lugdunensi, in agro Coniacensi, in villa quæ dicitur Gimelangis. S. Ermengaudi et uxoris ejus. S. Otberti, filii eorum. S. Agnonis clerici. S. Duranti. S. Anseici. S. Stephani. S.[2] Bernardi, filii ejus. Data per manum Rotberti[3] monachi, anno septuagesimo[4] regni Rodulfi regis.

### 707.

#### DE DUOBUS CURTILIS IN MONTELG.

1030 circa.

Sacrosanctæ Dei ecclesiæ Sancti Martini Saviniacensis, ubi domnus Iterius abbas præesse videtur, Ego, in Dei nomine, Agno dono aliquid de mea hæreditate pro sepultura corporis meæ matris, nomine Ogdilæ, et pro anima mea: hoc sunt duo curtili qui sunt siti in pago

---

[1] M. *Alberti.*
[2] M. *et* pro *S.*
[3] M. *Roerti.*
[4] Vide notam ch. 696 additam.

Lugdunensi, in agro Vuarennensi, in villa quæ dicitur Montelg, et possidet eos Eldradus rusticus. Hi duo curtili sunt ad panem et vinum[1]... terra culta et inculta usque in exquisitum. Et ego, in Dei nomine, Vuandalmodis, uxor Agnonis supradicti, per suum consilium, dono ad eundem locum aliquid de mea hæreditate, quæ est sita in pago Lugdunensi, in agro Tarnantensi, in villa quæ dicitur Darasiacus : hoc est unum curtilum cum vinea et vircaria, et quidquid ad ipsum aspicit, pro anima mea et sepultura corporis mei. S. Agnonis et Vuandalmodis, uxoris ejus. S. Aymonis. Gausmarus monachus scripsit.

### 708.

#### CARTA DE POLOSIACO.

1030 circa.

Ego, in Dei nomine, Milo de Columbello, cogitans casus humanæ fragilitatis, simulque considerans diem mortis meæ, venio ad misericordiam pietatis totius Domini et ad ecclesiam Sancti Martini Saviniacensis monasterii, ubi domnus Iterius abbas præesse videtur, et propter remissionem peccatorum dono Deo et Beato Martino, et monachis præfati monasterii terram de Polliaco, quæ est sita in pago Lugdunensi, in agro Tarnantensi, in vicino de ecclesia Sancti Martini de Sarsaico ; et[2] quantum ego in terra habeo in mansis, in pratis, silvis, franchisiis, terra culta et inculta, totum dono ex integro ; et accipio a monachis, in præstaria, terras et vineas de Jurniaco[3], quas Silvester tenet, et unum mansum in Bulliaco ; tali tenore ut, quamdiu vixero, teneam et possideam, et omni anno in vestitura unum sextarium de annona persolvam ; post meum vero decessum, sine ulla contradictione, omnia ad Sanctum Martinum perveniant. Si ego aut ullus de hæredibus meis hanc donationem inquietare voluerit, et abstrahere de mensa fratrum, sit maledictus a Deo et omnibus sanctis ejus, et cum Dathan et Abiron sit portio ejus, nisi resipuerit. S. Milonis, qui hoc donum fecit. Data manu Lentonis[4] monachi, mense Septembri, regnante Rodulfo rege in Gallia.

[1] Hic deest aliquid, ut videtur.
[2] Deest vox *et* in M. et C.
[3] M. et L. *Jurviaco.*
[4] M. L. et C. *Leutonis.*

## 709.

#### DE VINEA IN CAMPANIACO.

1030 circa.   Piissimus Dominus fidelibus suis concessit ut sibi thesaurum in cœlis acquirant; quapropter Ego Girardus sacerdos dono aliquid de hæreditate mea ad ecclesiam Sancti Martini Saviniacensis, ubi domnus Iterius abbas Deo servire videtur : hoc est unam vineam quæ est sita in pago Lugdunensi, in agro Forensi, in villa de Campaniaco, et terminatur a mane et sero molari finali. S. Girardi sacerdotis. S. Girini. S. Otgerii presbiteri. Data manu Gausmari levitæ, regnante Rodulfo rege.

## 710.

#### DE DIMIDIO MANSO IN TRUNCI.

1030 circa.   In nomine Domini nostri Jesu Christi, Ego Arricus, considerans molem criminum meorum, dono ad ecclesiam Sancti Martini Saviniacensis monasterii, ubi domnus Iterius abbas gregem monachorum regere videtur, aliquid de hæreditate mea : hoc est dimidium mansum qui est situs in pago Lugdunensi, in agro Argenterio, in villa quæ dicitur Truncus[1], et quantum ad ipsum aspicit, usque in exquisitum; et pro hoc accepi a monachis præfatis quindecim solidos et locum in benefactis eorum. S. Arrici, qui firmavit et firmari rogavit. S. Livonis de Sancto Simphoriano et uxoris ejus Vualburgis. Data per manum Almanni, fratris ejus, feria quarta, regnante Rodulfo rege.

## 711.

#### DONUM THEOTARDI[2] DECANI.

1030 circa.   Omnipotens Dominus admonet nos ut ejus monitis et præceptis obediamus, dicens in Evangelio : « Date eleemosinam, et ecce omnia munda sunt vobis[3]. » In ejus nomine, Ego Durannus, decanus et clericus Sancti Stephani, per concilium amicorum meorum et fratris mei

---

[1] P. *Truncis.* C. *Truncius.* — [2] Legendum est, ut videtur, *Duranni.* — [3] Matth. 11, 41.

Theotardi, dono Deo et Sancto Martino[1] Saviniacensis monasterii, ubi domnus abbas Iterius præesse dignoscitur, aliquid de meo beneficio, pro anima mea et patris mei, et matris, et fratrum meorum; quod beneficium est in Rodonensi[2], subtus castellum Sancti Mauritii[3] : et sunt duæ piscatoriæ, una vocatur Masrels, alia Arpans; illa de Masrels est inter me et Theotardum. Et de ipsis piscatoriis ex mea parte dono medietatem in præsenti, et aliam medietatem retineo in vita mea; et omni anno, pro vestitura, reddam unum salmonem. Et post decessum meum, recipiant eas fratres loci Sancti Martini. Dono etiam tantum de terra ubi unus rusticus possit stare, qui ipsas piscatorias custodiat. Sane si aliquis hoc donum calumniari voluerit et de mensa fratrum abstrahere, non fiat quod cupit, sed sit maledictus et excommunicatus perpetuo. Ego Durannus firmari rogo. S. Illionis[4]. S. Iterii[5]. S. Bernardi. S. Ascherici[6].

### 712.

#### DONUM FULCHERII.

Sacrosanctæ Dei ecclesiæ et Beati Martini Saviniacensis, ubi domnus Iterius abbas præesse videtur, Ego, in Dei nomine, Fulcherius, dono aliquid de hæreditate mea pro redemptione animæ meæ et patris mei et parentum meorum : hoc est alodium meum quem habeo in villa quæ vocatur..... et quantum in ipsa villa visus sum habere, in vineis, terris, silvis; ea videlicet ratione ut habeant ipsam terram in usus suos die præsenti monachi ipsius monasterii, et nunquam ad beneficium ulli hominum donetur; quod si fecerunt, ad hæredes [meos] perveniat. Si quis vero de dominio fratrum abstrahere et alienare præsumpserit, alienus sit et ipse a consortio sanctorum, nisi ad emendationem venerit; donatio vero ista firma et stabilis permaneat. S. Asterii. S. Arulfi. S. alterius Asterii. S. Hugonis. S. Sigisbodi. S. Arnulfi. S. Billini.

1030 circa.

---

[1] P. add. mendose *Sancti Martini.*
[2] L. add. *agro.*
[3] M. et C. *Mauricii.*
[4] M. L. et C. *Ilionis.*
[5] L. *Icterii.*
[6] M. *Aschirii.* C. *Aschirici.*

## 713.

#### DE CURTILO IN MAIERNACO VILLA.

1030 circa.

Nos, in Dei nomine, Liniledis[1], uxor Vuillelmi, et filii mei Fulcherius et Renco, donamus aliquid de hæreditate nostra ad ecclesiam Sancti Martini Saviniacensis, ubi domnus Iterius abbas præesse videtur, necnon ad ecclesiam Sancti Petri Mornantis, ubi ipse Vuillelmus sepultus est: hoc est unum curtilum valentem dimidium mansum, qui est situs in pago Lugdunensi, in agro Mornantensi, in villa Maiernaco, quem [curtilum] Edulfus[2] rusticus excolit; terra culta et inculta cum omnibus quæ ad ipsum curtilum aspiciunt, totum donamus, sine ulla contradictione et mala consuetudine. Terminatur ex omni parte terra ipsius Vuillelmi. Si quis vero, *ut supra.*

## 714.

#### DE DIMIDIO MANSO IN AVESIIS.

15 Maii 1018.

Ego, in Dei nomine, Jarento, cogitans casus humanæ fragilitatis, dono, de hæreditate mea, ad ecclesiam[3] Sancti Juliani, in loco qui dicitur[4]..... qui adjacet monasterio Sancti Martini Saviniacensis, ubi domnus Iterius abbas præesse videtur, pro sepultura corporis mei: hoc est dimidium mansum qui est in pago Lugdunensi, in agro Forensi, in villa quæ dicitur Avesiis[5], cum pratis, terra culta et inculta, campis, vircariis, totum ex integro; terminatur ex omni parte terra Girardi. S. Jarentonis, qui hanc cartam firmavit. S. Umberti et Gausberti[6], fratrum ejus. S. Olmari juvenis. Data manu Gausmari monachi, idibus Maii, die Jovis, luna vigesima tertia, regnante Rodulfo rege.

---

[1] M. *Linileldis.*
[2] L. *Erdulfus.* M. et C. *Eldulfus.*
[3] Cod. P. male, ut videtur: « Sancti Martini Saviniacensis, ubi domnus Iterius abbas præesse videtur, necnon in ecclesiam Sancti Juliani, in loco qui adjacet monasterio, etc. »
[4] Sic in codd. M. et C.
[5] M. et C. *Aveisis.*
[6] M. et C. *Gauzberti.*

## 715.

#### DE DUOBUS CURTILIS IN RAVERIIS[1].

Sanctæ Saviniacensis ecclesiæ Beati Martini, ubi domnus Iterius abbas præest, et ecclesiæ Sancti Joannis de Randanis, Ego Rotbertus[2] et uxor mea Datbergia, pro remedio animarum nostrarum, donamus Deo et Sancto Martino aliquid de rebus nostris quæ sunt sitæ in pago Lugdunensi, in agro Solobrensi, in villa de Raveriis : hoc sunt duo curtili et quantum ad ipsos aspicit, usque in exquisitum, cum campis, pratis, salicetis, terra culta et inculta, quantum visi sumus in ipsa villa habere, usque in inquisitum; donamus etiam boscum de monte Ravarensi, quantum ibi visi sumus habere; et quia jugum Domini cupio suscipere secundum regulam sancti Benedicti, do, in villa de Lannech[3], unam vineolam quam Constantius Butinels excolit. Si qua vero emissa persona hanc donationem inquietare præsumpserit, non valeat vendicare quod repetit; sed iram Dei et omnium sanctorum incurrat. S. Rotberti et Datbergiæ, uxoris ejus. S. Bernardi. S. Constantii. S. Gausberti. S. Arnulfi. S. Stephani. Data manu Gauzeranni monachi, anno incarnationis Christi millesimo vigesimo tertio.

1023.

## 716.

#### DE TERRIS IN VERNEDO, BRUGERIA, SIVRIACO ET ARCOLIACO DATIS.

De rebus sibi a Deo datis, omnis homo in hac vita sibi provideat, ne perpetua se egestate mendicare conspiciat; idcirco Ego, in Dei nomine, Stephanus clericus dono Deo et ecclesiæ Sancti Martini Saviniacensis, ubi domnus Iterius abbas præest gregi monachorum, aliquid de rebus meis, pro redemptione animæ meæ et omnium parentum meorum. Sunt autem ipse res sitæ in pago Lugdunensi, in agro Forensi, quantum mater mea Richoara[4] visa est habere in villis his nominibus : in villa de Vernedo, in villa de Brugeria, in Sivriaco, in

1030 circa.

---

[1] Omn. mss. male *Randanis*. Vide chartam 121, in qua nominati sunt iidem donatores.

[2] M. *Robertus*.

[3] M. et C. *Lanneth*.

[4] L. *Rochoara*.

fine de Arcoliaco, cum mansis et appenditiis eorum, et omnes exarterias[1], cum pratis, campis, silvis, terra culta et inculta, aquis, aquarumque decursibus, exitibus et regressibus, usque in exquisitum; quam hæreditatem mater mea mihi dedit, et frater meus Gaufredus consensit, et nepos meus Dalmatius, post ejus decessum, laudavit et consensit. In alio etiam loco, in agro Tarnantensi, in villa quæ Laboriacus appellatur, dono unum clausum vineæ supradicto monasterio. Si qua vero emissa persona, *ut supra*. S. Stephani, qui hanc donationem fieri et firmari rogavit. S. Vuillelmi[2]. S. Hugonis. S. Bernardi. S. Duranti.

## 717.

### DE REBUS IN CALZIACO VILLA.

21 Mart. 1025.   Sacrosanctæ Dei ecclesiæ Sancti Martini Saviniacensis, ubi domnus Iterius abbas præest, Ego, in Dei nomine, Gaubertus, pro remedio animæ meæ et patris mei ac matris, et uxoris meæ Ermengardis, dono Deo et Sancto Martino aliquid de rebus meis. Sunt autem ipsæ res sitæ in agro Forensi, in villa de Calziaco, videlicet quantum in ipsa villa visus sum habere usque in exquisitum : hoc est tertiam partem de curtilo quem Ragnulfus possidet; et tertiam partem de vinea quæ est in costa, contra mane; et clausum quem Stephanus Raginulfi tenet, qui est contra mediam diem; et aliam petiolam de vinea quæ juxta est : hoc est totam tertiam partem quam Raimbertus[3] de Nesvans[4] ibi in ipsa villa possedit, usque in exquisitum, in campis, vineis, pratis, exitibus et regressibus. Dono etiam unam petiolam de terra arabili quæ est contra Boen, continens unam quartalatam. S. ejusdem Gauberti et uxoris ejus. S. Arnulfi, filii eorum. Data per manum Gauzeranni, anno ab incarnatione Domini millesimo vigesimo quarto, decimo secundo calendas Aprilis.

[1] M. *exartarias*.
[2] P. *Guillelmus*.
[3] L. *Rambertus*.
[4] L. M. et C. *Neyvans*.

## 718.

#### DE MANSO IN LANNECH.

Sanctæ Saviniacensi ecclesiæ Beati Martini, ubi domnus Iterius abbas præest, Ego Berengerius et frater meus Eldinus donamus, pro remedio animarum nostrarum, aliquid de rebus nostris quæ sunt sitæ in agro Forensi, in villa de Lannech, valente unum mansum melioratum, et quidquid in ipsa villa visi sumus habere, usque in exquisitum; terminatur a mane terra Bernardi, a meridie Eldini, a sero Sancti Joannis, a cercio gutta et terra Sancti Martini. S. Berengerii et Eldini, fratris ejus. S. Vuillelmi, Aymini, Gauzeranni et Ascherici[1], filiorum Eldini. Data per manum Gauzeranni, anno incarnationis Christi millesimo vigesimo quarto, decimo secundo calendas Aprilis.

*21 Mart. 1025.*

## 719.

#### DE MANSO IN MAIRANGIS.

Nos, in Dei nomine, Sigaldus et uxor mea Adalsendis[2], et ego Stephanus et uxor mea Irmengardis, et ego Fulcherius, pro remedio animarum nostrarum et parentum nostrorum, ad ecclesiam Sancti Martini Saviniacensis, ubi præest domnus abbas Iterius, necnon ad ecclesiam Sancti Joannis de Randanis[3], donamus de rebus nostris quæ sunt in pago Forensi, in agro Solobrensi, in villa quæ Mayrangias appellatur, videlicet unum mansum, usque in exquisitum. S. Sigaldi et uxoris ejus. S. Stephani et uxoris ejus. S. Fulcherii. Data manu Iterii monachi, anno incarnati Verbi millesimo quarto, regnante Rodulfo rege.

*1024.*

## 720.

#### DE DUABUS VINEIS IN ÆNNACO[4].

Ego, in Dei nomine, Bernardus et uxor mea Bona Filia, donamus Sanctæ Dei ecclesiæ Beati Martini Saviniacensis et ecclesiæ Sancti Joannis de Randanis, ubi domnus Iterius abbas præesse videtur, pro

*1019.*

---

[1] L. *Ascirici.* M. et C. *Aschirici.*
[2] M. *Adalsensis.* L. *Adelsendis.*
[3] M. *Randinis.*
[4] M. et C. hic et infra *Aennaco.*

remedio animarum nostrarum, de rebus nostris quæ sunt sitæ in agro Forensi, in loco qui Æennacus vocatur : hoc est duas vineas et unum pratum, unam vineam vocatam Paxicidum [1], et terminatur a mane et meridie et sero via publica, a cercio terra Ungrini; alia vinea est in costa dicti montis Ænnaci [2], et terminatur a mane et sero terra comitali, a meridie via publica, a cercio terra Sancti Martini, et in pratis de Ænnaco, quantum ego Bernardus visus sum habere, scilicet duas petiolas de prato. S. Aquini [3]. S. Ursi. S. Stephani. S. Rotberti. S. Rotbaldi. S. Arnulfi. Data manu Iterii monachi, anno incarnationis Christi millesimo decimo nono.

### 721.

#### DE DIMIDIO MANSO IN CAMBEDONO.

1020 circa. Sanctæ Saviniacensi ecclesiæ Beati Martini et Sancti Joannis Randanensis, ubi domnus Iterius abbas præest, Ego Aquinus [4] dono, consentientibus nepotibus meis simul et dantibus, aliquid de rebus meis, pro sepultura corporis mei et pro remedio animarum nostrarum et parentum nostrorum. Sunt ipsæ res sitæ in agro Forensi, in villa de Cambedono; id est dimidius mansus, usque in exquisitum; tertiam partem de alia medietate mansi dedimus pro sepultura fratris mei Fulcherii et sororis [5] ejus et filiæ : excipimus vircariam quam Gaubertus dedit Aribaldo; duo curtilia quæ juxta habentur dedit Rannulfus, avunculus meus, Sancto Martino, et quantum ipsis adjacet, usque in exquisitum. Hilaria etiam, uxor Bernardi, dedit Sancto Martino tertiam partem de medietate supradicti mansi; Eribaldi pratus, quem dedit Sancto Martino, prope juxta est. Ista donatio tali tenore facta est, ne quisquam abbas aut prælatus possit abstrahere de mensa fratrum. S. Aquini, Fulcherii, Hilariæ, Rotrudis, Rotlanni, Stephani, Aymini et alii Aymini, Hilariæ, Franchanæ [6], qui fieri et firmari rogaverunt.

[1] M. L. et C. *Paxillicidum.*
[2] M. et C. *in costa ipsius montis Aennay.*
[3] M. *Aguini.*
[4] M. hic et infra *Aguinus.*
[5] Forte *uxoris?*
[6] P. *Hilariæ Franchanæ.*

## 722.

#### DE MANSO IN NERCIACO [1].

Sacrosanctæ Dei ecclesiæ Beati Martini Saviniacensis, ubi domnus Iterius abbas præesse videtur, Ego Girardus, pro anima matris meæ Ermengardis, dono, de hæreditate mea, unum mansum situm in pago Lugdunensi, in agro Forensi, in villa de Nerciaco, et quantum visus sum habere in ipsa villa, usque in exquisitum, tali tenore ut in præsenti recipiant medietatem, et, post mortem meam, aliam medietatem habeant. Pro hoc accipio ab eis viginti solidos. Addo insuper, post mortem meam, duas algias de vinea, quæ sunt in agro Saviniacensi, in villa quæ dicitur Luans. Data manu Gausmari monachi.

1020 circa.

## 723.

#### DE MANSO IN MONTE ACULFI.

Sanctæ Saviniacensi ecclesiæ Beati Martini, ubi domnus Iterius abbas præest, et ecclesiæ Sancti Joannis, Sanctique Michaelis Randanensis, Ego Hilaria, cognomento Bona Filia, dono de rebus meis quæ sunt in territorio Lugdunensi, in agro Forensi et Argenteriensi[2], in villa quæ dicitur Mons Aculfi : hoc est unus mansus cum pratis, campis et silva dimidia, aquis, aquarumque decursibus, terra culta et inculta, quantum ibi habere debemus[3], usque in inquisitum, tali tenore ut nullus abbas vel monachus[4] possit cuiquam vice beneficii dare, et aliqua occasione a prædicto loco abstrahere, et si fecerit, ad nostros propinquos revertatur. S. Hilariæ. S. Ursonis. S. Bernardi.

1020 circa.

## 724.

#### DE MEDIETATE MANSI IN LOYA.

Ego, in Dei nomine, Bergo et uxor mea Etcola, donamus aliquid de hæreditate nostra ad ecclesiam Sancti Martini Saviniacensis, ubi domnus abbas Iterius præest : hoc et medietatem unius mansi qui

1020 circa.

---

[1] M. *Nercico.*
[2] M. *Argentariensi.*
[3] M. *videmur.*
[4] P. *et nullus monachus.*

est in agro Forensi, in villa quæ dicitur Loya, et quidquid habemus ibi, usque in exquisitum; et in alio loco ubi dicitur Chabut, quidquid habemus, usque in exquisitum. S. Bergonis et uxoris ejus, qui firmari rogaverunt.

## 725.

### DE VINEA IN TRILINS.

1025 circa.  Ego, in Dei nomine, Fulcherius, consentientibus fratribus meis Constantio, Duranto atque Girardo, dono aliquid de rebus meis ecclesiæ Sancti Joannis Randanensis et ecclesiæ Sancti Martini Saviniacensis[1], ubi domnus abbas Iterius præest : hoc est vineam unam cum franchisia quam emi de Girardo, avunculo meo, et est in agro Forensi, in villa quæ Trilins[2] dicitur. S. Constantii. S. Duranti. S. Girardi. S. Vulgrini. S. Beraldi. S. Bosonis. S. Nadalis. Data manu Iterii monachi, tertio nonas Maii, feria quarta.

## 726.

### DE CAMPO IN TAXONERIIS.

1025 circa.  Nos, in Dei nomine, Durantus et uxor mea Ingela donamus ad ecclesiam Sancti Martini Saviniacensis, ubi domnus abbas Iterius præest, campum unum quem emimus de Girardo et uxore ejus Hylia (et est in agro Forensi, in villa de Taxoneriis), pro remedio animarum nostrarum et sepultura corporum nostrorum. S. Duranti et uxoris ejus Ingelæ, qui fieri et firmari rogaverunt. S. Aquini[3] et Duranti, filiorum eorum. S. Ursi. S. Rotlanni. Data manu Theotgrini monachi.

## 727.

### DE CURTILO IN COLUMBARIS VILLA.

1025 circa.  Sanctæ Saviniacensi ecclesiæ Beati Martini et Sancti Joannis Randanensis, ubi domnus abbas Iterius præesse videtur, Ego Rostagnus, pro sepultura matris meæ Emmenæ[4], dono aliquid de hæreditate

---

[1] Desunt voces *et eccl. S. M. Sav.* in M.
[2] M. et L. *Trislins.*
[3] M. *Aguini.*
[4] P. *Emmenanæ.*

nea : hoc est unum curtilum, cum orto et vircaria, qui est in pago Lugdunensi, in agro Forensi, in villa de Columbaris, quem Joannes rusticus possidet. S. Rostagni, qui fieri et firmari rogavit. Data per manum Duranti monachi, regnante Rodulfo rege.

### 728.
#### DE MANSO IN NERCIACO.

*1025 circa.*

Ego, in Dei nomine, Girardus, pro redemptione animæ meæ, dono ad ecclesiam Sancti Martini Saviniacensis, ubi domnus abbas Iterius præesse videtur, de hæreditate mea, unum mansum qui est in agro Forensi, juxta Randans, in villa quæ Nerciacus dicitur, cum vircariis, pratis, salicetis, terra culta et inculta, aquis aquarumque decursibus, et quantum ad ipsum aspicit, usque in exquisitum; terminatur ait : a mane via publica et fluvio Ligeris, a sero Alcolacus, a meridie terra de Cavannetis, a cercio terra Duranti. S. Girardi, qui fieri et firmari rogavit. S. Elisendis, uxoris ejus. Data per manum Gausmari monachi, regnante Rodulfo rege.

### 729.
#### DE DIMIDIO MANSO IN BUXILIIS.

*1025 circa.*

Ego, in Dei nomine, Girinus et frater meus Artaldus, donamus ad ecclesiam Sancti Martini Saviniacensis, ubi domnus abbas Iterius præest, de hæreditate nostra, pro anima matris nostræ Vualburgis[1] : hoc est dimidium mansum qui est in agro Forensi, in villa quæ dicitur Buxilias; omnia quæ habemus in ipsa villa donamus Sancto Martino, cum prato et alia terra arabili. S. Girini et fratris sui Artaldi, qui fieri et firmari rogaverunt. S. Arrici, fratris eorum. S. Gunberti[2]. S. alterius Arrici. Data per manum Gauzeranni monachi, regnante Rodulfo rege.

Explicit de abbate Iterio primo. Huic successit domnus Lento abbas, de quo, quid scribemus, non invenimus.

---

[1] M. *Vulburgis*. — [2] M. *Ganberti*. C. *Gauberti*.

## INCIPIT DE ABBATE DURANTO.

### 730.

#### DE ECCLESIA SANCTI JOANNIS BAPTISTÆ DE TERNANT.

1046. Omnipotenti Deo summo opifici nemo potest aliquid dare, nisi prius ab eo acceperit : ipse enim dando, fructum expetit actionis; quod Ego Gauzerannus comperiens, ob amorem cœlestis patriæ et redemptionem animæ meæ, necnon et meorum parentum salvationem, libuit dare aliquid de possessione mea [1] Deo et Sancto Martino Saviniacensis cœnobii, et monachis qui ibidem Deo militant, sive suis posteris, præsidente domno Duranto abbate, cum consilio uxoris meæ Adalasiæ [2] et filiorum nostrorum Gaufredo et Agnone et multorum amicorum meorum : hoc est ecclesiam Sancti Joannis Baptistæ de Tarnanto, necnon et ecclesiam Sancti Victoris, sitam in eodem monte, cum suis appenditiis, et quæcumque ibi deinceps acquisierint, cum molendinis, cum vircariis, cum vineis et pratis, quæ sunt sitæ in pago Lugdunensi. Testes sunt de hoc dono Bertrannus et Vuillelmus de Taratro, et Silvius Joerius, item Silvius de la Vulpilli, qui de me fiscaliter tenebant. S. Girardi comitis. S. Aymonis Jarolli, Berardi, Vuichardi, Pontii Pipiaci, Pontii Casalis, Bernardi Garcini et Aymonis, fratris ejus. S. Gauzeranni, qui hoc donum fecit, et firmari rogavit. S. Eltrudis, uxoris fratris [3] Gauzeranni. Sane si ullus ex hæredibus meis hoc donum inquietare voluerit, non valeat vendicare quod repetit, sed componat fisco regali centum libros auri, et deinceps firmum et stabile permaneat. Actum cœnobio Saviniaco, mense Junio, feria secunda, indictione nona, millesimo quadragesimo [4] sexto anno ab incarnatione

---

[1] Vox *mea* deest in P.
[2] M. *Adalisiæ*.
[3] L. add. *ejus*.
[4] M. et L. habent *vigesimo*. C. prius habebat *quadragesimo*, qui numerus obliteratus est pro *vigesimo* substituendo. Ms. P. vere habet *quadragesimo*, id est annum 1046, tempori Odolrici, electi anno 1041 archiepiscopi Lugdunensis, atque abbatis Adalardi, qui Athanacensi cœnobio circa annum 1035 præerat, reapse congruentem; nona autem indictio ad annum

Domini. Data per manum Stephani Tedini monachi. Hoc donum laudavit dominus Udulricus archiepiscopus, in capitulo Lugdunensis ecclesiæ, cum conventu canonicorum suorum. Testes sunt : Adalardus abbas, Ubertus præpositus, Rico, Stephanus Torticol, Bernardus Macibo et cæteri qui aderant. Scripta manu Stephani vice cancellarii, regnante Rodulfo rege.

### 731.

DE ECCLESIA SANCTÆ MARIÆ ET SANCTI BALDOMERI [DE BUXI] [1].

Sacrosanctæ Dei ecclesiæ Saviniacensis monasterii, quæ in honore beatissimi Martini dicata est, ubi etiam domnus Durantus pastoralem curam obtinere videtur, Nos, in Dei nomine, Aschiricus [2] et frater meus Vuillelmus, et uxor ejus Agna, et Dalmacius, et soror nostra [3] Nazarea, donamus aliquid de hæreditate nostra, pro remedio animarum nostrarum et omnium progenitorum nostrorum, per testamentum ipsius Aschirici, res quasdam quæ ei, jure legis, ex paterna hære-

10 April. 1046.

1026, qui invenitur in codicibus L. et C., solummodo quadrat. Auctores *Galliæ christianæ* existimant illud documentum, ab eis citatum, scriptum fuisse anno 1026 et ab Odolrico serius approbatum. Quod ad cujusdam regis Rodolfi præsentiam attinet, alterutro tempori minime convenit. Aubretus, cujus exemplarium habebat *regnante rege Rodulfo*, de hac charta loquens (*Ms. sur le pays de Dombes*, fol. 248) : « La date de ce règne (inquit) est des plus erronées, car il y avoit quatorze ans que Rodolphe étoit décédé. Ces erreurs nous font voir que les copistes ignorans ajoutoient quelquefois ces règnes, qui donnent tant de peine aujourd'hui à ceux qui examinent ces anciens titres. » Si annus 1026 adscriberetur, minime concordaret regimini abbatis Durandi quod ab anno 1018 jam desierat, et alioquin posterioris Durandi regimen solummodo circa 1046 cœpit.

Hunc igitur annum 1046 inviti apposuimus.

[1] De la Mure, huic chartæ insertæ in *Hist. du dioc. de Lyon*, p. 387, addit voces *de Buxi*, quæ non inveniuntur in manuscriptis, et quas uncinis includimus. In cod. C. cera adhærens in margine papyri fragmentum est, in quo manu tantulum antiqua scriptum fuit : *Prieuré de Buxi*. Hujus prioratus mentio quoque facta est in manuscripto Benedicti Mailliardi de abbatia Saviniacensi.

[2] L. habet *Asciricus*. D. Estiennot, qui illud documentum citat in suo manuscripto titulato *Antiquit. in dioc. Lugd.* (in Bibliotheca Reipublicæ servato), vocem ait vix videri, et legit *Heyricus*, sed Bened. Mailliardus scribit, sicut J. B. de la Mure, *Aschiricus*.

[3] BM. *uxor mea*.

ditate obveniunt : hoc est ecclesiam Sanctæ Mariæ et Beati Baldomeri viri Dei, quam idem Aschiricus construxit in parte suæ hæreditatis, quam divisam habebat a cæteris fratribus et propinquis suis. Et hac ratione donamus istam ecclesiam per laudem domini Udulrici[1] archiepiscopi, ut sepultura quam habebat in ecclesia Beati Martini, quæ est intra castrum Buxeti, ad istam ecclesiam jam dictam pertineat. Donamus etiam oblationes quas attulerint homines peregrini et Romei, et aliorum extraneorum pergentium ad aliquem sanctum, tam ad Beatam Mariam[2], quam ad Beatum Petrum[3], necnon ad Sanctum Jacobum[4] et ad Sanctum Egidium[5]. Donamus etiam quidquid in festivitatibus beatæ Mariæ ipsi ecclesiæ oblatum fuerit, et in festivitate beati Baldomeri oblatum fuerit ab extraneis et vicinis, et oblationes eorum hominum qui in circuitu ipsius manent, ad ipsam ecclesiam pertinentium, et decimas eorum perpetuo donamus et tradimus. Sunt autem res ipsæ sitæ in pago Forensi. Donamus etiam quidquid, post missam publicam, in ipsa ecclesia oblatum fuerit; id est, si monachi ibi manentes, post missam communem, aliam missam celebraverint, totum eis concedimus quod ibi oblatum erit, et hæc omnia suprascripta ita donamus, ut habeant monachi supradictæ ecclesiæ potestatem quidquid inde facere voluerint. Sane, si post hæc nos ipsi, aut infantes nostri, aut ulla emissa[6] persona hanc donationem inquietare voluerit, non valeat adimplere, sed componat auri libras quinque; et postea firma et stabilis permaneat. S. Aschirici, qui fieri jussit et firmari rogavit. S. Vuillelmi, fratris ejus. S. Agnæ, uxoris ejus. S. Dalmatii. S. domni Udulrici archiepiscopi. S. Nazareæ. S. Ugonis. S. Vuillelmi. S. Gauzeranni. S. Berengarii. S. Petri. S. Gandeliciodis. S. Constantii presbiteri. Facta est carta ista die Jovis, luna prima, anno ab incarnatione Domini millesimo quadragesimo sexto, indictione sexta[7], regnante domino imperatore Henrico in Burgundia.

---

[1] P. hic et infra *Uldrici*.
[2] Lorettæ.
[3] Romæ.
[4] In Galicia.
[5] In Occitania.
[6] Deest *emissa* in P.
[7] Annus 1046 congruit indictioni quartæ decimæ. Unicus Jovis dies anni

Data per manum Valterii [1] monachi, in presentia domini Udulrici archiepiscopi et domni Duranti abbatis.

### 732.
#### DE VINEA IN CABALLIO.

Sacrosanctæ Dei ecclesiæ Beati Martini Saviniacensis, ubi domnus Durantus abbas præesse videtur, Ego, in Dei nomine, Albericus et uxor mea Suzanna [2] donamus aliquid de rebus nostris, pro remedio animarum nostrarum et sepultura corporum nostrorum : hoc est unam vineam cum franchisia. Est autem in pago Lugdunensi, in valle Bebronensi, in villa quæ dicitur Caballius [3], et terminatur a mane via publica, a meridie terra Bernardi, a sero terra Sanctæ Mariæ. Sane, si quis ex hæredibus meis hoc donum inquietare voluerit, non valeat vendicare quod repetit, sed tantum et aliud tantum componat quantum ipsæ res eo tempore melioratæ [4] valuerint; donatio vero ista firma et stabilis permaneat.

1050 circa.

### 733.
#### DE VINEIS IN CELSIACO.

Sanctæ Saviniacensis ecclesiæ Beati Martini, ubi domnus Durantus abbas præesse videtur, Ego, in Dei nomine, Durannus dono aliquid de hæreditate mea, pro remedio animæ meæ et sepultura corporis mei. Est autem ipsa hæreditas in pago Lugdunensi, in valle Bebronica [5], in villa quæ dicitur Celsiacus : hoc est vineæ duæ cum prato et saliceto e alia terra arabili. Sunt autem termini a mane terra de ipsa hæreditate, a meridie Cultressa aqua volvente, a sero terra Sigiberti, a cercio terra Sancti Martini. S. Duranni et uxoris ejus Constantiæ. S. Arperti presbiteri. S. Leutgardis. S. Duranni. Data per manum Rotberti [6] monachi.

1050 circa.

---

1046 qui evenit prima luna decimus est Aprilis.
[1] M. et C. *Vualterii*.
[2] L. et C. *Susanna*.
[3] M. *Caballins*. L. *Caballis*.
[4] P. *ameliorata*.
[5] M. et C. *Bebronnica*.
[6] M. *Roberti*.

## 734.

#### DE TERRA IN LIVERTI VILLA.

1050 circa. Sanctæ Dei ecclesiæ Beati Martini Saviniacensis, ubi domnus Durannus abbas præesse videtur, Ego, in Dei nomine, Agno presbiter et Ermengardis, soror mea[1], donamus aliquid de hæreditate nostra, quæ est sita in villa quæ dicitur Livertis; et sunt termini ejus : a mane terra Stephanæ, a meridie Sancti Martini, a cercio Ragnaldi, a sero via publica. S. Aymonis[2] presbiteri et Ermengardis, sororis ejus. S. Andreæ.

## 735.

#### DE CAMPO SUPER TURDINAM.

1050 circa. Sanctæ Saviniacensis ecclesiæ Beati Martini, ubi domnus Durantus abbas præest, Nos, in Dei nomine, Gimbergia[3] et duo filii mei, Arbertus et Durannus, donamus aliquid de rebus nostris, id est[4] unum campum qui est situs in pago Lugdunensi, in agro Tarnantensi, super rivulum qui dicitur Turdina, cujus termini sunt : a mane terra Arlulfi, et a cercio similiter, a meridie predicto rivulo currente. Sane, si aliquis hæredibus meis, *ut supra.*

## 736.

#### EMPTIO CURTILIS AD TRES CANES.

1050 circa. Dilectis, in Dei nomine, domno Duranno abbati et cunctæ congregationi Sancti Martini Saviniacensis emptoribus, Ego Arnaldus vendo vobis unum curtilum cum prato et saliceto, qui est in pago Lugdunensi, in agro Tarnantensi, in villa quæ dicitur ad Tres Canes, et quidquid ibi visus sum habere, cujus termini sunt ex omni parte terra Sancti Martini; et in alio loco dimidium cambonem cum prato et saliceto; et terminatur a mane terra Arnaldi, a meridie terra Sancti Martini, a sero Oriacus silva, a cercio via publica; et accipio a vobis

---

[1] Vide ch. 595.
[2] Sic in omnibus mss.
[3] M. et C. *Guibergia.*
[4] Desunt voces *id est* in P. M. et C.

quatuor solidos, ita ut faciatis post hunc diem quidquid inde facere volueritis.

### 737.

#### DE SILVA IN CASUCIIS.

Sacrosanctæ Dei ecclesiæ Beati Martini Saviniacensis monasterii, ubi domnus Durannus abbas præesse videtur, Ego, in Dei nomine, Eldegardis[1] et filii mei, Sigibertus et Hugo, donamus de hæreditate nostra Deo et Sancto Martino, pro quodam puero quem in ipso monasterio mittimus ad serviendum Deo, pro anima Giraldi[2], mariti mei. Sunt autem ipsæ res sitæ in pago Lugdunensi, in agro Tarnantensi : hoc est boscum quem habebam in villa de Casuciis, cum terra arabili[3].

1060 circa.

### 738.

#### DE CAMPO IN RIVORIA.

Ego Rotlannus, peccatis meis exigentibus, multa mala feci[4] in terra Sancti Martini Saviniacensis, et idcirco venio ad misericordiam Sancti Martini et abbatis Duranni, et monachorum præfati loci, et dono de hæreditate mea, pro emendatione mali facti : hoc est unum campum juxta Taratrum situm, et unum mansum in agro Tarnantensi, in valle Taradrensi, in villa quæ vocatur Rivoria. Sane, si quis hoc donum calumniari aut inquietare voluerit, sit maledictus a Deo et omnibus sanctis. S. Rotlanni, qui fieri et firmari rogavit. Data per manum Martini monachi, nonas Martii, feria quinta, regnante Henrico imperatore.

1050 circa.

### 739.

#### CONVENIENTIA BERNARDI DE TRUNCI.

In nomine Domini, Bernardus de Trunci venit ad domnum Duran-

1050 circa.

---

[1] M. et C. *Eldeiardis*.
[2] C. *Geraldi*.
[3] Vide inferius (chart. 882) quoddam instrumentum anni circiter 1085, in quo inveniuntur iidem donatores.
[4] L. *fieri feci*.

num abbatem et monachos Sancti Martini Saviniacensis, et fecit talem convenientiam : Bernardus habebat duas sextariadas de terra quam emerat sine suis hæredibus; medietatem de illa terra dedit nobis, pro censu de sua mansione quam habet in Saviniaco, et alteram medietatem pro benefacto et pro sepultura sua, tali tenore ut ad obitum suum donaret nobis tantum de suo altero allodo[1] quantum conveniens esset. Si quis contra hanc donationem venire præsumpserit, a Deo se damnandum sciat. S. Bernardi de Trunci, qui firmavit et scribi rogavit. Data per manum Stephani monachi, regnante Henrico imperatore.

### 740.
#### DE TERRA DE RICHOSENS.

1060 circa.   Sacrosanctæ Dei ecclesiæ Saviniacensis monasterii, quæ est constructa in honore Sancti Martini, ubi domnus Durannus abbas præesse videtur, Ego Durantus dono aliquid de hæreditate mea, pro sepultura corporis mei et uxoris meæ : hoc est terram de Richosens[2], et ad Montem unam quartalam[3] de terra.

### 741.
#### DE CURTILO IN CASALIBUS.

1060 circa.   Sanctæ Saviniacensis ecclesiæ Beati Martini, ubi domnus Durannus abbas præesse videtur, Ego, in Dei nomine, Girinus de Mornent et omnes fratres mei, Hugo Vualdemarus, Bladinus, Isoardus, et mater nostra Agna, donamus, pro anima Asterii, patris nostri, et fratris ejus Girini, curtilum de Casalis et vircariam de Melairuelz[4], et ad furnum Pererez. Sane, si ullus homo hanc donationem inquietare præsumpserit, quod absit, non valeat vendicare quod cupit, sed iram Dei incurrat.

### 742.
#### DE DIMIDIO MANSO IN LOISCO.

1060 circa.   Ego, in Dei nomine, Araldus et uxor mea Ermengardis donamus

[1] M. *alodo.*
[2] M. L. et C. *Ricosens.*
[3] M. *quartaladam.*
[4] M. et C. *Melairuels.*

ad ecclesiam Sancti Martini Saviniacensis, ubi domnus Durannus abbas præest, de rebus nostris, pro sepultura filii nostri Araldi : hoc est dimidium mansum qui est in pago Lugdunensi, in agro Goffiacensi, in villa quæ dicitur[1] Loisus; terminatur a mane et sero terra Agnonis, a meridie via publica, a cercio terra Sanctæ Mariæ. Totum ad integrum donamus, cum vircaria et prato, terra culta et inculta. S. Araldi et Ermengardis, uxoris ejus. S. Ugonis et Rostagni clerici, filiorum eorum. Data per manum Stephani clerici.

### 743.

#### DE VINEA IN COLOURATO.

Sanctæ Saviniacensis ecclesiæ Beati Martini, ubi Durantus abbas præesse videtur, Ego, in Dei nomine, Folcaldus do aliquid de hæreditate mea, ad locum Sancti Petri Mornantensis, pro animabus parentum meorum, et pro sepultura Petronillæ, uxoris meæ : hoc est de vinea octo fessoratas, et tres eminatas de terra arabili; et est ipsa vinea sita in villa quæ dicitur Colouratis, et servitium est quod reddit unus armus de vacca, et duos[2] panes, et dimidium sextarium de vino, et dimidium similiter de ordeo[3], et ipsa terra est in Corziaco. S. Folcaldi et filii ejus Fulcherii, et multorum aliorum qui ad sepulturam ejus fuerunt[4]. Data per manum Stephani monachi, regnante Henrico imperatore.

1060 circa.

### 744.

#### DE CURTILO IN MONTE.

Ego, in Dei nomine, Hamionus[5] dono Sancto Joanni[6] de Randanis et Sancto Martino Saviniacensis monasterii, ubi domnus Durantus abbas præest, pro anima et sepultura corporis mei, curtilum unum cum orto et quidquid ad ipsum curtilum aspicit : est autem situs in villa quæ vocatur Mons. Item dono in alio loco aliquid de silva.

1060 circa.

[1] M. et C. *vocatur.*
[2] M. et P. *duo.*
[3] M. *hordeo.*
[4] L. *interfuerunt.*
[5] L. *Amionus.*
[6] M. hic et infra *Johanni.*

### 745.

#### DE CURTILO IN NOALLIACO [1].

1060 circa. In Dei nomine, Ego Girinus, pro remedio animæ meæ, dono Sancto Joanni Randanis Sanctoque Martino Saviniacensis ecclesiæ, ubi domnus Durantus abbas præest, de hæreditate mea : hoc est unum curtilum cum vircaria et orto. Sunt autem prædictæ res sitæ in pago Lugdunensi, in agro Forensi, in villa Noalliaco, et terminantur ex omni parte terra Sancti Martini; et campum unum reddo quem de ipso loco tenui ad beneficium in eadem villa. S. Girini. S. Azonis. S. Aquini. S. Constantionis. S. Rainardi. Data per manum Arnulfi monachi, mense Martio.

### 746.

#### DE MANSO IN MAGNIACO.

1060 circa. Ego, in Dei nomine, Gauzerannus, pro Dei amore et remedio animæ meæ, dono Sancto Joanni de Randanis et Sancto Martino Saviniacensis monasterii, ubi domnus Durannus abbas præesse videtur, de rebus meis : hoc est mansum unum qui est in pago Lugdunensi, in agro Forensi, in villa quæ vocatur Magniacus, et quidquid ad ipsum aspicit, usque in exquisitum. S. Gauzeranni, qui fieri et firmari rogavit.

### 747.

#### DE REBUS DATIS IN LUINIACO.

1060 circa. Sanctæ Saviniacensi ecclesiæ Beati Martini Sanctique Joannis Randanensis, ubi domnus Durantus abbas præest, Ego Aalsendis dono, de hæreditate mea, in agro Forensi, subtus castrum de Marceliaco[3], in villa quæ dicitur Luiniacus, quantum visa sum habere ex fraterna divisione, in campis, vineis, pascuis et vineam unam quam mater mea emit mihi, de denariis quos dedit mihi quondam patrinus meus. S. Aalsendis, qui firmari rogavit. S. Duranti. S. Dacbergiæ. S. Petri presbiteri.

[1] M. C. hic et infra *Noaliaco*. — [2] Omn. mss. *Sancti Joannis*. — [3] M. *Marseliaco*.

748.

DE MANSO IN SALA[1].

In nomine sanctæ et individuæ Trinitatis, notificamus omnibus, tam præsentibus quam futuris, clericis et monachis monasterii Sancti Martini Saviniacensis, omnique nostræ posteritati, donum quod, pro redemptione animarum suarum, Sancto Juliano de Sal et Sancto Martino, Hugo Crassus, Helisiardus et Rotlannus[2], fratres ejus, de manso de Sala fecerunt; quem mansum Durannus Balbus[3] in feodo habebat; sed mansum de Furcis, pro manso de Sala, in concambio ei dederunt; et sic Durannus donum quod Crassi fecerunt Sancto Juliano et Sancto Martino laudavit. Pro hoc manso multa mala passi sumus; nam, cupiditate hujus subducti, de Hugone fecimus monachum, et cellæ de Randanis præpositum constituimus, filiique ejus quotidie nobis sunt ad fastidium pro tertia parte ejus doni. Helisiardus[4] vero accepit a Gauzeranno monacho quatuor libras. Insuper, et filium suum, Bernardum nomine, nutrivimus et monachum constituimus, et consiliatores illius, scilicet Girinus de Sennatis habuit decem solidos; Umbertus Vicarius, quinque; Agno de Monte, quinque; pater ejus, tres, et ex parte Rotlanni, in suo dominicatu, quinquaginta solidos, et unum mulum valentem quinquaginta solidos, quem duxit Jerusalem; et uxor ejus, octo solidos contra unum annulum de auro; Umbertus de Porco, sex solidos; Gauzerannus de Civen, quinque solidos: super hæc omnia triginta sextarios de calce. S. domni Duranti abbatis; Gauzeranni præpositi; Gausmari monachi; Duranni monachi; Girini de Sennatis; Duranni Balbi; Umberti Vicarii; Agnonis; Gauzeranni. Omnes isti quos nominavimus multique alii hujus doni testes et adsignatores fuerunt. Qui vero hoc donum, quod Crassi supradicti Deo et Sancto Juliano Sanctoque Martino fecerunt, calumniari et contradicere aut tollere voluerit, non fiat quod cupit, sed sit maledictus et excommunicatus, et damnatione perpetua damnatus, nisi ad emendationem venerit.

1060 circa.

[1] BM. *Sal.*
[2] BM. *Rolannus.*
[3] M. male *Baldus.*
[4] M. male *Helistardus.*

## 749.

### DE CURTILO AD MORVENT.

1060 circa.

Ego Elisiardus [1], per consilium avunculi mei Girini et fratrum meorum Iterii, Olmari et Jarentonis, et filii mei Pontionis, dono Deo et Sancto Martino Sanctoque Juliano, ad locum Saviniacensem, ubi domnus Durannus abbas præest, curtilum unum qui est in villa de Morvent, cum omni appenditio suo, in pratis, silvis, terris, exitibus et regressibus, et quidquid ad ipsum aspicit, usque ad exquisitum : hoc est servitium quatuor denariorum pro vircaria, trium pro prato in messe, sex denariorum pro carne, et unum sextarium de vino, et unius denarii pro pane, et unius eminæ de ordeo in calendis, et sex denarios de carne, et unum sextarium de vino, de pane denarium, et unum cappum [2], et quatuor denarios de ubliis. S. Girini; Iterii; Olmari; Jarentonis; Vuillelmi; Pontii; Hugonis, et Gotolendis fœminæ.

## 750.

### [EXCOMMUNICATIO [3].]

060 circa.

Ecclesiam Sancti Joannis de Exartopetro [4] tollit Sancto Martino Gauzerannus [5] et filii ejus, cum mansis quinque et terram quæ ad illam ecclesiam aspicit; et aliam ecclesiam de Cambosco, quam Vuichardus dedit Sancto Martino [6], Hugo similiter et filii [7] ejus. Sigibertus tollit nobis de terra decem mansos qui sunt de mansione [8] Sancti Martini, quos Burchardus archiepiscopus nobis reddidit, et accepit a nobis trecentos solidos. Similiter Bernardus de Camopseto tollit nobis tres mansos, unum in Bessennaco, alium in Lazorias [9], tertium in Rodanensi [10]; et multa alia mala in nobis operatur per se et per suum con-

---

[1] M. *Helisiardis.* L. *Helesiardus.*
[2] P. *cappun.*
[3] Titulus iste est in margine collocatus.
[4] M. *Exartopetri.* BM. *Exarpetra.*
[5] BM. *Gaucerannus.*
[6] Hic Bened. Mailliardus addit : « Tulit etiam et aliam ecclesiam Sancti Michaelis de Chazellis, et ipsam villam quam Dalmatius dederat Sancto Martino. »
[7] L. *Hugo similiter et filius ejus Sigibertus tollit,* etc.
[8] M. et C. *qui sunt de ratione.*
[9] BM. *Losarias.*
[10] BM. *Rodonensi.*

ductum; et Iterius, frater ejus, tollit nobis unum mansum in Valenchiis[1], quem Aschiricus dedit Sancto Martino. Arnulfus Calvus tollit nobis decimam de ecclesia Sancti Andreæ Taradrensis, et aliam terram in Bessennaco, quam pater ejus Sancto Martino dedit; et in alio loco vineas, in villa quæ vocatur Cingiacus[2]. Girinus et Jarento tollunt mansos duos, quos Eugendus[3] dedit Sancto Martino. Silvius tollit nobis villam de Valfol. Theotgrinus tollit nobis terram de Larlaico[4], et multa alia mala contra Sanctum Martinum perpetravit[5]. Ungrinus tollit Sancto Martino curtilum et vineas injuste. Girardus de Cascedo[6] et frater ejus Milo tollunt nobis curtilum unum cum vineis in Brionna; capellam de Lozanna[7], cum septem curtilis, et coloniam unam sibi injuste vendicat Agno. Hos omnes excommunicamus, et eos qui mercatum de Mornant nobis tollunt, quod Stephanus, filius Hugonis, dedit Sancto Martino.

Explicit de abbate Duranno secundo.

## INCIPIT DE ABBATE DALMACIO[8].

Per hunc sapientissimum virum locus iste multa acquisivit, sicut in sequentibus aperiemus : ædificavit villam de Arbrella in modum castri, propter bella imminentia, ad quam pertinent quinque parrochiales ecclesiæ, quarum hæc sunt nomina : ecclesia Sancti Germani[9], ecclesia Sanctæ Vualburgis[10], ecclesia Sancti Martini de Cassiaco[11], ecclesia Sanctæ Mariæ de Brolio[12], ecclesia Sancti Martini de Sarsay. Cœpit etiam idem vir ecclesiam nostram a fundamentis ædificare, et plures refectiones fratribus in refectorio instituit. Constituitque ut quæque obedientia per singulos menses fratribus panem persolveret necessa-

[1] M. et C. *Valenchis.*
[2] BM. *Cimziacus.*
[3] M. *Eugendius.*
[4] L. *Ledaico.*
[5] M. *perpetrant.*
[6] BM. et C. *Casedo.* M. *Cazedo.*
[7] M. *Losanna.*
[8] C. hic et infra *Dalmatio.*
[9] BM. add. *supra Arbrellam.*
[10] BM. add. *Amanciaci.*
[11] BM. *Chessiaco.*
[12] P. *Brollio.*

rium, sicut usque hodie videmus dispositum. Ipse quoque primitus in mercato de Sainbeel[1] instituit venditiones pecorum, quas fratribus in refectorio largitus est. Fecit et aliquot libros, id est duos breviarios in ecclesia Sanctæ Mariæ, et missalem unum, et psalterium unum optimum, et decreta pontificum, et unum librum medicinalem.

### 751.

#### DE ECCLESIA SANCTI THOMÆ COSNACI.

1070 circa.

Cum in affluentia divinorum reperiatur eloquiorum quod sine ratione simplicitas pro inertia deputetur voce Domini attestantis, « Estote prudentes sicut serpentes, et simplices sicut columbæ[2]; » et Apostoli commonentis : « Videte quomodo caute ambuletis, non quasi insipientes, sed ut sapientes, redimentes tempus, quoniam dies mali sunt[3]. » Si quid bonæ operationis Sancti Spiritus instigatione susceperimus, auctoritate firmissima et nodo indissolubili connectendam[4] dignum duximus, ut qui prius ad incipiendum spontanei ac simpliciores admiramur, postmodum gravidos ad id peragendum malignus[5] insidiator effugiat. Hac igitur occasione suscepta, ego Amblardus, canonicus Sancti Petri Sanctonensis[6], filius Amblardi, cui cognomen Malaterra, ecclesiam Sancti Thomæ apostoli, quæ est sita in pago Sanctonensi, prope castellum quod vocatur Cosnacus, admonitione divina et laudatione ipsorum dominorum ex quorum beneficio hæc mihi acciderat, scilicet Artaldi[7] et Vuillelmi, et filiorum ejus Seguini, Richardi et Rotberti, necnon et Amblardi, patris mei, et amitæ meæ Diæ, et consilio domini Bosonis[8], Sanctonensis episcopi, et Eleazari archidiaconi, et aliorum familiarium nostrorum, dono Deo et Sancto Martino Saviniacensis[9] monasterii, et patri Dalmacio et monachis ejus, eorumque successoribus qui ibidem Deo desservierint[10], ut habeant

---

[1] P. *Saint Beel.*
[2] Matth. x, 16.
[3] Ephes. v, 15.
[4] L. *convertendum.*
[5] L. add. *spiritus.*
[6] M. hic et infra *Santonensis.*
[7] M. *Altardi.*
[8] M. hic et infra *Besonis.*
[9] C. *Saviniensis.*
[10] C. *servierint.*

illam, cum omnibus appenditiis suis quæ et ego possedi, et ipsi in antea acquisierint; collaudante hoc etiam fratre meo Richardo, et senioribus ipsius castelli, videlicet Artaldo et Vuillelmo Elia, cujus est tertia pars ecclesiæ supradictæ, qui similiter illam donat. Hanc cartam laudaverunt et corroboraverunt hi quos supra diximus, et alii quam plures. S. Girberti de Sivrac; Vuillelmi David; Vuillelmi Adalardi; Raymundi Adalardi. Data per manum Bertranni monachi, regnante Philippo [1] in Gallia.

### 752.

#### DE ECCLESIA SANCTI SEBASTIANI MIRABELLI.

Omnipotenti aliquid dare potest nemo, nisi prius acceperit ab ipso; ipse enim dando fructum expetit actionis, ut cui plus committitur, plus ab eo exigatur : quod ego Artaldus[2] comperiens, ob amorem cœlestis patriæ, et redemptionem animæ meæ, necnon et parentum meorum sublevationem, libuit dare aliquid de hæreditate mea Deo et Sancto Martino Saviniacensis monasterii, et patri Dalmacio et monachis ejus, sive suis posteris : hoc est ecclesiam Sancti Sebastiani, cum suis appenditiis, quæ est sita in pago Sanctonensi, juxta castrum quod nuncupatur Mirabellum[3], cum consilio Amblardi Malaterra[4] canonici, qui de me fiscaliter tenebat, sive cum consilio domni Bosonis, Sanctonensis episcopi, seu aliorum multorum. S. Richardi Amblardi; Vuillelmi Adalardi; Vuillelmi Goltranni[5]; Rannulfi Fulcherii; Rannulfi Donati; Vuillelmi Seguini. Hanc cartam laudaverunt hi quos memoravimus, et alii quamplurimi familiares nostri. Data manu Hugonis monachi, anno millesimo octogesimo[6] tertio, indictione septima[7], imperante Henrico imperatore, Philippo regnante in Gallia[8].

1083?

---

[1] C. hic et infra *Philipo.*
[2] M. *Altardus.*
[3] M. *Miribellum.*
[4] P. *Mallaterra.*
[5] L. *Gontranni.*
[6] BM. *sexagesimo.*
[7] Indictio septima quadrat ad annum 1084. Utcunque sit, istud instrumentum Bozonem, Santonensem episcopum, non fuisse mortuum anno 1082, ut creditur, confirmat.
[8] M. *Philippo in Gallia regnante.*

## 753.

### DE ECCLESIA SANCTI BONITI IN MARCIACO.

19 Sept. 1064.

Sacrosanctæ Saviniacensi ecclesiæ Beati Martini, ubi domnus Dalmacius abbas præesse videtur, Ego, in Dei nomine, Falco et uxor mea Adalasia donamus aliquid de hæreditate nostra, pro redemptione animarum nostrarum. Sunt autem res ipsæ sitæ in pago Lugdunensi, in agro Ansensi, in villa quæ vocatur Marciacus: hoc est tertiam partem ecclesiæ Sancti Boniti ipsius villæ, cum decimis et appenditiis ad ipsam ecclesiam pertinentibus, quantum ibi habere visi sumus, totum donamus supradictæ ecclesiæ, et accipimus a monachis quadraginta duos solidos. Damus etiam præfatæ ecclesiæ tertiam partem silvæ quæ vocatur Ardenna, ut habeat et possideat a die præsenti. Firmatores hujus doni sive cartæ sunt hi : S. Falconis, qui fieri jussit et firmari rogavit; Milonis Orselli; Iterii Bulleu; Fulcherii Colini; Bernardi Marzionis. Actum in pago Lugdunensi, in villa Saviniaci, mense Septembri, feria quinta et decimo nono [1], anno millesimo sexagesimo quarto ab incarnatione Domini; scripta manu Alberici monachi.

## 754.

### DE ECCLESIA SANCTI PETRI IN MONTE MELARDI.

1 Aug. 1081.

Dominus et Redemptor noster, qui omnes vult salvos fieri, et neminem vult perire, ipse fideles suos docet ut ex talento sibi credito redemptionem peccatorum acquirant, quatenus eleemosinarum fulti juvaminibus cum ipso feliciter gaudeant. Idcirco, Ego, in Dei nomine, Umbertus de Bellojoco, et mater mea Richoara, et fratres mei Vuichardus, Dalmacius et Hugo, notum fieri volumus omnibus fidelibus sanctæ matris Ecclesiæ filiis, tam præsentibus quam futuris, qualiter misericordissima pietas animabus nostris infulsit, ut medietatem ecclesiæ Sancti Petri de Monte Melardi, sitam in pago Lugdunensi, in agro Diniacensi, daremus Deo et Sancto Martino Saviniacensis monasterii,

---

[1] Anni 1064 decimus nonus Septembris dies congruit feriæ primæ (Dominico), non feriæ quintæ (Jovi).

ubi domnus Dalmacius abbas præesse videtur, cum grege monachorum sibi commisso. Hanc medietatem ecclesiæ quam supra diximus donamus Deo et Sancto Martino, necnon præfato abbati et monachis sibi commissis, et eorum successoribus, sicut presbiteri hactenus tenuerunt[1] melius ab ipso initio ipsam ecclesiam et omnes res ad ipsam ecclesiam pertinentes. Propterea accipimus ab ipso abbate et monachis quingentos solidos Pictavenses[2] et mille quingentas solidatas. Et jubemus fieri hanc donationem et eleemosinam tali ratione, ut semper, a die præsenti, supradicta ecclesia cum appenditiis suis in dominio et potestate Sancti Martini permaneat, nullique hominum liceat ab hodierna die deinceps quidquam de ipsis rebus ab ipsa ecclesia auferre aut diminuere, nec nobis nec alicui parentum nostrorum et propinquorum, nec episcopo, nec[3] abbati, nulli inquam potestati. Quod si, post hæc, aut nos, aut ullus de hæredibus nostris et propinquis, aut aliqua emissa persona, surrexerit, qui istam eleemosinariam donationem contradicere aut calumniari præsumpserit, et sub aliqua occasione abstrahere et auferre, sit maledictus a Deo, et ab Ecclesia catholica excommunicatus, abstractusque a consortio sanctorum, societur diabolo et angelis ejus, exurendus flammis gehennalibus cum Juda traditore et eis qui dixerunt Domino Deo : « Recede a nobis; » donatio vero ista omni tempore firma et stabilis permaneat, cum[4] stipulatione subnixa. S. Umberti de Bellojoco, et matris ejus, fratrumque ejus prædictorum. S. Milonis; Vuichardi de Marciaco; Bernardi, filii ejus; Bernardi de Iconio; Umberti, fratris ejus; Iterii de Bulleu; Rotberti Ru; Vuillelmi de Cha.[5]; Petroni de Mon; Vuillelmi de Cubet; Falconis; Hugonis de Lanay[6]; Teotgrini[7], fratris ejus; Jarentonis Mau.; Petronis de Cuel; Duranti Carnissalada[8]; Hugonis de Modi. Data per

---

[1] P. *tenerunt.*

[2] De hoc induci posset non esse cusam tunc Lugduni monetam, absque dubio præ controversia de hac causa inter archiepiscopum et comitem perstante.

[3] M. et C. *et* pro *nec.*

[4] In M. et C. abest *cum.* In P. *ad* pro *cum.*

[5] P. *Dech.*

[6] M. *Laney.*

[7] M. et C. *Theotgrini.*

[8] P. *Carnisalada.*

manum Bertranni monachi, die Dominico, calendis Augusti, et vigesimo regnante rege Canone[1] in Gallia.

### 755.

#### DE ECCLESIA SANCTI CIRICI[2].

1085 circa.

Berardus, et Umbertus, et Vuichardus, et Nazarea, mater eorum, filia domini[3] Berardi Rodonensis[4], et uxor domini Vuichardi Gionensis, ecclesiam Sancti Cirici et quidquid ibi habebant, laudaverunt atque dederunt, pro animabus suis, Deo et Sancto Martino Saviniacensi, et domno Girino monacho, qui hunc locum ædificavit, secundum quod potuit, et sic hoc donum laudaverunt et fecerunt, quod nec hæres illorum, si haberent, nec liber, nec servus illorum amplius ibi aliquid peteret; et etiam hoc donum facere laudavit villicus eorum Bernardus, et Richardus filius ejus. Et si quid ex villicatione hujus honoris illi eveniebat, reliquerunt Deo et Sancto Martino, et domno Girino monacho; cui Girino, Berardus, et Umbertus, et Vuichardus, et mater eorum Nazarea, jusserunt ut hanc cartulam sic scribere faceret.

### 756.

#### DE ECCLESIA SANCTÆ MARIÆ DE AMPLOPUTEO.

Mart.[5] 1086.

In nomine Sanctæ et individuæ Trinitatis, notum sit omnibus fidelibus ecclesiæ Dei quod Ego Hugo Fredelannus[6] dedi aliquid de hæ-

---

[1] BM. *Conone*. Error amanuensis hic patet. Isti nomini perignoto substituendum est nomen Philippi primi, regis Galliæ, qui cepit sceptrum quarto vel vigesimo nono Augusti 1060, quique ideo erat in anno vigesimo primo regni primo Aprilis 1081, in diem revera Dominicum cadente. Aubret, in suo manuscripto *Sur le pays de Dombes*, adscripsit instrumento annum 1064, quia hoc anno primus Aprilis in diem incidebat Dominicum; sed alia hujus chartæ indicia anno 1064 congruere nequeunt. Filii quatuor, exempli causa, tributi sunt dominæ de Bellojoco (Richoare), qui demonstrant chartam ab ea fuisse datam circa limina vitæ, eo magis quod Guichardus, ejus maritus, jam defunctus esset.

[2] L. et BM. *Ciriaci*.

[3] M. et C. hic et infra *domni*.

[4] Mailliardus add. *comitis*; sed mendose, quia tunc comites Rodonenses non erant.

[5] Vide subscriptionem.

[6] BM. *Fredenlanus*.

reditate mea sacrosanctæ Dei ecclesiæ et Beati Martini Saviniacensis, ubi domnus Dalmacius abbas præesse videtur, pro remedio animæ meæ et pro sepulturá mei corporis : hoc est ecclesiam in honore beatæ Mariæ Virginis consecratam, cum appenditiis suis, et cum manso in quo ipsa ecclesia sita est. Sunt autem termini ipsius mansi : a mane via publica, et terminat usque ad terram quam Stephanus de Verneto possidet a meridie, a sero usque ad rivulum qui vocatur Ranzun[1]. Et ut hoc donum firmum et stabile sit, manu mea firmavi et scribi jussi in præsentia Stephani Trus monachi, qui hoc donum recepit, in presentia Tadalmodis, uxoris meæ, et testium qui subscripti sunt. S. Hugonis de Batalleu; Raynardi Vicarii; Raymundis, fratris ejus; Artaldi de Batalleu; Umberti de Batalleu. Sane si qui sex hæredibus meis hanc cartam inquietare voluerit, non valeat vendicare quod repetit, sed componat fisco regio triginta libras auri ; et deinceps firma et stabilis permaneat hæc donatio. Actum in pago Rodanensi, in villa de Amploputeo, mense Martio, et vigesimo secundo, feria quarta, anno millesimo octogesimo[2] sexto, indictione nona. Scripta manu Stephani monachi, regnante Henrico rege.

### 757.

DE CAPELLA DE YCONIO, ET DE BUXO[3], ET DE LAYNIACO.

Notum sit omnibus successoribus nostris quod Falco de Yconio[5], et filii et filiæ ejus, et Berardus et filii sui, Umbertus etiam, et Vuichardus, frater ejus, donaverunt Deo et Sancto Martino Saviniacensi, et abbati et monachis inibi degentibus, tam futuris quam præsentibus, capellam supradicti castelli, videlicet Yonii, cum omnibus appenditiis ejus : hoc est sicut Unfredus avus eorum melius et liberius possederat, et sicut Fulcherius Vulpeta melius et liberius habuerat eam ex ipso Unfredo. Et quid augmenti præfata capella post illum

6 Déc. 1079[4].

---

[1] BM. *Rauzini.*
[2] Ben. Mailliardus scripsit 1066; sed isti anno indictio nona non congruit.
[3] Voces *et de Buxo* desiderantur in P.
[4] Cuncta indicia chartæ huic tempori concordant, excepta epacta vigesima sexta, quæ congruit anno 1080.
[5] M. *Yonio.*

recepit, similiter donaverunt, et quidquid præfati monachi, tam in hac capella quam in cæteris ecclesiis quas iidem fratres eodem modo donaverunt Deo et Sancto Martino, acquisituri essent, similiter concesserunt, scilicet in ecclesia de Buxo et omnibus appenditiis ejus, et in ecclesia de Layniaco : quas eadem donatione et pactione supradicti fratres Deo et Sancto Martino et monachis Saviniacensibus in perpetuum contulerunt. Et hoc factum est secundum laudationem Artaldi[1], Forisiensis comitis, qui laudavit in vita sua, ut isti et alii qui alodium[2] ejus in feodum francum tenebant, donarent Deo et Sancto Martino[3] et sanctis, ad libitum suum, excepto quod ecclesia Layniacensis erat de alodio eorum, cum omnibus appenditiis suis. Item prædictus Falco donavit præfatis monachis in æternum, in silvis suis, ligna ad calefaciendum et ad sepiendum[4], et omnibus modis ædificandum, et ut liceret semper porcos eorum pasci et currere in eisdem silvis absque pasnatio. Similiter notificari volumus quod isti prænominati fratres fecerunt hoc donum Deo et Sancto Martino, et abbati Dalmacio[5], et monachis, in capitulo Saviniacensi, tractante hoc ipsum et multum insudante Rainardo, tunc temporis cancellario, qui hæc omnia per multas familiaritates[6] et magnas collationes rerum sibi commissarum diu præparaverat, laudantibus et cartam corroborantibus subtitulatis omnibus. S. Vuillelmi comitis, filii Artaldi; Falconis et uxoris ejus; Berardi et uxoris ejus; Umberti; Vuichardi; Gausmari; Jarentonis; Hugonis; Theotgrini. Acta sunt hæc die solemnitatis sancti Nicolai, feria sexta et quinta, Henrico regnante, Gibuino[7] Lugduni curam pastoralem exhibente, anno Domini millesimo septuagesimo nono, indictione secunda, epacta vigesima sexta. Quod si quis hanc cartam violare præsumpserit, perpetuo damnandus omni anathemati subjaceat. Scripta feria tertia, per manus Vuitberti cancellarii.

[1] M. *Altardi.*
[2] L. hic et infra *allodium.*
[3] Voces *et Sancto Martino* desunt in P.
[4] P. *sapiendum.*
[5] M. et C. *Dalmatio.*
[6] P. *facultates.*

[7] Gallice *Geboin* vel *Jubin*. Iste fuit archiepiscopus Lugduni post Humbertum I. Habemus aliquot ejus litteras. (Vide *Gall. christ.* nov. ed. t. IV, col. 89 et sqq. et *Hist. du Dioc. de Lyon*, auctore J. M. de la Mure, p. 150 et sqq.)

## 758.

#### DE ECCLESIA DE SANCTA PAULA [1].

Domno Henrico Augusto bellum cum Rodulfo duce gerente, sanctoque papa Hildebranno in apostolico solio residente, atque archiepiscopatu Lugdunensi sub regimine domini [2] Gibuini [3] quiescente [4], domno etiam Dalmacio [5] Saviniacensis monasterii baculum tenente : Videlinus [6], comes Foresii, atque Falco, cum Berardo et aliis fratribus suis Umberto et Vuichardo; Teotgrinus [7] quoque, cum fratribus suis Milone et Artaldo [8] sive Agnone; Berardus etiam, cum Rotbaldo, fratre suo; Durannusque Varennarum [9], cum fratribus suis, ac Livo [10] Sancti Nicetii, et Durannus Monaior, Arnulfusque Gugio [11], cum uxore sua Pontia, omnibusque suis hæredibus, omnes concorditer hanc cartam de ecclesia Sanctæ Paulæ, quæ sita est in parrochia Sancti Laurentii, cum finibus suis, fieri jusserunt et laudaverunt. Quam comes Artaldus, pater ejus [Videlini], Sancto Martino Saviniacensi, cum omnibus supradictis, pro anima sua dedit, et ita libere quod nec vicarius, nec ullus homo in ecclesia, nec in honore ejus, vi aliquid et fraude apprehendere possit sine anathemate, a Vernea usque ad Balneum, et a Balneo usque ad Alodos, et ab Alodis usque ad silvam quæ vocatur Kuironella [12], et ab illa usque deorsum ad Verneam; atque dedit licentiam nobis accipiendi et emendi ab omnibus hujus terræ possessoribus. Quod si quis aliquid campi aut vineæ et silvæ, et pro anima sua et pro pretio, nobis dare voluerit, quod nos sine ulla offensione et occasione ullius hominis accipere possumus. S. Artaldi [13] comitis; Falconis; Agnonis; Bernardi; Umberti; Vuichardi;

14 Maii 1078?

---

[1] Edidit hoc documentum Guichenon. (*Bibl. Sebus.* p. 108.)

[2] M. et C. *domni*.

[3] P. *Gebuini*.

[4] Ista vox pacem inter archiepiscopum et comitem paucis abhinc temporibus factam absque dubio memorat.

[5] P. *Dalmatio*.

[6] Guich. *Vuidelinus*. BM. *Guillelmus*.

[7] Omn. mss. *Teotgrino*.

[8] M. *Altardo*.

[9] C. *Varenarum*.

[10] M. et Guich. *Lino*.

[11] Guich. *Guigo*.

[12] M. L. et C. *Zuironella*.

[13] Guich. melius, ut videtur, *Vuidelini*.

Teotgrini; Milonis, et aliorum supradictorum. Facta est carta istius doni mense Maio, feria sexta[1] et decimo quarto, anno Domini millesimo septuagesimo octavo, indictione prima, concurrente sexta, epacta quarta. Scripta manu Laurentii monachi.

### 759.

#### DE ECCLESIA SANCTI MAURITII[2] DE CHASSENNATIS.

1060 circa.

Omnipotentis Dei vox est in Evangelio dicentis, « Date eleemosinam, et ecce omnia munda sunt vobis[3]; » ideo Ego, in Dei nomine, Gauzerannus[4], rogante fratre meo Hugone, dono Deo et Sancto Martino Saviniacensis monasterii, ubi domnus Dalmacius abbas præesse videtur, et Sancto Petro ac monachis in loco Mornanti habitantibus, ecclesiam in honore sancti Mauritii[5] et sociorum ejus consecratam, in villa de Chassennatis, cum parrochia et appenditiis suis, pro anima mea et pro animabus parentum meorum, et pro anima fratris mei Hugonis, et uxoris meæ Ermengardis, et uxoris fratris mei, Aymeldis. Sane si ullus ex hæredibus aut parentibus nostris hoc donum et hanc eleemosinam inquietare aut calumniari voluerit, sit maledictus a Deo et omnibus sanctis ejus. S. Gauzeranni et Ermengardis, uxoris ejus; Hugonis, fratris ejus, et Aymelsendis, uxoris ejus. Data manu Rostagni, mense Septembri, feria sexta, regnante Henrico rege[6].

### 760.

#### UNDE SUPRA.

1070 circa.

Sacrosanctæ Saviniacensi ecclesiæ Sancti Martini, ubi domnus Dalmacius abbas præesse videtur, Ego Gauzerannus, filius Hugonis Titionis, dono medietatem ecclesiæ Sancti Mauritii de Chassennatis, cum decimis et appenditiis suis, sicut Asterius presbiter tenebat; et iste Gauzerannus dedit Deo et Sancto Martino et Sancto Petro de Mor-

---

[1] Guich. scripsit mendose *feria 12*.
[2] M. *Mauricii*.
[3] Matth. II, 41.
[4] BM. *Gaucerannus*.
[5] C. *Mauricii*.
[6] Agitur absque dubio de Henrico I, Francorum rege, qui decessit 29 Augusti 1060.

nanto, mansiones duas post suum decessum, et aliam, si filium non habuerit de uxore; et si filiam habuerit, ipsa habebit partem. Et dedit unum curtilum quem Ritboldus[1] tenebat, post suum decessum, pro sepultura sua, et quamdiu vixerit, omni anno, unum caponem pro vestitura. Propter istum curtilum debent eum recipere monachi, si ipse se fecerit portare apud Mornant aut apud Saviniacum. Quod si non fecerit, habeant monachi curtilum istum liberum. Et hoc sciant omnes, quia donum quod avunculus ipsius G. fecit in vita sua, iste Gauzerannus, nepos ejus, laudavit et firmavit, et dedit medietatem suam de villa de Chassennatis, laudantibus et firmantibus hoc ipsum A. Torticollo et B. filio suo.

### 761.

#### DE ECCLESIA DE DUERNA.

*1075 circa.*

Sacrosanctæ ecclesiæ Saviniacensis Beati Martini, ubi domnus Dalmacius abbas præest, Ego, in Dei nomine, Ermengardis et filius meus Hugo aliquid de hæreditate nostra donamus, et de rebus nostris quæ sunt in pago Lugdunensi, in villa quæ dicitur Duerna : hoc est medietatem ecclesiæ ipsius villæ, cum decimis et appenditiis ad ipsam ecclesiam pertinentibus, ea ratione ut, quamdiu vixero, persolvam pro vestitura tres denarios, et post meum decessum omnia illi loco cedimus et donamus. Damus etiam medietatem mansi in villa quæ dicitur Planciacus, et unam cabannariam[2] in eadem villa; et in villa quæ dicitur Boschalactis[3], unum mansum, et in villa quæ dicitur Torencus[4], medietatem mansi. Sane si, post hæc, ego aut ullus de hæredibus meis, aut aliqua potens persona, hanc donationem inquietare præsumpserit, non valeat vendicare quod repetit, sed tantum et aliud tantum componat quantum ipsæ res eo tempore melioratæ valuerint. S. Ermengardis et Hugonis, qui fieri et firmari rogaverunt. S. Ardradi; Constantiæ; Bladini; Hugonis; Iterii; Berardi. Scripta manu Alberici monachi.

[1] M. et C. *Ritbodius.*
[2] BM. *canaberiam.*
[3] M. *Boschalatis.*
[4] M. *Tornicus.*

## 762.

### UNDE SUPRA [1].

1075 circa.

In Christi nomine, Ego Ardradus de Barbares et uxor mea Constantia [2], et Bladinus [3], filius meus, et Bernardus de Naus [4], et Agna, mater Stephani de Randanis, et Elisendis [5], mater Girini de Pineto, donamus aliquid de hæreditate nostra Deo et Sancto Martino Saviniacensis cœnobii, ubi domnus Dalmacius abbas præesse videtur, per laudationem domini [6] Vuitberti [7], Lugdunensis [8] archiepiscopi, et Berlionis archidiaconi, nepotis sui, et Bladini decani, et Fulcherii Tedini, et Stephani Torticolli, et Rotboldi pœnitentialis [9] : id est medietatem ecclesiæ Sancti Joannis Baptistæ necnon et Evangelistæ, quæ est sita in pago Lugdunensi, in villa quæ dicitur Duerna, cum decimis et appenditiis suis, usque ad exquisitum, pro remedio animarum nostrarum, omnium progenitorum nostrorum, ut Deus omnipotens eruat nos a pœnis infernorum. Sane si aliquis ex hæredibus nostris aut qualiscumque persona hanc cartam inquietare voluerit, sit maledictus et excommunicatus a Deo, et non valeat vendicare quod repetit, sed componat tantum quantum ipsæ res dupliciter valuerint, et in fisco regali centum libras auri componat; et insuper firma et stabilis permaneat, cum stipulatione subnixa. S. Ardradi et uxoris suæ Constantiæ, et cunctorum supradictorum. S. Hugonis; Aymonis; Vuichardi; Fulcherii et Renconis, fratris sui; Petri Durata Lingua [10]; Hugonis Carpineli. Scripta manu Alberici mónachi. Actum in villa de Tazins, ad quoddam placitum quod fuit inter dominum [11] Umbertum, Lugdunensem archiepiscopum, et Artaldum comitem.

---

[1] Istam vulgavit chartam Menestrier, *Hist. cons. de Lyon*, pr. p. VIII. Vide ch. 821.

[2] M. et C. *Constantia uxor mea.*

[3] Isti tres donatores sunt absque dubio iidem ac primi testes ch. 761.

[4] M. L. et C. *Nans.* Men. *Mans.*

[5] Men. *Eligendis.*

[6] Men. *Umtberti.* M. *Vitberti.* L. *Umberti*, et, ut videtur, melius.

[7] C. *domni.*

[8] C. *Ludunensis.*

[9] M. et C. *penitentialis.*

[10] Men. *Dictata Lingua.* M. et C. *Petri. Dictata Lingua Hugonis Carpinel.*

[11] M. et C. *domnum.*

## 763.

#### DE EODEM.

Sacrosanctæ Dei ecclesiæ quæ est constructa in honore sancti Martini Saviniacensis, ubi domnus Dalmacius abbas præesse videtur, Ego, in Dei nomine, Ardradus et uxor mea Constantia donamus, pro anima filii nostri Bladini, quartam partem de ecclesia Sancti Joannis quæ vocatur Duerna : hoc est octava pars de presbiteratu, et de decima quarta pars, et septem denarios et minuta omni anno in servitio, et omnia quæ videmur habere in ipsa villa, quæ ad nostram partem pertinent, et domum. Totum donamus Deo et Sancto Martino, tali convenientia ut, quandiu vixerimus, ego et uxor mea teneamus istam quartam partem de abbate et monachis, et post nostram mortem, salvum et quietum[1] remaneat ad supradictum locum. Sane si aliquis, *ut supra.* S. ejusdem Ardradi et Constantiæ, uxoris ejus.

1075 circa.

## 764.

#### DE ECCLESIA SANCTI MARCELLI.

Scientibus et nescientibus donum tertiæ partis ecclesiæ Sancti Marcelli, et terræ, et decimarum mansi, casæ et feodi sacerdotalis, quemadmodum Beato Martino monachisque suis factus sit, reducere ad memoriam volo. Cum Artaldus et Agno, frater ejus, morti improvisæ se jam propinquos esse cognoverunt, nimium expaverunt ne, causa peccati, ecclesiæ Beati Marcelli ex qua servitium acceperant, parentes sui atque ipsi positi in supplicio æterno punirentur. Idcirco, in vigilia Ascensionis Domini nostri Jesu Christi, ad[2] Saviniacum venerunt, atque Beato Martino monachisque suis partem illam tertiam quam ipsi, in ecclesia[3] Sancti Marcelli, injuste tenebant et in feodo sacerdotali, et decimas sui mansi casæ[4] dederunt, atque domum sacerdotis post utriusque mortem similiter et si monachi fierent similiter. Pro qua tamen domo sic data monachi centum decem solidos dederunt; quippe hoc donum

1075 circa.

---

[1] Forte leg. *salvam et quietam.*
[2] Des. voces *nostri J. C. ad* in M. C. et P.
[3] M. add. *in terra.*
[4] M. *cæsæ.*

Artaldus et Agno in capitulo Saviniacensi fecerunt eo pacto, quod[1] pro remissione peccatorum antecessorum suorum, et patris et matris eorum, et suorum, Dominum Deum deprecentur, et nomen patris eorum in martirologio Saviniacensi scriberent, et secundum consuetudinem unius monachi defuncti orationes pro eo facerent; quin etiam anniversarium uno[2] quoque anno, tempore Septembri, fiat, quia tunc in militia sibi male provisa sine peccatorum suorum confessione gladio interfectus est. Quod totum monachi polliciti sunt adimplere, eosque ad habitum monachicum sine aliquo suo[3] apparatu recipere, si in tanta paupertate venissent, quando monachi fieri vellent. Quod donum, id est acquisitio[4] quæ contingit huic tertiæ parti, Bernardo clerico, atque R., patri suo, quamdiu vivent, tali pactione tributum est, ut unoquoque anno quinque solidos in die Veneris jejuniorum mensis Septembris et alios quinque in Octabis Apparitionis reddant, et post utriusque mortem, ecclesiam, domum et cætera interiora domus monachis sine alicujus calumnia habeant. S. Pontii clerici; Agnonis de Magniaco[5]; Amblardi Collum[6]; Artaldo et Agnone, qui fieri et firmari voluerunt.

### 765.

#### DE ECCLESIA SANCTI CIRICI[7].

1080 circa.

1° In Christi nomine, Ego Pontius et uxor mea Pontia, memores humanæ fragilitatis, Silvio, fratre meo, una cum filio suo Gausberto laudante et concedente, donamus et concedimus quidquid habere et possidere videbamur in ecclesia Sancti Cirici, Dalmacio, Saviniacensis monasterii abbati, per manus Ismidonis[8], Randanensis præpositi; tradimus insuper in prædicto cœnobio dilectum filium nostrum nomine

---

[1] M. *quo* pro *quod.*
[2] P. *vero* pro *uno.*
[3] Vox *suo* deest in L.
[4] Omn. mss. habent *acquisitionem.*
[5] P. *Maigniaco.*
[6] M. *Collun.*

[7] Hoc documentum analysin multarum chartarum Sanctum Ciricum spectantium, sed tempore diversarum, continet; in eo reapse nominati sunt abbates Dalmacius et Iterius. Quamque notitiam ad lineam tuli.
[8] M. L. et C. male *Ifinidonis.* P. *Ifundonis.*

Hugonem ad serviendum Deo sub regula sancti Benedicti. Hujus rei testes sunt sive laudatores : Pontius, Bertrannus, Jarento. Acta sunt hæc vivente Humberto, Lugdunensi archiepiscopo.

2° Nos quoque Petrus et Arnaldus, divina inspiratione commoti[1], donamus atque concedimus quidquid habere videbamur in jam dicta ecclesia Sancti Cirici Sancto Martino et fratribus ibidem.[2] Deo servientibus; pro qua donatione datus est nobis mansus in Masliaco[3], eo tenore ut ipsum in vita nostra habeamus, et post obitum nostrum libere et integre remaneat supradictæ ecclesiæ Randanensi.

*1080 circa.*

3° Similiter Ego Agnis fœmina, pro delictorum meorum indulgentia et sepultura mea, laudante marito meo Iterio, una cum filiis meis Amblardo, Teotgrino[4], Jarento[5] atque Vuillelmo, dono atque concedo quæcumque habebam in præfata ecclesia Sancti Cirici, tam in decimis quam in plateis, post unam peam quæ est juxta portam[6]; quamobrem trado filium meum, nomine Gausbertum, in prætaxato cœnobio, sub monastica regula. Testes sunt : Iterius Rex, Stephanus Pelotarius, Pontius de Marciliaco, Pontius de Mussiaco.

*1080 circa.*

4° Ego quoque Blandinus et uxor mea nomine Vualburgis, propter salutem animarum nostrarum, laudantibus filiis nostris Bladino et Arrico, concedimus Sancto Martino Saviniacensi quæ habemus in ecclesia Sancti Cirici, tali modo ut, nobis viventibus, presbiter Bertrannus per manum nostram decimam teneat; me vero et uxore mea, et ipso presbitero mortuo, integre remaneat ad prædictam ecclesiam. Retinemus etiam mansiones duas quas filiæ nostræ dedimus, et mansionem Duranti, quam ipse Durantus, in vita mea, de me habebat, et post mortem meam monachis remaneat; et unam peam ante domum Rotlanni retinemus in vita nostra, et post obitum nostrum filii nostri

*25 Mart. 1088.*

---

[1] P. *commoniti.*
[2] P. *inibi.*
[3] M. *Malsiaco.*
[4] M. et C. *Theotgrino.*
[5] M. et C. *Jarencho.*
[6] P. *portum.*

de monachis teneant. Facimus autem hanc donationem libere et integre, remota omni mala consuetudine, in festivitate tantum sancti Cirici. Si forte, quod absit, inter festum celebrantes contentio exorta fuerit, quam ipsi monachi per se justificare nequiverint et mitigare; si alium adjutorem eis quærere placuerit, ad me tantum recurrent, et pro justitia ipsa nullum munus, nisi sponte promiserint, requiram. Pro jam dicta donatione dedit nobis abbas Iterius terram quam Pontius Lieratus habebat in Columbatis, et aliam terram in aliis locis, et insuper dona plurima. Data sunt hæc omnia laudantibus et concedentibus, longo post tempore, Petro atque Aymino, una cum filia sua Saturnina, receptis proinde centum solidis Bladini et uxoris suæ. Sunt testes hi : Pontius de Marceliaco; Pontius de Mussiaco; Hugo Sarracenus; Rotlannus[1], frater ejus; Fulcherius de Nigromonte; Bertrannus Lieratus; Girinus de Mercol. Petri et Aymini testes sunt isti : Athenulfus, Hugo, Milo, Pontius. Quicumque hanc cartam infringere voluerit, non valeat vendicare quod repetit, sed, nisi resipuerit[2], perpetuo anathemate percussus[3], cum diabolo et angelis suis[4] tradatur perpetuis ignibus cruciandus. Acta sunt hæc octavo calendas Aprilis, et quarto[5] regnante Henrico imperatore.

## 766.

DE DOMO NOSTRA LUGDUNI SITA[6].

1080 circa.

Castissima mater et virgo Ecclesia[7] in propriis visceribus pietatis effundens dogmata, quam dulcia erga filios gestaverit ubera ipsius attestantur capitis membra. Siquidem ex universali Ecclesia sumens particularis exordia, fide frondescens, in fronde florescens, concrevit ex intimis præcordiis, sibique ut primogenitam vel præ omnibus aman-

---

[1] P. *Rotlandus.*
[2] Pro *resipiscerit.*
[3] C. add. *sit.*
[4] M. *ejus.*
[5] Omn. mss. *quarta.*
[6] Hoc instrumentum ediderunt J. M. de la Mure, *Hist. du dioc. de Lyon*, p. 401, et Mabillon, *Ann. Bened.* t. V, p. 166. Exstat in archivis Lugdunensis urbis istius instrumenti archetypum vel exscriptum authenticum duodecimi seculi, quocum diversa chartularii manuscripta contuli. Litteris CL. notavi ejus discrimina.
[7] M. et C. *ecclesiam.*

tissimam, Lugdunensis ecclesiæ connexuit[1] Romanæ matris filiam. Noverit igitur omne fidelium contubernium, quoniam Lugdunensis ecclesiæ generalis conventus Sancto Martino Dalmacioque abbati Saviniacensis[2] cœnobii, suisque successoribus cunctis, propter sanctitatem atque reverentiam loci, necnon propter familiaritatem et nimiam amicitiam viri[3], utpote quem quasi intimum imo[4] canonici loco habebamus, ex propriis redditibus[5] Dominici peculii quam cariorem[6] deputabamus, hæreditatis portiunculam, domum videlicet quamdam[7] infra muros claustri sitam, dono firmamus ac perpetuo possidendam decernimus, ut, si forte, pro qualicumque[8] negotio[9], ad urbem Lugdunensem veniendi opus fuerit, habeat ipse abbas cum suis monachis vel famulis domum vel qualecumque nostri dono hospitiolum opportunum tamen, ut decet tanti ordinis viros, et absque alicujus molestiæ incursu debitam quietem capiant. Hoc autem tali tenore tradimus, ut nulli liceat domum vel dare, vel vendere, aut commodare alicui potenti laico, sed vicariis tantum atque mancipiis omnibus, qui ex præfati cœnobii familia fuerint, pateat domus. At si forte, abbate monachisque absistentibus pro communi utilitate, sive episcopos seu quaslibet personas opus fuerit admitti, cum consilio abbatis et custodis domus debere suscipi; ea insuper exacta pactione, ut ex propriis utensiliis vel ad domum pertinentibus vasculis quibuslibet effractis aut diminutis, aut etiam incuria perditis, judicio canonicorum, aut fiat restitutio integra, aut ex jam dicto conventu clericorum cum abbate conveniens exigatur querela. Placuit denique et hoc inseri, ut si fortuito, aut ignorantia sive negligentia, quislibet successorum[10] abbatis Dalmacii superius adnotatum donum dare vel vendere præsumpserit, seu etiam alio quolibet modo conventum hoc violaverit, vocatus ab omnibus veniat in capitulum canonicorum, et accepto qua-

[1] CL. *conexuit.*
[2] C. *Saviniensis.*
[3] Vox *viri* in CL. duntaxat reperitur.
[4] M. et CL. *immo.*
[5] CL. *reditibus.*
[6] C. *chariorem.*
[7] CL. *quandam.*
[8] CL. *qualicunque.*
[9] CL. *negocio.*
[10] CL. add. *jam dicti.*

draginta dierum spatio, aut emendet aut[1] restituat damnum in pristinum statum, aut a dono antecessorum se noverit sequestratum, nisi cum veniæ beneficio sibi fuerit indultum. Ego Bovo, qui donum prius contuli et juxta cujus domum illud habitaculum consistit, auctorisantibus omnibus canonicis, primus subscribo. Richo, decanus; Fredaldus; Ascherius[2]; Pontius, camerarius; Stephanus Obliquicolli; Arbertus; Hugo Rabiosus[3]; Aychinus[4]; Pontius Musculus; Rotbaldus notarius; Fulcherius; Theodonus[5]; Stephanus Rauciculus; Iterius de Fontaneto; Stephanus et Bernardus de Castelunculo[6]; Hildricus; Galdemarus; Rotbertus de Piniaco.

### 767.

#### DE TERRA AD ULMOS.

1080 circa.

Sacrosanctæ Dei ecclesiæ et Beati Martini Saviniacensis, ubi domnus Dalmacius abbas præesse videtur, Ego Pontius Morellus dono aliquid de hæreditate mea, perlaudantium[7] parentum meorum, pro filio meo Rotbaldo, quem obtuli in eodem monasterio, ad monasticum ordinem, Deo et sancto Benedicto : hoc est in territorio Tarnantensi, in villa quæ vocatur Ulmus, unam domum et unam sextariadam[8] terræ, cum silva adjacente.

### 768.

#### DE DIMIDIO MANSO IN CANZIACO.

1080 circa.

Cunctis legentibus et scire volentibus notum sit, quod Ego Berardus, filius Vuichardi de Castro Yonii, donavi ad locum Sancti Martini qui vocatur Saviniacus dimidium mansum de terra qui conjacet in pago Lugdunensi, in agro Tarnantensi, in villa quæ dicitur Canziacus, in parrochia Sancti Lupi. Feci autem hanc donationem pro

---

[1] M. et CL. *atque*.
[2] Ex prava lectione hæc duo inconsulto nomina sunt repetita inferius in variis chartularii manuscriptis.
[3] CL. add. *cognomine*.
[4] CL. *Aichinus*.
[5] CL. *Theodoinus*.
[6] CL. *Castellunculo*.
[7] Vide pag. 322, not. 1.
[8] M. *sextaradam*.

timore et amore Dei, et remedio animæ meæ atque uxoris meæ [1], ut sepelirent nos in loco jam dicto, pro ipsa terra; istis autem præsentibus atque laudantibus, facta est et firmata carta ista. Laudaverunt filii mei Vuichardus et Guigo, et fratres mei Falco, Umbertus atque Vuichardus. Si vero aliquis de istis aut eorum filiis, et meis tam hæredibus quam propinquis, et de parentela mea, istam terram calumniari præsumpserit, aut contrariaverit eleemosinam istam, maledicatur a Deo omnipotente et omnibus sanctis ejus maledictione perpetua, cum omnibus illis qui eos adjuverint, donec ad emendationem veniant.

### 769.

#### DE VINEA IN ESPARCIACO.

Sanctæ Saviniensi ecclesiæ Beati Martini, ubi domnus abbas Dalmacius præesse videtur, Ego Falco dono aliquid de hæreditate mea : hoc est unum curtilum et unam vineam, tali convenientia ut, quamdiu vixero, usum et fructum habeam, et in vestitura persolvam omni anno unum ordei quartallum; post decessum vero meum, veniant ad præfatum locum. Est autem ipsa terra ad Cassiacum, in loco qui vocatur Esparciacus [2].

1080 circa.

### 770.

#### DE MANSO ET ALIO DIMIDIO IN AMPLOPUTEO.

Ego Berardus dono aliquid de hæreditate mea Deo et Sancto Martino Saviniensi, ubi domnus Dalmacius abbas præest : hoc est unum mansum qui est situs in pago Lugdunensi, juxta ecclesiam Beatæ Mariæ de Amploputeo, et aliud dimidium mansum qui vocatur Solepniacus, et omnia quæ ad istam terram pertinent; dividitur autem ipsa terra franchisia Aymonis, et ex altera parte terra Truanni; et in alio loco unum campum et unum pratum magnum, quem Udulardus dedit pro anima sua. S. Berardi, filii Hugonis [3] Fredelanni, qui donum istud

1080 circa.

---

[1] Desunt voces *atque uxoris meæ* in P. — [2] M. *Asparciacus.* C. *Espaciacus.* — [3] M. male habet punctum in hoc loco.

fecit pro anima sua et pro anima patris sui, et omnium parentum suorum. S. Raginaldi Vicarii. S. Hugonis de Batalleu. S. Utgerii. S. Theotgrini. S. Raimodis[1].

### 771.

#### DE TERRA IN SAVONATIS VILLA.

April. 1068. In Dei nomine, Ego Amblardus dono Deo et Sancto Martino Saviniensi, ubi domnus abbas Dalmacius præest, medietatem hæreditatis meæ quæ sita est in pago Lugdunensi, in villa quæ dicitur Savonatis, tali convenientia ut, matre mea vivente, una vinea deserviat usui ejus; post mortem vero ejus, possideatur a fratribus in supradicto loco degentibus; et in ipsa villa, de hac ipsa hæreditate, pro sepultura patris mei est unus mansus præter hanc donationem : quæ omnia, jure hæreditario, do et trado jam dicto loco. S. ejusdem Amblardi, qui hoc donum fecit; Dotgranni[2]; Vuillelmi; Agnonis; Jarentonis. Actum mense Aprili, feria quinta et quarta, anno Domini millesimo sexagesimo octavo. Data per manum Alberici monachi. Si quis hanc cartam inquietare voluerit, anathema sit.

### 772.

#### DE MANSO IN THRERI[3].

April. 1068. Sanctæ Saviniensi ecclesiæ Beati Martini, ubi domnus Dalmacius abbas præesse videtur, Ego Stephanus de Varenna dono unum mansum in pago Lugdunensi situm, in villa quæ dicitur Threri. S. ejusdem Stephani et Ficiæ, uxoris ejus; Girardi, fratris ejus; Gausmari; Hugonis; Uperti. Actum mense Aprili, feria quinta et quarta, anno Domini quo supra. Data manu Alberici monachi.

### 773.

#### DE DUABUS VINEIS IN YCONIO.

1068 circa. Sanctæ Dei ecclesiæ et Beati Martini Saviniensis cœnobio, ubi dom-

---

[1] In ms. P. plurima desunt in ultima hujus instrumenti parte.
[2] C. *Dogtranni.*
[3] C. et P. *Theri.* BM. *Therri.*

nus abbas Dalmacius præest, Ego Martinus de Yonio et Durantus Camba, avunculus meus, donamus de nostra hæreditate duas vineas sitas ad castellum de Yonio. Vinea mea est ex parte aquilonis, altera est in monte Vinario[1], juxta vineam Sancti Martini. S. Martini et Duranti, qui dederunt et scribi fecerunt. S. Eldini, ministri Sancti Laurentii. Si quis hominum hanc donationem inquietare voluerit, sit maledictus a Deo. Data manu Bertranni monachi.

### 774.

#### DE CURTILO DE COMBECIS.

Ego, in Dei nomine, Pontius et uxor mea nomine Ingelburgis donamus Deo et Sancto Martino, ac monachis Saviniensis monasterii, pro animabus nostris et parentum nostrorum, et pro anima Duranti de Mons, curtilum de Combeces, ut monachi supradicti monasterii habeant et possideant usque in sempiternum.

1080 circa.

### 775.

#### DE VINEIS IN BELVÉER[2].

In Dei nomine, Ego Milo dono de hæreditate mea Deo et Saviniensi cœnobio Sancti Martini, ubi domnus abbas Dalmacius præesse videtur : hoc est unum curtilum quem inhabitat Bernardus de Belveder, et vineas de supra[3], in costa quæ vocatur Belveder, quæ sunt sitæ in pago Lugdunensi, in parrochia quæ dicitur Vals; omnia do et trado Deo et Sancto Martino, in loco suprascripto. S. Milonis, qui fecit hoc donum et firmari jussit. S. Dalmacii. Ego Milo, pro hoc dono, accepi a supradicto abbate duas concas argenteas, pro pretio ducentorum solidorum.

1080 circa.

### 776.

#### DE DIMIDIO MANSO IN GUARDA.

Sacrosanctæ Dei ecclesiæ Sancti Martini Saviniensis monasterii, ubi præest domnus abbas Dalmacius, Ego, in Dei nomine, Gerunda

Jan. 1070.

---

[1] P. *Vivario*. — [2] Sic in omn. mss. — [3] M. *desuper*.

et filii mei Arnulfus, Rotlannus, Artaldus, Jarento, Vuillelmus et Geraldus, et cæteri hæredes, donamus aliquid de hæreditate nostra; et ecclesiæ Sancti Juliani, dimidium mansum in loco qui dicitur Garda, super ipsam ecclesiam Sancti Juliani, cum omni appenditio, cum ortis et vircariis ad ipsam terram appendentibus, reddentem pro servitio sex denarios et unum quartallum ordei, et unum caponem; tali convenientia ut vestituram, et devestituram, et apprehensionem, et toltam monachi ibi habeant et accipiant, quousque in dominio Sancti Juliani et monachorum revertatur ipsa terra. Istam autem terram damus pro fratre nostro Aygnone [1], quem obtulimus Deo et sancto Martino, pro ordine monachali, in præsentia Petri monachi, Arnaldi monachi, et alterius Petri monachi. S. Gerundæ, quæ cartam istam firmari rogavit; Arnulfi, Rotlanni, Girini, Artaldi, Jarentonis, Vuillelmi, Geraldi. Pro vestitura vero et pro lecto ipsius pueri Aygnonis, damus Deo et Sancto Martino duas mansiones in villa Sal, quas inhabitant Stephanus et Dominus [2]; et ipsa indumenta dedit Petrus, prior illius ecclesiæ, quantum necessitas poscebat illius temporis. Actum in villa quæ dicitur Sal, mense Januario, anno Domini millesimo septuagesimo, indictione octava. Hujus et supra scripti doni testes sunt : Gerunda, Arnulfus, Rotlannus et cæteri fratres. S. Pontii presbiteri; Isicardi [3]; Jarentonis; Stephani; Bernardi de Manso; Hugonis de Mornent; Girini de Pincto. Data manu Petri monachi, et scripta manu Alberici monachi.

### 777.

VUIRPITIO.

1080 circa.   Notitia vuirpitionis et convenientiæ quam fecit Adalardus et uxor sua et filius eorum Jarento Sancto Martino : hoc est de viginti solidis quos debebant de ecclesiis et de majoria de Chevennaco et de superprisiis, et de omnibus malis consuetudinibus; et de molendinis, ut nunquam sint facti in alio loco, nec sursum nec deorsum, nisi in eo loco ubi antecessores ejus eos habuerant per antiquam consuetudi-

---

[1] L. hic et infra *Aygone*. — [2] M. *Domnus*. — [3] M. et C. *Yscardi*. L. *Iseardi*.

nem; et fuit convenientia ut usque ad festivitatem sancti Joannis terram quæ, ad beneficium, de majoria pertinebat, quam suis militibus dederat, deliberatam habeat; et de franchisiis fidejussores dedit, ut rectum faciat. Pro hac convenientia, ut sic fieret, fidejussores sunt : Vuigo, filius Amaldrici, et Adalardus Adulter. Pro hoc placito dedit eis abbas Dalmacius majoriam et omne beneficium quæ antecessores ejus habuerunt de suis antecessoribus.

### 778.

#### DE MANSO JUXTA SAL.

Ego, in Dei nomine, Rotlannus Crassus dono aliquid de hæreditate mea ad ecclesiam Sancti Juliani de Sal, quæ pertinet ad ecclesiam Sancti Martini Saviniensis, ubi præest domnus Dalmacius abbas : hoc est unum mansum et alium dimidium qui sunt in agro Forensi, juxta villam quæ vocatur Sal, cum pratis, terra culta et inculta, campis, vircariis, cum publicetis et salicetis, ex integro dono quod ibi videtur habere. Sane, si, post hanc donationem, aliqua emissa persona aut ullus ex hæredibus meis hanc cartam calumniare[1] voluerit, non fiat quod cupit, sed sit a Deo maledictus et a sancto Martino sanctoque Juliano. S. ejusdem Rotlanni Crassi, qui hoc donum fecit, præsentibus Aymino monacho et Girino Crasso, suo propinquo. S. Isiliardi; Hugonis; Aymini; Fulcherii; Agnonis; item Aymini.

1080 circa.

### 779.

#### DE CURTILO IN MANTANIACO[2].

Sanctæ Dei ecclesiæ Sancti Juliani, quæ adjacet ecclesiæ Sancti Martini Saviniensis, ubi domnus Dalmacius abbas præest, Nos, in Dei nomine, Ayminus et Narduinus de Surione, et Girinus de Monte, pro remedio animarum nostrarum et parentum nostrorum, donamus Deo et supradictis ecclesiis, et sanctis qui in eis venerantur, ac monachis inibi Deo servientibus, aliquid de hæreditate nostra : hoc est curtilum unum de Mantaniaco, cum servitio ad ipsum perti-

1080 circa.

---

[1] C. *calumniari*. — [2] L. hic et infra *Montaniaco*.

nente : hoc est tredecim denarios, et unum quartalum ordei, et duos capones, et tertiam partem[1] terræ ipsius curtili, quam possedit Dominicus rusticus de Monte, et tertiam partem vineæ ipsius curtili. Et tali tenore hanc donationem facimus, ut, absque ulla inquietudine omnium propinquorum nostrorum, firma et stabilis permaneat semper. S. Stephani; Aymoni; Vuigonis; Duranti; Girini; Hugonis et Duranti. Scripta mense Januario, feria tertia, luna sexta.

### 780.

#### DE MANSO ANTE SAL.

1080 circa.

Ego, in Dei nomine, Gotolendis dono et concedo Sancto Juliano unum mansum qui est situs in agro Forensi, ante villam quæ dicitur Sal, qui terminatur a mane villa, a meridie manso de Boeria et manso de Sala, a sero manso de Varenna. Hunc mansum cum appenditiis suis tali tenore dono, ut monachi ibidem Deo servientes possideant, usque in exquisitum, ad suum stipendium. S. Gotolendis, quæ hoc donum fecit. S. Ismidonis, præpositi Randanensis, qui hoc donum recepit. Hunc mansum Girinus, filius ejus, nobis tulit, et militi suo Iterio de Turre tantummodo in vita sua dedit.

### 781.

#### DE CURTILO COMBA[2] FRAGNEY.

1080 circa.

Ego, in Dei nomine, Gozina cum filiis meis Arnulfo, Aymone et Fulcherio, donamus pariter Deo et Sancto Juliano de Sal, pro sepultura filii mei Pontionis, unum curtilum qui dicitur Comba Fragney; totum ex integro donamus, cum tota terra quæ ad ipsum curtilum aspicit semper in præsenti, coram istis testibus : Jarentone, Olmaro, Girino, Asterio, Duranto et Pontione. Ego Gozina[3] confirmo cum filiis meis.

### 782.

#### DE CURTILO DE[4] AVEISIS.

1080 circa.

Ego, in Dei nomine, Jarento dono ad locum Sancti Juliani qui

---

[1] Mss. *tertia pars.* — [2] M. *Cumba.* — [3] M. *Goniza.* — [4] Abest *de* in M. C. et L.

dicitur Sal aliquid de mea hæreditate, pro sepultura corporis mei et animæ meæ redemptione : hoc est unum curtilum qui dicitur Aveisis, cum vircaria, et alia terra, et pratis, et quantum ad ipsum curtilum aspicit; totum dono. Et ego Gausbertus dono unum pratum et unum cambonem juxta ipsam terram[1] Sancti Juliani, pro anima fratris mei Umberti et sepultura ejus. S. Gausberti; Hugonis; Girini.

### 783.

#### DE CURTILO IN LITIAY.

Sanctæ Saviniensi ecclesiæ Beati Martini, ubi domnus Dalmacius abbas præesse videtur, Ego Fulcherius dono Deo et Sancto Joanni Baptistæ de Randanis aliquid de hæreditate mea quæ est in agro Forensi, in loco qui vocatur Litiay : hoc est unus curtilus et omnia quæ ad ipsum pertinent. S. Fulcherii, qui hoc donum fecit, et Fulcherii, filii ejus; Archimberti presbiteri; Duranti; Bertranni; Pontii, fratris ejus.

1080 circa.

### 784.

#### DE TERRA IN VALLERIIS.

In nomine Domini Salvatoris, Ego Hugo Cunctos[2], sanum habentes intellectum, scire volo quia dono Sancto Joanni Baptistæ de Randanis, et Sancto Martino Saviniensis[3] ecclesiæ, cui præest domnus Dalmacius abbas, aliquid ex rebus meis, quæ sunt sitæ in comitatu Forensi, in villa de Valleriis, tres sextaradas de terra, et quindecim jornalatas[4] de vinea; totum ad integrum trado atque transfundo a die præsenti et in futuro tempore, ut faciant supra dicti habitatores de his rebus, in omnibus, quidquid voluerint.

1080 circa.

### 785.

#### DE CURTILO IN RANDANIS.

Sacrosanctæ Dei ecclesiæ quæ est constructa in honore Sancti

1080 circa.

---

[1] L. *ecclesiam.*
[2] P. *Cumtos.*
[3] M. *Saviniacensi.*
[4] M. C. et L. *sextariadas... jornaladas.*

Martini Saviniensis, ubi domnus Dalmacius abbas præest, Ego Ermengardis dono Deo et[1] Sancto Joanni Baptistæ loci Randanensis medietatem curtili quem Martinus tenet, tali convenientia ut omnem illum curtilum habeam et teneam in vita mea, et in vestitura persolvam tres denarios de cera, et unum quartallum ordei; et post meum decessum, ad prædictum locum remaneat. S. ejusdem Ermengardis et Aymini, filii ejus. S. Stephani camararii[2]; Ismidonis prioris; Jarentonis militis; Girini de Senati. S. Bertranni monachi, qui scripsit.

### 786.

#### DE DIMIDIO MANSO AD SANCTAM AGATHAM[3].

1080 circa.

Sanctæ Dei ecclesiæ Beati Martini Saviniensis, ubi domnus Dalmacius abbas præest, Ego Arbertus de Torenchia[4] dono de hæreditate mea dimidium mansum qui vocatur ad Postaimeu[5], et est situs in pago Lugdunensi, in agro Forensi, juxta villam quæ vocatur Sancta Agatha. S. Gauzeranni; Aymini.

### 787.

#### DE CURTILO DE BUXO.

1080 circa.

Ego, in Dei nomine, Berardus[6] dono aliquid de rebus meis ad ecclesiam Beati Martini Saviniensis, ubi domnus Dalmacius abbas præest: sunt autem res ipsæ sitæ in pago Lugdunensi, id est curtilus de Buxo, et vinea de Porta, et curtilus Girberti de Frigido Fonte. S. Berardi, qui hanc donationem fecit. S. Hugonis; Renconis, Milonis, Stephani, filiorum Hugonis, et Pontiæ, uxoris ejus; Nazarei; Gimbergiæ; Hugonis.

### 788.

#### DE VINEA AD TRISLINS.

1080 circa.

Ego, in Dei nomine, Vuillelmus de Serra dono medietatem vineæ

---

[1] Abest *Deo et* in M. et C.
[2] L. *camerarii*.
[3] M. et C. hic et infra *Agata*.
[4] M. *Torengia*.
[5] M. *Postaimu*.
[6] Vid. ch. 596.

in villa de Trislins, quam extra fratres meos et sorores tenebam, nisi tantum unum semodium, quod redemi a fratre meo Fulcherio solidis viginti, quod ei dederam in melioramentum extra partem alterius sui tenementi; et ego, sicut jam dixi, illius vineæ et illius semodii partem ex toto dono, tribuo firmoque Deo et Sancto Martino Saviniensi, ubi domnus Dalmacius abbas præest, et Sancto Joanni Baptistæ de Randanis, et monachis qui ibidem Deo serviunt, tali conventione ut, pro hoc, corpus meum sepulturæ tradant; his autem laudantibus, facta est ista donatio : ego Fulcherius, frater Vuillelmi, laudavi et firmavi, cum sororibus meis Engela et altera simul Engela.

### 789.
#### DE CURTILO IN TAISSONNERIIS [1].

Sanctæ Dei ecclesiæ et Beati Joannis Baptistæ Randanensis, quæ pertinet ecclesiæ Beati Martini Saviniensis, ubi domnus Dalmacius abbas præest, Ego Pontius, cogitans casus humanæ fragilitatis, concedo unum curtilum, cum uno campo, in villa de Taissonneriis, tali convenientia ut, quamdiu vixero, teneam, et omni anno una gallina in vestitura persolvatur [2], et post meum decessum [3] ad ecclesiam Randanensem perveniant. Post decessum quoque filii mei Fulcherii et meum, dono unum curtilum qui est in villa quæ dicitur Pinetus, tali tenore ut filium meum inde sepeliant. S. Pontii, qui hoc donum fecit, et uxoris ejus Nazariæ, et Fulcherii, filii eorum, qui laudaverunt. S. Gauzeranni; Alboiron; Berardi et Artaldi de Curent [4]; Umberti de Candiaco.

1080 circa.

### 790.
#### DE MANSO IN SALAMARE [5].

Ego, in Dei nomine, Richoara [6] et filius meus Rotlannus, pro remedio animarum nostrarum et filiorum Aymini et Vuillelmi, dona-

1080 circa.

---

[1] P. *Tassonneriis.* M. et C. *Taissoneriis.*
[2] P. *persolvam.*
[3] M. *obitam.*
[4] Forte legendum est *Civent.*
[5] M. hic et infra *Salamarc.*
[6] L. et C. *Ricoara.*

mus ad ecclesiam Sancti Joannis Randanensis, quæ adjacet ecclesiæ Beati Martini Saviniensis, ubi domnus Dalmacius abbas præest, de hæreditate nostra, videlicet unum mansum qui est situs in agro Forensi, in loco qui dicitur Salamare, et quantum ad illum mansum aspicit, usque in exquisitum. S. Girardi Grassi; Ysiliardi Grassi; Artaldi de Monte[1]; Agnonis Bruni[2].

### 791.

#### DE DUOBUS CAMPIS IN STABULIS.

*1080 circa.*

Sanctæ ecclesiæ Beati Johannis Randanensis, Ego Hugo, pro remedio animæ meæ et parentum meorum, dono Deo et Sancto Martino Saviniensi, ubi domnus Dalmacius abbas præest, de hæreditate mea, duos campos qui sunt in agro Forensi, in villa de Stabulis; unum ex ista ripa gurgitis, et alium ex illa; recipiens ab Ysmidone, præposito supradicti loci, et fratribus ibi manentibus, quamdam terram sitam in finibus Arteduni[3], quam pater meus sanctis supra nominatis dedit: tali tamen convenientia ut, quamdiu vixero, fructum ex illa habeam, et, post decessum meum, quietam eam reddam. S. Umberti de Foro et filii ejus Rotlanni; Petri presbiteri; Girardi rustici; Stephani de Isla; Duranti.

### 792.

#### CONVENIENTIA INTER DALMACIUM ET GIRINUM.

*1080 circa.*

Notitia convenientiæ quam fecerunt domnus Dalmacius abbas et monachi qui ibi fuerunt, cum Girino et Aymino, filiis Girardi de Valeilliis[4], in præsentia multorum testium, de quodam manso posito in villa de Magniaco. Ayminus namque et Girinus calumniati sunt donum quod Bladinus et uxor sua Elisendis fecerunt Deo et Sancto Martino de hoc manso, et ideo, amicis eorum laudantibus, donum fecerunt in vita sua, tali tenore ut, quamdiu ipsi vixerint, hunc mansum teneant, et omni anno unum quartallum de annona in vestitura per-

---

[1] L. *Morte.*
[2] M. *Brun.*
[3] M. *Artedum.*
[4] M. *Vallelliis.*

solvant in festivitate sancti Juliani, et post mortem illorum hic mansus libere et absque ulla contradictione et inquietudine ad prædictos monachos revertatur. Hoc donum recepit abbas Dalmacius, et reddidit, tali convenientia ut, quando unus obierit ex illis, medietas ipsius mansi remaneat libera, et alius aliam medietatem in vita sua teneat; et ipsa medietas, post finem ipsius, ad supradictos monachos libera redeat. Sed et hoc ipsi fratres Girinus et Ayminus bene convenerunt et firmaverunt; et Vuillelmus de Algirolis et Bladinus de Morvent inde fideijussores extiterunt, ut nunquam ipsi fratres in hoc manso ullum impedimentum mittant, et sorores eorum hoc donum laudant. Supradictus autem abbas et monachi convenientiam fecerunt, ut si admoniti fuerint fratres in istis locis habitantes, videlicet aut in Saviniaco, aut in Sal, aut in Randano, ipsos duos fratres pro hoc manso recipiant et sepeliant.

### 793.

#### DE CAMPO IN VILLANOVA.

Ego Goffredus dono Deo et Sancto Martino Saviniensis cœnobii, præsidente domno Dalmacio abbate, et Sancto Joanni de Randanis, aliquid de hæreditate mea, videlicet unum campum qui est situs in agro Forensi, in villa quæ vocatur Villanova, pro remedio animæ meæ et parentum meorum. Actum est hoc laudante Stephana, uxore mea, et filio meo Stephano, et sorore mea Ylia[1], astantibus testibus his : Rencone milite, Petro presbitero, Arenco[2], Dalmacio, et Umberto de Foro, et Rotlanno, filio ejus.

1080 circa.

### 794.

#### DE CURTILO[3] AD CIVENT.

Sanctæ ecclesiæ Beati Martini Saviniensis, ubi domnus Dalmacius abbas præesse videtur, Ego Gauzerannus, cum uxore mea Adalenda, et filiis meis Aymone, Berardo, Artaldo et Amico, donamus de hæreditate nostra, pro remedio animarum nostrarum, unum curtilum

1080 circa.

---

[1] M. *Ilia.* — [2] M. *Aarenco.* — [3] M. *curtili.*

in agro Forensi, in villa quæ vocatur Cyvent, juxta rivulum qui vocatur Chanasson, et reddit ipse curtilus, cum appenditia sua, in servitio sex denarios et unum quartallum ordei et unum caponem. S. Gauzeranni et uxoris ejus, et filiorum ejus. S. Gauzeranni vicarii; Jarentonis; Honorati presbiteri; Girardi; Rotlanni; Duranti; Ismidonis monachi; Aymini et Rodulfi monachorum.

### 795.

#### DE MANSO IN FEMURIO.

1080 circa. Ego, in Dei nomine, Adalendis, filia Azonis, dono aliquid de hæreditate mea ad ecclesiam Sancti Martini Saviniensis, ubi præest domnus Dalmacius abbas : hoc est quartam partem mansi qui est situs in pago Forensi, in villa quæ dicitur Femurius. Omnia quæ illic visa sum habere dono Deo et Sancto Martino Sanctoque Joanni Randanensis ecclesiæ. Et ego Anthonia [1], soror supradictæ Adalendis [2], dono ad supradicta loca similiter quartam partem mansi qui est situs in pago Forensi, in villa quæ dicitur Villanova : hoc est ille curtilus quem Adalbornus tenet. S. Adalendis et mariti sui Duranti Balbi, et Anthoniæ et mariti sui Artaldi de Civen [3], qui hanc cartam fieri rogaverunt; Rotrudis, matris eorum; Honorati presbiteri; Jarentonis; Arnaldi de Cluireu [4]; Gausberti de Mont. Data per manus Ismidonis monachi.

### 796.

#### DE CURTILO IN LITIAY.

6 Oct. 1066. Sanctæ Saviniensi ecclesiæ Beati Martini, cui præest domnus Dalmacius abbas, necnon ecclesiæ Sancti Joannis de Randanis, Ego Durantus del Pux [5] et frater meus Pontius damus aliquid de hæreditate nostra, pro animabus nostris et parentum nostrorum : hoc est unum curtilum in loco qui vocatur Litiay. S. Duranti et Pontii, fratris ejus; Rotardi [6]; Stephani del Moncel; Archimberti presbiteri; Gausberti pres-

---

[1] M. et C. hic et infra *Antonia*.
[2] Alias *Aledis, Aleadis, Aadalendis*.
[3] M. C. et L. *Cuineu*.
[4] M. *Cluirent*.
[5] M. et C. *Delpux*.
[6] P. *Rorodi*.

biteri. Facta est hæc carta mense Octobri, feria sexta, luna decima tertia, anno Domini millesimo sexagesimo sexto, regnante Henrico rege. Data per manum Ismidonis monachi.

### 797.

##### DE MANSO IN MONTE USTULATO.

Sanctæ Dei ecclesiæ Beati Martini Saviniensis, ubi domnus abbas Dalmacius præest, Ego, in Dei nomine, Dumesia, per consilium mariti mei Amblardi, dono Deo et supradicto loco aliquid de mea hæreditate, pro anima mea et sepultura corporis mei, ut pius Dominus eripiat animam meam de pœnis infernalibus : hoc est tertiam partem mansi qui vocatur ad Montem Ustulatum.

1070 circa.

### 798.

##### DE VINEA IN MUSCILIACO [1].

Ego, in Dei nomine, Gonterius de Praels et uxor mea, nomine Constancia, donamus Deo et Sancto Martino Saviniensis monasterii, ubi domnus Dalmacius abbas præest, de hæreditate nostra, in villa de Musciliaco, septem fossoratas de vinea, pro salute animarum nostrarum et parentum nostrorum, ea ratione ut, quamdiu vixerimus, teneamus, et pro vestitura, omni anno, unum asinum oneratum de vino reddamus; et post decessum nostrum, integram, sine ullo retentu, reddimus monachis Sancti Petri Mornantensis, cum appenditiis suis, videlicet salicetis et arboribus quæ in ea sunt. Est autem hæc vinea sita juxta rivulum qui vocatur Dorosa [2]. S. Gonterii et Constanciæ, uxoris ejus, qui hoc donum fecerunt. S. Girini de Salvito.

1070 circa.

### 799.

##### DE TERRA IN BIINIS VILLA.

Ego, in Dei nomine, Petrus dono totam hæreditatem meam ad ecclesiam Sancti Martini Saviniensis [3], cui domnus abbas Dalmacius præest, necnon ad ecclesiam Sancti Petri Mornantensis, pro redemp-

1070 circa.

---

[1] P. *Mussitiaco.* M. *Muscilliaco.* C. *Mussilliaco.* — [2] P. *Doroso.* — [3] M. *Saviniacensis.*

tione animæ meæ et sepultura corporis mei; quæ videlicet hæreditas est sita in pago Lugdunensi, in agro Goffiacensi[1]: hoc est, in villa quæ vocatur Biines, duodecim fossoratas[2] de vinea, et juxta eam quinque demenchiatas de terra arabili; et in alia villa quæ vocatur Capons[3], tres fossoratas de vinea. Hoc totum dono pro anima mea et pro animabus parentum nostrorum, sine ulla contradictione et mala consuetudine.

### 800.

#### DE MEDIETATE MANSI IN MAIERNACO.

1070 circa.

Sanctæ Saviniensi[4] ecclesiæ Beati Martini, cui præest domnus abbas Dalmacius, Ego Renco dono aliquid de hæreditate mea, pro animabus parentum meorum, et pro memetipso, quem trado ad serviendum Deo sub regula sancti Benedicti : hoc est medietas de manso qui est situs in pago Lugdunensi, in villa Maiernaco, cum appenditiis suis, et hominibus illic degentibus, et in silva Verniaco materiem et clausuram atque usum calefaciendi. S. ejusdem Renconis et Annæ, uxoris ejus, et Vuillelmi, filii ejus. S. Bernardi; Fulcherii; Ademari; Emmenæ; Duranti de Talaru[5]; Arentonis; Berardi.

### 801.

#### DE FALCONE DE YCONIO.

1070 circa.

Convenientia placiti quæ facta est inter domnum Dalmacium abbatem et Falconem de Yconio. Hæc fuit conveniens causa quod reddidit se illi per hominem suum sua fide, et juravit illi et Sancto Martino fidelitatem, et pro hoc sacramento non dedit illi aurum et argentum, mulum et mulam aut equum; sed propter terram Sancti Martini quam juravit illi, et propter damnum quod accidit sibi, de quodam milite qui vocabatur de Verneto, qui fuit captus in servitio Sancti Martini, dedit illi unum equum et unam spatam. Hi

---

[1] M. et L. *Gofiacensi.*
[2] P. *fosseratas.* L. *fossaratus.* C. *fossoriatus.*
[3] P. *Cappons.*
[4] M. *Saviniacensi.*
[5] M. *Duranti, Talerii.*

sunt testes qui adfuerunt[1] : Rostagnus monachus, Iterius de Bulliaco, Jarento Rufus, Fulcherius Colobius, Hugo de Miolans.

### 802.

PACIS FIRMITAS INTER ABBATEM DALMACIUM ET AYMONEM DE LAY.

1070 circa.

Hæc est ratio atque notitia convenientiæ quæ fuit inter domnum Dalmacium abbatem et monachos de Saviniaco[2], et Aymonem militem, de castello de Lay. Habuit namque præfatus abbas iram et vuerram[3] cum ipso Aymone, pro mala consuetudine de cibariis et de fœno quæ quærebat in tota terra Sancti Martini, in Taratro scilicet et appenditiis ejus, et in ecclesia et villa Sancti Lupi et appenditiis ejus[4]. Cum autem, Deo auxiliante, beato Martino intercedente, domno Dalmacio abbate procurante, supra nominatum castrum fuisset captum atque subversum a domino Rainaldo[5] comite, memoratus abbas, pro malo et pro damno quod fecerat ipsi Aymoni de ipsa vuerra, et pro mala consuetudine quam quærebat in terra Sancti Martini, quam finivit et vuirpivit, et dedit ei centum solidos, et uxori ejus viginti, et Umberto de Riniaco[6] quinque. Dedit ei quoque, pro convenientia supradicta, et adcrevit ei in meliorationem ad feudum[7] et beneficium quod antea tenebat de Sancto Martino, et de ipso, et de monachis, unum mansum de Esclarens[8], quem Jonas tenebat, et alium del Bezi[9], quem Constantius, frater Jonæ, tenebat, ut similiter habeat et teneat ipsos duos mansos pro beneficio, ipse et filii ejus, de Sancto Martino et de abbate et monachis, sicut tenet et habet reliquum beneficium quod pater ejus habuit et tenuit de Sancto Martino et abbate et monachis. Pro hoc dono et beneficio supradicto quod domnus Dalmacius ipsi Aymoni dedit, fuit ipse Aymo homo suus,

---

[1] M. *affuerunt.*

[2] M. *Savinico.*

[3] L. hic et infra *querram.*

[4] L. : « In tota terra Sancti Martini et Sancti Lupi, in Taratro scilicet et appenditiis ejus. »

[5] P. *Rainoldo.* Hoc nomen evidentissime mendosum est. Legere oportet *Artaldo;* agitur enim de comite Forensi; Artaldo IV.

[6] P. *Rigniaco.* M. *Riviaco.*

[7] M. *feodum.*

[8] M. *Eclarens.*

[9] M. *Delbezi.*

et jurejurando juravit fidelitatem Sancto Martino de Saviniaco et domno abbati Dalmacio. Fecit etiam ipse Aymo ipsi abbati talem convenientiam, ut, pro hoc beneficio quod domnus abbas dedit ei, et pro alio beneficio quod antea tenebat de Sancto Martino et de abbate et monachis, ipse Aymo et filii ejus et filii eorum, usque ad ultimam generationem illorum, fidelitatem jurent Sancto Martino de Saviniaco et omnibus abbatibus qui in dicto monasterio erunt, et hoc faciant sine alio lucro de terra et de habere, excepto hoc quod supradictum est. De hac convenientia supradicta fecit ipse Aymo cartam, et scribi rogavit, ut nullus de filiis ejus neque de filiis filiorum ejus hanc violare præsumat; sed semper firma et stabilis permaneat. Fecit vero hoc in festivitate sancti Martini, in capitulo monachorum, præsente domno Dalmacio abbate, et domno Vuichardo de Bellojoco.

### 803.

#### VUIRPITIONES IN TARATRO.

1070 circa. Abbas Dalmacius suis diebus calumniatus est Girardum, ministrum de Taratro, de superfluis et injustis usibus quos faciebat in terra Sancti Martini, et ipse Girardus, etsi non omnes, tamen aliquos ipsis diebus vuirpivit, quos hic, causa memoriæ, notavimus. In festivitate sancti Andreæ vuirpivit sex denarios de ecclesia; in calendis duodecim. Item in manso dominicato, unum receptum pro ministerio suo, et tres vineas quæ in eodem manso olim fuerunt, et unum ortum de eodem manso, et alium ortum juxta pratum Columnæ, et dimidiam silvam Combæ Adelelmi, et in ipsa villa, de mansionibus de Petra, vuirpivit quidquid ibi accipiebat[1], excepta mansione Andreæ Jocularis et Barbæ Punetæ. Item vuirpivit vestituram dimidiam per totam terram Sancti Martini, et dimidias venditiones, et dimidiam partem cibariæ quartatæ et omne milium quartatum; vuirpivit totam terram quartoriam et dimidium curtilum de Recou, et dimidium curtilum de Fonte Grimaldi, et unum curtilum de Cassaneta[2]; vuir-

---

[1] L. *accipiebant.* — [2] C. *Cassanneta.*

pivit in Cliviaco unum curtilum et dimidium servitium de omnibus curtilis in eadem villa.

## 804.

#### DE APINNACO [1].

Placiti descriptio quod fuit inter domnum abbatem Dalmacium et Iterium de Bulliaco [2], de villa quæ dicitur Apinnacus, scilicet ut ipse Iterius plus non acciperet in ipsa villa, nisi unum porcellum valentem sex denarios in unoquoque curtilo, et unam eminam vini, et dimidium quartallum cibariæ, et unam gallinam, intrante Quadragesima. Hoc placitum ita difinierunt, ut, si ipse aut aliquis de hæredibus ejus plus acceperit, obsides emendent, et in antea firmum et stabile permaneat; et si aliquis de istis obsidibus, qui subscripti sunt, obierit, alter in loco ejus recuperetur. Nomina obsidum hæc sunt: Amblardus Longus, Pontius de Montefalconis, Stephanus, vicarius Saviniaci; Fulcherius Coluns [3]. Testes sunt Hugo de Lasnay [4] et frater ejus Theotgrinus [5], et Jarento Morans [6], Gauzerannus Cordel, et cæteri milites de Saviniaco.

1070 circa.

## 805.

#### [LUCRA TELONARIORUM IN SANCTO BELLO [7].]

Millesimo sexagesimo sexto anno ab incarnatione Domini, Dalmacius abbas et omnis congregatio hujus cœnobii proposuerunt edictum, ut lucra thelonariorum augerentur sive in pecoribus in mercato Sambeelli [8], quæ nunquam in præterito tempore ibi apprehensæ fuerant. Quod tali ratione stabilierunt, ut omni die Jovis præparetur refectio piscium fratribus, exceptis annalibus festis quæ occurrunt ipso die, in quibus, secundum antiquum, præparatur a decano monasterii refectio piscium. Super hoc vero negotio constituerunt quemdam

1066 circa.

---

[1] P. hic et infra *Appinnaco*.
[2] M. *Bullico*.
[3] M. *Colons*.
[4] P. *Lanay*.
[5] P. *Teotgrinus*.
[6] L. *Morens*.
[7] Hic titulus in margine collocatus est.
[8] M. *Sambetlli*. C. *Sainbetlli*.

ministrum Albericum nomine, ligantes eum sacramentis fidelitatis, necnon et fidejussoribus, ut fideliter hoc administret. Statuerunt autem tali convenientia, ut neque abbas monasterii, neque decanus, neque aliquis ministrorum, hoc sibi aliquando usurpe[n]t, nec aliquam fraudem permittant facere, sed neque aliquis ex eis existat constitutor et subrogator ministri hujus ministerii, nisi quem omnis congregatio voluerit et constituerit. Adversator sive destructor hujus edicti sive convenientiæ subjaceat perpetuo anathemati, sintque omnes deputati pœnis perpetuis infernorum cum Juda traditore, et cum cæteris damnatis, qui huic sententiæ aliter contraire voluerint. Omnis ordo sacerdotalis cœnobii amicti stolis dixerunt : « Amen, sic fiat. » Supradicta maledictione sit damnatus qui a ministro hujus negotii acceperit aliquam pecuniam, et ejus beneficium in qualicumque re creverit, præter quod constituimus, scilicet decimam[1] omnium rerum, et pro vestimento duos solidos denariorum, et panem, et vinum, ipso die quo laborat in ministerio.

Finit de abbate Dalmacio, cui successit abbas Vuido, de quo nihil facti, nisi formæ nomen, habemus. Huicque Vuidoni successit Berardus abbas.

## BERARDUS ABBAS.

### 806.

CONVENIENTIA BERNARDI[2].

1084 circa. Tempore domni Berardi, Saviniensis monasterii abbatis, talis convenientia [a Berardo] et a cæteris sibi subjectis fratribus acta est cum quodam milite Bernardo, scilicet cognomento de Aselgo. Placuit supradicto militi, de rebus a se jure hæreditario possessis, jam dicto delegare cœnobio, tali videlicet convenientia, ut, si vita decesserit hærede privatus legitimo, quidquid habere videbatur in appenditio Sancti Nicetii, seu in valle Aselgi, jure alodii, absque ulla calumnia præ-

---

[1] M. *decimum*. — [2] C. *Berardi*.

scriptus possideat locus. Si autem legitimum adeptus fuerit hæredem, contulit eidem loco mansum quod vulgariter dicitur de la Vallaa, et guardam quam habebat in villa quæ nuncupatur Montagney[1]; idque quod in valle castri quod vocatur Ansa, necnon et ea quæ possidebat in villa quæ appellatur Capponerias. Dedit etiam, pro investitura, curtilum in ipsa villa situm, quem Rotlannus quidam excolebat. Accepit vero a memorato abbate cæterisque fratribus centum quinquaginta solidos et medietatem quarti de vineis de Brionna, quem Maciensis[2] monachus possidebat. Bernardus quoque de Marziaco, qui huic convenientiæ interfuit, quinque solidos a Raynaldo[3] habuit; et ut indissolubilis et firma in perpetuum hæc maneat convenientia, adstipulatorem ac fidejussores subscripsimus: Livo[4] de Sancto Nicetio[5], Bernardus de Marziaco, Humbertus[6] de Batalleu[7], et Bertilo, frater ejus. Qui vero hoc donum pervertere tentaverit, omnium sanctorum auctoritate damnatus, cum Juda traditore gehennalibus flammis in perpetuum cremetur. Amen.

Finit de abbate Berardo[8].

## INCIPIT DE ABBATE ITERIO SECUNDO.

### 807.

CARTA BERNARDI DE AZELGO[9].

Bernardus de Azelgo dedit Deo et ecclesiæ Sancti Martini[10] Saviniensis, hæreditatem suam quam habebat in riveria Azelgi, tali tenore: si filium aut filiam habuerit, perveniat ad hæredes hæc hæreditas, excepto manso de Valle, et guarda de Montagney[11] et villæ Sancti

1096.

---

[1] M. *Montagnay.*
[2] P. *Maciesis.*
[3] M. *Rainaldo.*
[4] M. *Luio.*
[5] L. *Nicezii.*
[6] C. hic et infra *Umbertus.*
[7] B. *Battaleu.* P. *Bataillieu.*
[8] Hæc linea sequensque post chartam 807 mendose collocantur in codicibus. Vide alteram chartam alterius Berardi abbatis sub n° 897.
[9] M. et C. hic et infra *Aselg...*
[10] Deest *S. Martini* in C.
[11] P. *Montaney.*

Nicetii; hæc absque calumnia dedit ecclesiæ Sancti Nicetii, aut hæredem habeat, aut non habeat; et pro hoc dono accepit ab ecclesia Sancti Nicetii ducentos septemdecim solidos. Testes sunt Stephanus de Pipiaco monachus, Humbertus de Batalleu monachus, Livo miles, Bernardus de Corcellis. Actum in præsentia domni Iterii[1] secundi abbatis et monachorum ejus, anno millesimo nonagesino sexto ab incarnatione Domini, regnante Philippo rege in Francia, et Henrico in Burgundia. Item ipse Bernardus accepit a Girino monacho quinque solidos pro cambonibus qui sunt in ripa Aselgi, quas abstulerat mala calumnia, et alio loco reddidit pratum unum quem calumniabatur, et accepit ab eodem Girino duos solidos.

### 808.

[PRIVILEGIUM PAPÆ PASCALIS[2].]

4 Febr. 1107.

Paschalis, episcopus, servus servorum Dei, dilecto filio Iterio, monasterii Saviniacensis[3] abbati, quod in Lugdunensi parrochia situm est, ejusque successoribus in perpetuum. Piæ postulatio[4] voluntatis effectu debet prosequente compleri, quatenus et devotionis sinceritas laudabiliter enitescat et utilitas postulata vires indubitanter assumat; quia igitur dilectio tua ad sedis apostolicæ portum confugiens ejus tuitionem devotione debita requisivit, nos supplicationi tuæ clementer annuimus, et Beati Martini Saviniacense monasterium, cui, Deo auctore, præsides, decreti presentis auctoritate munivimus, vobis siquidem vestrisque successoribus in regularis disciplinæ observantia permansuris ea omnia perpetuo possidenda facimus, quæ in præsentia possidere videmini; videlicet : in episcopatu Gebenensi, ecclesias Sanctæ Mariæ de Tallueriis, Sancti Jorii Dugnensis, Sanctæ Mariæ Lovaniensis, Sancti Pauli secus lacum Lemani[5], ecclesias de Annasseu[6] cum omnibus ad eas pertinentibus; in episcopatu Lausanensi, ecclesiam Sancti Martini Lustriacensis cum appenditiis suis; in episco-

---

[1] L. *Icterii.*
[2] Titulus iste in margine collocatus est.
[3] M. *Saviniensis.*
[4] L. *Præpostulatæ voluntatis.*
[5] C. *Lemanni.*
[6] M. *Anassetu.* C. *Anasseu.*

patu Diensi, ecclesiam Sancti Savini Burdellensis [1], ecclesiam de Gusancio, ecclesiam Cripies, ecclesiam de Culs, cum omnibus ad eas pertinentibus; in episcopatu Sanctonensi, ecclesiam Sancti Pauli de Botavilla, ecclesiam Sancti Thomæ de Cosnaco, ecclesiam Sancti Simphoriani de Mirabello, ecclesiam de Niorto [2], ecclesias de Burgo, ecclesiam Sancti Remigii et Sancti Abundi de Merpins cum appenditiis suis. Præterea quæcumque prædia, quæcumque bona sive in præsentiarum vestrum [3] cœnobium possidet, sive in futurum, concessione pontificum, liberalitate principum, et oblatione fidelium, juste atque canonice poterit adipisci, firma tibi tuisque successoribus et illibata permaneant. Decrevimus [4] ergo ut nulli omnino hominum liceat eamdem ecclesiam temere perturbare, aut ejus possessiones auferre, et ablatas retinere, et injuste datas suis usibus vendicare, minuere et temerariis vexationibus fatigare; sed omnia integra conserventur eorum pro quorum substentatione et gubernatione concessa sunt, usibus omnimodis profutura. Si qua igitur in futurum ecclesiastica seu secularis [5] persona, hanc constitutionis nostræ paginam sciens, contra eam temere venire tentaverit, secundo tertiove commonita, si non satisfactione congrua emendaverit, potestatis honorisque dignitate careat, reamque se divino judicio existere de perpetrata iniquitate cognoscat, et a sacratissimo corpore ac sanguine Dei et Domini redemptoris nostri Jesu Christi aliena fiat, atque in extremo examine districtæ ultioni subjaceat. Cunctis autem eidem loco justa servantibus sit pax Domini nostri Jesu Christi, quatenus et hic fructum bonæ actionis percipiant, et apud districtum judicem præmia æternæ pacis inveniant. Ego Pascalis [6], catholicæ ecclesiæ episcopus sanctissimus. [*Hic insunt monogramma* « BENEVALETE » *et sigillum Pascalis II cum his verbis :* « VERBO DOMINI COELI FIRMATI SUNT. »] Data apud Cluniacum, per manum Johannis, sanctæ Romanæ ecclesiæ diaconi cardinalis ac bibliothecarii, secundo nonas Februarii, indic-

---

[1] C. *Bardelensis.*
[2] M. L. et C. *Neort.*
[3] L. *vestrarum.*
[4] M. *decernimus.*
[5] M. *secularisque.* C. *secularisve.*
[6] C. hic et infra *Paschalis.*

tione decima quinta, incarnationis Dominicæ anno millesimo centesimo sexto[1], pontificatus autem domni Pascalis secundi papæ octavo.

### 809.

PRÆCEPTUM HENRICI IMPERATORIS, DE RECUPERATIONE LUSTRIACI[2].

13 Sept. 1088.

In nomine sanctæ[3] et individuæ Trinitatis, Henricus, divina favente clementia, Romanorum imperator augustus. Omni possessioni[4] sanctæ legem suam servare et corruptam redintegrare nos debemus, qui legem dare et servare a Deo potestatem in terra accepimus; unde Lustriacensis ecclesiæ compescere curavimus, reddentes ei, quam injuste amiserat, legem libertatis, quam dedit ei primus fundator ejus nomine Anselmus[5]. Notum sit ergo omnibus Christi nostrisque fidelibus, tam futuris quam præsentibus, qualiter ab interventu filii nostri Conradi, Burchardi, Lausanensis episcopi et cancellarii Italiæ, cæterorumque nostrorum fidelium, præfatam ecclesiam Lustriacensem, ab Anselmo præfato fundatam, et Saviniacensi monasterio in proprio[6] traditam, sed vi[7] quorumdam inde[8] alienatam, eidem monasterio Saviniacensi, in honorem sancti Martini constructo, in integrum restituimus, cum universis appenditiis suis, id est utriusque sexus mancipiis, areis, ædificiis, pratis, pascuis, terris cultis et incultis, viis et inviis, silvis, venationibus, aquis, aquarumque decursibus, molis, molendinis, piscationibus, exitibus et reditibus, quæsitis et inquirendis, ac cum omni utilitate quæ et scribi et nominari poterit, ea lege, ea ratione ut, si qua persona, magna et parva, hæc instituta nostra imperialia ullo modo infringere et minuere tentaverit, centum libras auri purissimi componat, et reddat medietatem monasterio Saviniaci[9], medietatem cameræ nostræ. Et ut hoc firmum et inconvulsum

---

[1] 1107 scilicet, novo stylo, ut demonstrant indictio et annus pontificatus Pascalis II.

[2] Hoc instrumentum edidit dom. Fred. de Gingins, *Mémoires et documents publiés par la Société d'histoire de la Suisse romande* (Lausanne, in-8°, 1839), t. I, p. 159.

[3] L. *sanctissimæ*.
[4] M. et P. *professioni*.
[5] Vide ch. 646.
[6] M. et C. *proprium*.
[7] M. et C. *ut pro vi*.
[8] Deficit *inde* in P.
[9] C. *Saviniacensis*.

omni ævo permaneat, hanc cartam inde conscribi, et, ut infra videtur, nostra manu corroboratam, sigilli nostri impressione jussimus insigniri. Signum domini Henrici tertii [1], Romanorum imperatoris augusti. [*Locus monogrammatis.*] Ermenfredus cancellarius recognovi. Data idibus [2] Septembris, anno Dominicæ incarnationis millesimo octogesimo octavo [3], indictione decima [4], anno autem domini [5] Henrici, Romanorum imperatoris augusti, regni trigesimo tertio, imperii quarto [6]. Actum Vivis [7], in nomine Domini Jesu. Amen [8].

### 810.

[DONATIO BURCHARDI, EPISCOPI LAUSANENSIS [9].]

Placuit etiam conscribi laudamentum quod Burchardus, episcopus Lausanensis, fecit monasterio Sancti Martini de quadam fœmina nomine Gisela, cum filiis suis et filiabus, in perpetuo possidendos. S. domini Iterii abbatis secundi.

1088 circa.

### 811.

DE ECCLESIA SANCTI MARTINI DE NIORTO [10].

Memoriale sempiternum in generationes et generationes transmittere disponens, Ego Rannulfus [11], Sanctonensis sedis episcopus, præsentium litterarum attestatione omnibus meis successoribus notum volo esse, me donasse monasterio Sancti Martini de Saviniaco et domno abbati Iterio, et perpetuo jure habendam concessisse, ecclesiam Sancti Martini, sitam prope castrum Miribelli [12], in vico qui nomi-

1097.

---

[1] Vide notitiam quam huic imperatori consecravit dominus Nat. de Wailly, *Éléments de Paléographie*, p. 308, col. 1.

[2] M. *idus.*

[3] Codex Parisiensis habet *quarto*, sed mendose. Henricus ante annum 1084 non coronatus fuit imperator: quartus igitur ejus regni est annus 1088, ut legitur in aliis codicibus.

[4] Annus 1088 indictioni 11 congruit.

[5] C. *domni.*

[6] Omn. mss. *trigesimi tertii, imperii quarti.*

[7] M. et C. *Viviz.*

[8] Nomen abbatis Saviniacensis abest in hoc instrumento.

[9] Hæc charta, cui deest titulus in manuscriptis, instrumento præcedenti, cum quo quamdam habet similitudinem, adjuncta est.

[10] BM. *Nyorto.*

[11] P. *Ranulfus.*

[12] M. L. et C. *Mirebelli.*

natur Niortus; ea conditione ut nullis ecclesiis aliis et cellæ[1] sit subdita aut acclinis, nisi principaliter præfatæ abbatiæ Sancti Martini de Saviniaco. Ista namque ecclesia parrochialis et domina principatum obtinet, ex antiqua consuetudine, supra alias plures parrochiales ecclesias. Hanc itaque dedi jam dicto monasterio, cum capella Sanctæ Mariæ sita juxta munitionem castri, et cum ecclesia Sancti Sebastiani quæ ædificatur extra vallum castri, quæ ambæ consistunt in parrochia Sancti Martini. Hanc donationem viderunt fieri Vuillelmus archipresbiter, et Vuichardus et Vuillelmus, canonici Sancti Petri, et Constancius, capellanus ejusdem ecclesiæ, et Rannulfus religiosus, diaconus de Niolio; necnon laici : Pontius de Mirabello, et Vuillelmus Achardi, Vuillelmus Guardradi, nobiles milites, et plures alii. Et ut ista donatio inconcussa permaneat, præsentem cartam propria manu signo crucis ✝ confirmo. S. Petri archidiaconi, qui hanc cartam dictavit et scripsit. S. Gombaldi Vitalis. Factum est hoc anno incarnationis Dominicæ millesimo nonagesimo septimo[2], regnante Philippo in Francia, Vuillelmo duce in Aquitania, Amato archiepiscopatum regente in urbe Burdegala[3].

## 812.

### ITEM UNDE SUPRA.

1093.

Ut nostri successio generis certum habeat quia ego Vuillelmus Achardi [filius][4] ecclesiam Sancti Martini de Niorto ecclesiæ Sancti Martini de Saviniaco, assensu matris meæ et fratrum meorum, et Aimari[5] de Archiaco ejusque[6], concesserim, hujus cartæ approbatione notificare curavi hanc quidem ecclesiam, quæ mater est et principaliter præest capellis quæ habentur in castro Mirabelli[7]; tali pacto supradictæ ecclesiæ omni tempore libere habendam concedimus, ut unquam alii[8] subdatur ecclesiæ. Hoc donum factum est videntibus Vuillelmo de

---

[1] M. et C. *nulli alii ecclesiæ et cellæ.*
[2] P. *primo.*
[3] P. *Burdegalia.*
[4] P. *Archardi.*
[5] L. *Aymari.*
[6] Forte leg. est *ejusque matris et fratrum*
[7] M. *Mirebelli.*
[8] L. *nulli unquam alii.*

Rocha, Petro Guardradi, Gumbaldo de Podio, Petro Arradi, Petro monacho de Vitaterna, Aymone priore de Botavilla[1], Petro monacho de Cosnaco, Bonopari de Mirabello, anno ab incarnatione Domini millesimo nonagesimo tertio, regnante Philippo[2] in Francia, et præsidente Amato in Burdegala.

### 813.

#### DE ECCLESIA SANCTI ROMANI ET DE ANCIACO[3].

*1100 circa.*

Dominus[4] ac venerabilis Hugo, Lugdunensis ecclesiæ archiepiscopus, quasdam ecclesias quæ in sua diocesi esse videbantur, videlicet ecclesiam Sancti Romani et ecclesiam de Anciaco, ob cœlestis patriæ amorem, dedit laudavitque Sancto Martino Saviniacensis ecclesiæ et Iterio abbati, monachisque inibi Deo militantibus[5]. De quibus testes hi sunt clerici : Girinus Calvus, Arbertus archidiaconus, Bernardus Ursels, Girinus capellanus, Vuido et Barnonus[6] archipresbiteri. Deinde Vuillelmus[7], Forensium comes, in capitulo Saviniacensi[8] veniens, Sancto Martino et Iterio abbati et monachis prædictas ecclesias, quas dicebat esse suas, in suo alodio sitas, cum omnibus earum[9] appenditiis, palam, absque ullo retentu, donavit gratis, laudavitque. Dedit etiam nobis dono supradictus[10] comes Vuillelmus quidquid acquisituri eramus quoquo modo in locis istis de fruonibus; fruones[11] quoque, scilicet Vuillelmus de Lavieu, et Arnulfus Raibi[12], et Amblardus de Rosselun[13], qui presbiteratum ab istis possidebat, eodem[14] comite precante, simili modo dederunt. Hæc eadem fecerunt similiter

---

[1] M. *Bottavilla.*

[2] C. *Philipo.*

[3] Hæc charta vulgata fuit a Menestrier, *Hist. cons. de Lyon,* pr. p. VIII, et a me, in libro cui titulus est *Les d'Urfé,* p. 6.

[4] P. *domnus.*

[5] P. *servientibus*

[6] M. *Baronus.*

[7] P. *Vuillermus.*

[8] P. *Saviniaci.*

[9] M. et C. *eorum.*

[10] P. add. *dominus.*

[11] C. *fruonis.* Cangius (t. III, p. 274, col. 2, nov. edit. Glossarii) legendum esse ait *fevonibus, fevones* (feudataires). Etenim invenitur vox sic scripta inferius, ch. 817 et 820 ; sed hic accurate codicis exhibimus scripturam.

[12] Men. *Raimbi.*

[13] M. *Roscelun.* P. *Rosselon.*

[14] P. *eodemque*

Hugo de Marchant[1], Vuigo[2] de Yonio et Stephanus de Varennis, et cartam fieri jusserunt. Cujus rei testes sunt : Fulcherius de Nigro Monte, Gaufredus de Yonio et Agno Catolla[3].

### 814.

#### DE ECCLESIA DE BESSENNACO[4].

1100 circa.

Lugdunensium archiepiscopus Hugo, Deo inspirante, ecclesiam de Bessennaco dedit Sancto Martino Saviniacensi et abbati Iterio secundo, monachisque ibidem degentibus. Huic ecclesiæ dominabantur Vuigo Longus, Amblardus et Vuillelmus[5], fratres illius, qui, pro sua suorumque parentum redemptione, absque ullo munere, Sancto Martino Saviniacensi dederunt ex integro atque laudaverunt; necnon Berardus de Yonio et Iterius de la Torreta portionem quam in ea quærebant dederunt, teste Barnuino archipresbitero, et Hugone de Lasney[6]. Stephanus Nigellus[7] partem suam, quam ab uxore acceperat, dedit in obitu suo Sancto Martino, testibus filiis ejus, Vuillelmo et Stephano, necnon Stephano Vuilenco et fratre ejus Hugone.

### 815[8].

#### DE ECCLESIA SANCTI JOANNIS DE BRUILLOLIS[9].

1100 circa.

Archiepiscopus Hugo Lugdunensis Sancto Martino Saviniensi et domno Iterio abbati secundo, et monachis ibidem Deo servientibus, ecclesiam Sancti Joannis de Bruillolis donavit atque laudavit[10], sub testibus his : Girino Calvo, Girino capellano, Berardo Ursel, Catardo[11], Rostanno Ferlo. Vuillelmus d'Algerolis[12] quoque, et frater ejus Pontius, pro se suisque parentibus, partem quam in hac ecclesia possidebant dederunt Sancto Martino et memorato abbati, sine aliquo

---

[1] M. *Machant.*
[2] P. *Vuido.*
[3] Men. *Catella.*
[4] Hanc chartam edidit J. M. de la Mure, *Hist. du dioc. de Lyon*, p. 389.
[5] BM. *Vuilencus.*
[6] M. *Lanay.*
[7] BM. *Ingellus.*
[8] Hanc chartam edidit J. M. de la Mure, *Hist. du dioc. de Lyon*, p. 390.
[9] P. *Bruilolis.*
[10] L. *firmavit.*
[11] P. *Cartado.*
[12] M. *Dalgerolis.*

munere; reliquam partem Airaldus[1] Senex, qui, jure hæreditario, suam esse dicebat, dedit similiter in capitulo Saviniensi, coram abbate et fratribus. Vuillelmus de Malboson[2] etiam, quod in ecclesia quærebat, sine ullo retentu dedit atque vuirpivit. Amblardus quoque et Theotgrinus Poisati[3] et Bosi[4], quod illic visi erant habere, ex toto dedere. Qui hæc dona infringerit sive calumniatus fuerit, anathema sit. Amen.

### 816.

#### ITEM DE BESSENNACO.

Ego, in Dei nomine, Milo et uxor mea Officia[5], et filii nostri, donamus Deo et Sancto Martino Saviniacensi et domno abbati Iterio partem nostram de ecclesia Sancti Martini in villa de Bessennaco, cum appenditiis suis, tali tenore, ut habeant rectores prædictæ ecclesiæ semper ad usum fratrum in dominium; et est quarta pars ipsius ecclesiæ, tali convenientia, ut ego Milo et uxor mea Officia, pro isto dono, sepulturam accipiamus, et nulli hominum ad beneficium detur. Quod si factum fuerit, ad filios nostros revertatur. S. Milonis et Officiæ, uxoris ejus. S. Berardi, fratris Milonis. S. Theotgrini, Vuilenci et Vuichardi, filiorum Milonis. Data per manum Girardi monachi, decimo sexto calendas Augusti.

17 Jul. 1096?

### 817.

#### DE CAPELLA SANCTI PETRI DE CAMOPSETO[6].

Domnus Hugo, Lugdunensis archiepiscopus, ecclesiam Sancti Laurentii et capellam Sancti Petri Camopseti, cum decimis et eorum appenditiis, dedit atque laudavit Sancto Martino Saviniensi et abbati Iterio secundo, monachisque inibi Deo famulantibus. S. Vuigonis abbatis, fratris ejus; Arberti archidiaconi; Girini Calvi; Girini capel-

1096 circa

---

[1] L. *Ayraldus*. De la Mure : *Artaldus*.
[2] BM. *Valboson*.
[3] L. *Porsiati*.
[4] *Ambl. Poisati et Theot. Bosi?*
[5] L. *Offecia*.
[6] Priores lineæ hujus chartæ vulgatæ sunt in *Hist. du dioc. de Lyon*, auctore J. M. de la Mure, p. 390.

lani; Rostanni; Arberti archipresbiteri. Antehac olim Gausmarus Rumphator sextam partem, quam in his ecclesiis habebat, pro animæ suæ redemptione et sepultura sua, reliquerat Sancto Martino Saviniacensi. S. Iterii; Vuichardi; Bernardi et Duranti Regis. Item Bernardus Rumphator tertiam partem de his ecclesiis, et Masliacum mansum in Randani finibus, similiter dedit et laudavit Sancto Martino Saviniensi. At vero Ermengardis Rufa, ejusdem Bernardi filia, hæc male invasit, sed in obitu suo male invasa vuirpivit. Et Bernardus Galdemarus et Arbertus Rufus [1], filius ejus; Arnardus Curnil, ejusque fratres; Stephanus de Varenna et Hugo, frater ejus, et Vuigo de Yonio, tertiam partem, quam in his ecclesiis habebant, laudaverunt seu dederunt Sancto Martino Saviniensi. Item Hugo vetulus de Talaru [2] feodum quod de istis tenebat, in manu domni Iterii abbatis, filii sui, cum Athenulfo [3], Hugone [4], Milone atque Duranto, suis filiis, dedit ac laudavit Sancto Martino Saviniensi. Ab isto Hugone ac filiis ejus, Vuillelmus [5], cum cæteris fevonibus, et omnes suprascripti, quæ in ecclesiis his, decimis et eorum appenditiis exquirebant, pro suarum animarum redemptione, sine aliquo retentu, ex integro, libere dederunt ac laudaverunt in pace Sancto Martino Saviniensi. Hæc dona seu beneficia, quæ ab his accepimus, si quis perturbaverit et infringerit, anathema sit, et cum diabolo et Juda, Domini traditore, inferni pœnis, ubi est stridor dentium et fœtor teterrimus, damnetur et sine fine excrucietur. Fiat, fiat. Amen.

### 818.

DE ECCLESIA SANCTÆ MARIÆ DE JO [6] ET VIOLETO [7].

1088 circa.

Sacrosanctæ ecclesiæ Beati Martini Saviniacensis, Gibuimus, Lug-

[1] Pro his duobus proximis donatoribus, citat Ben. Mailliardus quatuor alios in sua analysi: «... Ermengardem Bonam, Gauceranum et Guilliermum de Lavieu, fratres; Arnulfum Rabi... »

[2] BM. *senior de Talaru.*

[3] BM. *Athunulfo.*

[4] M. et C. *Ugone.*

[5] Absque dubio Vuillermus de Lavieu, in nota 1 præcedenti citatus, et jam nominatus in charta 813.

[6] BM. *Joz.*

[7] Hanc chartam partim edidit J. M. de la Mure, *Hist. du dioc. de Lyon*, p. 291.

dunensium archiepiscopus, ecclesiam Sanctæ Mariæ de Jo dedit ac firmavit in manibus monachorum Iterii et Girbaldi[1], postea vero abbatum, apud Lugdunum, in curia Sancti Nicetii, ipso pontifice ibi jacente in ægritudine. S. Bertranni de Noaliaco et Stephani Broci[2]. At, nostris temporibus, Hugo, Lugdunensium archiepiscopus, præfatam ecclesiam de Jo et ecclesiam de Violeto laudavit ac donavit Sancto Martino Saviniacensi et Iterio secundo abbati[3]. Interim Pontius de Lay et ejus filii Aymo et Pontius, quem nobis ad monachatum tradidit, pro animarum suarum remedio, præfatam ecclesiam de Jo et medietatem ecclesiæ de Violeto, et quidquid ibi deinceps acquirere valuerimus rerum ad ipsas pertinentium, cum decimis, terris et appenditiis, dederunt et laudaverunt Sancto Martino Saviniacensi. S. Pontii, qui fieri et firmari rogavit; Aymonis, filii ejus; Milonis Nugo; Amblardi Collini; Iterii abbatis; Alberici monachi; Bernardi monachi. Berardus Jarolla et frater ejus Vuichardus aliam medietatem ecclesiæ de Violeto, pro suarum animarum redemptione, dederunt et laudaverunt Sancto Martino. S. Berardi [de] Darasiaco et Duranti de Solario. Hoc donum si quis infringerit, pœnis inferni subjaceat. Amen.

### 819.

#### DE ECCLESIA BEATÆ[4] MARIÆ DE FORO[5].

Inspirante divina clementia, placuit domno archiepiscopo Lugdunensi Hugoni, cum suis canonicis, ut ecclesia de Foro, quæ est in honore Dei genitricis Mariæ consecrata, cum omnibus ad eam pertinentibus, transferretur ad possessionem Sancti Martini Saviniacensis cœnobii; et hoc pro magna charitate seu humanitate quam uterque conventus inter se habebat; unde factum est ut, eo anno quo idem archiepiscopus Hierosolimam[6] petiit, sicut et alii multi, fecit conven-

13 Mart. 1101.

---

[1] M. *Gilbardi*. L. *Giribaldi*.
[2] P. *Brossi*.
[3] M. et C. *abbati secundo*.
[4] M. *sanctæ*.
[5] Hanc chartam partim edidit J. M. de la Mure, *Hist. du dioc. de Lyon*, p. 392.
[6] M. et C. *Ierosolimam*.

tum ecclesiæ suæ convenire in unum, tractaturus de utilitate ecclesiæ suæ et de suo itinere. Et hoc tertio idus Martii, die quartæ feriæ primæ hebdomadæ Quadragesimæ. In quo conventu dedit hoc donum et laudavit ecclesiæ nostræ ad possessionem, tali tenore, ut nullus successorum ejus hoc violare præsumat, sed firmum et stabile permaneat. S. ejusdem domini Hugonis archiepiscopi; Berardi, episcopi Matisconensis; Girini Calvi decani; Theotardi[1] camararii[2]; Rostagni archidiaconi; Bertranni ministri; Girini Pineti. S. domini Iterii abbatis; Girbaldi monachi; Bernardi monachi; Umberti de Bellojoco. Actum Lugduni, in capitulo canonicorum, anno incarnationis Dominicæ millesimo centesimo primo, indictione nona, luna secunda, regnante Philippo in Francia, Henrico in Burgundia. Dictatum manu Alberici monachi, vicecancellarii.

### 820.

#### DE ECCLESIA SANCTI POLICARPI DE BULIACO[3].

1100 circa.

Dominus[4] Hugo, Lugdunensis archiepiscopus, cum suis canonicis, ecclesiam Sancti Policarpi de Buliaco[5] dedit ac laudavit Sancto Martino Saviniensi, et abbati Iterio secundo, et Umberto camarario, et cæteris monachis, libere, cum suis appenditiis. S. Berardi archidiaconi; Girini; Bertranni. S. domni Iterii abbatis; Umberti camararii; Girbaldi monachi; Bernardi monachi; Umberti de Bellojoco; Bernardi. Ad hoc donum Iterius de Bulliaco, cum suis filiis Achardo[6], Vuillelmo et Hugone, pro remedio animæ suæ suorumque parentum, hanc ecclesiam de Bulliaco, una cum filio suo Vuigone, quem pro monacho reddidit, cum decimis, terris et ejus appenditiis, integre dedit atque laudavit Sancto Martino Saviniacensi, et abbati Iterio, et omnibus monachis illic Deo famulantibus. Dedit etiam nobis in hoc dono quidquid acquisituri eramus de fruonibus[7]. Hæc dona Vuigo de

---

[1] P. *Teotardi.*
[2] P. *camerarii.*
[3] Hanc chartam partim edidit J. M. de la Mure, *Hist. du dioc. de Lyon*, p. 393.
[4] M. et C. *Domnus.*
[5] M. *Bulliaco* et infra *Bullico.*
[6] BM. *Archado.*
[7] Vide ch. 813 et 817.

Bulliaco clericus, qui hanc ecclesiam de Iterio in feodo tenebat, se et ipsam ecclesiam Sancto Martino Saviniensi pro monacho tradidit. S. Iterii de Bulliaco; Amblardi Collini; Iterii Lasnay; Hugonis Lasnay et Vuillelmi de Mussieu.

### 821.
#### DE ECCLESIA SANCTI JOANNIS DE DUERNA [1].

In Christi nomine, Ego Ardradus de Barbareis et Constantia, uxor mea, et Bladinus, filius meus, et Bernardus de Nans, et filius meus Vuillelmus, et Pontius de Nans, et Elisendis[2], et ejus filius Girinus de Pineto, Agna[3] quoque, et filius ejus Stephanus de Randanis, et filiæ ejus, donamus aliquid de hæreditate nostra Deo et Sancto Martino Saviniacensis cœnobii, ubi domnus Iterius abbas secundus præesse videtur, id est medietatem ecclesiæ Sancti Joannis Baptistæ necnon et Evangelistæ, quæ est sita in pago Lugdunensi, in villa quæ dicitur Duerna, cum decimis et appenditiis suis, usque in exquisitum, pro remedio animarum nostrarum et omnium progenitorum nostrorum. Sane, si aliquis ex hæredibus nostris hanc cartam inquietare voluerit, sit maledictus et excommunicatus a Deo, et non valeat vendicare quod repetit, sed componat tantum quantum ipsæ res dupliciter valuerint et in fisco regali quatuor libras argenti; insuper donatio hæc firma et stabilis permaneat, cum stipulatione subnixa. S. Ardradi et uxoris ejus Constantiæ, et cunctorum supradictorum. S. Fulcherii Vetulæ Curtis; Aymonis Gagnart et Pontii, filii ejus; Petri Genesii; Aymonis et Vuichardi Sancti Simphoriani; Hugonis [de] Talaru; Fulcherii Monfol; Milonis Talaru, et Arnulfi; Hugonis Blanc et Duranti, fratris ejus.

*1087 circa.*

### 822.
#### ITEM UNDE SUPRA [4].

In Christi nomine, Ego Agna et Vuillelmus, filius meus, et alii filii

*7 Jun. 1087.*

---

[1] Vide supra, ch. 762.
[2] M. *Bernardus de Nans et Elisendis*, vocibus mediis omissis.
[3] M. *Agno*.
[4] Hanc chartam edidit J. M. de la Mure, *Hist. du dioc. de Lyon*, p. 393.

mei, donamus Deo et Sancto Martino Saviniensi, pro filio meo Rencone[1], quem trado ordini monastico in eodem loco, dimidiam partem de ecclesia Sancti Joannis de Duerna, cum decimis et appenditiis suis, et pro redemptione animarum nostrarum. Sane, si aliquis de hæredibus nostris aut alia aliqua persona hanc cartam inquietare voluerit, non valeat vendicare quod repetit, et componat fisco regali sex libras auri, et in antea firma et stabilis permaneat, cum stipulatione subnixa. S. Agnæ, Vuillelmi et Bernardi Ruffi, cæterorumque filiorum ejus, qui fieri hoc et firmari rogaverunt. S. Petri Genesii; Stephani et Saturnini; Hugonis Blanc et Duranti, fratris ejus. Actum in[2] pago Lugduni, cœnobio Saviniaco, laudante archiepiscopo Gibuino, mense Junio, feria quarta, luna quinta, regnante Philippo in Francia, Henrico in Burgundia, anno incarnationis Dominicæ millesimo octogesimo septimo, indictione decima. Scripta manu Vuitberti presbiteri, vicecancellarii.

## 823[3].

### DE ECCLESIA SANCTI VERANI IN GRASIACO[4].

Jun. 1087?

Sanctæ Saviniensi ecclesiæ Beati Martini, ubi domnus Iterius secundus abbas præesse videtur, Ego Ermengardis Bona, perlaudantium[5] Gauzeranni et Vuillelmi, filiorum meorum, dono aliquid de hæreditate mea, pro sepultura corporis mei, et redemptione animæ meæ et parentum meorum. Est autem ecclesia in honore sancti Verani, quæ est in villa quæ dicitur Grasiacus[6], de qua dono medietatem cum appenditiis suis, et quidquid visa sum in ipsa ecclesia jure hæreditario habere : id est mediam partem burgi ipsius villæ, et mediam partem mercati cum ortis et vircariis : quantum in ipsa villa visa sum habere, totum dono et trado Deo et Sancto Martino et supradictæ ecclesiæ, et quidquid in antea voluerint monachi ibi manentes agant,

---

[1] De la Mure : *Renchone*.
[2] M. et C. omittunt *in*.
[3] Hanc chartam edidit J. M. de la Mure, *Hist. du dioc. de Lyon*, p. 394.
[4] P. *Graisiaco*.
[5] Vide p. 322, not. 1.
[6] P. *Graziacus*.

salva sua professione, et in perpetuum possideant. S. Ermengardis et filiorum ejus, qui fieri et firmari voluerunt; Aymonis Sancti Simphoriani; Vuichardi Golferii; Duranti Albarun; Vuichardi Rumphatoris[1]; Hugonis Columbelli[2]; Vuillelmi Valbosun[3]; Petri Vicarii, et fratris ejus Stephani. Actum in[4] pago Lugduni[5], cœnobio Saviniacensi, cum laude archiepiscopi Gibuini, anno Dominicæ incarnationis millesimo octogesimo septimo, indictione septima[6], mense Junio, feria quarta, luna quinta, regnante Philippo rege in Francia, Henrico in Burgundia. Scripta manu Vuitberti vicecancellarii.

### 824.

#### UNDE SUPRA.

In nomine Domini, Ego Gausmarus de Varenna, et Vuichardus et Vuigo fratres, donamus Deo et Sancto Martino Saviniensis cœnobii, ubi domnus Iterius abbas secundus præest, quartam partem ecclesiæ Sancti Verani de Grasiaco, cum appenditio suo, et quartam partem burgi, et quartam partem mercati ipsius villæ, pro animabus nostris parentumque nostrorum, ut Deus omnipotens eruat nos a pœnis inferni. S. Gausmari, Vuichardi et Vuigonis, qui hoc donum fecerunt et firmari rogaverunt; Hugonis Lasnay; Jarentonis Morant; Vuichardi Canis et Petri fratrum. Actum in pago Lugduni, cœnobio Saviniacensi, anno incarnationis Domini millesimo octogesimo septimo, indictione decima, regnante Philippo rege in Francia, Henrico in Burgundia. Scripta manu Vuitberti vicecancellarii. Gausmarus suprascriptus in eadem villa dedit dimidium mansum qui vocatur Flachia.

1087.

### 825.

#### DE ECCLESIA SANCTI MARTINI IN RONNO.

Dominus dicit in Evangelio : « Date eleemosinam, et ecce omnia

6 Maii 1087.

---

[1] M. et C. *Ranfatoris.*
[2] M. *Colombelli.*
[3] M. *Valbosini.* L. *Babosun.*
[4] M. et C. omittunt *in* hic et infra.
[5] M. et C. hic et infra *Lugdunensi.*
[6] Annus 1087 indictioni decimæ congruit, ut videtur in præcedenti et sequenti chartis.

munda sunt vobis[1]. » Quam vocem audiens, Ego Oliverius et Gunzelinus, frater meus, damus aliquid de nostra hæreditate, ob redemptionem animarum nostrarum seu omnium progenitorum nostrorum utriusque sexus, Deo et Sancto Martino Saviniacensi, et monachis inibi habitantibus sub regimine Iterii abbatis secundi, et posteris suis : hoc est ecclesiam quæ est in honore beati Martini, in villa quæ vocatur Ronnus, quæ est sita in pago Lugdunensi, in confinio parrochiæ Sanctæ Mariæ, quæ dicitur villa Ampliputei[2], cum omnibus appenditiis suis, et quidquid ibi deinceps, Deo favente, acquisierunt. S. Oliverii et Gunzelini, qui hoc donum fecerunt. S. Otgerii Mortarii; Agnonis Batalleu[3]; Girini monachi. Actum in[4] pago Lugdunensi, in conventu fratrum cœnobii Saviniacensis, mense Maio, secundo nonas mensis ipsius, et decimo nono, anno incarnationis Domini millesimo octogesimo quinto, regnante Henrico in Burgundia. Scripta manu Stephani vicecancellarii.

826.

DE ECCLESIA SANCTÆ MARIÆ DE AULLIACO [5].

30 April. 1086 [6].

Ego Umbertus, filius Richoaræ[7], ob amorem cœlestis patriæ et redemptionem omnium progenitorum meorum, dono aliquid de hæreditate mea Deo et Sancto Martino Saviniacensis monasterii, ubi domnus Iterius secundus abbas præesse videtur, et monachis qui ibidem Deo militant, sive suis posteris : hoc est ecclesiam Sanctæ Mariæ

[1] Matth. 11, 41.
[2] M. Ampliputeus.
[3] M. Batallia.
[4] M. et C. omittunt in.
[5] L. Auliaco.
[6] Hunc adscripsi annum, secundum Aubret (Ms. sur le pays de Dombes); sed videbuntur verba chartæ maxime obscura. Forsan mallem annum 1105. Ecce quod ait Aubret, qui videtur exemplarium habuisse iis dissimile : « Cette charte est datée d'un jeudi du mois d'avril, 13° jour de la lune, indiction 9, épacte 3, le 4° du cycle de 19 ans, donné le dernier avril. Or, le dernier avril 1086 étoit un jeudi, et le 13° jour de la lune n'étoit véritablement que le 3 ; mais un copiste a bientôt ajouté un peu plus qu'il ne faut. » Sed anno 1086 non erat abbas Iterius.
[7] In hoc instrumento et sequenti Humbertus donator sibi attribuit titulum filii Richoaræ, ut a suo patrueli Humberto, domino de Bellojoco, qui tunc vivebat, distinctus fuerit.

quæ dicitur Aulliacus, cum suis appenditiis, et quæ deinceps ibi acquisierint, quæ est sita in pago Lugdunensi[1], inter ecclesiam Sancti Egidii[2] de Limans et ecclesiam Sancti Saturnini de Arnaco, cum consilio uxoris meæ Ulisiæ[3] et amicorum meorum. S. Gaufredi[4], filii Gauseranni[5]; Agnonis, fratris ejus; item Agnonis; Hugonis Musseu; Milonis de Lasnay[6]; Hugonis[7]. Actum in capitulo Saviniacensi, mense Aprili, feria quinta et decima tertia, indictione nona, epacta tertia, ciclo decimo nono, IIII° regnante Henrico in Burgundia. Scripta manu Hugonis vicecancellarii. Data secundo calendas Maii.

### 827[8].

#### DE ECCLESIA SANCTÆ MARIÆ DE DINICIACO[9].

Ego Umbertus, filius Richoaræ, ob amorem cœlestis patriæ et redemptionem animæ meæ, necnon parentum meorum salvationem, libuit aliquid dare de mea hæreditate Deo et Sancto Martino Saviniensi[10], et monachis qui ibi manent in perpetuum sub domno Iterio abbate secundo et ejus successoribus : hoc est ecclesiam Sanctæ Mariæ de Diniciaco, cum suis appenditiis, et ecclesiam de Coniaco[11], in honore Sancti Germani, necnon et capellam de Montemelardo[12], cum suis appenditiis, et quæ deinceps ibi acquisierint. Feci hoc cum consilio uxoris meæ Usiliæ[13], et amicorum meorum, et Milonis militis, qui eam de me fiscaliter tenebat. Hoc donum laudavit archiepiscopus Gibuinus in choro Lugdunensis ecclesiæ, teste Landrico, Matisconensi episcopo; Bladino decano; Fulcherio Antedino; Duranto pres-

Feb. 1087.

---

[1] M. et C. *Lugduni.*

[2] Sanctus Egidius (gallice *saint Gilles*), patronus ecclesiæ de Limans.

[3] Charta quæ sequitur habet *Usiliæ.* Aubret scripsit : « Le nom d'*Usille* nous paroît le même que celui d'Auxile, qu'on trouve au cartulaire de Beaujeu, où le nom de cette dame devoit être mieux connu. »

[4] M. *Gauffredi.*

[5] L. *Gauzeranni.*

[6] P. *Lanay.*

[7] Exemplarium chartularii domini Aubret, absque dubio, habebat hic *fratris ejus,* nam scripsit in ms. suo : « *Milon et Hugues de Lasnay.* »

[8] Hanc chartam edidit J. M. de la Mure, *Hist. du dioc. de Lyon,* p. 395.

[9] BM. *Deniciaco.*

[10] M. *Saviniacensis.*

[11] BM. *Cogniaco.*

[12] M. *Monte Melardo.*

[13] Vide supra not. 3.

bitero. S. Umberti, qui hoc donum fecit. S. Gaufredi et Agnonis, fratris ejus; item Agnonis; Milonis; Hugonis. Actum in capitulo Saviniacensi, sexto nonas Februarii, sexto et decimo quinto, indictione nona, epacta tertia, ciclo quo supra [decimo nono][1], regnante Henrico in Burgundia. Scripta manu Stephani vicecancellarii[2], anno Domini millesimo octogesimo sexto[3].

### 828.

#### DE ECCLESIA DE DARASIACO.

1086 circa.

Notificamus[4] tam præsentibus quam futuris quia Girinus, cognomine Blancus, et ejus uxor Emelina, quando tradiderunt filium Vuichardum Deo et Sancto Martino de Saviniaco, ut monachus foret, dederunt eidem loco, pro eodem puero, et pro animarum suarum remedio, medietatem ecclesiæ de Darasiaco cum suis appenditiis; dederunt etiam in decima de Sarsay quidquid monachi conquirere possent ab eis qui eamdem decimam venaliter[5] a se possident. Hujus rei testes sunt isti : domnus Iterius abbas, Rainardus[6] monachus, Hugo Lasnay et Theotgrinus[7], Hugo vicarius supradicti Girini de Darasiaco, Otgerius presbiter, Ayminus.

[1] Mss. habent duntaxat *quo supra*; his vocibus substituit J. M. de la Mure voces quas intra uncinos scripsi, et quæ reapse consentaneæ sunt.

[2] Quod sequitur in ms. P. desideratur, et mihi habetur interpolatio omnibus indiciis chartæ parum congruens.

[3] De hac charta, vide observationes præcedenti adjunctas. Annum 1086 adscripsi, secundum J. M. de la Mure (*Hist. du dioc. de Lyon*, p. 396); sed istam adscriptionem non inveniri in codice P. dicendum est. Aubret (*Ms. sur le pays de Dombes*) donationem factam fuisse anno 1074 existimat, chartam autem scriptam solummodo 1086. His præmissis, donatio fieri nequisset abbati Iterio II, qui tantum electus est circa 1084. Cæterum, ait Aubret exemplarium habere suum *le 6 des nones de mai*, et mensis Februarii sextum nonas non patitur. Hæc sunt ejus verba : « Un vendredi 2 mai, 15ᵉ jour de la lune, épacte 3, cycle solaire 19, indiction 9 : toutes ces indications de la date conviennent à l'an 1074, excepté l'indiction, qui étoit 11; mais il a été facile à un copiste de mettre ix pour xi. » Aubret in errorem lapsus est ipse : annus 1074 ad indictionem xii quadrat.

[4] P. *Notum facimus*.

[5] M. et P. *fenaliter*.

[6] M. et C. *Reynardus*.

[7] P. *Teotgrinus*.

## 829.

#### DE CAPELLA SANCTI ALBANI IN DONZIACO [1].

Ego, in Dei nomine, Arnulfus Calvus, Girini filius, ad exitum vitæ perductus, in domo mea fratrumque meorum, in Lugduni civitate, per manus et laudem domini Hugonis archiepiscopi et canonicorum suorum, et per consilium ac preces matris meæ Gerundæ ac fratrum meorum, scilicet Girini Calvi canonici, Rotlanni, Artaldi Calvorum, Vuillelmi, Jarentonis et Geraldi [2] Calvorum, et per preces Agnonis Calvi monachi, prioris de Randanis, et Stephani, prioris de Sal, et per consilium Iterii Turretæ, Jarentonis Otmari, Girini Ruffi, Bladini Morvent sive Girini de Lacal, cæterorumque parentum seu amicorum meorum, do et laudo libere in perpetuum, absque ullo retentu, Saviniaco monasterio, et abbati et monachis ibi degentibus, ecclesiam Sancti Albani, quæ dicitur capella in Donziaco castro, cum appenditiis ejus, pro remedio animæ meæ et patris mei et matris, fratrumque et parentum nostrorum, ut Deus omnipotens ineffabile nobis gaudium concedat. Hoc donum, cum Hugone archiepiscopo et canonicis et omnibus amicis meis, in carta notari præcipio. Si quis autem hoc donum inquietare voluerit, vel Saviniacensibus monachis, quocumque modo in hoc damnum immiserit, anathema sit.

*1090 circa.*

## 830.

#### UNDE SUPRA.

In ecclesia ista Sancti Albani de Dunzeu [3], quam prædicti viri Sancto Martino Sanctoque Juliano de Sal dederunt, Iterius Torreta et Vuillelmus Barbaz decem solidos habebant; sed timentes supremum diem, in vita sua Deo et memoratis sanctis in pace dimiserunt. Denarios istos Girinus Calvus decanus vi subripuit diuque detinuit; timens quoque et ipse Deum, reddidit eos in vita sua, et interdixit ut nullus parentum suorum amodo eos caperet. Testes hujus rei sunt :

*1090 circa.*

---

[1] Hanc chartam edidit J. M. de la Mure, *Hist. du dioc. de Lyon*, p. 396.

[2] M. et L. *Gerardi*.

[3] M. *Donzeu*.

Rotbertus de Pinei[1] canonicus et Upertus [de] Talaru, prior de Sal; Petrus monachus de Noaliaco[2], Girardus presbiter, Stephanus de Marcilleu[3], Joannes de la Viri et Stephanus, frater ejus. Hoc fecit ad Jaas, in domo sua, et jussit his testibus assignari. Similiter testes et laudatores sunt : Artaldus Calvus, Girinus canonicus et Girinus Ruffus[4].

### 831.

#### DE ECCLESIA SANCTI GENESII[5] IN SAVISINET[6].

1090 circa.

Sanctæ ecclesiæ Saviniacensi Beati Martini, ubi domnus Iterius abbas præesse videtur, Ego, in Dei nomine, Vuido[7] de Charleu dono, per consilium fratris mei, aliquid de mea hæreditate, pro redemptione animæ meæ et omnium parentum meorum : hoc est quartam partem de ecclesia Sancti Genesii martiris, quæ vocatur Savisinet, cum sua decima, et sepultura, et offerenda, et quidquid visus sum habere in ipsa ecclesia. Totum dono Deo et Sancto Martino. Testes sunt hujus doni : Durannus præpositus; Hugo Rumfator[8], Richelmus monachus, Gausbertus Pinsaz, Vuichardus presbiter. [S.] Amaldi; Jarentonis Turreta; Aymini de Valleles[9].

### 832.

#### DE EODEM.

1090 circa.

Ego Stephanus de Salamarc, cogitans de salute mea, dono ecclesiæ Sancti Martini Saviniacensis, ubi domnus Iterius abbas secundus præest, quartam partem ecclesiæ Sancti Genesii de Savisinet. Hoc donum facio ego Stephanus Sancto Martino Sanctoque Juliano et monachis, pro anima mea, ut Deus omnipotens eruat eam de pœnis inferni. Quod si aliquis hanc eleemosinam inquietare voluerit, et ad

---

[1] L. *Pineti.*
[2] Legendum esse puto : *Petrus de Noaliaco* (M. *Noalico*) *monachus.*
[3] M. *Marcileu.*
[4] C. *Rufus.*
[5] BM. et C. hic et infra *Genevesii.*
[6] M. et L. hic et infra *Saviniset.*
[7] BM. *Guillelmum.*
[8] M. *Runfator.* P. *Rumphator.*
[9] M. *Vallees.*

beneficium dederit, et de eleemosina fratrum tulerit, maledictioni et anathemati subjaceat. S. Duranni monachi; Vuichardi presbiteri; Stephani Gros; Pontii de Valleres.

### 833.

#### UNDE SUPRA.

Sanctæ Saviniensi ecclesiæ Beati Martini, necnon ecclesiæ Sancti Juliani de Sal, quibus præest domnus Iterius abbas secundus, Ego Gaubertus de Balbineu, cum laude fratrum meorum Artaldi et Girardi, pro remedio animæ meæ et parentum meorum, dono aliquid de hæreditate mea : hoc est quartam partem ecclesiæ Sancti Genesii martiris de Savisinet, cum sua decima et sepultura et offerenda, et quidquid ibi visus sum habere, totum Deo et præfatis concedo sanctis. S. Duranti præpositi; Vuichardi presbiteri; Stephani presbiteri; Girini Ruffi; Rotlanni Ruffi[1]; Bernardi Bonifacii; Vuillelmi Culini.

1090 circa.

### 834.

#### ITEM UNDE SUPRA.

Notum sit omnibus, tam præsentibus quam futuris, quia domnus Iterius abbas secundus et Durannus, prior de Sal, acquisierunt ecclesiam de Savisinet, cum decimis, et terris, et appenditiis ejus, et[2] de aloariis, scilicet de Vuigone de Charleu et Hugone, fratre ejus, et Girberto de Fontaneis et Stephano [de] Salamarc et Gauberto, Artaldo et Girvallo[3], fratribus ejus, et Hugone de Bosco, et Hugone, filio ejus, adhuc tunc puero, quem fecimus monachum, cum laude hæredum et parentum suorum. Hoc donum et hanc requisitionem laudavit dominus Hugo, Lugdunensis archiepiscopus, Deo et beato Martino, obedientiæ de Sal, et monachis Saviniacensibus, quando hospitatus est in loco qui vulgo nominatur Laas; teste Girino Calvo decano, Rostagno archidiacono, Girino capellano, cum multis aliis clericis et laicis, imperante Henrico in Burgundia et Philippo[4] in Francia.

1090 circa.

[1] M. et C. hic *Rufi*.
[2] Vox *et* deest in M. et C.
[3] BM. *Girardo de Balbinieu*.
[4] C. *Philipo*.

## 835.

### DE ECCLESIA SANCTI MAURICII [1].

1090 circa.

Notum sit omnibus hanc cartam fideliter intuentibus, quod dominus Addo, miles nobilissimus, dedit Deo et Beato [2] Martino Saviniensi, ubi domnus Iterius abbas præesse videtur, et Beato Petro apostolo de Mornanto, et monachis ibi Deo servientibus, quamdam ecclesiam quæ est constructa in honore sancti Mauricii cum cimiterio et omnibus aliis appenditiis suis, alodum [3] scilicet quod et ipse inibi habere videbatur. Similiter dederunt Gualdemarus [4], cognomento Charpinellus, fraterque ejus Pontius Berardi, qui prædictam ecclesiam cum presbiteratu et cimiterio a præfato Addone per feodum tenebant. Hoc vero donum supradictum bono animo eodemque voto concesserunt ac laudaverunt hi supradicti, quatenus deinceps monachi liberaliter haberent et possiderent. Si vero in aliquibus placitis eorum adjutorium sive eorum curiam in præfato loco monachi expetierint pro aliqua necessitate, in illis placitis sive in campalibus bellis tertiam partem de legibus haberent; monachi vero duas, aut presbiter qui in eadem ecclesia cantaverit, habeat unam monachi. Et hoc factum est in præsentia Hugonis monachi, cognomento Charpinelli, ejusdem loci tunc præpositi, et Petri monachi. S. Girini presbiteri; Vuillelmi Casænovæ [5]; Vuigonis de Sancto Annemundo [6]; Aymonis de Casalis [7]; Grimaldi Vilano; Bernardi [de] Grennone; Richardi de Jorno; Girini de Sanas [8]; Stephani Postello, aliorumque quamplurimorum.

## 836.

### DE ECCLESIA DE AFFO.

1090 circa.

Ego Vuillelmus dono Deo et Sancto Martino Saviniensi aliquid

---

[1] P. hic et infra *Mauritii*.
[2] C. *Sancto*.
[3] P. *allodium*. L. *alodium*.
[4] M. *Gauldemarus*.
[5] P. *Cazænovæ*.
[6] M. *Annemondo*. L. *Ennemundo*.
[7] M. *Casales*. L. et C. *Casalut*.
[8] L. et C. *Savaz*.

de hæreditate mea, scilicet quartam[1] partem ecclesiæ de Longisagni, cum appenditiis suis, præter domum vicarii, et dimidiam ecclesiam[2] de Affo, cum appenditiis suis. Et ibi dono domum vicarii, et dono quidquid deinceps monachi hujus loci acquirere potuerunt de meo quod feale habetur, præter illud quod est mihi proprium. Dono etiam monacho qui ibi habitaverit in silva materiam ad domos et ad clausuras, et ad omne opus quodcumque facere voluerit, et ligna ad calefaciendum; et si porcos habuerit monachus, dono porcis ejus victum in silva sine pretio. Hoc etiam laudavit Gauzerannus de Laviaco, et hanc cartam firmari jussit et scribi. S. Girardi de Valle Bosonis; Vuillelmi, filii ejus; Girardi de Mabono Fonte; Theotgrini de Lasnaco; Hugonis, fratris sui; Stephani præpositi; Girbaldi et Iterii.

## 837.

### DE ECCLESIA SANCTI ANDREÆ DE TARATRO.

Convenientia quam fecit domnus Iterius abbas secundus Saviniacensis de ecclesia Sancti Andreæ de Taratro omni conventui ejusdem cœnobii; ipsis igitur monachis multum deprecantibus atque rogantibus in[3] prædictam ecclesiam ipsis concederet, tali ratione atque tenore concessit, ut monachus, qui ipsam obedientiam regit et rexerit, ita absolute teneat, ut nec abbas ipsius loci, nec aliqua præpotens persona, præsumat auferre; quod si[4] fecerit, sciat se sub perpetuo anathemate esse constitutum. Hoc vero donum, convocato omni ejusdem loci conventu, fecit in capitulo. Quo facto, ipse domnus abbas, indutus stola, confirmavit supradictam maledictionem. Constitutum est vero ut omni anno, in festivitate sancti Nicolai, reddat monachus qui obedientiam rexerit, pro ecclesia, unam refectionem, scilicet decem solidos et unum sextarium de frumento bene purgato, et sex uncias[5] de optimo pigmento, et duas uncias de pipero, et unam quartam de melle cocto[6].

1090 circa.

---

[1] L. *quandam.*
[2] Legend. est *dimidiam partem ecclesiæ.*
[3] Forte *ut* pro *in.*
[4] L. add. *ipse.*
[5] P. hic et infra *oncias.*
[6] Ben. Mailliardus addit M°. C°. X°.

## 838.

#### DE ECCLESIA DE VETULA CANEVA [1].

1112.

Anno Dominicæ incarnationis millesimo centesimo decimo secundo, placuit domno Iterio secundo abbati ut ecclesia Sanctæ Mariæ, quæ dicitur Vetula Caneva, Girino, priori de Castro, in usu et sumptu, successoribusque ejus, daretur, eo tenore, ut nullus abbas neque prior ulterius auferre moliatur prædictam ecclesiam a Castro supradicto. Retinuit autem memoratus abbas sibi suisque successoribus septem solidos. Actum est in capitulo jam dicti cœnobii, omni congregatione laudante, ut qui voluerit et conatus fuerit convenientiam hanc destruere, anathemate sit damnatus perpetuo. Testes sunt supradictæ convenientiæ prædictus abbas et Albertus præpositus, Bertrannus, Rodulfus, Laurentius, Raginaldus, Arnulfus, Ysmido, Gauzerannus.

## 839.

#### DE MANSO DE SOLOMIACO.

1100 circa.

Sanctæ Saviniacensi ecclesiæ Beati Martini, ubi domnus abbas Iterius secundus præesse videtur, Ego, in Dei nomine, Girinus de Sena, consilio uxoris meæ Istoriæ et filiorum nostrorum, dono aliquid de hæreditate mea : hoc est mansum de Solomiaco, cum pratis et arboribus, ut libere habeant, et receptum quem in ecclesia de Roseriis habeo, quem ipsi monachi decem octo solidis redemerunt : hoc est unum quartallum de frumento, duas solidatas de carne, duos sextarios de vino et unam eminam cibariæ. Prædictus vero abbas atque cœtus fratrum, pro hoc beneficio, eumdem Girinum in sui societate receperunt, atque habitum sancti Benedicti ei dederunt. Si quis filiorum aut parentum, aut alia persona, hoc donum contrariare voluerit, nisi resipiscerit, sit in inferno damnatus cum Juda, traditore Domini, et cum Datan et Abiron, qui perierunt in seditionem[2] Chore. S. Gauzeranni, Girini, Girardi et Vuillelmi, filiorum ejus; Bernardi, Amici et Artaldi, fratrum Bladini.

[1] M. et C. *Cavena*. BM. *Veteri Chanaba*. — [2] Reliquum deest in M.

## 840.

#### DE VINEA AD CHAORS.

Omnipotenti Deo et sanctæ Dei ecclesiæ quæ est constructa in honore sancti Martini Saviniacensis, ubi domnus abbas Iterius secundus præesse videtur, Ego Uncrinus dedi unam vineam, pro remedio animæ meæ, ad Chaors[1]; et Galicia, uxor mea, dedit unam eminam ordei et unum caponem, pro sepultura sua, laudante filio nostro Aymino. S. Vuillelmi; Girardi; Aymini; Gauzeranni.

1100 circa.

## 841.

#### DE VICARIIS.

Dignum duximus memoriale quoddam retinere et[2] scribere, placitum scilicet quod fuit inter obedientiales nostros monachos eorumque vicarios, propter quosdam ipsorum qui inique agere cupiebant in eorum terris ab eis noviter acquisitis, sese vestiri et augmentari volentes de his quæ non oportebat male injectis[3] consuetudinibus. Ex qua pessima insecutione obedientiales permoti, clamorem fecerunt ad domnum Iterium abbatem secundum, qui plane eorum querimoniæ satisfacere volens, die decreto pro hujus rei definitione[4], in aula Saviniensi placitum constituit, dominumque Umbertum de Bellojoco[5] et alios ex nobilibus quamplures amicos suos convocavit. Utrarumque ergo partium ratione causave discussa, vicariorum causatio est superflua valdeque tortuosa, et a veritatis tramite nimis aliena. Quapropter cunctorum qui adstabant et ad judicium convenerant communi consilio decretum est, et tenaci rectaque[6] judicii sententia a domino Umberto definitum : vicarios ultra et deinceps a tam insolenti et improba calumniositate removeri, et quiescere; obedientiales vero monachos quæcumque acquisierant, seu quolibet modo acquisituri erant, in perpetuum perenni pace possidere.

1100 circa

[1] M. *Cahors.*
[2] M. et C. *ac* pro *et.*
[3] P. *in istis* pro *injectis.*
[4] P. *diffinitione.*
[5] M. *Bellijoco.*
[6] M. add. *justi.*

## 842.

**VUIRPITIO VUICHARDI DE MONTE AUREO.**

*14 Oct. 1101.* Hujus vuirpitionis veritatem volumus notificare in sæculo succedentibus : quidquid Fulcherius de Monte Aureo, ex hæreditate Sancti Martini Saviniacensis possederat, Vuichardus, frater illius, cum aliis fratribus suis, Stephano videlicet canonico, atque Hugone, post mortem illius, Fulcherii scilicet supradicti, vuirpivit, in præsentia domini Berardi, Matisconensis episcopi, et domni Iterii secundi, Saviniacensis abbatis, et Girini decani, Theotardi[1] camararii, Artaldi Calvi, Vuidonis de Miribello[2], et aliorum quamplurimorum militum ac rusticorum. Acta sunt hæc in curia Lugdunensi, secundo idus Octobris, luna decima octava, feria secunda.

## 843.

**CONVENIENTIA ETHENULFI.**

*1100 circa.* Notum sit omnibus quomodo quidam miles Ethenulfus nomine venit ad abbatem Iterium secundum et ad monachos Sancti Martini Saviniacensis, ut conveniret cum eis de quadam terra quæ est sita juxta rivulum qui vocatur Scarabeus, ad medium plantum; fecit enim Ethenulfus convenientiam cum monachis, ut quantum in prædicto loco plantatum est, vel in antea plantaverit aut ædificaverit, sine ulla contradictione, post mortem ejus, ad Sanctum Martinum perveniat. Pro tali vero convenientia, dant ei monachi quartum et servitium in vita sua, et accipiunt ab eo tres sextarios de annona, et ut recipiant eum ad sepeliendum, cum melioratione. S. Ethenulfi et Arnulfi, fratris sui ; Adalardi; Amblardi. Data manu Stephani monachi.

## 844.

**DE VINEA IN VUAURA [3].**

*1100 circa.* Sanctæ Saviniensi ecclesiæ Beati Martini, ubi domnus Iterius se-

---

[1] P. *Teotardi.* — [2] C. *Mirabello.* — [3] P hic et infra *Vaura*.

cundus abbas præest, Ego Hugo et uxor mea Afficia[1] donamus Deo et Sancto Martino aliquid de hæreditate nostra in villa quæ vocatur Vuaura : hoc est una vinea, et tantum de alia terra, et[2] unam mansionem faciat homo et ortum, tali tenore, ut quicquid voluerint inde faciant. S. ejusdem Hugonis et Afficiæ; Stephani; Quionis[3]. Data manu Stephani Albi monachi.

### 845.

#### DE VINEA IN FONTANILLIS[4].

In nomine Dei patris omnipotentis, Nos pariter Durantus et Vuillelmus donamus Deo et Sancto Martino Saviniensi aliquid de hæreditate nostra, pro anima patris nostri Stephani et sepultura illius, in agro de Cogniaco, in loco qui dicitur Fontanillias : hoc sunt cambræ sex de vinea, ut semper in præsenti recipiant. Ego Durantus firmo; et Vuillelmus et Rotgardis fœmina duos curtilos, quos ipse pater meus Stephanus tenebat, reddimus semper in præsenti, in præsentia abbatis Iterii secundi. S. Adalberti; Umberti; Vuillelmi; Constabilis; Duranti.

1100 circa.

### 846.

#### DE REBUS DATIS IN VILLA DE VALLIS.

Ego, in Dei nomine, Alexandra cum filio meo Stephano donamus aliquid de rebus nostris, pro remedio animarum nostrarum, ad ecclesiam Sancti Martini Saviniensis, ubi domnus Iterius secundus abbas præesse videtur. Sunt autem ipsæ res sitæ in pago Lugdunensi, in parrochia ecclesiæ Dinicensis, et in parrochia ecclesiæ Laisiacensis, in villa quæ dicitur Vallis : hoc est in silvis, in pratis, in vineis, in terra arabili et in molendino, et in villa de Diniciaco quantum videmur similiter habere in pratis, in vineis, in curtilo, cum servis et ancillis et omnibus appenditiis. Hæc omnia damus ecclesiæ prædictæ, absque ulla calumnia. S. Alexandræ, quæ firmari rogavit; Stephani, filii

1100 circa.

---

[1] L. hic et infra *Officia*.
[2] Forte *at* pro *et*.
[3] L. *Guionis*.
[4] L. *Fontavillis*.

ejus; Hugonis Poliaci[1] et Hugonis Bruallii[2]; Girbaldi monachi. Scripta manu Stephani vicecancellarii, mense Novembri, et vigesimo octavo, feria quinta, regnante Philippo[3] rege.

### 847.

#### DE MANSO JUXTA TARATRUM.

1100 circa.

Ego, in Dei nomine, Asterius, cum venissem ad proximum terminum vitæ meæ, convocavi patrem meum Silvionem et reliquos parentes meos et amicos, et cum consilio et consensu eorum, destinavi ac reliqui unum mansum de meo alodio, quod mihi erat ex[4] hæreditate materna, sacrosanctæ Dei ecclesiæ Beati Martini Saviniacensis, quod in præsentiarum a domno Iterio secundo abbate regulariter regitur. Feci autem hoc ego Asterius pro sepultura mea, et animæ meæ parentumque omnium meorum[5] remedio. Postquam mortuus fuit Asterius Loverius, Silvius, pater suus, fecit convenientiam cum monachis Sancti Martini Saviniensis, ut infra unum annum habuisset deliberatam totam terram Sancti Martini quam tenebat, hoc est unum[6] cambonem, cum appenditiis suis, qui est juxta burgum de Taratro; et hoc tali convenientia, ut ipse Silvius sepeliatur pro illo manso et cambone. Ipse mansus est situs in agro Taradrensi, in villa de Paisselleis[7]. S. Silvionis; Alcherii; Adzonis. Scripta manu Vualterii.

### 848.

#### VUIRPITIO HUGONIS.

1100 circa.

Notitia vuirpitionis quam fecit quidam nobilis homo Hugo nomine Sancto Martino Saviniensi et abbati Iterio secundo, de quadam terra quæ est sita juxta castellum quod vocatur Monsmalatus[8], in loco qui dicitur Phetrerius[9], et de malis consuetudinibus quas accipiebat[10] in

---

[1] L. *Foliaci.*
[2] M. et C. *Brualii.*
[3] C. *Philipo.*
[4] M. *de* pro *ex.*
[5] C. *et omnium parentum meorum...*
[6] M. *totum* pro *unum.*
[7] P. *Peisselleis.*
[8] M. *Monsmolatus.*
[9] L. *Phletrerius.*
[10] M. *recipiebat.*

villa de Arnaco et Torigniaco [1], pro anima sua et uxoris suæ Engelburgiæ, et parentum suorum; et ab hodierna die, et deinceps, nec ego, nec ullus homo in damnum sit Sancto Martino et monachis ejus. Quod si fuerit aliquis qui hanc vuirpitionem calumniari voluerit, sit maledictus a Deo et omnibus sanctis ejus.

### 849.

#### DE PLANTERIO IN TALIACO.

Sanctæ Saviniensis ecclesiæ constructæ in honore sancti Martini, ubi domnus Iterius secundus abbas præest, Ego Leotardus Baltius [2] dono aliquid de mea hæreditate pro remedio animæ meæ et sepultura corporis mei : hoc est unum planterium in valle Bebronensi, in villa de Taliaco [3], ut possideant eum semper. S. Leotardi, qui firmari rogavit, et Amblardi, fratris ejus.

*1100 circa.*

### 850.

#### DE VINEA IN MONTRUIL.

Ego Constantius vendo aliquid de hæreditate mea Sancto Martino et abbati Iterio secundo et monachis ejus, duas cameras de vinea in monte Ruillaco [4], et accipio a Stephano monacho septem solidos. S. Constantii, qui firmari jussit; Rotbaldi; Otgerii; Rotberti; Pontionis; Girardi. Data manu Stephani monachi.

*1100 circa.*

### 851.

#### DE VINEA IN VILLABONA.

Ecclesiæ Sancti Martini Saviniensis, ubi domnus abbas Iterius secundus præesse videtur, Nos, in Dei nomine, Silvius et uxor mea Pontia donamus aliquid de hæreditate nostra pro sepultura filii nostri Girini : hoc sunt quatuor fossoratæ de vinea, in villa quæ dicitur Villabona. Si quis hanc donationem inquietare præsumpserit, non valeat vendicare quod repetit.

*1100 circa.*

[1] P. *Toroginaco.*
[2] M. *Batius.*
[3] P. *Talliaco.*
[4] M. *Ruilliaco.*

## 852.

### DE DUOBUS CURTILIS IN BRUILLOLIS.

1100 circa.

Ego Durantus Rex, cum consilio et laude filiorum meorum, dono Deo et Sancto Martino Saviniensi, ubi domnus abbas Iterius secundus præesse videtur, aliquid de rebus meis, pro sepultura corporis mei : hoc sunt duo curtili qui sunt siti in valle Bebronensi, in villa de Bruillolis, cum omnibus appenditiis suis, usque in exquisitum, et unum campum qui est situs in eadem valle, juxta Montem Theotbaldi. S. Duranti Regis; Vualdemari; Unfredi; Hugonis; Arberti; Jarentonis. Data manu Duranti monachi.

## 853.

### DE MANSO IN PROVINCHERIIS [1].

1100 circa.

Ego Bernardus, familiaris Saviniacensis ecclesiæ Beati Martini, ubi domnus abbas Iterius secundus præest, concedo quoddam alodium [2] mei juris : est autem dimidius mansus situs in valle Argenteria [3], subtus ecclesiam Beati [4] Stephani, in locum quem nominant Provincarias. Hoc autem facio pro filio meo Stephano, quem obtuli ad serviendum Deo et Sancto Martino. Similiter Amaldricus, frater uxoris meæ, concedit quartam partem ipsius mansi. S. Bernardi. S. Amaldrici.

## 854.

### DE VINEA IN BROLIO.

1088 circa.

Sanctæ Saviniacensi ecclesiæ Beati Martini, cui domnus abbas Iterius secundus præest, Ego Agno, cum laude fratris mei Vuillelmi et filiorum ejus, nepotum meorum, et uxoris meæ, dono aliquid de hæreditate mea pro sepultura mea, scilicet unam vineam in villa quæ dicitur Brolium, et unum curtilum, tali tenore ut, uxore mea vivente, habeat ipsam vineam, et reddat quartum, et post mortem ejus re-

---

[1] P. *Prevencheriis.*  
[2] P. *allodium.*  
[3] P. *valle de Argenteria.*  
[4] M. *Sancti.*

vertatur ad Sanctum Martinum. S. Vuillelmi et filiorum ejus. Actum Saviniaco, anno Domini millesimo octogesimo octavo[1], feria quarta et [die] decimo octavo. Data manu Alberici monachi.

### 855.

#### DE VINEA IN NOALIACO[2].

Ego, in Dei nomine, Gotolendis dono aliquid de hæreditate mea Deo et Sancto Martino Saviniensi, ubi domnus abbas Iterius præest, pro remedio animæ meæ et sepultura filii mei Rotlanni[3], quæ est sita in valle Bebronensi : hoc est unam vineolam et campum in villa Noaliaco, tali tenore ut, quamdiu vixero, teneam ad plantandum et ædificandum, et quartum reddam Sancto Martino. S. Gotolendis, quæ firmari jussit. S. Arnulfi; Hugonis; Bernonis; Stephani; Amalrici.

1100 circa.

### 856.

#### DE CURTILO IN TASIACO.

In Dei nomine, Ego Girardus dono, de hæreditate mea, Deo et Sancto Martino Saviniensi, et abbati Iterio secundo ac monachis, unum curtilum qui vocatur Adalgias, qui est situs in villa Tasiaco, pro anima scilicet mea et sepultura. S. Girardi, qui fieri jussit et firmavit. S. Berardi; Agnonis; Arnulfi; Vuichardi. Data manu Stephani Albi monachi.

1100 circa.

### 857.

#### DE VINEA IN FLACIACO.

Ego Girbertus Faber et uxor mea Blitgardis donamus ad ecclesiam Sancti Martini Saviniensis, quam domnus Iterius abbas secundus regere videtur, pro anima et sepultura filii nostri Lugduni nomine, tertiam partem de una vinea quam habemus apud Flaciacum, et post obitum nostrum alias duas partes. S. Girberti et uxoris ejus Blitgardis, qui hoc firmaverunt. Data manu Adalardi levitæ.

1100 circa.

---

[1] Ms. P. tantum habet *millesimo octogesimo*.
[2] P. *Noalliaco*.
[3] M. *Rollanni*.

## 858.

### DE TERRA[1] IN GRIORGIS ET APINNACO[2].

1100 circa. Sanctæ Dei ecclesiæ Beati Martini Saviniensis, ubi præesse videtur domnus abbas Iterius secundus, Ego Vuigo et frater meus Arnaldus donamus Deo et Sancto Martino, pro animabus nostris et sepultura corporum nostrorum, aliquid de hæreditate nostra, quæ est in agro Tarnantensi, in villis his nominibus Griorgis et Apinnaco, videlicet quantum in his visi sumus habere, in vineis, campis, pratis, silvis. Totum donamus tali tenore, ut ab hodierna die habeant et possideant rectores ecclesiæ. S. Vuigonis et Arnaldi, fratris sui. S. Archodi[3]. Data manu Gauzeranni monachi, die Dominica festivitatis sancti Laurentii.

## 859.

### DE MANSO AD SET FOLZ.

1100 circa. Nos, in Dei nomine, Bernardus et Durantus fratres venimus ad convenientiam cum domno Iterio secundo, abbate Saviniacensi, et monachis ejus, ut eis quasdam res ex nostro usuario, pro animabus nostris, accommodaremus; quod et fecimus : est autem unus mansus situs in pago Lugdunensi, in valle Bebronensi, in villa quæ dicitur ad Septem Follos; quem mansum ex hæreditate Sancti Martini pater noster Durantus, propter emendam sui fratris, acquisivit de domno Hugone abbate; et nos eum vuirpimus, post decessum nostrum, ut revertatur ad usum seniorum prædicti monasterii. S. Bernardi et Duranti, fratris ejus, qui firmaverunt. Data manu Vualterii monachi.

## 860.

### DE VINEA AD LUANS.

1100 circa. Sanctæ Saviniacensi ecclesiæ Beati Martini, cui præest domnus abbas Iterius secundus, Ego Girardus dono aliquid de hæreditate mea quæ mihi contigit ex materno jure, quæ est sita in agro Tarnantensi,

---

[1] P. *vinea* — [2] P. hic et infra *Appinnaco*. — [3] P. *Archordi*.

in villa de Luans : hoc sunt tres algiæ de vinea, pro sepultura ejusdem matris meæ Marensendis nomine. S. Girardi.

### 861.

[DE MANSO IN PARROCHIA SANCTÆ MARIÆ DE ESSARTINIS.] [1]

Notitia convenientiæ quam Ermengardis de Mussiaco et Pontius, filius ejus, et Stephanus et Vuigo, fratres ejus, et Amblardus de Castello, et omnes hæredes alii fecerunt Deo et Sancto Martino et monachis de Saviniaco. Miserunt eis in vadium unum dimidium mansum qui est in Rocha situs, in parrochia Sanctæ Mariæ de Essartinis, quem Benedictus rusticus possidet, tali convenientia, ut salvum et quietum habeant monachi, quousque ipsi sexaginta quinque solidos reddant monachis[2] in Dominico. Dederunt autem fidejussores, ut salvum et quietum tenere faciant monachos, neque forfactum ibi faciant, pro quo desertetur[3]. Ex parte Pontii et Pontii Jai[4] et conductus[5] ejus, est fidejussor[6] Bladinus de Corziaco; ex parte Stephani et aliorum, est fidejussor ipsemet Stephanus[7]. Reddit ipsa terra in messe quatuor denarios in carne, et sextarium vini, et unum denarium de pane, et in calendis similiter et unam eminam de cibaria, et in Maio[8] sex denarios pro vircaria, et quinque denarios pro prato et agno, tres denarios pro mansione.

1100 circa.

### 862.

DE CURTILO IN MELEIRULS.

In Christi nomine, Ego Durantus et mater mea Ildina, ecclesiæ Sancti Martini Saviniensis, cui præest domnus abbas Iterius secundus, donamus, pro anima patris[9] mei Fulcherii, unum curtilum cum

1100 circa.

---

[1] Titulus iste deest in mss.
[2] Forte : .... monachis. In Dominico dederunt, etc.
[3] P. desertur.
[4] L. res pro jai.
[5] P. conductio.
[6] M. hic et infra fideijussor.
[7] Hic fuerunt mutandæ, ut hoc instrumentum dilucidum fieret, quædam interpunctiones, atque etiam meliora de omnibus codicibus, quorum quisque sigillatim corruptus est, verba colligenda. In notis tamen diversas accurate conjeci lectiones.
[8] Vide ch. 918. — [9] M. et L. fratris.

vircaria et orto, quantum ad ipsum curtilum aspicit, et est situs in villa de Meleiruls¹. S. Ildinæ et Duranti.

### 863.

#### DE CURTILO IN MONTRUIL.

1100 circa. Ego, in Dei nomine, Otgerius Esparos et uxor mea Sigiburgis donamus unum curtilum in monte² Ruilliaco, et unam vineam, et unam silvam, et mansionem, Deo et Sancto Martino Saviniensi et abbati Iterio secundo ac monachis ejus. S. Otgerii et Sigiburgis, qui hoc donum firmaverunt. S. Avent; Vuichardi³; Adalelmi; Constantii; Guionis⁴. Data manu Stephani Albi monachi.

### 864.

#### DE VINEA IN MUSCIACO.

1100 circa. Cunctis legentibus et audientibus, notum sit quia ego Ficia⁵, pro absolutione animæ meæ et mariti mei, necnon parentum meorum, donavi Sancto Martino Saviniacensi et monachis ibi Deo servientibus curtilum unum de terra arabili et vineam unam quæ conjacet, in villa quæ dicitur Musciacus, laudantibus nepotibus et hæredibus meis, tali conventione, ut in perpetuum donatio ista firma permaneat. S. Agnonis Catoli, vicarii comitis; Milonis et Pontii, fratrum ejus, nepotum meorum. Actum in parrochia Sancti Laurentii, mense Martio, tempore Hugonis, archiepiscopi Lugdunensis.

### 865.

#### DE CURTILO DE LA ROCHI.

29 April. 1109? Ego Eldegardis dono de hæreditate Giraldi, senioris mei, cum consilio fidelium nostrorum et propinquorum ejus, et laude filiorum nostrorum Sigiberti et Hugonis et filiæ nostræ Girbergiæ⁶, ad locum Sancti Martini Saviniacensis, quem domnus Iterius abbas secundus

---

¹ L. *Mereiruls.*
² P. add. *de.*
³ M. et C. *Vuicardi.*
⁴ P. et M. *Quionis.*
⁵ P. *Fiscia.*
⁶ M. L. et C. *Guibergiæ.*

regit : hoc est unum curtilum quem vocant de Rocha, cum appenditiis suis, hoc est in vineis, campis, salicetis, silvis, terra culta et inculta, et duas vineas in eodem loco sitas. Est autem hæc terra sita in agro Tarnantensi, in villa de Chassiaco. Et hoc facimus pro sepultura senioris mei et remedio animæ illius. S. Eldegardis et filiorum ejus. S. Vualdemari; Vuilisii[1]; Pagani et Renconis, fratris ejus. Data manu Vualterii monachi, tertio calendas Martii[2], et tertio imperante Henrico in Burgundia.

### 866.

#### DE TERRA ET PRATO IN CALVIACO.

Sacrosanctæ Dei ecclesiæ Saviniensi[3], in honore beati Martini constructæ, cui domnus Iterius abbas secundus præest, Ego Adalardus dono, pro sepultura corporis mei, unam quartalatam de terra et aliam de prato, in loco qui[4] dicitur Calviacus, et terminatur ex omni parte terra Sancti Martini. S. Bertranni, filii ejus, qui firmari voluit, et Constabilis, fratris sui; Gislamari de Avesiis[5]; Adalardi; Duranti.

1100 circa.

### 867.

#### CONVENIENTIA CHATARDI.

Ego Chatardus, volens ire Hierusalem[6], facio donum de tota mea hæreditate Deo et Sancto Martino Saviniacensis cœnobii, et domno Iterio abbati secundo et monachis ibidem manentibus, et accipio ab eis ducentos quinquaginta solidos et unum mulum. Hoc donum tali convenientia facio, ut, si infra terminum et in peregrinatione mea obiero, tota hæreditas mea, absque ulla contradictione et calumnia parentum meorum et aliorum hominum, in possessione ecclesiæ Beati Martini transeat. Si vero reversus fuero, et habitum monachi quæsiero, ista hæreditas sit pro anima mea et eleemosina ecclesiæ memoratæ; et si uxorem accepero, de qua hæredes habeam, reddam eis pretium

1100 circa.

---

[1] M. et C. *Vuilisi.*
[2] P. *Maii.*
[3] M. *Saviniacensi.*
[4] M. et C. *in villa quæ.*
[5] M. et C. *Avesis.*
[6] M. et C. *Ierusalem.*

supradictum. Quod si hæredem non habuero, ista donatio firma et stabilis sit, sicut supra dictum est, post obitum meum. Taliter sit ista donatio, ut nullo modo ante redimatur, nisi causa uxoris et hæredum meorum. S. domni Iterii abbatis; Alberici; Arnulfi; Vuillelmi. Est autem ista hæreditas in pago Forensi, juxta castrum Buxi.

### 868.

DE MOLENDINO DE FRANCOLINO.

1100 circa.

Notum fieri volo, tam præsentibus quam futuris, quod ego Vuilencus Longus[1], positus in peregrinatione Sanctæ Mariæ Magdalenæ[2], in redeundo tactus infirmitate mortis, consilio uxoris meæ Adalsendis, quæ mecum erat in itinere, necnon et aliorum qui aderant, Poncii videlicet Quet, et Petri Canis, dedi Deo et Sancto Martino Saviniacensis monasterii, quod regit domnus abbas Iterius secundus, molendinum de Francolino, qui est situs super rivum Turdinæ, cum suis appenditiis, pro anima mea et pro animabus parentum[3] meorum, de quorum hæreditate hæc possidebam, tali tenore ut deinceps supradictus abbas Iterius secundus et monachi inibi Deo servientes, [et] successores eorum, inviolate, jure hæreditario, possideant. Testes et laudatores hujus doni sunt ipse Vuilencus, qui hoc donum fecit, et ad memoriam futurorum scribi præcepit; et Adalsendis, uxoris ejus. S. Pontii Quet. S. Petri Canis.

### 869.

EMPTIO TERRÆ ET DATA SANCTO MARTINO.

1100 circa.

Pontius de Piennaco[4], frater Arnulfi, et Gibuinus[5] et uxor ejus Ermengardis, et Petrus Guius, et Stephanus, et Bladinus, et Adalardus, Bernoni et Adenaro[6] Cornelii unam vircariam, in villa quæ nominatur Morterius, vendiderunt, et acceperunt ab eis pretium; Gibuinus et Ermengardis habuerunt in annona sive in denariis decem

[1] P. *Longo.*
[2] Lorettæ.
[3] M. *antecessorum.*
[4] P. M. et C. *Pienacho.*
[5] L. *Girbuinus.*
[6] M. *Adenazo.*

octo solidos; Pontius, tres solidos et unum optimum prandium et caligas rubeas; Petrus Guius, sex denarios; et Stephanus, frater ejus, sex, et Bladinus, quatuor; Adalardus, quatuor. Uxori Benedicti Paltieri[1] et filiis ejus donavimus quatuor solidos; Gundrado, solidos duos et unam pelliciam; Bertranno de Piennaco, quatuor solidos; et Bladinus de Valellis fuit testis; Duranto de Marziaco et uxori ejus, quatuor solidos et dimidium. Isti viri et istæ fœminæ suprascripti laudaverunt et tradiderunt in allodium[2] Bernoni et Ademaro Cornelii vircariam prescriptam. Aymo de Pitavalle[3], et Vuichardus de Ambroniaco, et Amblardus Longus, et Petrus de Pugniaco hanc venditionem viderunt, audierunt et laudaverunt, et veri testes sunt. Quod hic scriptum est, et aliam hæreditatem meam, post mortem meam, relinquo Deo et Sancto Martino Saviniacensis cœnobii.

### 870.
[DE ECCLESIA IN VALLE GUZANTIUM[4].]

Reverendo fratri Ismidoni, Diensi episcopo, Hugo, Lugdunensis ecclesiæ servus, salutem. Idem reverentiæ vestræ litteris iteramus, quod quondam petitioni vestræ nobis scriptæ rescripsimus, quod videlicet memoria nostra non retinet qua definitiva sententia, tempore quo in episcopatu Diensi præsidebamus, negotium terminatum fuerit, et etiamsi ad finem usque perductum fuerit inter Crudatenses et Bordellenses[5] monachos, de ecclesia in valle Guzantium sita. Recolimus autem et certi sumus quod quidam Crudatensis monachus, patris sui necnon et fratrum suorum fretus potentia, invasit ecclesiam de qua nunc agitur, quam quia Burdellenses monachi diu antea possederant, prædicto invasore, per officium nostrum, cedere compulso, recuperarunt, et postea, prout ipsi asserunt, nunc usque investiti fuerunt et possessores. Unde non incertum videtur dictam ecclesiam, et ante invasionem prædicti Crudatensis monachi, postea vero per officium

1100 circa.

---

[1] M. L. et C. *Paltrerii.*
[2] M. *alodo.*
[3] M. *Pitavelle.*
[4] Hanc chartam edidit J. M. de la Mure, *Hist. du dioc. de Lyon,* p. 397.
[5] M. *Bordelenses.*

nostrum recuperatam, Bordellenses monachos jure possedisse, nisi rationes quas nondum audivimus probatissimas, sive testimonia manifesta contra hæc quiveritis ostendere. Cum etiam ad hoc accedat restituta Bordellensibus ecclesia illa, quod postmodum ipsi alias plures in eodem episcopatu a nobis acquisierunt, imposito censu ad voluntatem nostram, pro facultatibus utriusque[1], sicut etiam canonicis nostris manifestum habetur.

### 871.

#### DE MANSO IN PLANIOLA.

6 Maii 1101? Ego, in Dei nomine, Vuarinus[2] et uxor mea Semena donamus Deo et Sancto Martino Saviniensi et Beato Petro de Mornant, quibus locis præest domnus abbas Iterius secundus, pro redemptione animarum nostrarum et parentum nostrorum, aliquid de hæreditate nostra, quæ est sita in villa de Planiola : hoc est unum mansum cum pratis et appenditiis suis; et terminatur a mane terra Hugonis de Colongis, et a meridie via publica. Pro hoc dedit nobis Hugo Rumfator[3], præpositus ejusdem loci, centum solidos. S. Arnulfi de Colongis; Vuillelmi; Araldi; Gausberti; Radulfi; Girini presbiteri; Girini clerici de Corcenato. Data manu Pontii clerici, secundo nonas Maii, luna prima, regnante Henrico imperatore.

### 872.

#### DE VINEA IN MONTLUCION.

1100 circa. In Dei nomine, Ego Laidreus[4] dono ad ecclesiam Sancti Martini Saviniensis, quam domnus abbas Iterius secundus regit, et ad ecclesiam Sancti Petri de Mornant, aliquid de hæreditate mea, pro anima mea et animabus parentum meorum, et sepultura corporis mei. Est autem ipsa hæreditas in agro Goffiacensi, in loco[5] qui vocatur[6] Mons Lucion, prope ecclesiam Sancti Saturnini. Hoc sunt tres fossoratæ de

---

[1] M. *uniusquisque.*
[2] M. *Varinus.*
[3] L. *Rumphator.* C. *Runfator.*
[4] L. *Laidredus.*
[5] M. et C. *Gofiacensi, in villa quæ vocatur.*
[6] L. *in villa dicta.*

vinea culta; terminatur ita : a mane via publica, a sero hæreditas comitalis, et ex aliis partibus de ipsa hæreditate. S. Laidrei, qui hanc donationem firmavit; Arnaldi et Joannis, filiorum ejus; Isaac; Bermundi[1]; Duranti; Asterii; Joannis; Rotlanni.

### 873.

#### DE TERRA IN LUINIACO.

Ego, in Dei nomine, Artaldus, cogitans casus humanæ fragilitatis, dono Deo et ecclesiæ Sancti Martini Saviniensis, cui præest domnus abbas Iterius secundus, aliquid de hæreditate mea, quæ est in agro Forensi, subtus castrum de Marcilliaco[2], in villa quæ dicitur Luiniacus, quantum visus sum habere : medietatem unius curtili, in campis, vineis, pascuis, et quantum ad ipsam medietatem aspicit; et in alio loco, in villa quæ nuncupatur Argenteria, reddo unam vineam quam avunculus meus Gausbertus dedit Sancto Martino. S. Artaldi et Stephani, fratris sui; Dalbergiæ[3]; Adalsendis; Bernardi. Data manu Duranti.

1100 circa.

### 874.

#### DE CURTILO[4] IN CIVENT.

Sanctæ Saviniensi ecclesiæ Beati Martini, ubi domnus abbas Iterius præest, Ego Amicus et frater meus Artaldus et filii mei donamus, pro remedio[5] animarum nostrarum et parentum nostrorum, de rebus quæ nobis jure adveniunt, in agro Forensi, in villa de Civent, juxta villam, unum curtilum qui reddit omni anno, pro servitio, unum quartallum ordei, et octo denarios, et unum caponem; et alium curtilum ad Chanassum, qui reddit, pro servitio, unum quartallum ordei, et duodecim denarios, et unum caponem. S. Amici et Artaldi clerici, fratris ejus, qui firmari rogaverunt. Dedit etiam Amicus, pro sepultura uxoris suæ, in villa quæ vocatur Sala, in loco qui dicitur

1100 circa.

---

[1] M. et C. *Isaac Bermundi.*
[2] M. et L. *Marsiliaco.* C. *Marciliaco.*
[3] M. *Dagbergiæ.* P. *Dabergiæ.*
[4] P. *campo.*
[5] L. *ad remedium.*

Seu, duodecim denarios, laudantibus filiis suis Girino et Artaldo. S. Vuillelmi Desson; Girini Dossenna [1].

## 875.

### DE MANSO IN ROSERIIS.

1100 circa.  In nomine Domini nostri Jesu Christi, Ego Girinus, pro anima mea et patrum et fratrum meorum, dono aliquid de hæreditate mea Deo et Sancto Martino ad locum Saviniacensem [2], ubi Iterius abbas præesse dignoscitur, unum mansum qui est situs in agro Forensi, juxta ecclesiam Sancti Petri de Roseriis, cum pratis et terra culta et inculta. Terminatur ex una parte terra Sancti Martini, et ex alia terra ipsius Girini. Tali tenore concedo, ut quamdiu vixero teneam, et omni anno sex denaratas de cera persolvam. Post mortem vero meam, stabilis permaneat, cum stipulatione subnixa.

## 876.

### DE VINEA IN CURIOLO.

1100 circa.  Sanctæ Dei ecclesiæ Beati Joannis Randanensis, quæ adjacet ecclesiæ Sancti Martini Saviniensis, ubi domnus abbas Iterius præesse videtur, Ego, in Dei nomine, Rotlannus dono, de hæreditate mea, pro salute mea, unam vineam quæ est sita in agro Forensi, in villa de Curiolo, quam Anfredus possidet. S. Stephani; Rotlanni; Gausberti; Alexandræ; Rotrudis; Arperti; Vuigonis; Raimberti; Arnulfi; Gauzeranni; Archimberti.

## 877.

### DE CURTILO JUXTA CIVENT.

1100 circa.  Ego Amelius, cogitans humanæ fragilitatis casus, pro anima fratris mei Estorghi, concedo ecclesiæ Sancti Joannis Randanensis et Sancti Martini Saviniensis, ubi domnus Iterius abbas præesse videtur, de hæreditate mea, in agro Forensi, in villa de Curiolo Alverii [3] juxta

---

[1] L. *Dozenna.*
[2] M. *Saviniensem.*

[3] Hoc in loco ms. P. habet vocem quamdam absque significatione, et præterea su-

Civent, unum curtilum de terra, qui reddit sex denarios, et ad Moncels unam vircariam. S. Amelii, qui firmari rogavit.

### 878.
#### DE VINEA IN CELLIS.

Ego Arbertus de Rochifort[1], cum essem in servitio Dei et Beati Petri, apostolorum principis, antequam domum reverterer, præventus morte, vocavi amicos et socios viæ, fratremque meum Gausbertum[2], et per consilium eorum destinavi et reliqui aliquid de mea hæreditate Deo et Sancto Martino, et domno abbati Iterio, et monachis ejus[3], qui inhabitant eum locum qui dicitur Randanus, ut habeant et teneant usque in sempiternum. Est autem hoc : una vinea quæ est sita in agro Forensi, in villa quæ dicitur Celles, quam tenet Isdrael[4] rusticus. S. Heldini, filii ejus; Gausberti, fratris ejus; Alexandræ, uxoris ejus; Martini, qui erat comes ejus in via, et in præsentia fuit.

1100 circa.

### 879.
#### DE TERRA IN VILLANOVA.

Ecclesiæ Sancti Joannis de Randanis, quæ adjacet ecclesiæ Sancti Martini Saviniensis, ubi domnus abbas Iterius præesse videtur, Ego Rotbaldus dono, pro sepultura mea, unam eminatam de terra in agro Forensi, in fine de Villanova, et terminatur a mane terra Salomonis, a meridie similiter, a sero terra Roberti[5]. S. Umberti; Salomonis; Ilianæ; Nazariæ; Gimbergiæ. Data manu Duranti monachi.

1100 circa.

### 880.
#### DE VINEA IN VALEISIA.

Hoc est donum et carta testamenti quam rogaverunt scribi Rotlan-

1100 circa.

---

pervacuam : *alveru*. In ms. L. legitur *alverii*, non magis explanabilis. In M. et C. omittitur *in villa de Curiolo*, et scribitur *alvern*.

[1] L. *Rochefort*.

[2] M. *Gaubertum*.
[3] L. *omnibus*.
[4] C. *Isdrahel*.
[5] C. *Rotberti*.

nus, frater Vulgrini, et uxor ejus, et Berardus, propinquus ejus, de quadam vineola quæ est sita in pago Forensi, in agro Solovrensi, in villa quæ nominatur Valeisia [1], quæ continet duas jornalatas [2] in fossione. Quam vineolam ipse Vulgrinus, ante obitum suum, destinavit Deo et Sancto Martino et monachis ejus habitantibus locum qui nominatur Randanus, sub regimine domni abbatis Iterii; et post obitum ipsius Vulgrini, convenerunt supra scripti parentes ejus, et uxor, et cæteri amici ejus, et fecerunt donum, et tradiderunt, et confirmaverunt hanc cartam. S. Rotlanni et Alexandræ [3], ejus uxoris; Berardi; Berengerii; Hugonis Pellun [4]; Stephani presbiteri. Data manu Vualterii.

## 881.

### DE CURTILO IN CHASELLIS [5].

1100 circa.

Sanctæ Saviniensi ecclesiæ Beati Martini, ubi domnus abbas Iterius videtur præesse, et ubi appendet locus Randanensis, Ego Gotlendis dono, pro salute animæ meæ, unum curtilum cum domo una qui est situs in agro Forensi, in villa quæ dicitur Chaselles [6], et terminatur a mane terra Dalmatii [7], a meridie terra Duranti, a sero similiter. S. Eldini; Vuigonis; Stephani; Foschardi [8]; Umberti presbiteri; Adalgardis [9].

## 882.

### DE MANSO IN ZOTERIIS [10] VILLA.

1100 circa.

Ego, in Dei nomine, Eldegardis ecclesiæ Dei et Beati Martini Saviniensis, cui præest domnus abbas Iterius secundus, de hæreditate mea, unum mansum, pro anima mea et senioris mei et Geraldi sive

---

[1] L. *Vallesiis.*
[2] L. add. *in vinea.*
[3] Utrum adscriberem huic chartæ, in qua non nominatus est Iterius, annum undecimi sæculi ineuntis, in ambiguo fui. Vide ch. 614, ubi apparent *Rotlandus* quidam et uxor ejus *Alexandra.*
[4] M. *Peleun.*
[5] M. L. et C. *Chassellis.*
[6] M. et C. *Chasselles.*
[7] M. et C. *Dalmacii.*
[8] L. *Foscardi.*
[9] M. *Adagaldis.*
[10] M. et C. *Zoteris.*

duorum filiorum meorum, Sigiberti et Hugonis. Est autem ipse mansus situs in agro Forensi, in villa quæ dicitur Zoteria, quem Franco in meo dominicatu excolit. S. Eldegardis et duorum filiorum ejus, Hugonis et Sigiberti, et sororis eorum Gimbergiæ[1]. S. Rotlanni, et Duranti et Silvii, filiorum ejus; Adelmodis; Pagani; Renconis; Arnulfi Calvi, et Rotlanni, fratris ejus. Data manu Gauzeranni monachi, die Sabbati[2], tertio nonas Martii, regnante Henrico in Burgundia.

## 883.

### DE VINEA IN ACIACO.

Ego, in Dei nomine, Hilaria[3], cum filio meo Girberto, trado sacrosanctæ ecclesiæ Saviniacensis cœnobii, quam domnus abbas Iterius regit, quoddam allodum[4] mei juris, quod mihi evenit ex materna hæreditate, pro remedio animæ meæ, et parentum meorum, et sororis meæ Franchiæ. Est autem medietas de una vinea quæ sita est in agro Forensi, in villa de Aciaco, quæ est in parrochia Beati Mauricii[5] ecclesiæ Trilinensis; nam alteram medietatem ipsius vineæ Franchia, soror mea, olim obiens, reliquit jam dictæ ecclesiæ. S. Hilariæ, quæ firmari rogavit, et Girberti, filii ejus; Ursi; Constantii. Scripta manu Vualterii monachi.

1100 circa.

## 884.

### DE MANSO IN MOLARI.

Hugo Dalmacius[6] calumniavit ecclesiæ Randanensi ecclesias de Foro, quas domnus Iterius, Saviniensis cœnobii abbas secundus, acquisierat a domino[7] Hugone[8], tunc archiepiscopo Lugdunensis ecclesiæ, seu ab

1110 circa.

---

[1] M. *Ginibergiæ*.
[2] C. *Sabati*.
[3] L. *Ilaria*.
[4] M. et C. hic et infra *alodum*.
[5] P. *Mauritii*.
[6] P. hic et infra *Dalmatius*.
[7] M. *domno*.
[8] Vide ch. 819. Verba quibus utitur scriptor hujus chartæ, Hugonem defunctum esse tempore quo data fuit, monstrare videntur. Illi propterea adscripsi annum 1110, nam Hugo mortuus est circa 1106.

omnibus laicis senioribus qui diu ipsas ecclesias injuste possederant; qui etiam tirannide auferebat huic consuetudinarias proprietates quas videbatur habere in manso de Mollario, qui est situs prope ecclesiam Sanctæ Agathæ[1]. Hac de causa, Bernardus, Randanensis loci tunc præpositus, tenuit placitum in præsentia ejus apud castrum quod dicitur Cozans[2], in quo placito talem cum illo finem placiti fecit : quod si aliquam calumniam et querelam habuerit in eisdem ecclesiis, deinceps eas perpetuo habendas tradidit ac definivit Deo, et Sancto Martino, Sanctoque Joanni Baptistæ, et monachis Saviniacensibus; laudavit etiam ac[3] concessit consuetudines quas eadem ecclesia solebat habere in prædicto manso; necnon et clausum vineæ quod antiquitus ibi possidebat[4], et tunc funditus desertum erat, tradidit ad plantandum et ædificandum, sicuti unquam melius habuerat et tenuerat. Consuetudines quoque quas in hoc manso habere videbatur, tali pacto laudavit, quod nulli hominum prius det aut vendat, neque in vadimonium mittat, quam priori ejusdem ecclesiæ cognitum faciat, atque ad emendum et retinendum invitet, nec ingenium mittatur ut supra dicto priori carius pretium imponat, ista[5] videlicet occasione, quatenus alius nobis subripiat. Hujus autem placiti et convenientiæ testes fuere : Artaldus Calvus, Acharias de Cosanno, Durantus Duret, minister præfati prioris, et Pontius celerarius supra dicti Hugonis, in quorum manibus ita se promisit custodire et tenere, ut supra dictum est.

### 885.

SACRAMENTUM ARNULFI.

1100 circa.

Sacramentum Arnulfus Calvus fecit quod forfactum non faciet in villa de Sal, neque ipse, neque quisquam ex suis militibus, et aliquis ex suis hominibus, præter illos qui proprie sunt de Donziaco[6], aut aliquis de clientibus suis, monacho et hominibus sive fœminis, qui

---

[1] M. et C. *Agatæ.*
[2] P. *Cosans.*
[3] M. et C. *et pro ac.*
[4] M. et C. *possederat.*
[5] M. et C. *illa.*
[6] M. *Danziaco.*

ibi ad præsens manent et deinceps manserint, et ibi venerint ut maneant, vel illis qui ibi suos sumptus conduxerint et miserint veniendo et regrediendo, nec forfactum faciat in terram illam quæ ibi appendit et deinceps appenderit, et hominibus qui illam [1] excolere voluerint. Quod si fecerit, et ipse, et sui homines, infra quatuordecim dies quibus clamorem audierit, ablata reddat, et ita placitet sine vi illis quibus forfactum fecerit, sicut prior laudaverit. Similiter juraverunt Rotlannus et Jarento, Artaldus, Vuillelmus et Gerardus.

### 886 [2].

#### DE VINEA DE ARCIACO.

Quædam domina, uxor scilicet Vuidonis Cordelli, per laudamentum mariti sui, dedit Deo et Sancto Martino Saviniensis cœnobii, et fratribus ejusdem loci, in præsentia domni Iterii secundi [3] abbatis et testium, vineam de Arciaco et clausum de Celsiaci villa, et totam hæreditatem quam habet infra istos terminos, a via publica quæ ducit Lugdunum usque ad rivulum qui dicitur Coltressa, eo tenore, ut quamdiu vivit teneat; et post ejus decessum permaneat Sancto Martino et monasterio Saviniensi. Testes sunt : Vuido, maritus ejusdem dominæ, Fulcherius Ruil, Bernardus, Rainaldus [4], Dalmacius, Girinus de Pino, Bernardus, Gaucerannus. Actum millesimo anno et centesimo decimo tertio ab incarnatione Domini.

1113.

### 887.

#### DE CURTILO AD SANCTUM VERANUM.

Millesimo octogesimo sexto anno ab incarnatione Domini, indictione nona, ciclo decemnovennali quarto, epacta tertia, decimo septimo calendas Maii et vigesimo nono, sepelivimus quemdam militem nomine Rotlannum de la Marchi, qui nobis dedit unum curtilum in parrochia Sancti Verani, tali convenientia, ut, si non est redemptus, a calendis Martii in tribus annis, viginti solidis ab uxore et filiis suis,

15 April. 1086.

---

[1] M. et C. *eam*.
[2] Ch. 886, 887, 888 desunt in P.
[3] Vox *secundi* deest in M.
[4] C. *Rainardus*.

in perpetuo sit hæreditas Sancti Martini. Testes et fidejussores sunt de hac convenientia Pontius Rancu[1] et Aymo de Glori, fratris sui, et Agno Catolla, tali ratione, ut faciant hoc donum laudare filios Rotlanni et parentes ejus. Actum die Sabbati[2], in capitulo Saviniacensis cœnobii.

## 888.

ALIAS.

15 Jun. 1086.

In eodem anno, decimo septimo calendas Julii, sepelivimus quamdam fœminam nomine Blismodem, quæ nobis dedit unam vineam et unum campum in vadio pro solidis decem, tali ratione, ut, si infra quinque annos non fuerint redempti supradicto pretio a parentibus, sit deinceps in hæreditate Sancti Martini. Testes sunt : Vuichardus Canis et Petrus, frater suus; Aquinus de Tuviren[3]. Est autem ipsa vinea et campus in villa de Talliaco.

## 889.

[ECCLESIA BOTAVILLÆ.]

1100 circa.

Dominus[4] Islo, episcopus Xanctonensis[5], consilio coepiscoporum scilicet domini Gotafredi, Burdegalensium archiepiscopi, et domini Robonis, Engolismensium episcopi, et domini Arnaldi, Petragoricensium episcopi, sive Lamberti archidiaconi, paradam et sinodum concessit ecclesiæ Botavillæ, et ut nullo modo excommunicaretur, nisi in ipsa sede taceretur[6]; sed si quis dignus esset excommunicatione, extra ecclesiam projiceretur. Constituerunt quoque prædicti episcopi sub excommunicatione, ut, si quis, stimulante invidia diaboli, ex his omnibus quæ supra diximus abstrahere vellet, iram Dei incurreret, et cum Juda traditore consortium haberet, et cum Datan et Abiron in abissum mergeretur, et cum diabolo et angelis ejus deputaretur, et insuper centum libras auri componeret.

[1] M. *Raneu.*
[2] C. *Sabati.*
[3] M. *Cuviren.*
[4] C. hic et infra *domnus.*
[5] M. et C. *Xantonensis.*
[6] Vide supra ch. 633 et 634.

## 890.

#### DE CURTILO IN GUTTA[1].

Sacrosanctæ ecclesiæ Saviniacensis cœnobii, necnon ecclesiæ Sancti Juliani quæ dicitur Sal, quibus præest domnus abbas Iterius, Ego, in Dei nomine, Gozma[2] et filii mei Fulcherius, Arnulfus et Aymo, pariter donamus unum curtilum qui est in pago Lugdunensi, in agro Forensi, in loco qui dicitur Gutta[3], cum terra culta et inculta, cum pratis, vircariis et guttulis, aquis aquarumque decursibus; et terminatur ex una parte terra Rostagni, et ex alia terra Isoard[4]; a mane oritur fons inter ipsam terram et terram Isoard, ab alia parte guttula et pratus, a sero similiter. Hunc vero curtilum donamus pariter pro sepultura filii mei Pontionis interempti, et pro redemptione animæ illius. Ego Gozma[5] et filii mei supranominati hunc donum facimus et firmamus.

1100 circa.

## 891.

#### DE VIRCARIA JUXTA ECCLESIAM DE SAL.

In nomine Dei, Ego Girinus, per consilium Ginbergiæ[6], uxoris meæ, dono ad locum Sancti Martini Saviniensis, ubi domnus abbas Iterius præesse videtur, et ad ecclesiam Sancti Juliani de Sal, aliquid de mea hæreditate quæ est sita juxta ecclesiam ipsius loci : hoc est una vircaria valde optima, et habet per omnia ipsa terra vineas optimas, et dono tali convenientia, ut ab hac die faciant ipsi fratres de Sal quidquid voluerint ad usum suum, id est ut faciant molendinum in ipsa terra et mansiones et ortos, et quidquid operari voluerint operentur. Terminatur ex omni parte terra Sancti Juliani, et ex una parte est rivulus qui vocatur Adosia. Hoc donum facio bono animo; et ut nullus ex propinquis meis intermittat se de ipsa eleemosina, quam ego feci, contradico. Ego Girinus hoc donum firmari rogavi.

1100 circa.

[1] P. *Guta*.
[2] P. *Gozima*.
[3] M. et C. hic *Gotta*.
[4] M. et C. hic et infra *Isoart*
[5] C. *Gosma*.
[6] M. et C. *Guibergiæ*.

S. Arnulfi Calvi et Gotolendis, uxoris suæ[1]; Arnulfi et Girini, filiorum eorum; Vuidonis et uxoris ejus Ermengardis, cujus erat hoc ad beneficium. Ipsi Vuidoni dedit Gausmarus monachus unum mulum centum quinquaginta solidorum, et uxori ejus quinque solidos, et Girino quadraginta, et uxori ejus quinque solidos, et Arnulfo unam unciam auri, et uxori ejus dimidiam, et Asterio octo solidos. Data in manu Gausmari monachi.

### 892.

#### DE CURTILO IN MADIS.

1100 circa.

In Dei nomine, Ego Durantus [de] Chastel Milan[2] dono Deo et Sancto Juliano de Sal, pro anima et sepultura uxoris meæ, nomine Ermengardis, aliquid de hæreditate ejus, quæ est in pago Lugdunensi, in agro....... juxta ecclesiam de Madis, hoc est unum curtilum, cum pratis et terra arabili, tali tenore, ut in præsenti ipsum recipiant, et in tali convenientia, ut, si ego ante filium meum obiero, recipiant me pro ipsa terra, et, si filius meus ante me obierit, ipsum recipiant. Ego Durantus hoc donum firmo et firmari rogo. S. Olmari, filii mei, et Duranti, fratris ejus; Jarentonis; Iterii. Hæc terra debet unum quartallum de ordeo et decem denarios.

### 893.

#### DE DIMIDIO MANSO IN RANGON[3] VILLA.

1100 circa.

In nomine Dei omnipotentis, Ego Roteldis, per consilium Jarentonis, senioris mei, dono ecclesiæ Sancti Juliani de Sal aliquid de mea hæreditate, quæ est in pago Lugdunensi, in agro Forensi, in villa quæ dicitur Rengon[4], pro anima mea et sepultura : hoc est dimidium mansum, cum vernetis, et salicetis, et publicetis, et pratis, et terra culta et inculta, et quantum visa sum habere in ipsa villa, medietatem dono, tali tenore, ut nullus ex propinquis meis intermittat se de hoc dono, sed sit semper in usus fratrum qui in hoc loco ste-

[1] C. *ejus.*
[2] L. et C. *Millan.*
[3] M. et C. *Rangou.*
[4] M. et C. *Rengou.*

terint; et si aliquis homo de eleemosina fratrum abstrahere voluerit, sit maledictus cum Juda, qui Dominum tradidit, et insuper iram Dei[1] incurrat et omnium sanctorum ejus; carta vero hæc firma et stabilis permaneat. S. Jarentonis et Rotlanni.

### 894.
#### DE CURTILO ADAVESIIS [2].

Pontius de Pipiaco, Notardus, frater ejus, dederunt Deo et Sancto Juliano de Sal unum curtilum qui dicitur Adavesiis, pro sepultura Vuillelmi, avunculi eorum, qui obiit morte subitanea; quem curtilum voverat Deo et Sancto Juliano in vita sua, propter alium curtilum qui est juxta illum, quem habebat ad beneficium de monachis. S. Pontiæ, uxoris ejus. S. Pontii; Notardi; Artaldi Calvi; Jarentonis Calvi; Vuillelmi Calvi; Jarentonis Calvi; Gerardi Calvi; Otmari; Jarentonis, fratris ejus; Aymini de Valellis[3].

1100 circa.

### 895.
#### DE CURTILO IN SURIONE.

Vualdemarus et Vuigo[4], filius ejus, et Hugo Flamens dederunt Sancto Juliano de Sal unum curtilum in villa de Surione, pro sepultura Vuigonis de Surione et redemptione animæ ejus; et reddit in servitio[5] dimidium quartallum ordei, et tres denarios, et unum caponem. Qui hæc abstulerit pœnis inferni crucietur. S. Vualdemari et Vuigonis, filii ejus, et Hugonis Flament[6].

1100 circa.

### 896[7].
#### DE MANSO IN ALGERIIS.

Umbertus de Foro fecit donum Deo et Sancto Martino atque Sancto Juliano de Sal, fratribus inibi morantibus[8], pro sepultura sua

1100 circa.

---

[1] M. *Domini.*
[2] M. et C. hic et infra *Adavesis.*
[3] M. *Valelles.* C. *Vallellis.*
[4] P. *Vuido.*
[5] P. *servitium.*
[6] C. *Flamenc.*
[7] Hæc charta deest in P.
[8] L. *commorantibus.*

et remedio animæ suæ atque parentum suorum, videlicet quartam partem unius mansi qui est in villa quæ vocatur Algerias, atque unum curtilum in quo moratur mater illius, in villa quæ vocatur Balbiacus, post mortem suæ matris. S. Girini Rufi; Pontii de Vallellis [1]; Duranti Darasci præpositi; Petri de Noaliaco monachi.

Finit de abbate Iterio secundo.

## DE BERARDO ABBATE[2].

### 897.

VUIRPITIO GIRARDI.

Ante 1117. Vuirpitionem fecerunt Girardus et Joannes, duo[3] fratres, filii Bernardi presbiteri, in manu domni Berardi abbatis et seniorum de Saviniaco monasterio : hoc est quatuor asinatas de fœno quas accipiebant omni anno in prato dominico, et duodecim denarios in molendino qui est sub prato, in Natali Domini, omni anno. In silva in qua est ecclesia Sancti Boniti habemus quinque curtilos, ubi ipsi nihil habent, et in omnes exarterias quæ sunt et quæ in futuro erunt, quæ arabuntur cum bobus et cum vaccis, erit tachiæ medietas Sancti Martini, et alia medietas eorum erit. Cibaria et gallinæ quæ reddunt homines propter ligna quæ deferunt ubicumque volunt cum bobus et vaccis et asinis, erunt Sancti Martini, et denarii de pratis similiter; et illi homines qui sine bestiis in silva supra nominata ligna acceperint, servitium atque census erit eorum quos[4] supra nominavimus. S. Raginardi monachi, qui hæc calumniavit eis. S. Stephani monachi; Iterii de Bulleu; Arnaldi Calvi; Jarentonis Morant; Hugonis Lasnay; Pontii Mali; Amblardi Longi.

[1] M. *Valelles.* C. *Valellis.*
[2] Vide aliam chartam alterius Berardi, n° 806.
[3] Vox *duo* deest in M.
[4] P. *quorum.*

## DE ABBATE GIRBALDO.

### 898 [1].

#### DE ECCLESIA DE AULIACO [2].

Laudabilium actum [3] memoria omnimoda debet servari cautela, ne forte quod prudentium perficitur industria, succedentium pereat et aboleatur [4] ignorantia. Quod nos vitare cupientes, omnibus hæc legentibus præsentium apicum designamus testimonio, tam præsentibus quam futuris, quæ domnus Girbaldus abbas, cui tunc temporis noviter cura cœnobii Saviniacensis ac regimen commissum fuerat, desiderans augmentare honorem ipsius monasterii, cui præfectus fuerat, petiit a domino [5] Gauzeranno [6], metropolitano ac primate Lugdunensi, ut Beato Martino et ecclesiæ Saviniacensi, sibique ac successoribus suis, concedere dignaretur ecclesiam de Auliaco : qui libentissime ejus annuens petitioni, dedit illi et ecclesiæ Saviniacensi [7] ecclesiam quam præfati sumus, cum cimiterio et decimis suis, faventibus sibi in hoc majoribus Lugdunensis canonicis ecclesiæ, Girino videlicet decano, Rostagno archidiacono et Teotardo [8] camarario, cæterisque qui eum comitabantur, et retento sibi et successoribus suis archipræsulibus Lugdunensis ecclesiæ, in eadem ecclesia de Auliaco [9], censu septem solidorum annis singulis; præcipiens inde cartam fieri et perenni [10] memoriæ commendari [11]. Si quis igitur, quod minime futurum credimus, hoc donum, quod præsens continet pagina, nisus fuerit dissolvere aut violare, nunquam valeat quod molitur efficere; verum, pro temeritate et audacia sua quibus litem intulerit, duodecim uncias [12] auri purissimi persolvat, et hæc donatio firma et stabilis atque

Dec. 1117.

---

[1] Hanc chartam edidit J. M. de la Mure, *Hist. du dioc. de Lyon*, p. 398.

[2] M. et C. *Aulliaco*.

[3] Legend. *actuum*, sicut in J. M. de la Mure.

[4] M. *absolvatur*.

[5] M. *domno*.

[6] BM. *Gauceranno*.

[7] P. *Savigniacensi*.

[8] M. et C. hic et infra *Theotardo*.

[9] C. *de Aulliaco*. P. *d'Auliaco*.

[10] P. *perhenni*.

[11] M. C. et P. *comendari*.

[12] M. *oncias*.

inconcussa perpetuo permaneat, cum stipulatione subnixa. S. domini Gauzeranni, Lugdunensis archipræsulis ac primatis, qui hanc præcepit facere cautionem[1]. S. Girini Calvi decani. S. Rostagni archidiaconi. S. Teotardi camararii. S. Girini dapiferi. Actum Lugduni, anno ab incarnatione Domini millesimo centesimo decimo[2] septimo, mense Decembri[3].

### 899[4].

#### DE TRIBUS CURTILIS IN CALME.

1117 circa.

Ego Eldegardis de Calme, reminiscens casus malorum meorum, concedo Sancto Juliano de Sal aliquid de rebus meis, quæ sunt sitæ in agro Forensi, in villa quæ dicitur Calmis, quæ est sita in parrochia Sancti Johannis de Exarpetra : hoc sunt tres curtili cum suis omnibus appenditiis, tali tenore, ut monachi ibidem Deo servientes amodo duos in perpetuum usque habeant, et possideant usque in exquisitum; tertium vero relinquo filiæ meæ Stephanæ, tantum in vita sua, eo pacto, ut, post mortem ejus, absque ulla calumnia vel contrarietate, redeat ad possessionem prædicti loci. Si quis autem hanc meam legitimam donationem infringere voluerit, non valeat obtinere quod cupit, sed, quamdiu permanserit in hac sua pessima voluntate, sit alienatus ab omni cœtu sanctorum. S. Girardi Pellerin, tunc prioris de Sal; Stephani presbiteri ejusdem loci; Girini Flamen; Artaldi Calvi; Duranti de la Chap. Scripta manu Petri monachi, mense Augusti, feria sexta et prima.

Finis de abbate Giraldo[5].

---

[1] M. et C. *hanc fieri præcepit cautionem.*

[2] P. non habet *decimo;* sed ista invenitur vox in omnibus aliis codicibus.

[3] M. addit hic : *1117°.*

[4] Hæc charta deest in P.

[5] Desunt hæ voces in P.

## INCIPIT DE ABBATE PONTIO.

### 900.

#### DECRETUM PASCHALIS PAPÆ[1].

Paschalis episcopus, servus servorum Dei, dilectis filiis Lugdunensis capituli canonicis, salutem et apostolicam benedictionem. Saviniacensium fratrum querelam accepimus super castello de Varennis[2] et super obsidibus ab abbate exortis : pro castello nos quidem obsides, perperam et contra ecclesiasticorum morem judiciorum, censemus exortos; castellum vero supra monasterium rite[3] destructum, quod neque illud, neque aliud, in monasterii læsionem[4] ædificari debuit; nec ulterius ædificari liceat. Obsides ergo ipsos[5] abbati restituendos præcipimus, et ecclesias non juste interdictas absolvimus; cimiterium vero de Bulliaco liberum et integrum, sicut a Lugdunensi ecclesia datum fuerat, monasterio manere decrevimus. Sane concordiam, quæ inter abbatem et Stephanum de Varennis, per manum Matisconensis episcopi, et Vuichardi de Bellojoco, et Vuigonis de Yconio, et Berardi, Matisconensis archidiaconi, deliberata est, si idem Stephanus servare voluerit, de cætero prorsus a monasterii infestatione desistat; alioquin, ut contemptor, canonicæ ultioni subjiciatur. Data Lateranni[6], quinto idus Decembris.

9 Dec. 1117 ?

### 901.

#### PRIVILEGIUM CALIXTI PAPÆ.

Calixtus episcopus, servus servorum Dei, dilecto filio Pontio, abbati monasterii Sancti Martini, quod in Lugdunensi parrochia, in loco qui Saviniacus dicitur, situm est, ejusque successoribus regulariter

17 Febr. 1124.

---

[1] Hanc chartam edidit D. Mabill. (*Annal. Bened.* t. V, p. 670); sed annum 1107 ei male attribuit.

[2] Vide ch. 903, 904, 905, ad ipsammet contentionem spectantes.

[3] P. *lite.*

[4] P. *lesionem.*

[5] P. *ipso.*

[6] M. et C. *Laterani.*

substituendis in perpetuum. Religiosis desideriis dignum est facile præbere consensum, ut fidelis[1] devotio celerem sortiatur effectum. Desideras siquidem, fili charissime, ut Saviniense[2], cui, disponente Deo, præsides, monasterium sub tutela et defensione sanctæ Romanæ suscipiamus ecclesiæ. Quapropter nos tuis omnibus petitionibus clementius accommodantes assensum, monasterium ipsum, cum omnibus pertinentiis suis, salva Lugdunensis archiepiscopi reverentia, in beati Petri ejusque Romanæ ecclesiæ tuitionem suscipimus, et contra perversorum hominum nequitiam privilegii nostri auctoritate munimus; possessiones enim et bona omnia quæ ipsius monasterii sunt confirmamus, in quibus hæc propriis visa sunt nominibus exprimenda : Videlicet in episcopatu Sanctonensi, in loco qui Botavilla dicitur, monasterium Sancti Pauli, cum pertinentiis suis; monasterium Sancti Remigii, in loco qui Merpins vocatur, cum pertinentiis suis; in loco qui Miribel dicitur, monasterium Sancti Sebastiani, cum appenditiis suis; in vico qui Niort nuncupatur, monasterium Sancti Martini, cum appenditiis suis; in vico qui[3] Cosnac dicitur, monasterium Sancti Thomæ[4], cum appenditiis suis. In episcopatu Diensi, in loco qui dicitur Bordel, monasterium Sancti Sabini, cum appenditiis suis. In episcopatu Gebennensi[5], in villa quæ Talueres dicitur, monasterium Sanctæ Mariæ, cum ecclesiis Marlens et Dolsas[6], cum cæteris ad ipsum monasterium pertinentibus; monasterium Sancti Georii[7], cum villa et omnibus appenditiis suis; in villa quæ dicitur Loagneu, monasterium Sanctæ Mariæ, cum pertinentiis suis. In episcopatu Lausanensi, monasterium Sancti Martini, cum villa quæ dicitur Lustriacus, et cæteris pertinentiis suis, cum ecclesia Sancti Pauli sita super lacum Lemannum[8]. In episcopatu Claromontensi, in territorio quod dicitur

---

[1] P. *cæteri* pro *fidelis*.

[2] M. et C. *Saviniacense*.

[3] P. male *episcopatu* pro *vico qui*.

[4] P. omisit voces quæ sunt a *Thomæ* usque ad *Sabini*.

[5] M. *Gebenensis;* melius *Genevensi* (gallice *le diocèse de Genève*).

[6] M. *Dalsas*.

[7] M. *Georgii*.

[8] Sanctus Paulus in diœcesi Lausannensi non situs erat, sed in Genevensi; pendebat autem a monasterio Lustriacensi, quod in Lausannensi diœcesi erat.

Vallislonga[1], ecclesiam Sancti Clementis, cum pertinentiis suis. In episcopatu Matisconensi, monasterium Sancti Nicetii de Aselgo, cum appenditiis suis. Hæc omnia et quæcumque monasterium Saviniense jam tricennali possessione, absque calumnia, canonica, tenuit inconcussa; tibi tuisque successoribus et illibata permaneant. Decrevimus ergo ut nulli omnino hominum liceat præfatum monasterium vestrum temere perturbare, aut ejus possessiones auferre, et abbates retinere, minuere vel temerariis vexationibus fatigare; sed omnia integra conserventur, eorum pro quorum sustentatione et gubernatione concessa sunt omnimodis usibus[2] profutura. Si qua igitur in futurum ecclesiastica secularisve persona, hanc nostræ constitutionis paginam sciens, contra eam temere venire tentaverit, secundo tertiove commonita, si non satisfactione congrua emendaverit, potestatis honorisque sui dignitate careat, reamque se divino judicio existere de perpetrata iniquitate cognoscat, et a sacratissimo corpore ac sanguine Dei et Domini redemptoris nostri Jesu Christi aliena fiat, atque in extremo examine districtæ ultioni subjaceat; cunctis autem eidem monasterio justa servantibus sit pax Domini nostri Jesu Christi, quatenus et hic fructum bonæ actionis percipiant, et apud districtum judicem præmia æternæ pacis inveniant. Amen. Ego Calixtus, catholicæ ecclesiæ episcopus. Data Laterani[3] per manum Hugonis, sanctæ Romanæ ecclesiæ subdiaconi, decimo tertio calendas Martii, indictione prima, incarnationis Dominicæ anno millesimo centesimo vigesimo tertio, pontificatus autem domini[4] Calixti secundi papæ anno quinto.
[*Hic insunt monogramma* « BENEVALETE » *et sigillum Calixti II cum his verbis :* « FIRMAMENTUM EST DOMINUS TIMENTIBUS EUM. »]

902[5].

PRIVILEGIUM CALIXTI PAPÆ.

Calixtus, servus servorum Dei, fidelibus omnibus ad quos litteræ

21 April.
1119-1124.

[1] Vide ch. 426, not.
[2] M. et C. *usibus omnibus.*
[3] M. et C. *Lateranni.*
[4] C. *domni.*
[5] Hæc charta deest in P.

istæ pervenerint, salutem et apostolicam benedictionem. Venerabilia et Deo dicata loca nos ampliori affectione diligere ac specialius confovere oportet. In Lugdunensi quidem parrochia, in loco qui dicitur Saviniacus, ad honorem Dei et beati Martini monasterium situm est, in quo religiosi quotidie fratres Domino famulantur. Itaque, pro amore Dei et gloriosi confessoris ejus reverentia, constituimus, ut eos qui, anno natalitio[1] ejus, illis tribus ante festum et tribus post festum diebus, ad ipsum locum convenerint, nullus in rebus et personis offendat, aut eis quamlibet inferat læsionem; nullus super monasterii ejusdem terras castrum et machinationem aliquam construat; nemo etiam in tota Saviniacensis terra cœnobii, quæ infra Lugdunensem parrochiam continetur, pedagium aut novas exactionis consuetudines mercatoribus auferre et extorquere præsumat. Si quis autem nostræ constitutionis hujus temerarius, quod absit, contemptor extiterit, et canonice monitus minime satisfecerit, tam ipse quam terra ejus a divinis suspendatur officiis. Datum Lateranni, decimo primo calendas Martii[2].

## 903.

### DE ITERIO DE BULLIACO.

1121 circa. In nomine sanctæ et individuæ Trinitatis, notum sit omnibus hominibus, natis atque nascituris, quod Iterius de Bulliaco dedit Deo et Sancto Martino Saviniacensis ecclesiæ omnem terram suam et possessionem quam videbatur habere inter Ligerim et Ararim[3]; et hoc donum fecit in capitulo Saviniacensi, in præsentia domni Iterii abbatis et suorum monachorum, laudantibus hoc[4] ipsum filiis suis, Achardo videlicet, Hugone et Vuillelmo. Defunctis autem Achardo[5] et Hugone Hierosolimis[6], Vuillelmus, qui remanserat[7], veniens ad finem, hoc idem donum fecit, et iterato laudavit, et coram testibus confir-

---

[1] M. *anna notalitis.*
[2] L. *Maii.*
[3] In charta 905 *Aselgam,* quæ videtur vox accuratior, legitur.
[4] L. add. *donum.*
[5] P. *Archardo.*
[6] C. *Ierosolomis.*
[7] P. add. *vivens.*

mavit Deo et Sancto Martino Saviniacensi. Hujus quoque doni sunt testes domnus Girbaldus, qui post abbatem Iterium abbas[1] extitit, et Girardus prior et Vuido[2] monachus, frater ejusdem Vuillelmi; Artaldus de Musciaco[3], Vuillelmus de Montefalcone[4], Vuillelmus Rainerii de Casteliolo[5], Petrus de Bulliaco capellanus, et multi alii, qui viderunt et audierunt. Et quia Stephanus de Varennis subdola subversione hoc donum depravare et auferre supradictæ ecclesiæ machinatus est, in tempore domni Pontii abbatis, qui ad jus faciendum et recipiendum paratus fuit, omnis conventus monachorum Saviniaci Deo servientium, pro Stephano et hæredibus ejus, qui terram et possessionem memoratam Sancto Martino juste datam, sed ab isto injuste ablatam, possident, proclamationem fecit, ut Deus omnipotens pro tanta injuria plenam eis justitiam facere dignaretur.

### 904.

[UNDE SUPRA.]

1121 circa.

Saviniacensis ecclesia olim quemdam parrochianum habuit, Iterium nomine de Bulliaco, qui moriens, cimiterium quoddam, quod injuste possederat, et patrimonii sui quamdam partem, ejusdem abbatiæ monachis perpetuo possidendam, donavit; filii quoque ejus post eum morientes, proprias portiones paternæ hæreditatis eisdem monachis[6] contulerunt. Contigit autem, post hæc, ut filiam defuncti Iterii duceret uxorem Stephanus de Varennis[7], qui et hominium abbati fecerat, et fidelitatem juraverat. Is, totam hæreditatem patris uxoris suæ habere cupiens, abbatiam inquietare cœpit. Tandem Pontius abbas, volens pacem habere, tres partes hæreditatis sibi dimissæ Stephano concessit, quamvis monachis contradicentibus. Stephanus vero tanto beneficio ingratus, villicum, quem abbas suæ quartæ parti præfecerat, ad jurandam sibi fidelitatem coegit, et ipsam quar-

[1] P. mendose : *qui post mortem Iterii abbatis fuit abbas extitit.*
[2] C. *Vuigo.*
[3] L. et C. *Mussiaco.*
[4] M. *Montfalcon.* P. *Montefalcon.*
[5] M. *Castelioso.*
[6] P. add. mendose *eidem.*
[7] C. *Varenis.*

tam partem occupavit. Præterea idem Stephanus domum quamdam, quam pater suus ad subtectanda pecora sua prope abbatiam leuga una, et intra possessiones abbatiæ, ædificaverat, munitionem fecit, vallo et fossa clausit, turribus ligneis et propugnaculis firmavit, et inde colonos abbatiæ minis et tormentis ad sibi serviendum cogere cœpit. His injuriis Pontius abbas commotus, hominem suum Stephanum, ut rectum sibi faceret, admonuit; quod ille diu facere contempsit. Suadentibus tamen ei amicis, obsides dedit : dies placiti in curia abbatis datus est. Constituti judices, utrinque causa cognita, inter cætera hanc dederunt sententiam : Ut Stephanus munitionem abbati redderet, ad diruendum de ea quantum sibi placeret, et in cimiterio supradicto, inter domum suam et ecclesiam, viam capellanis ecclesiæ fieri permitteret. Hoc autem judicium Stephanus diutissime complere distulit, vixque tandem munitionem abbati tradidit. Sed cum abbas in cimiterio, ut dictum erat, viam cœpisset aperire, Stephanus, cum armata manu, monachos qui aderant assultavit, tela simul et contumeliosa verba in eos jaciens. Inde discedens, ad munitionem suam venit, custodes abbatis inde expulit, terras abbatiæ deprædari non cessavit. Inter alia quoque mala, cellam, in qua sex monachi in quotidiano victu commanebant, invasit; monachos inde contumeliose ejecit, bona eorum diripuit[1]. Interea cumulo malorum excrescente, archiepiscopus sese mediatorem inter eos posuit, obsides utrinque petiit, accepit, diem placitandi statuit. Dati judices iterum munitionem reddendam esse censuerunt, ita tamen ut, quanto tempore Stephanus abbatem prima investitura privaverat, tanto tempore abbas munitionem haberet, et interim de cæteris querimoniis tractaturi ad curiam reverterentur. Restituta est itaque munitio abbati, sed fraudulenter, quia ipse Stephanus, cum militibus et balistariis[2], ac tota familia sua, in munitione remansit, et nocte dieque injuriosis verbis et minis homines abbatis ad seditionem et pugnam provocabat. Abbas vero de subdola et periculosa investitura apud archiepiscopum

---

[1] P. *dirupuit*. — [2] M. *basilistarius*.

conquestus, nullam inde justitiam consecutus est. Videns itaque abbas expensas custoditæ munitionis modum excessisse, consilio et auxilio[1] amicorum suorum, munitionem evertit. Hac de causa, archiepiscopus plus justo commotus, ipsum abbatem et monachos, et ecclesias quæ pertinebant ad abbatiam in episcopatu suo, excommunicavit; obsides tenuit, volens per[2] hoc constringere abbatem ad reædificandam speluncam latronum.

905.

[UNDE SUPRA.]

Notum sit omnibus hominibus quod placitum inter domnum Pontium, Saviniacensem abbatem, et Stephanum de Varennis, rata definitione[3] sic judicatum est : quod treugæ quas abbas rationatus[4] esse fractas in primis restituantur, et caput rapinæ reddatur, deinde ad curiam abbatis, ut quod rectum fuerit sibi faciat, revertatur. Deinceps judicatum est quod, si veridica testificatione[5] in curia abbatis inveniri potest quod mater uxoris Stephani, postquam Hugonem maritum accepit, hoc fecit cum consanguineo ipsius Hugonis, quod a viro suo separaretur, et eo vivente, Iterius[6] de Bulliaco duxit eam uxorem, supradicta uxor Stephani, ejus filia, hæreditate careat, et Stephanus, ut rectum faciat, ad curiam abbatis revertatur. Et si inter Stephanum et conjugem suam linea consanguinitatis, sicut a quibusdam dicitur, inest, ac testibus ante archiepiscopum comprobari potest, uxorem et honorem pariter relinquere judicatum est, et ad curiam abbatis, ut quod justum fuerit sibi faciat, revertatur. Iterum judicatum est quod, si abbas idoneos testes habere potest, qui testimonium in curia sua perhibeant, quod Iterius de Bulliaco omnem honorem, quem habebat inter Ligerim et Aselgum, Sancto Martino dedit; si filii sui sine hærede legalis connubii morerentur, ecclesia sua in pace possideat, et Stephanus in curia abbatis rectum faciat. Si vero supradicti testes

1121 circa.

---

[1] L. add. *bonorum.*
[2] M. *pro.*
[3] P. *diffinitione.*
[4] Lege, ut puto, *ratiocinatus erat.*
[5] P. *verificatione.*
[6] C. *Iterio.*

defuerint, iterum judicatum est quod quantum Vuillelmus, qui ultimus filiorum in hæreditate remansit, in vita sua vel in testamento, ecclesiæ Sancti Martini de sua hæreditate dedit, et testibus in curia abbatis confirmari potest, tantum ipsius hæreditatis in pace teneat, et Stephanus, ut rectum abbati faciat, ad curiam revertatur. Si autem hæc omnia supradicta defuerint, denuo judicatum est quod illam partem hæreditatis, quam Vuillelmus sub legalibus testibus uxori suæ[1] dedit, et ipsa Sancto Martino tribuit, eo pacto quo ipse Vuillelmus[2] uxori dedit, eodem pacto ecclesia teneat, et Stephanus in curia abbatis rectum faciat. Iterum judicatum est donum, quod Stephanus narrat sibi factum fuisse ab abbate, non esse tenendum et recte a conventu contradictum, si aliquid de supradictis donis ecclesia retinere poterit. De cimiterio autem, quod Stephanus asserit sibi datum fuisse ab abbate, quia abbas contra decreta proprie[3] et contra capitulum laico concessit, et quia abbatis cimiterium non erat, si postea ab archiepiscopo et canonicis illud acquisivit, donum irritum esse et in pace abbati dimittere judicatum est. De pedagio vero quod Stephanus injuste accipiebat, omnino dimittere, et per manum abbatis ea quæ accepit illis quibus abstulit, reddere, et ut abbati rectum faciat, judicatum est. De munitione quæ facta est in Varennis, contra quam abbas calumniam facit[4], sic judicatum est : quod quidquid ab hominio quod Gausmarus, pater Stephani, Dalmacio[5] abbati fecit superædificatum esse, penitus destruatur et amplius non ædificetur. Post hæc omnia judicatum est : quod, si domnus abbas aliquid de omnibus supradictis ad opus ecclesiæ retinere potuerit, Stephanus omnem[6] impensam, quam domnus abbas pro placitis posuit, ibi abbati integre restituat.

### 906.

PLACITUM DE RANDANIS.

1121 circa.

Pontius, Dei gratia, Saviniensis abbas, omnibus tam præsentibus

---

[1] Vox *suæ* deest in C.
[2] P. *Guillelmus*.
[3] P. *properi*.
[4] P. *fecit*.
[5] P. *Dalmatio*.
[6] M. *autem*.

quam futuris in fidelitate Saviniensis ecclesiæ permanentibus, perpetuam in Domino salutem. Quoniam multa in futurum commoda scriptorum penuria oblivioni traduntur, ideo cartæ et memoriæ futurorum commendamus, qualiter injustas consuetudines quas quidam proceres de Dunziaco castro, qui Calvi nuncupantur, Artaldus videlicet et Vuillelmus, frater ejus, in terra Sancti Martini Saviniacensis, in honore scilicet de Randanis, imposuerant, calumniavimus. Persæpe factis namque inde a nobis clamoribus, ego et ipsi in unum convenimus, et, prolatis nostris querelis, responderunt, quod sicut legitimis testibus probare possent, avum eorum dominum Girinum de Sal et patrem eorum Girinum Calvum honorem de Randanis tenuisse, ita et ipsi in pace nobis dimittent. In die autem ipsa quam mihi ob testes producendos constituerant, quia Artaldus, qui major natu erat, infirmitate pressus, in lecto decumbebat, et quia testes nondum in unum convenerant, nihil inde discussum est. Mane vero facto, cum inde infecto[1] negotio conquereretur, respondit Vuillelmus[2], Artaldo laudante, ut quos inde testes habebam producerem, quamvis aliis absentibus. Et quia ipse Vuillelmus diutius ibi manere non poterat, congregatis igitur in ecclesia testibus, et sacerdote sub excommunicatione eis interdicente ne falsum pro vero proferrent, quæ viderunt et quæ a majoribus suis testificari audierunt, concordantes sibi verissima protulerunt. Testimonium ergo prolatum tale est : In villa de Randanis interius habent unam domum sine fortitudinis munitione, de foris vero habent aliam ad congregandam agriculturam suam, cum uno orto in parte villæ quæ vulgariter dicitur Castellum Novum. De ipsa autem villa, si milites qui ibi habitant alicubi forfactum fecerint, ipsi Calvi respondere sine molestia abbatis debent. Si campale duellum ibi factum fuerit, medietas legis quæ inde levatur eorum est; si homines villæ aliquando sibi invicem injuriam intulerint, justitia eorum prioris est. Quod si aliquis superbia tumefactus pro priore justificari voluerit, dum ab eodem priore ipsi Calvi interpellati fue-

---

[1] P. *indefecto*. — [2] P. *Guillelmus*.

rint, rebellem ad justitiam prioris compellere habent, et quod ex justitia levatum fuerit, nihil inde habebunt, nisi prior dederit. Si ipsius villæ clausura defecerit, eorum precatu prior claudere debet; quod facere renuerit, ipsi, tam cum hominibus villæ quam cum suæ terræ propriis, facere habent. Si prior portam villæ mutare voluerit, cum eorum consilio facere debet; instrumentum quod chadafals vulgariter dicitur, in quo villæ speculator præsidere debet, ipsi facere debent, et prior speculatorem ponere. Domum autem quam Vuillelmus Calvus infra villam habet sub annuo censu, id est pro emina mellis, Agno prior sibi dedit; in mansis autem qui ipsum honorem attinent, et qui sub tutela eorum sunt, unam eminam vini et alteram ordei habent; in medio manso, mediam eminam ordei et mediam vini, et in cavannaria, dimidium quartallum ordei. Producto autem hoc testimonio, unus ex testibus qui veterior esse videbatur, elevata manu contra altare, sub jurejurando affirmavit se et alios vera testificasse. Testes autem hi sunt: Durantus de Darasiaco monachus, Arduinus presbiter, Hugo Ferus miles, Andreas Rutgol[1] senex, qui pro se et pro aliis juravit; Stephanus Arenes, Durantus de Insula baraterius, Petrus de Choley[2]: qui testes testimonium prædictum, in conspectu nostro et aliarum personarum quæ subnotantur, protulerunt. Interfuerunt Aymo de Sancto Simphoriano, Giraldus[3] de Valbosun, Vuichardus de Torogneu[4], et Petrus, nepos ejus, Stephanus de Sancto Joanne, Milo [de] Menaio, Rotlannus de Interaquis, Girinus Rufus, milites, et alii quamplures, quos enumerare longum est.

907.

DEFINITIO[5] DE DUERNA[6].

Ego Pontius, Saviniacensis[7] abbas, notum facio tam præsentibus quam futuris, ecclesiam de Duerna multis annis nos possedisse, do-

[1] P. *Retgol.*
[2] M. et C. *Cholei.*
[3] M. *Girardus.*
[4] L. *Thorogneu.* M. *Thorgneu.*
[5] P. *diffinitio.*
[6] Hanc chartam edidit J. M. de la Mure, *Hist. du dioc. de Lyon*, p. 399.
[7] C. *Saviniensis.*

nec Hugo, frater Vuichardi de Bellojoco, qui fuit abbas de Sancto
Justo, et ejusdem loci canonici, in sinodo calumniam de præfata ecclesia coram domino Umbaldo[1] archiepiscopo fecerunt. Cumque ab
eodem archiepiscopo in jus vocati venissemus, audita utrinque ratione, judicatum est nobis ut, si sub duobus testibus idoneis probare possemus, canonica possessione, absque legali calumnia, ecclesiam de Duerna nos[2] tenuisse, ecclesia eadem nos potiremur : quod
et probavimus per Rotlannum de Algirolis[3] et Pontium de Nanth,
duos videlicet approbatos viros, qui, in præsentia supradicti archiepiscopi et personarum Lugdunensis ecclesiæ, Theotardi[4] archidiaconi,
Theotardi camararii, Girini decani, Arberti dapiferi, Vuillelmi the-
saurarii[5], et Tritberti cantoris, juraverunt canonicam possessionem
ecclesiam sine legali calumnia de memorata ecclesia habuisse. Huic
juramento interfuerunt memoratus abbas Sancti Justi et ejusdem ecclesiæ quidam canonicorum : Vuigo Brunus, Stephanus de Lissiaco,
Asterius sacrista, Pontius de Crimeu, et alii multi de Sancto Justo.
Testes nostri sunt : Pontius abbas, Bernardus Bonifacius monachus,
Arnulfus Govins monachus, Amblardus de Duerna presbiter, Ademarus de Montfol, Aymo de Sancto Simphoriano, Acharias de Fontaneis, Stephanus de Sancto Joanne. Actum Lugduni, in præsentia
supradictorum virorum, anno ab incarnatione Domini millesimo centesimo vigesimo primo, regnante in Francia Ludovico, in Alemania[6]
vero imperante Henrico. Scripta manu Rotgerii monachi.

### 908[7].

#### DONUM DE TERRA APUD MARCIACUM.

Berardus de Yconio partem quamdam de terra dedit Sancto Mar- 1121 circa.
tino Saviniacensi apud Marciacum, quando effectus est monachus.

---

[1] P. *Vuibaldo.*
[2] Vox *nos* deest in C.
[3] P. *Algiroles.*
[4] P. hic et infra *Teotard...*
[5] P. *tesaurarii.*
[6] M. *Allemannia.* C. *Alemannia.*
[7] Charta 908 deest in P.

## 909.

#### DE ECCLESIA DE GEMOIS.

1121 circa. Petrus, Dei gratia, Sanctonensis episcopus, Iterio, priori Sancti Remigii de Merpins, et successoribus ejus in perpetuum. Ego Petrus, Sanctonensis episcopus, notum volo fieri successoribus meis et omnibus hanc cartulam videntibus, quia ecclesia[1] Sancti Germani de Gemois Iterio, priori de Merpins, et ecclesiæ Sancti Remigii donavimus, et inter ipsum priorem et Reginaldum[2], [capellanum] ecclesiæ de Gemois, concordiam fecimus, statuentes quam portionem prædictus prior et successores sui in eadem ecclesia de Gemois, et in redditibus et terris et mestiva[3] et possessionibus, habeant, salvo et retento jure episcopi Sanctonensi. Retinuimus autem in eadem ecclesia quod, singulis annis, in die Cœnæ Domini, prior de Merpins reddat quinque censuales solidos Engolismensis monetæ episcopo Sanctonensi, ad opus pauperum. Hujus vero doni, quod prædicto priori de præfata ecclesia de Gemois fecimus, et de concordia quam inter ipsum priorem et capellanum ecclesiæ de Gemois fecimus, testes sunt : Amalvinus archidiaconus, Vuillelmus[4] Giraudi[5], cancellarius noster, Bernardus de Flaac archipresbiter, Petrus Amari, presbiter de Arcs, et Rotbertus, capellanus de Merpins. Et ut hoc ratum et firmum maneat, hanc cartam sigillo nostro muniri fecimus.

## 910.

#### DE ECCLESIA TAUNII.

1121 circa. Judicium quod judicatum est in sinodo Gebenensi, de querimonia quæ erat inter monachos Talluerenses[6] et Uldricum presbiterum de ecclesia Taunii. Si Uldricus presbiter posset habere tres testes legales, aut duos, aut minus, qui interessent, ita ut audirent et viderent quod prior Ismido Taluerensis, ante donum episcopi Vuidonis,

---

[1] Lege, ut puto, *ecclesiam.*
[2] M. *Regilnadum.* P. *Raginaldum.*
[3] M. *de investiva* pro *et mestiva.*
[4] P. *Guillelmus.*
[5] M. *Girardi.*
[6] L. *Talleruenses.* M. et C. *Taluerenses.*

promisisset aut dedisset aliquam pecuniam denominatam alicui personæ prænominatæ a testibus Taunii, injuste eam acquisierunt monachi. Si vero testes deessent, juste acquisierunt, et in æternum in pace possideant. Testes hujus judicii fuerunt hi : Vuido episcopus, Boso, Tarentasensis[1] archiepiscopus, episcopus Bellicensis[2] Amico, et Albericus decanus, Aymo præpositus, et multi alii.

### 911[3].

#### EXCOMMUNICATIO DE MORNANTO.

Notum sit omnibus, tam præsentibus quam futuris, quia ego Pontius, Saviniensis abbas, omnisque conventus in capitulo, sub excommunicatione, interdiximus ut ea quæ Hugo Runfator, prior obedientiæ de Mornanto, Stephano celerario dederat, et quidquid terræ aut honoris ipsa obedientia deinceps quocumque modo conquirere potuerit, nulli dehinc abbatum aut obedientiariorum vicariis ipsæ villæ et alicui hominum dare et tribuere quocumque modo liceat. Si autem aliquis hoc transgredi præsumpserit, omnem societatem totius nostræ congregationis sibi tamdiu interdicimus, donec hoc, quod contra edictum hujus nostræ excommunicationis fecit, restituat.

1121 circa.

### 912.

#### VUIRPITIO MALARUM CONSUETUDINUM DE JO.

Ego Pontius, Saviniensis abbas cœnobii, notum facio sæculo venturo, quod frater meus Aymo de Lay, in extremis ductus, vuirpivit omnes malas consuetudines et invasiones quas ipse suique homines accipere et facere injuste solebant in terra Sancti Martini, in valle de Jo; nam cum sæpius a nobis ac fratribus nostris pro hujusmodi malefactis conventus esset, tandem, propitiante[4] Deo, recognoscens se male egisse, pœnituit, et, ut dictum est, quidquid ibi injuste clamabat, vuirpivit. Cujus facti testes isti sunt, qui interfuerunt : ego Pontius abbas, et monachi nostri : Dalmacius Lasnay monachus, Ber-

1121 circa.

---

[1] M. *Tarantesis.*
[2] M. *Belicensis.*
[3] Hæc charta deest in P.
[4] C. et P. male *propinante.*

nardus Bonifacius, Girinus Arbroel, Vuichardus de Bellojoco, Stephanus de Sancto Joanne, Girbertus[1] archipresbiter, Stephanus Charnul. Scripta manu Rotgerii.

## 913.
### CARTA DE VINDREU [2].

15 Mart. 1128.

In Dei nomine, Ego Aymo de Lay, sollicite pertractans de salute mea, et Deum propitium habere desiderans, notum facio præsenti et venturæ generationi dedisse me Deo et Sancto Martino de Saviniaco, necnon domno Pontio, fratri meo, abbati scilicet ejusdem loci, et fratribus inibi Deo servientibus, pro animæ meæ remedio, villam de Vindreu, jure perpetuo et libere absque ulla calumnia possidendam, sicut a patribus meis hæreditario jure mihi tradita est : hoc est in servis et ancillis, in terris cultis et incultis, in pratis et silvis, nihil omnino proprii in ea mihi retinens. Dedi etiam et vuirpivi guardam Sancti Lupi, quam injuste invaseram. Sed quia secundum sæculi dignitatem gloriose vixeram, et, ne parcus viderer, multa largiendo ære alieno oppressus fueram, nec habebam in thesauris unde pauperum clamor posset reprimi, prædictus frater meus abbas Pontius et monachi dederunt mihi quantitatem solidorum duorum millium et unam equitaturam, et ego in manu prædicti fratris mei feci donum Deo et Sancto Martino de memorata villa jure allodii[3] ab eis in perpetuum habenda, et coram multis nobilibus confirmavi, quorum nomina subtus annotata sunt : S. domni Pontii abbatis; Bernardi Bonifacii monachi; Dalmacii monachi; Girini monachi; Ficiæ, cognomento Aurilis, uxoris ejusdem Aymonis; Vuichardi de Bellojoco; Stephani de Charmel; Stephani de Sancto Joanne; Duranti de Sancto Juliano; Hugonis de Montanieu[4]; Girberti archipresbiteri, quo mediante hoc factum est; Rainerii Viridis Paltaverii[5]; Bomparis Calvi; Girberti de Regnieu[6]; Roberti Ruil; Fulcherii Rufi; Pontii de

---

[1] P. *Gerbertus.*
[2] Vide ch. 944.
[3] C. *alodii.*
[4] M. et C. *Montagneu.*
[5] C. *Paltanerii.*
[6] C. *Rigneu.*

Gireu; Mami, et aliorum multorum. Acta sunt hæc apud castrum de Lay, in domo Aymonis, coram memoratis testibus, feria quinta primæ hebdomadæ Quadragesimæ, anno ab incarnatione Domini millesimo centesimo vigesimo octavo[1], indictione sexta, epacta decima septima, concurrente septima, et decimo regnante in Francia piissimo rege Ludovico. Apud Lugdunum, post Umbaldum[2] archipræsulem, clericis de archiepiscopatu contentiose vacillantibus. Scripta manu Rotgerii.

### 914.

#### DE ECCLESIA SANCTI CIRICI DE MARCELIACO[3].

Noverit tam præsens quam futura generatio quod Pontius Lieras[4] et Agna, cum filiis suis, Blainus quoque de Cosant, cum laude filiorum suorum, dederunt Deo et Sancto Martino Saviniensi ecclesiam Sancti Cirici de Marceliaco, cum cimiterio, jure possidendam, remota omni consuetudine, sicut continetur in carta de eadem ecclesia descripta. Deinde, post multos annos, Blainus, supradicti Blaini filius, cœpit quasdam consuetudines in ipsa ecclesia calumniari; quas videlicet consuetudines patrem suum in suo dominicatu dicebat retinuisse, quando idem donum fecit. Hac de causa domnus Pontius abbas, cum multis aliis, veniens in claustrum apud Marceliacum, placitum contra ipsum Blainum habuit, et recitata carta ipsius doni a supradictis facta, testes etiam protulit, qui hæc vera esse confirmarent : Pontium scilicet canonicum, Durantum de Fonte presbiterum, et Jarentonem Liera; quibus ille fidem dare noluit, nisi sacramento hoc ita esse affirmarent. Tunc illi duo Pontius et Durantus Jarentonem pro se reddiderunt, quatenus juraret Blainum, aut quemlibet eorum qui donum fecerant, nullam consuetudinem retinuisse sibi et successoribus suis quæ posset inquietare ecclesiam, præter illud quod

1128 circa.

---

[1] Ab hac charta annum non semper in Lugd. diœcesi a Paschate initium sumpsisse sequitur; cuncta enim indicia diei 15 Martii 1128 congruunt, excepto regni anno, qui xx notandus esset, quoniam a 1108 ad solium Carolus VI ascendit. Error a littera x omissa absque dubio oritur.

[2] P. *Humbaldum.*

[3] P. *Marcelliaco.* BM. *Marcilliaco.*

[4] P. *Liras.* BM. *Heras.*

in carta continetur. Hujus rei testes adhibemus, qui viderunt, et audierunt. S. Hugonis[1] de Chamosset; Pontii Vers; Hugonis Capel, et Vuillelmi, fratris ejus; et multorum aliorum. Scripta manu Rotgerii.

### 915.

#### DE TERRA ET VILLA DE SANCTO LAURENTIO.

1128 circa.

In Christi nomine, Ego Pontius, Saviniensis abbas, notum facio venturæ generationi quod quidam miles nobilis, Gauzerannus[2] cognomento Bers de Sepmuro, dedit Sancto Martino de Saviniaco terram et[3] villam Sancti Laurentii, cum suis appenditiis, quæ prope castrum Iconii[4] videtur adjacere. Dedit autem eamdem terram et villam liberam, et sine aliquo respectu et aliqua mala consuetudine, sicut ab antecessoribus visus fuerat possedisse. Quo mortuo, cum Dalmacius ei in[5] honorem successisset, et donum quod præfatus Gauzerannus fecerat confirmasset, vidisset quoque terræ illius confinium prædonibus abundare, timens, quia longe manebat, ne aliqua tortura et injusta exactio Sancto Martino et ejus monachis ab injustis fieret prædonibus, rogavit Vuichardum, seniorem de Iconio, ut eamdem terram et[6] villam sui loco servaret, et ne aliqua injustitia ab ipso et ab aliquo hominum ibi fieret. Hoc autem ille secundum voluntatem et rogatum prædicti Dalmacii fideliter servavit, et Sancto Martino, quamdiu vixit, inviolatum custodivit; ita ut nec ipse quidquam injusti in præfata terra et villa faceret, nec aliquem facere permitteret. Quod et filii ipsius, Falco et fratres ejus, sine querela servaverunt, donec, succedentibus temporibus, Rotbertus quidam, qui Falconi patri successerat, cœpit paternos actus non imitari. Cœpit ipse, qui custos esse debuerat, violentus raptor existere, et injustas exactiones in prædictis monachorum rebus exercere. Unde sæpius a me et a fratribus meis admonitus ut a malefactis cessaret, tandem, memor suæ salutis, abrenuntiavit injustis exactionibus; et ne ulterius ab aliquo suorum hæredum

[1] M. et C. *Vuigonis.*
[2] BM. *Gaucerannus.*
[3] Leg. hic et infra *terram vel villam.*
[4] M. et C. hic et infra *Ychon...*
[5] Vox *in* deest in P.
[6] M. *vel* pro *et.*

repetentur[1], sub interminatione divinæ vindictæ et maledictionis, interdixit scilicet ne unquam sibi in hæreditatem succederet quicumque abrenuntiata repeteret. Præcepit quoque omnia hæc ad notitiam venturorum scriptis mandari, et quod ipse nihil justi in eadem terra possideret testibus confirmari. Testes igitur primi doni, qui viderunt et audierunt, et qui Gauzerannum et ejus successores prænominatos viderunt et cognoverunt, isti sunt : Agno de Ychonio, Benedictus Comes, Andreas Ahipels[2]. Hi testificati sunt quod in summa pace et fidelitate terram suprascriptam prædicti domini[3] servaverunt. Ultimi autem vuirpitionis, qua Deo præfatus Rotbertus[4] malefactis abrenuntiavit, et quod injuste abstulerat Sancto Martino reddidit, testes hi sunt : Hugo de Vogo, Vuillelmus de Taratro, Aymo de Rivori, Fulcherius Rufus. Scripta manu Rotgerii.

### 916.

DEFINITIO[5] PLACITI INTER DALMACIUM, PRIOREM DE CASTELLO, ET STEPHANUM, VICARIUM DE SANCTO JOANNE.

Idem prior conquestus est coram domno Pontio abbate de præfato vicario, super mansionibus quas fecerat in sua vicaria : hoc est de ecclesia Sancti Joannis, in qua partem accipiebat, de ecclesia de Azola, quam in suum tenebat dominium; de decima de Vilete, quam in suum tenebat dominium; de capturis quas in ejus vicaria prior Castelli faciebat super hominibus ejusdem vicariæ, præter debitale servitium, in qua videlicet captura tertiam partem accipiebat; et de decima terræ de Chasals. Hæc omnia quæ prædicta sunt, quia per invasionem præfatus vicarius extorserat, vuirpivit, et definito placito, ne ulterius peteret[6], dimisit. Sunt etiam et alia de quibus idem prior conquestus est : hoc est de porcis quos in mansis suæ vicariæ mensuram excedens accipiebat; de annonarum eminis quas in eisdem mansis accipit; de trussis fœni; de exactionibus cibariæ, quas in prædictis

4 Aug. 1127.

---

[1] Leg. *repeterentur*.
[2] L. *Aypels*.
[3] C. *domni*.
[4] C. *Robertus*.
[5] P. hic et infra *diffinit*...
[6] M. et C. *repeteret*.

mansis solebat facere; de terris mansorum suæ vicariæ, quas absque licentia memorati prioris, quando sine habitatore erant, in suum dominium excolebat; et de investituris mansorum, in quibus licet tertiam partem habeat, tamen panem et vinum in eisdem investituris, quod omnino facere non debebat, accipiebat. In villa quoque de Sancto Joanne bannum de vino faciebat injuste. Quia ergo omnia memorata capitula, quædam secundum querimoniam prioris definitive dimissa sunt, quædam vero adhuc in clamore manebant, omissis his quæ ab eodem vicario, ut diximus, demissa sunt definitive, reliqua, quæ in clamore erant majori, per partes videamus. Definitum est de porcis, ut in manso non accipiat porcum pretii plus quam duorum solidorum; de eminis annonarum, ut in unoquoque manso non nisi unam eminam accipiat, cum tali mensura quæ tunc temporis habebatur in villa Sancti Joannis, et in villa de Vetula Caneva, quando hæc definitio facta est; in unoquoque manso, si vestitus fuerit, ut supra dictum est, porcum duorum solidorum habeat in dimidio manso; et si mansi medietas vestita fuerit, et alia medietas deserta, aut porcum duodecim denariorum aut duodecim denarios habeat. Idcirco[1] idem etiam sentiendum est de tertia et quarta parte : hoc est ut in tertia tertiam partem[2], et quarta quartam partem porcorum et denariorum et annonarum obtineat; similiter de trussis fœni : in unoquoque manso non nisi unam accipiat. Definitum est de cibariis et de garbis[3], ne ulterius in mansis acciperet et exigeret; in investituris vicariæ suæ, non nisi tertiam partem habeat, et terram vicariæ suæ non investiat, neque excolat, aut per se aut per alium, absque permissione prioris. In villa de Sancto Joanne bannum de vino non habeat. Pro tali definitione et placito concessit domnus Pontius abbas memorato vicario in feodo medietatem mansi in monte Cerverii, absque decimas et duas partes terræ de Montellier[4]. Hujus definitionis testes sunt isti, qui interfuerunt : domnus abbas Pontius, Dalmacius prior, Bernardus Bonifaci, Stephanus camararius, Arnulfus Govins, Pontius Talaru, Girinus

---

[1] Deest *idcirco* in M. et C.
[2] Deest *partem* in M. et C.
[3] L. *gardis*.
[4] M. et L. *Montelleir*.

Arbrel[1]; et ex laicis et clericis : Stephanus Charmel, Jarento Calvus, Petrus Toron., Hugo Boci, Vuigo Ameli, Aymo de Sancto Simphoriano, Durantus de Sancto Juliano, Stephanus Gauzeranni. Actum Saviniaci, anno ab incarnatione Domini millesimo centesimo vigesimo septimo, indictione quinta, epacta sexta, concurrente quinta, mense Augusto, secundo idus ejusdem, regnante in Francia piissimo rege Ludovico. Scripta manu Rotgerii.

### 917.

#### DE TERRA IN NOALLIACO.

Notum sit omnibus christianis, tam clericis quam laicis, donum quod Ayminus de la Rivieri fecit Deo et Beato Juliano, et Uperto, præposito de Sal, de terra quam habebat in Noalliaco[2] villa, in parrochia Sancti Joannis, pro anima sua et parentum suorum, et dedit ei Upertus prior monachus duos solidos : terram illam habebat in vadimonium Otmarus de la Torreta, et redemit eam Upertus prior quinque solidis. S. ejusdem Aymini et uxoris ejus; Andreæ Rotiol; Petri Rotiol.

*1128 circa.*

### 918[3].

#### DE CURTILO SUBTUS ECCLESIAM SANCTI GENESII.

Ego, in Dei nomine, Rotlendis dono Deo et Sancto Juliano, pro anima mea et parentum meorum, unum curtilum subtus ecclesiam Sancti Genesii, et reddit unum quartallum cibariæ, et septem denarios in Maio, et unam gallinam. S. Uperti prioris; Duranti de la Fai; Vuichardi presbiteri; Stephani; Roberti Morvent; Girardi de Interaquis; Petri Riverii.

*1128 circa.*

### 919.

#### DE FEODO VUILLELMI BARBATI.

Vuillelmus cognomento Barbatus de castello Sancti Valdomeri[4], 

*1118 circa.*

---

[1] M. *Arbel.*
[2] M. *Noalico.*
[3] Hæc charta deest in P.
[4] C. *Baldomeri.*

quoddam feodum in ecclesia de Donziaco de domno Girino Calvo quinque solidos acquisivit, quos, cum venisset ad extremum vitæ, pro amore Dei, Sancto Juliano de Sal, et monachis ibi Deo servientibus, dimisit et vuirpivit; sed postea filii ejus pro eis multo tempore, propter inopiam, calumniam fecerunt, et terram Sancti Juliani vi prædabantur. Accidit vero post tempus, ut, cum uxores ducere vellent, prohibuit archiepiscopus, donec istud tortum et invasionem prorsus dimitterent et vuirpirent. Ideo exceptis hoc prior de Sal viginti duos solidos illis fratribus tribuit. Tantummodo præceptum archiepiscopi Gaurez[1] et Girini decani transmigravit ultra quindecim solidos. Testes sunt Girinus capellanus, Ayminus Carbonels, Asterius, Upertus prior, Bertrannus Ardreu, Petrus clericus.

### 920[2].

#### VUIRPITIO BOVONIS.

1120 circa.

Bovo miles de Sancto Baldomero malam invasionem et injustitiam quam injuste agebat in terra Sancti Martini atque Sancti Juliani de Sal, quæ juxta Cusiacum sita est, dimisit et vuirpivit, absque ulla deinceps calumnia et sine aliquo retinimento. Ob hoc Andreas prior dedit ei duodecim solidos et unum sextarium frumenti. S. Antelmi; Bertranni; Fulcherii; Arrici; Zacharias; Girardi presbiteri; Hugonis; Rotlanni de Ponte[3]; Duranti; Girberti.

### 921.

#### DE ECCLESIA SANCTÆ MARIÆ DE GRIVILIACO[4].

1121 circa.

Volumus patefacere omnibus christianis donum quod Otmarus de la Turreta[5] Sancto Martino atque Sancto Juliano, et domno abbati Pontio, pro sepultura corporis sui, fecit, scilicet sextam partem eccle-

---

[1] Certe agitur hoc in loco de archiepiscopo Gauzerano, cujus nomen, variis modis scriptum, plurimarum controversarum causa fuit. (Vide *Gall. christ.* t. IV, col. 109 ad 113.)

[2] Hæc charta deest in P.

[3] C. *Depont.* M. *de Pont.*

[4] Vide ch. 927, quæ donum ab Otmaro de la Turreta factum duplicat.

[5] BM. *Torreta.*

siæ Sanctæ Mariæ de Griviliaco, quæ est in parrochia Sancti Ferreoli, et terram ad eam pertinentem, et medietatem terræ quam habebat juxta mansum de la Guarda[1]. Testes sunt : Upertus prior, et uxor Otmari, Vacheria, et filii eorum, Iterius, Arnaldus et Uncrinus[2] Calvus; Vuillelmus; Pontius de Constancis; Pontius de Valelles; Stephanus de Castelmilan[3]; item Stephanus presbiter; item Stephanus Bressent[4]; Petrus Picardi. In censu habemus eminam olei. Elisendis, uxor Jarentonis de la Turreta, et Pontia, filia ejus, dederunt Deo et Beato Juliano medietatem terræ quam habebant juxta mansum de la Guarda[5], pro anima Jarentonis. S. Uperti prioris; Petri monachi; Stephani presbiteri. Durantus de la Fai dedit, pro sepultura corporis sui, unam eminatam terræ a domanies[6] Sancto Juliano. Arnaldus de Torreta et Uncrinus de Tor.[7], et mater ipsorum, fidejussiam[8] fecerunt ex parte Duranti. Petrus Palatinus[9] invadiavit Andreæ, priori de Sal, feodale quod habebat in terra Muravallel, pro decem solidis, et Pontius, frater ejus, pro quindecim solidis, sic ut non possit redimi, usque completis tribus annis. Pontius Palatinus, quando perrexit Hierusalem[10], cum Villelmo Calvo, dedit suam partem, quam habebat in prædicta terra Sancto Juliano, id est quartam partem, pro quindecim solidis, quos dedit ei Andreas prior. Postea Jarentoni dedit Andreas prior tres solidos, et vuirpivit eam, absque omni calumnia vel retinimento.

### 922[11].

#### DE CURTILO IN SURIONE.

Sanctæ Dei ecclesiæ Beati Juliani martiris, quæ adjacet ecclesiæ   1121 circa.

[1] L. et M. *Guardi.*
[2] P. hic et infra *Vucrinus.*
[3] M. L. et C. *Castelmillan.*
[4] M. L. et C. *Breisent.*
[5] C. *Garda.*
[6] M. et C. *adomaines.*
[7] Ms. habent *Cor.* sed evidentissime legere oportet *Tor.* siquidem Uncrinus dicitur filius matris Arnaldi de Torreta, id est frater dicti Arnaldi.
[8] M. *fidejussorium.*
[9] Ms. habent mendose *Palaticus* vel *Palatieus.*
[10] M. et C. *Ierusalem.*
[11] Hæc charta deest in P.

Sancti Martini Saviniacensis[1], ubi domnus abbas Pontius præesse videtur, Ego Dumesia dono aliquid de hæreditate mea : hoc est unum curtilum in villa de Surion[2], pro sepultura corporis mei; et reddit in servitio tres denarios et dimidium quartallum ordei et unam gallinam. S. Uperti; Vuigonis Surion; Vualdemari; Petri monachi; Stephani presbiteri; Stephani de Marcilleu.

### 923.

#### DE MANSO APUD SAL.

1121 circa.

Noverint tam præsentes quam futuri quod quædam matrona, Gotolendis nomine, mater Girini Calvi, dedit Sancto Martino Saviniensi et Sancto Juliano de Sal, et monachis ibidem Deo servientibus, mansum unum qui est apud Sal, pro remedio animæ suæ suorumque parentum. Post cujus mortem, Girinus, filius ejus, eumdem mansum invasit et abstulit, donavitque cuidam militi Iterio de Turricula. Qui videlicet Iterius, cum usque ad obitum suum prædictum mansum, non sine fratrum de Saviniaco calumnia, tenuisset, reliquit filio suo Jarentoni tenendum; et hic similiter, cum usque ad obitum suum, non absque calumnia, tenuisset, jamque sibi mortem imminere cerneret, coram domno Pontio abbate, et Girino, priore de Sal, vuirpivit eumdem mansum, et frater ejus Arnulfus, acceptis inde centum decem solidis. Cujus facti testes isti sunt : Bernardus, prior de Caseto[3], et Dalmatius de Yconio[4], et Gauzerannus nepos, Joannes de Cubelet, Aymo [de] Rivori, Rotgerius de Caseto et alii multi. Cum vero prædictus mansus nostro juri, sicut decebat, cessisset, rursus cognati ipsius Jarentonis calumniam super eo fecerunt, donec iterum, acceptis a priore solidis quinquaginta, eumdem mansum in perpetuum vuirpiverunt. Hæc placita facta sunt per manus atque consilia Calvorum, Artaldi scilicet et Jarentonis, fratris ejus, Vuillelmi Arnulfi, Girini et Pontii de Valelles.

[1] M. et C. *Saviniensis.*
[2] M. et C *Suriun.*
[3] P. *Casleto,* et duas omisit lineas.
[4] M. et C. *Iconio.*

## 924.

#### VUIRPITIO VUILLELMI.

Notum sit præsenti atque futuræ generationi quod Vuillelmus Calvus, morti jam proximus, vuirpivit Sancto Martino Saviniensi et Sancto Juliano de Sal malam consuetudinem quam exercebat in villa de Sal, ipse videlicet et filii ejus Girinus et Rotlannus : hoc est cibarias quas ibi accipiebat, et cætera mala quæ faciebat, ita ut ne ulterius ab eis repeterentur et fierent. Dedit quoque idem Vuillelmus (et filii ejus) quidquid habebat ad la Bardine et les Chavannes, et curtilum Vuigonis de Azolettes apud Sanctum Bartholomeum. Testes sunt : Jarento Calvus, Iterius Turricula et frater ejus Arnaldus, Bertrannus Flamens, et Girinus, prior ejusdem loci.

## 925 [1].

#### DE LISTA.

Petrus Lombardi[2] et filii ejus dederunt Sancto Martino Saviniacensi[3] et Sancto Juliano de Sal, per manum Girini, prioris ejusdem loci, terram quamdam quæ dicitur Lista, ad Ulmum Truncum, pro filio suo Stephano, quem monachum apud nos fecit. Testes sunt : Aimericus, Rotlannus de Ponte et Joannes de la Viri.

## 926.

#### DE CURTILO AD FURNUM.

Girinus Rufus et filius ejus dedit Sancto Martino Saviniensi[4] et Sancto Juliano de Sal curtilum unum apud Sal, ad Furnum, pro salute animæ suæ et parentum suorum. Testes sunt : Jarento Calvus, Pontius [de] Valelles et[5] Durantus Delmas, Bertrannus Faber, Bovo de Foro.

---

[1] Hæc charta deest in P.
[2] M. et C. *Lumbardi*.
[3] M. et C. *Saviniensi*.
[4] Deest vox *Saviniensi* in M. et C.
[5] Vox *et* deest in M. et C.

## 927.

#### DE ECCLESIA SANCTÆ MARIÆ DE GRIVILIACO [1].

1121 circa.

Volumus patefacere omnibus donum quod Otmarus Turricula Sancto Martino Saviniensi et Beato Juliano et domno Pontio abbati, pro sepultura sua, fecit, scilicet sextam partem in ecclesia Sanctæ Mariæ de Griviliaco [2], quæ est in parrochia Sancti Ferreoli, et terram ad eam pertinentem, et medietatem terræ quam habebat juxta mansum de la Garda. Testes sunt : Upertus prior, et uxor ejusdem Otmari, Vaheria, et filii ejus [3] Iterius, Arnaldus, Uncrinus [4]. S. Jarentonis Calvi; Vuillelmi Calvi; Pontii; item Pontii [de] Valelles. In censu reddit hæc terra eminam olei.

## 928 [5].

#### DE QUADAM TERRA.

1121 circa.

Elisendis, uxor Jarentonis [6], et Pontia, ejus filia, dederunt medietatem terræ quam habebant juxta mansum de la Garda, pro anima Jarentonis. S. Uperti prioris; Petri monachi; Stephani Breissent; Stephani presbiteri.

## 929.

#### DE TERRA AD SURIUM.

1121 circa.

In nomine Dei, Ego Æburgis [7] dono Sancto Juliano de Sal, de hæreditate mea quæ est sita in villa Surium [8], id est franchisiam decem denariorum, et unum quartallum ordei, et unam gallinam; et in villa de Bezoles, unum curtilum qui reddit in censu unum quartallum ordei et quatuor denarios, et unum caponem, pro anima mea et sepultura. Testes sunt : Petrus Lombard, Aiminus de Regardi, Upertus prior, Petrus monachus, Vuichardus.

---

[1] Vide chartam 921.
[2] M. L. et C. *Grivilliaco.*
[3] M. et C. *eorum.*
[4] P. *Vucrinus.*
[5] Hæc charta deest in P.
[6] Vide chartam 921.
[7] M. et C. *Aeburgis.* L. *Acburgis.*
[8] C. *villa de Suriun.* M. *valle de Surium.*

## 930[1].

#### DE TERRA QUADAM.

Notum sit omnibus fidelibus donum quod Durantus de la Chap dedit Sancto Juliano de Sal : terram de Ivicum[2], medietatem Chamboni; tali convenientia, ut, si aliquis ex suis filiis moriatur, unum pro ista terra sepeliamus. A priore tamen Uperto pro ista terra quinque solidos accepit. Testes sunt : Aymo Avens, Stephanus celerarius, Aymiricus, Petrus de Concha. Aliam medietatem habuimus de Gotholende, matre Rotlanni atque Artaldi Cuuz, pro sepultura corporis sui.

1121 circa.

## 931.

#### FRANCHISIA IN[3] VILLANOVA.

Nos, in Dei nomine, Stephanus, Durantus, Hugo et Vualterius, donamus Sancto Martino[4] et Sancto Juliano de Sal, de hæreditate nostra, pro anima fratris nostri Saturnini : hoc est dimidium quartallum de fabis, et unum anserem de franchisia in Villanova juxta Ligerim. S. Jarentonis Calvi et Fulcherii. Ayminus de la Rivieri fecit donum Sancto Juliano de Sal et monachis ibi manentibus, de terra quam habebat in Noalliaco[5] villa, in parrochia Sancti Juliani[6], pro anima sua. Et[7] dedit ei Upertus prior duos solidos. Otmarus de Turricula habebat eam in vadio, quam redemit Upertus prior quinque solidis. S. uxoris Aymini; Andreæ Rotiol et Petri Rotiol.

1121 circa.

## 932.

#### DE ECCLESIA SANCTI DIZENTII.

Petrus, Dei gratia, Sanctonensis episcopus, Pontio, dilecto filio suo, venerabili abbati Sancti Martini Saviniacensis cœnobii, et successoribus suis in perpetuum, ecclesiam sitam juxta Paludem, in pago[8]

1121.

---

[1] Hæc charta deest in P.
[2] Vel *Inicum*, vel *Juicum*.
[3] M. et C. *de* pro *in*.
[4] Voces *S. Martino et* desunt in M.
[5] M. et C. *Noaliaco*.
[6] M. *Johannis*.
[7] Vox *et* deest in P.
[8] P. *agro*.

Cosniacensi, quam sanctæ memoriæ Rannulfus, prædecessor noster, Sanctonensis episcopus, intercessu et nutu archidiaconorum suorum Amalvini et Petri Subiciacensis[1], antecessori vestro Iterio abbati et ecclesiæ vestræ[2], sicut in scriptis vestris habetur, donaverat, nos, interveniente Aymone, priore Sancti Thomæ de Cosniaco, consilio et assensu Amalvini archidiaconi, et canonicorum nostrorum, Iterii magistri scolarum, Beraudi capellani nostri, Vuillelmi cancellarii nostri, donum antecessoris nostri corroborantes, prædictam ecclesiam Sancti Dizentii, cum appenditiis suis, vobis et successoribus vestris et ecclesiæ vestræ donamus; et ut eam deinceps sine ulla inquietatione in perpetuum possideatis, concedimus, salvo tamen jure Sanctonensis ecclesiæ, et retento censu septem solidorum probatæ et publicæ monetæ singulis annis reddendo, quorum duo reddentur Sanctonensi ecclesiæ, et quinque mensæ pontificis. Et ut hoc donum firmum et ratum maneat, cartulam istam sigillo nostro muniri fecimus. Hujus doni testes sunt: Amalvinus archidiaconus, Iterius magister scolæ, Beraudus capellanus, Vuillelmus cancellarius, Bernardus archipresbiter; Aimo, prior Sancti Thomæ, et Vuillelmus Filliardus[3], capellanus Sancti Thomæ, et Vuillelmus, capellanus Cosniacensis castri. Data per manum Vuillelmi, cancellarii nostri, anno ab incarnatione Domini millesimo centesimo vigesimo primo, anno pontificatus domini Calisti papæ secundi tertio, Petro Sanctonensi episcopo, regnante Ludovico, rege Francorum, Vuillelmo duce Aquitanorum. Ego Petrus, Dei gratia Sanctonensis episcopus, propria manu subscripsi. S. Amalvini archidiaconi. S. Iterii magistri scolarum. S. Beraudi Φ. S. Vuillelmi cancellarii ξ. S. Bernardi archipresbiteri Θ[4].

### 933.
DE ECCLESIA SANCTI AMANDI.

1124.

Ego Girardus, Engolismensis episcopus et sanctæ Romanæ ecclesiæ

---

[1] L. et C. *Sulbisiac...* M. *Salbiziac...*

[2] Male in Codd. *antecessori nostro Iterio abbati et ecclesiæ uostræ.* Vid. ch. 811.

[3] M. et C. *Filardus.*

[4] Græcas M. omisit litteras tribus supra scriptis nominibus annexas.

legatus, notum fieri præsentibus et futuris volo, quod dedi, consilio Richardi, Engolismensis archidiaconi, ecclesiam Sancti Amandi super fluvium Charentam, cum decima et omnibus ad eamdem ecclesiam pertinentibus, Saviniensi monasterio Sancti Martini; dedi, inquam, cum quodam libello in manu venerabilis fratris nostri Pontii, Saviniensis abbatis, præsente ipsius monasterii conventu, ut deinceps tam præsentes fratres prædicti monasterii quam futuri quiete habeant et possideant, salvo nimirum jure Engolismensis episcopi. Et ut hæc donatio nostra firmior et certior permaneat, in hac carta propria manu subscripsimus[1] et sigillo nostro muniri fecimus : Ego Girardus, Engolismensis episcopus et sanctæ Romanæ ecclesiæ legatus. Interfuerunt huic donationi Dalmacius, prior de Castello; Arnulfus celerarius; Durantus de Drasiaco. Facta est hæc donatio anno incarnationis Dominicæ millesimo centesimo vigesimo quarto, in capitulo Saviniacensi, regnante Ludovico, rege Francorum.

934[2].

DE MANSO IN SALZETO.

Nota sit omnibus[3] recuperatio mansi de Salzeto, quem injuste auferebat Sancto Martino Saviniensi Hugo de Grantmont : tempore enim domni Pontii abbatis, Pontius de Talaru, prior de Randanis, placitavit cum dicto[4] Hugone de eodem manso, tali convenientia ut, ab ea die in reliquum, pacem teneret ipsi priori et successoribus ejus, et domui de Randanis, de eodem manso, et nunquam amplius aliquam inquietudinem eis inferret, acceptis pro hoc eodem placito a memorato priore septem solidis. Actum est hoc per manum Vuillelmi de Maien[5] et Vuidonis de Aguaranda[6]. Testes vero sunt isti : S. dominæ Agnetis. S. Artaldi de Suireu. S. Berengarii Bufart. S. Duret, et aliorum multorum.

1124 circa.

[1] M. *superscripsimus.*
[2] Hæc charta deest in P.
[3] M. *universis.*
[4] M. et C. *prædicto.*
[5] M. et C. *Maienc.*
[6] P. *Aquaranda.*

## 935.

[CHAZIPOLERII[1] DE CHIVINNACO[2].]

1124 circa.

Domnus abbas Pontius et vicarii ejus de Chivinnaco[3], Stephanus videlicet et Petrus, duo fratres, qui erant chazipol Achariæ de Fontaneis, venerunt ad placitum de multis querelis de quibuscumque causis. Domnus Pontius abbas memoratos fratres appellavit super chazepoleria præfati Achariæ. Idem Acharias sponte sua, consilio suorum, et similiter abbas, consilio suorum, miserunt se invicem in testimonio Girini de Criceu, adjurati primum sub sacramento fidelitatis, quod juraverat Sancto Martino et prædicto abbati. Sub tali[4] sacramento conjuratus Girinus testificatus est verum quod sciebat, quod ex una parte, scilicet a villa quæ vocatur Maisuns[5], sicut ducit via publica usque Criciacum, et ex altera parte sicut ducit via Messeiri usque ad Chivinnacum, infra memoratas vias jam dictus vicarius Acharias penitus nihil juris habebat, neque chazepolerii ejus de eo. Huic testificationi interfuerunt quidam monachorum, militumque et rusticorum : imprimis ipse domnus abbas Pontius; de monachis, Durantus Pictavini, Stephanus camararius, Durantus magister [scolarum], Hugo de Marceliaco, Hugo de Bosco, Girinus Arbrell.[6]; de militibus vero, Stephanus Charmil, Aymo Sancti Simphoriani, Vuillelmus Ruils, Hugo Rufus, Hugo Musseu, Paganus de[7] Sancto Petro; et de rusticis, Hugo Bernard[8], Petrus Gauceranni[9], Amaldricus et Stephanus Gauceranni fratres, Umbertus et Hugo Pictavini fratres, Petrus Blans, Lombardus[10] Coccus, Durantus Popuns, Joannes Jais.

[1] M. et C. *Chacipolerii*.
[2] Iste titulus in margine codicum inscribitur.
[3] P. *Chevennaco*.
[4] M. *tituli*.
[5] M. *Moisuns*.
[6] *Arbrell.* vox absque ullo dubio recisa *Arbrellensis* legenda.
[7] In C. deest vox *de*.
[8] C. *Bernart*.
[9] M. *Gauzeranni*.
[10] C. *Lumbardus*.

## 936.

#### DE CASTELLO CAMOPSETI.

Omnibus præsentibus atque futuris notum esse volumus, quoniam Bernardus Gaudemari partem suam, quam habebat in castello Camopseti, donavit Sancto Martino et domno abbati Pontio et monachis Saviniensibus, sicut libere a suis patribus relictam possidebat, et ejusdem partis hæreditatem de manu præfati abbatis accepit, faciens ei hominium et sacramenti fidelitatem super omnes alios suos dominos, et non tantum ipsi, sed et omnibus successoribus ejus. Quod si memorato abbati vel ejus successoribus necessitas vuerræ increverit, præfati castelli partem, sicut juravit, reddet abbati, ut exinde faciat commodum. Si vero aliquis alius, quod non speramus, pro eadem parte, vel per eamdem partem, abbati contra steterit, memoratus Bernardus et ejus hæres, ex eodem castello exiens, contra obsistentes ad expugnandum coadjutor erit abbati [1]. Verum iis ita definitis [2] idem abbas in dominicatu suo donum Vuichardi de Toroniaco in præfata parte castelli constitutum pro investitura retinuit. Pro hoc ipso dono et placito dedit Bernardo illi domnus Pontius abbas ducentos quinquaginta solidos. S. Stephani de Siveriaco. S. Gunzelini d'Escotay [3]. S. Vuichardi de Toroniaco. S. Duranti Gaudemari.

1125 circa.

## 937.

#### ACQUISITIO IN VILLA DE APINNACO.

Meminisse debet præsens et futura generatio, quia Bernardus et Umbertus de Marzeu, duo fratres, Hierusalem [4] profecturi, dederunt et vendiderunt Beato Martino, et domno Pontio abbati, et monachis Saviniensibus, quidquid possidebant, hæreditario jure, apud villam quæ dicitur Apinnacus: in terris scilicet, servis et ancillis. Umbertus,

1 Dec. 1137.

---

[1] M. *abbatis.*
[2] P. *sinita diffinitis.* M. et C. *insita definitis,* sed cod. C. oblonga littera *s* vocis prioris omnino rasa esse videtur. C. *inita.*
[3] L. *Gonzelini de Scotay.* M. et C. *Gunzelini Descotay.*
[4] M. *Iherosolimam.* C. *Ierosolimam.*

inquam, ad quem pertinebant dictæ[1] possessiones, sive alodii in terris, servis ac ancillis, tres partes, sicut a patribus suis libere sibi relictas possidebat, sic libere, et absque ulla querela vel retentione, dedit et vendidit, ut dictum est, ut in perpetuum viri Beati Martini Saviniensis ecclesiæ cederet[2]. Bernardus vero, frater ejus, qui prædictæ possessionis vel alodii quartam partem in præfato vico, in terris, servis et ancillis, paterno jure possidebat, terras quidem dedit et vendidit, servos autem retinuit, tali videlicet tenore, ut si, Deo propitio, ab Hierosolimis[3] rediret, nullam exactionem, vel molestiam, aut tortitudinem, pro sua parte, memoratis omnibus servis inferret, donec, cum præfato abbate vel ejus successoribus in publicum veniens, quartam servorum partem memoriter partitam obtineret. Pro ejusmodi dono et venditione dedit eis domnus Pontius abbas quatuor marchas argenti et dimidiam. Actum Saviniaci, in capitulo publico, die calendarum Decembrium, luna trigesima, anno ab incarnatione Domini millesimo centesimo trigesimo septimo[4]. Hujus rei testes sunt : Umbertus et Bernardus, qui hoc donum fecerunt; Stephanus Charmil; Lombardus[5] Coccus, cum filio suo Joanne; Trucannus; Durantus Petrals; Stephanus Petrals, et Gerento Calvus, necdum monachus; Stephanus monachus, camararius; Durantus monachus, magister [scholarum]; Durantus prior; Stephanus Trevennacus, et totus conventus. Scriptum manu Rotgerii.

## 938.

DE CASTELLO CAMOPSETI.

11 Mart. 1134.

Ego Pontius, Dei gratia Saviniensis abbas, notum facio tam præsenti quam futuræ generationi, quoniam dominus[6] Briantus, pro filio Girino suo, quem Deo et beato Martino monachice serviturum obtulit, dedit ecclesiæ nostræ et nobis, nostrisque successoribus, cum

---

[1] M. et C. *memoratæ.*
[2] Sic. *Tenerent? possiderent?*
[3] M. et C. *Ierosolimis.*
[4] Ben. Mailliardus scribit 1134; M. et C. 1133. Mallem 1136, ut annus trigesimo lunæ Decembris conveniat.
[5] M. et C. *Lumbardus.*
[6] Mss. *domnus.*

laude uxoris suæ Ayæ nomine, alodium suum quod in castello quod dicitur Camopsetus hæreditario jure possidebat; ita scilicet ut ejusdem castelli alodium de nobis accipiens, hominium et jusjurandi[1] fidelitatem liberam inde nobis faceret; nam, quia ecclesia nostra ab inimicis suis solebat inquietari, sub conditione prædicti juramenti pactum est, quoties nobis necessitas ingrueret, ad tutelam ecclesiæ nostræ contra inimicantes idem castellum nobis redditurum. Si vero, quod absit, aliquis ejusdem castelli suam partem nobis auferre conaretur, ipse Briantus nobis coadjutor pro viribus suis, donec recuperaremus, existeret, sicut et nos illi, si quis ei inde violentiam auferendi[2] inferret, et iterum ad eum[3] jus suum rediret. Quod donum ita ut diximus factum, ut inconcussum perpetuo maneret, dedit nobis tunc præsens, pro investitura, Artaldum militem de Teiri, cum feodo quod de eo apud Camopsetum tenere videbatur. Definitum est etiam, ut non solum ipse sed et filius ejus, et filius filii illius, et sic in posterum[4], quem sors castelli Camopseti contingeret, hominium et sacramenti fidelitatem, ut supra, Beato Martino et abbati Saviniensi faceret, et ut ipsa die centum solidos[5] ab abbate illi donarentur. Pro hac acquisitione donavimus ei mille ducentos solidos. S. ipsius Brianti et uxoris ejus Ayæ. S. Vuillelmi de Lavieu, fratris ejus. S. Duranti Aroldi. S. Girini de Rosset. S. Girini de Pineto. S. Ugonis Urserii. S. Bertranni de Quarels. S. Dalmacii[6] et Aymonis de Sancto Simphoriano. S. Ismidonis de les Granges et Girardi, fratris ejus. S. Gallerii. S. Petri Pitit[7] de Sancta Fide. Isti fuerunt ex parte ejus. Ex nostra vero parte fuerunt isti : S. Stephani de Sancto Joanne. S. Aymonis et Duranti et Hugonis de Sancto Juliano. S. Vuilenci[8] de Varennis. S. Hugonis de Lasnay[9]. S. Umberti[10], fratris ejus. S. Roberti

---

[1] L. *jurejurandi.*

[2] P. *si quis exinde ei violentiam inferret.* Deest *auferendi.*

[3] Vox *eum* deest in M.

[4] L. *perpetuum.*

[5] P. *solidatæ.*

[6] P. hic et infra *Dalmacii.*

[7] Forte *Petit.* M. *S. Penit,* nomine *Petri* omisso.

[8] M. *Vilenci.*

[9] M. hic et infra *Lasney.*

[10] M. et C. hic et infra *Umfredi.*

Lasnay. S. Hugonis Rootier[1]. S. Petri Joannis. S. Aymonis de Varennis, canonici. S. alterius Aymonis de Rivoiri[2]. S. Stephani Charmil[3]. S. Joannis Tricum presbiteri. S. Amaldrici Pugneu. S. Stephani Pugneu. S. Stephani Gauceranni[4]. S. Hugonis Bernardi, et aliorum multorum. Actum in Saviniaco[5], in capitulo publico, die Dominico secundæ hebdomadæ Quadragesimæ, quinto idus Martii, luna decima secunda, anno ab incarnatione Domini millesimo centesimo trigesimo quarto, indictione decima secunda, epacta vigesima tertia, concurrente septima. Scripta manu Rotgerii.

### 939[6].

#### DE LUSTRIACO.

13 Dec. 1111. Noverit omnis ecclesia quod ego Geraldus[7], episcopus Lausanensis[8], et domnus Pontius, abbas Saviniensis, nostra admonitione convenientes, et quidquid questionis habuimus in medium proferentes, post multimodam disceptationem, in hunc definitionis[9] terminum consensimus, ut, si Lustriacensis ecclesia aliquid de alodio Sanctæ Mariæ dono seu vadimonio susceperat, hæredes pro modo rei liberam redimendi facultatem haberent; si autem hæredes deficerent, ego ipse, seu canonici nostri, idem facere possent, et hoc hactenus : de cætero autem non habeat jus quidquam de alodio Sanctæ Mariæ quoquomodo suscipiendi, absque consensu et laude nostra atque capituli. In hac autem definitionum parte, nosmet ipsos eadem lege constringimus. De servis autem hoc promulgamus, ut quotquot Lustriacensis ecclesia possedit, eorum videlicet qui ex parte matris de familia Sancti Martini et a patre de familia Sanctæ Mariæ nati sunt, sicut usque modo tenuit, sic perenniter[10] libere, et absque calumnia,

---

[1] M. et C. *Roorteir.*
[2] M. *Rivori.*
[3] M. *Charmel.*
[4] L. *Gauzeranni.*
[5] M. *Saviniaci* pro *in Saviniaco.*
[6] Charta in collectaneis edita quibus titulus : *Mém. et docum. publ. par la soc. d'hist. de la Suisse romande,* t. I (1839), p. 164.
[7] M. *Girardus.*
[8] Mém. et Docum. *Lausannensis.*
[9] P. hic et infra *diffinit...*
[10] M. et C. *perhenniter.*

teneat; deinceps autem non sic, sed æqua in omnibus divisio fiat, e nos quoque in hac parte eadem lex coerceat. Si quis vero de famili Sanctæ Mariæ in territorio Sancti Martini manet, illum ad modun cambiendi quandocumque voluerit concedimus facultatem. Quod s cambire non potuerit, in exactionibus nostris erga illos servabimu mediocritatem. Ego Geraldus episcopus, in capitulo nostro, cun consensu clericorum nostrorum, hæc omnia confirmavi et scribi jussi S. Hugonis[1] decani, testis. S. Vuitgerii, testis. S. Amaldrici, testis et aliorum clericorum ac[2] laicorum. Actum est hoc Lausanæ[3], ann ab incarnatione Domini millesimo centesimo decimo primo, feri quarta, natalis sanctæ Luciæ, luna decima. De sociis domni abbatis hi testes affuerunt : Girinus decanus, Vuigo miles, Stephanus miles Stephanus, Gauzerannus et frater ejus Petrus. De Lausanensibus au tem adhuc isti : Amaldricus testis, Turumbertus testis, Burchardu testis, et alii multi videntes et audientes.

### 940.

CONVENIENTIA INTER EPISCOPUM LAUSANENSEM ET PRIOREM LUSTRIACENSEM.

1135 circa.

Definitio[4] querimoniæ quæ fuit inter Vuidonem, Lausanensem epis- copum, et ecclesiam Sancti Martini de Lustriaco, facta Viennæ, per manum domini[5] Petri, Lugdunensis ecclesiæ archiepiscopi, sedis apos tolicæ legati, necnon Umberti, Bizuntini[6] archiepiscopi, et Berlionis Belicensis episcopi, et Vuigonis, Paterniacensis prioris, et Stephani Lugdunensis archidiaconi. Primo definitum est ut quicumque pere grini sive viatores in possessione episcopi, in parrochia Lustriacensi adversa superveniente valetudine corporis, obierunt, de rebus eorum Lustriacensis consequatur ecclesia quod ex defuncti ordinatione sibi fuerit destinatum, absque eo quod, de consuetudine vel de[7] dominio episcopi, infirmo a presbitero sive ab aliqua persona suggestio[8] non

---

[1] M. et C. *Hugoni.*
[2] M. *atque* pro *ac.*
[3] M. *Lausannæ.* P. *Lozannæ.*
[4] P. hic et infra *diffinit...*
[5] M. et C. *domni.*
[6] M. et C. *Bisuntini.*
[7] P. *ex* pro *de.*
[8] M. et C. *sugestio.*

fiat. Si vero in possessione Lustriacensis ecclesiæ aliqui obierint, de rebus eorum supradictæ ecclesiæ episcopus omnino pacem teneat. De familiis vero statutum est, ut quotquot ecclesia Lustriacensis, quando placitum[1] est inter episcopum Giraldum[2] et abbatem Pontium, de familia episcopi possidebat, absque omni inquietudine possideat. Quod si post placitum illud de familia episcopi aliquot recepit, duos tantum quos elegerit retineat, reliqui ad possessionem episcopi revertantur; deinceps alter alterius familiam in sua possessione sine alterius consensu non recipiat. Statutum est etiam ut ecclesias de Vileta et de Cusleu, et cætera quæ hactenus Lustriacense possedit monasterium, deinceps, absque ulla contestatione vel[3] molestatione ab episcopo procedente, in pace possideat, salvo tamen censu vel jure episcopali. De bannis quoque quos episcopus in terra supradicti monasterii calumniabatur, sic definitum est, ut, secundum testimonium legitimorum et antiquorum virorum qui sine suspicione sint, et habeat eos vel dimittat. De casalibus autem decretum est, ut eos episcopus possideat de quibus se vel antecessores suos certos et annuos census per legitimos et idoneos testes habuisse probaverit; reliquos ecclesia possideat. Testes qui viderunt et audierunt[4] et laudaverunt sunt hi : Ludovicus de Granzun[5], Emmeraudus, Vuillelmus, Bernard[6] Turumbertus, Uldricus de Campannes[7], Petrus de Pont, Giroldus Charbuns, Petrus Atambors, Vuillelmus et Ludovicus, dapiferi, Vuillelmus Udulrici, Giroldus pincerna, et multi alii tam ex canonicis quam ex familia episcopi, qui audierunt et laudaverunt. Ex parte domni abbatis testes extiterunt : Girbertus archipresbiter, Aymo de Varennis, Stephanus de Limans, Berardus de Piseis, et multi alii. Placuit utrisque ut inde duæ cartæ fierent, quarum una sigillo memorati Lugdunensis archiepiscopi, altera sigillo jamdicti Lausanensis episcopi, roboretur.

[1] Vide ch. 939.
[2] L. et C. *Grioldum.*
[3] Voces *contestatione vel* desunt in M. et C.
[4] Voces *et audierunt* desunt in M. et C.
[5] L. et C. *Gramzim.* M. *Granzini.*
[6] M. et C. *Bermar, Turumbertus*, etc.
[7] M. *Campannus.*

## [APPENDIX.]

### 941[1].

DE HIS QUÆ HUGO RAINERIUS, SAVINIENSIS CLAVIGER, CHRISTO JUVANTE, ACQUISIVIT.

*1140 circa.*

In Christi nomine, sciant præsentes ac posteri quod Hugo Rainerii, Saviniensis claviger, inter cætera bona quæ monasterio suo contulisse dignoscitur, a quodam Joceranno cognomento Calverie, necnon a filiis ejus, ad quos ex parte matris hæreditario jure pertinebant, emit sextam partem decimarum pagi qui Amplusputeus dicitur, quatuor marchis argenti purissimi; pro quibus etiam decimis unum ex Joceranni filiis, absque substantia vel alia possessione, prædictus vir Hugo rebus indutus[2] suis in monachum recipi fecit. Ut autem hæc emptio Saviniensi cœnobio libera vel inconcussa perpetim remaneret, Jocerannus idem se ipsum ac fratrem suum Stephanum Calverie, sed et Iterium de Camopseto[3], fidejussores et obsides, coram domno abbate Odilone, plurimis honestis viris astantibus, tradidit. Hujus negotii testis est dominus Umbertus Bellijoci princeps, qui, quoniam prædictas decimas a progenitoribus in alodium obtinuerat, quidquid omnino juris ibidem habere videbatur, totum Deo et Beato Martino Saviniensi in eodem capitulo libere concessit, et ab omni mundo pro viribus ac posse pacem et securitatem promisit. Pro qua videlicet donatione seu pacto accepit a celerario, mutua vicissitudine, quadraginta solidos fortioris monetæ; conjunx[4] autem comitissa, decem; Bonuspar, Ampliputei præpositus, duodecim; Odo de Marchant, quatuor; Umbertus de Bataliaco[5], trium equorum sarcinam de vino purissimo; qui omnes pactionis hujus testes existunt; testis

---

[1] Aubret (in suo ms. *Sur le pays de Dombes*) isti chartæ numerum 943 præbet. Utrum hæc differentia proveniat ex eo quod in ejus manuscripto duæ essent chartæ quæ in aliis desunt, an solummodo ex eo quod numeraret notitias biographicas sub nominibus abbatum Gausmari et Dalmacii inscriptas, nescio. Quæ tamen proxima opinio mihi videtur multo probabilior.

[2] Codd. *indutum.*

[3] M. L. et C. *Camoseto.*

[4] C. *conjuns.* M. *conjux.*

[5] M. *Bataillaco.*

etiam Josbertus, prior Sancti Victorii, Hugo de Buxo sacerdos, Girbertus de Fontaneto, et nonnulli alii, tam clerici quam laici. Sciendum præterea quod Amelina quædam de Monterotrudo, semetipsam Beato Martino[1] tradens, laudantibus filiis, dedit Deo et Saviniensi cœnobio quartam partem de decimis quas[2] jure possidebat in Ampliputei parrochia, in vico scilicet qui dicitur vulgo Savoneria. Qua viam universæ carnis prosequente, filius ejus Vuillelmus[3] Hierosolimam[4] adire desiderans, devote matris[5] imitatus exemplum, apud Taratrum, per manum Hugonis, Saviniensis clavigeri, largitus est præfato monasterio, monachisque inibi[6] Deo servientibus, aliam quartam partem earumdem decimarum, perpetuo jure de reliquo possidendam. Cui celerarius Hugo, charitatis obtuitu, ad peregrinationis subsidium gratanter contulit quadraginta solidos fortioris monetæ; et coadjutori ejus Bonopari, præpositi ipsius, amore Vuillelmi[7], dedit etiam quatuor. Hujus rei testes sunt : Hugo Runfator, Petrus de Vego[8], Girinus de Ali, Hugo de Buxo, Petrus de Molendino et filius ejus Rotlandus[9] Allo de Raybiaco[10], cum aliis multis.

### 942[11].

ACQUISITIO PRO CELERARIO.

1140 circa.

De Aynone quoque Archardi cognomine terram adeptus est celerarius Hugo, in territorio quod Mercorleis[12] appellatur, quæ singulis annis persolvet celerario eminam unam tritici, duo vini sextaria, tres solidos, novem nummos, novem pullos et tres gallinas, plenariam refectionem mane et sero quatuor hominibus, avenam et fenum totidem equis, taschiam terræ. Ex horum redditibus[13] aliorumque multorum quæ vir prædictus industria sua in expensis celerarii[14] acquisiisse

[1] M. add. *Saviniensi.*
[2] P. *quod de jure.* L. *quas de jure.*
[3] M. et C. hic et infra *Guillelmus.*
[4] M. et C. *Ierosolimam.*
[5] M. P. et C. *matrem.*
[6] M. et C. *ibidem.*
[7] Codd. *Guillelmi.*
[8] L. *Vega.*
[9] L. *Rotlannus.*
[10] M. et C. *Raibiaco.*
[11] Hæc charta deest in P.
[12] BM. *Mercoleys.*
[13] M. *reditibus.*
[14] C. *cellarii.*

perhibetur, generali fratrum[1] singulis diebus ovis aut caseo vesci licitum est, quintum ovum superaddidit, nam usque ad ejus tempora quatuor tantum ova prandentibus apponebantur, seu caseus ejusdem valoris ac ponderis.

### 943.
ACQUISITIO DECIMÆ IN AMPLIPUTEO.

1140 circa.

Idem autem Hugo celerarius reliquam partem decimæ quæ ad Petrum de Monterotrudo pertinebat, fratrem prædicti Vuillelmi, acquirere volens, dedit huic Petro nonaginta solidos fortioris monetæ. Ob hoc enim in Saviniensi capitulo idem Petrus suam partem et partem matris et fratris laudavit et dedit Deo et Beato Martino et ecclesiæ Saviniensi. Postmodum vero prædictus Hugo claviger laudem Umberti[2] Bellijoci de hac re cupiens, quia ipso erat, dedit ei unam marcham argenti. Hujus rei testes sunt : Girbertus de Rineu, qui habuit pro hac re quinque asinatas vini; Bonuspar et Girinus, filius ejus, quinque solidos; Guichardus d'Epeyssi[3] et Bernardus de Sancto Saturnino.

### 944.
[LUCRA TELONARIORUM[4].]

25 Febr. 1162. (N. S.)

Millesimo centesimo sexagesimo primo anno incarnationis Domini, regnante in Italia Fredelando victorissimo (sic) imperatore, in Francia vero Ludovico rege, Eracleo Lugdunensem archiepiscopatum regente, ipsoque cum clericis a comite Forensi discordante, domnus Milo, Saviniensis abbas, cumpunctus ob injuriam quam ipse suique prædecessores Odilo et Pontius abbates de lucris telonariorum de Sambael fratribus damnabiliter fecerant, quæ domnus Dalmacius[5] abbas, illorum antecessor, sicut inter alias suas constitutiones scriptum habemus, ad fratrum refectionem constituerat, voluit, præfato

---

[1] P. *fructum.*
[2] M. hic et infra *Humbert...*
[3] L. *Desepeisi.* M. et C. *Despeisi.*
[4] Hanc chartam edidit Ménestrier, *Hist. cons. de Lyon,* pr. p. 35.
[5] P. hic et infra *Dalmatius.*

Eracleo, Lugdunensi archiepiscopo, laudante et confirmante, ut ipsa telonariorum lucra ad pristinum, fratrum scilicet refectionem, reverterentur statum. Quapropter sedens in capitulo, prima Dominica[1] Quadragesimæ, præsente Umberto[2] de Bellojoco seniore, et de pace firma ipso conventui respondente, tale cum fratribus pactum peregit : ut ex communi centum argenti marchas in solutione debiti redderentur : quod et factum est. Ipse itaque sumpta pastorali virga cum stola in eodem capitulo, prout terribiliter potuit, anathemate damnavit omnes illos, cujuscumque ætatis vel dignitatis sint, qui huic sanctissimo decreto obsistere voluerint. Nec tacendum est quoniam, defuncto domno Milone abbate, in ipso sequentis electionis die, Bernardus, prior major, consilio[3] ac præcepto totius capituli, antequam electio fieret, stola redimitus, præfatam excommunicationem ad modum affirmavit, cum toto sacerdotali ordine qui in eodem capitulo convenerat.

## 945.

ACQUISITIO FEUDI IN VINZIACO.

[1173?] Meminisse debet præsens et futura generatio quod quidam miles de castello nostro de Montrotier[4], Stephanus cognomine Guillens, vendit Deo et Sancto Martino, per manus Stephani Basilii, ad lumen missarum, quoddam feudum apud Vinziacum, quod de nobis longe ante possederat, vineas et terram, et quidquid ibi jure possidebat, qui Stephanus Basilii charitative septem libras et decem solidos inde ei dedit. Testes sunt : domnus Bernardus abbas, in præsentia cujus factum est; Girinus Raymundi, Umbertus de Verney, Joannes de Coorun, Hugo sacrista, Vuillelmus Guillens, frater ejus, et miles quidam scilicet Girinus de Vernoilli. Hoc etiam apud castellum laudaverunt mater ejus Vuillelma, et uxor ejus Milona, et frater ejus Petrus Guillens, qui inde duos solidos habuit. Testes sunt : Arnaldus monachus et capellanus nomine Trevenno, et Thomas et Durantus de Sancto Martino, et multi alii.

[1] M. *primæ Dominicæ.* — [2] P. *Humberto.* — [3] M. *concilio.* — [4] M. *Montroter.*

## 946.

ACQUISITIO RERUM IN ARBRELLA [1].

Quoniam nihil est in hac præsenti mortalitate quod in eodem statu permaneat, ne facile memoriæ excidat vel oblivioni tradatur[2], ad[3] perpetuam tam præcedentium quam succedentium memoriam transmittere curamus quod Petrus des Estols vendidit ecclesiæ Saviniensi quidquid habebat apud[4] Arbravillam aut [in] appenditiis ejus, tam in domibus quam in vineis, terris cultis et incultis, accepto pretio centum decem librarum fortis monetæ Lugdunensis. Hanc autem venditionem ipsemet Petrus, ut in perpetuum firma permaneat, jurejurando firmavit, interminans hæredibus suis ex testamento vel ab[5] intestato venientibus, ut, si quis eorum hoc infirmare tentaverit[6], alienum penitus a sua faciant[7] hæreditate. Præfatas quoque pro successione res tempore venditionis, multis præsentibus tam clericis quam laicis[8], confessus est quod eas ab ecclesia Saviniensi ipse (et pater ejus) tenebat, et statutum censum pro eis singulis annis in pace reddiderat. Hujus rei testis est tunc temporis Saviniensis[9] abbas, qui hanc emptionem fieri curavit; Girinus frater ejus, Girinus Raimundi[10], Martinus de Fluire, Umbertus de Verney[11], præpositus de Noellis, Vuillelmus Gaucerandi, uxor ipsius Petri [des Estols], Ugo de Vernei, Gauceramnus de Piseys[12], Joannes Marescoz, Ugo de Talaru, Falco Ruils, Stephanus Gascons archipresbiter, Letardus de Felgeriis[13], Robertus de Chirobles, Radulfus Martinus. Actum apud Sanctum Leodegarium, regnante Ludovico septimo, rege Francorum, anno ab incarnatione Domini millesimo centesimo septuagesimo tertio, residente Lugduni Guichardo archiepiscopo, apostolicæ sedis legato.

1173.

[1] Hanc chartam edidit J. M. de la Mure, *Hist. du dioc. de Lyon*, p. 400.
[2] M. *reddatur*.
[3] Vox *ad* deest in M.
[4] P. *ad* pro *apud*.
[5] Vox *ab* deest in M.
[6] M. *attentaverit*.
[7] Codd. *faciens*.
[8] C. mendose *clericis*.
[9] P. *Saviniacensis*.
[10] L. *Raymundi*.
[11] M. *Vernay*.
[12] M. et C. *Gaucerandus de Piseis*.
[13] M. et C. *Felgeris*.

## 947.

#### DE ECCLESIA SANCTI GEORGII.

1194.

Henricus, Dei gratia Sanctonensis episcopus, dilecto filio Richardo, priori Sancti Thomæ de Conaco, salutem. Ex injuncto nobis pontificatus officio, viros religiosos et eorum loca tenemur diligere et ipsorum humilitatibus loco et tempore paterna sollicitudine providere. Attendentes itaque religionem quæ in Saviniensi ecclesia, Deo auctore, florere dignoscitur, devotionem quoque quam ad personam nostram, dilecte in Domino fili, hactenus habuisti, tibi et ecclesiæ Sancti Thomæ ecclesiam Sancti Georgii prope Conacum constitutam, cum consensu dilecti nostri R., archidiaconi Sanctonensis, et Vuillelmi Cost. archipresbiteri, liberaliter donavimus, et perpetuis temporibus concessimus, pacifice possidendam, salvo tamen in omnibus jure nostro et ministrorum nostrorum. Ne vero hæc nostra donatio, labentis temporis vicissitudine vel personarum varietate, aliquatenus valeat annullari, scripturæ eam[1] tradi officio et sigilli nostri fecimus impressione muniri. Testes sunt : G. abbas de Tenall., magister Vuillelmus de Pariniaco[2], magister Ran. de Noellis, Vuillelmus de Sancto Craprasio ipsius ecclesiæ capellanus, Petrus de Tarnac, Vuillelmus Achardi[3] monachus. Actum anno Dominicæ incarnationis millesimo centesimo nonagesimo quarto, Celestino papa tertio, Philippo rege Francorum, Richardo regnum Angliæ et ducatum Aquitaniæ feliciter gubernante.

## 948.

#### CONVENIENTIA INTER OBEDIENTIARIUM ET VICARIUM DE MOMBLOY[4].

1197.

Rainaldus, Dei gratia primæ Lugdunensis ecclesiæ archiepiscopus, et Richardus, abbas Saviniacensis, omnibus in perpetuum. Quoniam nihil est in studiis hominum quo magis transmittatur ad posteros notitia rerum gestarum quam per litterarum adnotationem; idcirco,

---

[1] P. eadem.
[2] M. Paraniaco.
[3] P. Archardi.
[4] Alias Montbloy, Monbloy.

præsenti scripto, quasi quodam testimonio, illud legentibus vel audientibus notum facimus discordiam, quæ erat inter Joannem d'Espeisse, obedientiarium de Mombloy, et Petrum Arnaldi, vicarium ejus, super vicaria diu agitatam, hoc modo per dictum nostrum fuisse sopitam. Dictum fuit ibi quod, sicut vicarius habebat tertiam partem in laudibus et venditionibus, ita haberet tertiam partem in legibus et bannis et etiam furtis, in tota vicaria, a quacumque persona, sive privata, sive extranea, factis; ita tamen quod obedientiarius [non] possit, pro motu suo, augere vel minuere bona fide bannum, ne quid in præjudicium vicarii fecisse videatur et dare druerias. Si autem fur[1] cum rebus subreptis in tota vicaria interceptus fuerit, obedientiarius de ipso et rebus faciat quod voluerit[2], et vicarius nihil habebit. Quod si in tota vicaria aliquem, sive privatum, sive extraneum, sine hærede mori contigerit, omnes res defuncti mobiles obedientiarius, sine parte vicarii, occupabit, ex eis quod placuerit facturus; res vero immobiles donare vel vendere tenetur; ex quarum donatione vel venditione vicarius habebit, nomine laudis vel venditionis, tunc sextam partem tantum, et non tertiam. Si totum pretium habebit obedientiarius, et postea in venditionibus earumdem rerum a detentoribus ipsarum factis, vicarius habebit tertiam partem. Quicumque, sive privatus, sive extraneus, servire voluerit obedientiario, nihil inde[3] habebit vicarius, nec illa occasione[4] illum inquietabit, et e converso. Quod si aliquam de viduis infra vicariam degentibus quispiam, sive privatus, sive extraneus, uxorem habere concupierit, et ob hoc obedientiario servierit, vicarius inde nihil habebit, et e converso. Post contractas autem nuptias, neque obedientiarius, neque vicarius ab illo servitium accipiat, donec, sicut fieri debet, recognitio fiat, unde vicarius tertiam partem habeat. In molendino illorum de Pugneu, vicarius habeat unam anserem debitalem in Augusto, et ob hoc ducant per terram vicarii, ad opus molendini, aquam, ubi commodius fuerit, sine aliqua inquietatione, nulla recognitione ab illis vel eorum hæredibus

---

[1] Codd. *furtum.*
[2] Codd. *voluit.*
[3] P. *enim.*
[4] Codd. huc irrepsit vox *habebit.*

unquam[1] vicario in posterum facienda. In acquisitionibus infra obedientiam huc usque factis, vel deinceps faciendis, vicarius nihil habuit vel habebit. Factum est hoc anno ab incarnatione Domini millesimo centesimo nonagesimo septimo, apud Saviniacum, in camera abbatis, præsentibus multis, tam monachis quam clericis et[2] laicis, quorum nomina sunt hæc : Pontius ostolarius[3], Artaldus[4] cellararius[5], Umbertus de Verney, Amblardus, Durantus Pictavinus, Vuillelmus de la Vacheri, Hugo de Pugneu, monachi; Guido de Talaru, Girinus pœnitentiarius, Hugo Trellons, Joannes de Vaura, capellanus Sancti Romani, capellanus Sancti Andreæ, capellanus Sancti Petri ad Paludes, Bernardus de Chastellos[6]. Ad majorem quoque hujus rei firmitatem, jussimus exinde duas fieri cartas per alfabetum divisas, sigillorum nostrorum munimine roboratas, quarum alteram habeat obedientiarius, alteram vicarius, ex quarum tenore, si quid inter eos contentionis subortum fuerit, totius rei veritas inspiciatur et observetur.

### 949.
#### CONVENIENTIA INTER CAMERARIUM ET STEPHANUM DE VARENNIS.

1200.

Sciant præsentes et posteri quod querimonia inter Petrum de Chavannis camerarium et Stephanum de Varennis diutius habita taliter[7] terminata est : Stephanus siquidem de Varennis asserebat se habere quamdam peam in platea quæ est ante domum Stephani Lumbardi, videlicet a domo Vuillelmi Gayet usque ad portam novam, sed tamen nesciebat ubi. Unde, cum dictus camerarius vellet in platea ædificare, denuntiavit ei jam dictus Stephanus, ita quod unam trabem de ædificio jam incepto sustulit. Tandem cum supradictus Stephanus, neque per excommunicationem in ecclesia exinde factam, neque per testes, neque alio modo in jamdicta platea peam aliquam vel aliquid juris se habere posset probare, sopita est quæstio et querimonia gripita[8] in

---

[1] Codd. *nunquam.*
[2] M. *quam* pro *et.*
[3] Pro *hostellarius.*
[4] M. *Otardus.*
[5] Pro *cellerarius.*
[6] M. *Castellos.* C. et L. *Chasteillos.*
[7] P. *totaliter.*
[8] Forte pro *querpita.*

manu domini Lugdunensis archiepiscopi Rainaldi videlicet, præsente domno Richardo[1] abbate, et monachis ejusdem monasterii in capitulo ad hoc vocatis, præsentibus etiam et audientibus clericis et laicis. Actum est hoc[2] anno ab incarnatione Domini millesimo ducentesimo.

Eodem anno et die, et in eodem capitulo, præsente domino Rainaldo, Lugdunense præsule, et cæteris omnibus supradictis, gripivit ecclesiæ Saviniacensi Petrus Arnaldi quæstionem quam moverat adversus ecclesiam de domo quæ est ante Sanctum Cosmam.

### 950[3].

#### DE VINDRIACO.

Post aliquot vero annos, orta contentione inter Joannem, qui ejusdem obedientiæ erat procurator, et Stephanum Bevro, ante præsentiam domni Odilonis abbatis venerunt, recordationis prædicti placiti gratia advocati; ubi, veridicis testibus, certisque[4] indiciis, declaratum est ita esse sicut præsens scriptura demonstrat; et hoc quoque additum, ut, si prædictus villicus aliquas terras ad potestatem Vindriaci pertinentes acquisiverit, dum obedientialis ejusdem loci pecunias quibus eas acquisierat ei reddere voluerit, libere terras obedientiæ dimittat.

1150 circa.

### 951.

#### DE DOMO SAVINIACI[5] LUGDUNI SITA.

Nos Guigo de Buzolio[6], decanus Lugdunensis, totumque capitulum dicti loci, notum facimus universis præsentes litteras inspecturis, quod nos prædictus decanus scientes et spontanei confitemur, et in veritate recognoscimus, nos recepisse a religiosis viris, videlicet a reverendo in Christo patre domno Stephano, abbate Saviniacensi, et conventu dicti loci, ad firmam seu censum, modis et oneribus infrascriptis, quamdam domum prædictorum domni abbatis et ejus conventus, sitam infra claustrum nostrum Lugduni, retro et juxta domum

3 Jul. 1311.

---

[1] P. *Ricardo.*
[2] Vox *hoc* deest in P.
[3] Hæc charta deest in P.
[4] M. *cæterisque.*
[5] M. et L. *Savigniaci.*
[6] M. *Bezolio.*

nostram, decani prædicti, tenendam et possidendam per nos quamdiu fuerimus in humanis, sub censa videlicet et firma, quod nos solvamus et solvere teneamur quolibet anno, quamdiu fuerimus in humanis, unam librationem[1] in refectorio nostro Lugdunensi, ut moris est, pro prædictis domno abbate et conventu, et quam idem domnus abbas et conventus tenentur facere in quolibet festo exaltationis sanctæ Crucis in prædicto refectorio nostro; et quod nos prædictus decanus teneamur et debeamus ædificare in prædicta domo, et expensas ponere in ædificatione et reædificatione dictæ domus usque ad summam quinquaginta librarum bonarum Viennensium, cum consilio magistri operis ecclesiæ nostræ Lugdunensis et domni abbatis prædicti. Ita tamen quod hæredes seu executores nostri decani prædicti domum confinatam ut supra, post obitum nostri decani prædicti, teneant sub oneribus prædictis, quousque per prædictos domnum abbatem et conventum, vel eorum successores, eisdem de ædificio necessario et sumptibus in dicta domo per nos decanum prædictum impensis fuerit satisfactum. Promittentes vero nos decanus prædictus, pro nobis et successoribus nostris, bona fide et stipulatione solemni[2], dicto domno abbati, nomine suo et prædicti conventus sui ac eorumdem successorum nobis solemniter stipulante, necnon sub expressa obligatione omnium bonorum nostrorum dicti decani mobilium et immobilium, ubicumque existant, ecclesiasticorum et mundanorum, præsentium et futurorum, prædictas librationem et ædificationem seu reædificationem, et generaliter omnia alia onera universa et singula, facere, solvere et sustinere, modis et formis, ac prout superius sunt expressa, damnisve[3] interesse et costamentis quæ prædictus domnus[4] abbas et ejus conventus facerent, incurrerent vel sustinerent quoquomodo occasione præmissorum librationis, ædificationis seu reædificationis, et omnium aliorum, ut præmissum est, non factorum, solutorum et expletorum; per nos dictum decanum promittimus bona fide et sub obligatione prædictis ea omnia prædictis domno abbati et conventui suo reddere et plenarie

[1] M. hic et infra *liberationem*.
[2] Codd. *stipulationem solemnem*.
[3] P. *damnisque*.
[4] P. hic et infra *dominus*.

resarcire. Super quibus nos prædictus decanus aut successores nostri tenemur tradere simplici verbo ipsius domni abbatis, aliquo genere probationis super hoc minime exacto vel etiam requisito; præcipientes nihilominus nos prædictus decanus per præsentes hæredibus, vel executoribus nostris futuris, ut, solutis expensis necessariis dumtaxat per nos in dicta domo faciendis et ponendis, statim post obitum nostri decani, cum primo ab eisdem domno abbate et conventu vel ab alio[1] eorum nomine fuerint super hoc requisiti, dictam domum restituere et deliberare, absque omni contradictione; propter quæ volumus bona nostra in manibus dictorum domni[2] abbatis et conventus esse et manere perpetuo efficaciter obligata, ac etiam pro dicta domo temporibus futuris a nobis et successoribus nostris in statu prospero manutenenda. Renunciantes nos decanus prædictus in hoc facto, ex certa scientia et sub vinculo bonæ fidei, omni actioni, exceptioni et acceptioni[3], et omnium aliorum prædictorum modo et forma quibus supra non factorum et præmissorum doli metus, et in factum omni læsioni petitionibus et oblationibus libelli litis contestationi transcripto præsentium, et omnibus aliis quæ nobis et successoribus nostris adveniendis contra præmissa possent competere modo aliquo vel prodesse; et juri dicenti renunciationem non sufficere generalem, nisi præcesserit specialis. In cujus rei testimonium, nos prædictus decanus et nos prædictum capitulum, ad preces dicti decani unanimes in prædicto capitulo nostro existentes, sigilla nostra præsentibus litteris duximus apponenda. Datum tertia die Julii, anno Domini millesimo trecentesimo undecimo.

### 952.

REFORMATIO [IN MONASTERIO SAVINIACENSI FACTA].

In Christi nomine, nos Henricus de Villars[4], miseratione divina primæ Lugdunensis ecclesiæ archiepiscopus et comes, notum facimus universis præsentibus et futuris quod dudum per venerabiles

9 Jun. 1351.

[1] M. *illo.*
[2] M. et C. hic et infra *domini.*
[3] C. *receptioni.*
[4] P. *Vilars,* hic et infra.

domnos B. de [Civino]¹, abbatem monasterii Athanatensis, et Guillelmum de Tureyo², decanum Lugdunensem, commissarios nostros in hac parte, fuerit facta reformatio in monasterio Saviniacensi³, et procedendo contra reformatos, facti fuerunt processus contra dominum abbatem dicti monasterii Saviniacensis certosque officiales et priores dicti monasterii, præsertim ad instantem querimoniam conventus ipsius monasterii, et quemadmodum continetur in litteris dictorum nostrorum commissariorum, quarum tenor sequitur et est talis :

« Frater Bertholus, divina permissione humilis abbas monasterii Athanatensis, et Guillelmus de Tureyo, decanus Lugdunensis, commissarii ad infra scripta pro reverendo in Christo patre domino Henrico de Villars, archiepiscopo Lugdunensi, dilectis in Christo capellanis seu vicariis Saviniaci, notariisque publicis ac juratis curiæ Lugdunensis, et aliis ad quos præsentes litteræ pervenerint, salutem et sinceram in Domino charitatem ad invicem. Noveritis nos litteras apertas dicti domini archiepiscopi recepisse, tenorem qui sequitur continentes :

« Henricus de Villars, Dei gratia archiepiscopus et comes Lugdu-
« nensis, dilectis nobis in Christo fratri Bertholo⁴, eadem gratia abbati
« monasterii Athanatensis, et Guillelmo de Tureyo, decano nostræ ec-
« clesiæ Lugdunensis, salutem et sinceram in Deo⁵ charitatem ad invi-
« cem. Noveritis audientiam non absque displicentia pervenisse, quod
« in monasterio Saviniacensi, nostræ diocesis, sint nonnulli officiarii,
« qui, licet secundum statuta dicti monasterii teneantur ad faciendum
« conventui ejusdem certas librationes panis, vini et pecuniæ, ipsas fa-
« cere et tradere negligunt et recusant, unde in eodem monasterio
« plures tam in spiritualibus quam temporalibus defectus oriuntur,
« sicut intelleximus, ex quibus divinus cultus diminuitur in eodem.
« Eapropter nos, quoniam ex debito nostri officii teneamur super his,
« quantum cum Deo poterimus providere, vobis, de quorum fidelitate

---

¹ Hic locus vacat in codd. P. C. et L. Cod. M. habet, recentiori manu, *Sivino;* sed agitur de abbate Bartholo de Civino, vel de Cuino, vel de Civinis, gallice *de Civins.*

² M. et C. *Thureyo.* L. *Tureio* hic et infra.
³ M. hic et infra *Saviniensi.*
⁴ M. et C. *Bartholo.*
⁵ M. *Domino*

« et industria plenam ab experto fiduciam obtinemus, et cuilibet ves-
« trum committimus tenore præsentium, et mandamus quatenus ad
« dictum monasterium vos personaliter transferatis, de prædictis de-
« fectibus et quibuscumque aliis in dicto monasterio reformatione
« indigentibus et correctione cum diligentia inquiratis auctoritate nos-
« tra, et, secundum ea quæ per inquisitionem dictorum defectuum[1]
« repereritis, provideatis eadem auctoritate, juxta juris formam, de
« debitæ reformationis ac correctionis remedio, prout vobis videbitur
« faciendum, quoniam super his vobis et cuilibet vestrum in solidum
« committimus vices nostras, et per quoscumque nostros subditos vo-
« bis pareri volumus in hac parte. Datum in castro nostro[2] de Irignis,
« sub nostri testimonio sigilli, die vigesima prima mensis Maii, anno
« Domini millesimo trecentesimo quinquagesimo. »

« Virtute quarum declinavimus ad monasterium Saviniacense prædictum causa visitationis ac reformationis defectuum, si qui reperiren-
tur in monasterio et in abbate, et singularibus officialibus, prioribus et
personis monasterii antedicti; et vocatis et congregatis in refectorio
dicti monasterii, in quo, propter defectum capituli igne combusti
et disrupti a casu, in quo capitulari consueverant, venerabilibus et
religiosis viris domno Dei gratia abbate, priore majore, aliis officialibus et prioribus dicti monasterii ibidem existentibus, processimus
ad visitationem prædictam juxta formam nobis traditam inchoandam;
et pro parte dicti conventus, qui coram nobis comparuerunt, numero
triginta duo, traditi fuerunt nobis articulatim in uno rotulo papireo
defectus quos abbas, decani, priores et officiales infrascripti fecerunt conventui dicti loci et in monasterio antedicto, quorum articu-
lorum seu defectuum tenor sequitur et est talis :

« Vobis venerabilibus viris ac discretis dominis abbati Athana-
« tensi et decano Lugdunensi, commissariis a reverendo in Christo
« patre et domino, domino archiepiscopo et comite Lugdunensi, de-
« putatis, exponunt vestri prior major et conventus monasterii Savinia-
« censis defectus et negligentias infrascriptas[3] monasterii supradicti

[1] P. *deffectuum* hic et infra. — [2] P. *castrum nostrum*. — [3] M. *infra dict...* hic et infra.

« quæ quotidie eveniunt propter defectum et negligentiam priorum et
« officialium infra scriptorum dicti monasterii; pro quibus defectibus et
« negligentiis dictus conventus multa scandala sustinet, et non potuit,
« prout debuit, divina officia celebrare : unde vobis placeat de et super
« hoc de remedio oportuno providere. Sequuntur defectus et negligen-
« tiæ infra scriptæ. Primo, quod frater Hugo de Bono Fonte, celerarius
« major Saviniaci, fecit nobis multos defectus in sua consuetudine, anno
« isto, de his quæ debet nobis administrare, et nunc nihil nobis admi-
« nistrat. Qui celerarius debet providere conventui, a nativitate Domini
« usque ad nativitatem sancti Joannis Baptistæ proximam, sal, ova, ca-
« seum et alia plura; et etiam retinuit de mandato generalia de anno
« præterito et præsenti, quæ erogare debet pauperibus Christi. Item
« frater Guido Rogerii, decanus de Telan, qui debet administrare vi-
« num conventui a prima die Aprilis usque ad festum beati Joannis Bap-
« tistæ, nunc deficit in administratione hujus modi facienda per totum
« tempus prædictum, excepto mense Aprilis. Item defecit[1] in mense
« Augusti præterito per octo dies, eo non obstante quod percipit ser-
« vitium vini ejusdem anni dicti decanatus, quod ascendit ad majorem
« summam quam administrasse debuisset dicto conventui. Item.....
« dictus conventus quoniam faciat defectum de uno recepto quod de-
« bet facere in octabis[2] Mariæ Magdalenæ, et de octo diebus mensis
« futuri, nisi per vos fuerit appositum remedium oportunum. Item præ-
« dictus decanus, anno præterito, fecit defectum per viginti septem
« dies in consuetudine supra dicta. Item frater Joannes de Lustriaco,
« celerarius Sancti Laurentii, qui debet administrare dicto conventui
« sal, oleum, potagium, caseos, ova et plura alia, a nativitate beati
« Joannis Baptistæ usque ad nativitatem Domini, multos defectus nobis
« fecit, et tot, quod nos non sumus memores, prout invenietis. Item
« dictus celerarius retinuit de mandato, anno quadragesimo octavo et
« quadragesimo nono millesimo trecentesimo, generalia quæ debent
« erogari Christi pauperibus. Item dictus celerarius debet administrare
« duas torchias ad elevandum corpus Christi in magna missa et matuti-

[1] P. *deficit*. — [2] M. *octavis*.

« nali, quæ non fuerunt administratæ a nativitate Domini nuper præ-
« terita usque nunc, et adhuc cessat, et tamen bonum commodum
« obtinet, quod sibi dimisit frater Humbertus de Cheyssiaco, prædc-
« cessor ejus. Item cum celerarius supra dictus teneatur incipere suam
« consuetudinem a nativitate beati Joannis proxime venturi in assuetis,
« sicut supra dictum est, et ipse per se nec per alium non sit in partibus
« istis, et propter hoc dubitamus de tempore futuro, et propter scandala
« et defectus præterita; ideo requirimus et supplicamus, etc., et etiam
« providere in reparatione domorum Sancti Laurentii, quæ minantur
« ruinam, et etiam claustri Saviniaci, quod debet reparare inter ipsum
« et celerarium majorem. Item frater Joannes Arrici, minister crucis,
« administrare debet unam candelam ante crucem ; quod non facit, sed
« cessavit a festo Omnium Sanctorum circa, et adhuc cessat. Item cum
« claustrales non debeant habere proprium, secundum regulam beati
« Benedicti, et etiam jura, etc. [1]; et propter hoc ordinatum est in nostra
« abbatia ab antiquo qui solvere debeant vestiarium claustralium nos-
« træ abbatiæ, et specialiter vestes sive pannum quod eis assuetum est,
« scilicet claustralibus; et ita sit quod plures sunt qui debent et non
« solvunt, sicut prior Lustriaci, prior Botavillæ, prior Talueriarum,
« cum pluribus aliis, per quos defectus prior major non potest corrigere
« claustrales. Quare, etc. [1] Item quod, cum religio non possit bene ser-
« vari ut nisi prædictum dormitorium et capitulum habeant, et ita sit
« quod non habuerunt quindecim anni sunt elapsi, per quos defectus
« cultus minuitur, et etiam plura scandala oriuntur. Unde, etc. [1] Item
« quod, cum domnus abbas et plures priores et officiales dictæ abbatiæ
« teneantur camerario, celerariis, sutuariis et aliis officialibus qui fa-
« ciunt vestes, frocos et alia necessaria dictis claustralibus, solvere
« certas messes bladorum, quas solvere recusant temporibus assigna-
« tis, propter quod multi defectus dictis claustralibus faciunt præ-
« dictis in frocis et vestibus eorumdem. Quare petunt per vos de
« remedio provideri. Item quod, cum nos habeamus plura anniversaria
« et plures pidancias nobis a quadraginta annis circa concessas, quæ et

[1] Hic est in codd. P. C. et L signum litteræ n (.n'.) sat simile; sed M. habet etc.

« quas frater Guido de [Lorgo¹] levabat tempore quo decessit, et
« nunc dictus² abbas ipsa anniversaria et pidancias velit operi dormi-
« torii attribuere, quod fieri non debet, cum ipse sine nobis dictum
« dormitorium facere teneatur, vobis supplicamus quatenus super hoc
« nobis de remedio oportuno provideatis, et dicto domno abbati su-
« per hoc silentium imponatis. »

« Supplicantium super ipsis eidem provideri per nos de remedio oportuno, asserentium quod bona fide et in verbo religionis contenta in dicto rotulo et defectus prædictos veritatem continere. Deinde vero majori parte dicti conventus recedente a dicto loco, et retentis nobis ac per nos et dictum conventum electis de ipsis fratribus : Franciscus de Fouz³, priore majore; Hugone de Albapinu, priore claustrali; Joanne de Baucevro⁴, hostelario⁵; Amedeo de Castro-Novo, communario; Stephano de Varey, camerario; Matheo Grigneu, sacrista majore; Sofredo de Favergiis, priore Sancti Clementis; Joanne Arrici, ministro crucis; Jaquemino de Monceaux, chapicollo⁶; et Berardo d'Augeroles⁷, dicti monasterii monachis, tamquam illis qui super ipsis dicebantur et existimabantur⁸ scire melius veritatem; lectisque eis et expositis per nos decanum prædictum articulis et defectibus ante dictis, omnes ipsi, deliberatione habita, responderunt et asseruerunt bona fide, et sub voto religionis suæ, omnia contenta in dictis articulis esse vera, et quia reperimus, inquisitione diligente super hoc facta, quod propter defectum dormitorii dicti monasterii, quod quindecim anni sunt jam elapsi, Domino permittente, casualiter combustum extitit et omnino destructum, nonnulli, immo major pars monachorum dicti monasterii non habentes in dicto monasterio ubi sub eodem tecto jacere possent, et de nocte prout decet quiescere et dormire, ex quo sæpe et pluries plura damna et scandala diminutioque divini cultus evenerunt et frequenter eve-

---

¹ Codd. *Guido delevebat*. Vid. p. 529.
² M. *dominus* pro *dictus*.
³ Forte legendum *d'Affoux*?
⁴ M. et C. *Bauceuro*. L. *Baucenco*.
⁵ M. *hostelerio*.
⁶ Leg. *capiscollo*, id est *magistro scholarum*.
⁷ C. et M. male *de Daugerolles*.
⁸ M. *estimabantur*.

niunt, et de majoribus eventuris in posterum visibiliter formidatur, nisi super hoc de remedio oportuno sit provisum; invenimusque per inquisitionem prædictam quod refectio et reparatio dictorum dormitorii et capituli ad ipsum domnum abbatem debet pertinere, præsertim cum pro præmissis agendis magnas habuerit pecuniarum quantitates. Tenore præsentium monemus, auctoritate prædicta, primo, secundo et tertio, præfatum domnum abbatem Saviniaci, et per vos vel per[1] vestrum aliquos vel aliquem moneri præcipimus ac mandamus, ut ipse, infra annum a die notificationis præsentium computando, cujus anni quatuor menses pro primo, quatuor pro secundo, et reliquos quatuor pro tertio, et peremptorio termino, assignamus, domum dicti dormitorii ac capitulum subtus ipsum dormitorium situatum refici faciat cum effectu; ita et tali modo quod monachi claustrales dicti monasterii ex tunc in ipso dormitorio decenter, prout consueverunt et debent, quiescere valeant et dormire; et hoc sub pœna excommunicationis quam canonica monitione præmissa ex nunc prout ex tunc, et ex tunc prout ex nunc, auctoritate prædicta, in ipsum proferimus in his scriptis. Præterea, cum invenimus quod frater Hugo de Bono Fonte, celerarius major dicti monasterii, in his quæ debet administrare dicto conventui, videlicet potagium, sal, ova, caseum, et alia comestibilia necessaria conventui (exceptis pane, vino et carnibus), ad quæ tenetur singulis annis, a festo nativitatis Domini usque ad festum nativitatis sancti[2] Joannis Baptistæ, et in quibus idem celerarius deficit huc usque; item quia frater Guido Rogerii, decanus de Telan, qui debet administrare dicto conventui vinum a prima die Aprilis usque ad festum nativitatis beati Joannis Baptistæ, deficit in administratione hujusmodi huc usque a prima die Maii..... faciendo et etiam per octo dies in mense Augusti proximi præterito, timeaturque ne dictus decanus defectum faciat in prædictis tempore futuro; item quia frater Joannes de Lustriaco, celerarius minor dicti monasterii, qui dicto conventui administrare tenetur, a festo nativitatis beati Joannis Baptistæ usque ad festum nativitatis Domini, sal, oleum, po-

---

[1] Deest *per* in M. C. et P. — [2] M. *beati*.

tagium et alia, sicut major celerarius antedictus, multos in hos defectus commisit, et in administrando etiam duabus torchiis cereis, quas
ad elevationem corporis Christi in matutinali et magna missis administrare tenetur, retinuitque, in annis quadragesimo octavo et quadragesimo nono millesimo trecentesimo, generalia[1] quæ debebant Christi
pauperibus erogari; invenimusque [quod], propter defectuus commissos, ut supra, per majorem et minorem celerarios antedictos, conventus dicti monasterii non comedit in refectorio jam et annus elapsus,
quod esse dignoscitur contra regularia instituta; item quia frater Joannes Arrici, minister crucis, debet administrare candelam unam ceream
ante altare crucis, in quo a festo Omnium Sanctorum huc usque cessavit; invenimusque quod claustrum dicti monasterii celeri refectione indiget, quæ, nisi compleatur, breviter de corruptione dicti claustri ve-
risimiliter formidatur; invenimusque quod, cum claustrales proprium
habere non debeant, secundum regulam sancti[2] Benedicti et secundum
jura, et propter hoc in dicto monasterio ab antiquo fuerit ordinatum,
qui solvere debeant certas pecuniarum summas camerario dicti monasterii, pro vestibus seu pannis pro vestiario claustralium emendo
et ministrando, pluresque sunt, sicut Botavillæ, Talueriarum et Lustriaci et quidam alii priores, qui summas per eos ut supra debitas pro
prædictis solvere non curarunt, et multos defectus[3] in præmissis omi-
serunt; invenimusque quod abbas et plures priores et officiales dicti
monasterii eidem monasterio subjecti, certas messes bladorum camerario, celerariis, sutuariis et aliis officialibus dicti monasterii, qui faciunt vestes, frocos[4] et alia necessaria dictis claustralibus, ministrare
et solvere tenentur, certis ad hoc statutis terminis in quibus solven-
dis, præfati abbas, officiales et priores, terminis pluribus cessave-
runt, propter quod multos defectus dicti claustrales in flocis et vestibus habuerunt. Nos idcirco volentes quantum cum Deo possumus
super præmissis de remedio oportuno providere, monemus tenore
presentium, et per vos seu aliquem vel aliquos vestrum moneri manda-

---

[1] De hoc verbo vide ms. Mailliardi.
[2] M. *beati*.
[3] Vox *defectus* deficit in P.
[4] Sic in codd. Infra *flocis*.

mus primo, secundo et tertio, et peremtorie, domnum abbatem prædictum, ut ipse majorem et minorem celerarios sui prædicti monasterii, quos ad reparationem dicti claustri teneri reperimus, compellat, per substractionem beneficiorum suorum, reddituum et proventuum eorumdem, et alio modo quo poterit fortiore, ad reparandum claustrum ipsum in his partibus in quibus reparatione indiget; alioquin idem domnus abbas infra unum annum claustrum ipsum cum effectu faciat reparare; compellatque modo consimili et juris remediis oportunis priores Botavillæ, Talueriarum et Lustriaci prædictos, et alios qui solvere tenentur et administrare ea ad quæ tenentur pro vestiario, ac omnes alios qui solvere tenentur messes et alias redibentias pro frocis[1], sotularibus seu botis[2], et aliis necessariis dictis claustralibus faciendis, seu alias ministrandis, ut, infra mensem unum a data præsentium computandum, ea quæ debent pro tempore jam elapso, et deinceps suis statutis terminis, solvant camerario et aliis officialibus ad quos pertinet cum effectu; alioquin, cum, secundum regulam beati Benedicti, a patre abbate omnia sunt petenda, nec diu possunt esse spiritualia sine temporalibus secundum canonica instituta, ipsum domnum abbatem monemus, et per vos moneri mandamus, ut supra, primo, secundo et tertio ac peremptorie[3], ut ipse vestes ipsas seu pannum pro vestibus, flocis, et alia necessaria dictis claustralibus infra mensem, alium prædictum mensem, mensem proximum sequuturum, cujus mensis octo primos dies pro primo, et alios octo pro secundo, et residuum dicti mensis pro tertio, et peremptorio[4] termino, assignamus, effectualiter ministrare seu ministrari facere teneatur; sic quod claustrales prædicti, in flocis, sotularibus, vestibus et aliis necessariis, nullum defectum deinceps patiantur, et si deficiet in præmissis, ipsum ex tunc prout ex nunc in his scriptis auctoritate prædicta excommunicationis sententia innodamus. Et quoniam, prout prædictum est, secundum regulam beati Benedicti, abbas tenetur monachis suis de omnibus necessariis providere, monemus per præsentes dicta aucto-

---

[1] M. et C. *flocis.*
[2] L. male *secularibus, seu votis.*
[3] C. *perhentorie.* P. *peremtorie.*
[4] C. *perhentorio.* P. *pehemptorio.*

ritate[1], et per vos desuper moneri mandamus primo, secundo et tertio, canonica monitione præmissa, dictum domnum abbatem, ut ipse sine dilatione morosa decanum de Telan, majorem et minorem celerarios et ministrum crucis antedictos, per substractionem beneficiorum et officiorum suorum, proventuumque et reddituum ipsorum detentionem ad manum suam, de ipsis redditibus et proventibus faciendis discrete compellat ad faciendum et administrandum prædicta quæ tenentur, ut supra, conventui et monachis supradictis, et de retentis satisfaciant competenter. Et quia agitur de re periculosa, cum alias cultus divinus ibidem omnino cessaret, et jam per plures dies neglectus fuerit et obmissus, cum sine victualibus dictus conventus vivere non posset neque Deo servire, cum spiritualia sine temporalibus, ut dictum est, sustineri non possent, monemus et moneri mandamus, ut supra, præfatum domnum abbatem, ut ipse, infra triduum, quorum dierum unum pro primo, secundum pro secundo, et reliquum pro tertio, et peremptorio[2] termino, assignamus[3], prædicta dicto conventui administret seu administrari faciat, et in victualibus eidem necessariis provideat, seu cum effectu faciat provideri; alioquin ex tunc excommunicationis sententiam canonica præmissa monitione, prædicta auctoritate supradicta in ipsum abbatem proferimus in his scriptis. In quorum omnium præmissorum robur et testimonium, præsentes litteras per Alexandrum Milleti, clericum publicum, notarium, scribi fecimus, et sigilli officialatus Lugduni, quo utimur in hac parte, appensione muniri, necnon Lugdun. de consilio plurium jurisperitorum, consiliariorum domini archiepiscopi prædicti nobis assistentibus in hac parte, die undecima mensis Junii, anno Domini millesimo trecentesimo quinquagesimo. »

Postquam præfatus abbas Saviniaci coram nobis comparens de et super contentis in reformatione prædicta querimoniam detulerit, prætendens aliquas causas et excusationes per quas dicebat se non posse ordinata per dictos nostros commissarios, præsertim infra tem-

---

[1] M. *auctoritate prædicta.* — [2] C. *perhentorio.* P. *peremtorio.* — [3] Huc male irrepsit vox *ut* in P.

pora præfixa facere et complere, et se ad aliquas[1] ex eis non teneri[2], ipsumque fore gravatum ex eisdem; parte tamen dicti conventus contrarium asserente : tandem visis per nos et consilium nostrum cum maxima, matura ac diligenti deliberatione, prædictis per dictos nostros commissarios ordinatis, querimonia dicti abbatis, omnibusque et singulis quæ per utramque partem fuerunt coram nobis et in nostra præsentia apposita, comparentibus et existentibus propter hoc coram nobis domno abbate pro se, ex una parte, et religiosis fratribus Joanne Regrain[3], priore majore; Hugone de Albapinu, priore claustrali; Joanne de Bauzcevro[4], hostelario, et Stephano de Varey, camerario dicti monasterii, pro se et dicto conventu, ex altera, ipsarum partium in his et circa hæc voluntate et consensu expressis accedentibus, terminum præfixum dicto abbati ad domum dicti dormitorii et capitulum subtus ipsum situatum reficiendum, juxta et secundum modum inceptum cum effectu usque ad quinquennium a data præsentium computandum prorogamus. Ita tamen quod ex nunc et incontinenti opus pro refectione ipsorum dormitorii et capituli incipiatur, et ex tunc subsequenter et continue fiat et continuetur, dando operam circa illud; ita quod a longius infra dictum quinquennium effectualiter sit completum, ulteriori dilationi et diffugio cessantibus penitus et submotis. Et quia hujusmodi erit refectio sumptuosa, ordinamus, pro bono pacis, quod dictus conventus, ad faciendum et perficiendum dictum opus, teneatur conferre et concedere pitancias quas levabat dictus dominus Joannes de Bauzcevro, hostelarius, pro dicto opere, et summas pecuniæ quæ per monachos novos, juxta ritus et mores dicti monasterii, tribuuntur, pitanciis novis quos levabat dominus Guido de Lorgo dicto conventui ad victum ipsius remanentibus, in quibus tamen dictus abbas jus suum percipere teneatur, et sex libras annui redditus a domino Hugone de Taratro acquisiti in dicto opere convertantur, omniaque arreragia anniversariorum debitorum in pecunia usque nunc etiam dicto operi applicentur, et hoc dumtaxat

---

[1] M. *aliqua.*
[2] M. *tenere.*
[3] M. *Rogtayn.* C. *Regtayn.* L. *Regtain.*
[4] L. *Beaucevro.*

dicto quinquennio durante; quo lapso dictus conventus dictas pitancias, redditus, et alia prædicta sua propria auctoritate possit et debeat ad se reducere et resumere, eos, eas et ea levare et percipere, salvo jure quod dictus abbas habere poterit in eisdem. Terminum vero præfixum pro reparatione claustri monasterii ejusdem et alia circa hæc facienda per domnum abbatem juxta dictæ reformationis tenorem, usque ad proximum festum Pentecostes[1] prorogamus; terminum autem unius mensis abbati prædicto præfixum, ad compellendum officiales et priores dicti monasterii ad reddendum dicto conventui messes et alias redibentias pro flocis, sotularibus et aliis necessariis, et ad alia facienda per dictum abbatem quæ per dictos nostros commissarios circa hæc fuerunt ordinata, quoad officiales et priores extra provinciam nostram constitutos, propter locorum distantiam, usque ad tres menses post suos terminos ad solvendum statutos prorogamus; alioquin ex tunc, lapsis dictis singulis futuris terminis pro singulis prædictorum ad solvendum statutorum, in quibus deficient, abbas prædictus sententias excommunicationis latas per dictos commissarios nostros incurrat. Aliis contentis in dicta reformatione de quibus huic mentio non habetur, per hæc non intendimus derogare. Quas quidem terminorum prorogationes, et omnia et singula per nos superius ordinata, dictus domnus abbas Saviniaci, nomine suo et dicti monasterii, et præfati prior major, prior claustralis, hostelarius et camerarius, suo et dicti conventus nomine, in nostra præsentia et notarii infra scripti et testium subscriptorum constituti, ex certa scientia approbaverunt et laudaverunt, acceptaverunt et ratificaverunt. In cujus rei testimonium præsentes litteras per Petrum Vialonis[2], notarium nostrum, in formam publicam redigi mandavimus, et sigilli nostri jussimus appensione muniri. Acta fuerunt hæc in castro nostro Petræ Scissæ, præsentibus venerabilibus viris dominis Ludovico de Villars, archidiacono Lugduni; Petro de Croseto, canonico et officiali Lugduni; Chaberto Hugonis; Jacobo Fabri, canonico Sancti Justi; Joanne de Lay[3], legum doctoribus, et pluribus aliis ad hoc vocatis,

[1] M. et P. *Penthecostes*. — [2] M. *Vialon*. — [3] C. *Delay*.

testibus et rogatis, die nona mensis Junii, anno Domini millesimo trecentesimo quinquagesimo primo. P. VIALON. Ego vero præfatus Petrus Vialonis[1] de Valencia, publicus auctoritate apostolica notarius, prædictorum terminorum prorogationibus ipsarumque acceptationibus, laudationibus et ratificationibus, inde secutis et præmissis aliis[2] dum ita ut supra scribitur per supradictum dominum archiepiscopum et comitem agerentur et fierent, præsens una cum dictis testibus interfui, et præsentes litteras de mandato dicti domini archiepiscopi ad requestam dictarum partium in hanc publicam formam redegi, in hisque me subscripsi manu mea propria, et signum meum una cum sigillo dicti[3] domini archiepiscopi apposui, consuetus rogatus, in robur et testimonium præmissorum.

Guillelmus, miseratione divina archiepiscopus et comes Lugdunensis, universis præsentes litteras inspecturis, salutem in Domino sempiternam. Notum facimus quod cum dudum per nos, dum eramus decanus Lugduni, ac per bonæ memoriæ B[ertholum], quemdam[4] abbatem monasterii Athanatensis Lugduni, commissarios in hac parte, a bonæ memoriæ domino Henrico, quondam archiepiscopo et comite Lugdunensi, deputatos, certa, salubris, utilis et necessaria informatio facta fuerit, et etiam in monasterio Saviniaci, ordinis sancti Benedicti, nostræ Lugdunensis diœcesis ordinata, prout in litteris dicti quondam Domini archiepiscopi prædecessoris nostri, signo et subscriptione magistri Petri Vialonis de Valencia, auctoritate apostolica, publico notario, signatis et subscriptis, tenorem dictæ informationis de verbo ad verbum continentibus, quibus præsentes nostræ litteræ sunt annexæ, plenius continetur, dictæque litteræ propter decessum dicti prædecessoris nostri minime, ut ordinatum fuerat, non potuerunt sigillo ipsius nostri prædecessoris ante ejus obitum sigillari, et a parte conventus dicti monasterii nobis fuerit supplicatum ut ipsas sigillo nostro sigillare vellemus, et contenta in eisdem approbare. Hinc est quod nos legitime

12 Jul. 1362.

---

[1] M. et C. hic et infra *Vyalonis*.
[2] Vox *aliis* deest in M.
[3] M. *præfati*.
[4] M. et P. *quondam*.

informati dictam reformationem modo et forma contentis in dictis litteris factam fuisse, et dictas litteras continere veritatem, prædictam reformationem ac omnia alia et singula in dictis litteris expressata, rata et grata habentes, ea volumus et etiam approbamus, et ut perpetuam roboris habeant firmitatem, et ipsis litteris et contentis in eisdem etiam adhibeatur plena fides ac si fuissent dicto sigillo dicti prædecessoris nostri, dum viveret, sigillatæ, præsentes litteras, ut præfatur, annexas litteris memoratis nostro sigillo munitas dicto conventui duximus concedendas in testimonium præmissorum. Datum in castro nostro Petræ Scissæ, die decima octava Julii, anno Domini millesimo trecentesimo sexagesimo secundo. H. Cogon[1]. Facta est copia et collatio de verbo ad verbum de præsenti transcripto ad originale per me juratum, B. de Riparia, et per me publicum notarium, Stephanus de Lanay.

### 953.

ASSOCIATIO ABBATUM ET RELIGIOSORUM SANCTI ILLIDII CLARMONTENSIS
ET SANCTI MARTINI SAVINIACENSIS.

Mart. 1250.

Nos Robertus, Sancti Illidii, et Athanalphus, Saviniacensis abbates, ac utriusque monasterii conventus, futuris et præsentibus ipsorum monasteriorum fratribus atque fidelibus universis rei gestæ memoriam et salutem. Origo generis carnalis humani, quoniam ab uno et solo sumpsit initium protoplasto, mortales fecit[2] omnes fratres, quos quidem spiritualiter[3] unum corpus in Christo perficit regeneratio baptismalis; sed quoniam laqueis plenus mundus, sæpe secum illaqueans habitantes, hanc Christi dissolvit charissimam unionem, patres nostri, mundi mendacia relinquendo, sanctæ compagine[4] regulæ adhæserunt vitæ fraternitate mirabili et jugo indissolubili veritati; at ubi in Christo veræ tanquam bonos palmites, ubique terrarum multiplicati sunt Dei providentia, cœnobitæ sua multis monasteria societatibus conjunxe-

---

[1] M. *Cogo.* L. et C. *Cogō.* Cod. M. addit hic illa verba, ut videtur, obscura, « Sustinuit et adhuc, » quæ in L. et C. ad finem instrumenti conjiciuntur.

[2] P. *officit.*
[3] M. *specialiter.*
[4] M. *compagniæ.*

runt, ut quanto major esset dilectionis vinculum inter eos, tanto amplior daretur materies, et haberet subjectum in quo indesinenter ageret ignis ferventissimæ charitatis. Volentes igitur etsi non patrum consimilem, sed longe dissimilem, quantam tamen possumus dilectionem vobis præsentibus futurisque fratribus ad invicem exhibere, intendimus inter alia specialius nostra monasteria non tam conjungere quam unire. Ordinamus ergo ut, abbate Sancti Illidii ad Saviniacense monasterium declinante, locum in refectorio, ecclesia et capitulo abbatis teneat et pastoris; fratribus autem Sancti Illidii ad Saviniacense monasterium accedentibus, sine custodia intrent regulariter et honeste, communem vitam cum aliis ducentes, Deo inibi serviant, et in omnibus provideatur eisdem in quibus propriis providetur. Quod si abbas Sancti Illidii suum monachum apud Saviniacum cum suis litteris voluerit destinare, abbas Saviniacensis eum tanquam proprium recipere teneatur. Quod si a suo abbate excommunicationis sententia fuerit innodatus, ille cui mittitur absolvere possit, et mittens eum reputet absolutum. Sane vacante Sancti Illidii ecclesia abbate vel priore, liceat eis non tam eligere quam postulare de monachis Saviniacensibus, si quem vellint, cui nullo modo denegetur licentia transeundi; abbate insuper Sancti Illidii decedente, totum ei ex integro apud Saviniacum officium persolvatur in capite et in membris, quod de proprio abbate consuevit fieri obeunte. Attamen de fratribus decedentibus ita fiat, ut, audito defuncti obitu, absolvatur, vigilia agatur cum missa, septenarius in missis agatur et psalmis, et septem diebus cibus pro eo sicut pro propriis pauperibus erogetur, et defuncti Sancti Illidii in capitulo generali specialiter absolvantur. Tricenarius[1] autem qui pro fratribus Saviniacensibus in crastinum beati Martini apud Saviniacum incipitur, pro fratribus etiam Sancti Illidii celebretur. Hoc idem fiat apud Sanctum Illidium pro fratribus Saviniacensibus in tricenario qui in crastinum sancti Illidii inchoatur, et quæ de abbate et fratribus Sancti Illidii vivis dicuntur debere

---

[1] P. *Tricennarius*. De hoc verbo vide dissertationem Ben. Mailliardi, cui titulus *De tricenariis in monasterio nostro fiendis*.

fieri apud Saviniacum, pariter et defunctis apud Sanctum Illidium in omnibus obtineant, vice versa. Statutum[1] etiam est apud Saviniacum ut festum beati Illidii, episcopi et confessoris, quod est nonis Junii, in duodecim lectionibus celebretur. In cujus rei testimonium præsens cartula per alphabetum divisa, utriusque sigilli monasterii sigillata, in thesauris utriusque monasterii reservatur. Actum anno Domini millesimo ducentesimo quadragesimo nono, mense Martio.

## 954.

ASSOCIATIO ABBATUM ET RELIGIOSORUM LIRINENSIS[2] ET SAVINIACENSIS MONASTERIORUM.

1 Mart. 1257 (N. S.).

Nos, frater Bernardus, sancti[3] monasterii Lirinensis abbas indignus, domini papæ capellanus, totusque ejusdem loci conventus, notum facimus universis præsentes litteras inspecturis, quod, cum nos præfatus abbas ad monasterium Saviniacense accessissemus, societatem cum venerabilibus patribus domno Roberto abbate et conventu ejusdem loci inivimus specialem, quam per litteras nostras dictis domino abbati et conventui et viva voce concessam, de voluntate conventus nostri ac nobis conventui Lirinensis[4] per dictorum abbatis et conventus Saviniacensis, litteras præsentatam lætanter accipimus, pro magno munere acceptantes; concedimus igitur concessione irrevocabili et in perpetuo duratura, ut fratres dicti monasterii ad nostrum monasterium declinantes, ut nostri proprii monachi habeantur; pro abbate vero dicti Saviniacensis monasterii decedente, tam in vigilia quam missis, tricenario, cibo refectorii, et generaliter omnibus aliis fiat quod pro professis nostris monachis fieri consuevit; pro fratribus autem obeuntibus, audito obitu, eorumdem vigilia fiat cum missa, et septem diebus unus pauper reficiatur. In cujus rei testimonium et robur perpetuæ firmitatis, nos dicti abbas et conventus præsentibus litteris sigilla nostra duximus apponenda. Datum in capitulo nostro, calendis Martii, anno Domini millesimo ducentesimo quinquagesimo sexto.

[1] P. *Statum etiam apud.*
[2] M. hic et infra *Liricensis.*
[3] M. *sacrosancti.*
[4] C. *Lirynensis.* M. et P. *Lyrinensis.*

## 955.

ASSOCIATIO ABBATUM ET RELIGIOSORUM SAVINIACI ET MAUSIACI[1] MONASTERIORUM.

Universis præsentes litteras inspecturis, frater Petrus, miseratione 2 Nov. 1298. divina humilis abbas monasterii Mausiacensis[2], totusque conventus ejusdem loci, salutem, et notitiam rei gestæ. Notum sit omnibus præsentibus et futuris quod inter nos, ex una parte, et religiosum virum fratrem Stephanum, abbatem Saviniacensem, et ejusdem loci conventum, ex altera, charitatis debito et unitatis officio convenimus in hunc modum, videlicet quod monachi nostri monasterii possint remitti apud Saviniacum, cum opus et necessitas fuerit, residentes, et vice versa de Saviniaco apud Mauziacum, et quod monachi missi hinc inde recipiantur residendi[3] causa; item quod, quando unus defunctorum fratrum monasterii Saviniaci in capitulo nostro pronunciatus fuerit, fiat illud idem quod pro uno nostro monacho Mauziacensi facere extitit consuetum; pro nostris autem monachis, quando pronunciabuntur in capitulo Saviniacensi, fiat idem illud in divinis quod pro uno monacho defuncto dicti Saviniacensis monasterii facere extitit consuetum; anniversarium autem nostrorum abbatum prædictorum in martirologio hinc inde scribantur annis singulis faciendum[4]. Et hæc omnia supra dicta nos vero dictus abbas et conventus promittimus custodire et servare. Actum in capitulo Mausiacensi, die Dominica post festum Omnium Sanctorum. In cujus rei testimonium, nos abbas prædictus et conventus, sigilla nostra præsentibus duximus apponenda, in testimonium veritatis omnium præmissorum, anno Domini millesimo ducentesimo nonagesimo octavo.

## 956.

SUBSIDIUM DOMINI ARCHIEPISCOPI.

Nos Aymarus[5], miseratione divina primæ Lugdunensis ecclesiæ 12 Nov. 1274.

---

[1] C. *Mosiaci.*
[2] In C. amanuensis prius scripserat *Marisiacensis*, postea scripsit *Mausianensis*.
[3] P. *residenti.*
[4] Codd. *faciendis.*
[5] Cod. P. habet *Aymardus de Villanova*;

archiepiscopus, notum facimus universis præsentes litteras inspecturis, quod, cum viri religiosi Amedeus, abbas Saviniacensis, frater noster, ejusdemque loci conventus, necnon plures ejusdem abbatiæ prioratuum administratores, contemplatione personæ nostræ, tam pro nostris propriis necessitatibus quam etiam alienis, hoc anno præsenti plures nobis subvenerint de armorum, equitum et peditum (sub eorum sumptibus et expensis et absque eorum expensis), congrua comitiva, nolumus quod eorum liberalitas ipsis et eorum monasteriis ac ipsorum successoribus ex hoc præjudicium patiatur in futurum. In cujus rei testimonium præsentibus sigillum nostrum duximus apponendum. Datum Lugduni, secundo idus Novembris, anno Domini millesimo ducentesimo septuagesimo quarto.

### 957.

#### SUBSIDIUM DOMINI ARCHIEPISCOPI.

19 Aug. 1277.

Nos Aymarus, miseratione divina primæ Lugdunensis ecclesiæ archiepiscopus, notum facimus universis præsentes litteras inspecturis, quod adjutorium et juvamen quod nobis impensit et impendit de die in diem charus socius noster frater Stephanus, abbas Saviniacensis, contra dominum de Villariis[1], fecit et facit non ex aliquo debito, sed ex mera et speciali gratia et contemplatione personæ nostræ. In cujus rei testimonium præsentibus sigillum nostrum duximus apponendum. Datum die Jovis post Assumptionem beatæ Mariæ, anno Domini millesimo ducentesimo septuagesimo septimo.

### 958.

#### INSTITUTIO SACRISTIÆ BEATÆ MARIÆ.

Jan. 1286 (N. S.).

Nos frater Stephanus, Dei gratia humilis abbas Saviniacensis, totusque ejusdem loci conventus, notum facimus universis præsentes litteras inspecturis, quod frater Girinus de Masso, prior noster Montistroterii, de voluntate nostra et consensu expresso, constituit sacris-

cognomen mendosum esse videtur; iste enim archiepiscopus familia dicta gallice *de Roussillon* natus erat. — [1] M. et C. *Vilariis*.

taniam in capella Beatæ Mariæ posita in claustro Saviniacensi, ut constituatur sacrista per nos abbatem prædictum et successores nostros, per quem deserviatur in perpetuum ipsi ecclesiæ Beatæ Mariæ in officio sacristaniæ; cui sacristaniæ idem prior assidet et assignat in perpetuum, auctoritate nostra interveniente, omnes redditus et conquerementum quæ acquisivit a castro citra versus abbatiam Saviniaci, videlicet in parrochiis[1] Sancti Juliani de Biboc[2], de Bessenay, Sancti Petri la Palu, de Chiviney, de Senbel, de Cheyssieu, de Brolio, Sancti Petri de Saviniaco et Sancti Andreæ, Sancti Germani. Quam sacristaniam, ad requisitionem et rogatum dicti prioris, damus et concedimus fratri Ugoni de Ulmis, monacho nostro Saviniaci, cum juribus et redditibus supradictis, et etiam ad rogatum dicti prioris ipsum monachum in ipsa sacristania instituimus et installamus, volentes quod istam sacristaniam cum redditibus et conquerementis prædictis teneat pacifice et quiete, ordinantes et imponentes in officio dictæ sacristaniæ ut prædictus monachus nunc sacrista, et quicumque alius post eum in dicta sacristania fuerit institutus, teneatur facere candelam ardentem de tertia parte unius libræ ceræ, et tenere in dicta capella Beatæ Mariæ assidue, nocte et die, prout idem prior per se vel per alium facere consuevit, et quod faciat annuatim, in die Jovis sancta, mandatum centum pauperum in dicto claustro. Item quod celebret ter qualibet septimana in dicta capella, videlicet die Lunæ, pro mortuis, die Veneris de Cruce, et die Sabbati[3] de beata Virgine semper in aurora, pro anima dicti prioris et parentum suorum. Quibus prædictis et ita factis et ordinatis auctoritatem nostram interponimus et decretum. In quorum omnium testimonium sigilla nostra duximus præsentibus apponenda. Nos vero præfatus prior confitentes prædicta esse vera, sigillum nostrum una cum sigillis prædictorum domini abbatis et conventus præsentibus litteris duximus apponendum. Datum in mense Januarii, anno Domini millesimo ducentesimo octogesimo quinto[4].

[1] C. *perrochiis.*
[2] L. *Bisboc.*
[3] M. et C. *Sabati.*
[4] P. *primo.*

## 959.

**PUBLICUM SCRIPTUM DE FUNDATIONE ECCLESIÆ LUGDUNENSIS.**

1320 circa[1].

Sciendum est quod ecclesia Lugdunensis olim per sanctos patres fundata fuit, quam possibile extitit ad similitudinem ecclesiæ triumphantis. Sicut enim a civibus ecclesiæ triumphantis, trinitas personarum in unitate essentiæ veneratur et colitur, sic in ecclesia Lugdunensi sunt tres ecclesiæ contiguæ, quasi representantes Trinitatem, in quibus est identitas collegii et officii, ad unum sonum campanæ, ad representandam divinam unitatem. In qualibet ipsarum singulis annis legitur integre tota biblia, et modo uniformi, et hæ ecclesiæ sunt Sancti Joannis Baptistæ, Sancti Stephani[2] protomartiris, et tertia Sanctæ Crucis. In eadem ecclesia fuerunt ab initio novem personatus constituti ad representandum novem ordines angelorum in ecclesia triumphante, quorum tamen personatuum unus appellatur abbatia Sancti Justi Lugdunensis, quem personatum tenet quicumque sit archiepiscopus Lugdunensis : horum nomina et conditione, poterunt inveniri. Item sunt ibi constituti tredecim capellani perpetui, inter quos unus est principalis, archiepiscopus Lugdunensis, et ad representandum Christum Jesum Dominum nostrum, qui est caput ecclesiæ, et collegium venerabile duodecim apostolorum, et similiter status istorum in alio scripto reperitur. Item in dicta ecclesia sunt custodes quatuor ad majus altare celebrantes beati Joannis et beati Stephani sicut canonici, et isti quatuor evangelistas representant. Item sunt in eadem septem milites jurisperiti qui defendunt jura ecclesiæ, ut alii liberius et devotius ad illa que sunt divini officii sint intenti, et representantur per septem candelabra quæ vidit Joannes in Apocalipsi. Omnes autem alii canonici qui sunt quinquaginta octo vel plures, quorum aliqui quandoque sunt non residentes, significant discipulos

---

[1] E serie canonicorum inferius data, quorum plures anno 1319 tantum fuerunt recepti, annus iste illatus est. Cæterum vide librum marchionis d'Aubaïs titulum habentem : *Pièces fugitives pour servir à l'histoire de France*, t. II, p. 157. (Paris, 1759, 3 vol. in-4°.)

[2] P. male *Martini*.

Domini, qui loco apostolorum fuerunt instituti. Modus vero status a sanctis patribus serviendi in dicta ecclesia in divino officio fuit iste : omnes canonici habentes personatus, vel alii presbiteri et omnes alii clerici præbendati in dicta ecclesia, seu in servitio canonicorum existentes, tenentur ex necessitate alternis noctibus surgere ad matutinas, secundum consuetudines et statuta ecclesiæ, et chorum intrare ante finem tertii versiculi primi psalmi post invitatorium, nec inde potest exire aliquis donec septima lectio fuerit inchoata in festo novem lectionum, vel tertia lectio in festo trium lectionum; et transgressor nihil omnino percipit in distributionibus quotidianis, quæ distributio in hoc casu vertitur in eleemosinam, nec eam lucratur ille qui librat illa die nec alius quivit. Item statuerunt sancti patres, ad conservandam honestatem dictæ ecclesiæ, quod nullus canonicus esset ausus ire per civitatem extra terminos dictæ ecclesiæ, nisi eques, nec solus, sed cum decenti societate et habitu honesto; nec sit ausus intrare quodcumque hospitium inhonestum, et hæc tenentur servare per juramenta. Item statuerunt quod dicti canonici et alii ecclesiæ incorporati eleemosinam non fraudent, quæ eleemosina fit miro et sumptuoso modo; de qua eleemosina pauperes religiosi multi, viduæ, orphani, pupilli, pauperes verecundi et mendici sustentantur; et hoc jurat quilibet canonicus et ecclesiæ incorporatus in sua receptione super sancta Dei Evangelia. Item statuerunt quod illi canonici qui majorem tenent hospitalitatem et plures faciunt eleemosinas, in divisionibus terrarum plus percipiant[1], et in redditibus fiat gratia major, ut per hoc magis ac magis moveantur omnes ad opera pietatis; ita quod propter residentiam personarum ad quam ibidem facere compelluntur, non solum ea quæ habent ab ecclesia, sed ea quæ habent patrimonialia et aliunde : unde inique consumunt et expendunt in servitium ecclesiæ, ecclesiæ hospitalitatem et defensionem patrimonii beati Stephani, cum de solo ejus patrimonio non posset status ecclesiæ hactenus consuetus aliquatenus sustentari. Fuit ista ecclesia ita sanctissime fundata et ordinata quod bonæ memoriæ frater Hugo

[1] M. *recipiant.*

de Sancto Theodoro[1], de ordine Prædicatorum, qui, ut dicitur, fuit primus magister in theologia de ordine ipsorum, tunc cardinalis et legatus in Alamania[2], ecclesiam Leodicensem[3] secundum ritum, modum et ordinationes ecclesiæ Lugdunensis ordinavit et reformavit, et ita ibi hodie observatur. Sunt etiam in ipsa ecclesia quinquaginta octo canonici in præsenti, quorum nomina hæc sequentur : primo venerabilis in Christo pater dominus Bertrandus de Monte Faventio, cardinalis; item Stephanus de Balma, decanus; Theobaldus de Vassaliaco[4], archidiaconus; Joannes de Varennis, præcentor; Guillelmus de Sura, cantor; Joannes de Villariis, camerarius; Ludovicus de Vassaliaco, sacrista; Humbertus de Monte Lupello, custos, et Guillelmus de Bellojoco[5], præpositus Forverii in ecclesia Lugduni; item Jacobus de Candiaco; Guillelmus de Sarravalle; Hugo de Marziaco; Aymo de Sabaudia; Philippus de Laya; Guillelmus[6] de Francheleins; Joannes de Marziaco senior; Joannes de Sivriaco[7]; Joannes de Castellario; Guillelmus de Vassaliaco; Guifredus de Montagniaco; Gaufridus de Balma; Humbertus de Cossenay; Hugo de Corgenon; Petrus de Salornay; Henricus de Rupefortis; Joannes de Lorgo; Petrus Moschons; Petrus de Sancto Simphoriano; Hugo Revoyes; Humbertus de Boczonello[8]; Girinus Parentis; Aymo de Sarravalle; Lothardus[9] de Soligniaco; Percevallis de Palude; Drodo de Vallibus, frater domini Guidonis de Grolea; Joannes de Amanziaco junior; Arnaudus de Langusta; Henricus de Villars; duo filii domini de Dama; Guillelmus de Thelis; Ludovicus de Properiis; Ludovicus de Sancto Laurentio; Aymo de Illins[10]; filius domini Petri de Moiriaco[11]; dominus Guillelmus de Claromonte, decanus Viennensis; dominus Thomas de Sabaudia; Rainaldus, filius comitis Forensis; Amedeus, frater comitis Gebenensis; Humbertus de Bellojoco; Guillelmus de Rossilione; dominus Fran-

---

[1] Vulgo *Saint-Cher* (de Sancto Theuderio prope Viennam), deinde *Saint-Chef.*

[2] M. *Alemania.*

[3] M. *Laodicensem.*

[4] M. et C. hic et infra *Vassalliaco.*

[5] M. hic et infra *Bellijoco.*

[6] M. *Guido.*

[7] M. *Suiriaco.*

[8] P. *Boizusello.* M. *Borsusello.*

[9] C. *Rotardus.*

[10] M. et C. *Yllins.*

[11] M. *Moyriaco.*

ciscus Gueytan; dominus Alphonsus[1] de Hispania; filius domini de Camera; filius domini Joannis de Angusta; filius domini de Montebello; quidam Gasco qui vocatur Petrus Eymarus de Ausone : inter quos sunt octo personatus, videlicet decanatus, qui decanus, ratione decanatus, habet, prima die in redditibus, triginta tres solidos quinque denarios Viennenses. Item habet in clericos civitatis Lugdunensis, tamen de choro non existentes ecclesiæ prædictæ, in casibus in quibus agitur criminaliter, mediam partem jurisdictionum et emolumenti emendarum; archiepiscopus vero aliam medietatem, et in his casibus archiepiscopus et decanus ponunt unum judicem communem qui non excommunicat nec absolvit, sed hoc facit ad requestam officialis archiepiscopi. Item decanus habet promovere negocia ecclesiæ, ratione tamen dignitatis suæ non habet convocare capitulum, sed hoc potest facere quilibet canonicus sicut ipse. Item nec excommunicat, nec absolvit, non suspendit, non visitat, non procurat, non audit confessiones, non ministrat sacramenta ecclesiastica, non habet, nec per se, nec cum capitulo, corrigere clericorum defectus[2], nec punire, sed sunt in ecclesia Lugdunensi, videlicet in dicta ecclesia Sanctæ Crucis, duo custodes, qui audiunt confessiones, et ministrant ecclesiastica sacramenta parrochianis dictæ ecclesiæ Sanctæ Crucis, quos instituit dictus decanus. Item ibi sunt duo judices, qui quolibet anno instituuntur in capitulo generali, qui præmissa possunt facere, et est hoc de auctoritate apostolica commissum, qui etiam habent jurisdictionem in ipsum decanum et in omnes personas incorporatas, clericos et capellanos ipsius ecclesiæ ubicumque et qualitercumque delinquatur; et debet personaliter et continue residere, et debet semper in hospitio suo tenere et habere pro servitio ecclesiæ faciendo sex tam presbiteros quam clericos, et totidem et eodem modo debent tenere tam presbiteros quam clericos omnes alii personatus habentes. Item archidiaconus habet et redditibus circa centum libras Viennenses, et quicumque est archidiaconus, ratione archidiaconatus

---

[1] M. C. et L. *Amphulsus*. — [2] M. *excessus*.

supradicti, non corrigit, non visitat, non procurat, non excommunicat, non absolvit, nec debet aliquid spiritualitatis [1] exercere, sed est officium ipsius ordinare defensiones terræ manualiter contra illos qui violenter nituntur jura ecclesiæ usurpare. Item præcentoria nihil habet in redditibus. Item cantoria nihil habet in redditibus. Item cameraria valet tam in redditibus quam proventibus quadraginta libras Viennenses, et est officium camerariæ procurare pecuniam et expensas pro defensione terræ et aliis negotiis ecclesiæ faciendis; et dat dictus camerarius quædam officia quæ dari consueverunt laicis vel clericis quibus vult : valent circa viginti libras vel viginti quinque libras Viennenses, et habet dictus camerarius infra claustrum Lugduni, videlicet in locis publicis, extra tamen hospitia canonicorum et incorporatorum, juridictionem omnimodam in laicis, non in familiaribus canonicorum et incorporatorum ecclesiæ; facitque dictus camerarius custodire portas et claves portarum portalitiaque portarum [2] prædictarum, expensis tamen capituli memorati. Item sacristia valet circa sexaginta libras Viennenses, et habet pulsare omnes campanas secundum consuetudinem ecclesiæ, et debet tenere assidue duodecim famulos pro prædictis campanis pulsandis, qui magis expendunt quam valeant redditus totius sacristiæ; debet etiam celebrare vel celebrari facere per alium canonicum ipsius ecclesiæ [3] in majori altari, in festis duplicibus, et in aliis festis in quibus grossa campana pulsatur; diebus etiam dominicis in quibusque aliis diebus in quibus duæ propelates [4] occurrunt, debet facere celebrari in altare sancti Sperati, retro majus altare, per simplicem sacerdotem, et debet tenere presbiteros et clericos sicut alii personatus obtinentes. Item custodia habet sex viginti libras Viennenses in redditibus, et debet prima die tenere ad minus viginti tam presbiteros quam clericos pro servitio faciendo et disponendo in ecclesia Beati Stephani prothomartiris, quæ ecclesiæ Beati Joannis est conjuncta. Item præpositura [5] Forverii in ecclesia Lugdunensi in redditibus prima

---

[1] M. *spiritualibus.*
[2] Voces *portalitiaque dictarum* desunt in M.
[3] Voces *ipsius ecclesiæ* desunt in M. et C.
[4] Vid. Cangius, verbo *Propalates.*
[5] P. *præpositus.*

die[1] et habet regere et ordinare ecclesiam collegiatam Beati Thomæ Forverii[2], olim per capitulum Lugdunense fundatam et dotatam. Et licet prædicti personatus obtinentes juxta consuetudines et statuta dictæ ecclesiæ ad plures quam ad sex tenendos non adstringantur[3], verumtamen, ut uberius[4] et plenius designatur, ibidem tenent pro majori parte quidem decem, alii duodecim, alii quindecim, et plures juxta eorum possibilitatem et statum, sub spe futuri præmii, quia a principio non habent ab ecclesia de quo possent prædicta......... sicut in dicta ecclesia Lugdunensi. Nunc in præsenti sunt viginti duo canonici qui tenent hospitia, et quilibet ipsorum tenet tres tam presbiteros quam clericos, et sunt multi qui plures tenent spe futuri præmii ut supra. Item sunt quindecim canonici residentes, qui non tenent nec sunt obligati ad hospitia tenenda, quia non habent triginta libras Viennenses in redditibus a dicta ecclesia, sed comedunt cum aliis convivantibus; nam est consuetudo et statutum in dicta ecclesia quod nullus canonicus debet tenere hospitium quousque triginta libras Viennenses in redditibus fuerit assecutus. Postquam vero prædictas[5] triginta libras Viennenses fuerit assecutus in redditibus, debet tenere hospitium cum numero clericorum, ut convivantes supra dicti; alias nihil perciperet ulterius. Item sunt in dicta ecclesia quatuor capellani qui custodes appellantur, habentes certa officia, et celebrant in majori et in altari sancti Stephani; quorum custodum quilibet ex duobus debet tenere secum quatuor tam presbiteros quam clericos; alius vero unum, et quartus duos vel tres; et quilibet ipsorum percipit distributionem quotidianam integraliter sicut canonici, et in distributionibus terrarum percipit quilibet medietatem portionis quam percipit canonicus convivans; et ad hoc intelligendum, sciendum est quod quando fit divisio terrarum, et quando quilibet personatum obtinens percipit septem libras, canonici convivantes percipiunt quilibet quatuor libras, et simplices canonici quinquaginta solidos. Præ-

---

[1] M. et C. *de.* — Ut verisimile est, quidpiam hic abest.
[2] M. add. *Lugdunensis.*
[3] P. et M. *astringuntur.*
[4] M. *verius.*
[5] Vox *prædictas* deest in P.

dicti vero custodes, quam cito custodes sunt facti, debent tenere hospitia cum numero clericorum supra dictorum. Milites vero et duodecim capellani perpetui, postquam viginti quatuor Viennenses libras in redditibus fuerint assecuti, debent, juxta statuta ecclesiæ, tenere hospitia; quod nisi fecerint, nihil ulterius perciperent. Insuper prædicti debent facere residentiam personalem; et est sciendum quod in qualibet divisione terrarum, decanus primo habet eligere partem suam ubicumque voluerit, et postea alii gradatim suo loco, prout superius nominantur; et decanus etiam, ultra portionem suam prædictæ divisionis, accipit quadraginta solidos, totiescumque fiunt divisiones, tam de gratia quam de labore. Est etiam statutum in dicta ecclesia Lugdunensi, quod nullus presbiter aut clericus qui de novo est receptus possit vel debeat intrare chorum majoris ecclesiæ, donec per cantorem fuerit examinatus, et quousque in ecclesia Sanctæ Crucis per duos menses, et in ecclesia Sancti Stephani eidem ecclesiæ contigua per quatuor menses, fecerit residentiam personalem; ad hoc ut eruditus in ordine, juxta statuta ecclesiæ, quando ad majorem ecclesiam devenerit, sit inter alios sine scandalo continue, vel nisi de choro aliarum ecclesiarum collegiatarum Sancti Justi, Sancti Pauli et Sancti Nicetii Lugdunensis fuerit, qui secundum morem et consuetudinem majoris ecclesiæ in habitu et aliis se regunt et incedunt. Item sciendum est quod tam personatus habentes quam alii canonici et incorporati tenentes hospitia, debent tenere in summa assidue in dictis tribus ecclesiis octo viginti et tresdecim tam presbiteros quam clericos pro servitio ecclesiarum prædictarum, exceptis clericulis qui non sunt de numero[1] clericorum prædictorum, et exceptis illis quos tenent canonici et incorporati de gratia ad melius et decentius qui in eisdem ecclesiis serviant. Et insuper statutum in dicta ecclesia quod canonici et incorporati ipsius ecclesiæ custodes, milites et duodecim capellani perpetui percipiant fructus, proventus et exitus terræ quam tenebant tempore mortis suæ ab ecclesia Lugdunensi,

---

[1] M. male *munere*.

per unum annum continuum post obitum eorumdem; et fuit causa statuti, ut ex dictis fructibus solvantur debita prædictorum, tam in sepulturis, clamoribus, quam aliis, ad illum finem quod per eos vel cum eis nullus valeat defraudare, et quod non possit ecclesiæ improperari quod aliquis decipiatur, vel dici possit deceptus per easdem distributiones vero quotidianas. Reliquum jam post eorum obitum percipit ecclesia, exceptis triginta primis diebus sequentibus obitum eorumdem, quibus triginta diebus percipit ecclesia Beati Thomæ Forverii Lugdunensis [1] distributiones quotidianas mensis ultimi. Item est in dicta ecclesia quidam canonicus qui magister chori nuncupatur, et percipit in divisionibus terrarum, ratione dicti officii, primus post canonicos personatus obtinentes; et debet esse post eum quidam capellanus de duodecim vicemagister, quem magistrum puerorum appellamus, et cui assignantur aliqui redditus de gratia, in qualibet divisione terrarum, pro labore, ultra portionem quæ ipsum debet contingere, prout uni ex aliis perpetuis capellanis.

960 [2].

DECRETUM LOTHARII [3] IMPERATORIS, QUO MONASTERIUM SAVINIACENSE LUGDUNENSI ECCLESIÆ SUBJICIT [4].

In nomine Domini nostri Jesu Christi, Dei æterni, Lotharius, divina ordinante providentia, imperator Augustus, dum toto corde, tota anima, tota mente et tota virtute in his quæ Deo cara [5] sunt vitam nostram extendere, et actus nostros ad placendum illi informare cupimus, et amore ipsius ecclesiam, quæ est sponsa et corpus ejus, honorare et in sublime ferre omni conamine quærimus, ad aures serenitatis nostræ perductum est, agente hoc [6] maxime venera-

12 Sept. 852.

[1] M. et C. *Lugduni.*

[2] Hoc instrumentum ediderunt Severtus, *Chron. arch. Lugd.* p. 181; Marca, *De primatu Lugd.* p. 313; J. M. de la Mure, *Hist. du dioc. de Lyon*, p. 370; d'Achery, *Spic.* t. XII, p. 114; dom Bouquet, *Script.* *rerum Gallic. et Francic.* t. VIII, p. 289.

[3] M. et C. *Lotarii.*

[4] In margine cod. M. et C. legitur : « Ex archivo ecclesiæ Lugdunensis. »

[5] M. et C. *chara.*

[6] P. *agente sive maxime.*

bili et celsitudini nostræ[1] devotissimo pontifice Remigio, quomodo sancta Lugdunensis ecclesia aliquando ditissima, et rebus late florentissima et religione præclarissima fuerit, pontificibus ejus in hoc maxime studium impendentibus, et non modo Deo fœcunda, generosa filiis existeret, verum et facultatibus et potentia sæculi ad fastum mundi comprimendum opulentissima redderetur, ac causis diverso ordine præcurrentibus actum sit, ut quæ olim ad gloriam ipsius cumulata undique in ea profluxerunt, divisæ[2] et distractæ multis generibus minuerentur. Quæ res pietatis nostræ animum eo promovit[3], ut in quantum gratia omnis largitoris boni valeremus, ad primum statum eam reparare niteremur. Manentibus siquidem in ipsa sanctis studiis et adhuc pia religione quæ imprimis[4] illi decorem ferrent, cui martirium pretiosissimæ memoriæ et numerosissimi trophæi, sanctorumque millium gloriosissimi[5] provectus, ad tutelam, ad incitationem omnis virtutis, ad doctrinam sinceræ fidei abundarent[6], rebus exterioribus, etsi paulatim voluntate hominum diffluentibus, minorata etiam usque ad ultimum, nisi temperasset pietas divina, haberetur. Ut ergo tanti boni participes, fautores, auctores, sublevatores, sicut ubique desideramus, propter omnipotentis Dei gloriam essemus, et ut sancta studia in ea amplius valerent ad imperium nostrum et augustam serenitatis nostræ memoriam subvehendam, visum est dignationi nostræ dono et largitione rerum nostrarum eam nunc ad præsens aliquantulum promovere; quod donec ad primam formam, si possibile sit, perducatur, semper propter venerationem loci et pontificis, ubi opportunitas se dederit, id ipsum animo residebit. Conferimus itaque ipsi sacræ et primæ Gallorum ecclesiæ, pio[7] animo, promptissima voluntate, simplici corde, quod deinceps omni tempore firmum esse et stabile permanere cupimus, cœnobium cum suis omnibus ad illud pertinentibus in honore Domini nostri Jesu

---

[1] Vox *nostræ* deest in C. et M.
[2] P. *diversæ.*
[3] M. *provenit.*
[4] M. et C. *a primis.*
[5] M. *generosissimi.*
[6] M. et C. *abundare.*
[7] C. *pro.*

Christi, sub invocatione beatissimi Martini episcopi et confessoris constructum, quod Saveniacus publice vocatur; quam donationem liberalissime a pietate nostra perfectam, ita reverendissimæ matri ecclesiæ Lugdunensi, indisrupto tempore, ad solatium et honorem sui manere volumus, ut habitatores loci ipsius, vita, doctrina et subministratione rerum nostrarum[1] necessariarum ordinante et disponente per viscera maternæ pietatis, et sancto pontifice ipsius (salvo privilegio et dioceseo) eis impetrante, meliores et utiliores abunde efficiantur : ne detrimentum ex subditione seu donatione tali in aliquo sibi provenisse lugeant, sed ad desiderium nostrum, et cumulum remunerationis fructum sui profectus, et gratiam vitæ melioris inde sibi accrevisse perpetuo lætentur. Ut autem manere nostra donatio et pietatis nostræ collatio, et edictum nostræ præceptionis cunctis annorum circulis firmum et inconvulsum possit, nec a quoquam violari ullo modo præsumatur, magnitudinis nostræ annulorum roboratione manuum subter imprimere et munire ad durabilem stabilitatem jussimus. Signum (*locus monogrammatis*) Lotharii serenissimi Augusti. Hirdmundus[2] notarius, ad vicem Hilduini[3], recognovit, data II[4] idus Septembris, anno Christo[5] propitio domini Lotharii imperatoris in Italia XXXIII, et in Francia XII[6], indictione XV. Actum in[7] Gherniaco[8], in Dei nomine feliciter. Amen.

[1] In M. C. et P. deest vox *nostrarum*.
[2] Cod. P. habet *Hirmundus*.
[3] Cangius et dominus Nat. de Wailly Hilduino functionem tribuunt solummodo usque ad annum XXVI regni Lotharii in Italia.
[4] Marca, mendose : *IV*.
[5] P. *Christi*.
[6] Marca : *XIII*.
[7] M. et C. *Actum villa*. C. *in villa*.
[8] Hujus regiæ habitationis mentionem non facit Cangii Glossarium, v° *Palatium*.

FINIS CHARTULARII SAVINIACENSIS.

www.ingramcontent.com/pod-product-compliance
Lightning Source LLC
Chambersburg PA
CBHW050313240426
43673CB00042B/1396